Zu diesem Buch

Auch Kenner straucheln hin und wieder bei Begriffen aus dem weiten Reich der Musik. Wer sich zuverlässig über Elemente und Formen des Musiklebens orientieren will, findet in diesem Lexikon bündige Antwort auf seine Fragen nach Wiener Klassik oder Blues, nach Kadenz, Sonate und Musical oder nach Notation, Satztechnik und Instrumententypen.

Günther-Armin Neubauer, geb. 1952 in Lahr/Schwarzwald, studierte Biologie, Chemie und Musikpädagogik in Freiburg und Heidelberg, Pianist (mehrere Rundfunk- und Fernsehaufzeichnungen), Korrepetitor an verschiedenen Theatern (Karlsruhe, Heilbronn, Heidelberg, Stuttgart), Klavierpädagoge und Musikpädagogischer Leiter der Musikhochschule Rauenberg, Eurythmiebegleiter an Freien Waldorfschulen, Leiter verschiedener Jazzchöre, mehrere Kompositionsaufträge, Referent für Musikerziehung innerhalb der Lehrerfortbildung, 1992 Dozent für Klavierimprovisation beim Sommerkurs der Hochschule Mozarteum/Salzburg, seit 1988 Lehrbeauftragter an der Pädagogischen Hochschule Heidelberg (Klavier, Schulpraktisches Klavierspiel, Übungen mit dem Orff-Instrumentarium, Jazz- und Rockmusik, Leitung der Jazz-Big-Band).

Günther-Armin Neubauer

Musik

Lexikon der Grundbegriffe

rororo
Rowohlt

Redaktion Wolfgang Müller
Umschlaggestaltung Susanne Müller

Quellennachweis der Abbildungen: S. 423

Originalausgabe
Veröffentlicht im Rowohlt Taschenbuch Verlag GmbH,
Reinbek bei Hamburg, Dezember 1994

Gesetzt aus der Goudy Old Style, QuarkXPress 3.11,
bei Jung Satzcentrum GmbH, Lahnau
Druck und Bindung Clausen & Bosse, Leck
Printed in Germany
2690-ISBN 3 499 16351 9

Musizierende Studenten in einem Wirtshaus.
Kupferstich des 17. Jahrhunderts

Vorbemerkung

Im Text und in den Notenbeispielen werden folgende Abkürzungen verwendet:

abgek.	=	abgekürzt
afrz.	=	altfranzösisch
ahdt.	=	althochdeutsch
amerikan.	=	amerikanisch
arab.	=	arabisch
AT	=	Altes Testament
BWV	=	Bach-Werke-Verzeichnis (Wolfgang Schmieder: Thematisch-systematisches Verzeichnis der musikalischen Werke von J. S. Bach, Leipzig 1950)
d	=	Dominante in Moll
D	=	Dominante in Dur
D.	=	Deutsch-Verzeichnis (Otto Erich Deutsch: Schubert. Thematic Catalogue of All his Works, London 1951)
draw.	=	drawidisch
engl.	=	englisch
frz.	=	französisch
g	=	Gegenklang in Moll
G	=	Gegenklang in Dur
Hob.	=	Hoboken-Verzeichnis (Anthony van Hoboken: J. Haydn, Thematisch-bibliographisches Werkverzeichnis, Mainz 1957/1971)
indones.	=	indonesisch
ital.	=	italienisch
japan.	=	japanisch
javan.	=	javanisch
Kap.	=	Kapitel
KV	=	Köchel-Verzeichnis (Ludwig Ritter von Köchel: Chronologisch-thematisches Verzeichnis sämtlicher Tonwerke Wolfgang Amade Mozarts, Leipzig 1862)
lat.	=	lateinisch
mhdt.	=	mittelhochdeutsch
neuhdt.	=	neuhochdeutsch
NT	=	Neues Testament
op.	=	opus
p	=	Parallelklang in Moll
P	=	Parallelklang in Dur
pers.	=	persisch
pl.	=	Plural
s	=	Subdominante in Moll
S	=	Subdominante in Dur
s. u.	=	siehe unten
sing.	=	Singular
skt.	=	Sanskrit
span.	=	spanisch
t	=	Tonika in Moll
T	=	Tonika in Dur
T.	=	Takt
tschech.	=	tschechisch
türk.	=	türkisch
ungar.	=	ungarisch

Auf S. 422 findet sich eine Umschrifttabelle zur Aussprache diakritischer Zeichen.

A

a cappella → Mehrstimmige Vokalmusik ohne Instrumentalbegleitung.

accelerando → Tempo

adagio → Tempo

Afroamerikanische Musik Sammelbezeichnung für Musizier- und Werkformen, welche ursprünglich durch eine komplexe Verzahnung afrikanischer und europäischer Kulturelemente im Umfeld schwarzer Sklaven in Nordamerika entstanden sind und sich bis heute in den unterschiedlichsten Stilausprägungen verbreitet haben (→ Holler, → Worksong, → Spiritual, → Blues, → Gospelsong, → Rhythm & Blues, → Funk, → Soul, → Jazz, → Boogie-Woogie, → Ragtime).
Dabei sind deren harmonische Prinzipien wie auch das gängige Instrumentarium (von einigen Ausnahmen wie dem → Banjo abgesehen) in aller Regel aus der europäischen Musik entlehnt. Tongebung (→ Artikulation) sowie der Umgang mit den rhythmischen Grundlagen sind dagegen zumeist ausgeprägt von afrikanischen Traditionen beeinflußt. Typische Gestaltungsmittel Afroamerikanischer Musik sind u. a. → off-pitchness, → dirty intonation, → hot intonation, → off-beat. Sprachmelodischer Gestus ist in den Vokalformen stets, in den Instrumentalformen zumindest latent vorhanden.
Formal ist Afroamerikanische Musik oft derart gestaltet, daß sich das Publikum aktiv am musikalischen Gesamtprozeß beteiligen kann (→ call & response z. B. im → Spiritual als Wechselgesang zwischen Vorsänger und Chor bzw. Publikum). Zusätzlich kann das musikalische Geschehen nach Belieben und jederzeit vom Publikum verbal, vokal, perkussiv oder auch tänzerisch kommentiert werden. In geeigneter Atmosphäre kann sich aus diesem stetigen Wechsel von musikalischem Vortrag und darauf bezogenen spontanen Kom-

mentaren ein dichtes und lebendiges soziomusikalisches Geflecht ergeben, welches einem zeremoniellen Geschehen afrikanischer Tradition nicht unähnlich ist.

Afuche → Cabaza

Agogik [agoge = griech. Führung] Die Bezeichnung wird 1884 von Hugo Riemann zur Beschreibung kleinster Tempoänderungen im Vortragswesen (welche für eine lebendige Interpretation unabdingbar sind) eingeführt.

Air Im 16. Jahrhundert ursprünglich eine (von → Arie abgeleitete) Bezeichnung für einen überwiegend homophon gearbeiteten Liedsatz oder dessen Instrumentalbegleitung. Im 17. Jahrhundert löst sich das Air zunehmend aus seiner Begleitfunktion und wird als reiner Instrumentalsatz in die → Suite eingebunden. Spätestens im 18. Jahrhundert gilt ein liedartiger Charakter nicht mehr als verbindliche Vorgabe, und so kann Air seither recht unterschiedliche Werkcharaktere benennen (vgl.: Das Air in Johann Kuhnaus «Partie in f-Moll» ist formal eine → Gigue; das Air in Georg Friedrich Händels «Suite für Klavier in d-Moll» dagegen zeigt alle Kennzeichen einer → Sarabande).

Akkord [accordare = ital. übereinstimmen] Klangschichtung von mindestens drei verschiedenen Tonstufen.
Grundsätzlich zwar vertikal angelegt, kann nahezu jeder Akkord jedoch ohne Substanzverlust auch horizontal aufgespalten werden (*Akkordbrechung*, → Arpeggio).
Grundlage der traditionellen europäischen Akkordlehre bis etwa 1900 sind Terzenschichtungen (→ Intervall). Eine Schichtung von zwei Terzen ergibt einen → Dreiklang. Schichtungen von drei Terzen ergeben *Septakkorde*, Schichtungen von vier Terzen führen zu *Septnonakkorden*. Ihr genauer Aufbau wird zumeist über Ziffern- und Buchstabenkürzel beschrieben, die sich an den Intervallstrukturen orientieren, allerdings in den unterschiedlichsten Symbolschriften verbreitet sind.
Die dichteste Schichtung eines Akkordes heißt *enge Lage*. Durch Oktavierung von Binnentönen entsteht die sog. *weite Lage*, durch Oktavierung von Außentönen entstehen *Umkehrungen*.
Seit der Spätromantik arbeitet man zudem auch mit Quartenschichtungen (*Quartenakkordik*). In der Musik des 20. Jahrhunderts (→ Neue Musik) sind die vielfältigsten Akkordstufen zu finden (Sekundschichtungen, → Cluster usw.). Das Bezugsverhältnis von Akkordtönen wird als → Harmonik bezeichnet.

Dreiklänge

Dur-Dreiklang	*Moll-Dreiklang*	*verminderter Dreiklang*
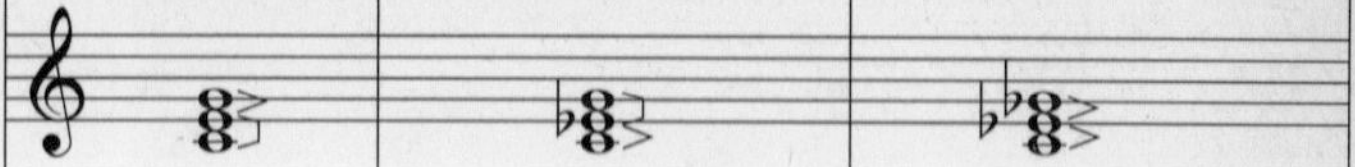		
C	c, cm, Cm, C–, Cmin, Cmi	$c^{5>}$, $cm^{\flat 5}$, $Cm^{\flat 5}$, $C\text{–}^{\flat 5}$, Cdim, $Cmin^{\flat 5}$, $Cmi^{\flat 5}$

übermäßiger Dreiklang	*hartverminderter Dreiklang*
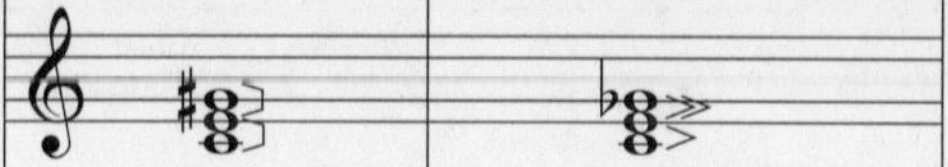	
$C^{5<}$, $C^{\sharp 5}$, C *überm*, C^{+}, C *aug*	$C^{5>}$, $C^{\flat 5}$

Septakkorde

Dur-Septakkord	*Moll-Septakkord* *kleiner Septakkord*	*verminderter Septakkord*
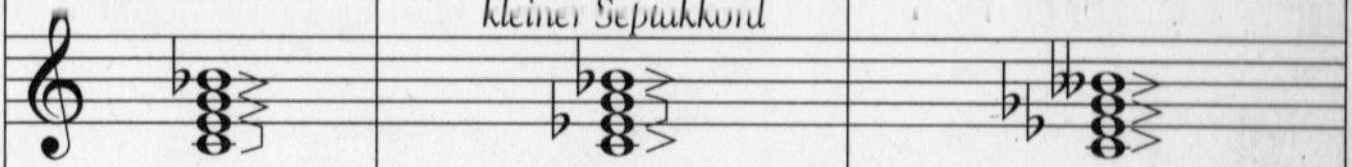		
C^7	c^7, cm^7, Cm^7, C^{-7}, $Cmin^7$, Cmi^7	C°, Cverm, Cv

Moll-Septakkord mit verminderter Quinte *halbverminderter Septakkord*	*großer Septakkord*
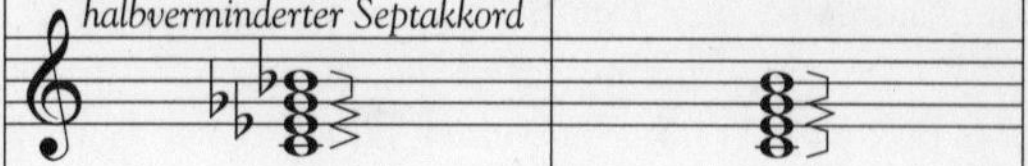	
$C^{ø}$, $c^{\overset{7}{5>}}$, $cm^{7\flat 5}$, $Cm^{7\flat 5}$, $C^{-7\flat 5}$, $Cmin^{7\flat 5}$, $Cmi^{7\flat 5}$	$Cmaj^7$, Cmj^7, Cj^7, CMA^7, CM^7, C△, $C△^7$

(Sept-)Nonakkorde

großer Nonakkord	*kleiner Nonakkord*
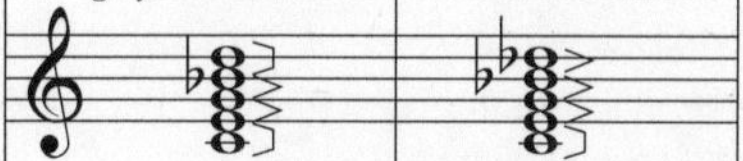	
C^9, $C^{7/9}$	$C^{\flat 9}$, $C^{7\flat 9}$

⊃ = *große Terz*
> = *kleine Terz*
≫ = *verminderte Terz*

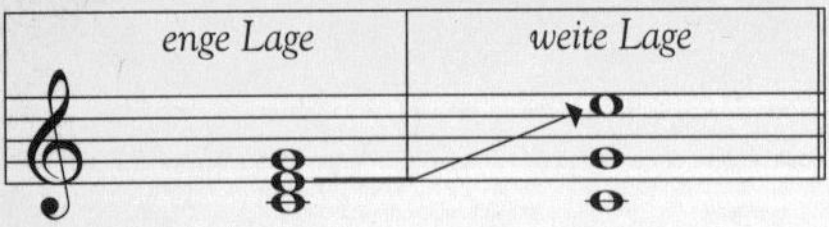

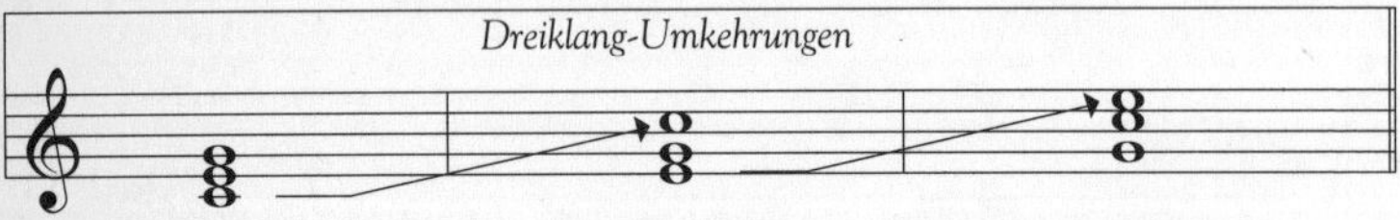

Grundstellung — 1. Umkehrung (Terz-)Sextakkord — 2. Umkehrung Quartsextakkord

Grundstellung — 1. Umkehrung Quintsextakkord — 2. Umkehrung Terzquartakkord — 3. Umkehrung Sekundakkord

Akkordeon → Harmonikainstrumente

Akzent [accentus = lat. Betonung] Deutliche Hervorhebung eines Klangereignisses bzw. einer Zählzeit innerhalb eines → Taktes durch Betonung. Die Grundverteilung der Betonungen innerhalb eines Taktes ist durch das jeweils vorliegende → Metrum gegeben und wird im Notentext nicht gesondert markiert. Hiervon abweichende Betonungsstrukturen können durch entsprechende Zeichensymbole (> ∨ ∧) oder durch *sfz*, *sf* *(sforzato, sforzando)*, *fz* *(forzato)* bzw. *rinf.*, *rfz.* *(rinforzato, rinforzando)* kenntlich gemacht werden. Alle Akzentgebungen sind in ihrer Gewichtung relativ zu verstehen und müssen in der Spielpraxis der jeweils grundsätzlich gültigen → Dynamik eines Abschnittes angepaßt werden. Eine Sonderform der Akzentuierung bildet allerdings das *fortepiano (fp)*, das, unabhängig von der Umgebungsdynamik, eine kurze Anhebung ins *forte* mit sofort anschließendem *piano* fordert.

Periodisch wiederkehrende Akzentwechsel können einen regelmäßigen Wechsel zwischen Taktarten suggerieren und werden oft bereits in der anfänglichen Taktangabe zu Beginn einer Partitur berücksichtigt und angekündigt (z. B. $\frac{2}{8}\frac{3}{8}$).

al fine [= ital. bis zum Schluß, Ende] Spielanweisung für Abschnitte mit → da capo oder → dal segno, in welchen die Wiederholung bis zum Notationszeichen *fine* gefordert ist.

al loco → Oktavierungszeichen

al segno [= ital. zum Zeichen; abgek. *a.s.*] Spielanweisung, welche die Wiederholung eines entsprechenden Abschnittes bis zu einem bestimmten Notationszeichen (𝄌 𝄋 𝄌) fordert. (vgl. → al fine, → dal segno, → da capo)

ālāp → rāga

alba → Troubadours

Albertische Bässe (Harfenbässe) Bezeichnung für beständig sich wiederholende, üblicherweise von der linken Hand auszuführende Akkordbrechungen (→ Arpeggio) in Klavierstücken. Die Bezeichnung bezieht sich auf Domenico Alberti, der mit seinen «Klaviersonaten» (1748) dieses Verfahren etablierte.

Aleatorik [alea = lat. Würfelspiel, Wagnis, Ungewißheit des Ausgangs, Risiko] Seit 1956 bekanntes Werkverfahren, welches den Zufall als konstitutives Element in musikalische Abläufe einplant. Aleatorik entstand aus der bewußten Abkehr vom totalen Konstruktivismus der → Seriellen Musik.
Die Bezeichnung ist eine Ableitung aus «Alea», dem Titel eines Vortrags von Pierre Boulez bei den Darmstädter Ferienkursen für Neue Musik, in welchem der Autor 1957 über das entsprechende Gestaltungsverfahren referierte.
Die Partitur eines aleatorischen Werkes ist ein gleichsam vorläufiges Konzept. Die endgültige Gestalt eines solchen Werkes ist variabel und offenbart sich erst während des Erklingens – ein Phänomen, welches allerdings für jede Interpretation mehr oder weniger Gültigkeit hat, ist doch jede Partitur letztlich nur ein Konzept. Als Aleatorik wurde dieser Umstand allerdings erstmals konsequent zu Ende gedacht.
Aleatorik kennt mehrere Möglichkeiten der praktischen Realisierung. Bei einer sog. *variablen Form* besteht ein Werk aus vollständig auskomponierten Abschnitten, welche jedoch in der Art von Bausteinen untereinander austauschbar sind und deren zeitliche Abfolge von den Interpreten jeweils vor der Aufführung beliebig zusammengestellt ausgewählt werden kann (vgl. Karlheinz

Stockhausen: «Klavierstück XI», 1956, mit 19 solcher Bausteine). John Cage (1912–1992) bezieht sich bei seiner frühen Aleatorik auf das Münzorakel des konfuzianischen Weissagungsbuches «I-Ging» (2950 v. Chr.), das zur Nutzung des Orakels das sechsmalige Werfen dreier Münzen erfordert. Die gewünschten Entscheidungshilfen sind dann aus 64 Hexagrammen ablesbar. Cage stellt für seine ersten aleatorischen Werke Abschnittsverzeichnisse bereit, in welchen jeweils 64 musikalische Parameter geordnet sind. Die Reihenfolge der Episoden, aber auch deren Anordnung zu simultan erklingenden Übereinanderschichtungen wird zu Beginn jeder Aufführung durch Münzenwerfen bestimmt.
Bei der *offenen Form* der Aleatorik wird auch der Aufbau der Werk-Bausteine, also die Komposition der Klangereignisse, innerhalb der einzelnen Abschnitte durch Zufall gesteuert (vgl. J. Cage: «Music of Changes», 1951).
Kontrollierte Aleatorik (begrenzte Aleatorik, aleatorischer Kontrapunkt) arbeitet mit der Überlagerung von fixierten und ungebundenen Zeitabläufen (vgl. Witold Lutosławski: «Jeux vénitiens» für kleines Orchester, 1961; «Trois Poèmes d'Henri Michaux», 1961–1963; «Streichquartett», 1964). Alle wirksamen Parameter außer dem gemeinsamen Metrum sind auskomponiert. Durch die zufällige Verschiebung und Überlagerung der beteiligten Zeitachsen ist das hörbare Produkt aleatorisch bestimmt, obwohl die Einzelstimmen ansonsten (bezüglich Tonhöhen, Dynamik, Artikulation usw.) festen Regelungen folgen.
Durch das aleatorische Prinzip wurde der traditionelle Formbegriff aufgelöst und damit gleichzeitig der *Werkbegriff* als solcher in Frage gestellt. Das aleatorische Werk ist nur in bestimmten Bereichen fertiggestellt und fixiert, andere Elemente bleiben absichtsvoll unvorherbestimmt und ungewiß *(work in progress)*.

Aliquotsaiten → Viola d'amore, → Viola di bordone

alla breve Vortragsanweisung, einen $\frac{4}{4}$-Takt als $\frac{2}{2}$ -Takt zu spielen, d. h. halbe Noten als Grundzählzeiten zu behandeln. Das entsprechende Notationssymbol ¢ ist vom Sonnensymbol abgeleitet bzw. von der Philosophie des *tactus perfectum*.

allargando → Tempo

allegro → Tempo

Allemande [allemand,-e = frz. deutsch] Geradtaktiger, zweiteiliger Schreittanz deutscher Herkunft, welcher bevorzugt im $\frac{4}{4}$-Takt steht, in der Regel auftaktig beginnt (Achtel- oder Sechzehntel-, seltener Viertel-Auftakt) und in gemäßigtem Tempo gehalten ist. Die Allemande übernimmt ab Ende des 17.

Jahrhunderts Bedeutung und Rolle der älteren → Pavane als Eingangstanz der → Suite und bildet dort zusammen mit der → Courante ein Satzpaar. Die typische Auftaktstruktur einer Allemande ist:

Ende des 18. Jahrhunderts erscheint eine $\frac{3}{4}$-taktige Variante der barocken Allemande, welche zum Ausgangspunkt der *Deutschen Tänze* (vgl. L. v. Beethoven, Franz Schubert) sowie nachfolgend auch der Wiener → Walzer wird.

Alphorn Alpenländisches Blasinstrument mit konisch gebohrter Holzröhre, das wegen seiner Tonerzeugung (meist mit Kesselmundstück) zu den → Blechblasinstrumenten gezählt werden kann. Die Schallröhre besitzt keine Tonlöcher (es sind also ausschließlich die Töne der zugehörigen → Naturtonreihe spielbar).
Das Alphorn ist traditionell aus einem Tannenstamm gefertigt. Hierzu wird ein mit der gewünschten Endkrümmung gewachsener Baum in zwei Hälften längs aufgeschnitten, ausgehöhlt und mittels enger Verschnürungen neuerlich zusammengefügt (dieses Werkverfahren ist für ähnliche Instrumente weltweit verbreitet).
Alphörner können bis 330 cm (in Ausnahmefällen auch bis 400 cm) lang sein und wurden früher hauptsächlich unter Hirten als Signalinstrument zur Verständigung über große Entfernungen benutzt. Bei entsprechender Konditionierung der Herdentiere konnte das Alphorn auch als Lockruf-Instrument eingesetzt werden.

Alt → Gesangsregister

Alterierung [alter = lat. der andere] Änderung der notierten Ausgangstonhöhe einer Tonstufe um einen definierten Intervallschritt aufwärts (*Hochalterierung*, z. B. d nach dis) oder abwärts (*Tiefalterierung*, z. B. d nach des).
Alterierungen werden in der Notenschrift durch *Versetzungszeichen* kenntlich gemacht. Ein Versetzungszeichen steht jeweils direkt vor der zu alterierenden Note (auf gleicher Höhe mit deren Notenkopf) und gilt für diese Tonstufe bis zum Ende des entsprechenden Taktes.
Übliche Versetzungszeichen sind ♯ (Kreuz), 𝄪 (Doppelkreuz), ♭ (Be) und 𝄫 (Doppel-Be). Das ♯ (Kreuz-Versetzungszeichen) erhöht eine Ausgangstonstufe um einen Halbtonschritt. An den Stamm-Notennamen wird die Silbe -is angehängt (aus c wird cis; zur Aussprache: e-ïs bzw. a-ïs). Das 𝄪 (Doppelkreuz-

Versetzungszeichen) erhöht eine Ausgangstonstufe um einen Ganztonschritt. An den Notennamen wird die Silbe -isis angehängt (aus c wird cisis). Das ♭ (Be-Versetzungszeichen) erniedrigt eine Ausgangstonstufe um einen Halbtonschritt. An den Notennamen wird die Silbe -es angehängt (dabei sind drei Ausnahmen zu beachten: Aus e wird nicht ees, sondern es; aus a wird nicht aes, sondern as; aus h wird nicht hes, sondern b). Das 𝄫 (Doppel-Be-Versetzungszeichen) erniedrigt eine Ausgangstonstufe um einen Ganztonschritt. An den Notennamen wird die Silbe -eses angehängt. Dabei wird h zu heses, nicht zu bes! Beim Ton a sind zwei Varianten verbreitet: ases, aber auch asas.
Die Wirkung eines Versetzungszeichens läßt sich durch ein *Auflösungszeichen* ♮ aufheben *(auflösen)*.
Im 18. Jahrhundert entwickelte man eine wesentliche Vereinfachung des Alterierungsverfahrens, indem nun die längerfristig innerhalb eines Musikstückes gültigen Versetzungszeichen als sog. *Vorzeichen* jeweils an den Anfang des Liniensystems gesetzt wurden. Vorzeichen gelten für eine entsprechende Tonstufe über alle Oktavbereiche. Ihre Wirkung kann allerdings im Bedarfsfall durch zusätzliche Versetzungszeichen erweitert oder aufgehoben werden. Vorzeichen dienen zudem als Kennzeichen für eine jeweils bestimmte Tonalität bzw. Tonart (→ Quintenzirkel).

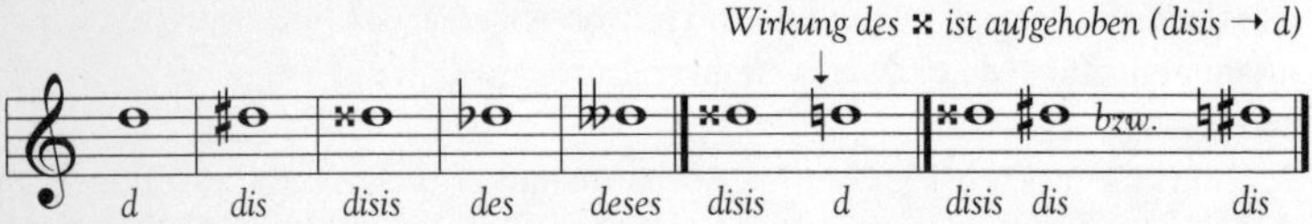

Tatsächlich wird natürlich kein Ton *erhöht* bzw. *erniedrigt*, sondern es handelt sich nur um eine aus der Praxis entwickelte vereinfachte Benennungsweise, die von einer bestimmten Stammtonreihe (c-d-e-f-g-a-h) ausgeht und die jeweiligen Zwischentöne durch Zusatzzeichen (und eine entsprechende Namensvariante) bezeichnet. So ist z. B. der Ton cis nicht ein erhöhtes c, sondern eine völlig eigenständige Tonstufe, die allerdings höher liegt als c. Beiden Tonstufen wird jedoch der Einfachheit halber ein gleiches Grundsymbol zugeordnet, das dann bei cis noch einen entsprechenden Zusatz ♯ (Kreuz-Versetzungszeichen) erhält.

Althorn → Blechblasinstrument der Altlage mit konisch-mensurierter Schallröhre und Ventiltechnik. Das Althorn wird in vier unterschiedlichen Bügelformen gebaut (Trompeten-, Tuba-, Waldhorn- und Ovalform), wovon die Waldhornform in Deutschland die verbreitetste ist.

andante → Tempo

antiphonischer Chorgesang [antiphonia = lat. Gegengesang] Wechselgesang zwischen zwei Chören oder Halbchören, der bereits in früher jüdischer → Psalmodie bekannt war. Dort wurden die Abschnitte von Hymnen oder Psalmen jeweils von Männer- bzw. Frauen-Halbchören alternierend ausgeführt. Einen Wechselgesang zwischen einem Solisten (Vorsänger, Priester) und einem Chor unterscheidet man als → *responsorisch*.

Äoline → Harmonikainstrumente

Arabische Musik → maqām, → tacht; Instrumente: → mizmār, → nāy, → rebāb, → kamānğah, → qānūn, → sanṭūr, → ṭunbūr, → `ūd, → darābukka

Arbeitslied Funktional gebundener → Liedtypus, der durch eine deutliche, auf die jeweilige Arbeitsweise bezogene Rhythmik geprägt ist.
Arbeitslieder dienen dazu, Arbeitsbewegungen zu koordinieren und damit letztlich effizienter zu gestalten. Dabei bewirken sie zudem ein subjektives Gefühl psychischer Arbeitserleichterung. Durch das Singen wird die Aufmerksamkeit des Arbeitenden vom Wahrnehmungsbereich des eigentlichen Arbeitsvorganges in ein völlig anderes Wahrnehmungsfeld, nämlich das des Singens und Musizierens, gelenkt. Der physisch-reale Arbeitsprozeß läuft dagegen weitgehend automatisiert ab. Durch den beim Singen notwendigerweise gleichmäßigen Atemrhythmus wird das autonome Nervensystem stimuliert. Das hat zur Folge, daß die während des Arbeitens auftretende körperliche oder geistige Anstrengung weniger bewußt und somit auch als weniger belastend wahrgenommen wird (beim *Wanderlied* geht der Rhythmus des jeweiligen Liedes gleichsam *in die Beine*).
Arbeitslieder sind weltweit und für die verschiedensten Arbeitsbereiche verbreitet (→ Worksong, → Shanty). Es kann sich dabei um jeweils neue, speziell für einen bestimmten Arbeitsablauf geschaffene Stücke handeln. Ebenso ist es durchaus üblich, auch bereits bekannte Lieder, welche an sich ursprünglich zu einem anderen Liedtypus gehörten, als Arbeitslieder einzusetzen. Auswahlkriterium ist ein deutlicher und im Sinne der jeweiligen Arbeits- bzw. Bewegungsweise brauchbarer Rhythmus.
Arbeitslieder dürfen nicht mit sog. *Ständeliedern* verwechselt werden, welche

nicht an bestimmte Arbeitsrhythmen gebunden sind, sondern die auszuführende Tätigkeit in beschreibender Weise schildern (vgl. das deutsche Kutscherlied «Hoch auf dem gelben Wagen»).

Arie [air, aire = afrz. Art und Weise] Instrumental begleitetes, solistisches Vokalstück, das unterschiedlichste Formanlagen aufweisen kann.
Eine Arie kann als einfaches oder variiertes Strophenlied (vgl. W. A. Mozart: «Die Zauberflöte», die Arien des Papageno), in zwei- oder dreiteiliger → Liedform, in Sonaten- oder rondoähnlicher Struktur oder formal völlig frei gestaltet sein. Die seit Anfang des 18. Jahrhunderts verbreitetste Formanlage ist die da capo-Form (A-B-A bzw. A-B-A'). Dabei wurde die Reprise (A bzw. A') einer solchen *da capo-Arie* in der Aufführungspraxis des 18. Jahrhunderts eigentlich nie als wörtliches Zitat des jeweils ersten A-Teiles verstanden, sondern improvisierend mit vielfältigen Ornamenten ausgeschmückt.
Arien kommen als Einzelwerke vor (*Konzertarie;* vgl. L. v. Beethoven: «Ah perfido!»; Alban Berg: «Der Wein»), können jedoch auch als Werkabschnitte in größere Zusammenhänge eingebunden sein (vgl. → Oratorium, → Passion, → Kantate, → Oper). In der Oper dient die Arie, neben dem → Rezitativ, als formaler Grundbaustein der Gattung. Dabei erfüllt das Rezitativ im wesentlichen die Aufgabe, den jeweiligen Handlungsfortgang zu schildern, während die Arie eher die jeweilige Seelenlage der handelnden Personen durchleuchtet und deren Charaktere darstellt. Eine Neapolitanische Oper konnte bis zu 20, eine Venezianische Oper gar bis zu 80 Arien enthalten.
Viele Arien sind einfach solistisch besetzt, es gibt jedoch auch Mehrfach-Besetzungen. Ab etwa Mitte des 17. Jahrhunderts erhielten Arien gesangstechnisch anspruchsvolle Verzierungen (*Koloraturen*) beigefügt (*Koloraturarie*; z. B. W. A. Mozart: «Die Zauberflöte», Arie der Königin der Nacht).

Arpeggio [arpa = ital. Harfe] Verzierungsanweisung, einen Akkord harfenartig, d. h. mit nacheinander aufsteigenden Tönen, zu spielen (→ Manieren).

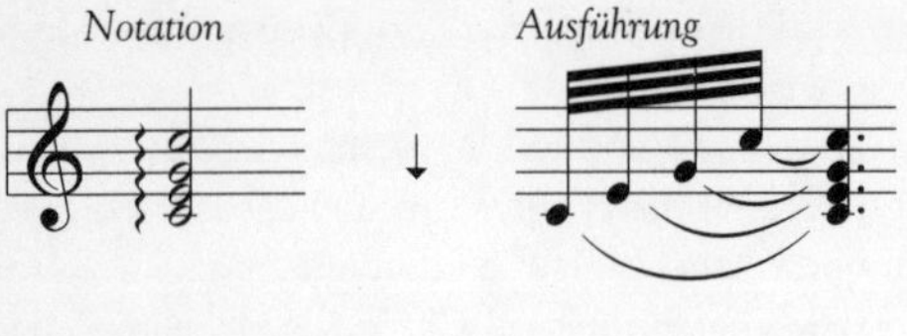

arpicembalo → Hammerflügel

Arrangement [= frz. Einrichtung] Bearbeitung eines vorliegenden Werkes.

Ars antiqua [= lat. alte Kunst] Musikepoche von etwa 1240 bis 1320, deren Stilistik sich (im Unterschied zur direkt vorangegangen → Notre-Dame-Schule) nun in ganz Nordfrankreich verbreitet. Hauptgattungen sind → Organum (wie in der Notre-Dame-Schule ohne Neuentwicklung weiterverwendet), zwei- bis vierstimmige → Motette und → Conductus (jetzt häufiger auch mit → Kontrafaktur für den cantus/tenor). Beliebt ist die Anwendung der → Hoquetus-Satztechnik, welche sich zu einer eigenständigen Vokalgattung verselbständigt. Als typisches Kennzeichen dieses Zeitabschnittes gilt die Anwendung der neuentwickelten → Mensuralnotation. Sie ermöglichte es, die metrisch und rhythmisch beständig komplexer gewordenen Beziehungen zwischen den einzelnen Stimmen innerhalb eines polyphonen Satzes schriftlich adäquat zu fixieren. Im rhythmischen Bereich bleibt Dreigliederung vorrangig, wenngleich zweiteilige Rhythmik immer häufiger erscheint. Neu ist die geistige Haltung zum Werk. Die Kompositionen werden nun als abgeschlossene, unveränderbare Kunstschöpfungen empfunden, die nicht mehr (wie noch in der Notre-Dame-Zeit durchaus üblich) während der Singpraxis durch spontane Erfindungen ergänzt und umgearbeitet werden durften. (Der bis heute gültige *Werkbegriff* als *opus perfectum et absolutum* entsteht allerdings erst im 16. Jahrhundert.) Gleichzeitig und folgerichtig treten die Komponisten jetzt auch erstmals aus ihrer bisherigen Anonymität. Zu den bedeutendsten Musikschaffenden der Ars antiqua zählen Petrus de Cruce, Adam de la Halle und Franco von Köln.
Die Bezeichnung Ars antiqua war keine zeitgenössische Benennung, sondern kam erst auf, als man (etwa 1325) nach Möglichkeiten suchte, rückblickend die ältere Musik von der Stilistik der → Ars nova abzugrenzen.

Ars nova [= lat. neue Kunst] Musikepoche von etwa 1320/25 bis 1430. Die Bezeichnung ist aus dem Titel eines gleichnamigen Traktats von Philippe de Vitry (1291–1361) abgeleitet, welches die kompositorischen Neuerungen der Zeit behandelt.
Wie in der vorangegangenen → Ars antiqua vollziehen sich die wesentlichen Entwicklungen weiterhin in Frankreich (insbesondere in Paris). Die bisherige Vorrangstellung der geistlichen Musik schwindet, weltliche Musik erhält größere Bedeutung und mehr Eigenständigkeit. Entsprechend werden die bisherigen satztechnischen und formalen Regeln, Textierungs- sowie Besetzungsverfahren auch in geistlicher Musik zunehmend freier ausgelegt. Zweigliedrigkeit kann sich neben der bisher als vollkommen betrachteten Dreigliedrigkeit behaupten. Die → Mensuralnotation wird weiter verfeinert (mit *semibrevis* und *minima* entstehen kleinere Zeitwerte als bislang üblich). Eine erste gültige Systematisierung der Notenwerte wird Johannes de Muris (um 1295 – etwa 1351) zugerechnet.
Das → Organum-Verfahren wird nun nicht mehr weiterverfolgt, der → Con-

ductus verliert an Bedeutung, erhalten bleibt dagegen der → Hoquetus. Bestimmende Satzart der Ars nova wird die → Polyphonie, typische Gattungen sind die → Motette (seit de Vitry auch als *Isorhythmische Motette*) und die → Messe. Insbesondere die Doppelmotette kann immer häufiger auch instrumental begleitet sein, ihr triplum befindet sich nun zumeist im Diskantregister und wird daher von Knabenstimmen (bei einem triplum in tiefer Lage bisher von Männerstimmen) abgedeckt. Wurden bislang in Motetten in der Regel lateinische und geistlich-religiöse Texte vertont, so beginnt man nun, auch französische und weltliche Texte zu verwenden. Sie beschäftigen sich inhaltlich mit realen, auch politischen Gegebenheiten (es gibt u. a. nicht wenige Motetten über französische Könige).

Die Musik zu einer Messe entstand bislang zunächst noch nicht als Ganzheit, sondern wurde, je nach funktionaler Notwendigkeit, aus einzelnen Teilen verschiedener Quellen zusammengefügt. Konsequenterweise wurden die Messen seinerzeit nicht nach Komponisten benannt, sondern nach ihren jeweiligen Aufbewahrungsorten (vgl. Messen von Sorbonne, Las Huelgas, Tournai, Barcelona, Toulouse). Guillaume de Machaut (etwa 1300–1377), der sicherlich bedeutendste und innovativste Komponist der Ars-nova-Zeit, durchbricht diese Tradition und komponiert 1364 erstmals eine vollständige Messe (vgl. «Messe de Nostre-Dame»).

Insgesamt stellen die Neuerungen der Ars nova eine Entwicklung dar, welche zu hitzigen theoretischen Auseinandersetzungen führte und von bestimmten klerikalen Kreisen zumindest argwöhnisch beobachtet wurde. Papst Johannes XXII. ordnete um 1325 in seiner Bulle «Docta Sanctorum» sogar an, daß Aufführungen von Ars-nova-Werken in Kirchen strafrechtlich zu verfolgen seien. Ob dieses Verbot jedoch tatsächlich aus einer ablehnenden Haltung gegenüber der Ars-nova-Kunst entstand, muß allerdings angezweifelt werden. Der Erlaß könnte ebensogut ein Zeichen rein kirchenpolitischer Abgrenzungen gewesen sein (Johannes XXII. hatte seinen Amtssitz in Avignon, in Paris galt dagegen römisches Kirchenrecht). Immerhin war auch die gottesdienstliche Form in Avignon durchaus fürstlich-prunkvoll, so daß der Ruf nach musikalischer Bescheidenheit seltsam widersprüchlich anmutet.

Der französische Ars-nova-Stil beeinflußt ab etwa 1360 u. a. die italienische → Trecento-Musik. Die → Niederländische Vokalpolyphonie markiert das Ende der Ars nova.

arte dei rumori → Futurismus

Artikulation [articulare = lat. deutlich aussprechen] Gestaltungsweise eines Tones, welche sich durch die spezifische Art der Verbindung oder Trennung mit seinen benachbarten Tönen ergibt.

Die wichtigsten Artikulationsbezeichnungen sind *legato* (benachbarte Töne unterschiedlicher Tonhöhe sollen aneinandergebunden gespielt werden) und *staccato* (abgek. *stacc.*; entsprechende Töne sind voneinander zu trennen). Weitere Abstufungen sind möglich, u. a. *portato* (getragen, zwischen legato und staccato) oder *tenuto* (entsprechend gekennzeichnete Töne sind maximal auszuhalten). Ein *Binde-* bzw. *Legatobogen* wird in der → Notation mit dem gleichen Symbol wie ein → Phrasierungsbogen dargestellt (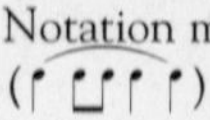), erfüllt aber eine andere Funktion.
Artikulation bestimmt, ebenso wie die → Phrasierung, nachhaltig den Charakter eines Musikstückes.

Atonale Musik Musik, welche auf das traditionelle, funktionale Wirkungsgefüge zwischen Tonstufen bzw. Harmonien verzichtet und damit keine erkennbare → Tonalität aufweist.
Als erste konsequent atonal komponierte Werke der Musikgeschichte gelten die «Drei Klavierstücke» op. 11, Nr. 1–3 (1909) und die «Fünfzehn Gedichte aus ‹Das Buch der hängenden Gärten› von Stefan George», op. 15 (1908/09) von Arnold Schönberg (1874–1951). Er vollendet damit eine Entwicklung, die sich bereits in den bitonalen und polytonalen Akkordschichtungen der Spätromantik (Richard Wagner, Richard Strauss; → Romantik) und des → Impressionismus (Claude Debussy) angekündigt hatte.
In einem atonalen Werk hat die Leittönigkeit keine Gültigkeit mehr (→ Leitton). Es gibt kein erkennbares tonales Zentrum (*Grundton*) und entsprechend auch keine der sich üblicherweise daraus ableitenden harmonischen Gestaltungsmittel (→ Modulationen, → Ausweichungen, → Enharmonik usw.). Die bisherigen Regeln der → Harmonik werden nahezu bedeutungslos, Dissonanzen und Konsonanzen sind zu gleichwertigen Elementen ohne irgendwelche Auflösungsbedingungen geworden (sog. *Verselbständigung der Dissonanz*). Jeder Ton und jeder Akkord ist nun primär ganz Klang. → Dreiklänge und diatonische Linien werden nur selten verwendet, da sie zur Wahrnehmung von Tonalität führen könnten.
Der Verzicht auf Tonalität bedeutet allerdings auch einen Verzicht auf bisherige vertraute Verfahren der formalen Gliederung, welche traditionell von bestimmten harmonischen Standardfolgen verdeutlicht wurden (→ Kadenz).
Unglücklicherweise haben sich mit *atonal* bzw. *Atonalität* Bezeichnungen für diese Stilform durchgesetzt, welche höchst mißverständlich gedeutet werden können. Meint *atonal* doch keinesfalls *ton-los*, eine absurde Verwechslung, welche von Gegnern dieser Strömung allerdings gerne und genüßlich immer wieder ins Spiel gebracht wird. Aber selbst wenn man die Wortbildung in richtigem Sinne, also als *atonikal* bzw. *tonalitätsfrei*, versteht, bleibt doch zumindest die ungünstige Negationsformulierung als solche bestehen. Die Vokabeln *ato-*

nal bzw. *Atonalität* wurden daher von Schönberg und den Vertretern der *Zweiten Wiener Schule* (→ Dodekaphonie) stets beharrlich abgelehnt. Schönberg selbst bevorzugte die Bezeichnung *Pantonalität*.
Als Ordnungshilfe beim Komponieren atonaler (bzw. pantonaler) Musik erprobte Schönberg in der Folgezeit unterschiedliche → Reihentechniken und entwickelte schließlich die → Dodekaphonie.

aube → Troubadours

Auflösungszeichen (♮) → Alterierung

Auftakt Unbetonter, bezüglich der gültigen Taktart unvollständiger Taktabschnitt zu Anfang einer musikalischen Einheit (Gegensatz: *Volltakt*). Die zur Vollständigkeit fehlende Zählzeit eines Auftaktes ist im jeweiligen *Endtakt* eines Musikstückes berücksichtigt.

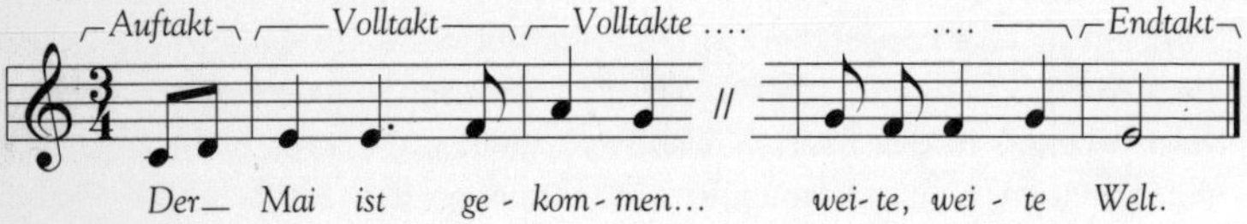

Augmentation → Imitation

aulos Antikes griechisches → Doppelrohrblattinstrument mit zylindrisch mensurierter Spielröhre, das in der Musizierpraxis zumeist paarig (als *auloi*) verwendet wurde. Der Bautypus ist vermutlich aus ägyptischen Instrumenten des 15. Jahrhunderts v. Chr. weiterentwickelt. Verwirrenderweise wurde die griechische Bezeichnung aulos (vgl. Epen des Homer) lange Zeit schlicht unrichtig als *Flöte* übersetzt (vgl. u. a. Johann Heinrich Voß).

Ausweichung Kurzfristiger Wechsel der Tonart ohne → Kadenz-Bestätigung. Ausweichungen werden zumeist durch → Zwischendominanten herbeigeführt. Sie bewirken für einen begrenzten Abschnitt eine Verschiebung des tonalen Zentrums zu einem verwandten Klang (vgl. «Der Mai ist gekommen», T. 5–8, mit Ausweichung in die → Dominant-Tonart).
Ein Wechsel der Tonart, der über eine Kadenz bestätigt wird, heißt → Modulation.

Auto-Harp → Zither

B

Bach-Trompete Moderne, kleine → Trompete (zumeist in hoch B und hoch F) mit speziellem Clarinmundstück zur Aufführung von Barockmusik (insbesondere für Werke von J. S. Bach).
Bach führte die Trompete gerne als Melodieinstrument im Bereich des 8. bis 16. Partialtons. Nur in diesem sog. *clarino*-Register stehen auf einer ventillosen Naturtrompete ausreichend Sekundschritte zu einer sinnvollen Melodiebildung zur Verfügung. Innerhalb der damaligen Trompeterzünfte gab es spezialisierte Instrumentalisten für das *Clarinblasen*, die Abgeschlossenheit der Zünfte verhinderte allerdings eine größere Verbreitung dieser Fertigkeit. Als schließlich durch die Entwicklung der Ventiltrompete auch das Melodiespiel in tieferen Lagen möglich wurde, führte dies praktisch zum Verlust dieses Wissens.
Heute stellt der clarino-Bereich auf einem modernen Standardinstrument selbst für geübte Bläser eine hohe Anforderung dar und ist von manchen Instrumentalisten gar nicht realisierbar. Um die Bachschen Werke dennoch aufführen zu können, entwickelte man schließlich die Bach-Trompete, deren Rohrlänge im Verhältnis zu einer Normal-Trompete stark verkürzt ist, so daß eine höhere Grundstimmung entsteht. Der gewünschte Tonbereich ist damit bequemer erreichbar.

bağlama [bağlamak= türk. binden] Langhalslaute türkischer Volksmusik mit Bünden und halbbirnenförmigem Korpus, welche in drei verschiedenen Größen vertreten ist. Die kleinste Bauform *(cura)* ist dreisaitig, die mittlere Form (*cura bağlama* oder *bozuk*) besitzt meist sechs (oft zu Doppelchören zusammengefaßte) Saiten, die größte Form (*divan sazi* oder *meydan sazi*) kann neun bis zwölf Saiten (ebenfalls in Doppelchören) aufweisen. Alle Baugrößen werden mit Plektrum gespielt, die tiefen Saiten dabei häufig bordunartig mitgezupft, so daß eine mehrstimmige Spielweise entsteht.

Die bağlama wird (vor allem in Anatolien) als *saz* [= türk. Musikinstrument] bezeichnet.

bagpipe → Dudelsack

Balalaika Seit dem 18. Jahrhundert in ukrainischer Volksmusik verbreitetes dreisaitiges Zupfinstrument, dessen Resonanzkorpus (Tannenholz) dreieckig und mit flachem oder bauchigem Boden gestaltet ist. Die leicht gewölbte Decke weist ein Schalloch oder eine Rosette auf. An den Korpus ist ein langer Hals mit 4 bis 21 Bünden aus umgebundenen Darmschnüren angesetzt, der in eine Wirbelplatte mit hinterständigen Holzwirbeln ausläuft. Die heutige Balalaika ist in sechs Baugrößen verbreitet: *Kontrabaß-Balalaika* (E_1, A_1, D), *Baß-Balalaika* (E, A, d), *Alt-Balalaika* (e, e, a), *Sekund-Balalaika* (a, a, d'), *Prim-* oder *Sopran-Balalaika* (e', e', a'), *Piccolo-Balalaika* (e", e", a" oder h', e", a"). Die Saiten werden mit einem Plektrum gezupft.

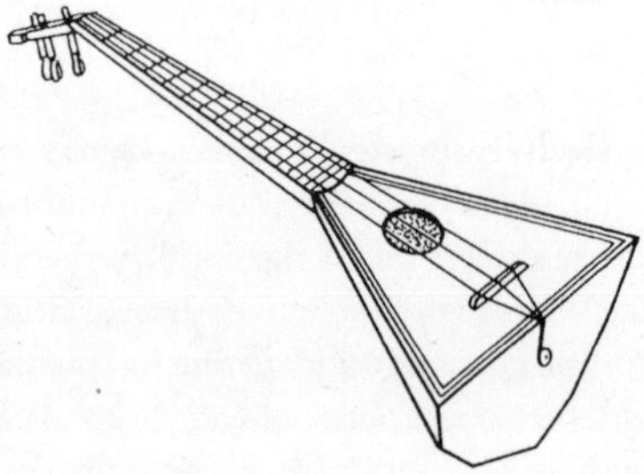

balancement → Bebung

ballad opera → beggar's opera

Ballade [ballo = ital. Tanz] Gattungsbezeichnung, deren Bedeutung sich im Laufe der Musikgeschichte mehrfach änderte.
Die Troubadours, Trouvères und Minnesänger des 13. und 14. Jahrhunderts verstanden unter einer *balada* ein einstimmiges Tanzlied, welches, mit Saiteninstrumenten begleitet, zu Reigentänzen vorgetragen wurde. Trouvère-Balladen des 14. Jahrhunderts hatten Bar- oder Rondoform oder waren als Refrainlied gearbeitet (vgl. Adam de la Halle: «Dieus soit en ceste maison»). Im italienischen → Trecento (14. Jahrhundert) war *ballata* eine Tanzliedform, die auch mehrstimmig besetzt sein konnte (vgl. Francesco Landini: «Angelica Beltà», «Gram piant'agli ochi», jeweils zweistimmig).
Die Ballade des 18. und 19. Jahrhunderts weist dagegen keinen Tanzcharakter auf. Sie ist ein Musikstück mit Erzählcharakter, dem gewöhnlich eine Ballade aus der Dichtkunst als Textvorlage zugrunde liegt. Die Textvorlage kann sowohl als instrumental begleitetes Lied (→ Kunstlied; vgl. Robert Schumann: «Die beiden Grenadiere»; Carl Loewe: «Archibald Douglas») wie auch rein

instrumental vertont sein (vgl. Frédéric Chopin: vier «Balladen» für Klavier, vermutlich nach Balladentexten von Adam Mickiewicz; Johannes Brahms: «Balladen» op. 10, Nr. 1, für Klavier, nach der schottischen Ballade «Edward»; Paul Dukas: «Der Zauberlehrling», als Scherzo nach der gleichnamigen Ballade von Johann Wolfgang von Goethe). Charakteristisch sind in allen Fällen eine dramatische Grundatmosphäre und deutlich betonte, dem Handlungsfortgang der zugrundeliegenden Erzählung entsprechende Wechsel der Stimmungsebenen (vgl. Franz Schubert: «Erlkönig»). Im 19. Jahrhundert entstehen zudem (musikalische) Balladen, bei denen eigenständige poetische Rahmen gewählt werden, ohne auf bereits vorliegende Balladentexte zurückzugreifen.

Die klassisch-romantische Balladengattung ist grundsätzlich an keine verbindliche Form gebunden, kann kantatenartige Formanlage besitzen, strophisch gegliedert, der Sonatenform angenähert oder durchkomponiert sein. Die Ballade der Romantik steht zwar in deutlicher Nähe zum → Charakterstück, ist jedoch im Unterschied zu dieser Werkgattung häufig mehrthematisch und allgemein mit größeren Ausmaßen angelegt. Seit dem späten 19. Jahrhundert entstehen (nach Vorstufen bei Robert Schumann) Balladen auch in Chor- und Orchesterbesetzung (*Chorballade*; vgl. Hugo Wolf: «Der Feuerreiter»).

In der Jazz-, Rock-, Pop- und Schlagermusik des 20. Jahrhunderts versteht man unter einer Ballade übereinstimmend ein gerne mehrgliedrig gearbeitetes Musikstück in ruhig-fließendem Tempo und mit gefühlsbetontem (gelegentlich auffallend ins Rührselige abgleitendem) Charakter. Eine Textvorlage muß dabei weder erzählend sein noch überhaupt zugrunde liegen.

ballata → Ballade

Bandoneon (Bandonium, Bandonion) Wechseltönige Ziehharmonika mit 32 bis 100 Knöpfen, welche etwa 1845/46 von Heinrich Band (Krefeld) aus der *Deutschen Konzertina* (→ Concertina) entwickelt wurde und etwa seit dem 19. Jahrhundert als typisches Instrument argentinischer Tangomusik (vgl. Astor Piazzolla) gilt. 1902 baute J. Zademack auch ein gleichtöniges, chromatisches Bandonion, so daß heute beide Formen verbreitet sind (→ Harmonika-Instrumente).

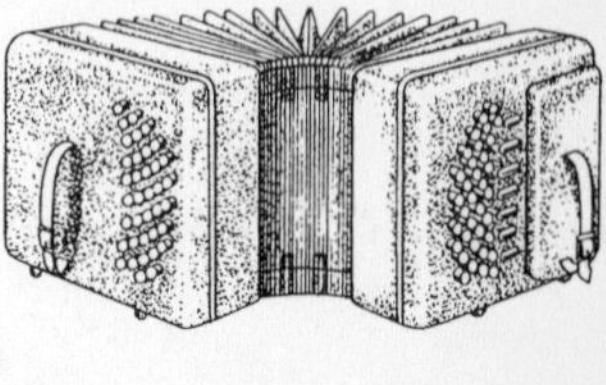

Banjo Afroamerikanisches Zupfinstrument, dessen bauliche Grundstruktur wie auch die Bezeichnung mit ziemlicher Sicherheit auf die senegalesische → Laute *banza* zurückgehen. Die westafrikanische *banza* besitzt einen ausgehöhlten, getrockneten Kürbis als Resonanzkorpus, an welchen ein sehr langer, dünner, bundloser Hals angesetzt ist. Diese Konstruktionsidee, wahrscheinlich auch einige Instrumente selbst, brachten schwarze Sklaven nach Nordamerika mit. Ungeklärt ist, wann dort (eventuell durch Umbau älterer importierter Instrumente) die ersten Banjos in der bis heute üblichen Bauweise mit einer fellbezogenen Rahmentrommel (→ Tamburin) als Korpus entstanden sind. Es ist zu vermuten, daß dieser Wechsel der Korpus-Bauweise weniger auf eine Änderung der klanglichen Vorstellungen als vielmehr schlicht auf den Mangel an geeigneten natürlichen Hohlkörpern zurückging.

Das Banjo wurde beliebtes Begleitinstrument in früher afroamerikanischer, ländlicher Tanzmusik und gehörte zur Standardbesetzung des New-Orleans-Jazz (im damaligen → Blues wurde dagegen die → Gitarre bevorzugt). Es wurde später auch in weiße → Country-&-Western-Musik, Bluegrass- und → Folkmusic übernommen.

Das heutige Banjo besitzt üblicherweise ein Griffbrett, welches bundlos sein oder Metallbünde aufweisen kann. Vier oder fünf (teils umsponnene) Stahlsaiten führen über einen auf das Fell aufgesetzten Steg entweder zu einem Wirbelbrett mit hinterständigen Wirbeln oder zu einem Wirbelkasten mit seitenständigen Wirbeln bzw. mit Zahnradmechanik. Das ältere Banjo mit Darmsaiten wurde mit den Fingern gezupft, das heutige Stahlsaiten-Banjo wird mit Plektrum oder mit metallenen *Fingerpicks* gespielt, die Tonhöhe gelegentlich mit einem → bottleneck abgegriffen.

Das fünfsaitige Banjo wird meist auf g', c, g, h, d' gestimmt (die g'-Saite dient

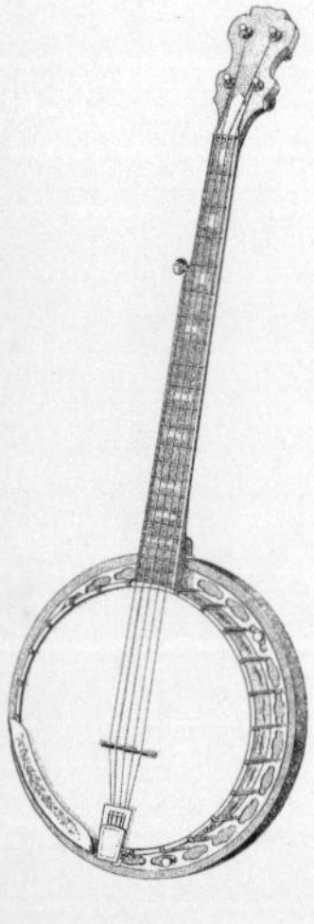

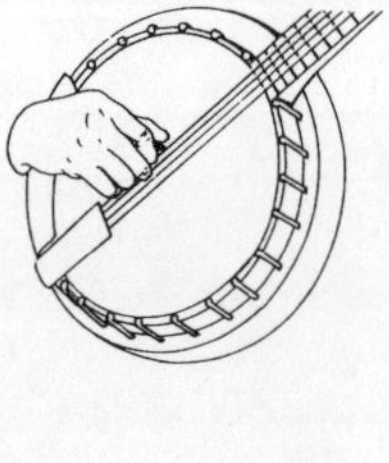

dabei als Melodiesaite und ist mit einem separaten Stimmwirbel seitlich am Hals versehen) und wird heute hauptsächlich in Folkmusic, nordamerikanischer Bluegrass- und Country-&-Western-Musik verwendet. Die Notation erfolgt über eine tabulaturartige Griffschrift. Das viersaitige *Tenorbanjo* wird auf c, g, d', a' gestimmt und oktavtransponierend (eine Oktave höher als klingend) im Violinschlüssel notiert. Es wird stets mit Plektrum gespielt und ist u. a. obligates Instrument im → Dixieland- und im → Skiffle-Stil. Ein *Gitarrenbanjo* ist sechssaitig und wie eine Gitarre auf E, A, d, g, h, e' gestimmt. Eine *Banjo-Mandoline* hat eine achtsaitige, zu Doppelchören geordnete und auf g-g, d'd', a'-a', e'-e' gestimmte Bespannung.

Barform → Liedform

Bariton
1. In B gestimmte → Tuba der Tenorlage mit drei oder vier Ventilen.
2. → Gesangsregister

Baritonschlüssel → Notenschlüssel

Barock Musikgeschichtliche Epoche vom Ende des 16. bis zur Mitte des 18. Jahrhunderts.
Die entscheidenden Impulse zur Entstehung der Barockstilistik gehen von der → Renaissance und damit von Italien aus (→ Venezianische Schule, → Römische Schule). Zentren der neuen Epoche sind neben den Kirchen und Klöstern insbesondere fürstliche und königliche Höfe. Barockkomponisten bemühten sich tunlichst um Stellungen bei Kirche oder Hofe, garantierten diese doch ein einigermaßen geregeltes Einkommen und zudem einen regen künstlerischen Austausch. Widmende Zueignungen von Werken für kirchliche oder weltliche Majestäten waren daher an der Tagesordnung (vgl. J. S. Bach: «Musikalisches Opfer» für Friedrich II. von Preußen).
Barockmusik ist primär Ausdruck einer neuen Geisteshaltung, welche sich bereits gegen Ende der Renaissance andeutete. Nach der Zeit der Konzentration auf den Menschen und dessen Weltsicht (u. a. Entwicklung der Zentralperspektive) wendet man sich nun dem Inneren des Menschen, seiner Seele zu. Der Mensch als fühlendes Wesen wird entdeckt. Die seelischen Regungen, die *Affekte*, treten in den Mittelpunkt der Betrachtungen, werden ausgedeutet und dargestellt und sollen ihrerseits ähnliche Erregungen im Zuhörer auslösen. Gleichzeitig entsteht das kritische menschliche Bewußtsein, die bisherige, göttlich bestimmte Weltordnung gerät ins Wanken, der blinde Glaube wird überwunden. Die Erde ist nicht mehr Mittelpunkt des Weltalls (vgl. Galilei, Kepler), eine neue, rational erfahrbare Weltordnung muß vom Menschen er-

schaffen werden. Für Wissenschaft und Kunst entstehen hierbei völlig neue Aufgabenstellungen und Gestaltungsziele. Neben der natürlichen (göttlichen) errichtet der Mensch eine eigene, von der Natur abgegrenzte, rationale Welt (vgl. u. a. die französische Gartenbaukunst, welche die wilde Natur nach menschlichem Willen neu ordnet). Auch innerhalb der Musik führt diese Entwicklung zu einer Fülle neuartiger Ergebnisse (vgl. u. a. barocke Zahlensymbolik, → musikalisch-rhetorische Figurenlehre), deren bedeutendste vermutlich die Ablösung der Natürlichen durch die Temperierte → Stimmung darstellt.

Der Gegensatz von *göttlich-natürlicher* und *menschlicher* Weltordnung wird schließlich in stilisierter Form auch zum zentralen Prinzip barocker Musik *(stile concertato)*. Entsprechende Kontrastwirkungen bestimmen u. a. sowohl die Tonauswahl (Dur/Moll) als auch die Formgebung (z. B. concertino/tutti im concerto grosso; Solo-Instrument/Orchester im Solokonzert; → Konzert). Ziel des schöpferischen Bemühens wird die Gegenüberstellung unterschiedlicher Empfindungen *(Affekte)*, die im Kunstwerk gezielt aufeinandertreffen sollen. Die Umsetzung der Affektgehalte von Worten in Musik erfolgt jedoch nicht frei und intuitiv, sondern wird üblicherweise auf die Ende des 16. Jahrhunderts entstandene → musikalisch-rhetorische Figurenlehre als verbindliches Vokabular bezogen. Dieses Regelwerk ordnet einer Vielzahl von Motivbewegungen, → Intervallen usw. formelhaft und verallgemeinernd einen jeweiligen Empfindungsgehalt zu. Häufig wird die Tonauswahl und deren Verbindungen zudem durch Zahlensymbolik bestimmt (vgl. J. S. Bach: «Kantaten», «Passionen»).

Die bereits aus der Renaissance bekannten Gestaltungsweisen vokaler → Polyphonie haben sich auch im Barock weitgehend erhalten, werden ab jetzt jedoch sowohl in vokalen wie instrumentalen Werken angewendet (→ Ricercar, → Fuge). Neben der Polyphonie wird insbesondere das *monodische* Prinzip zur bestimmenden Satzstruktur barocker Musik (→ Monodie). Hieraus entstehen in der Folge u. a. → Generalbaßpraxis, → Oper (als vielleicht wichtigste Neuerscheinung), → Oratorium, → Kantate, Solo- bzw. → Triosonate und Solokonzert (→ Konzert).

Im Zuge dieser Entwicklung werden Akkorde eines Musikstückes zunehmend auf ein gemeinsames *tonales Zentrum* (Jean-Philippe Rameaus *centre harmonique*) bezogen. In Abhängigkeit von diesem erhalten die jeweiligen Akkordstrukturen nun, neben ihren rein klanglichen Wirkungen, auch funktionale Bedeutungen (→ Tonika, → Subdominante, → Dominante). Die Wandlung der Baßstimme zum Akkordträger innerhalb des Satzgefüges ermöglichte die Entwicklung bestimmter → Ostinato-Gattungen (→ Chaconne, → Passacaglia).

Ab etwa 1600 wandelt sich der bisherige → tactus-Begriff zum bis heute gülti-

gen → Takt als einem regelmäßig wiederkehrenden Zeitabschnitt mit bestimmten Akzentverteilungen (→ Metrik).
Vokale und instrumentale Musik werden im Barock deutlich getrennt behandelt, gehen aber (aus der neu gewonnenen Eigenständigkeit heraus ist dies überhaupt erst möglich geworden) gelegentlich neuartige Verbindungen ein. In der Instrumentalmusik schreibt man (ab etwa 1620/1630) direkt für ein jeweiliges Instrument, d. h., man berücksichtigt die jeweils besondere Technik des Instrumentes und versucht, die klanglichen und spieltechnischen Möglichkeiten auszuloten (vgl. Violinkonzerte, Flötenkonzerte usw.). Hier liegt der Grundstein zur Virtuosenkultur des 19. Jahrhunderts. Gleichzeitig entfällt konsequenterweise die bisherige Praxis der freien Besetzungsmöglichkeit. Erstmals in der Musikgeschichte werden konkrete, verbindliche Angaben zur Besetzung von Werken gemacht. Gleichzeitig initiiert die Verselbständigung der Instrumentalmusik ein wachsendes Interesse an der Weiterentwicklung der Instrumente selbst. Die Ansprüche der Instrumentalisten und Komponisten an Klang und Spieltechnik führen zu einer Vielfalt von Verbesserungen im Instrumentenbau. Umgekehrt setzen diese wiederum neue Kompositionsweisen in Gang. Tatsächliche Neuentwicklungen sind allerdings, von → Hammerflügel und → Fagott abgesehen, nicht zu beobachten.
Die Verselbständigung der Instrumentalmusik fördert auch die Entwicklung des Orchesters (die Bezeichnung wurde vermutlich erstmals 1713 von Johann Mattheson auf ein reines Instrumentalensemble angewendet). Während in Renaissance-Ensembles insbesondere Blasinstrumente beliebt waren, bilden im Barockorchester nun die Streichinstumente das Fundament der Besetzung. Die aufkommende Virtuosität in Gesang wie Instrumentalspiel erfordert eine zunehmende Spezialisierung der Musiker. Um 1700 breitet sich die Temperierte → Stimmung aus. → Enharmonik und damit → Modulationen sind nun auch auf Tasteninstrumenten möglich, deren Bedeutung nimmt entsprechend zu.
Wichtige Gattungen der Barockzeit (neben den bereits genannten) sind u. a. → Sonate, → Sinfonie, → Ouvertüre, → Suite, → Partita, → Canzona.

barré [= frz. verriegelt, gesperrt] Spielanweisung bei → Zupfinstrumenten, mittels quer über die Saiten gelegtem Finger einen zusätzlichen *Sattel* zu bilden.

Baryton → Viola di bordone

bāsrī → vaṃśa

bass drum → Große Trommel, → Schlagzeug

basse-taille → Viola di bordone

Bassetthorn Seit 1760/70 (Anton Mayrhofer, Passau) bekanntes zylindrischmensuriertes → Holzblasinstrument mit Einzelrohrblatt, welches zumeist als F-Instrument (seltener auch in Es) gebaut und transponierend (eine Quinte höher als klingend) notiert wird. Die Bezeichnung ist widersprüchlich, da es sich (wegen seiner zylindrischen Mensur und der Ableitung von den Alt-Klarinetten) nicht um ein Horninstrument handelt. Einzig die bei frühen Modellen knieförmig gebogene Röhre könnte hier als sprachliche Vorlage gedient haben (vgl. ähnliche Problematik beim → Englischhorn).
(Vgl. W. A. Mozart: «Die Entführung aus dem Serail», «Maurerische Trauermusik», «Die Zauberflöte», «Requiem»; Richard Strauss: «Elektra»)

ältere Form

moderne Form

basso continuo → Generalbaßpraxis

Basso d'amore → Viola d'amore

bāsurī → vaṃśa

Baß → Gesangsregister

Baßschlüssel → Notenschlüssel

bayan → tablā

Be (♭) → Alterierung

beat → off-beat-Phrasierung

Beatmusik → Rockmusik

Bebop → Jazz

Bebung [frz. *balancement*] Spezielle Technik des → Vibratos beim → Clavichord, bei welcher durch periodische Änderungen des Tastenandrucks pulsierende, leichte Tonhöhenschwankungen bewirkt werden. Als Notationssymbol gilt seit Carl Phil. Emanuel Bach (1753):  .

Becken Kreisrunde, meist zum Zentrum hin aufgewölbte, dünne Metallplatte (aus Bronze oder Messing) als Schlaginstrument. Die Bekkenmitte ist durchbohrt und enthält Lederschlaufen oder dient zur Befestigung des Instrumentes auf einem Ständer. Das Klangspektrum eines Beckens ist stark geräuschhaft, eine definierte Tonhöhe ist (im Unterschied zu → Gong und → Zimbeln) nicht erkennbar. Becken werden entweder einzeln verwendet und mit einem Schlägel gespielt *(Aufschlagbecken)* oder paarweise eingesetzt und dann gegeneinandergeschlagen *(Gegenschlagbecken)*. Seit Anfang der 1920er Jahre ist zudem eine Pedalmechanik (*Charlestonmaschine* von Vic Berton) verbreitet, bei welcher zwei Gegenschlagbecken waagerecht auf einem Ständer angebracht sind und über Hebelstangen durch Fußbewegungen bedient werden können. Die Weiterentwicklung dieser Konstruktion zur heute üblichen *Hi(gh)-Hat* wird Joseph Marshall (1926) zugeschrieben (→ Schlagzeug).

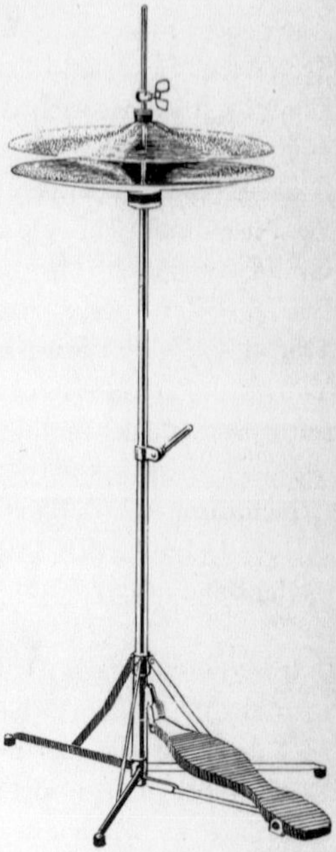

Hi(gh)-Hat

beggar's opera (ballad opera) Englisches, volkstümlich-parodistisches Musiktheater, welches der frühen französischen *opéra comique* (→ Oper) nah verwandt ist und das deutsche → Singspiel entscheidend beeinflußt hat.
Charakteristisch sind liedhafte Melodik und gesprochene Dialoge in Prosa. Die Themen sind parodistische Übertragungen der *opera seria*-Handlungen (→ Oper) auf das Milieu der Bettler und Fahrenden, die Texte sind voll beißendem Spott gegenüber den gesellschaftlich höherstehenden Schichten.
Die Bezeichnung bezieht sich auf den Titel der Oper «The Beggar's Opera» von Johann Christoph Pepusch (1728), auf die sich später auch Kurt Weill und Bertolt Brecht in ihrem Werk «Die Dreigroschenoper» (1928) sowohl thematisch als auch musikalisch beziehen (vgl. «Die Dreigroschenoper», Nr. 3: die Melodie des «Morgenchoral des Peachum» ist der «Beggar's Opera» von J. Chr. Pepusch entnommen).

Berliner Schule Zwischen 1740/41 und 1756 ein Zentrum der musikalischen → Vorklassik im Umfeld Friedrichs II. (Potsdam).
Trotz einiger Neuerungen (→ Galanter Stil, → Empfindsamer Stil) gilt die Berliner Schule im Vergleich zur etwa gleichzeitigen → Mannheimer Schule als eher konservativ. Dies lag vermutlich weniger an den dort wirkenden Komponisten (u. a. Johann Joachim Quantz, Carl Philipp Emanuel Bach, Helmut Schaffrath, Georg und Franz Benda), sondern insbesondere am Einfluß des Königs selbst. Friedrich II. beharrte in seinen musikalischen Vorstellungen mehr oder weniger auf dem Geschmack seiner eigenen Jugendzeit. Man pflegte daher u. a. noch längere Zeit viersätzige → Triosonaten sowie auch einen an die Neapolitanische Oper angelehnten → Opernstil (vgl. Carl Heinrich Graun, Joh. Adolf Hasse).
Um die Zeit des Dritten Schlesischen Krieges (Siebenjähriger Krieg, 1756–1763) verlor Friedrich II. auffallend an Interesse für Kunst und Musik. Viele Musiker verlassen in dieser Zeit den Potsdamer Hof, was auch gleichzeitig das Ende der Berliner Schule bedeutete.

bicinium → Niederländische Vokalpolyphonie

Big Band → Jazz

bīṇ (pūngī, nagbīṇ) Traditionelles → Doppelrohrblattinstrument indischer Schlangenbeschwörer, welches ein Melodie- und ein oder mehrere Bordunrohre aufweist. Das Doppelrohrblatt befindet sich in einer getrockneten Kalebasse, die als Windkapsel dient. Die bīṇ verfügt über eine chromatische Skala. Manche Schlangenbeschwörer, insbesondere in Südindien, behaupten, im → rāga *punnaga varāli* zu spielen, da dieser rāga von den Schlangen am meisten geliebt würde.

Bitonalität Simultan erklingende Überlagerung zweier → Tonarten. Bitonalität ist eine Variante der → Polytonalität. (vgl. Richard Strauss: «Also sprach Zarathustra»: h-Moll und C-Dur; Igor Strawinsky: «Petruschka», Thema: C-Dur und Fis-Dur; Maurice Ravel: «Klavierkonzert in G-Dur», Anfang: linke Hand spielt in dis-Moll und rechte Hand in G-Dur; Sergej Prokofjew: «Sarkasmen» op. 17, Nr. 3: rechte Hand spielt in fis-Moll, linke Hand in b-Moll)

biwa → pipa

Black Metal → Rockmusik

Blechblasinstrumente Blasinstrumente mit zylindrischen oder konischen Röhren, deren Luftsäulen durch die Vibration der menschlichen Lippen in Schwingung versetzt werden. Beim Anblasen eines Tones kann der Druck in der Regel nicht sogleich vollständig an die Luftsäule des Schwingungsrohrs weitergegeben werden. Die angespannten Lippen eines Bläsers wirken in diesem Zusammenhang wie ein *Polster*, welches in der Art einer schnellbeweglichen Luftschleuse den jeweiligen Rückstau so lange elastisch abfedert, bis die Luftsäule des Schwingungsrohrs einen erneuten Druckimpuls aufnehmen kann. Die Blechblasinstrumente zählen daher zu den *Polsterpfeifen*.

Ursprünglich wurden die schwingungserzeugenden Lippen direkt an die Schallröhre angesetzt (vgl. archaische Signalinstrumente aus ausgehöhlten Knochen oder Holzstäben, Tierhörnern, Muscheln oder Schnecken). Später entwickelte man zur besseren Führung des Instrumentes am Mund bzw. zur Auflage der Lippen gesonderte *Mundstücke*, welche zunächst aus Horn, Knochen oder Elfenbein geschnitzt, schließlich jedoch bevorzugt aus Metall (Messing) gearbeitet wurden.

Mundstücke können unterschiedliche Formgebung aufweisen, durch welche sowohl die Ansprache der Tonsäule eines Instrumentes als auch dessen Klangfarbe beeinflußt werden können. *Kesselmundstücke* sind typisch für → Trompete und → Posaune, *Trichtermundstücke* für das → Waldhorn, *Bechermundstücke* für → Flügelhorn, → Tuba.

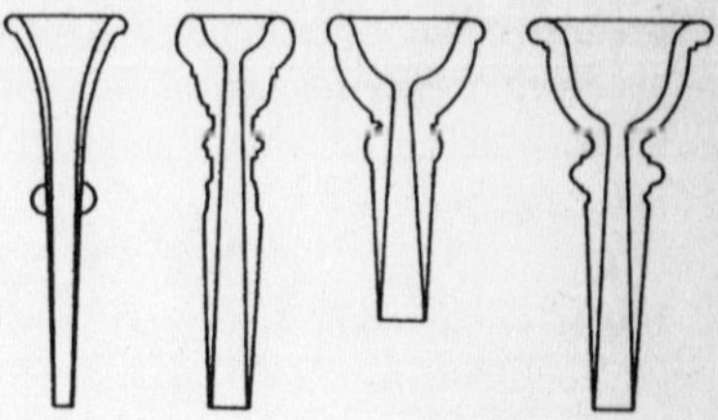

Trichtermundstück *Kesselmundstück* *Bechermundstück, flach* *Bechermundstück, tief*

Ein normierter Mundstückgebrauch ist jedoch heute oft gar nicht mehr üblich. Je nach individuellem Klangideal verwenden Blechbläser mittlerweile unterschiedlichste Mundstükke für ein und dasselbe Instrument.

Die Schallröhre eines Blechblasinstrumentes ist (abgesehen von wenigen Ausnahmen wie → Zink und → Alphorn aus Holz, → Sousaphon aus Fiberglas) aus Metall gefertigt. Man verwendet heute allgemein Messing-, Goldmessing- oder Neusilberblech (eine Kupfer-Zink-Nickel-Legierung). Röhren wurden früher gerollt und hart verlötet, werden heute jedoch zumeist 0,3 bis 0,5 mm dick und nahtlos gezogen. Eine engere Mensur der Schallröhre (→ Trompete, → Posaune) fördert einen strahlenden, hellen, mitunter aber auch schneidendscharfen Klang, eine weitere Mensur dagegen einen eher weichen Klang (→ Flügelhorn, → Tuba).

Länge und Durchmesser der Schallröhre bestimmen das Volumen der schwingenden Luftsäule und damit die Tonhöhe des Grundtons (bzw. ersten Naturtons). Weitere Partialtöne der entsprechenden → Naturtonreihe sind durch *Überblasen* anspielbar. Eine engere Mensur erleichtert im allgemeinen das Überblasen. Insgesamt ist die Anzahl der Partialtöne und damit der tatsächlich erreichbare Tonumfang jedoch weniger vom Instrument als hauptsächlich von den Fertigkeiten eines Bläsers abhängig. So sind für versierte Instrumentalisten durch eine entsprechende Anblastechnik (sehr weiche, lockere Lippenstellung, tiefe Zungen- und weite Halsstellung) auf einer Trompete zusätzliche Töne auch unterhalb des eigentlichen Grundtons erreichbar (sog. *Pedaltöne*).
Die Chromatisierung der Naturtonreihe erfolgt (von wenigen Ausnahmen wie → Klappenhörnern und Grifflochhörnern, z. B. → Zink, abgesehen) durch Verlängerung der Schallröhre. Dieses Verfahren ist ein prinzipieller Unterschied zu den → Holzblasinstrumenten.
Schalltrichter *(Stürzen)* werden aus größeren Metallplatten gefaltet und anschließend in die gewünschten Formbiegungen gehämmert bzw. mittels Wasserdruck in entsprechende Schablonen gepreßt. Eine eng geformte Stürze ergibt einen obertonreichen, allerdings auch etwas strengen und harten Klang, Schalltrichter mit größeren Randdurchmessern klingen allgemein etwas weicher (→ Waldhorn).

Blockflöte [frz. *flûte droite*; ital. *flauto diritto*; engl. *recorder*, von *to record* = engl. aufzeichnen, als Möglichkeit, Vogelstimmen instrumental nachzuahmen] → Holzblasinstrument, welches vermutlich um 1000 n. Chr. als *Schnabelflöte* [frz. *flûte à bec*; ital. *flauto a becco*] aus Zentralasien in die europäische Musik übernommen wurde. Nachdem zur günstigeren Auflage der Unterlippe im Mundstückbereich ein schräg abfallender *Block (Pflock, Kern)* eingefügt worden war, wurde das Instrument ab dem 17. Jahrhundert als *Plockflöte* bzw. *Pflockflöte*, schließlich als *Blockflöte* bezeichnet.
Bereits im frühen 16. Jahrhundert wurden Blockflöten in Anlehnung an die menschlichen Stimmregister in vier Größen gebaut: *Klein Flötlein* (in f''), *Diskant-Blockflöte* (in g'), *Alt-Tenor-Blockflöte* (in c') und *Baß-Blockflöte* (in f). Anfang des 17. Jahrhunderts war die Blockflötenfamilie schon auf neun Baugrößen angewachsen, bevor sie in der ersten Hälfte des 18. Jahrhunderts dann wieder auf vier Standardgrößen reduziert wurde (Quart-Blockflöte in c'', Diskant-Blockflöte in f', Alt-Blockflöte in c' und Baß-Blockflöte in f). Die Blockflöte in f' galt seinerzeit als bevorzugtes Solo-Instrument und wurde auch als *flûte douce* bzw. *flauto dolce* bezeichnet.
Heute besteht ein Blockflöten-Quartett in der Regel aus Sopran-Blockflöte (in c''), Alt-Blockflöte (in f'), Tenor-Blockflöte (in c') und Baß-Blockflöte (in f). Bei größeren Ensembles können im tiefen Register eine Großbaß-

Blockflöte (in c), eine Subbaß-Blockflöte (in F) und im Diskant-Register ein *Garkleinflötlein* (in c''') oder ein *Sopranino* (auch: *Flautino*, in f'') dazukommen. Sopranino- und Sopran-Blockflöten werden oktavtransponierend (eine Oktave tiefer als klingend), Alt-Blockflöten in der Sololiteratur nichttransponierend, in der chorischen Literatur oktavtransponierend (eine Oktave tiefer als klingend), Tenor- und Baß-Blockflöten nichttransponierend je nach Lage in Violin- oder Baßschlüssel notiert.

Waren Blockflöten der Renaissance noch allgemein zweiteilig gebaut, so wird, um eine bessere Intonation zu erreichen, das Instrument seit dem frühen Barock bevorzugt in drei getrennten Werkstücken (Kopf-, Mittel- und Fußstück) gefertigt. Am Kopfteil befindet sich ein Mundstück *(Schnabel)* mit Luftkanal *(Kernspalte)*, durch welchen die Anblasluft vorteilhaft, weil gleichbleibend gezielt, gegen eine Aufschnittkante *(Schneide)* gelenkt wird. (Hier liegt sicher einer der Gründe für die Beliebtheit der Blockflöte als Instrument in Musikalischer Früherziehung und Schulmusik. Die → Querflöte, bei welcher ein Bläser direkt gegen die Kante bläst und den günstigsten Anblaswinkel erst erlernen muß, ist im Vergleich dazu viel schwieriger zu handhaben.) Die Gesamtfläche der Aufschnittebene dient als festes *Labium (Lippe)*, Blockflöten zählen daher zu den *Labialpfeifen* (→ Pfeifenorgel).

In das Mittelstück *(Körper)* sind oberseitig sechs Grifflöcher und unterseitig ein *Daumenloch* gebohrt. Das Fußstück enthält die Fußtrommel mit einem einfachen oder (seit dem 13. Jahrhundert) auch doppelten Kleinfingerloch und dem Schallbecher. Alle Bauteile sind aus (europäischen oder tropischen) Hölzern, heute oft auch aus Kunststoff oder Kunstelfenbein (seltener auch aus Metall, dann mit Holzkopf) gefertigt. Für verzierende Zwischenringe wird teilweise Elfenbein verwendet. Baß-Blockflöten (gelegentlich auch Tenor-Blockflöten) sind wegen ihrer Länge zusätzlich mit einer Klappenmechanik versehen, deren Hebel ein müheloseres Erreichen der weit auseinanderliegenden Tonlöcher gestattet. Zudem kann gelegentlich ein gebogenes, metallenes Anblasrohr angebracht sein. Bei einfacheren bzw. billigeren Ausführungen (z. B. heutigen Schulflöten) sind (aus reinen Kostengründen) Mittel- und Fußstück oft auch nur einteilig gearbeitet.

In der Zeit der Renaissance zumeist durchgehend zylindrisch und verhältnismäßig weit gebohrt, wurden ab Mitte des 17. Jahrhunderts die Röhren dann mit einer vom Mundstück in Richtung Fußstück konisch sich verengenden Mensur versehen. Derart umgekehrt-konische Mensuren verfügen über ein größeres Obertonspektrum und ermöglichen ein günstigeres Überblasen in die Oktave. Um die Ansprache der Obertöne beim Überblasen zu verbessern, wurde zudem die ehemals weite Mensur verengt und das Labium verbreitert. Heute werden je nach Werkstätte eher konisch oder eher zylindrisch mensurierte Flöten hergestellt.

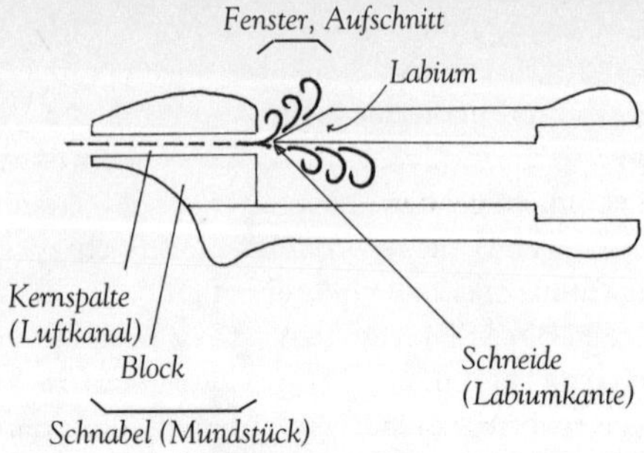

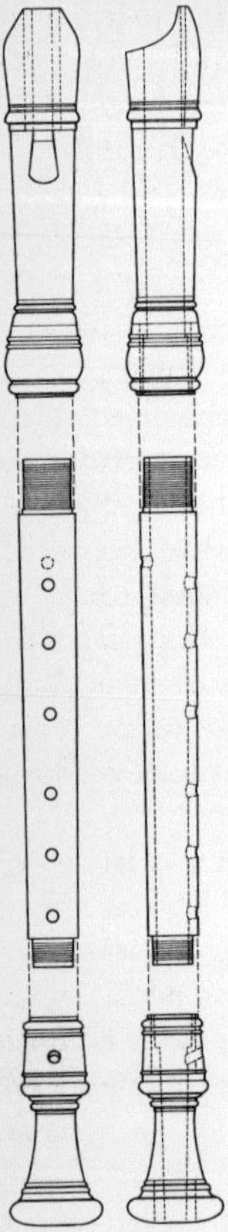

Sopranblockflöte

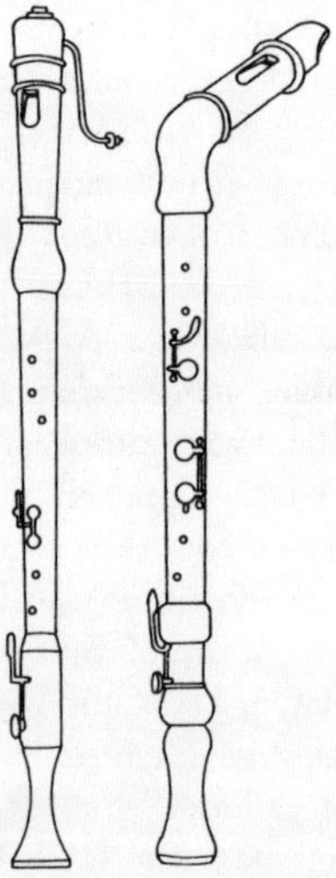

Baßblockflöten

Die Blockflöte war in Renaissance und Barock sehr beliebt (als älteste Blockflötenschule gilt Silvestro Ganassi: «La Fontegara», Venedig 1535) und wurde sowohl solistisch (vgl. Flötensonaten und Konzerte von Georg Philipp Telemann und Antonio Vivaldi; Johann Sebastian Bach: «Brandenburgische Konzerte» Nr. 2, Nr. 4) sowie als Orchesterinstrument in Kirchenmusik (vgl. J. S. Bach: «Kantaten»), Opernorchester und in reinen Blockflöten-Quartetten, -Quintetten oder -Sextetten eingesetzt. Ab Mitte des 18. Jahrhunderts wurde die Blockflöte jedoch zunehmend von der → Querflöte verdrängt und in den folgenden 150 Jahren völlig vergessen. Erst zu Beginn des 20. Jahrhunderts erfuhr das Instrument eine Wiederbelebung, in Deutschland insbesondere durch die Jugendmusikbewegung um Fritz Jöde (vgl. Werke von Paul Hindemith, Cesar Bresgen, Karl Marx, Helmut Bornefeld, Maurizio Kagel, Ernst

Karkoschka, Luciano Berio und um 1960 die experimentellen Verfremdungstechniken von Michael Vetter, Gerhard Braun, Hans Martin Linde). Leider ist die Blockflöte (vornehmlich die Sopran-Blockflöte) heute innerhalb der Musikerziehung zunehmend in die undankbare Rolle als typisches Anfängerinstrument geraten.
Bei der Bohrung der Tonlöcher unterscheidet man *Barocke* (auch: *Englische*) und *Deutsche Griffweise*. Die Deutsche Griffweise wurde von Peter Harlan (Markneukirch) entwickelt. Bei Rekonstruktionsversuchen von barocken Originalinstrumenten aus der Staatlichen Instrumentensammlung Berlin glaubte Harlan, eine gewisse Intonationsunreinheit der vierten Tonstufe festgestellt zu haben. Er hielt dieses Phänomen für einen «Irrtum» der Barockzeit. Vermutlich hatte Harlan zum Spielen einer diatonischen Skala jedoch nur nicht die erforderliche (barocke) Griffweise angewendet, sondern jeden Finger nacheinander angehoben. (Bei einer barocken Blockflöte muß die vierte Stufe jedoch mit einem sog. *Gabelgriff* gespielt werden, dann ist diese Stufe auch völlig intonationsrein.) Als konsequente Folgerung aus seiner vermeintlichen Entdeckung entwickelte Harlan einen neuen, wesentlich kleineren Bohrungsdurchmesser des dritten Tonlochs, so daß nun auch bei seiner Griffweise die Blockflöte intonationsrein erklang. Die Deutsche Griffweise (d.h. alle Finger aufeinanderfolgend) wurde vor allem im Bereich der Musikpädagogik zunächst begeistert aufgenommen, schien sie doch einfacher zu sein. Mittlerweile wird jedoch stark angezweifelt, ob sie für Flötenanfänger eine wirkliche Vereinfachung darstellt, und man spielt heute wieder zunehmend mit der barocken Griffweise. Interessanterweise scheint auch Harlan selbst seine Neuentwicklung später eher skeptisch beurteilt zu haben, da er sich nun als «Verfechter der alten Griffweise» bezeichnete.

blue notes → Blues

Bluegrass-Music → Country-&-Western-Musik

Blues Werkform → Afroamerikanischer Musik, welche als zumeist instrumental begleitete Vokalgattung Mitte des 19. Jahrhunderts im Süden der USA entstand.
In seiner ursprünglichen Ausprägung ist Blues eine Art musikalisierter Rede. Stets haben die Worte Vorrang vor der musikalischen Gestaltung. Die Texte beschreiben und kommentieren konkrete Lebenserfahrungen, verbalisieren die sehr persönlichen Gefühle eines Vortragenden zu einem bestimmten Ereignis oder setzen sich reflektierend mit gesellschaftlichen Verhältnissen auseinander. Die musikalische Gestalt des Blues dient dagegen weitgehend nur als Transportmittel.

Um heikle soziale Themen oder intime Probleme anzusprechen, ohne sich der tabuisierenden Zensur der öffentlichen Meinung auszusetzen, verwendeten Bluesmusiker üblicherweise *double talk (double meaning, jive)*. Dabei wurden bestimmten Worten oder Formulierungen Doppelbedeutungen unterlegt, deren eigentlicher Sinngehalt nur für den eingeweihten Zuhörer erkennbar war (vgl. u. a. die verschlüsselten Beschreibungen von Sexualität bei Blind Lemon Jefferson: «Black Snake Moan»; Clara Smith: «Whip It to a Jelly»; Blind Boy Fuller: «Worn Out Engine Blues». Der Einsatz von → Falsettgesang galt in diesem Zusammenhang als beliebter musikalischer Hinweis auf verborgene textliche Zweideutigkeiten.
Die formale Anlage eines Blues ergab sich in der Frühzeit zunächst stets aus der jeweiligen Gliederung des zugrundeliegenden Textes. Ein Blues konnte u. a. acht-, elf-, sechzehn-, vierundzwanzig- oder sechsunddreißigtaktige Form aufweisen. Je nach erzählerischer Absicht des Interpreten wurden in einem Blues-Ablauf auch wechselnde Formen eingesetzt. Charakteristisches Merkmal für fast alle Blues-Stücke ist dabei, daß Textteile, deren Inhalte man als besonders bedeutsam bewertete (sog. *statements*), zumeist identisch oder leicht variiert wiederholt wurden, um ihnen dadurch zusätzlichen Nachdruck zu verleihen. Es sind Bluesstrophen bekannt, welche aus einem statement und zwei nachfolgenden, mehr oder weniger identischen Wiederholungen bestehen (vgl. Tommy Johnson: «Big Road Blues», 4. Strophe).
Erst seit der Periode des *klassischen Blues* haben sich erstmals verbindliche Text- und musikalische Formschemata auskristallisiert, deren bedeutendstes die sog. *zwölftaktige Bluesform* ist. Hier besteht der dritte Vers nicht aus einer Wiederholung des statements, sondern es folgt an dieser Stelle eine Art Begründung oder Erklärung für die vorangegangene Aussage des ersten bzw. zweiten Verses.

A	statement
A oder A'	bestätigende Wiederholung des statement
B	Begründung bzw. Erklärung, Folgerung

Jeder Teil hat dabei eine Länge von vier Takten und wird als *Bluesphrase* bezeichnet. Der harmonische Verlauf einer zwölftaktigen Bluesform kann sehr unterschiedlich gestaltet sein, läßt sich jedoch in aller Regel auf folgendes Schema zurückführen:

(Takte)	1	2	3	4	5	6	7	8	9	10	11	12
(stufentheoretisch)	I	I	I	I	IV	IV	I	I	V	IV	I	I
(funktionstheoretisch)	T	T	T	T	S	S	T	T	D	S	T	T
(z. B. in C-Dur)	C	C	C	C	F	F	C	C	G	F	C	C

Bei den meisten harmonischen Varianten (beliebt ist u. a. das Ersetzen der Tonika (T) durch die Subdominante (S) in Takt 2; vgl. u. a. «Stormy Monday Blues») ist der Wechsel zur Subdominante zu Beginn der zweiten Bluesphrase und die *plagale* → Kadenz (Schlußwendung) V–IV–I als Charakteristikum erhalten. Die Grundakkorde sind dabei üblicherweise durch Hinzufügen von Septimen zu Septakkorden erweitert.

Die typische *Blues-Tonalität* wird insbesondere durch die Verwendung sog. *blue notes* erzielt. Es handelt sich um insgesamt drei Tonstufen, deren Intonationshöhen in der üblichen europäischen Tonauswahl (→ Diatonik, → Chromatik) nicht vertreten sind. Die *Blues-Terz* wird zwischen kleiner und großer Terz, die *Blues-Septime* zwischen kleiner und großer Septime, die *Blues-Quinte* zwischen verminderter und reiner Quinte intoniert. Für Gesangstimmen oder Blasinstrumente ist eine derart *schwebende Intonation* in aller Regel unproblematisch, auf wohltemperiert gestimmten Instrumenten mit fester Skalierung (u. a. alle Tasteninstrumente) läßt sich authentische Blues-Tonalität daher nicht konsequent verwirklichen. Diese Instrumente spielten in der Bluesmusik daher auch lange Zeit eine sehr untergeordnete Rolle. Bei Saiteninstrumenten mit festen Bünden wurde diese Einschränkung zumeist durch eine besondere Spielart ausgeglichen, bei welcher an den entsprechenden Melodiestellen die Saite seitlich verzogen wird, um die gewünschten Tonstufen zu erreichen.

Eine vollständige *Blues-Tonleiter* ist sechsstufig und enthält alle drei blue notes. Fehlt die Blues-Quinte, so spricht man von *Blues-Pentatonik.*

Vermutlich haben die drei blue notes erst nacheinander Eingang in die Blues-Tonalität gefunden. Bis etwa 1920 war die Blues-Septime eher selten vertreten, die Blues-Quinte wurde schließlich erst ab etwa 1940 integriert.

Die früheste deutlich als Blues abgrenzbare Ausdrucksform wird als *archaischer Blues* bezeichnet. Es handelt sich um eine ländlich-volksmusikalisch geprägte Blues-Stilistik, die bis etwa 1900 vorherrscht. Formal konnte archaischer Blues sehr frei variieren, da die Länge der Bluesphrasen noch sehr direkt an die Textgegebenheiten angelehnt wurde. Ebenso waren unterschiedlichste harmonische Abläufe realisierbar, das harmonische Gerüst konnte aus einem einzigen gleichbleibenden Akkord oder einfacher Kadenzharmonik bestehen. Harmoniewechsel folgten weniger musikalischen Gesichtspunkten, sondern waren primär textausdeutendes Gestaltungsmittel. Die Texte waren mehrheitlich ungereimt, der Vortrag bewegte sich zwischen Sprech- und Singstimme (*Talking Blues*). Der archaische Blues wurde zumeist mit akustischer Gitarre begleitet. Eine Mundharmonika, oft von einem zweiten Musiker gespielt, konnte dazukommen. (Banjos waren zwar in der ländlichen afroamerikanischen Tanzmusik des 19. Jahrhunderts sehr verbreitet und erfüllten dort eine wichtige Begleitfunktion, wurden aber im Blues kaum benutzt.) Die Gitarre wird dabei gerne (insbesondere im *Mississippi-Delta*-Blues-Stil) in → bottle-

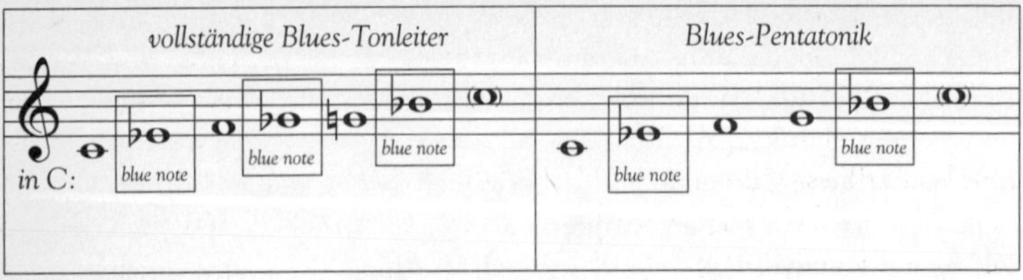

neck-Technik gespielt. Außerdem war es verbreitet, die Gitarrensaiten auf einen Grundakkord fest einzustimmen und durch diese *open tuning*-Technik den bottleneck auch akkordisch zu verwenden. Die bevorzugte Verwendung der Gitarre als Begleitinstrument zeigt sich nicht nur in allen Blues-Stilrichtungen, sondern hat sich (von wenigen Ausnahmen wie z. B. dem → Boogie-Woogie abgesehen) bis heute auch in allen bluesverwandten bzw. aus dem Blues weiterentwickelten Stilen erhalten (u. a. → Rock 'n' Roll, → Rhythm & Blues, → Rockmusik).

Als *Country Blues* erfuhr der archaische Blues eine zweite Blütezeit zwischen 1923 und 1930, als unzählige transportable Aufnahmestudios durch den Süden der USA zogen und sog. *field*-Aufnahmen für den Schallplattenmarkt produzierten (u. a. mit Huddie William Ledbetter [Leadbelly]; Sam ‹Lightnin'› Hopkins).

Ein weiteres Revival erlebte der archaische Blues-Stil zwischen 1960 und 1970, nun unter dem Etikett *Folk Blues*.

City Blues (Urban Blues) entstand nach 1900 in den Großstädten der amerikanischen Nordstaaten. Im Unterschied zum archaischen Blues, der oft nur von einer einzigen Gitarre begleitet wurde, traten nun (insbesondere zwischen 1920 und 1930) ganze Blues-Orchester zur Begleitung an. Die organisatorischen Notwendigkeiten zur Koordinierung des Zusammenspiels dieser größeren Besetzungen führten zu klar strukturierten Formabläufen *(klassischer Blues)*. Vor allem die *zwölftaktige Bluesform* hat sich dabei in der Praxis bewährt und durchgesetzt. (Die bisher so charakteristische Spontaneität im Umgang mit Form konnte nun allerdings nicht mehr ausgespielt werden.) Die Organisationsform des Blues-Orchesters wie auch die Ansprüche eines großstädtischen Publikums führten zu einer deutlichen Professionalisierung des Genres. Erstmals wurde Blues in einem arbeitsteiligen Prozeß von Berufskomponisten, -textern, -instrumentalisten und -sängern geschaffen. Bevorzugt legte man den Blues-Kompositionen Volksliedmelodien oder bekannte Schlager aus dem afroamerikanischen Umfeld zugrunde. Die Bekanntheit dieser Melodien wurde ganz bewußt genutzt, um die daraus abgeleiteten Arrangements schlicht erfolgreicher verkaufen zu können. Zunächst beherrschten weiße Texter und Komponisten den Markt (u. a. Walter Donaldson, Irving Berlin), später konnten sich auch schwarze Kollegen behaupten: neben James P. Johnson, Perry Bradford und Clarence Williams verzeichnete insbesondere William Christopher Handy große Erfolge als Blues-Komponist (vgl. W. Chr. Handy: «St. Louis Blues»). Erstmals wurden Blues-Stücke nun auch als Notendrucke, d. h. als *Nachspielvorlage*, vertrieben (als erster im Druck erschienener Blues gilt W. C. Handys «Memphis Blues», 1912). Der bevorzugte Aufführungsort dieser kommerziellen Bluesvariante wird das *Vaudeville Theater* (eine Art Varieté-Bühne für schwarze Unterhaltungsshows), man spricht daher in diesem Zusammenhang auch von *Vaudeville Blues*. Da in der damaligen Zeit Mikrophon- und Verstärkertechnik noch unbekannt waren, brauchte man Sängerinnen und Sänger, die gesangstechnisch so weit geschult waren, daß sie sich auch bei größeren Räumlichkeiten und nicht zuletzt auch gegen den üblichen Lärm des anwesenden Publikums durchsetzen konnten. Zum erstenmal in der Bluesgeschichte treten nun auch professionelle Blues-Sängerinnen und -Sänger in Erscheinung (Gertrude ‹Ma› Rainey, Mamie Smith, Ida Cox, Clara Smith, Bessie Smith).

Als Varianten des City Blues entwickeln sich in den 1940er Jahren *Chicago Blues* und *West Coast Blues*. Im *Chicago Blues* verschmolzen Musiker wie Muddy Waters, Elmore James, John Lee Hooker, Howlin' Wolf u. a. die ländliche Singweise des Country Blues mit tpyisch städtischen Inhalten (z. B. über die Tragik des Ghettolebens). Von elektrisch verstärkter Gitarre begleitet, welche man hitziger, herausfordernder, aber nun auch bedeutend virtuoser als ihre akustische Verwandte spielte, wurden engagiert-provokative, eng an den städtischen Problemen orientierte Texte vorgetragen. Neben die charakteristische E-Gitarre traten gelegentlich auch Schlagzeug, Baß, Klavier. Die Mundharmonika des Country Blues wurde durch das Saxophon ersetzt. Eine ähnliche Entwicklung vollzog sich auch in den Großstädten der nordamerikanischen Westküste. Der dortige *West Coast Blues* wurde u. a. von Musikern wie Lowell Fulson, Amos Milburn, Lonnie Johnson und Aaron ‹T-Bone› Walker vertreten. Der Chicago-Blues-Stil wandelte sich in den 1950er Jahren zum sog. *Ghetto Blues*, der die Virtuosität auf der Gitarre mit wilden, glänzenden Soli betonte, ohne noch einen deutlichen Bezug zum Country Blues aufzuweisen (u. a. Freddie King, Otis Rush, Magic Sam, Jimmy ‹Fast Finger› Dawkins, Buddy Guy).

Anfang der 1960er Jahre entstand in England der *Rock Blues (White Blues)*, bei welchem weiße Rockmusiker Blues-Elemente mit → Rockmusik verbanden (u. a. Alexis Corner, John Mayall, Eric Clapton, Steve Winwood).

Boehm-Flöte → Querflöte

Bogenform → Liedform

Bolero Ende des 18. Jahrhunderts in Spanien entstandene, mäßig schnelle Tanzweise im $\frac{3}{4}$-Takt mit charakteristischem Rhythmus:

bzw.

bzw.

bzw.

bombardo/bombardone/bombardino → Pommer

Bomhard/Bomhart → Pommer

bonang → gamĕlan

Bongo Aus Lateinamerika stammendes, einfelliges Schlaginstrument mit konischem oder zylindrischem Korpus, das ausschließlich paarweise verwendet wird. Die beiden Bongos haben unterschiedliche Durchmesser und werden zumeist im Quartabstand gestimmt. Der Korpus einer Bongo ist traditionellerweise aus Holz, heutige Instrumente sind sowohl mit Metall- als auch mit Fiberglas-Resonatoren verbreitet. Die Membranspannung wird in aller Regel über eine Schraubenmechanik (→ Pauke) beeinflußt. Bongos werden als Handtrommeln (→ Trommel), seltener auch mit Schlägeln oder Stöcken gespielt.

Boogie-Woogie Ursprünglich ein virtuoser, solistischer Klavierstil des → Blues, dessen typische Merkmale jedoch bald auch auf Combos oder ganze Orchester übertragen wurde.
Charakteristisches Kennzeichen ist die Verwendung ostinater Baßfiguren (→ Ostinato, vgl. Beispiele a–g). Seine formale Struktur folgt üblicherweise dem *zwölftaktigen Blues*-Schema.

Die spieltechnische Herkunft des Boogie-Woogie-Ostinatos ist bislang nicht eindeutig geklärt. Als Quellen könnten sowohl bestimmte Spielfiguren des → Ragtime-, des *Barrell-House-* bzw. des texanischen *Fast Western*-Klavierstils oder auch die Gitarren- und Banjo-Begleitfiguren des *archaischen Blues* gedient haben. Als weitgehend gesichert gilt nur, daß es sich um eine lautmalerische Nachahmung des gleichförmigen Ratterns von Eisenbahn- bzw. städtischen Hochbahnzügen handelt. Auch manche der Spielfiguren der rechten Hand sollen sich auf Eisenbahngeräusche beziehen (das typische → Tremolo z. B. als Imitation des Weichenklapperns). Als eine der typischsten und gelungensten Eisenbahnimitationen gilt Meade ‹Lux› Lewis' «Honky Tonk Train Blues» (1935). Boogie-Woogie wäre in diesem Sinn eine Art → Programmusik.
Seine Blütezeit erfährt der Boogie-Woogie Mitte bis Ende der 1920er Jahre in Chicago in den dortigen Bars, Saloons und bei sog. *rent parties*. Er wurde vorwiegend laut und perkussiv gespielt, dabei wurden verstimmte oder beschädigte Klaviere bevorzugt, da diese sich bestens für die gewünschte → dirty intonation eigneten. Als bedeutende Boogie-Woogie-Pianisten gelten u. a. Clarence ‹Pinetop› Smith, Cow Cow Davenport, Criple Clarence Loften, Jimmy Yancey, Mead ‹Lux› Lewis, Albert Ammons, Pete Johnson. Die Bezeichnung *Boogie-Woogie* als Titel einer Schallplattenaufnahme erschien zum erstenmal 1928 (vgl. Cl. ‹Pinetop› Smith: «Pinetop's Boogie Woogie»).

Bop → Jazz

Bordun Instrumentaler oder vokaler, in aller Regel tiefer Begleitton, dessen Tonhöhe im Verlauf eines Melodieabschnittes stets unverändert bleibt (→ Orgelpunkt).
Die Pfeife bzw. Saite eines Instrumentes, welche diesen Liegeton spielt, wird ebenfalls als *Bordun* bezeichnet.
Borduninstrumente nennt man u. a. → Drehleier, → Scheitholtz, →Theorbe, → Chitarrone, → Dudelsack, → tānbūrā, welche alle jeweils eine oder mehrere, typischerweise nur für Liegetöne reservierte Pfeifen bzw. Saiten besitzen.

Bossa Nova Anfang der 1950er Jahre aus der brasilianischen → Samba und Elementen des Cool → Jazz entwickelte Stilistik. Die Entstehung des Bossa Nova vollzog sich einerseits in Brasilien u. a. durch Antonio Carlos Jobim, Luis Bonfa, Astrud Gilberto, Baden Powell, welche die Samba jazzmäßig interpretierten und diese Variante *Neue Sache (Bossa nova)* nannten. Andererseits beschäftigten sich Jazzmusiker wie Charlie Byrd, Stan Getz mit afrobrasilianischer Rhythmik. Beide Strömungen führten Anfang der 1960er Jahre zu einer mehr oder weniger gemeinsamen Stilform, die heute oft vereinfacht *Latin* (etwa *lateinamerikanischer Jazz*) genannt wird.
Einer der möglichen Grundrhythmen für Bossa Nova ist:

Boston Langsamer → Walzer (vgl. Paul Hindemith: «Suite 1922», op. 26)

bottleneck-Technik → Gitarren- und → Banjo-Spielweise, bei welcher auf den kleinen Finger oder den Ringfinger der Greifhand ein abgeschnittener Flaschenhals (heute meist eine Metallhülse) aufgesteckt ist. Gleitet der Spieler mit diesem *bottleneck* über die Saiten, so ergibt sich ein → Glissando-Effekt *(slide)*. Eine vergleichbare Spielweise ist u. a. auch von der → Hawaiigitarre, vom → Scheitholtz und von der indischen vicitrā → vīṇā bekannt.
Bottleneck-Spiel auf der Gitarre ist vor allem in frühen → Blues-Stilen sehr verbreitet. Im traditionellen *Mississippi-Delta*-Blues-Stil wurde zum gleichen Zweck mitunter auch ein gewöhnliches Messer oder ein polierter Knochen auf die Saiten gepreßt. Das klangliche Spektrum einer Gitarre ließ sich mittels dieser Technik auf einfache und auch preiswerte Weise erweitern. Später wurde das Verfahren auch in die → Rockmusik aufgenommen. Die charakteristisch gleitende Intonation der Rockgitarre ist (wenngleich nun durch elektronische Mittel hervorgerufen) u. a. als klangliche Anlehnung an das bottleneck-Spiel der Blues-Gitarre zu verstehen.

Bourrée Schnelle, zweiteilige, geradtaktige ($\frac{4}{4}$-, $\frac{2}{4}$- oder $\frac{2}{2}$-Takt) Tanzweise, deren auftaktiger Beginn (zwei Achtel als → Auftakt) gerne betont wird. Ursprünglich ein Volkstanz aus der französischen Auvergne, wandelt sich die Bourrée in der zweiten Hälfte des 16. Jahrhunderts zum höfischen Gesellschaftstanz und erhält in diesem Umfeld schließlich auch Zugang zur → Suite. Abgesehen von ihrer Auftaktstruktur ist die Bourrée nahe mit → Gavotte und → Rigaudon verwandt. Ein typisches Rhythmusmodell der Bourrée ist:

bozuk → bağlama

Bratsche → Viola da braccio

Bratschenschlüssel → Notenschlüssel

Break Music → Hip-Hop

brevis → Modalnotation, → Mensuralnotation

bruitisme/Bruitismus → Futurismus

bucina → Trompete, → Posaune

busîne → Trompete, → Posaune

C

c.f. → cantus firmus

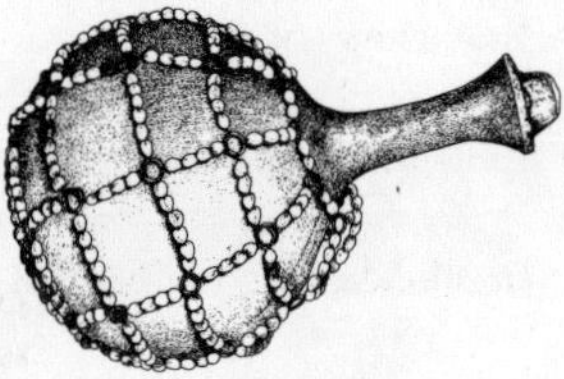

Cabaza (Cabaça) Süd- und lateinamerikanisches Rasselinstrument aus einer getrockneten Kalebasse (Flaschenkürbis), über deren Bauch ein Netz mit Muscheln oder Samenkörnern gelegt ist. Beim Spielen wird das Netz rhythmisch gegen den Kalebassenkörper gerieben. Moderne Nachbauten *(Afuche)* verwenden einen geriffelten Metallzylinder, um welchen Metallkugelketten gelegt sind.

Cäcilienbewegung → Römische Schule

cakewalk → Ragtime

call & response [engl. Ruf und Beantwortung] Charakteristisches Reihungsprinzip in → Afroamerikanischer Musik, welches ursprünglich aus afrikanischer Musik entlehnt ist und dort (insbesondere als → responsorischer Gesang) ein wichtiges, sozial-integratives Verfahren kollektiven Musizierens darstellt.
Auf eine bevorzugt solistisch auszuführende *call*-Struktur (Ruf bzw. Frage), welche im Sinne ihrer Funktionalität typischerweise offen, auffordernd, belebend, fragend oder problematisierend gestaltet ist, folgt eine *response* (Antwort) mit eher abschließendem, beruhigendem Charakter. Call und response sind in strengem Sinne untrennbare Teile eines umfassenderen thematischen Ganzen, bedingen sich gegenseitig und ergeben nur gemeinsam die beabsichtigte musikalische Einheit (→ Blues). Eine chorische response (typisch für → Worksong, → Spiritual, → Gospelsong) ist dabei im allgemeinen derart ge-

staltet, daß sie ohne Einweisung oder gar Üben sofort mitgesungen werden kann. Die Anwendung des call-&-response-Prinzips ermöglicht in diesem Zusammenhang auf recht einfache Weise eine aktive Teilnahme vieler Mitwirkender. In afrikanischer Tradition sind, je nach zeremonieller Disposition, neben der Anwendung vokaler Beantwortungen auch instrumentale, verbale oder tänzerische Beantwortungen möglich.
Eine response darf nicht mit einem spontanen vokalen oder instrumentalen *Kommentar*, der zu jeder Zeit und an jeder Stelle innerhalb afroamerikanischer Werkformen erfolgen darf, verwechselt werden. Selbst wenn dessen motivische Struktur Ähnlichkeiten mit einer response aufweist und auch die Funktion im weitesten Sinn eine Art *Antwort* auf ein musikalisches Geschehen darstellt, ist hier eine grundsätzliche Übereinstimmung beider Phänomene nicht gegeben. Call & response bedingen sich also sowohl motivisch-thematisch als auch in der grundsätzlich kausalen Beziehung gegenseitig, sie ergeben erst gemeinsam ein sinnvolles Ganzes. Ein vokaler oder instrumentaler Kommentar dagegen wird nur bei Bedarf hinzugefügt. Die vorangegangene textliche oder melodische Aussage kann auch unabhängig davon stehen (→ Riff).

call (field call, sounding call, water call) → Holler

Calypso Volksliedform der schwarzen Bevölkerung auf Trinidad und Tobago, welche Ende des letzten Jahrhunderts entstand. Die Texte dieser Lieder sind vorwiegend kritischer Natur, schildern z. B. soziale Probleme, erzählen von Rassendiskriminierung, prangern politische Mißstände an. Formal, melodisch und rhythmisch sind die Lieder an keinerlei Vorgaben gebunden und können daher sehr unterschiedlich gestaltet sein.
Unter der gleichen Bezeichnung erschienen in den späten 1950er Jahren in Nordamerika und Europa kommerzialisierte Varianten mit schlagerhaften Texten.

Cambal → Hackbrett

Cancan → Galopp

canon → Kanon

cantata /cantate → Kantate

cantus firmus [= lat. fester Gesang; abgek. *c.f.*] Seit dem 13. Jahrhundert bekannte Bezeichnung für die Kernmelodie eines mehrstimmigen Vokalsatzes.

canzona [cantare = ital. singen] Die italienische Bezeichnung *canzona* (bzw. deren deutsche Ableitung *Kanzone*) diente seit dem 16. Jahrhundert zunächst als bloßes Etikett für jene polyphonen, vokalen → Chansons, welche für Instrumente (oft Orgel oder Laute) umgeschrieben worden waren. Instrumentale canzona und vokale Chanson waren daher, von instrumentaltechnisch bedingten Umformungen abgesehen, formal und satztechnisch zunächst weitgehend gleichbedeutende Gattungen.
Auch im 17. Jahrhundert blieb zwar die polyphone Struktur grundsätzlich erhalten, die bereits für die Chanson charakteristischen (und an das → Rondo erinnernden) Zwischenteile konnten nun jedoch auch homophon gestaltet sein (vgl. Girolamo Frescobaldi: «Fiori musicali», «Canzon prima», 1645). Die entstandene Kontrastwirkung zwischen polyphonen und homophonen Abschnitten wurde zudem häufig durch die Verwendung unterschiedlicher Taktarten verstärkt (z. B. Hauptteil im $\frac{2}{2}$-, Zwischenteil im $\frac{3}{2}$-Takt). Im Zuge dieser Entwicklung wandelten sich auch die Bezeichnungsstrukturen. Die instrumentale Variante wird nun zumeist *canzona da sonar* (auch: *canzon sonata*) genannt und von der (ehemals als *Chanson* bezeichneten) vokalen *canzona da cantar* (→ Kantate) unterschieden.
Im 19. Jahrhundert zeigt sich die Bezeichnung *canzona* weitgehend von ihrer ursprünglichen Bedeutung losgelöst. Einzig die charakteristische Mehrteiligkeit hat sich noch erhalten. Entsprechende Abschnitte werden hierbei oft mit kontrastierenden Stimmungscharakteren unterlegt, deren gelegentlich plötzliche Wechsel sehr an das → Capriccio erinnern. Ansonsten wird die Benennung nun recht unterschiedlich eingesetzt, u. a. (allerdings ohne erkennbare Verbindlichkeit) für durchgehend homophone, langsame Stücke oder Sätze (vgl. Max Reger: «Zwölf Stücke» op. 65, Nr. 9, «Monologe« op. 63, Nr. 3; Ernst Pepping: «Concerto II für Orgel», 2. Satz).
Die instrumentale canzona wird wegen ihrer besonderen polyphonen Satztechnik (ihr Thema kann bereits mehrfach durch alle beteiligten Stimmlagen geführt werden) neben → Motette und → Ricercar als wichtige Vorstufe in der Entwicklung zur barocken → Fuge angesehen. Andererseits gilt deren typische Gliederung in heterogene Abschnitte allgemein als richtungsweisendes Modell für eine entsprechende Anordnung der späteren → Sonate (vgl. auch die sprachliche Ableitung der Bezeichnung *sonata/Sonate* als Verkürzung von *canzona da sonar* bzw. *canzon sonata*).

capotasto → Kapodaster

Capriccio [= ital. Eigensinn, Laune] Instrumentales (bis ins 17. Jahrhundert auch vokales) Musikstück mit vorwiegend heiterem, zuweilen launenhaft-eigenwilligem bis groteskem Grundcharakter, welches sowohl formal wie satz-

und besetzungstechnisch in vielerlei Varianten vorkommen kann. Allenfalls läßt sich bis ins Frühbarock eine Tendenz zu polyphoner Struktur (mit deutlicher Nähe zu Motetten- und Fugentechnik) feststellen, während man im 18. und 19. Jahrhundert einen eher homophonen Aufbau bevorzugt (vgl. Nicolò Paganini: «24 Capricen» op. 1; L. v. Beethoven: «Alla ingharese quasi un capriccio» [«Die Wut über den verlorenen Groschen»] op. 129; Peter Tschaikowsky: «Capriccio italien» op. 45). Der eigentümlich wechselhafte und unbestimmte Charakter des Capriccios weist diese Werkform als nahe Verwandte der → Fantasie aus.

cĕlĕmpung → gamĕlan

Celesta [= ital. himmlisch] 1886 von Auguste Mustel (Paris) entwickeltes Klaviatur- → Glockenspiel mit Stahlstäben und Hammermechanik (→ Hammerflügel). Die Klangplatten besitzen hölzerne, genau abgestimmte Resonatoren, die es ermöglichen, unerwünschte Obertöne gezielt abzudämpfen, die jeweilige Grundschwingung einer Tonstufe jedoch zu verstärken. Das Klangbild einer Celesta ist daher sehr viel durchsichtiger (durch die Verwendung befilzter Hämmer zudem weicher) als das der älteren Klaviatur-Glockenspiele. Das Instrument hat äußerlich die Form eines Klaviers (→ Pianino).

Cello → Violoncello

Cembalo (Kielflügel, ital. *clavicembalo*, *clavicymbel*, *gravicembalo*, frz. *clavecin*, engl. *harpsichord*) Seit etwa 1400 bekanntes, vermutlich in England oder Deutschland entstandenes Tasteninstrument mit Zupfmechanik.
Seine Saitenbespannung ist (in der Art einer liegenden Harfe) in ein hölzernes Gehäuse eingelassen. Die Saiten verlaufen in gleicher Richtung wie die Tastenhebel vom Wirbelbrett *(Stimmstock)* über zwei Stege zur hinteren Saitenhalterung *(Anhang)*. Alle Tastenhebelarme haben hierdurch (im Unterschied zu → Virginal bzw. → Clavichord) gleiche Länge, so daß eine vergleichsweise ausgeglichene Tastendruckverteilung möglich ist. Der charakteristisch vogelflügelartige Umriß des Gehäuses (vgl. die Benennung *Kielflügel*) ergibt sich, da die längeren Baßsaiten auf der linken, die kürzeren Diskantsaiten auf der rechten Seite angeordnet sind. An der Stirnseite des Gehäuses befinden sich ein bis zwei (seltener auch bis zu vier) Klaviaturen (*Manuale*; von manus = lat. Hand), welche unabhängig registrierbar sind und auf diese Weise schnelle Wechsel der Klangfarben ermöglichen (vgl. J. S. Bach: «Italienisches Konzert», BWV 971). Zumeist können die Registrierungen mittels einer *Manualkoppel* aber auch kombiniert werden. Schlichtere Instrumente besitzen eine einfache, größere Instrumente (bereits im 15. Jahrhundert)

eine mehrchörige (zwei- bis drei-, seltener auch vierfache) Saitenbespannung. Die Saiten waren bis ins 17. Jahrhundert in aller Regel aus Messing oder Eisen gefertigt, heute sind gelegentlich auch (teils umsponnene) Stahlsaiten üblich. Saitenchöre sind entweder unisono, in der Regel jedoch in unterschiedlichen Oktavlagen (meist 8'- und 4'-Register) eingestimmt. 2'-Register sind recht selten, ebenso war das 16'-Register (zumindest bis etwa 1750) aus reinen Kostengründen selten eingebaut. Mittels Zügen (Handzug- oder Kniehebel, seit etwa 1660 in England auch über Pedalhebel) kann zwischen ein- bzw. mehrchöriger Spielweise umgeschaltet und hierdurch (als Folge der unterschiedlichen Oktavlagen) sowohl Klangfarbe als auch Tonstärke variiert werden. Je nach Ausstattung eines Instrumentes ist (ebenfalls über entsprechende Züge oder Hebel) eine unterschiedliche Anzahl weiterer Klangregister zuschaltbar. Durch den *Lautenzug (Theorbenzug)* schiebt sich z. B. eine Filzleiste an die Saiten und ermöglicht einen gedämpften (lautenähnlichen) Klangeffekt. Eine interessante Besonderheit stellt der *Ochsenhautzug (Peau-de-buffle-Zug)* von Pascal Taskin (1768) dar, bei welchem die Schiebleiste mit Ochsenhautzungen belegt ist. Solche Effektregister entstanden insbesondere in der zweiten Hälfte des 18. Jahrhunderts in dem Bemühen, die Nachteile der Zupfmechanik gegenüber der dynamisch überlegeneren Technik des → Hammerflügels wettzumachen. Allerdings ermöglichen alle diese Register dennoch ausschließlich eine *Terrassen-* bzw. *Stufendynamik* und keine *Schwelldynamik* wie beim Hammerflügel.

Jeder Saite ist ein *Springer (Docke)* zugeordnet, welcher seitlich eine bewegliche Zunge (Hartholz) mit einem vorstehenden, elastischen *Dorn (Kiel)* besitzt. Die Springer sind aufrecht und lose in eine Führungsleiste *(Rechen, Springerrechen)* eingelassen und befinden sich im Bereich des hinteren Endes einer Taste. Wird eine Taste betätigt, so drückt deren hinterer Teil (in der Art einer Wippe) den jeweiligen Springer innerhalb der Führungsleiste aufwärts. Dabei zieht der Kiel die zugehörige Saite so lange mit nach oben, bis der entstehende Gegenzug zu groß wird, der elastische Kiel nachgibt und die Saite aus ihrer Versperrung entläßt. Die Saite kann in ihre Ruhelage zurückschwingen und gleichzeitig den gewünschten Ton abgeben. Der Springer fällt anschließend durch sein Eigengewicht wieder zurück in die ursprüngliche Ausgangsposition und kann erneut ausgelöst werden. Bei dieser Abwärtsbewegung fällt zwar auch der vorstehende Kiel zunächst auf die Saite zurück, dessen Zunge ist jedoch auf leichtesten Gegendruck nach hinten kippbar. Sie schwingt daher bei Saitenberührung aus der Senkrechten in die Schräglage, so daß der vorstehende Kiel an der Saite vorbeistreichen kann. Die Kiel-Berührung beim Herabfallen des Springers ist durchaus hörbar, jedoch keinesfalls unerwünscht, führt sie doch bei geschwindem, virtuosem Spiel zu einem charakteristisch prasselnden Rauschen, das den Eindruck von Schnelligkeit und pulsierender

Motorik eher noch verstärkt erscheinen läßt. Eine feine Feder (ursprünglich eine Fellborste, heute zumeist ein dünner Draht) drückt die Zunge schließlich wieder in ihre senkrechte Lage zurück, gleichzeitig legt sich ein angesetzter Filz- oder Lederteil als Dämpfer auf die Saite.

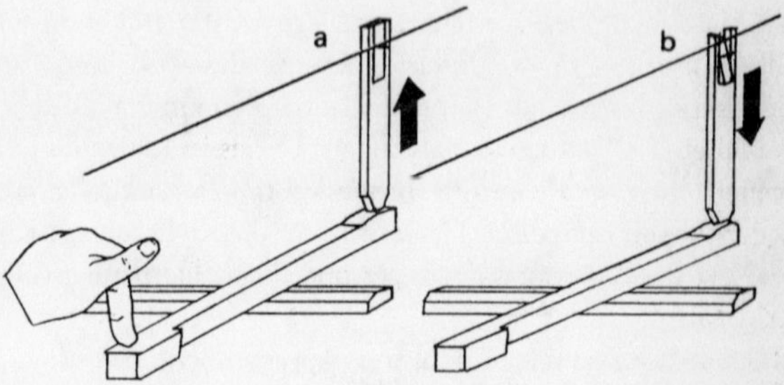

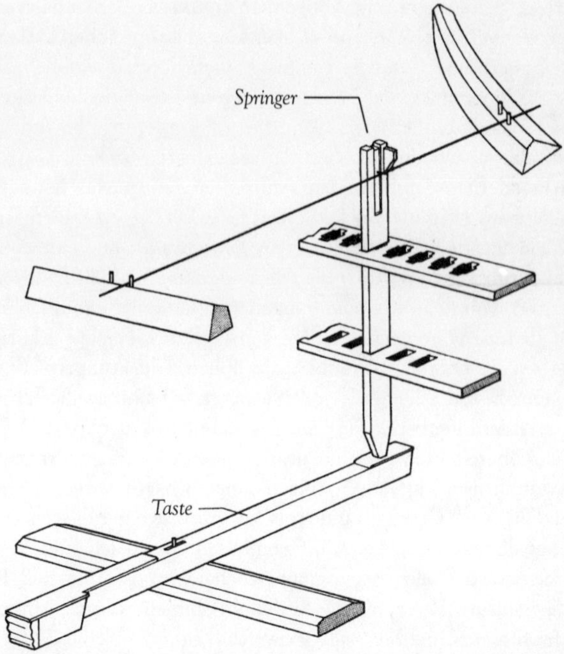

Die Tonstärke kann bei dieser Zupftechnik durch den Tastenanschlag selbst (bzw. die daraus folgende Springergeschwindigkeit) nicht wesentlich beeinflußt werden. Der Cembaloton gilt daher als dynamisch verhältnismäßig starr. Allerdings können durch zu weiches Anschlagen der Tasten unregelmäßige Klangschwankungen, durch zu starkes Anschlagen unerwünschte Nebengeräusche entstehen.

Springer werden traditionell aus Holz, heute oft auch aus Kunststoff gefertigt. Als Material für den vorstehenden Dorn dienten früher die Kiele von Krähen- oder Rabenfedern, wodurch einerseits dieses Bauteil, andererseits auch das ganze Instrument seine deutsche Benennung erhielt *(Kielflügel)*. Im Bemühen, sich an den damals äußerst beliebten Klang des → Hammerklaviers anzugleichen, wurde im 18. Jahrhundert (Pascal Taskin, Paris) auch mit harten Lederstücken gearbeitet. Heute wird für die Kiele zumeist Kunststoff verwendet, der weitaus strapazierfähiger und damit haltbarer ist als das historische Material.

Im Laufe der Zeit haben sich zwei hauptsächliche Bauformen entwickelt. Das *Italienische Cembalo* ist durch eine besonders leichtgewichtige Bauweise charakterisiert. Es besitzt aus diesem Grund häufig noch einen zusätzlichen Kasten als äußeren Schutz. Der oft doppelchörige Saitenbezug (Messingsaiten) hat eine relativ geringe Saitenspannung. Mit seinem kraftvollen Baßbereich und den verhältnismäßig kurz nachklingenden, aber sehr obertonreichen Diskanttönen war das Italienische Cembalo bis ins 18. Jahrhundert ein beliebtes Instrument der → Generalbaßpraxis. Auch das derzeit älteste noch erhaltene Cembalo ist ein solches Italienisches Cembalo. Es wurde 1521 in Bologna gebaut und befindet sich heute im Victoria and Albert Museum, London. Ab 1600 wurde Flandern und insbesondere Antwerpen Zentrum des nordeuropäischen Cembalobaus (Familie Ruckers, Jean Couchet, Georgius Britsen). Es entstand das *Flämische Cembalo*, das stabilere Seitenwände und eine kräftigere Rahmenkonstruktion (aus Holz) als die italienische Variante aufweist. Der Gehäusekasten ist innenseitig häufig tapeziert und besitzt einen Deckel, welcher (ebenfalls innen) gerne mit einem kunstvollen Gemälde dekoriert wurde. Ein zwei- bis dreichöriger Saitenbezug ist üblich. Die Tastatur weist oft dunkelfarbene Obertasten (Ebenholz- oder Mooreiche) und weiße Untertasten (Knochen- oder Elfenbeinbelag) aus. Die stabile Rahmenkonstruktion ermöglichte eine höhere Saitenspannung und damit einen kräftigen, tragfähigen Ton mit verhältnismäßig langem Nachklang und ein ausgeglichenes Klangspektrum. Flämische Cembali sind typische Soloinstrumente.

Obwohl das Cembalo bereits seit 1409 durch eine Miniatur in den «Très belles heures» des Herzogs von Berry ikonographisch belegbar ist (die ital. Bezeichnungen *clavicembalo*, *clavicymbel* verweisen im übrigen auf eine Abstammung vom → Hackbrett *Cymbal/Cymbalon*, welches nunmehr eine *Claviatur* besitzt), gab es bis ins 16. Jahrhundert kaum eigenständige Cembaloliteratur. Zumeist wurden Stücke aus Lautentabulaturen transkribiert. Erst im 17./18. Jahrhundert begann die eigentliche Blütezeit des Cembalospiels, und es entstand nun eine große Vielfalt an Kammer- und Orchestermusik sowie an Solowerken für das Instrument (vgl. u.a. Domenico Scarlatti, Georg Friedrich Händel, Jean-Philippe Rameau, François Couperin, Henry Purcell, J.S. Bach). Das Cembalo wurde ein beliebtes Generalbaßinstrument und im Orchester oft vom Kapellmeister gespielt. Durch sein markantes, klar artikulierbares Tonprofil war es bestens geeignet, stützend wie steuernd auf den musikalischen Ablauf einzuwirken. Eine besondere Rolle spielte das Instrument in der Oper. Das *recitativo secco* wird (im Unterschied zum *recitativo accompagnato*) nur vom Cembalo begleitet (→ Rezitativ). Ab Ende des 18. Jahrhunderts wurde das Cembalo jedoch zunehmend von dem dynamisch beweglicheren → Hammerklavier verdrängt. Belebt wurde das Cembalospiel (ebenso wie das Spiel auf → Virginal und → Spinett) erst wieder seit Beginn des 20. Jahrhunderts, einerseits durch das Interesse an historischer Aufführungspraxis (vgl. Arnold Dolmetsch, Wanda Landowska, Li Stadelmann), andererseits auch durch eine Vielzahl neuer Kompositionen (vgl. u. a. Frank Th. Martin: «Konzert für Cembalo und kleines Orchester»; Francis Poulenc: «Concert champêtre»; György Ligeti, Günter Bialas, Wolfgang Fortner, Isang Yun, Violetta Dinescu).

Cembalo verticale → Clavicytherium

Cent → Intervall

cervelas → Rankett

Chaconne [ital. *ciacona*] Musikstück mit einer als → Ostinato behandelten Harmoniefolge, welche entweder als Akkordfolge konkret dargestellt ist oder nur indirekt in Form kunstvoller figurativer Umspielungen eines gleichsam verborgen bleibenden Hintergrundes auftritt. Prinzipiell ist die Chaconne daher nicht von der → Passacaglia zu unterscheiden, allerdings tritt der Ostinato dort in der Regel als konkrete Baßlinie in Erscheinung. Als Vorläufer des Chaconne-Verfahrens gilt die *passa mezzo* des 16. Jahrhunderts, bei der ein harmonisch-metrisches Grundmodell mit fortlaufender Neubildung der Melodie beständig wiederkehrt.

Im Barock wird die Chaconne zumeist in langsamem Tempo, $\frac{3}{4}$-Takt sowie in acht-, seltener nur viertaktigen Formanlagen realisiert. Im 18. Jahrhundert wird die Bezeichnung, weitgehend ohne Berücksichtigung des bisherigen Bedeutungszusammenhangs, auch auf das Schlußballett in französischen Opern übertragen (vgl. Christoph Willibald Gluck: «Orpheus» in der Pariser Bearbeitung, Finale).

chain-song → Worksong

Chalumeau (Chalemie, Kirbenpfeiff; von calamellus = lat. Röhrchen) Zylindrisch mensuriertes → Rohrblattinstrument mit neun bis elf Grifflöchern. Die Bezeichnung findet sich sowohl bei schalmeiartigen Doppelrohrblattinstrumenten des Mittelalters als auch bei klarinettenartigen Einzelrohrblattinstrumenten der Barockzeit. Bis heute herrscht daher große Unsicherheit bezüglich einer systematischen Zuordnung der Chalumeau (→ Klarinette, → Schalmei, → Oboe).

changes → Jazz

Chanson [chanter = frz. singen] Mehrdeutige Bezeichnung für Vokalwerke mit weltlichem Text in französischer Sprache.
Bis ins 14. Jahrhundert ist eine Chanson ein einstimmiges, instrumental begleitetes Lied u. a. der → Troubadours und Trouvères. Im 15. und 16. Jahrhundert verstand man unter einer Chanson ein mehrstimmiges, bevorzugt motettisch gearbeitetes Vokalwerk (→ Motette), dessen Text tonmalerisch oder mit gängigen musikalischen Motivsymbolen ausgedeutet ist (vgl. Clément Janequin: «La guerre», 1537, «Le Chant des Oyseaux», 1529; Janequin ahmt Nachtigallen und andere Vögel, Streitgespräche von Frauen ebenso wie Schlachtenlärm musikalisch nach). Diese tonmalerischen Darstellungen sind nah mit der ähnlich affektbetonenden Gestaltungstechnik im → Madrigal verwandt. Typisch sind zudem häufige Zwischenteile. Solche mehrstimmigen Chansons wurden seit dem 16. Jahrhundert gerne auch für Instrumente (anfänglich oft für Orgel oder Laute) umgeschrieben. Je nach instrumentalen Möglichkeiten wurde die ursprüngliche Vokalmelodik hierbei reich ornamentiert (vgl. Girolamo Frescobaldi, Andrea Gabrieli, Johann Jakob Froberger). Die Chanson gilt daher als einer der entscheidenden Impulse auf dem Weg zu eigenständiger Instrumentalmusik und ist vokales Urbild der instrumentalen → canzona, welche schließlich zur → Sonate führte.
Das moderne Chanson (nun allgemein mit sächlichem Artikel) entsteht im 19. Jahrhundert als solistisches, instrumental begleitetes Refrainlied, das bevorzugt in einer Art Sprechgesang (→ Rezitativ) vorgetragen wird. Die Texte sind gegenüber der Musik deutlich vorrangig und handeln teils in der Art einer → Ballade erzählend, teils kritisch-kommentierend fast ausnahmslos von persönlichen Erlebnissen (sprachlich überwiegt die Ichform). Das Genre pendelt zwischen gefühlsbeladenem, melancholischem Liebeslied und sozialkritischem Kabarettlied.

Chapman-stick → Gitarre

Charakterstück (Genrestück, Lyrisches Stück) Eine verhältnismäßig kurze, instrumentale Komposition, welche eine bestimmte seelische Empfindung musikalisch widerspiegelt *(charakterisiert)*.
Eine klare Formgliederung (oft in → Rondo- oder → Liedform) ist typisch, obgleich es keine verbindlichen Strukturvorgaben gibt und ein Charakterstück nicht selten gleichsam *improvisiert* erscheint. Die jeweils zugrundeliegende Stimmung wird häufig durch die Titelgebung beschrieben (Robert Schumann: «Winterszeit», «Leid ohne Ende», «Träumerei»). Manche Charakterstücke tragen jedoch auch eher unverbindliche Benennungen (→ Impromptus, → Moment musical). Das Charakterstück war u. a. eine beliebte Gattung romantischer und nachromantischer Klaviermusik, gerne wurden mehrere Stücke zu einem Zyklus zusammengefaßt (vgl. Rob. Schumann: «Kinderszenen» op. 15, «Album für die Jugend» op. 68, «Waldszenen» op. 82).

Charango Südamerikanische Kleingitarre, bei welcher ein Gürteltierpanzer als Korpus dient.

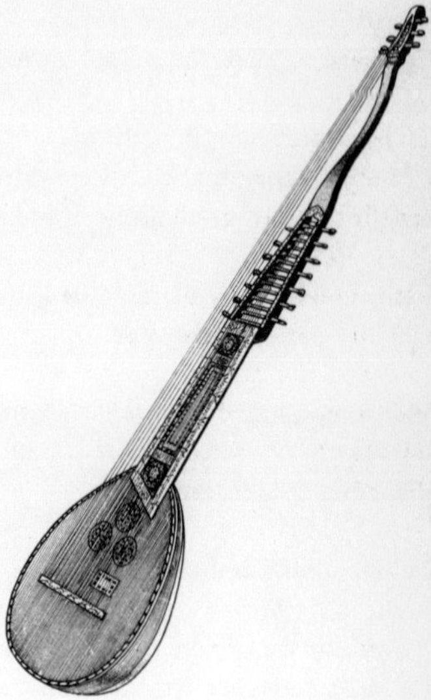

Charlestonmaschine → Becken

cheng → sheng

Chitarrone (Römische → Theorbe, Große Chitarra) Große, 14- bis 17-saitige → Laute *(Erzlaute)* mit Spielsaiten und einer unterschiedlichen Anzahl parallel verlaufender → Bordunsaiten, welche einen gesonderten Wirbelkasten besitzen. Der Chitarrone ist teilweise bis zu 2 m lang und weist auf seiner Decke nicht selten mehrere Schallrosetten auf.

Choral [choros = griech. Reigen; cantus choralis = lat. Chorgesang] In der katholischen Liturgie eine einstimmige, unbegleitete gregorianische Weise (→ Gregorianischer Choral), in protestantischer Kirchentradition ein ein- oder mehrstimmiges, begleitetes oder unbegleitetes Gemeindelied innerhalb der Liturgie.
Seit dem Barock kann *Choral* auch ein instrumentales (oft für Orgel gearbei-

tetes), meist kontrapunktisch-polyphon gesetztes Werk bezeichnen, das eine ursprünglich vokale Melodie (evangelisches Kirchenlied oder Gregorianischen Choral) als Ausgangspunkt (→ cantus firmus) der Bearbeitung hat (vgl. Choräle von J. S. Bach).

Choralnotation Im 12. Jahrhundert in französischen Klöstern entwickeltes Tonschriftsystem für einstimmige Vokalweisen, das die bisherige → Neume ablöste.
Die quadratischen Notenköpfe *(nota quadrata)* der Choralnotation ermöglichten in Zusammenwirken mit einem vierzeiligen Liniensystem erstmals die genauere Fixierung einzelner Singtöne (während die bisher verwendeten Neumen im wesentlichen dagegen noch Tonbewegungen symbolisierten). Tongruppenbewegungen blieben allerdings auch in der Choralnotation (und noch bis in die spätere → Mensuralnotation) als sog. *Ligaturen* erhalten.

Chordophone → Saiteninstrumente

chorus → Jazz

Chromatik [chroma/chromos = griech. Farbe] Die Verwendung von → Halbtonschritten bzw. die → Alterierung von Tonstufen um einen Halbtonschritt. (→ chromatische Tonleiter)

chromatische Tonleiter Zwölfstufige → Tonleiter, welche ausschließlich → Halbtonschritte aufweist.

Chromonika → Harmonika-Instrumente

ciacona → Chaconne

Cimbalom/Cimbalon → Hackbrett

Cister Insbesondere im 16. und 17. Jahrhundert beliebtes Zupfinstrument mit einer Zarge, welche zum Hals hin höher wird. Die Decke hat einen birnenförmigen Umriß und trägt zumeist eine Schallrosette. Bis zu 14 Stahlsaiten sind in Doppelchören angeordnet und verlaufen über einen aufgesetzten Steg. Der Hals trägt ein breites Griffbrett mit Bünden und endet in einer Wirbelplatte oder einem charakteristisch sichelartig nach hinten schweifenden Wirbelkasten, der oft von einem geschnitzten Wirbelkopf verziert ist.

clarino-Register → Bach-Trompete, → Klarinette

Clarone → Klarinette

Clarsech, Clarsha → Harfe

clavecin → Cembalo

clavecin brisé → Spinett

Claves *(Rumbastäbchen)* Lateinamerikanische runde Schlaghölzer aus Hartholz, welche gegeneinandergeschlagen werden.

Clavichord [clavis = lat. Schlüssel; c(h)orda = lat. Saite; *clavis*, also Schlüssel, wurden die unterschiedlichen Stegstellungen beim älteren → Monochord genannt] Tasteninstrument mit Tangentenmechanik, welches um 1400 aus dem *Monochord* bzw. dessen mehrsaitiger Weiterentwicklung durch Anfügen einer Klaviatur entstand. Die Idee der Tasten ist vermutlich sowohl von der → Pfeifenorgel als auch von der → Drehleier und deren Tastenschiebern abgeleitet. Der Zeitpunkt dieser Weiterentwicklung ist allerdings umstritten, als frühester Quellenbeleg gilt die Aufzählung eines *clavicordium* in den «Minneregeln» des Eberhard Cersne (1404), eine erste Ikonographie folgt 1440 im «Weimarer Wunderbuch».
Die gesamten akustisch wirksamen Teile sind in einem rechteckig-länglichen Gehäuse untergebracht. Dessen Boden (Fichte, Zypresse) dient gleichzeitig als Resonanzboden und weist meist ein Schalloch oder eine Schallrosette auf. Ist ein Deckel vorhanden, so kann dieser innenseitig mit einem Gemälde geschmückt sein. Der einfache oder doppelchörige Saitenbezug (Eisen, Messing, Stahl) verläuft über einen geraden oder geschwungenen Steg und quer zur Ausrichtung der Tastenhebel, wodurch verschieden lange Tastenhebelarme erforderlich sind (vgl. → Virginal). Je nach Klaviaturbereich muß daher mit unterschiedlich gewichtetem Tastenandruck gespielt werden, was nicht nur eine gewisse Übung, sondern vor allem genaue Kenntnisse der bautechnischen Eigentümlichkeiten eines jeden Clavichords verlangt. Die Tastatur befindet sich in der Regel (ähnlich wie bei einem Virginal) an der Längsseite des Instrumentes, ist jedoch zumeist nicht symmetrisch angeordnet, sondern mehr oder weniger weit nach links verschoben.
Zur Tonerzeugung dient eine keil- bis spatelförmige *Tangente* (zunächst aus Holz, später aus Eisen oder Messing). Sie ist mit ihrer Spitze nach unten und querkantig zum Saitenverlauf stehend auf das hintere Ende des Tastenhebels aufgesteckt. Wird eine Taste betätigt, so berührt die jeweilige Tangente [tangere = lat. berühren] ihre zugeordnete Saite und bringt sie hierbei zum Erklingen. Nach Loslassen der Taste können Hebelarm und Tangente anschließend

wieder in ihre Ausgangslage zurückfallen. Infolge der direkten Hebelwirkung einer Clavichordtaste kann die Tangente aber auch an der Saite verbleiben, die Tonhöhe daher (im Unterschied zu allen anderen besaiteten Tasteninstrumenten) auch noch nach dem erfolgten Anschlag weiterhin beeinflußt werden (→ Bebung). Bei ihrer Saitenberührung wirkt die Tangente gleichzeitig wie ein *Steg* bzw. *Bund* (→ Zupfinstrumente, → Streichinstrumente) und unterteilt die Saite in zwei gesondert schwingende Abschnitte. Die Tangenten stellen sozusagen bewegliche Bünde dar und haben eine ähnliche Funktion wie die Fingerkuppen bei einem bundlosen Streich- oder Zupfinstrument oder das *Griff-Ei* bzw. *-Hölzchen* bei vicitrā → vīṇā, → Hawaiigitarre, → Scheitholtz u. a. Da je nach Anschlagstelle hierbei jedoch zwei verschiedene, teils äußerst ungünstig konkurrierende Tonhöhen entstehen könnten, wird beim Clavichord der jeweils entbehrliche Schwingungsabschnitt durch abdämpfende Stoff-, Tuch- oder Filzstreifen am Mitschwingen gehindert. Sobald sich Tangente und Saite nicht mehr berühren, wirkt schließlich die Tuch-Dämpfung auch über die gesamte Länge einer Saite und bringt diese gänzlich zum Verstummen.

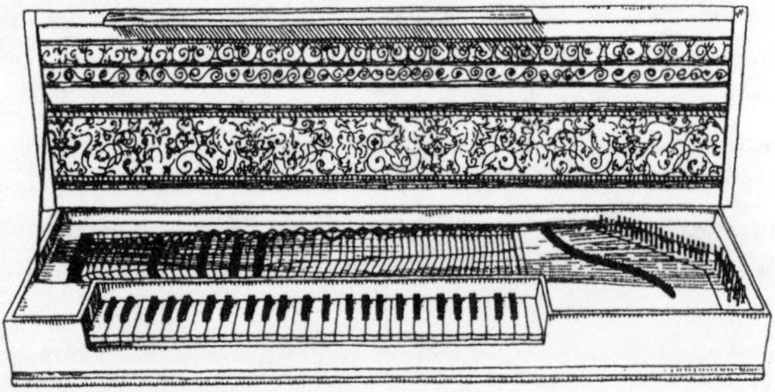

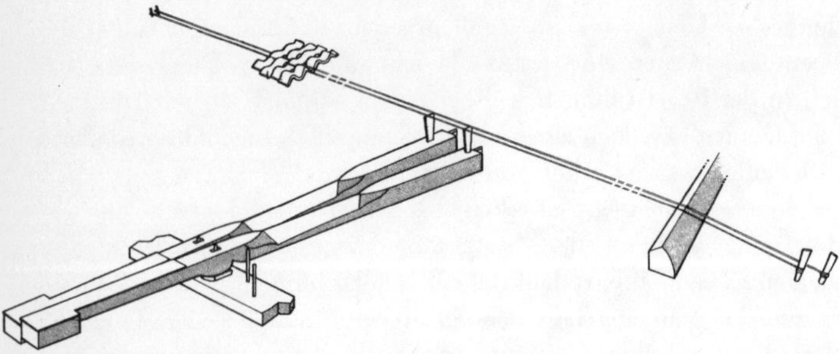

Da jede Tangente durch ihre definierte Anschlagstelle auf einer Saite gleichzeitig eine Tonhöhe markiert, ist es möglich, jeder Saite gleich mehrere Tasten zuzuordnen, auf einer einzigen Saite also gleich mehrere, unterschiedliche Tonhöhen darzustellen (vgl. → Zupfinstrumente, → Streichinstrumente, → Drehleier). Allerdings können diese auf eine gemeinsame Bezugssaite festgelegten Tonhöhen nur bedingt direkt aufeinanderfolgend erklingen. Zumindest ab einer bestimmten Anschlagsgeschwindigkeit sind bestimmte Tonfolgen dann nicht mehr korrekt ausführbar. Ein solchermaßen in seiner Tonfolgenfreiheit eingeschränktes *gebundenes Clavichord* nutzt etwa zwei bis fünf Tasten für jeweils eine gemeinsame Bezugssaite. Das 1726 von dem Crailsheimer Organisten Daniel Tobias Faber entwickelte *ungebundene* bzw. *freie Clavichord* dagegen besitzt pro Saite bzw. Saitenchor jeweils eine gesonderte Taste. Trotz seiner spieltechnischen Beschränkung blieb aber auch das *gebundene Clavichord* noch bis etwa 1750 weit verbreitet, da es zumeist kleiner und damit transportabler wie auch schlicht preiswerter (weniger Saiten, Stimmwirbel usw.) als ein vergleichbares *ungebundenes* Instrument war.
Das Clavichord ist allgemein als Tischmodell, d. h. ohne eigene Beine, gearbeitet. Es wurde von Pianisten gerne als Übe-Instrument auf Reisen mitgeführt (u. a. von W. A. Mozart). Für den häuslichen Gebrauch der Organisten wurden die Instrumente zudem nicht selten durch Hinzufügen zusätzlicher Pedale zum *Pedalclavichord* erweitert (Pedalklaviatur über Schnüre oder Drähte als zusätzliches 16'-Register). Das Clavichord war wegen seines fein-silbrigen, sehr obertonreichen Klanges und seiner dynamischen Vielfalt vom 15. bis 18. Jahrhundert ein beliebtes Kammermusikinstrument (vgl. Johann Pachelbel, Johann Kuhnau, Johann Jakob Froberger, J. S. Bach, Carl Philipp Emanuel Bach, François Couperin), eignete sich allerdings wegen seines zarten Tones nicht für größere Räumlichkeiten und wurde in der Folgezeit zunehmend vom → Hammerflügel verdrängt. Erst im Rahmen der historischen Aufführungspraxis des 20. Jahrhunderts erlebte das Clavichordspiel eine neuerliche Renaissance. Leider wird das Instrument heute oft in pianistischer Anschlagtechnik gespielt, was zu hörbaren Verfremdungen des eigentlichen Klangbildes eines Clavichords führt.

Clavicytherium (Klaviziterium; ital. *Cembalo verticale*) Eine vermutlich im 16. Jahrhundert entstandene Sonderform des → Cembalos mit aufrechtem Resonanzkasten (→ Pianino).

Cluster [= engl. Büschel, Bündel, Traube; *tone-cluster*] Klangschichtung aus der Summe aller oder ausgewählter, zwischen zwei Grenztönen verfügbaren Tonstufen.

Notation:

weißer Cluster zwischen g' und d''
(alle weißen Tasten)

schwarzer Cluster zwischen gis' und dis''
(alle schwarzen Tasten)

alle Tasten zwischen b' und e''

Die Cluster-Technik wurde vermutlich erstmals von Charles Ives erprobt (vgl. 2. Sonate «Concord», 1909–15) und ist seither ein beliebtes Stilmittel → Neuer Musik (vgl. György Ligeti: «Volumina» für Orgel, 1962/1966; → Klangkomposition). Die Bezeichnung *tone-cluster* wurde von Henry Cowell 1930 veröffentlicht. In der Klaviermusik unterscheidet man zwischen *weißem Cluster* (alle weißen Tasten in einem definierten Grenzbereich) und *schwarzem Cluster* (alle schwarzen Tasten in einem definierten Grenzbereich) bzw. je nach erwünschter Anschlagtechnik zwischen *Unterarm-* und *Hand-Cluster*.

Coda [= ital. Schwanz] Schlußteil, welcher an das Ende einer Form- bzw. Satzeinheit als zusätzlicher Ausklang angehängt ist.

col legno [= ital. mit dem Holz] Spielanweisung bei → Streichinstrumenten, mit dem Holz der Bogenstange auf die Saiten zu schlagen oder darüberzustreichen (Gegensatz: *coll'arco*).

Collegium musicum → Vorklassik

comes → Fuge

Commedia dell'arte → Madrigalkomödie, → Oper

Concertina Gleichtönige Ziehharmonika, die um 1827 von dem Physiker Sir Charles Wheatstone entwickelt wurde und ein Gehäuse in charakteristischer Sechseckform mit zumeist vier Knopfreihen aufweist (→ Harmonika-Instrumente). Auf beiden Manualen sind Einzeltöne geschaltet, der Tonumfang beträgt etwa vier Oktaven. Die Concertina wird ohne Schultergurte frei vor dem Körper gespielt. Sie wurde das typische Zirkusinstrument der Harlekine, war jedoch im 19. Jahrhundert (insbesondere in England) auch in der Kunstmusik verbreitet (vgl. Bernhard Molique: «Konzert für Concertina und Orchester», 1853). Aus der Concertina entwickelte C. Fr. Uhlig 1834/35 die sechseckig oder quadratisch geformte, wechseltönige *Konzertina (Deutsche Konzertina)* mit beidseitig je fünf einzeltönig geschalteten Knöpfen. Die Deutsche Konzertina diente Heinrich Band als Vorlage für sein → Bandoneon.

Concertino, concerto/Concerto grosso → Konzert

Conductus Geistliche, außerliturgische, meist zwei- bis dreistimmige Vokalgattung des Mittelalters, deren Kernmelodie *(cantus)* kein → Gregorianischer Choral ist, sondern frei gestaltet sein kann (→ Notre-Dame-Schule, → Ars antiqua).

Conga Aus afrikanischen Faßtrommeln weiterentwickeltes, lateinamerikanisches einfelliges Schlaginstrument. Der Korpus einer Conga ist traditionellerweise aus Holz, heutige Instrumente sind gelegentlich auch mit konischen Fiberglas-Resonatoren verbreitet. Die Membranspannung wird zumeist über eine Schraubenmechanik (→ Pauke) beeinflußt. Congas werden als Handtrommeln (→ Trommel) und oft (ähnlich wie die → Bongo) paarweise oder auch als Dreiergruppe gespielt.

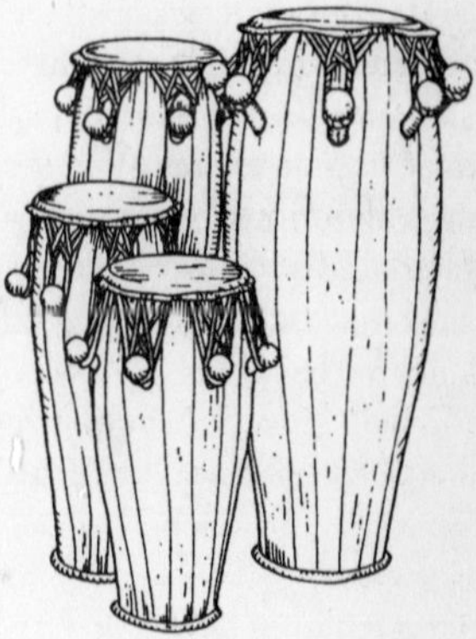

cor de chasse → Jagdhorn

Cornamuse (Cornamusa) Anfang des 17. Jahrhunderts in fünf Größen verbreitetes → Krummhorn ohne gebogenes Unterteil. Das gerade geformte Rohr bewirkt einen weicheren, zarteren Klang als beim eigentlichen Krummhorn.

cornet à cylindres → Flügelhorn

cornet à pistons → Kornett

corno da/di caccia → Jagdhorn

corrente → Courante

Country-&-Western-Musik Einerseits eine Sammelbezeichnung für authentische, hauptsächlich angloamerikanische Volksmusik, wie sie bis heute in ländlichen Gebieten Nordamerikas verbreitet ist *(Hillbilly-* bzw. *Bluegrass-Music)*, andererseits auch deren seit den 1940er Jahren zunehmend verbreitete, kommerzielle Variante als → Schlager mit volksmusikalischem Idiom. Während die ältere Form (mit ihren vielfältigen Anlehnungen an englische, irische, schottische oder andere europäische Volksmusik) zumeist auf akustischen Instrumenten (u. a. Violine, Banjo oder Gitarre, Kontrabaß) vorgetragen wird, ist für die moderne Version die Einbindung von elektrisch verstärkten Instrumenten typisch (vgl. Hank Williams, Johnny Cash).

Couplet → Rondo, → Konzert

Courante [courir = frz. eilen, laufen; ital. *corrente*] Seit der zweiten Hälfte des 16. Jahrhunderts populärer, lebhaft-rascher, ungeradtaktiger, zweiteilig gegliederter Tanz, welcher generell auftaktig beginnt. Die Courante übernimmt in der barocken → Suite Charakter und Funktion der älteren → Galliarde und bildet dort zusammen mit der → Allemande ein Satzpaar, wobei sie nicht selten durch metrische oder rhythmische Umgestaltung des thematischen Materials der vorangestellten Allemande gebildet ist.
Die französische, überwiegend in kontrapunktischer Satztechnik gestaltete Courante bevorzugt $\frac{3}{2}$- sowie $\frac{6}{4}$-Takt. Hierbei können die beiden Taktarten innerhalb eines Satzes gewechselt oder simultan verlaufend auch direkt übereinandergelagert werden. Für die italienische *corrente* sind dagegen $\frac{3}{4}$- und $\frac{3}{8}$-Takt sowie eine reiche Ornamentik charakteristisch.

crescendo → Dynamik

Csárdás [csárda = ungar. Dorfschenke] Rascher, zweiteiliger und geradtaktiger Volkstanz aus Ungarn, welcher typischerweise mit Elementen der Zigeunermusik durchsetzt ist. Im 19. Jahrhundert wird der Csárdás beliebter Tanz in → Operetten (vgl. Johann Strauß: «Der Zigeunerbaron»; Emmerich Kálmán: «Die Csárdásfürstin») und erfährt unter den Bezeichnungen *Ungarischer Tanz* Stilisierungen bei Franz Schubert, Johannes Brahms und Franz Liszt.

cura → bağlama

Cymbal/Cymbel → Hackbrett

D

d.c. → da capo

d.s. → dal segno

da capo [= ital. vom Kopf, von oben; abgek. *d.c.*, *D.C.*] Spielanweisung, welche die Wiederholung eines entsprechenden Abschnittes von Anfang an fordert. (→ dal segno, → al fine, → al segno)

dal segno [= ital. vom Zeichen; abgek. *d.s.*, *D.S.*] Spielanweisung, welche die Wiederholung eines entsprechenden Abschnittes von einem bestimmten Notationszeichen (𝄌 𝄋 𝄌) an fordert. (→ al fine, → al segno, → da capo)

Dantz → Suite

danya → tablā

darābukka Ursprünglich aus Ägypten stammende Einfelltrommel mit zylindrischem, konischem oder eingebauchtem Korpus aus gebranntem Ton, der traditionell von einer Fischhaut als Membran überzogen ist. Heute ist die darābukka unter den verschiedensten Bezeichnungen (u. a. *darbuka*, *deblek*, *delbek*, *deblet*, *debuldek*, *dümbek*) und in unterschiedlichsten Bauweisen in Nordafrika und dem Vorderen Orient verbreitet. Dabei ist der Korpus heute oft aus Metall gefertigt, als Membran dient Pergament oder Fell. Die darābukka wird üblicherweise als Handtrommel gespielt. In der türkischen Musik (als *darbuka*) schlägt man mit der rechten Hand in die Fellmitte und markiert damit die dumpferen Hauptimpulse. Die linke Hand bzw. die Finger der linken Hand erzeugen am Fellrand hellere Nebenklänge. Gelegentlich wird mit dem Handballen das Fell kurzzeitig angespannt, um die Tonhöhe zu verändern.

Daumenklavier → mbira

davul Türkische große Doppelfelltrommel mit zylindrischem Korpus, welche mit türkischen → Janitscharenkapellen im 18. Jahrhundert nach Europa kam und seither dort als → Große Trommel bezeichnet wird.
Die beiden Membranen bestehen traditionell aus Ziegen- oder Kalbfellen und werden jeweils mit unterschiedlichen Schlagwerkzeugen bedient, so daß sich auf jedem Fell eine andere Klangfarbe ergibt. Die dunkleren Hauptschläge entstehen durch ein dickes, befilztes oder beledertes Schlagholz, die helleren Nebenschläge werden mit einem dünnen Bambusstöckchen auf dem gegenüberliegenden Fell erzeugt. Das Instrument hängt dabei an einer Schnur oder einem Lederriemen über der Schulter des Spielers *(davulcu)*.
Ursprünglich wurde die davul vermutlich als musiktherapeutisches Instrument von Heilern und Priestern eingesetzt. Später spielte sie wegen ihres durchdringenden, furchterregenden Klanges eine wichtige und mitentscheidende Rolle an der Wirksamkeit der Janitscharen-Kapellen. Heute ist sie ein beliebtes Instrument der türkischen Volksmusik und wird dort zumeist zusammen mit der *zurna* (→ mizmār) gespielt. Bei Festveranstaltungen sieht man den *davulcu* mit seinem riesigen Instrument oft im Kreis der Tanzenden mittanzen.

deblek, deblet, debuldek → darābukka

def Türkische einfellige Rahmentrommel, in deren Rahmen kleine metallische Rassel-Becken *(Schellen)* eingearbeitet sind (→ Tamburin). Eine türkische Rahmentrommel ohne Schellen heißt *mazhar*.

delbek → darābukka

dessus → Viola da gamba

Deutscher Tanz → Allemande, → Ländler

Diatonik [diatonos = griech. mittels Ganztönen] Die Verwendung eines siebenstufigen Tonsystems, das zwei Halb- und fünf Ganztonschritte aufweist. Durch unterschiedliche Verteilung der → Halb- und → Ganztonschritte können verschiedene → diatonische Tonleitern mit unterschiedlichen Ausdrucksgehalten (→ Tongeschlecht) gebildet werden. (→ Dur, → Moll)

diatonische Tonleiter Siebenstufige → Tonleiter, welche aus zwei Halb- und fünf Ganztonschritten gebildet ist. Je nach Verteilung der → Halb- und

→ Ganztonschritte ergeben sich unterschiedliche → Tongeschlechter (→ Dur, → Moll).

Didymisches Komma → Stimmung

dies irae → Messe

diminuendo → Dynamik

Diminution → Imitation

dirty intonation [dirty = engl. schmutzig; intonation = engl. Tongebung] Bezeichnung für eine in afrikanischer (vgl. u. a. bei den Frafra in Westafrika), später auch in → Afroamerikanischer Musik verbreitete Singweise mit gepreßter Stimme. Ähnlich wie beim Schrei-Weinen werden die Stimmlippen nicht vollständig geöffnet. Dabei entsteht ein verstärkter Atemdruck, der den gesamten Hals- und Rachenraum mit in Schwingung versetzt und zu einer stark geräuschhaften *(schmutzigen)* Tongebung führt. Dirty intonation gilt als besonders ausdrucksstarkes Gestaltungsmittel (u. a. für entsprechend bedeutsame Textstellen). In stilisierter Form wurde das Prinzip auch in die Instrumentalmusik übernommen. Zur Nachahmung der vokalen dirty intonation dienen hier, je nach Instrumententypus, sowohl bestimmte Spieltechniken als auch zusätzliche Vorrichtungen (bei Blasinstrumenten z. B. *Dämpfer*).

discantus → Organum, → Notre-Dame-Schule

Diskant Bis etwa 1600 (insbesondere in Deutschland) verbreitete Bezeichnung für die jeweils höchste Stimmlage eines mehrstimmigen, vokalen oder instrumentalen Satzes. In der Folgezeit übernahm man gleichbedeutend die Benennung *Sopran/soprano* (→ Gesangsregister), welche sich in Italien bereits ab etwa 1450 weitgehend durchgesetzt hatte.

Divertimento [= ital. Unterhaltung, Vergnügen] Meist zyklisch gestaltetes Instrumentalwerk, welches im 18. Jahrhundert als Tisch- bzw. Tafelmusik, Freiluftmusik, Wassermusik, Abend- oder Nachtmusik (→ Serenade, → Nocturne) unterschiedlichste Verwendung innerhalb höfischer Kultur finden konnte. Entsprechend können die Einzelsätze wie auch deren Reihenfolge inhaltlich, formal bzw. besetzungstechnisch sehr verschieden gestaltet sein. Einzig eine tonartliche Übereinstimmung aller Sätze ist recht häufig zu finden und weist noch deutlich auf die ältere Form der → Suite zurück (vgl. W. A. Mozart: 17 Divertimenti, 1771–1779; Béla Bartók: «Divertimento für Streichorchester», 1939).

Dixieland Bis etwa 1930 zunächst eine allgemein verbreitete Bezeichnung für → Jazzmusik als einer Musik, die aus *Dixieland* [amerikan.-umgangssprachlich für die Südstaaten der USA] stammt. Seit Aufkommen der Benennung *New Orleans Jazz* um 1930 bezeichnet man mit *Dixieland* die von weißen Musikern gespielte Imitation dieses afroamerikanischen Jazzstils. Die weißen Imitatoren nannte man *Fakers*, ihre Stilistik *Spasm*.
Die Nachahmung des New-Orleans-Jazz durch weiße Musiker ist bereits seit Ende des 19. Jahrhunderts bekannt. Als früheste Beispiele gelten die Ensembles von ‹Papa› Jack Laine.
Dixieland unterscheidet sich von seiner Vorlage durch eine eher europäisch orientierte Spielweise, welche die afroamerikanische Tongebung (→ off-pitchness, → dirty intonation, → hot intonation) zwar einsetzt, jedoch sehr artifiziell verwendet. Die typische → off-beat-Phrasierung ist zumeist durch die europäische → Synkope ersetzt. Die ehemals aus der afrikanischen Vokalpraxis entlehnte Expressivität wird geglättet oder zum bloßen, gelegentlich etwas übertrieben wirkenden Effekt umgedeutet. Die etablierte Funktionsaufteilung der Besetzung wird dagegen in aller Regel beibehalten. Man spielte zunächst nach festen Arrangements, improvisierte wenig. Als typisches Beispiel dieser ersten Stilphase des Dixieland bis etwa 1916/17 gilt die Original Dixieland Jass Band (New York) unter der Leitung von Dominick James ‹Nick› LaRocca (die erste veröffentlichte Jazz-Schallplatte der Geschichte ist eine Aufnahme dieses Ensembles vom 25. März 1918: «Tiger Rag» und «Dixieland Jass Band One Step»). In der Folgezeit (insbesondere 1921–1925) bemühten sich die Dixieland-Musiker zunehmend um eine ernsthafte Annäherung an die eigentliche Stilistik der schwarzen Originale. Erstmals arbeiteten nun auch Dixieland-Bands mit echten Kollektivimprovisationen (vgl. New Orleans Rhythm Kings).

Dodekaphonie [dodeka = griech. zwölf] Um 1921/23 von Arnold Schönberg entwickelte → Reihentechnik mit den zwölf Tonstufen der chromatischen Skala *(Zwölftonreihentechnik, Zwölftontechnik)*. Dodekaphonie diente Schönberg als Ordnungshilfe zur Darstellung musikalischer Gedanken beim Komponieren → Atonaler Musik.
Bereits um 1914 schufen die Russen Jefim Golyschew und Nicolas Obuchow eine Zwölfton-Systematik. Etwa 1919 vollendete Joseph Matthias Hauer (1883–1959) ein weiteres solches Verfahren *(Hauers Tropentechnik)*. Hauer bündelte die zwölf Tonstufen der chromatischen Skala zu jeweils zwei Sechstongruppen, woraus sich insgesamt 44 verschiedene Modelle (sog. *Tropen*) kombinieren ließen. Weder die russischen Techniken noch Hauers Verfahren konnten sich jedoch durchsetzen, und es ist strittig, inwieweit sie die Entstehung der Dodekaphonie von Schönberg wesentlich beeinflußt haben.

Auch Schönberg arbeitet bei seiner dodekaphonischen Methode mit einer Grundreihe, welche jeweils die Basis einer entsprechenden Komposition darstellt. Die Grundreihe besteht aus den zwölf Tonstufen der chromatischen Skala. Schönberg versteht deren Beziehung zueinander jedoch weniger als Tonfolge, sondern in der Hauptsache als eine Folge von → Intervallen. Nicht festgelegt sind in seinen Reihen u. a. die Oktavlagen, die Zeitwerte, die Klangfarben und die dynamischen Werte der Tonstufen. Die Auswahl der Intervallbeziehungen war bei Schönberg zumeist Produkt eines thematischen Einfalls, er bezeichnete seine Grundreihen daher bevorzugt als *Themenformen*. Wichtiges Prinzip für die Auswahl der Intervallfolgen ist die gleichwertige Behandlung aller zwölf Tonstufen (im Unterschied zur *tonalen* Musik, die zur Schaffung von Tonalitätsempfinden Tonstufen nach bestimmten Regeln hierarchisiert).

Zur Verarbeitung greift die Dodekaphonie auf eine Vielzahl bislang bekannter Satztechniken zurück. Jede Grundreihe kann u. a. als *Umkehrung (Inversion)*, als *Krebs* oder als *Krebs der Umkehrung* ihrer Ausgangsgestalt vorkommen (Verfahren der → Imitation). Alle Reihenformen können zudem auf jede der zwölf Tonstufen transponiert werden, so daß eine Grundreihe in insgesamt 48 Varianten möglich ist. Alle Reihenvarianten sind jedoch nur Ausgangspunkt des Komponierens, vergleichbar einer → Tonart in tonaler Musik. Die eigentliche kompositorische Arbeit beginnt (dies hat auch Schönberg stets betont) erst *nach* Bildung der Grundreihe und deren Varianten, und hier ist der Komponist (trotz der Festlegung auf eine bestimmte Ausgangsreihe) so ungebunden oder gebunden wie in traditioneller Musik auch. Der gelegentliche Vorwurf gegen die Dodekaphonie als eine starre *Rechenkunst* ist daher völlig unangebracht.

Jede Reihenvariante kann in einzelne Bauteile zerlegt werden *(Reihenbrechung)*, welche bei mehrstimmigen Kompositionen auch in unterschiedlichen Stimmlagen erscheinen dürfen (→ Durchbrochene Arbeit). Die Töne einer Reihe können linear-horizontal aufeinanderfolgen oder vertikal-akkordisch übereinandergeschichtet sein. Derartige Akkordbildungen haben jedoch keine funktionalen Beziehungen im Sinn traditioneller → Harmonik, sondern werden als reine Klangwerte behandelt. Thematisch-motivische Arbeit ist weder ausgeschlossen noch auf die Entstehung der Grundreihe beschränkt (obwohl diese Verarbeitungsmöglichkeit immer wieder, u. a. von Theodor W. Adorno, in Frage gestellt wurde und wird). Die Reihe kann, muß aber nicht gleichzeitig Thema einer Komposition sein. Das eigentliche Thema kann ebenso auch aus einer bestimmten Auswahl von Tönen der Reihe zusammengesetzt sein, die übrigen Reihentöne erhalten in diesem Fall eine Art Begleitfunktion. Dodekaphonie schließt dabei auch die Möglichkeit zur Themen-Kontrastbildung ein, wenngleich diese Gegenüberstellung in der Hörpraxis

zumeist kaum erkennbar ist (vgl. Schönberg: «3. Streichquartett» op. 30, letzter Satz).
Welches als das erste dodekaphonische Werk der Musikgeschichte gelten kann, ist umstritten. Schönberg selbst verweist 1937 in einem Brief an Nicolas Slonimsky sowohl auf Versuche innerhalb der «Fünf Klavierstücke» op. 23 (1923) als auch auf die «Suite für Klavier» op. 25 (Herbst 1921), in welcher er einige der Sätze erstmals konsequent dodekaphonisch komponiert habe. Das erste vollständig dodekaphonische Werk Schönbergs ist jedoch mit einiger Sicherheit das «Quintett für Flöte, Oboe, Klarinette, Horn und Fagott» op. 26; als typischstes Zwölftonwerk Schönbergs gilt das «4. Streichquartett» op. 37. Charakteristisch für Schönbergs Reihen ist die häufige Verwendung von Sekunde, Septime und → Tritonus (vgl. «3. Streichquartett» op. 30, « Konzert für Violine und Orchester» op. 36).
Dodekaphonie ist zwar eine geregelte Möglichkeit, *atonal* zu komponieren, muß jedoch nicht auch tatsächlich zu *Atonalität* führen (→ Atonale Musik). Gezielt dodekaphonische und gleichzeitig *tonale* Flächen schafft z. B. Alban Berg in seinem «Violinkonzert» (die verwendete Zwölftonreihe zeigt echte Dreiklangsbildungen von arpeggierten g-Moll-, D-Dur-, a-Moll- und E-Dur-Dreiklängen). Durch eine entsprechende Auswahl der Intervallfolgen, u. a. durch Vermeidung der Aufeinanderfolge zweier gleicher Intervallschritte und eingeschränkter Verwendung konsonant wirkender Intervalle, kann jedoch durch das dodekaphonische Arbeitsverfahren Tonalitätswirkung weitgehend vermieden werden.
Der Komponistenkreis um Arnold Schönberg bezeichnete sich als *Zweite Wiener Schule* (wobei von ihnen als *Erste Wiener Schule* nicht die Wiener → Klassik, sondern die Spätromantiker Johannes Brahms und Gustav Mahler verstanden wurden). Ihr gehörten u. a. die Schönberg-Schüler Alban Berg, Anton Webern, Egon Joseph Wellesz und Heinrich Jalowetz an.
Webern erweitert ab etwa 1928 das Reihenprinzip systematisch auf eine zusätzliche Fixierung der Oktavlage von Tonstufen (vgl. «Symphonie» op. 21) und der Zeitproportionen (vgl. «Konzert» op. 24, 1934; «Variationen für Klavier» op. 27, 1936; «Streichquartett» op. 28, 1938; «Variationen für Orchester» op. 30, 1940) und wird hierdurch zum Wegbereiter der → Seriellen Musik.

Dolzflöte Im 18. Jahrhundert verbreitete Variante der → Blockflöte, welche jedoch wegen ihres seitlichen Anblaslochs wie eine → Querflöte gespielt wurde.

Dolzian → Fagott

Dominante [dominari = lat. beherrschen] Funktion des Dreiklanges, der auf der V. Stufe einer Dur- oder Moll-Tonleiter gebildet ist (→ Funktionsbezeichnung). In der traditionellen Harmonielehre wird eine Dominante als *auflösungsbedürftige* Harmonie behandelt, welche zur → Tonika strebt *(Strebeklang)*. Der Terzton einer Dur-Dominante gilt in diesem Zusammenhang als steigender → Leitton, der sich regelrecht in den Grundton der zugehörigen Tonika auflösen muß.
Die bevorzugte Erweiterung eines dominantischen Dur-Dreiklanges erfolgt durch Hinzufügen einer kleinen Septime zum *Dominantsept-Akkord*. Die kleine Septime bildet zusammen mit der großen Terz ein → Tritonus-Intervall, das gemeinhin als dissonantestes Intervall des traditionellen Tonalitätsempfindens gilt und den Spannungscharakter des Gesamtakkordes sowie entsprechend dessen Strebewirkung merklich erhöht. Die kleine Septime wird in diesem Zusammenhang als *fallender Leitton* behandelt, der sich regelrecht in die Terz der Tonika auflösen muß (→ Harmonik).

Doppeldominante → Zwischendominante, welche sich regelrecht in die jeweils gültige → Dominante auflöst (Dominante einer Dominante). Doppeldominanten sind typische Mittel der → Modulation.

Doppelhorn → Waldhorn, → Jagdhorn

Doppelschlag Viertönige Verzierungsformel (→ Manieren), bei welcher ein Bezugston (Hauptton) durch tonleitereigene obere und untere Nebentöne umspielt wird. Tonleiterfremde Nebentöne müssen durch Versetzungszeichen (→ *Alterierung*) gesondert ausgewiesen werden.

dramma per musica → Oper

Dreher → Ländler

Drehleier (Radleier, Bettlerleier, engl. *hurdy-gurdy*; in klösterlicher Musik des 10. bis 13. Jahrhunderts *Organistrum*, des 13. bis 16. Jahrhunderts *Symphonia*) Der Name leitet sich nicht von *leiern* (drehen) ab, sondern von dem Zupfinstrument → Leier (Lyra).
Seit dem 10. Jahrhundert bekanntes, mechanisch gestrichenes Saiteninstrument. Der sonst bei → Streichinstrumenten übliche Bogen ist bei der Drehleier durch eine Radmechanik ersetzt. Die Saiten liegen an der Lauffläche eines Holzrades auf, welches sich, auf einer Metallachse sitzend, mittels einer Handkurbel drehen läßt. Die Lauffläche des Rades ist (wie bei einem Streichbogen) mit Kolophoniumharz bestrichen. Beim Drehen entsteht eine Reibung zwischen Saiten und Rad, wodurch die Saiten zum Klingen kommen. Mittels gezielter Drehimpulse lassen sich musikalisch-dynamische Akzente setzen.
Der Drehleier-Korpus kann sehr unterschiedlich geformt sein (kastenförmig wie bei einer → Gitarre oder in der typisch bauchigen Muschelform einer → Laute). Ein Hals ist bei Drehleiern gewöhnlich nicht oder nur rudimentär vorhanden. Zum Stimmen dienen vorderständige (seltener seitenständige) Wirbel in einem Wirbelkasten. Die Saiten werden über einen Steg geführt, gelegentlich ist als Klangeffekt zusätzlich ein *Schnarrsteg* (→ Trumscheit) vorhanden. In die Decke sind üblicherweise C-Löcher geschnitten. Die Saitenbespannung (zumeist aus Darm) wurde im Laufe der Geschichte stetig erweitert. Im Mittelalter waren drei Saiten (eine Melodie- und zwei Bordunsaiten) üblich, das 17. Jahrhundert kennt hauptsächlich vier- oder fünfsaitige Instrumente. Seit dem 18. Jahrhundert sind Drehleiern im allgemeinen sechssaitig (zwei Melodie- und vier Bordunsaiten). Die Bordunsaiten sind in Quinten, die Melodiesaiten auf den Grundton gestimmt. Letztere werden über eine Tastenmechanik mit etwa acht Stoßzungen *(Täfelchen)* bedient, welche die klingenden Teile der jeweiligen Bezugssaite tangentenartig verkürzen (→ Clavichord). (Seit dem 18. Jahrhundert sind zudem auch Instrumente mit auf zwei Oktaven chromatisch erweiterter Tastatur bekannt.) Wegen ihrer Bordunsaiten wird die Drehleier zu den *Borduninstrumenten* gezählt (→ Bordun). Das Instrument wird entweder quer vor dem Bauch

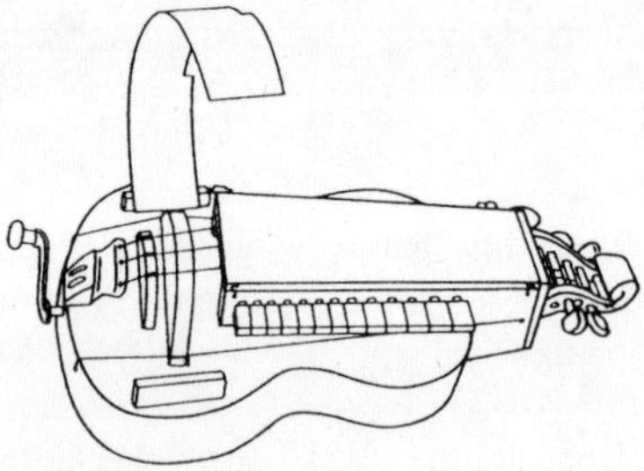

hängend im Stehen oder quer auf den Knien liegend im Sitzen gespielt. Im Mittelalter waren teilweise sehr große Instrumente in Gebrauch, welche dann von zwei Spielern bedient wurden.
Bis ins 13. Jahrhundert war die Drehleier zunächst ein beliebtes Begleitinstrument für höfische Tanz- und Vokalmusik. Etwa ab dem 14./15. Jahrhundert wurde sie zunehmend zum Instrument der Bauern, Bettler und Wandermusikanten. Im 17. Jahrhundert war die Drehleier bereits ein ziemlich verachtetes Instrument, bevor sie im 18. Jahrhundert (zusammen mit dem → Dudelsack) in den Schäferspielen französischer Adelskreise eine gewisse Wiederaufwertung erfuhr. Die damals verwendeten Instrumente wurden als *Salondrehleiern* bezeichnet, verfügten jeweils über zwei unisono auf g' eingestimmte Melodiesaiten sowie vier Bordunsaiten auf c' oder d', g, c, G und erklangen als eine Art pastorale Hintergrundmusik.
Obwohl namhafte Komponisten Werke für die Drehleier schrieben (Jacques Hotteterre, Daniel François Esprit Auber, Ignaz Pleyel, Antonio Vivaldi, Joseph Haydn, Leopold Mozart, W. A. Mozart), ist eine ernsthafte Anerkennung der Drehleier als vollwertiges Instrument tatsächlich erst im 20. Jahrhundert erkennbar.
Eine kuriose Sonderform der Drehleier ist aus dem 18. Jahrhundert als sog. *Orgelleier* (frz. *vielle organisée*) bekannt. Deren Streichkurbel ist zusätzlich mit einem Blasebalg gekoppelt und kann auf diese Weise neben dem Saitenwerk mehrere Holzpfeifen bedienen.

Dreiklang Akkordschichtung von zwei Terzen, deren Tonstufen als Grundton (Prime), Terzton (Terz) und Quintton (Quinte) behandelt werden.

Dur-Dreiklang	*Moll-Dreiklang*	*verminderter Dreiklang*

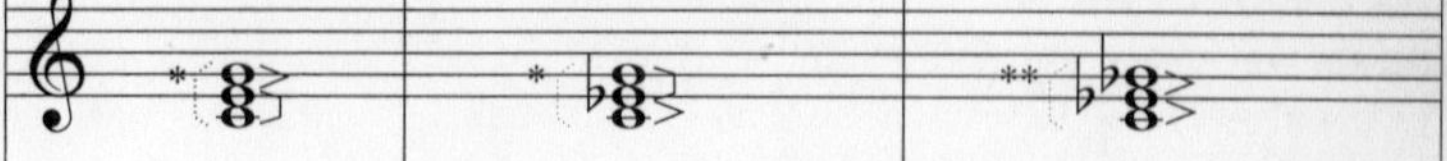

C	*c, cm, Cm, C–, Cmin, Cmi*	*$c^{5>}$, $cm^{\flat 5}$, $Cm^{\flat 5}$, $C-^{\flat 5}$, Cdim, $Cmin^{\flat 5}$, $Cmi^{\flat 5}$*

übermäßiger Dreiklang	*hartverminderter Dreiklang*

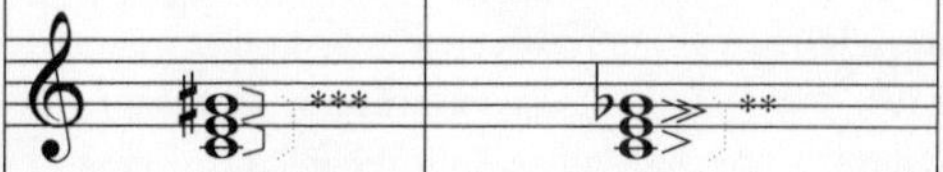

$C^{5<}$, $C^{\sharp 5}$, *Cüberm*, C^{+}, *Caug*	$C^{5>}$, $C^{\flat 5}$

⊃	= *große Terz*
>	= *kleine Terz*
≫	= *verminderte Terz*
*	= *reine Quinte*
**	= *verminderte Quinte*
***	= *übermäßige Quinte*

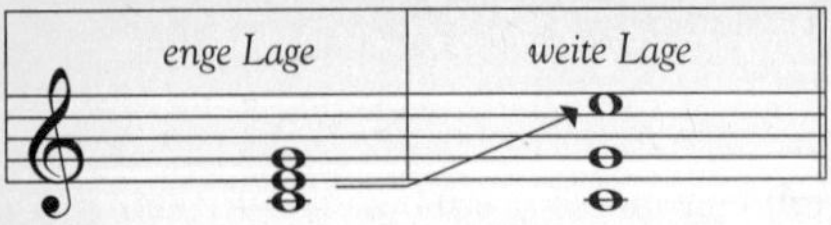

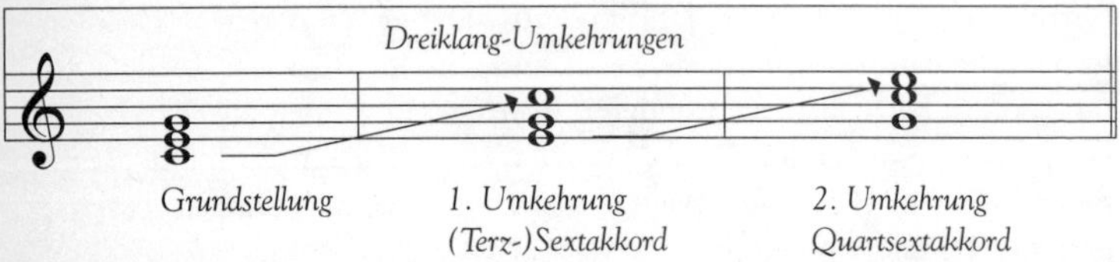

Die Akkordtöne können ohne Verlust der Dreiklangsqualität oktaviert werden, wodurch neben der *Grundstellung* (in Terzenschichtung) eine *1. Umkehrung* als *Terzsextakkord* (abgek. *Sextakkord*) und eine *2. Umkehrung* als *Quartsextakkord* entstehen (→ Akkord).

drum set → Schlagzeug

Dudelsack (Bock, Schäferpfeife, Hummelchen, engl. *bagpipe*) Sackpfeife mit einer oder zwei Melodiepfeifen und zwei oder drei fest auf Grundton und Quinte eingestimmten Bordunpfeifen *(Brummer, Stimmer, Hummel)*, jeweils mit Einfach- oder Doppelrohrblatt (→ Rohrblattinstrumente). Wegen seiner Bordunpfeifen zählt der Dudelsack zu den *Borduninstrumenten* (→ Drehleier, → Scheitholtz, → Bordun).
Der Dudelsack geht mit einiger Sicherheit auf ältere asiatische Sackpfeifen zurück und erscheint in Europa zunächst im Mittelmeerraum als *tibia utricularis* des römischen Heeres, um 1000 als mittelalterliche *musa* auch in Mitteleuropa. Deren Windsack (Schafs- oder Ziegenbalg) ist eine Weiterentwicklung der vormals starren Windbehälter (Kürbis, vgl. indische → bīṇ), diente jedoch zunächst nur als einfacher Luftzwischenspeicher und entspricht in seiner Funktion der → Windkapsel bei Doppelrohrblattinstrumenten der Renaissance (→ Schreierpfeife, → Kortholt, → Krummhorn). Die Technik, den Windsack (durch gleichmäßigen seitlichen Druck per Unterarm) gleichzeitig als Balg zur Steuerung eines gleichmäßig strömenden Luftdrucks zu nutzen (→ Harmonika-Instrumente), entwickelte sich vermutlich erst Ende des 16. Jahrhunderts (1588 bei den irischen *uilleann pipes*, 1598 auch in Innsbruck belegbar). Das neue Verfahren gestattete nun einen ununterbrochen, wenn auch sehr starr klingenden Ton der Bordunpfeifen.

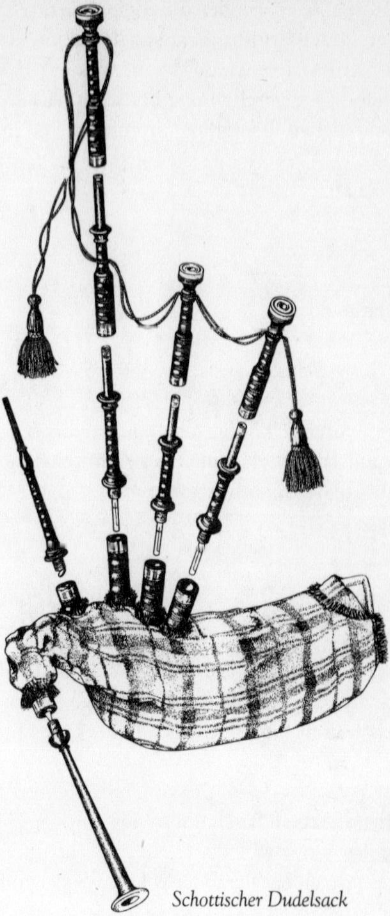

Schottischer Dudelsack

Die Pfeifen sind konisch oder (insbesondere bei osteuropäischen Sackpfeifen) zylindrisch mensuriert, die Melodiepfeife enthält etwa sechs Grifflöcher, die seit etwa 1650 teilweise auch mit Klappen ausgestattet sein können. Der Windsack wird mittels eines Hand- oder Unterarmblasebalgs oder durch direktes Anblasen von Atemluft über ein Ansatzrohr gefüllt.
Im wesentlichen in Militärmusik (vgl. *scottish bagpipe*) und Tanz- bzw. Volksmusik verbreitet (insbesondere als typisches Schäfer- und Hirteninstrument), wird der Dudelsack selbst in der Kunstmusik kaum eingesetzt. Allerdings wird sein Kolorit (insbesondere der typische Bordunklang) häufig zur Darstellung

ländlicher Atmosphäre verwendet, die entsprechende Klangfarbe dann jedoch mittels gängiger Orchesterinstrumente nachgeahmt.
Im späten 18. Jahrhundert wurde das Instrument (als *Musette* bezeichnet) für kurze Zeit eine Modeerscheinung höfischer Musik in Frankreich bei sog. Schäferspielen, in denen das antike Hirtenleben verklärt wurde.

Dulcian/Dulzian → Fagott

Dulcimer → Scheitholtz

dümbek →darābukka

duplum → Notre-Dame-Schule, → Motette

Dur [durus = lat. hart] → Tongeschlecht, das durch eine große Terz zwischen den Stufen I und III seiner Tonleiter gekennzeichnet ist. Als *Dur-Tonleiter* versteht man heute die Tonschrittfolge:

$1 - 1 - \frac{1}{2} - 1 - 1 - 1 - \frac{1}{2}$ (1 = Ganztonschritt, $\frac{1}{2}$ =Halbtonschritt)

	I	II	III	IV	V	VI	VII	VIII	(Stufen)
z. B.	c	d	e	f	g	a	h	c	(= C-Dur)

Dur entspricht in der Schrittfolge, jedoch nicht in der Funktion der einzelnen Tonstufen der Kirchentonart *ionisch* (→ Modus). Dur wird im Unterschied zu → Moll zumeist durch Großbuchstaben gekennzeichnet (z. B. C-Dur, aber c-moll/c-Moll).

durchbrochene Arbeit Bezeichnung für ein Kompositionsverfahren, welches die Tonfolge einer melodischen Linie auf unterschiedliche Stimmen innerhalb eines instrumentalen oder vokalen Satzes aufteilt.

Durchführung → Sonatenhauptsatzform, → Fuge

Durchimitation → Niederländische Vokalpolyphonie, → Motette

dux → Fuge

Dynamik [dynamis = griech. Stärke, Kraft] Mit Dynamik wird die Ordnung der Tonstärken in Musikstücken bezeichnet. Man unterscheidet prinzipiell folgende Stärkegrade (die Bezeichnungen sind üblicherweise italienischsprachig):

fortissimo	***ff***	(sehr laut)
forte	***f***	(laut)
piano	***p***	(leise)
pianissimo	***pp***	(sehr leise)

Steigerungen wie z. B. *fortefortissimo (**fff**)* oder *pianopianissimo (**ppp**)* sind ebenso möglich wie Zwischenstufen, z. B. *mezzoforte* (***mf***; zwischen ***f*** und ***p***) bzw. *mezzopiano* (***mp***; zwischen ***f*** und ***p***, aber leiser als ***mf***). Eine allmähliche Zunahme der Lautstärke wird zumeist als *crescendo* (abgek. *cresc.*), eine gleitende Verringerung der Lautstärke mit *decrescendo* (abgek. *decresc.*) oder *diminuendo* (abgek. *dimin./dim.*) bezeichnet. Eine Fülle von Zusatzbezeichnungen ermöglicht bei Bedarf genaueste Abstufungen zwischen dynamischen Angaben, z. B. *meno* [= ital. weniger], *più* [= ital. mehr], *molto* [= ital. sehr], *poco/un poco* [= ital. wenig/ein wenig], *poco a poco* [= ital. nach und nach], *ma non troppo* [= ital. aber nicht zu viel], *non tanto* [= ital. nicht so viel], *assai* [= ital. viel].
Übergangslose Wechsel zwischen *forte* und *piano* (bzw. umgekehrt) werden als *Terrassen-* oder *Stufendynamik*, gleitende dynamische Übergänge als *Schwelldynamik* bezeichnet. Bis zum Ende des Barock war in der Instrumentalmusik die Terrassendynamik vorherrschend, die Schwelldynamik setzte sich erst ab etwa 1750 durch (→ Mannheimer Schule). Auf manchen Instrumenten läßt sich ausschließlich Terrassendynamik verwirklichen (Cembalo, Virginal, Spinett, Orgel ohne Schwellwerk).
Alle dynamischen Vortragsbezeichnungen sind allerdings relativ zu verstehen und sowohl von Tonhöhe und Instrument als auch nicht zuletzt von den akustischen Bedingungen des jeweiligen Aufführungsortes abhängig. Ihr Geltungsbereich erstreckt sich zudem in aller Regel über mehrere Notenwerte. In einem solchen Abschnitt erwünschte dynamische Hervorhebungen von Einzeltönen werden als → Akzente behandelt.

E

E-Baß → Gitarre

E-Orgel → Elektronische Orgel

Elektro-Piano (E-Piano) Modernes Klavierinstrument, dessen Tonerzeugung entweder konventionell mittels Hammeranschlag auf Saiten (oder alternativ auf Klangstäbe) erfolgt (→ Hammerflügel) und anschließend elektronisch verstärkt wird oder grundsätzlich durch elektronische Tongeneratoren bewirkt wird. Im zweiten Fall ist es heute üblicher, von *Keyboard* zu sprechen. Zuschaltbare Klangfilter ermöglichen in beiden Fällen, sowohl Dynamik als auch Tongebung, Klang usw. zu beeinflussen.

Elektrobaß → Gitarre

Elektronische Musik Seit Anfang der 1950er Jahre entwickelte Musikrichtung, bei welcher elektronische Tongeneratoren als Klangerzeuger dienen. Die Klanggestalt wird durch Filter, Nachhall- und Echogeräte, Modulatoren, Verzerrer, Effektgeräte usw. bestimmt. Hörbar wird der Klang über Lautsprecher *(Lautsprecherwerke)*. Ein Großteil der kompositorischen Arbeit vollzieht sich am Schneidetisch eines Studios. Der Komponist arbeitet zusätzlich als Elektroakustiker. Eine traditionelle → Notation entfällt zumeist, statt dessen liegen Meßwerttabellen und elektrophysikalische Diagramme vor.
Elektronische Musik war u. a. eine konsequente Antwort auf die Anforderungen der → Seriellen Musik, deren kompositorische Vorgaben durch die kontrolliert synthetische Produktion nun erstmals in vollkommener Weise realisierbar wurden.
In einer ersten Entwicklungsphase Elektronischer Musik (ab etwa 1951) wurden die erstellten Werke mittels Tonbandtechnik auf Magnetband aufgezeich-

net und bei der Aufführung im Konzert über Verstärker und Lautsprecher, also in immer gleichbleibender Weise, abgespielt (Herbert Eimert, Karlheinz Stockhausen, Studio für elektronische Musik des NWDR in Köln; ab 1953 Luciano Berio, Bruno Maderna, Studio di Fonologia in Mailand; ab etwa 1955 Boris Blacher, Fritz Winckel, Arbeitskreis für elektronische Musik an der TH Berlin; ab 1958 Henri Pousseur, Elektronisches Studio in Brüssel).
Bald folgten erste Experimente mit der Klanggestalt einzelner Töne *(Punktuelle Musik)*. Man verwendete Sinustöne mit unterschiedlichen Obertonspektren (vgl. K. Stockhausen: «Elektronische Studie I», 1953). Zusätzlich wurde bei der Aufführungspraxis der entsprechende Hörraum in die Konzeption mit einbezogen *(Raum-Musik)*.
Ab Mitte der 1950er Jahre wurden elektronisch produzierte Klänge auch mit Tonbandaufzeichnungen von natürlich-realen Klangereignissen als Collage verzahnt. Es konnte sich bei den Naturklängen um traditionelle Instrumentalklänge, um Alltagsgeräusche (→ musique concrète) oder um Sprache bzw. Gesang handeln (vgl. K. Stockhausen: «Gesang der Jünglinge im Feuerofen», 1955/56; zur Fertigstellung des zwölfminütigen Werkes benötigte Stockhausen etwa eineinhalb Jahre).
Der Bereich reiner Elektronischer Musik bzw. Lautsprechermusik wurde verlassen, als man Ende der 1950er Jahre elektronisch produzierte Tonbandklänge in Konzerten mit *live* spielenden, traditionellen Instrumenten kombinierte (vgl. Pierre Boulez: «Poésie pour pouvoir», 1958; K. Stockhausen: «Kontakte» für elektronische Klänge, Klavier und Schlagzeug, 1959/1960). Der 1964/65 von Robert Moog entwickelte *Synthesizer* ermöglichte schließlich sog. *Live-Elektronik*, bei welcher auch die Elektronische Musik selbst (nach bestimmten Kompositionsvorgaben) direkt im Konzertsaal (und nicht mehr im Studio) produziert wird (vgl. K. Stockhausen: «Mantra für 2 Pianisten», 1970). Die Weiterentwicklung der Computertechnik gestattet bei heutigen Aufführungen die direkte Umsetzung *(real time)* selbst der komplexesten Kompositionen Elektronischer Musik.

Elektronische Orgel (E-Orgel, Elektro-Orgel) Ein- bis dreimanualiges Tasteninstrument mit elektronischen Tongeneratoren als Schwingungserzeuger und (je nach Ausstattung) einer mehr oder weniger großen Anzahl von zuschaltbaren Klangfiltern. In der Regel besitzt eine Elektronische Orgel (im Unterschied zu einem → Elektro-Piano) mindestens eine begrenzte Pedalklaviatur *(Stummelpedal)*.

Empfindsamer Stil Musikalische Strömung der → Vorklassik, deren Tonsprache schwärmerisch, gefühlsbetont und sehr persönlich gefärbt ist.
Bevorzugtes Instrument ist das → Clavichord, beliebte Gattung die → Fanta-

sie, die den Komponisten Gelegenheit gibt, ihre Empfindungen auszugestalten, ohne formal gebunden zu sein (vgl. Carl Philipp Emanuel Bach: «Fantasie fis-Moll»[«C. P. E. Bachs Empfindungen»], 1787). Typisch sind auch Idyllisierungen, wie sie später in der → Romantik verbreitet vorkommen.
Als Vertreter gelten neben C. P. E. Bach (→ Berliner Schule) u. a. Karl Ditters von Dittersdorf, Georg Benda, Johann Adam Hiller, Joh. Christian Bach.

Endtakt → Auftakt

Engführung → Fuge, → Imitation, → Kanon

Englischhorn [ital. *corno inglese*] → Holzblasinstrument mit Doppelrohrblatt, dessen Bezeichnung heute sehr widersprüchlich erscheint, da das Englischhorn (abgesehen von seiner konischen Mensur) weder ein Horninstrument im üblichen Sinn noch englischen Ursprungs ist. Allerdings hat sich das Instrument in der zweiten Hälfte des 18. Jahrhunderts aus der *Oboe da caccia* weiterentwickelt, einer seit dem 17. Jahrhundert bekannten, in der Art eines Jagdhorns halbkreisförmig gebogenen Altoboe für Freiluftmusik (vgl. J. S. Bach: «Matthäus-Passion», «Weihnachtsoratorium»). Der Übergang zum Englischhorn ist gut am birnenförmigen *Liebesfuß* (→ Oboe d'amore) erkennbar, der nun die bisherige Stürze der Oboe da caccia üblicherweise ersetzt. Die sichelförmige Biegung des Schallrohres gestattete eine günstigere Handhabung des verhältnismäßig langen Instrumentes, wurde später gelegentlich auf eine knieförmige Knickung reduziert, bis schließlich ab etwa 1820 durch die Einführung einer verbesserten Klappenmechanik mit Hebelübertragung (Guillaume Triébert, Paris) vollständig auf jede Art von Knickung oder

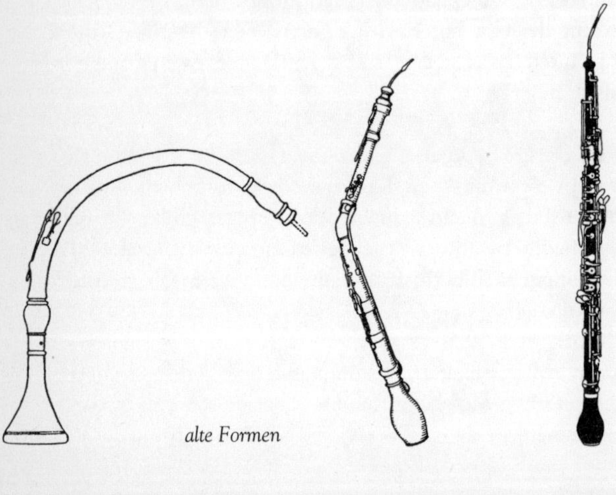

alte Formen *moderne Form*

Biegung des Rohres verzichtet werden konnte. Die Bezeichnung *Horn* blieb jedoch bis heute erhalten. Der Zusatz *Englisch* könnte aus einer fehlerhaften Lehnübersetzung durch die Verwechslung der französischen Bezeichnung *anglé* (= frz. abgewinkelt) mit dem lautlich gleichen *anglais* (= frz. englisch) hervorgegangen sein.
Das Englischhorn ist in F gestimmt und wurde früher nicht-transponierend in Alt- bzw. Mezzosopranschlüssel notiert, wird heute jedoch allgemein transponierend (eine Quinte höher als klingend) im Violinschlüssel notiert. Sein Umfang beträgt e – etwa a"/b" (mit sog. *B-Fuß* auch bis klingend es). Übliche Abkürzungen in Partituren sind *Englh.*, *C.ingl.*, *C.I.*, *cor. ingl.* Material, grundsätzliche Bauelemente und deren Formgebung entsprechen heute (abgesehen von einer etwas ausgeweiteten Mensur und dem birnenförmigen Liebesfuß) in etwa denen einer → Oboe.
Das Englischhorn ist seit dem 19. Jahrhundert ein verbreitetes Orchesterinstrument (vgl. u. a. Gioacchino Rossini: «Wilhelm Tell»; Richard Wagner: «Lohengrin», «Tristan und Isolde», 3. Akt; Igor Strawinsky: «Petruschka«).

Englisches Violett → Viola d'amore

Enharmonik [enharmonia = griech. in Übereinstimmung] In der Antike ursprünglich ein → Tongeschlecht, welches kleinere Tonstufen als → Halbtonschritte aufweist (→ Mikrotonalität).
Später das seit der Wohltemperierten → Stimmung mögliche (und insbesondere für Tasteninstrumente wichtige) Verfahren, unterschiedlich notierte, aber übereinstimmend klingende Tonstufen gleichzusetzen bzw. auszutauschen (sog. *enharmonische Verwechslung*, z. B. cis = des).

Épinette → Scheitholtz

Erinnerungsmotiv → Leitmotiv

Erzlaute → Laute, → Theorbe, → Chitarrone

Etüde [étudier = frz. studieren, üben, lernen] Übungsstück zur Verbesserung der Spieltechnik. Grundsätzlich können sowohl bereits vorhandene Musikstücke als Etüden funktionalisiert werden (letztlich lassen sich fast alle Werke im Sinne einer Etüde behandeln) als auch Musikstücke direkt und mehr oder weniger ausschließlich zur Verbesserung der Spieltechnik komponiert werden (vgl. Carl Czerny, Muzio Clementi). Bei manchen Etüden sind die technischen Aufgaben jedoch nicht bloß aufgereiht, sondern in einen auch musikalisch anspruchsvollen, oft gar poetischen Zusammenhang eingebettet (vgl. Ignaz Moscheles: «24 Etudes» op. 70, Frédéric Chopin: «24 Etüden» op. 10 und op. 25; Sergej Rachmaninoff: «Etudes-Tableaux» op. 33 und op. 39; Claude Debussy: «Douze études», 1915).

Evergreen → Schlager

Experimentelle Musik → Neue Musik

Exposition → Sonatenhauptsatzform, → Fuge

Expressionismus [expressio = lat. Ausdruck] Insbesondere in Deutschland vertretene musikalische Strömung zu Anfang des 20. Jahrhunderts (etwa 1908–1922), welche stark von den gleichnamigen Stilrichtungen in Literatur (Trakl, Heym, Benn) und Bildender Kunst (Kokoschka, «Der blaue Reiter» mit Marc, Macke, Klee, Kandinsky, «Die Brücke» mit Nolde, Schmidt-Rottluff, Kirchner, Pechstein) beeinflußt ist.
Der musikalische Expressionismus galt seinen Protagonisten als künstlerische Antwort auf die allgemeine gesellschaftliche und politische Umbruchsituation (1905 russische Revolution, 1914 Ausbruch des Zweiten Weltkriegs) und den damit verbundenen Verlust bisher gültiger Wertvorstellungen. Das erklärte Ideal und Ziel der Expressionisten war künstlerischer Nonkonformismus. Man wendete sich gegen jegliche Schablonenhaftigkeit und bürgerliche Konvention, wollte die Tradition überwinden und neue Ausdrucksmittel ergründen. Das bisherige Schönheitsideal wurde aufgegeben, die Tonalität in Frage gestellt, die Emanzipation der Dissonanz vorbereitet (→ Atonale Musik). Im Zentrum künstlerischer Artikulation standen das leidenschaftliche, agierende Subjekt und dessen persönliche Krisen.
Expressionistische Musik wirkt urwüchsig-vital, ekstatisch, rücksichtslos und provozierend. Tatsächlich ist ihr als Hörerlebnis unberechenbar erscheinendes musikalisches Chaos bewußt gesteuert und kompositorisch exakt geordnet. Man arbeitet mit schärfsten Kontrastbildungen (insbesondere in Rhythmik, Harmonik und Dynamik), läßt Dissonanzenschichtungen bevorzugt unaufgelöst stehen. Formbildungen sind betont asymmetrisch bzw. aperiodisch gestaltet. Oft ist die traditionelle Linearität der Melodiebildung aufgelöst, und die Melodietöne stehen sich als isolierte, souveräne Einzelelemente gleichsam unversöhnlich gegenüber. Die rhythmischen Elemente sind mitunter radikal einfach gehalten und werden nicht selten in grotesk eintöniger Motorik gleichbleibend wiederholt. Gelegentlich werden aber auch ständig wechselnde Taktarten verwendet, ein Verfahren, welches das metrische Kontinuum substantiell in Frage stellt, eine gleichsam *amorphe Metrik* entstehen läßt (vgl. Igor Strawinsky: «Le Sacre du Printemps», ein Stück, das 1913 unter größtem

Skandal uraufgeführt wurde). Die Instrumente werden oft in extremen Registern gespielt.
Typische Beispiele für expressionistische Werke sind u. a. Arnold Schönberg: «Erwartung», 1909; Alexander Skrjabin: «Sonate Nr. 4», 1901–1903; Béla Bartók: «Allegro barbaro», 1911; Sergej Prokofjew: «Skythische Suite»,1914.

F

Fagott [fagotto = ital. Bündel, bezogen auf die nebeneinanderliegenden Röhren] → Holzblasinstrument mit Doppelrohrblatt und konisch mensuriertem Tonkanal, der nach etwa halber Länge U-förmig umgelenkt und parallel rückläufig geführt ist.

Der Gattungstypus als solcher entsteht in der ersten Hälfte des 16. Jahrhunderts mit einem Instrument, das wegen seines feinen Klanges als *Dulzian/Dulcian/Dolzian* (*Süßklinger,* von dulcis = lat. süß) bezeichnet wurde. Obwohl zu seiner Entwicklung offensichtlich sowohl Konstruktionsmerkmale von → Pommer (konische Mensur), → Kortholt und → Rankett (Knickungen des Tonkanals) als auch (häufig fälschlich als erstes Fagott bezeichneten) *Phagotum* von Alfranio degli Albonesi (1515) als Vorlage dienten, kann dennoch keines dieser Instrumente als direkter Vorläufer angesehen werden. Der Dulzian besteht aus einem Holzteil mit paralleler Doppelbohrung, die es ermöglichte, den Tonkanal in seinen äußeren Maßen auf nahezu halbe Länge zu reduzieren. Allein der hierdurch wesentlich günstigere Zugriff auf die tiefen Tonlöcher stellte das neue Instrument rasch als ernsthaften Konkurrenten neben die bereits etablierten Pommern. Als Baßinstrument wurde der Dulcian bald den unhandlichen, über 2 m langen Baß-Pommern bzw. den 3 m langen Großbaß-Pommern vorgezogen. Sein Umlenkungsknick des Tonkanals dämpft zudem bestimmte Partialtöne des Obertonbereiches, so daß er ein verhältnismäßig weicheres (und damit angenehmeres) Klangspektrum als die gerade gebohrten Pommer-Instrumente besitzt.

Noch im 16. Jahrhundert wurde aus dem Dulzian allmählich das eigentliche Fagott entwickelt, das nun aus zwei getrennten Rohren zusammengesetzt ist. Bereits Anfang des 17. Jahrhunderts ist es in verschiedenen Größen vertreten, wovon insbesondere das *Chorist-Fagott* (in C) reiche Verwendung fand. Wegen seiner Klangähnlichkeit mit der menschlichen Baritonstimme (die sehr enge Mensur läßt den jeweils dritten Partialton des Obertonspektrums verhältnismäßig stark hervortreten, so daß eine baritonale Färbung entsteht) wird diese Baugröße als instrumentale Stütze in Chormusik (vgl. seine Benennung) geschätzt und entwickelt sich in der Folgezeit zum eigentlichen Stamminstrument der modernen Fagotte. Seit Mitte des 17. Jahrhunderts ist das Fagott im Opernorchester vertreten (vgl. Antonio Cesti: «Il pomo d'oro», 1667/68) und dient dort bevorzugt als Kolorit zur Darstellung von witzigem, tölpelhaftem oder eitlem menschlichen Gehabe (vgl. Albert Lortzing: «Zar und Zimmermann»: Bürgermeister: van Bett; Richard Wagner: «Die Meistersinger von Nürnberg»: Beckmesser). Wegen seiner sehr unterschiedlichen Registerfärbungen (kraftvolle Tiefe, lyrisch-elegante Mitte, schlanke Höhe) bei Komponisten sehr beliebt,

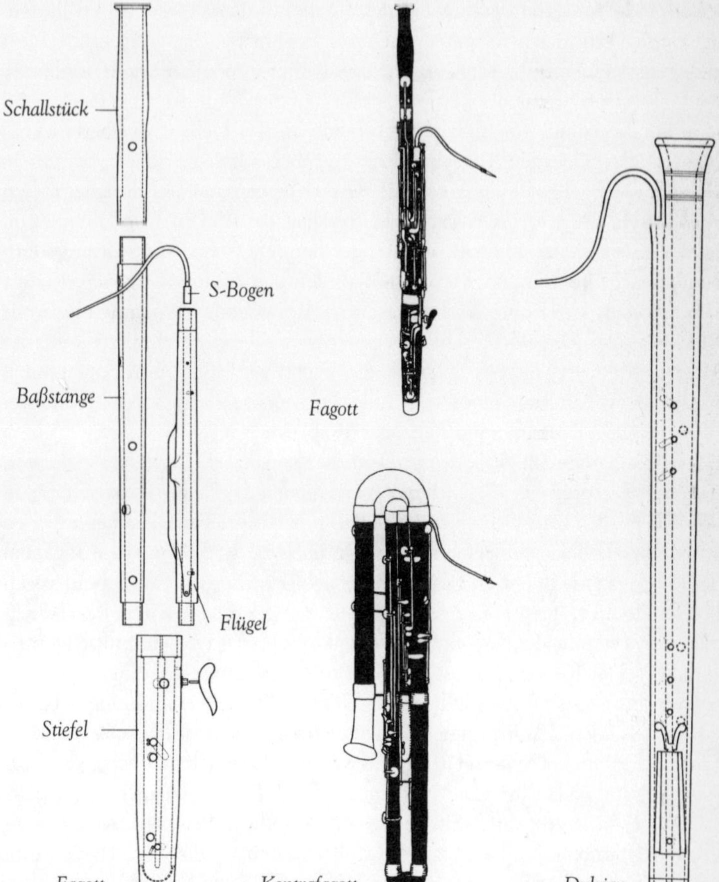

Fagott *Kontrafagott* *Dulzian*

wurde das Instrument bald mit einer reichen Auswahl an Solo- und Orchesterliteratur bedacht (u.a. W. A. Mozart: «Konzert für Fagott und Orchester», KV 191; Carl Maria von Weber: «Konzert für Fagott und Orchester» op. 35; Richard Strauss: «Konzert für Harfe, Fagott und Klarinette», 1947; Camille Saint-Saëns: «Sonate für Fagott und Klavier» op. 168).

Ab etwa 1650 wird das Fagott in drei, heute (je nach Zählweise) in vier oder fünf getrennten Bauteilen gefertigt: *Schallstück* (Schallstürze), *Baßstange*, *Stiefel* (mit Umlenkrohr), *Flügel* (Parallelröhre) und *S-Bogen* (seitliches Anblasrohr mit Doppelrohrblatt).

Im Laufe seiner Geschichte wurde das Instrument vielfältigen Verbesserungsversuchen unterworfen, von denen die Entwürfe von Carl Almenräder (zwischen 1824 und 1835) ohne Zweifel als die erfolgreichsten gelten dürfen. Er wandte (ähnlich wie später Theobald Boehm bei der → Querflöte) ein Klappensystem mit 20 Klappen an, das es ihm ermöglichte, die Tonlöcher nach akustisch-physikalischen Maßstäben auf der Tonröhre zu verteilen und jene für die Hände ungreifbaren Abstände mittels Hebeln zu überbrücken. Nahezu alle modernen deutschen Fagotte gehen auf diesen Bautypus zurück, wobei mittlerweile allerdings etwa 24 bis 28 Klappen und 5 Grifflöcher üblich sind *(Heckel-Almenräder-Fagott)*. Heutige Fagotte sind in C gestimmt und haben einen Umfang von B_1 bis as", der durch aufsteckbare Stürzenverlängerungen in die Tiefe noch erweitert werden kann (eine *A-Stürze* erweitert z. B. bis A_1). Die Rohre sind aus Ahorn-, Rosen- oder Sykomorenholz mit Messing- oder Neusilberbeschlägen gefertigt und besitzen eine eng konische Mensur mit einer Länge von 2,59 m. Das Fagott wird nicht-transponierend je nach Lage in Baß- bzw. Tenor- oder (allerdings recht selten) im Violinschlüssel notiert und in Partituren mit *Fag.* oder *fg.* abgekürzt.

Als tiefere Variante des Fagotts ist zudem das *Kontrafagott (Fagottone)* verbreitet, das ebenfalls bereits im 17. Jahrhundert entstanden ist (die ersten ausgereifteren Modelle werden Hans Schreiber, 1620, Berlin, zugeschrieben). Die wesentlichen Baumerkmale beider Instrumente stimmen überein, der 5,93 m lange Tonkanal des Kontrafagotts ist jedoch drei- oder vierfach geknickt, um eine bessere Handlichkeit des Instrumentes zu erreichen. Zudem ist der Stiefel in aller Regel durch ein offen verlaufendes, U-förmiges Umlenkrohr ersetzt und die Stürze abwärts gerichtet. Das Kontrafagott ist ebenfalls in C gestimmt, der Umfang beträgt etwa B_2 bis g/a, kann jedoch durch aufsteckbare Stürzenverlängerungen bis A_2 erweitert werden. Das Instrument wird oktavtransponierend (eine Oktave höher als klingend) im Baßschlüssel notiert. Es wird hauptsächlich im Orchester eingesetzt (vgl. Joseph Haydn: «Die Schöpfung»; W. A. Mozart: «Maurerische Trauermusik»; L. v. Beethoven: «Sinfonien» Nr. 5 und Nr. 9, «Fidelio»; Johannes Brahms: «Sinfonie Nr. 1»; Maurice Ravel: «Konzert für die linke Hand»; Paul Dukas: «Der Zauberlehrling»; Igor Strawinsky: «Le Sacre du Printemps»).

Falsettgesang [falsus = lat. falsch] Hohes Register von Männerstimmen, dessen Töne durch Schwingungen der mittleren Stimmlippenränder bei gleichzeitiger Stütze mittels Brustresonanz erzeugt wird. Bei Kopfresonanz entsteht dagegen die hauchig-gefärbte *Fistelstimme*.
Falsettgesang hat u. a. in → Afroamerikanischer Musik einen festen Stellenwert und wird dort (im Unterschied zur abendländischen Vokaltradition) nicht nur als reines Klangelement eingesetzt, sondern dient der Verdeutlichung von Doppeldeutigkeit bestimmter Textstellen (→ Spiritual, → Blues).

falso bordono → Fauxbourdon

Fandango [fandanguero = span. Liebhaber] Nahe mit dem → Bolero verwandte Tanzweise spanischen Ursprungs in zumeist schnellem Tempo, $\frac{3}{4}$-, $\frac{3}{8}$- oder $\frac{6}{8}$-Takt und lebhaft-feurigem Grundcharakter. Der Fandango ist in Spanien auch unter der Bezeichnung *Malagueña* verbreitet und erscheint stilisiert u. a. in Nikolaj Rimskij-Korsakows «Capriccio espagnol» op. 34, 1887 und Manuel de Fallas «Der Dreispitz», 1919. Ein charakteristisches Rhythmusmodell des Fandangos ist:

Fantasie [phantasia = griech. Vorstellung; ital. *fantasia*, frz. *fantaisie*] Instrumentales Musikstück mit improvisatorischem Grundcharakter, welches seit Anfang des 17. Jahrhunderts zumeist aus mehreren kontrastierenden Teilen mosaikartig zusammengesetzt und durch häufige Tempowechsel oder freie Tempowahl *(rubato)* gekennzeichnet ist (vgl. W. A. Mozart: «Fantasie in d-Moll», KV 397). Ansonsten kann eine Fantasie formal, satz- sowie besetzungstechnisch in vielfältigen Gestaltungsweisen auftreten (Johannes Brahms: «Fantasien» op. 116 in mehrteiligen → Lied- bzw. Rondoformen; Franz Schubert: «Fantasie C-Dur» [«Wandererfantasie»], D 760; Felix Mendelssohn Bartholdy: «Fantasie» op. 28 in Sonatenform). Die Benennung kommt Anfang des 16. Jahrhunderts auf, ab etwa 1550 ist für derartige Musikstücke zudem u. a. die Bezeichnung → Ricercar verbreitet. Namentlich in Klassik und Romantik scheint der Titel Fantasie außerdem bevorzugt auf genau jene Musikstücke angewandt worden zu sein, welche von einer der ansonsten üblichen Form- oder Gattungsvorlagen abweichen. Wohl zur Verdeutlichung des improvisiert wirkenden Charakters benennt Max Reger seine der Fantasie nahestehenden Werke konsequent als «Improvisationen» (vgl. M. Reger: «Zwölf Stücke» op. 65, Nr. 5).

Fauxbourdon [= frz. falscher Baßton, falsche Baßstimme; ital. *falso bordono;* engl. *gymel*] Die Bezeichnung hatte im 14. bis 16. Jahrhundert geographisch unterschiedliche Bedeutung. Zumeist verstand man darunter jedoch eine Satztechnik mit parallel in Terzen und Sexten geführten Unterstimmen zu einer Hauptstimme, wodurch Ketten von Sextakkorden entstehen.
In Mitteleuropa ist das Verfahren zunächst in der Volksmusik verbreitet und wird dort improvisierend praktiziert. Ab Mitte des 15. Jahrhunderts wird Fauxbourdon auch in die Kunstmusik übernommen (vgl. Anfänge der → Niederländischen Vokalpolyphonie bei Guillaume Dufay) und ist hier nun entweder schriftlich ausnotiert oder aber bei der Partiturangabe *à falso bordone* wie bisher improvisierend auszuführen. Die Fauxbourdon-Satztechnik wurde jedoch im Vergleich mit der weiterentwickelten Niederländischen Vokalpolyphonie bald als zu mechanisch und statisch empfunden und im großen und ganzen nicht weiterverfolgt.

Feldpfeiff → Querflöte

Fermate Notationssymbol (𝄐 bzw. 𝄑), welches den Grundzeitwert einer Note oder Pause verlängert, wobei die jeweilige Dauer von der Interpretation abhängig ist. In Instrumentalkonzerten (→ Konzert) bezeichnet die Fermate den Beginn der *Solo-Kadenz* (→ Kadenz).

Fidel [fides = lat. Saitenspiel; ahdt. *fidulâ*] → Streichinstrument, das neben Melodiesaiten typischerweise auch Bordunsaiten aufweist (→ Bordun) und in zwei prinzipiellen Formausprägungen bekannt ist.
Die *Langhalsfidel* entstand vermutlich in Persien und ist heute insbesondere im Mittleren Osten, in Nordafrika und Ostasien verbreitet. Ihr verhältnismäßig langer Hals ist gewöhnlich durch den Korpus hindurch weitergeführt und ragt am unteren Korpusende als kürzerer Dorn- oder längerer Stachelfortsatz heraus. Diese Bauweise hat zu den Bezeichnungen *Dorn-* bzw. *Stachelfidel* geführt. Sie wird üblicherweise in senkrechter Haltung gespielt (→ kamānğah, → rebāb). Die Bauform der *Kurzhalsfidel* ist typisch für mittelasiatische und europäische Fideln. Ihr verhältnismäßig kurzer Hals und der zumeist langgestreckte Korpus sind oft aus einem Stück gefertigt (→ sāraṅgī).
In Mitteleuropa sind Kurzhalsfideln mindestens seit Mitte des 9. Jahrhunderts bekannt und waren während des Mittelalters und bis in die Renaissance-Zeit zweifellos die bedeutendsten Streichinstrumente höfischer Musik. Fidelunterricht war obligater Ausbildungsteil der Edelleute, das Fidelspiel galt, insbesondere an ritterlichen Höfen, als vornehmer Zeitvertreib. Zudem war die Fidel das typische Begleitinstrument der → Troubadours, Trouvères und Minne-

sänger (→ Minnesang), wurde jedoch bereits im späten Mittelalter auch zum Streichinstrument der Bettler und Fahrenden.

Frühe europäische Fideln besaßen einen ausgehöhlten Korpus mit aufgesetzter Decke; Korpus und Hals waren zumeist aus einem Stück gefertigt. Ab dem 13. Jahrhundert wurde eine Bauweise mit Decke, Boden sowie einem umlaufenden Zargenkranz (mit zumeist recht niedrigen Wänden) üblich, die bis heute Gültigkeit hat. Die Decke besteht in der Regel aus zwei miteinander verleimten Teilen, welche ein (symmetrisch zur Längsachse des Korpus geneigtes) Dach bilden und unterschiedlich geformte Schallöcher besitzen kann. Der angesetzte Hals ist kurz und geht in ein ovales, rundes oder herzförmig geschnittenes Wirbelbrett mit unter- oder oberständigen Wirbeln über. Später wurde um die Wirbel gelegentlich ein Schutzgehause gebaut, seit dem 15. Jahrhundert sind auch Wirbelkästen mit seitenständigen Wirbeln verbreitet. Das Griffbrett ist traditionell bundlos, wird bei heutigen Modellen jedoch gelegentlich auch mit Bünden versehen.

Die verhältnismäßig flachen Resonanzkörper europäischer Fideln wurden (vermutlich in Anlehnung an ältere westasiatische, insbesondere turkistanische Fideln) bis ins 12. Jahrhundert zunächst spatenförmig gestaltet. In der Folgezeit wurden dann jedoch rund-ovale Formen mit seitlichen Einbuchtungen bevorzugt. Solche eingebugte Fideln ermöglichten eine neue Spielweise. War bislang die Borduntechnik üblich (eine oder zwei Saiten dienen als Melodiesaiten, die übrige Bespannung wird in festeingestimmter Tonhöhe als begleitender Bordunakkord mitgestrichen), so galt es nunmehr als modern, den gesamten Bezug als Melodiesaiten mit durchgehender Tonskala zu nutzen. Die eingebugte Fidel hat die nicht eingebugte jedoch keinesfalls verdrängt, beide Spielweisen und entsprechend beide Korpusformen blieben noch bis ins 15. Jahrhundert nebeneinander erhalten.

Die europäische Fidel ist heute in vier Baugrößen als *Diskant-*, *Alt-*, *Tenor-* und *Baßfidel* bekannt. Die übliche Bespannung besteht aus fünf oder sechs Melodiesaiten, gelegentlich sind zusätzlich eine oder mehrere seitlich verlaufende Bordunsaiten hinzugefügt. Die geringe Saitenspannung ergibt einen obertonreichen Klang. Die Stimmungen entsprechen in etwa den → Viola-da-gamba-Registern. Die Sopranfidel wird in d, g, c', e', a', d'', die Altfidel in G, c, e oder f, a, d', g', die Tenorfidel in D, G, c, e, a, d' und die Baßfidel in D_1, G_1, C, E, A, d oder in G_1, C_1, F, A, d, g gestimmt. Die Notation erfolgt je nach Stimmlage in Violin- oder Baßschlüssel, gelegentlich auch im Tenorschlüssel.

In traditioneller Spielhaltung wird das Instrument quer vor der Brust gehalten oder der untere Korpusbereich auf oder gegen die Schulter gelehnt bzw. gestemmt. (Fideln dienten zumeist als Begleitinstrumente während des eigenen Gesangs. Die bei → Violine bzw. → Viola da braccio übliche Spielhaltung, bei welcher der Unterbügel zwischen Kinn und Schulter gefaßt wird, hätte

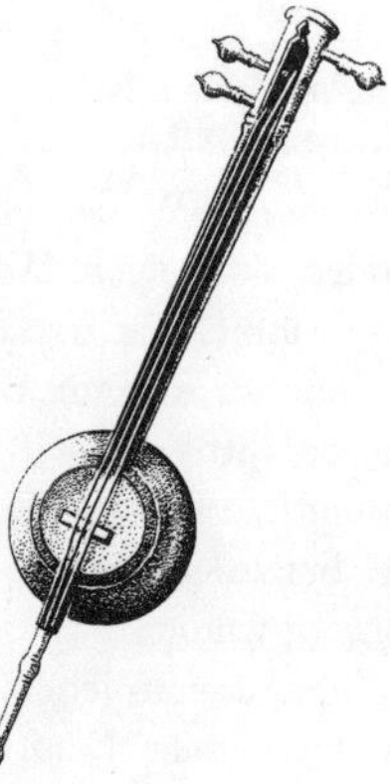

europäische Fidelformen des Mittelalters

persische Streichfidel

türkische Streichfidel

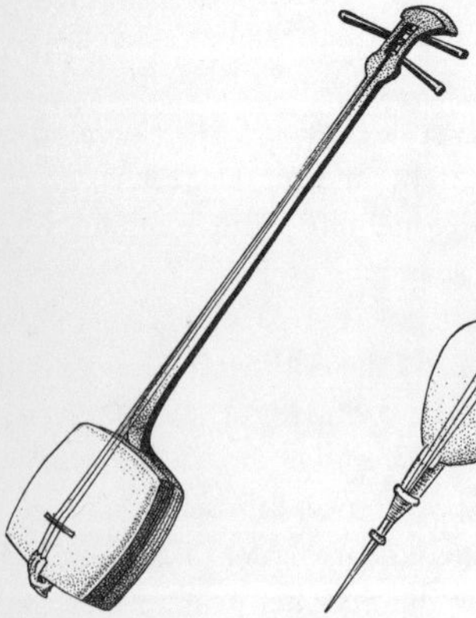

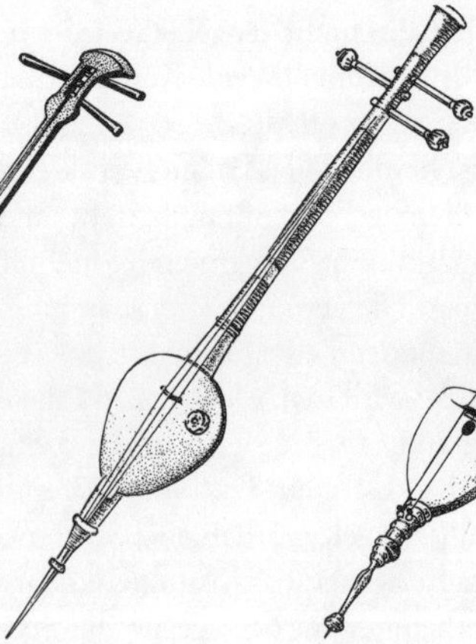

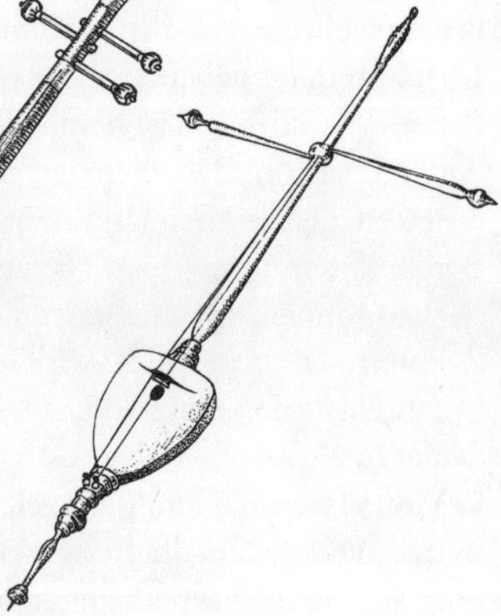

japanische Streichfidel

thailändische Streichfidel

javanische Streichfidel

das Singen sehr erschwert.) Durch diese Spielhaltung ergibt sich eine nahezu senkrechte Bogenführung. Heute werden Fideln allerdings auch in Kniehaltung *(da gamba)* gespielt, der Bogen dann im Untergriff geführt. Der Fidelbogen ist konvex gebogen und verhältnismäßig lang.
Bedeutende Werke für die Fidel stammen u. a. von Johannes Ockeghem, Guillaume Dufay, Orlando di Lasso, Giovanni Pierluigi da Palestrina, Michael Praetorius. Seit der zweiten Hälfte des 20. Jahrhunderts ist ein erstarkendes Interesse am Fidelspiel zu beobachten, entsprechend hat sich das Fidelbauwesen belebt (vgl. *Harlan-* oder *Sternberg-Fidel* von Peter Harlan, *Quintfidel* von Helmut Mönkemeyer, *Mittenwalder Fidel* von Karl Frank).
Die Fidel gilt neben der → Rebec (Rubebe) als bautechnischer Ausgangspunkt und frühes Vorbild der → Viola da gamba sowie der Violinfamilie (→ Violine, → Viola da braccio, → Violoncello). Deutliches Indiz für diesen Zusammenhang ist insbesondere die Sopranfidel, die (ebenso wie die Sopran-Rubebe *Rebecchino*) im ausgehenden Mittelalter auch unter der Bezeichnung *Violino* verbreitet war.

Filmmusik → Melodram, → Programmusik

Fingerpicking →Gitarre

Fistelstimme → Falsettgesang

Flageoletton [flageolet = frz. Flötchen] Einzeln hörbarer Oberton (→ Ton) auf Saiteninstrumenten, welcher mittels einer bestimmten Spieltechnik darstellbar ist und als hoher, flötenartiger Ton erklingt (die Greiffinger werden hierzu nur leicht an die Schwingungsschnittstelle gelegt).
Notation: ○ oder ◇ über der entsprechenden Note.

flauto a becco, flauto dolce → Blockflöte

flauto traverso → Querflöte

Florentiner Camerata → Monodie, → Oper

Flöteninstrumente [flatus = lat. Hauch, Atem, Blasen] → Holzblasinstrumente, bei welchen der Anblasstrom gegen eine Kante *(Schneide)* gelenkt und dort in zwei unterschiedlich gerichtete Luftströme verwirbelt wird. Eine angeschlossene Röhre nimmt die nach innen verlaufenden Wirbel als Druckimpulse auf die dortige Luftsäule auf und federt diese elastisch ab. Das periodische Auftreffen gleichartiger Wirbelimpulse läßt eine als Ton hörbare stehende

Welle entstehen. Das Anblasen einer Kante wurde bereits bei archaischen Flöten aus Schnecken, Muscheln oder ausgehöhlten Knochen verwirklicht, welche daher (trotz ihres Materials) ebenfalls zu den Holzblasinstrumenten gezählt werden können.
Man unterscheidet nach der äußeren Form zwischen *Röhrenflöten* und *Gefäßflöten*, erstere zudem je nach Position der Anblasöffnung am Rohr in *Längs-* und *Querflöten*. Längsflöten sind bereits ab etwa 3000 v. Chr. in Südmesopotamien (Sumerische Kultur) und Ägypten *(Schrägflöte)* belegt. Sie sind sowohl mit als auch ohne Mundstück bekannt. *Schnabelflöten* (→ Blockflöte) besitzen Mundstücke in Schnabelform und sind in ganz Asien, aber auch in Afrika, der pazifischen Inselwelt und in Südamerika anzutreffen. → Querflöten verwenden einseitig geschlossene Röhren mit seitlicher Anblasöffnung, Gefäßflöten nutzen einen rundlich-weiten Schallraum statt einer länglichen Röhre (archaische Muschel- und Schneckenflöten; → Okarina).

Flügel (Konzertflügel) → Klavierinstrument mit Hammermechanik, welches aus dem → Hammerflügel entwickelt wurde. Die wesentlichen Bauformen und Prinzipien der älteren Instrumente (Gehäuseform mit Tastatur an der Schmalseite, Hammertechnik usw.) blieben hierbei erhalten, wurden jedoch den Forderungen nach größerer Lautstärke, Klangentfaltung und mehr Tonumfang angepaßt.
Der Saitenbezug wurde auf etwa 243 Saiten mit einem Gesamtzug von etwa 16–20t erweitert. Der Baßbereich ist heute allgemein ein- oder zweichörig (mit kupferumsponnenen Saiten), der Mittenbereich zwei- oder dreichörig (mit kupferumsponnenen Saiten), der Diskantbereich dreichörig bespannt. Der bereits beim Hammerflügel übliche *kreuzseitige Bezug* war 1859 von Henry Engelhard Steinway jun. (USA) weiter optimiert worden (Steinway führte die tiefen Saiten schräg über die hohen Saiten und konnte hierdurch eine bessere gegenseitige Resonanz der jeweiligen Obertonspektren erreichen). Die Rahmenkonstruktionen des Hammerflügels wurden entsprechend verstärkt (1866 baut Friedrich August Förster erste Panzerrahmen). Der freischwingend in der Zarge eingelassene Resonanzboden

(Fichte, etwa 1 cm dick) ist mittels unterseitiger *Klangrippen* versteift. Das Gesamtgewicht eines großen Flügels beträgt etwa 300 kg bei einer Gesamtlänge von etwa 280 cm.
Die Klaviatur verfügt heute allgemein über 88 Tasten und einen Umfang von A_2 bis c'''''. Jede Taste sitzt in der Art einer Wippe auf einem *Waagebalken* und wird hierbei durch *Tastenführungsstift* und *Waagebalkenstift* in Führung gehalten. Die genaue Ausbalancierung der Tasten erfolgt mittels kleiner Bleistücke. Der vordere Tastenhub beträgt etwa 1 cm.
Als Hammertechnik hat sich seit den 1910er Jahren die *Englische Mechanik* mit Erardscher Repetition weitgehend durchgesetzt (→ Hammerflügel). Seit etwa 1850 sind filzbezogene Hämmer üblich. Um eine größere Lautstärke zu ermöglichen bzw. die Saiten mit ihrer erhöhten Zugspannung überhaupt zum Klingen zu bringen, wurden die Hammerköpfe im Laufe der Entwicklung beständig schwergewichtiger (ein Hammerkopf bei einem Hammerflügel des 18. Jahrhunderts wiegt etwa 0,5–1 g, bei einem modernen Flügel dagegen 4,1–8,4 g). Im Vergleich zum historischen Hammerflügel verträgt daher der moderne Flügel zwar ein kraftvolleres Spiel, benötigt aber auch eine entsprechend kräftiger ausgebildete Spielhand, um die schwergewichtigere Mechanik überhaupt adäquat in Bewegung setzen zu können.
Üblicherweise zwei Pedale dienen der zusätzlichen Klanggestaltung, links die sog. *Verschiebung* (mit der Spielanweisung *una corda*) und rechts das *Tonhaltepedal.* Dazwischen kann ein zusätzliches Einzelton-Haltepedal eingefügt sein. Es wurde 1862 von Claude Montal (Frankreich) als *Pédale de prolongement* erfunden (bis Mitte des 20. Jahrhunderts hielt Steinway & Sons das Exklusivvermarktungsrecht) und ist funktional nicht identisch mit dem mittleren Pedal eines → Pianinos.

Flügelhorn [frz. *cornet à cylindres*] → Blechblasinstrument mit konisch mensurierter Schallröhre und drei Ventilen.
Das Flügelhorn hat zwar äußerlich große Ähnlichkeit mit einer → Trompete, zählt jedoch wegen seiner konischen Mensur zu den Horninstrumenten. Es wird oft mit einem Bechermundstück gespielt. In seiner ursprünglichen Form besitzt das Instrument *Drehventile*, heute sind allerdings viele Flügelhörner mit *Périnet-* bzw. *Pumpventilen* ausgestattet (→ Trompete). Der Klang des Flügelhorns ist durch die verhältnismäßig weite Mensur weicher als der eines → Kornetts oder einer Trompete.
Das Flügelhorn ist in drei Grundstimmungen verbreitet, als Sopran-Flügelhorn in hoch Es, als Flügelhorn in C und als Flügelhorn in B. Alle Varianten werden im Violinschlüssel und je nach Grundstimmung (mit Ausnahme des Flügelhorns in C) transponierend notiert. Die übliche Abkürzung in Parti-

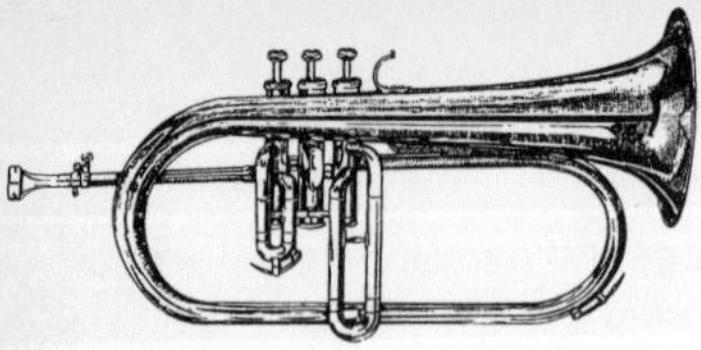

Flügelhorn mit Pumpventilen

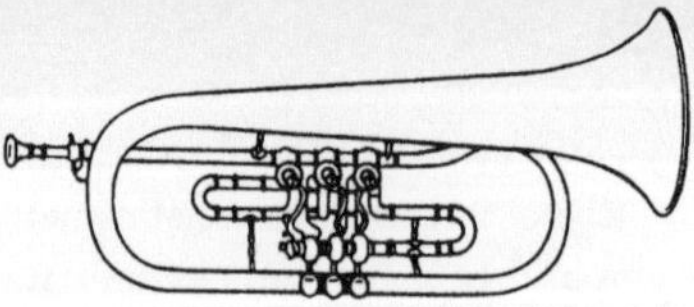

Flügelhorn mit Drehventilen

turen ist *Flh.* Alle Bauarten sind zudem in recht unterschiedlich ausgeprägten Bügelformen vertreten (länglich-gestreckt bis oval).

flûte à bec → Blockflöte

flûte traversière → Querflöte

Folkmusic 1. engl. Sammelbezeichnung für Volksmusik.
2. im engeren Sinn eine in studentischem Umfeld der Neuengland-Staaten (insbesondere in Greenwich Village, New York) aus den politischen Protestbewegungen der 1950er und 1960er Jahre hervorgegangene Musikrichtung, deren typisches Kennzeichen das selbstgetextete und -komponierte, situationsbeschreibende Lied mit einfacher Gitarrenbegleitung ist (→ *Folksong*).
Folkmusic widerspiegelte die Suche nach neuen, alternativen Lebensformen und eine gleichzeitige, kritische Rückbesinnung auf alte Wertvorstellungen menschlichen Zusammenlebens. Vorbilder der Bewegung waren in den USA Woody Guthrie («This Land Is Your Land») und später Pete Seeger (Guy Carawan, P. Seeger: «We Shall Overcome»), die ihre Lieder musikalisch an das traditionelle angloamerikanische Volkslied anlehnten, die Texte jedoch aktualisierten (oft zu Antikriegsliedern). Die Folk-Musiker trugen ihre Lieder üblicherweise selbst vor und wurden auch als *Singer-Songwriter* bezeichnet (u. a. Joan Baez, Judy Collins, Bob Dylan, Tom Paxton).
Die nordamerikanische Folkmusic-Bewegung löste Ende der 1950er, Anfang der 1960er Jahre eine gleichartige, wenngleich nun auf das jeweils eigene ethnische Liedgut bezogene Musikrichtung in Europa aus. Im deutschsprachigen Raum gibt es in diesem Zusammenhang neben einer die traditionelle Volksmusik sammelnden Strömung (u. a. Zupfgeigenhansel, Hein und Oss Kröher) eine eher *neu schaffende* Bewegung, deren Vertreter als *Liedermacher* bezeichnet werden (u. a. Hannes Wader, Franz Josef Degenhardt).

Folksong Engl. Bezeichnung für → Volkslied. Im engeren Sinn auch die charakteristische Liedgattung der amerikanischen → Folkmusic-Bewegung seit den 1960er Jahren.

forte, fortissimo → Dynamik

fortepiano → Akzent

forzato → Akzent

Foxtrott [= engl. Fuchsschritt] Geradtaktiger, bevorzugt mit synkopierter Rhythmik versetzter, recht schneller Gesellschaftstanz des 20. Jahrhunderts, der zudem mit *Slowfox* (langsam), *Shimmy* (langsam) und *Quickstep* (sehr schnell) mehrere Tempovarianten kennt.

french horn → Jagdhorn, → Waldhorn

Fugato Begrenzter Abschnitt eines Musikstückes, welcher, im Unterschied zur übrigen satztechnischen Umgebung, in Fugentechnik gearbeitet ist (→ Fuge).

Fuge [fuga = lat. Flucht; bezogen auf die einzelnen Stimmen, welche, sich gegenseitig imitierend, voreinander fliehen] Polyphone Werkform mit Verfahren der → Imitation.
Die Grundkonstruktion zeigt zu Beginn ein einstimmiges, zumeist recht kurzes → Thema *(Subjekt, soggetto)* in einer der beteiligten Stimmlagen. Die Ausgangsgestalt des Themas wird als *dux* [= lat. Führer] oder *proposta* [= ital. Vorschlag] bezeichnet. Anschließend wandert das Thema nach und nach durch alle anderen zur Verfügung stehenden Stimmlagen. Bei streng gearbeiteten Fugen *(Quintfugen)* erfolgen die neuerlichen Themeneinsätze jeweils alternierend in Oberquinte (bzw. entsprechender Unterquarte) und Prime (bzw. Oktave). Die Themengestalt auf der Oberquinte (bzw. entsprechender Unterquarte) wird als *comes* [= lat. Gefährte] oder *riposta* [riposare = ital. (aus)ruhen] bezeichnet. Werden die Intervallverhältnisse der Ausgangsgestalt (dux) bei einem comes geändert (um sie den harmonischen Gegebenheiten der Quintlage anzupassen und gegebenenfalls z. B. eine bestimmte Tonart nicht zu verlassen), so spricht man von einer *tonalen Beantwortung* (vgl. J. S. Bach: «Wohltemperiertes Klavier», Bd. 2, Fuge Nr. 2, T. 2). Eine *reale Beantwortung* liegt vor, wenn die jeweilige comes-Gestalt die Intervallverhältnisse des zugrundeliegenden dux beibehält (vgl. J. S. Bach: «Wohltemperiertes Klavier», Bd. 1, Fuge Nr. 5, T. 2; Fuge Nr. 4, T. 4).
Ein Abschnitt, in welchem ein Thema (als dux bzw. comes) *durch* die beteiligten Stimmlagen *geführt* wird, heißt *Durchführung* (die Bezeichnung hat in der → Sonatenhauptsatzform eine andere Bedeutung). Eine Fuge enthält üblicherweise stets mehrere Durchführungen. Diese sind *vollständig/komplett*, wenn das Fugenthema in allen beteiligten Stimmen einmal, *überkomplett*,

wenn das Fugenthema in einer oder mehreren Stimmlagen mehrfach erklingt (vgl. J. S. Bach: «Wohltemperiertes Klavier», Bd. 2, Fuge Nr. 2, das Thema erscheint in T. 11 ein zweites Mal in der Unterstimme), *inkomplett*, wenn eine oder mehrere Lagen unberücksichtigt bleiben. Die jeweils erste Durchführung einer Fuge ist in aller Regel *vollständig/komplett* und stellt alle verfügbaren Stimmlagen vor. Sie wurde daher früher auch als *Exposition* bezeichnet, ein Terminus, der allerdings mittlerweile eher wieder vermieden wird, um Verwechslungen mit der Sonaten-Exposition grundsätzlich zu umgehen.

Zumeist erscheint während einer Beantwortungsphase (in den bereits intonierten Stimmlagen) zudem eine Begleitformel *(Kontrasubjekt, Gegensatz)*, welche oft als melodische *Fortspinnung* des Themas gearbeitet ist und diesem im Verlauf der Fuge gleichbleibend oder variiert zugeordnet ist. Auch die Themengestalt selbst kann nach der ersten Durchführung vielfältig verarbeitet erklingen (*Umkehrung, Augmentation, Diminution, Spiegelung, Krebs, Umkehrungskrebs*, → Imitation). Ein beliebtes Gestaltungsverfahren zur dramatischen Verdichtung des musikalischen Geschehens ist u. a. die zeitliche Verschränkung der Stimmeinsätze als sog. *Engführung (restrictio, stretta)*, bei welcher eine Beantwortung einsetzt, bevor das Thema, gleich welcher Gestalt, in der vorhergehenden Stimmlage abgeschlossen ist (vgl. J. S. Bach: «Wohltemperiertes Klavier», Bd. 1, Fugen Nr. 1, T. 7; Nr. 19, T. 2; Nr. 22, T. 3; Bd. 2, Fuge Nr. 9, T. 2). Durch dieses Verfahren wird das vorangegangene Thema gleichsam zur Begleitstimme seiner eigenen Imitation umfunktioniert.

Die einzelnen Durchführungen können direkt aufeinanderfolgen (vgl. J. S. Bach: «Wohltemperiertes Klavier», Bd. 1, Fuge Nr. 1), oder es können Zwischenspiele *(Zwischensätze, Episoden)* mit themenverwandtem oder motivisch eigenständigem Material eingeschoben sein, welche den Fortgang des musikalischen Geschehens nicht nur abwechslungsreicher gestalten, sondern oft auch modulatorischen bzw. rückmodulatorischen Zwecken dienen (vgl. J. S. Bach: «Wohltemperiertes Klavier», Bd. 1, Fuge Nr. 2 mit fünf unterschiedlich langen Zwischenspielen).

Nach der Anzahl der beteiligten Stimmlagen unterscheidet man zwei- bis fünfstimmige Fugen (mehr als fünf beteiligte Stimmlagen sind selten). Dabei kann die Anzahl der Stimmen im Verlauf einer Fuge variiert werden (vgl. J. S. Bach: «Wohltemperiertes Klavier», Bd. 2, Fuge Nr. 2: bis T. 18 dreistimmig, dann vierstimmig), in aller Regel erscheint jedoch in der letzten Durchführung wieder die anfängliche Stimmenzahl.

Mehrthematische Fugen unterscheidet man als *Doppel-, Tripel-, Quadrupelfugen* (usw.). Deren Themen können einzeln nacheinander *(synthetische Fuge, progressive Fuge)* oder gleichzeitig *(simultane Fuge)* auftreten und in getrennten oder gemeinsamen Durchführungen behandelt werden. Insbesondere Dietrich Buxtehude arbeitete als einer der ersten Komponisten mit mehrthematischen

Fugen und beeinflußte mit diesem Verfahren auch die späteren Fugen J. S. Bachs (Doppelfuge: vgl. J. S. Bach: «Wohltemperiertes Klavier», Bd. 2, Fuge Nr. 18; Tripelfuge: vgl. J. S. Bach: «Wohltemperiertes Klavier», Bd. 1, Fuge Nr. 4).

Das Imitationsverfahren der Fuge wurde aus früherer mehrstimmiger Vokalmusik entlehnt. Im 14. bis 16. Jahrhundert bezeichnet *Fuge* zunächst all jene Musikstücke, welche in strengem Imitationsverfahren gearbeitet sind. Der Begriff ist daher bis etwa 1600 zunächst weitgehend gleichbedeutend mit der Bezeichnung → Kanon in Gebrauch. Die Anwendung des Imitationsverfahrens verweist zudem auf das engere Umfeld von → Motette (vgl. Giovanni Pierluigi da Palestrina, Orlando di Lasso, dort bereits mit dux und comes im Quintabstand) bzw. deren Instrumentalvariante → Ricercar sowie auf → Capriccio, → Toccata und → Canzone, welche alle monothematische, in Imitationsverfahren gearbeitete Anteile enthalten konnten. Vermutlich ist die Fuge als eigenständige Werkgattung um 1700 durch Ablösung dieser Partien aus ihrem bisherigen Umfeld entstanden. Insbesondere durch die Einflüsse von Girolamo Frescobaldi, Jan Pieterszoon Sweelinck, Johann Hermann Schein, Samuel Scheidt, Johann Jakob Froberger, Johann Pachelbel, Dietrich Buxtehude, Georg Friedrich Händel und J. S. Bach wurde die Fuge zu einer der bedeutendsten polyphonen, kontrapunktischen Werkformen des Barock. Häufig werden hierbei Fugen mit einem Einleitungssatz (→ Präludium, → Phantasia, → Toccata) zu zweisätzigen Zyklen verknüpft (vgl. J. S. Bach: «Das Wohltemperierte Klavier»).

Fugen werden bis in die Gegenwart als musikalische Gattung in Vokal- und Instrumentalmusik gepflegt (vgl. Paul Hindemith: «Der Schwanendreher», 1935, «Ludus tonalis», 1942; Dimitrij Schostakowitsch: «24 Präludien und Fugen für Klavier» op. 87; Ernst Toch: «Geographische Fuge für Sprechchor», 1913). Die Beantwortungsstruktur wird nun allerdings nicht selten auch auf andere Intervallstufen (Quarten, Terzen) ausgeweitet (vgl. Paul Hindemiths Oper «Cardillac», Anfang als Fuge, deren Themeneinsätze auf h, as, a und b erscheinen).

Zudem sind im Laufe der Zeit vielfältige Versuche unternommen worden, die Idee der Fuge mit anderen satztechnischen oder formalen Verfahren zu verknüpfen (vgl. W. A. Mozart: «Jupitersinfonie», Finalsatz, Verschmelzung von Fuge und Sonatenform; L. v. Beethoven: «Klaviersonaten» op. 101 und op. 106, Schlußsätze mit Fugen als Sonaten-Durchführungen).

Fughette Kleine → Fuge, oft nur mit einer einzigen Durchführung (vgl. J. S. Bach: «Choralfughetten für Orgel»; Max Reger: «Zwölf Stücke» op. 80, Nr. 2; Hanns Eisler: «Klavierstücke für Kinder», 1935).

Funk [funky = amerikanisch umgangssprachlich stinkend] Afroamerikanische → Popmusik, welche sich in der zweiten Hälfte der 1960er Jahre aus dem → Rhythm & Blues weiterentwickelte und durch markante, ostinate Baßbewegungen, scharfe, sehr perkussive Akkordeinwürfe der Rhythmusgitarre und knappe, sich häufig wiederholende melodische Wendungen charakterisiert ist. Erste Platten mit dieser Bezeichnung sind Dyke and The Blazes: «Funky Broadway» (1967), Prettie Purdie: «Funky Donkey» (1967).

Funktionsbezeichnung Im 19. Jahrhundert von Hugo Riemann ausgearbeitetes System zur Darstellung der funktionalen Bezüge von → Akkorden innerhalb eines tonalitätsgebundenen Werkes oder Werkabschnittes (→ Harmonik). Im Unterschied zur → Stufenbezeichnung ermöglicht die Schriftsymbolik des Riemannschen Verfahrens, nicht nur die Haupt- und Nebenfunktionen, sondern auch harmonische Bezüge zu Akkorden aus verwandten oder auch weiter entfernten Tonarten sinnvoll über Chiffrekürzel wiederzugeben.

T = Dur-Tonika	t = Moll-Tonika
S = Dur-Subdominante	s = Moll-Subdominante
D = Dur-Dominante	d = Moll-Dominante
P = Dur-Parallelklang	p = Moll-Parallelklang
G = Dur-Gegenklang	g = Moll-Gegenklang

Dreiklangserweiterungen werden durch entsprechende Ziffernzusätze (6 = Sexte, 7 = Septime usw.), Hochalterierungen durch <, Tiefalterierungen durch > kenntlich gemacht (→ Dreiklang, → Alterierung).

in a-Moll: *t* *s* *d* *D* *S* S^{6}_{5} D^{7} *tP* *tp* *tG* *tg*

fusa → Mensuralnotation

Futurismus [futurum = lat. Zukunft] Ab etwa 1910 in Italien aufkommende musikalische Strömung, deren Vertreter die Verwendung von Maschinengeräuschen (von Autos, Flugzeugen, Eisenbahnen, Schreibmaschinen usw.) für Kompositionen proklamierten. Die Futuristen – bedeutende Vertreter sind Francesco Balilla Pratella (1880–1955) und Luigi Russolo (1885–1947; vgl. «Versammlung der Automobile und Aeroplane», 1913/14) – setzen sich für eine *arte dei rumori* ein und entwickelten spezielle Geräuschinstrumente (*Intonarumori*), u. a. das *Russolophon*, ein nach seinem Erbauer Russolo benanntes Geräuschharmonium (*Rumorarmonio*).

Der italienische Futurismus löste in Frankreich eine ähnlich orientierte Bewegung aus, die sich dort *bruitisme/Bruitismus* (bruit = frz. Lärm) nannte (vgl. Eric Satie: «Parade», 1916/17, u.a. für Schreibmaschinen, Pistolenschüsse, Sirene und Geräusche eines Drehkarussells).

Die Vorstellungen der Futuristen und Bruitisten beeinflußten sowohl die Entwicklungen der → musique concrète als auch der → Elektronischen Musik.

fz → Akzent

G

G.P. → Generalpause

gagliarda → Galliarde

gaillarde → Galliarde

Galanter Stil Musikalische Strömung der → Vorklassik, welche durch eine sehr dekorativ angelegte Stilistik gekennzeichnet ist (vgl. Rokoko in der Bildenden Kunst) und sich hauptsächlich in bestimmten Klavierstücken der → Berliner Schule widerspiegelt (vgl. Carl Philipp Emanuel Bach: «Clavier-Sonaten» und «Rondos»).
Bevorzugt werden überschaubare Kleinformen geschaffen. Deren Titel sind gerne programmatisch und auf den zugrundeliegenden Empfindungsgehalt bezogen (vgl. die späteren → Charakterstücke der Romantik). Die Melodiestimme ist durch eine Vielzahl figurativer Floskeln (→ Manieren) ausgeziert, die nun zunehmend auch ausnotiert werden. Die Begleitung ist homophon. →Albertische Bässe sind beliebt, da sie die Melodie gut zum Vorschein kommen lassen. Der Gesamtduktus ist leicht und elegant, nicht selten mit virtuos-verspieltem Einschlag. Als Vorbild dieser Kompositionsweise gilt u. a. die französische Clavecinmusik von François Couperin.

Galliarde [gagliardo = ital. geschwind; gaillard = frz. frisch, munter, keck, ausgelassen; frz. *gaillarde*, ital. *gagliarda*] In Italien entstandener, zwei- oder dreiteilig gegliederter Springtanz im $\frac{3}{4}$- oder $\frac{3}{2}$-Takt mit heiterem Grundcharakter, der in frühen → Suiten mit der → Pavane eine paarige Form bildete (vgl. Paul Peuerls Suite «Newe Paduan/Intrada, Däntz vnnd Galliarda» für Streicher, 1611). In der barocken Suite gehen Funktion und Bedeutung der Galliarde an die → Courante über.

Galopp Im 19. Jahrhundert in Italien entstandener schneller Springtanz mit auffällig punktiertem Rhythmus, welcher einem Pferdegalopp nachempfunden ist:

Dreiteilig gegliedert und im $\frac{2}{4}$-Takt stehend, wird der Galopp beliebter Tanzsatz in → Operetten (vgl. Jacques Offenbach: «Orphée aux enfers» [«Orpheus in der Unterwelt»] mit ‹Galop infernal›) und findet in stilisierter Form Eingang in die → Suite der Romantik. Ein sehr schneller Galopp wird als *Cancan* bezeichnet.

galoubet → Schwegel

gamaka → rāga

gambang → gamĕlan

Gambe → Viola da gamba

gamĕlan [gamĕl = javan. hämmern, hantieren] Bezeichnung für ein indonesisches Instrumentalensemble, das hauptsächlich aus Schlaginstrumenten besteht und üblicherweise stets an ein bestimmtes religiöses oder weltliches Ereignis (u. a. *wayang*-Vorführungen) gebunden ist. Je nach zeremonieller Aufgabe sind dabei sehr verschiedene Besetzungen möglich.
Die Instrumente eines gamĕlan (sie können bei gleicher Bauweise auf Java und Bali unterschiedliche Namen tragen) sind jeweils genau bestimmten, in allen Musikstücken gleichbleibenden Aufgabenbereichen zugeordnet.
Träger der zugrundeliegenden Melodie *(balunganing gĕnḍing* oder *balungan)* sind die Instrumente *slĕnṭĕm* und *saron*.
Der *slĕnṭĕm* (auf Bali *jublag* genannt) ist ein zumeist paarig besetztes Stabspiel mit sieben Bronzeplatten, welche den Umfang einer Oktave ergeben. Die Platten sind durch zwei Schnüre miteinander verbunden und hängen waagerecht in einem Holzrahmen. Jede Platte besitzt unterseitig einen eigenen Röhrenresonator aus Bambus. Die Tonerzeugung erfolgt mit einem einzelnen Schlägel, dessen Kopf als runde Scheibe gestaltet ist. Der slĕnṭĕm/jublag wird hauptsächlich für leise Melodien eingesetzt. Bei lauteren Stücken dominieren dagegen die *saron*-Instrumente. Der (nur auf Java vertretene) saron ist ein Stabspiel mit zumeist sechs oder sieben Eisen- oder Bronzeplatten über einem Holzkasten, das in drei Baugrößen verbreitet ist (klein: *saron pĕking* oder *saron*

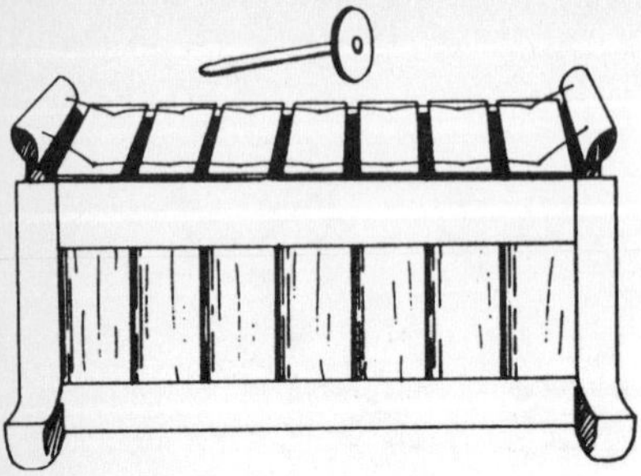

slĕnṭĕm

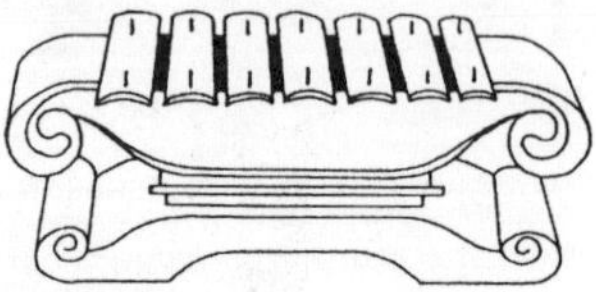

saron

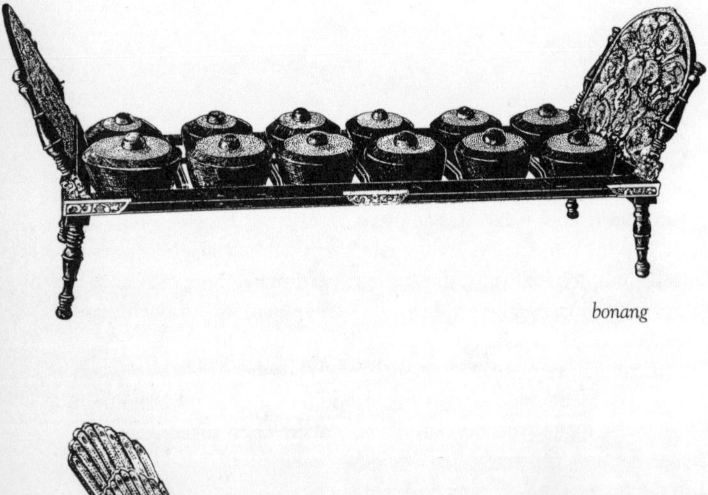

bonang

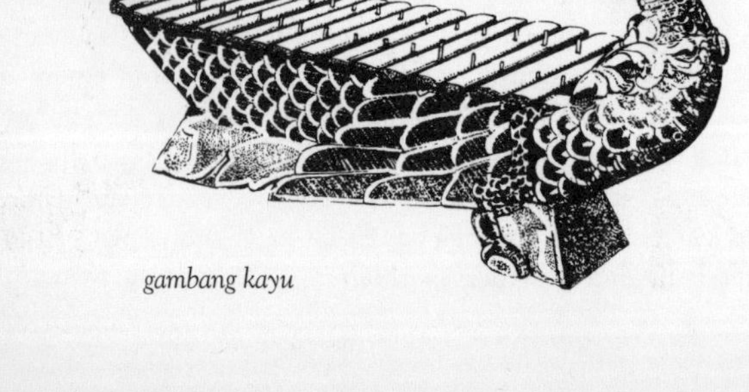

gambang kayu

kěnong

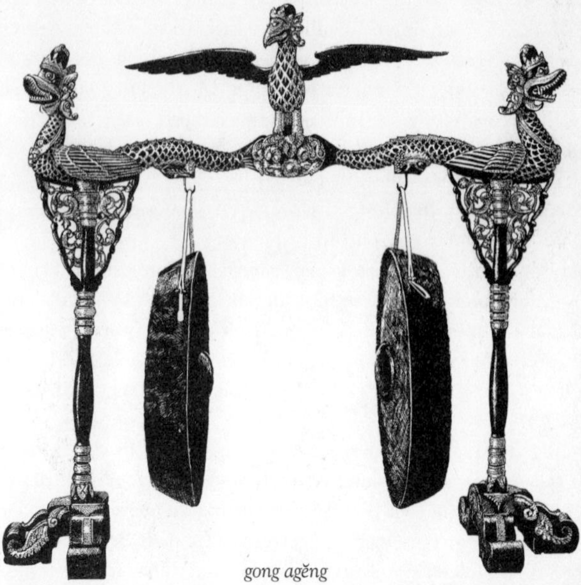

gong agěng

panĕrus, mittel: *saron barung*, groß: *saron dĕmung*). Der Anschlag erfolgt mit einem einzelnen, hammerförmigen Schlägel.
Während die Melodie auf den *balungan*-Instrumenten erklingt, wird sie gleichzeitig von weiteren Instrumenten auf vielfältigste Weise variiert und umspielt. Hierzu dienen u. a. *bonang*, *gĕnder* und *gambang kayu*, welche man als *panĕrusan*-Instrumente bezeichnet [panĕrusan = javan. Verzierung einer *balunganing gĕnḍing*].
Der *bonang*, welcher auf Bali *trompong* genannt wird, ist ein lautstarkes Gongspiel mit bis zu 14 bronzenen Buckelgongs und weist einen Tonumfang von zwei Oktaven auf. Seine Gongs sitzen (ein- oder zweireihig) lose auf Schnüren, die kreuzweise oder quer in einem länglichen Holzrahmen gespannt sind. Die Tonerzeugung erfolgt mit paarigen, schnur- oder stoffumwickelten Schlägeln. Das Instrument ist in zwei Baugrößen verbreitet (klein: *bonang panĕrus*, mittel: *bonang barung*). Beim *gĕnder* handelt es sich um ein leise klingendes Stabspiel mit bis zu 14 Bronzeplatten, welche (wie beim *slĕnṭĕm* bzw. *jublag*) durch Schnüre verbunden sind, waagerecht in einem Holzrahmen hängen und jeweils unterseitig Röhrenresonatoren aus Bambus besitzen. Im Unterschied zu *slĕnṭĕm* bzw. *jublag* erfolgt der Anschlag hier mit paarigen Scheibenschlägeln. Man unterscheidet die beiden Baugrößen *gĕnder panĕrus* (klein) und *gĕnder barung* (mittel). Der *gambang kayu* ist ein javanisches Trog- → Xylophon mit zweieinhalb bis drei Oktaven Tonumfang, das mit paarigen Scheibenschlägeln gespielt wird. Als weitere *panĕrusan*-Instrumente können bei leiseren gamĕlan-Stücken noch unterschiedliche → Zithern (u. a. die javanische 26saitige *cĕlĕmpung*) vertreten sein. Die vorgegebene Melodie und ihre paraphrasierenden Umspielungen durch die *panĕrusan*-Instrumente werden stets durch eine jeweils neu und frei gestaltbare, improvisierte Gegenmelodie ergänzt. Man spielt sie auf einer zweisaitigen Streichfidel → *rebāb*, bei leiseren Stücken auch auf einer Bambus-Längsflöte *(suling)*.
Die Darstellung der Gliederungsabschnitte einer zugrundeliegenden Melodie ist Aufgabe bestimmter → Gong-Instrumente.
Die Hauptabschnitte einer *balunganing gĕnḍing* heißen *gongan*. Deren Begrenzungen werden durch den *gong agĕng* (auf Bali: *gong gĕdé*) verdeutlicht. Es handelt sich dabei um einen großen (85–100 cm Ø), aus Bronze gegossenen und anschließend gehämmerten Hängegong mit Schlagbuckel. Der meist paarig verwendete gong agĕng/gĕdé wird in Indonesien als göttliches Instrument verehrt.
Die jeweiligen Aufgliederungen einer *gongan*-Periode in ihre einzelnen Abschnitte *(kĕnongan)* werden durch abwechselndes Spiel auf *kĕmpul* und *kĕnong* signalisiert. Der *kĕmpul* (auf Bali: *kĕmpur*) ist ein kleinerer, hängender Buckelgong, der *kĕnong* ein einzelner, waagerecht auf einem Schnurkreuz in einem Holzrahmen sitzender Buckelgong. Weitere, noch kürzere Untergliederungen

können auf dem *kĕṭuk* (Bali: *kĕmpli* oder *kajar*), einem kĕnongartigen, aber deutlich kleiner dimensionierten Gong, oder im javanischen gamĕlan auch auf einem *kĕmpyang* (ein kleinerer, einfacher oder doppelter kĕnong) markiert werden.
Das Tempo und die Lautstärke eines gamĕlan-Stückes werden von der Zweifell-Trommel *kĕnḍang* gesteuert. Ihre große Ausführung *(kĕnḍang gĕnḍing)* spielt oft der Orchesterleiter. Dazu können, insbesondere bei lauteren gamĕlan-Stücken, noch eine mittelgroße *kĕnḍang batangan (kĕnḍang ciblon)* und eine kleine *kĕnḍang kĕtipung (kĕnḍang pĕnunṭung)* kommen. Alle kĕnḍang werden mit der Hand angeschlagen.
Seit etwa dem 18. Jahrhundert sind gamĕlan-Instrumente (von wenigen Varianten mit besonderen zeremoniellen Funktionen abgesehen) im allgemeinen entweder in *slendro* oder in *pelog* (bzw. auf Bali in *saih lima* oder in *saih pitu*) gestimmt (→ laras). Sollen von einem Orchester beide Tonsysteme abgedeckt werden, so müssen entsprechend alle Instrumente (außer der rebāb, welche sich umstimmen läßt) zweifach vorhanden sein, einmal in slendro- und einmal in pelog-Stimmung. Bei großen Orchestern werden dabei über 70 Instrumente und etwa 30 Instrumentalisten benötigt.
Traditionellerweise wird ein gamĕlan sorgfältig gehütet und als wertvoller Besitz von Generation zu Generation weitervererbt. Viele gamĕlan erhielten dabei (ähnlich den europäischen Meisterviolinen) phantasievolle, poetische Namen, z. B. gamĕlan *lipur tomba neng* [= javan. Gemütsruhe schenkendes Trostmittel] oder gamĕlan *udan asih* [= javan. Liebesregen]. Besonders schöne und seltene gamĕlan wurden mit der Anrede *Kyai* [= javan. Ehrwürdiger Herr] bedacht, z. B. der gamĕlan *Kyai Guntur Madu* [= javan. Ehrwürdiger Herr wohlklingender Donner] oder der gamĕlan *Kyai Mendung* [= javan. Ehrwürdiger Herr Regenwolke]. Die besten und ältesten Orchester, welche zumeist in einem fürstlichen Palast *(kraton)* aufbewahrt werden, tragen den Ehrentitel *Kangjĕng Kyai* [= javan. Seine königliche Exzellenz], z. B. der gamĕlan *Kangjĕng Kyai Guntur Laut* [= javan. Seine königliche Exzellenz, die verehrungswürdige, donnernde See] oder der gamĕlan *Kangjĕng Kyai Nāga Wilaga* [= javan. Seine königliche Exzellenz, der verehrungswürdige, kämpfende Drache].
Die Instrumentalisten, welche einen gamĕlan betreuen und spielen, bilden eine feste Gemeinschaft. Früher konnten bis zu 200 Mitglieder in diese Aufgabe eingebunden sein, heute handelt es sich zumeist um nicht mehr als 40 bis 50 Instrumentalisten.
Noch heute sind im Sultanspalast von Yogjakarta (Java) 15 gamĕlan intakt. Davon werden elf regelmäßig gespielt (u. a. der gamĕlan *Kyai Guntur Sari* = javan. Ehrwürdiger Herr Blumendonner). Vier der Orchester werden nur zu bestimmten Anlässen eingesetzt. Derzeit sind etwa 50 Musiker und Sänger fest im kraton angestellt. Bei größeren Anlässen wird oft noch einmal die gleiche Anzahl zusätzlicher Mitspieler engagiert.

Vor allem in ländlichen Gebieten findet man auch Ensembles, welche auf Metallophone, deren Herstellung üblicherweise aufwendig und daher kostspielig ist, verzichten und nur aus Holzinstrumenten zusammengestellt sind (u. a. *gamĕlan bumbung*, *gamĕlan gumbĕng* mit Bambus-Instrumenten). Kleinere Ensembles werden auf Bali in aller Regel als *gong* bezeichnet. Nur die größeren Orchester, bei welchen bronzene Instrumente vorherrschen, gelten dort als *gamĕlan*. In einem balinesischen gamĕlan bzw. gong ist insbesondere der paarweise Einsatz von Instrumenten beliebt. Dabei sind die Stimmungen beider Instrumente trotz übereinstimmendem Tonsystem *(saih lima* bzw. *saih pitu)* häufig nicht identisch, sondern gerade so weit abweichend, daß feine Schwebungen entstehen. Nach balinesischem Musikverständnis lassen erst solche Schwebungen die Töne wirklich leben.

Ganzschluß Abschluß eines musikalischen Abschnittes mit dessen → Tonika. (→ Halbschluß, → Trugschluß)

Ganztonleiter (Ganztonskala) Aus sechs → Ganztonschritten innerhalb einer Oktave zusammengefügte → Tonleiter. In Wohltemperierter Stimmung (→ Stimmung) sind nur zwei unterschiedliche Ganztonleitern konstruierbar (c-d-e-fis-gis-ais-c bzw. cis-dis-f-g-a-h-cis). Die Ganztonleiter gilt als eines der charakteristischen Merkmale in der Musik des → Impressionismus. (Vgl. indonesische → laras)

Ganztonschritt Aus der Summe zweier → Halbtonschritte zusammengesetzter Abstand zwischen zwei Tonstufen. (→ Chromatik, → Diatonik)

Gavotte Ursprünglich eine aus der französischen Provence stammende, zweiteilig gegliederte Tanzweise, welche zumeist in $\frac{2}{2}$-Takt steht und sich durch ein mittleres Tempo sowie einen fröhlich-heiteren Grundcharakter auszeichnet. Gavotten sind seit dem 17. Jahrhundert beliebte Tanzgattungen für Zwischenspiele in → Suiten, werden dort allerdings gerne in dreiteiliger da capo-Form (bevorzugt mit einer → Musette als kontrastierendem Mittelteil) oder in Form eines → Rondos (vgl. J. S. Bach: «Partita Nr. 3» für Solovioline: «Gavotte en Rondeau») gestaltet. Häufig finden sich auch zwei Gavotten zu einem Paar verknüpft. Abgesehen von der typischen Auftaktstruktur (mit zwei Vierteln) ist die Gavotte nahe mit → Bourrée bzw. → Rigaudon verwandt.

Gegenklänge Dur- oder Moll-Dreiklänge, die als sog. *Nebendreiklänge* behandelt werden und deren Grundtöne im Großterz-Abstand zu den Grundtönen der entsprechenden *Hauptdreiklänge* stehen. Haupt- und Nebendreiklang stimmen in mindestens einem Akkordton überein.

Dieser Akkordton ist der mittlere Ton des Hauptdreiklanges, Gegenklänge werden daher gelegentlich auch als *Medianten* bezeichnet [medians = lat. Mittleres].
Sie sind charakteristische harmonische Gestaltungsmittel in der Romantik.

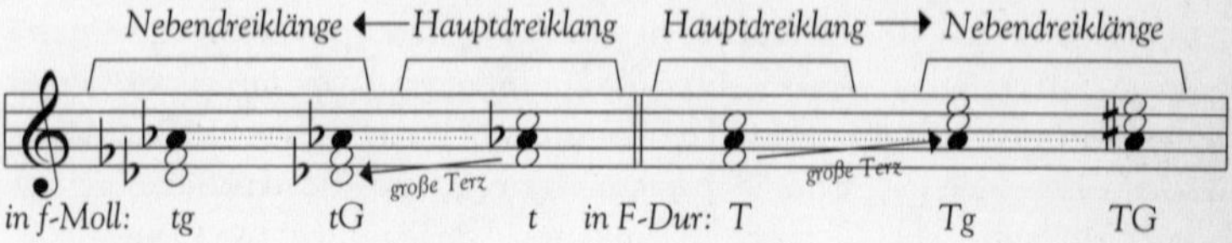

Geige → Violine

gĕnder → gamĕlan

gĕnḍing → gamĕlan

Generalbaßpraxis Auf der Grundlage der → Monodie entstandene instrumentale Begleitpraxis, welche in der Barockzeit eine zentrale Bedeutung hatte.
Die Notation beschränkt sich auf die Außenstimmen, wobei die Melodie stets in der Oberstimme liegt. Die Töne der Unterstimme sind, abgesehen von ihrer linearen Bedeutung als fortlaufende Baßstimme, jeweils substantielle Träger bestimmter Akkordstrukturen, deren Mittelstimmen dann in der Aufführungspraxis mehr oder weniger improvisierend hinzugefügt werden. Die Baßstimme heißt wegen ihrer besonderen Funktion *Generalbaß* (ital. *basso continuo*, abgek. *b.c.*). Als Hilfe zur Darstellung der Mittelstimmen dienen Ziffernkürzel unter oder über den Baßnoten (*Generalbaßbezifferung, bezifferter Baß*), wobei allerdings weder die entsprechenden Zeichen noch deren Bedeutung einheitlich angewendet werden. Einigermaßen übereinstimmend gilt nur: leitereigene Dreiklänge werden nicht beziffert, Dreiklangserweiterungen (z. B. Quarte, Sexte, Septime usw.) durch Ziffern (z. B. 4, 6 oder 7 usw.) gekennzeichnet, → Alterierungen durch Kombination der Intervallzahlen mit entsprechenden Versetzungszeichen angezeigt. Versetzungszeichen ohne zusätzliche Intervallangaben beziehen sich dagegen ausschließlich auf Alterierungen der Terz. Die Angabe *tasto solo* (abgek. *t.s.*, *T.s.*) wünscht akkordloses Spiel der Baßstimme.
Die reduzierte Schreibweise der Generalbaßbezifferung erscheint erstmals um 1600 in Italien, ist jedoch bei Generalbaßwerken nicht verbindlich vor-

handen. Fehlt die Bezifferung, dann müssen die entsprechenden Akkordstrukturen vom Ausführenden selbst erkannt bzw. aus dem Gesamtzusammenhang gefolgert werden.
Erste Generalbaßformen (noch ohne Bezifferung) finden sich etwa 1601/02 im Umfeld der *Florentiner Camerata* (→ Monodie) bei Giulio Caccini und bei Lodovico Grossi da Viadana. Typische Instrumente für die Generalbaßausführung waren in der Barockzeit Cembalo, Laute und Orgel. Versierte Generalbaßspieler gingen in ihrer Akkordpraxis *(Accompagnement)* nicht selten weit über eine nur starre Harmonisierung hinaus, griffen dabei Motivfloskeln der Melodie auf und paraphrasierten diese, traten also durchaus schöpferisch in den Gesamtprozeß mit ein. Die Baßtöne der Generalbaßstimme wurden dabei zudem meist von einem tiefen Streichinstrument (gerne Viola da gamba, Violoncello) oder Blasinstrument verdoppelt. Die Generalbaßspielweise setzte sich in der Barockmusik in kurzer Zeit derart als verbindliche Praxis durch, daß Werke ohne Generalbaßbegleitung schließlich gar durch eine gesonderte Anweisung *(senza basso accompagnato)* als solche bezeichnet werden mußten. Indem die Protagonisten der → Römischen Schule die Baßstimme vokal besetzten, gelang es bis zu einem gewissen Grad, diese Neuerung auch in deren Stil zu integrieren.
In der sinfonischen Musik der Klassik verlor die Generalbaßpraxis an Bedeutung, in Kirchenmusik und Oper (insbesondere im Bereich der → Rezitative) arbeitete man dagegen auch noch im 19. Jahrhundert mit diesem Verfahren.

Generalpause (abgek. G.P.) Gemeinsame Pause aller beteiligten Stimmen und Instrumente im Ablauf eines Musikstückes.

Genrestück → Charakterstück

Geräusch Überlagerung von mehreren überwiegend unperiodischen Grundschwingungen. Ein Geräusch hat keine definierbare Tonhöhe; sein Obertonspektrum (→ Ton) ist statistisch nicht genau erfaßbar.

Gesangsregister Ordnung der Umfänge menschlicher Singstimmen nach Lagen. Man unterscheidet (seit Guillaume Dufay, → Niederländische Vokalpolyphonie) jeweils hohes und tiefes Frauen- bzw. Männerregister: *Sopran* [supremus = lat. höchstes, höchster] etwa c'-a" (bei Konzert- und Opernsängerinnen: a-c'"), *Alt* [altus = lat. hoch] etwa g-c", *Tenor* [tenere = lat. halten; die Bezeichnung bezieht sich auf die frühere Funktion als Träger der Kernmelodie; → cantus firmus] etwa c-a' und *Baß* [bassus = lat. tief] etwa F-e'. Als Zwischenlagen dienen *Mezzosopran* [mezzo = ital. mittel] etwa a-f" und *Bariton* [baritono = ital. tieftönend] etwa G-e'.

Die Lagenbezeichnungen wurden auch auf den Instrumentalbereich übertragen.

giga → Gigue

Gigue [to jig = engl. tanzen, hüpfen, ital. *giga*] Schnelle, zweiteilig gegliederte Tanzweise im $\frac{3}{8}$-, $\frac{6}{8}$-, $\frac{9}{8}$-, $\frac{12}{8}$- oder $\frac{3}{4}$-Takt, welche im 17. Jahrhundert in Anlehnung an die *jig*, einen lebhaft-fröhlichen Tanz aus ursprünglich keltischem Umfeld (und als solcher bis heute in Schottland/Irland verbreitet) in Frankreich entsteht. Die Gigue der barocken → Suite beginnt häufig auftaktig, das Thema wird dort oft in fugierter Satztechnik gestaltet (→ Fuge).

Giraffenklavier → Pianino

Gitarre Zupfinstrument mit Korpus in flacher Kastenform.
Die Bezeichnung wurde durch Johann Heinrich Voß als *Guitarre*, von Albertinus 1615 als *kitarre* sowie von Joh. Angelius 1621 als *gitarre* jeweils von der griech. → *kithara* abgeleitet, allerdings ist bis heute umstritten, inwieweit das antike Instrument auch bau- bzw. spieltechnisch als Ursprung gelten kann. Erstaunlicherweise zeigt nämlich schon die Abbildung eines Saiteninstrumentes auf einem Steinrelief am Sphinxtor der neuhethitischen Siedlung Alaja Hujuk (Türkei) aus der Zeit um 1400 v. Chr. auffallend deutliche Parallelen zur Form der erst rund 3000 Jahre tatsächlich entstehenden Gitarre auf.
Als direkter Vorläufer der Gitarre gilt die spanische *Vihuela de mano*, welche bereits die typische Kastenform einer Gitarre aufwies, aber in der Regel bundlos war. Die Bespannung konnte wie bei einer → Laute aus bis zu elf Saiten bestehen, von denen die tieferen als Doppelchöre zusammengefaßt waren, die Sopransaite *(chanterelle)* jedoch stets einzeln blieb. Solche Instrumente wurden dann auch bis ins 16. Jahrhundert im sog. *vieux ton* der Laute auf A-a, d-d', g-g', h-h, e'-e', a' gestimmt. Daneben gab es aber auch fünf- bis siebensaitige Vihuela-Instrumente, welche in der sechssaitigen Version auf A, d, g, h, e', a' oder auf G, c, f, a, d', g' gestimmt wurden. Eine mit Plektrum gespielte Vihuela unterschied man als *Vihuela de peñola*. Die ebenfalls verbreitete Bezeichnung *Vihuela de arco* wurde bis ins 15. Jahrhundert für eine gestrichene Variante verwendet, wobei zu vermuten ist, daß es sich hier eher um eine → Fidel als tatsächlich um eine *Streichgitarre* handelte.
In der zweiten Hälfte des 13. Jahrhunderts wurde die Vihuela zur *guitarra latina/ladina* mit Bünden weiterentwickelt. Diese war zunächst viersaitig, ab Mitte des 16. Jahrhunderts wurde ihre Bespannung (vermutlich von Vicente Espinel, Madrid) auf fünf Einzelsaiten erweitert, die nicht selten auch zu Doppelchören aufgestockt sein konnten. Mittlerweile wurde das Instrument

nun weitgehend als *guitarra española* bezeichnet. Ab Mitte des 18. Jahrhunderts setzte sich die Einchörigkeit als üblicher Standard durch. Noch im selben Jahrhundert fügte der deutsche Geigenbauer Jakob August Otto (Weimar) eine sechste Einzelsaite hinzu, und es entwickelte sich die bis heute übliche Stimmung E, A, d, g, h, e'. Diese sechssaitige Gitarre wird in der Folgezeit zu einem der beliebtesten Zupfinstrumente der Kunst- wie Volksmusik und verdrängt damit die Laute, welche bis dahin diese Vorrangstellung eingenommen hatte. Sie wird zudem in verschiedenen Größen gebaut. Als Stamminstrument gilt die *Primgitarre*, daneben gibt es die *Oktavgitarre* (eine Oktave höher als die Primgitarre gestimmt) sowie *Alt-*, *Quint-*, *Quart-* bzw. *Terzgitarren* (letztere in G-Stimmung). Für das tiefe Register entwickelte man groß dimensionierte, viersaitige *Baßgitarren*. Eine *Doppelgitarre* vereint zwei an sich unterschiedliche Baugrößen (z. B. Oktav- und Primgitarre) auf einem gemeinsamen Korpus; eine *Schrammelgitarre* ist nach dem Prinzip der *Erzlauten* durch fünf bis zwölf zusätzliche Bordunsaiten erweitert.

Seit dem 19. Jahrhundert sind alle Varianten in ihrer Grundbauweise und Formgestaltung auf ein Gitarrenmodell von Antonio de Torres (1817–1892, Spanien) bezogen, das heute allgemein als *Konzertgitarre*, *Akustische*, *Spanische* oder *Klassische Gitarre* bezeichnet wird. Es ist durch einen achtförmigen (etwa 45–50 cm langen), hölzernen Resonanzkorpus mit flachem bis leicht gewölbtem Boden, flacher Decke sowie einem in der Regel in weichen Rundungen umlaufenden Zargenkranz gekennzeichnet. Die Decke besitzt ein zumeist kreisrundes Schalloch. Der Zargenkranz ist relativ hoch (9–10 cm), innenseitig mittels Klötzen und Reifchen versteift und schließt mit Decke und Boden bündig ab. Innenseitig ist die Decke durch angeleimte Deckenbalken und fächerförmige Rippen *(Spreizen)*, der Boden durch Bodenbalken verstärkt. Der angesetzte, gerade geformte Hals ist verhältnismäßig lang und geht in ein leicht nach hinten abgeknicktes Wirbelbrett mit hinterständigen Holzwirbeln oder einer seitlichen Zahnrad-Wirbelmechanik über. Der Hals trägt ein Griffbrett, in das 18 oder 19 Metallbünde (oft aus Silber) eingelassen sind. Bei frühen Gitarren dienten dem gleichen Zweck in sich verdrehte Darmschnüre, welche man in Abständen quer um den Hals band (→ Laute). An seiner Kopfseite ist das Griffbrett durch einen Sattel begrenzt. Ein auf der Decke fixierter Querriegel dient zugleich als Steg wie auch als Saitenhalter. Die drei tiefen Saiten (E, A, d) bestehen aus silberumsponnener Seide, Darm oder seit 1946 zumeist aus umsponnenem Nylon, die drei hohen Saiten (g, h, e') sind aus Darm, Kunststoff (meist Nylon), seltener auch aus Stahl.

Die Saiten der Konzertgitarre werden üblicherweise mit der Fingerkuppe oder mit dem Fingernagel gezupft. Einzelton- sowie Akkordspiel gehören zum üblichen spieltechnischen Repertoire, → Flageolettöne, → Vibrato und → Glissando sind möglich. Die Notation erfolgt oktavtransponierend (eine Oktave

Vihuela

Konzertgitarre

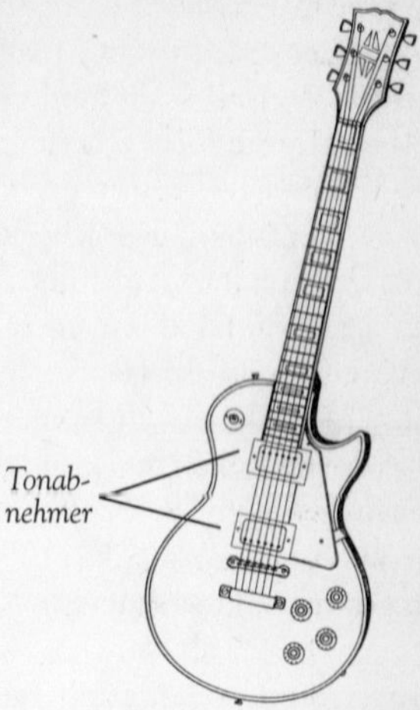

Elektrogitarre (Solid-Body)

Elektrobaß

höher als klingend) im Violinschlüssel. Die Konzertgitarre wird üblicherweise sitzend gespielt und hierbei, den unteren Einbug auf den Oberschenkel gestützt, schräg vor der Brust gehalten.

Das Instrument wird sowohl solistisch als auch in den unterschiedlichsten Besetzungen verwendet (im reinen Gitarrenensemble, im gemischten Zupforchester, im sinfonischen Orchester, vgl. Gustav Mahler: «Sinfonie Nr. 7»: «Nachtmusik II»). In volkstümlicher Musik ist die Konzertgitarre beliebtes Instrument zur Liedbegleitung.

Im 20. Jahrhundert entsteht als Variante der Konzertgitarre die sog. *Schlaggitarre*, deren Bespannung aus sechs Stahlsaiten besteht, die mit einem Plektrum angeschlagen werden. Wegen ihrer üblicherweise höheren Saitenspannung ist die Schlaggitarre im allgemeinen stabiler gebaut als eine vergleichbare Konzertgitarre (u. a. ist der Hals in der Regel von einer Stahlstange durchzogen). Ihr Korpus ist gelegentlich asymmetrisch geschweift oder phantasievoll ausgebildet, der Unterbügel oft ausladend dimensioniert. Boden und Decke sind flach oder leicht gewölbt. Die Schlaggitarre wird typischerweise als Begleitinstrument verwendet (Volksmusik, → Folkmusic, → Popmusik), unter den umgangssprachlichen Bezeichnungen *Klampfe* oder *Zupfgeige* dient sie in diesem Zusammenhang auch als typisches Wanderinstrument (vgl. die Liedersammlung «Der Zupfgeigenhansel»). Zur Vergrößerung des Klangvolumens wurde die Schlaggitarre auch als zwölfsaitige Version gebaut, deren Saiten zu (teils unisono, teils in Oktaven gestimmten) Doppelchören zusammengefaßt sind. Bei beiden Formen ist eine einfache Akkordspielweise in Schlagtechnik die Regel, wenngleich im → Jazz und ab etwa 1970 im Bereich der → Folkmusic auch sehr virtuose Spielformen (u. a. das sog. *Fingerpicking*) Verbreitung fanden (vgl. Marcel Dadi, Werner Lämmerhirt, Klaus Weiland, Alex de Grassi, Leo Kottke).

Die Schlaggitarre wurde entweder (wie eine Konzertgitarre) oktavtransponierend im Violinschlüssel notiert, üblicher ist jedoch eine Harmoniesymbolschrift sowie (insbesondere im Fingerpicking-Stil der Folkmusic) eine besondere, aus der älteren Lauten-Tabulatur abgeleitete Griffschrift.

Seit etwa 1930 wurde die Schlaggitarre in den Besetzungen von Tanz- und Unterhaltungsmusik sowie im → Jazz (dort ist die Schlaggitarre seit etwa 1915/1920 vertreten, vgl. Lonnie Johnson, Johnny St. Cyr) zunehmend auch mit elektrischer Verstärkung gespielt und hiermit zum Ausgangspunkt der modernen *Elektrogitarre* (abgek. *E-Gitarre*). Auch die Elektrogitarre ist üblicherweise mit sechs Stahlsaiten bezogen, welche mit einem Plektrum angeschlagen werden. Da jedoch durch das elektrische Verstärkungsverfahren ein eigentlicher Resonanzkorpus weitgehend entbehrlich geworden ist, sind Elektrogitarren (im Unterschied zur Konzertgitarre bzw. Schlaggitarre) mit nur noch relativ kleinvolumigem bis rudimentärem, häufig sogar völlig ohne Resonanzkorpus gearbeitet. An seine Stelle ist in vielen Fällen ein (mitunter phantasievoll geformtes) Vollholz- oder Kunststoff-Brett *(Solid Body)* getreten. Ein bis drei elektromagnetische Tonabnehmer *(Pick-up)* dienen zur Klangabnahme, die Klangverstärkung erfolgt in separaten Elementen (Verstärker, Lautsprecherbox). Zur Klanggestaltung, welche nun nicht mehr

allein bei der Saitenberührung selbst entsteht, kann zwischen Instrument und Verstärkereinheit eine Vielzahl unterschiedlicher Effektgeräte geschaltet werden (vgl. insbesondere → Rockmusik und → Popmusik).
Seit ihrer Entstehung ist die Elektrogitarre beständig weiterentwickelt worden und heute in den verschiedensten Varianten vertreten. Die *Elektro-Baßgitarre (Elektrobaß, E-Baß)* besitzt in aller Regel eine viersaitige, auf E_1, A_1, D, G gestimmte Bespannung und ein Griffbrett mit oder ohne Bünde *(fretless-Baß)*. Heute wird gelegentlich auch eine fünfte, tiefe Saite (auf H_2 gestimmt) hinzugefügt. Die Notation erfolgt oktavtransponierend (eine Oktave höher notiert als klingend) im Baßschlüssel. Die *Double-Neck-Gitarre* ist eine elektrisch verstärkte Doppelgitarre, welche auf einem gemeinsamen, mehr oder weniger ausgeweiteten Solid-Body-Korpus die wesentlichen Konstruktionsprinzipien (Hals, Griffbrett, Saiten, Tonabnehmer usw.) zweier an sich unterschiedlicher Elektrogitarren kombiniert (üblicherweise eine sechs- mit einer zwölfsaitigen Elektrogitarre oder eine viersaitige Elektro-Baßgitarre mit einer sechssaitigen Elektrogitarre). In den 1970er Jahren entwickelte Emmett Chapman eine Elektrogitarre *(Chapman-Stick)* mit fünf Baß- und fünf Diskantsaiten, deren sehr empfindliche Tonabnehmer ermöglichen, auf Plektrum-Anschlagtechnik zu verzichten und die Saiten statt dessen direkt mit den Fingern beider Hände auch mehrstimmig zu spielen (sog. *hammering*-Spieltechnik).

Glissando [= ital. gleitend; abgek. *gliss.*] Gleitende Verbindung zweier unterschiedlicher (bevorzugt weiter entfernter) Tonstufen. Bei Singstimme, Saiten- und Blasinstrumenten entsteht ein Tonkontinuum, bei Tasteninstrumenten dagegen, instrumententechnisch bedingt, eine → Diatonik bzw. bei Glissando auf den schwarzen Tasten eine → Pentatonik.

Notation:

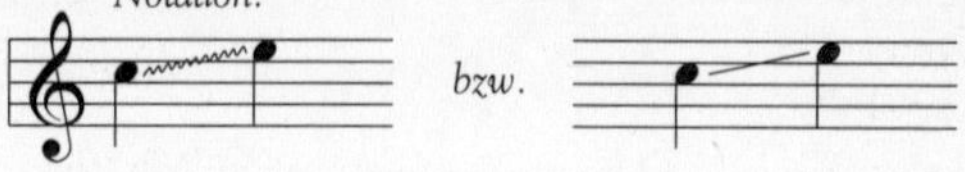

Glockenspiel Seit dem 9. Jahrhundert bekanntes → Metallophon, welches im Laufe seiner Geschichte vielfältige Wandlungen erfahren hat. Ursprünglich handelte es sich um eine Auswahl von gestimmten, in einem aufrechten Rahmen hängenden Glocken, welche manuell mit Hämmern zum Klingen gebracht wurden. Im 14. Jahrhundert wurden Glockenspiele mechanisiert und seither in vielen Varianten zur Ankündigung des Stundenschlags in Rathaus- und Kirchtürme eingebaut *(Turm-Glockenspiel)*. Anfang des 16. Jahrhunderts erscheinen erste Glockenspiele mit Manualen, ab 1583 auch Instrumente mit zusätzlichen Pedalen und Hammermechanik (→ Hammerflügel). Derartige

Klaviatur-Glockenspiele oder *Glockenklaviere* waren insbesondere im 17. Jahrhundert als Hausinstrumente weit verbreitet. Im selben Jahrhundert führten Holländer indonesische Stahlstabspiele in Europa ein, welche man (wohl wegen ihrer Klangverwandtschaft) nun ebenfalls als Glockenspiele bezeichnete. Ende des 17. Jahrhunderts wurden die bisherigen Glocken der Klaviatur-Glockenspiele durch Metallstäbe ersetzt, die Benennung Glockenspiel jedoch auch für diese Instrumente beibehalten (im 19. Jahrhundert entstand als Weiterentwicklung daraus die → Celesta).
Die heutige Orchesterbesetzung kennt zwei unterschiedliche Varianten von Glockenspielen. Bei den *Röhrenglocken (tubular bells)* sind mehrere gestimmte Messing-, Bronze- oder Stahlröhren in einem Rahmen aufgehängt und werden manuell mit Hammerschlägen zum Erklingen gebracht (bei 25 Röhren: Umfang f-f"). Das *Orchester-Glockenspiel* (Umfang etwa g"-e"'") ist dagegen ein Metallstabspiel, dessen Klangstäbe üblicherweise klaviaturartig angeordnet sind. Zur Klangverstärkung sind gelegentlich unter den Metallstäben Röhrenresonatoren angefügt (→ Xylophon, → Marimbaphon, →Vibraphon). Beide Instrumententypen können ein Dämpferpedal besitzen.
Die Marschmusik verwendet seit Mitte des 19. Jahrhunderts tragbare Stahlstabspiele mit einem aufrechten, lyraartigen Rahmen, welche sowohl als *Glockenspiele* als auch als *Lyra* bezeichnet werden.

Gong Schlaginstrument, das aus einer kreisrunden, etwa 1 bis 2 mm dicken Metallplatte besteht, welche in ihrem Zentrum einen Buckel aufweist und deren Rand kantig umgebogen ist. Gongs werden aus gegossener und anschließend gehämmerter Bronze gefertigt. Im Bereich ihrer Randbiegungen (die keine Auswirkungen auf das jeweilige Schwingungsverhalten haben) können Gongs durchbohrt und an einer Schnur aufgehängt werden. Der Anschlag erfolgt mittels eines Schlägels auf den Buckel *(Schlagbuckel)*. Im Unterschied zu → Becken und → Tamtam erklingt ein Gong in einer definierbaren Tonhöhe (Abb. → gamĕlan).
Gongs sind insbesondere in Ostasien weit verbreitet. Auf Bali ist *gong* zudem eine Bezeichnung für ein kleineres Orchester.

gongan → gamĕlan

Gospelsong [gospel = engl. Evangelium, song = engl. Lied] Liedgattung → Afroamerikanischer Musik, die um 1925 im Umfeld schwarzer Kirchen der nordamerikanischen Großstädte entstand und deren Texte sich weitgehend auf Erzählungen aus dem Neuen Testament beziehen.
Die Melodien sind in einfachen → Liedformen (vgl. «Michael Row the Boat Ashore»), nicht selten auch in Blues-Form komponiert (vgl. «Here On My

Way»; «Rock My Soul») und werden gerne mit einem Boogie-Woogie-Ostinato unterlegt. Die Rhythmik ist häufig an Tanzformen angelehnt (vgl. «The Storm Is Passing Over» als Mambo; «Jesus Walk With Me» als Rumba; «O Lord Remember Me» als → Walzer). Oft werden Gospelsongs von kleinen Instrumentalensembles (Klavier, Gitarren, Schlagzeug, Trompeten, Posaunen) begleitet. Entscheidende Impulse für die Entwicklung der Gattung gingen von dem schwarzen Pianisten und Komponisten Thomas A. Dorsey «Georgia Tom» aus (vgl. «Someday, Somewhere»; «Precious Lord»).

goṭṭuvādyam → vīṇā

grāma → svara

Graphische Notation Auf die Erfordernisse der Musik des 20. Jahrhunderts (→ Neue Musik) ausgerichtete Zeichenbilder (Diagramme) zur Darstellung von Klangereignissen. Zumeist herrscht eine sehr individuelle Symbolsprache vor, so daß in aller Regel eine ausführliche Legende mitgeliefert wird.
Im Bereich der → Aleatorik wurden graphische Notationsbilder häufig als Anregung für mehr oder weniger freie Improvisationsabschnitte angelegt (gleichsam als eine Art Bild-Meditation zur Produktion von musikalischen Ereignissen, s. Abb. S. 112). Bei Tonbandkompositionen der → Elektronischen Musik stellen graphische Notationen zumeist nur den Verlauf des Werkes in seinen wichtigsten Elementen dar. Die Abbildungen dienen nicht mehr als Notationsvorlagen im üblichen Sinn, sondern als reine Verständnishilfe für Zuhörer. Die Werke sind bereits fertiggestellt, auf Bandmaterial invariabel fixiert und bedürfen somit keiner aufführungspraktischen Interpretation mehr durch Instrumentalisten. Die vermutlich früheste graphische Notation bezieht sich auf Earle Brown: «Folio», 1952.

grave → Tempo

Gregorianischer Choral Einstimmiger, unbegleiteter liturgischer Kirchengesang, dessen Texte ausschließlich in lateinischer Sprache gehalten, stets religiös und zumeist biblischen Ursprungs sind. Die Komponisten der Melodien sind anonym. Der einstimmige Gregorianische Choral ist, neben der höfischen Musik der → Troubadours, Trouvères und dem → Minnesang, die typische Musikgattung der Romanik. Als Vorformen seiner Entstehung gelten u. a. der deklamatorische Stil griechisch-antiker Rezitation (Homer), der ebenfalls aus Griechenland stammende Hymnengesang sowie der jüdische Synagogen- und vor allem der frühchristliche Psalmengesang (→ Psalmodie). Die Bezeichnung bezieht sich auf Papst Gregor I., der während seines Pontifi-

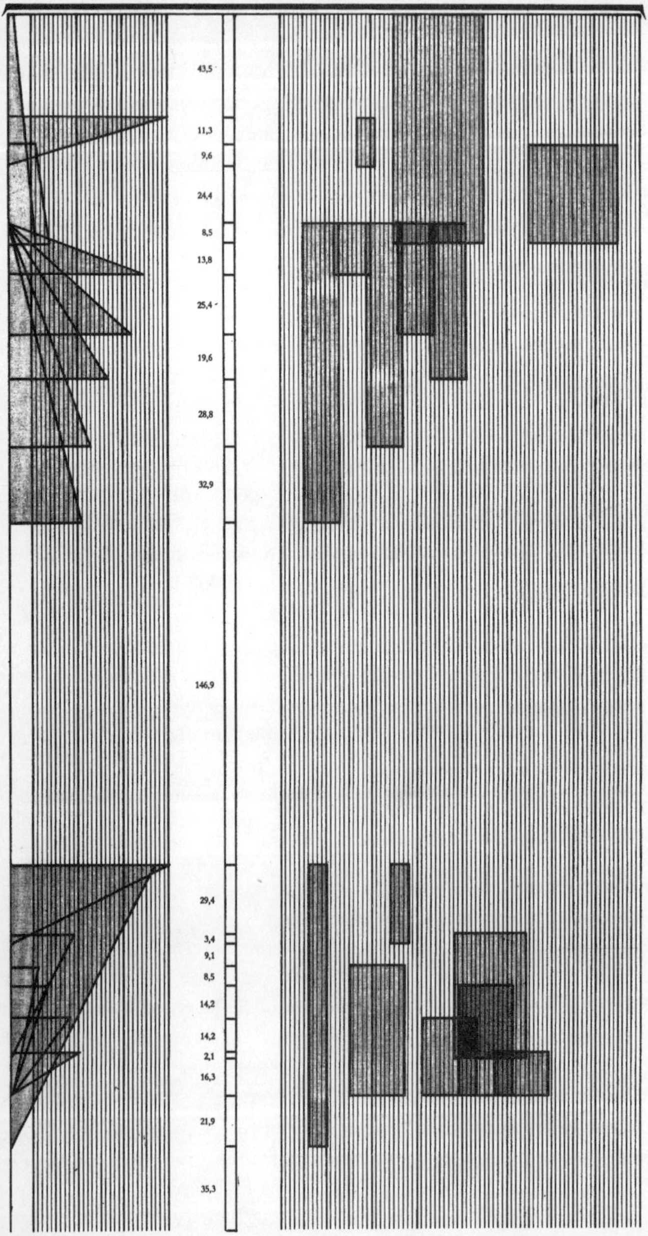

43,5
11,3
9,6
24,4
8,5
13,8
25,4
19,6
28,8
32,9
146,9
29,4
3,4
9,1
8,5
14,2
14,2
2,1
16,3
21,9
35,3

kats (590–604) eine Neuordnung der katholischen → Messe und damit auch des entsprechenden Liedgutes initiierte, nachdem mittlerweile unterschiedlichste liturgische Interpretationsweisen entstanden waren. Die eigentlichen Vereinheitlichungen und Fixierungen der liturgischen Melodien fanden jedoch vermutlich erst unter Papst Vitalian (Pontifikat 657–672) statt. Zur regelgemäßen Umsetzung des Gregorianischen Meßgesangs diente von nun an die *Schola cantorum* [= lat. Singschule], welche eng an die Tradition der frühchristlichen *Levitenschulen* angelehnt war (→ Psalmodie). Als erste Schola cantorum gilt die Singschule in Rom, später folgten die Schola cantorum in St. Gallen und die Schola cantorum des Klosters Reichenau (Bodensee). Eine bedeutende Singschule befand sich zudem in Metz.

Die frühe Gregorianische Melodik ist durch die Verwendung verhältnismäßig kleiner Intervalle (bis einschließlich Terzen, selten größer) geprägt. Stufenweises Fortschreiten der Tonfolgen ist üblich, Sprünge sind selten. Ab dem 9. Jahrhundert wurde die mögliche Tonauswahl der Gregorianischen Choralmelodien durch Odo von Cluny und Aurelius Reomensis auf die sog. *Kirchenmodi* (→ Modus) begrenzt. Die Notation erfolgte üblicherweise mittels → Neumen. Die Rhythmik des Gregorianischen Chorals ist fließend und im wesentlichen durch die Silbenlängen der zugrundeliegenden lateinischen Texte und deren traditionelle Betonungen vorbestimmt. Jeder Textsilbe ist ein Melodieton zugeordnet. Neben dieser → syllabischen Vertonung konnte der Gregorianische Choral bald auch *Melismen*, also mehrere Melodietöne auf einer gemeinsamen Textsilbe, aufweisen (→ Melisma). Melismatische Melodiebewegungen waren (zumindest noch in der Anfangszeit) rhythmisch frei und phantasievoll gestaltbar, jegliche Periodizität und damit voraushörbare formale Muster fehlten noch. Das musikalische Geschehen innerhalb eines Melismas war unmittelbares und individuelles spirituelles Ereignis und muß in seiner Zeit äußerst spannend gewesen sein. Beide Vertonungsweisen kommen in der Praxis des Gregorianischen Chorals nebeneinander vor. Melismatik wurde insbesondere in den Alleluia-Abschnitten angewendet. Syllabische Teile dienten nicht nur der Textverständlichkeit, sondern wurden vermutlich auch als ordnendes, weil objektiv verbindliches Element verstanden. Die Textierung der melismatischen Einschübe führte ab dem 9. Jahrhundert zur Entstehung des *Textierungstropus* (→ tropus).

Die Aufführungspraxis des Gregorianischen Chorals kennt, neben der rein solistischen Rezitation (zumeist durch den Priester), einfachen oder → antiphonischen Chorgesang sowie Wechselgesang zwischen Solist und Chor (→ responsorischer Gesang).

Graphische Notation. Karlheinz Stockhausen: Elektronische Studie II, 1954, S. 18

Das Konzil von Trient bemühte sich 1545–1563 um eine Reform des Gregorianischen Chorals, die mittlerweile vielfältigen weltlichen Elemente sollten verbannt werden. 1614 war diese Neuordnung als «Editio Medicaea» vorläufig abgeschlossen. Eine weitere Reformausgabe entstand 1908, von Papst Pius X. initiiert, als «Editio Vaticana», mit welcher die Formen, Abfolgen und Vortragsarten von etwa 3000 Gregorianischen Chorälen neu und bis heute verbindlich geordnet wurden.

Grifflochhorn → Zink

Große Flöte → Querflöte

Große Trommel Zweifelliges Schlaginstrument mit zylindrischem Korpus (meist aus Holz, gelegentlich auch aus Metall) und verhältnismäßig großem Durchmesser (bis 100 cm). Die Große Trommel wird stets mit querliegendem Korpus gespielt. Die Membranspannung wurde traditionellerweise über seitliche Spannleinen beeinflußt, seit dem 18. Jahrhundert dient demselben Zweck in aller Regel eine Schraubenmechanik (→ Pauke; zur Stimmfähigkeit: → Trommel). Die Große Trommel kam als → davul mit der → Janitscharenmusik im 18. Jahrhundert nach Europa. Sie wurde zunächst in Anlehnung an die türkische Tradition zumeist noch doppelstimmig gespielt (ein dickeres, befilztes oder beledertes Schlagholz auf der einen Seite, ein elastisches, dünnes Holzstöckchen auf der anderen Seite). Beide Felle ergaben somit unterschiedliche Klangfarben (dunkle Hauptschläge und hellere Nebenschläge). Seit dem 19. Jahrhundert wird üblicherweise nur noch eine der beiden Membranen als *Schlagfell* genutzt, als Schlaggerät dient ein befilzter Schlägel. In heutiger Tanz-, Unterhaltungs-, Jazz-, Rock-, Pop- und Schlagermusik (→ Schlagzeug) wird dieser Filzschlägel allerdings nicht mehr per Hand, sondern über eine Pedalmechanik (*Flemming-* oder *Fußmaschine*) bewegt, die Große Trommel als *bass drum* bezeichnet.

ground → Passacaglia

Guiro [= span. Gurke] Schrapinstrument lateinamerikanischer Tanzmusik (→ Samba). Der Guiro besteht traditionell aus einer ausgehöhlten, länglichen Kalebasse (Flaschenkürbis). In deren Oberseite sind querliegende Rillen eingekerbt, über welche mit einem Holzstäbchen gerieben *(geschrapt)* wird. Heutige Instrumente werden zumeist aus Holz hergestellt.

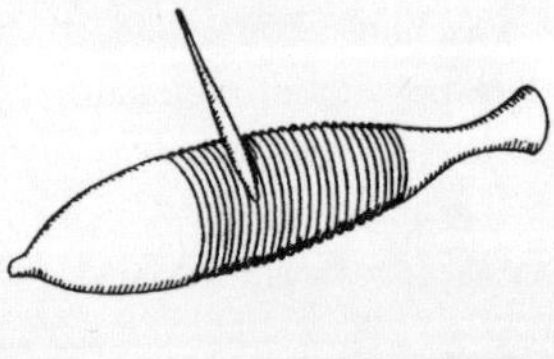

gymel → Fauxbourdon

H

Habanera Ruhig-langsame Tanzweise im $\frac{2}{4}$-Takt, deren Ursprünge ungeklärt sind und sowohl in Spanien als auch in Kuba vermutet werden (die Bezeichnung leitet sich jedoch mit großer Sicherheit von der kubanischen Hauptstadt Havanna/Habana ab). Wegen ihrer charakteristischen Rhythmik

gilt sie als Vorläufer des → Tangos. Typische Beispiele für eine Habanera finden sich in Georges Bizets «Carmen» (1. Akt) und Maurice Ravels «Rapsodie espagnole», 1907.

Hackbrett Griffbrettloses Zitherinstrument (→ Zither), dessen Saiten mit zumeist paarig verwendeten Holzklöppeln (teils mit filzumwickelten Köpfen) angeschlagen werden. Die Spielweise geht vermutlich auf den arabischen → sanṭūr zurück und ist weltweit verbreitet (→ koto). Derartige Zitherinstrumente sind in asiatischer Kunstmusik hoch angesehen.
Obwohl in Anlehnung an den sanṭūr bereits ab etwa 1200 frühe, spanische → Psalter mit Klöppeln gespielt wurden, konnte sich diese Spielweise in Europa zunächst nicht durchsetzen und geriet weitestgehend wieder in Vergessenheit. Um 1350 wurde das mittlerweile weiterentwickelte Instrument (typischerweise nun mit Füßen und einem Dämpferpedal versehen) als *Cymbal (Cambal, Cymbel, Cimbalon, Cimbalom)* der slawisch-ungarischen Zigeunermusik erneut und dieses Mal erfolgreicher nach Mitteleuropa eingeführt. Es blieb in dieser Ausprägung bis heute in der Volksmusik der Alpenländer erhalten. Die enge Beziehung des Hackbretts zur ungarischen Volks- und Zigeunermusik wurde von zahlreichen Komponisten immer wieder gern aufgegriffen, wobei zur

Darstellung entsprechender folkloristischer Färbungen entweder das Instrument selbst Verwendung fand (vgl. Claude Debussy: «La plus que lente» für Orchester; Igor Strawinsky: «Renard», «Ragtime für 11 Instrumente»; Zoltán Kodály: «Háry János») oder auch versucht wurde, zumindest dessen Klangcharakter nachzuahmen (vgl. Franz Schubert: «Divertissement à la hongroise» für Klavier; Franz Liszt: «Ungarische Rhapsodien» für Klavier).
Die Spieltechnik, Saiten mittels Klöppeln *anzuschlagen*, wird zudem das vielleicht entscheidendste Konstruktionsvorbild bei der Entwicklung von Hämmern für → Klavierinstrumente mit Schlagmechanik.

Halbschluß Gliedernder Zwischenschluß eines musikalischen Abschnittes auf dessen → Dominante. (→ Ganzschluß, → Trugschluß)

Halbtonschritt Kleinster Abstand zwischen zwei Tonstufen der traditionellen europäischen Musikpraxis. (→ Chromatik, → Diatonik)

Hammerflügel Historisches Tasteninstrument mit Hammermechanik, welche zum Vorbild aller modernen → Klavierinstrumente mit Schlagmechanik geworden ist.
Der entscheidende Schritt zur Entwicklung dieser Anschlagart gelang um 1709 dem Italiener Bartolomeo Cristofori mit seinem *gravicembalo/gravecembalo col piano e forte (arpicembalo)*. Ausgangspunkt seiner Bemühungen (wie vielfältiger früherer Versuche) war, den kraftvollen Ton eines → Cembalos mit den dynamischen Möglichkeiten eines → Clavichords zu verbinden. Cristofori ersetzte den *Springer* des Cembalos bzw. die starre *Tangente* des Clavichords durch einen lederbezogenen Hammer, welcher von unten an die Saite geschleudert wird und diese (als entscheidender Unterschied zum Clavichord) nach dem Anschlag sofort wieder verläßt. Bis zum Auftreffen eines Dämpfers kann jede Saite also frei nachschwingen. Erst wenn eine Taste vollständig losgelassen und in ihre Ausgangslage zurückgekehrt ist, legt sich auch der entsprechende Dämpfer auf die Saite. Dieses Verfahren (das aus heutiger Sicht einer einfachen *Stoßzungenmechanik* entspricht) ermöglichte, die Hammergeschwindigkeit über die Geschwindigkeit des Tastenandrucks derart differenziert zu beeinflussen, daß sich ein fließender Übergang zwischen leiseren und lauteren Tönen erzeugen ließ (vgl. den Zusatz *col piano e forte*). Eine solche *Schwelldynamik* war bislang auf einem Clavichord nur in sehr begrenzter Gesamtlautstärke, auf einem Cembalo fast nicht darstellbar gewesen.
Obwohl Cristoforis Technik eine geradezu revolutionäre Neuerung darstellte, fand sie zunächst wenig Anerkennung. Auch die 1711 und 1719 veröffentlichten Beschreibungen und Konstruktionsskizzen blieben ohne die erhoffte Resonanz, denn die damalige Cristofori-Mechanik hatte noch eine

Reihe von Tücken. Bei zu geringem Tastenandruck reichte der Schwung nicht, um den Hammer ganz bis zur Saite hinaufzuschnellen: Es entstand kein Ton. Bei zu heftigem Anschlag dagegen sprang der Hammerkopf mitunter mehrere Male unkontrolliert zwischen Ausgangslage und Saite hin und her und führte so zu unerwünschten und zudem recht geräuschvollen Tonwiederholungen. Da die Taste vor einer erneuten Auslösung jedesmal vollständig in ihre Grundstellung zurückkehren muß, waren außerdem schnelle Tonwiederholungen nicht möglich. Erst als (vermutlich um 1725) Gottfried Silbermann (Sachsen) die tatsächliche Bedeutung der Cristofori-Skizzen erkennt und zwischen etwa 1733 und 1747 das Cristofori-Instrument zum eigentlichen *Hammerflügel* weiterentwickelt, beginnt der wirkliche Siegeszug der neuen Technik.

Die ersten Hammerklaviere waren in vielen Teilen genauso gebaut wie Cembali. Sie besaßen ein flügelförmiges Gehäuse mit Resonanzboden (um 4 mm dick, ab 1830 aus Sperrholz), Klaviatur (an der Schmalseite), Stimmstock und längsseitigem Saitenbezug. Lediglich die Springer-Zupftechnik war durch die neue Anschlagart mit Holzhämmern und überlederten Hammerköpfen ersetzt. Erst weitere Neuerungen, insbesondere infolge der angestrebten höheren Saitenspannungen, erforderten schließlich auch Um- sowie völlige Neukonstruktionen dieser ursprünglichen Bauteile. So entwickelte z. B. Johann Heinrich Pape (französisiert Jean-Henri Pape, Paris) etwa 1826/1830 den *kreuzseitigen Bezug*, welcher die Saiten auf zwei übereinander gekreuzte Saitenbezüge verteilt. Hierdurch konnten einerseits längere Saiten verwendet und damit der Tonumfang im Baßbereich erweitert werden. Andererseits ermöglichte dieses Verfahren, die auf den Rahmen wirkenden Zugkräfte besser zu verteilen. Um das klangliche und vor allem dynamische Spektrum der Hammerflügel weiter verbessern zu können, wurde die Saitenspannung im Laufe der Zeit stetig erhöht, was auch neue Rahmenkonstruktionen erforderlich machte (ab 1808 Metallstreben, ab 1827 Eisenstreben, ab 1827 gußeiserne Rahmen, 1831 erster Ganzmetallrahmen von William Allen, England).

Trotz aller instrumentenspezifischer Unterschiede haben Hammerflügel im allgemeinen stets eine äußerst transparente Klanggestalt. Die im Vergleich zu einem modernen → Flügel verhältnismäßig geringe Saitenspannung fördert einen obertonreichen Klang, der zudem deutlich hörbar (wenngleich von Instrument zu Instrument abweichend) in unterschiedliche Register gegliedert ist (kräftig-dominierender Baßbereich und schlank-tönender Diskantbereich). Die Registerfärbungen des Hammerflügels ermöglichen eine äußerst durchsichtige Darstellung von Stimmenverläufen. Da frühere Komponisten im allgemeinen direkt für bestimmte Hammerflügel komponierten und deren klangliche Eigentümlichkeiten u. a. in satztechnischer Hinsicht in ihre Werke integrierten, müßte man bei der Reproduktion eines Klavierwerkes eigentlich stets

den jeweils entsprechenden historischen Instrumententypus spielen, um diese erwünschten Klangregister adäquat zur Geltung zu bringen.
Bezüglich der Hammertechnik haben sich aus vielerlei Überarbeitungen letztlich *Prellmechanik* und *Stoßzungenmechanik* als prinzipielle Varianten durchgesetzt. In beiden Techniken beschreibt der Hammerkopf einen längeren Weg als

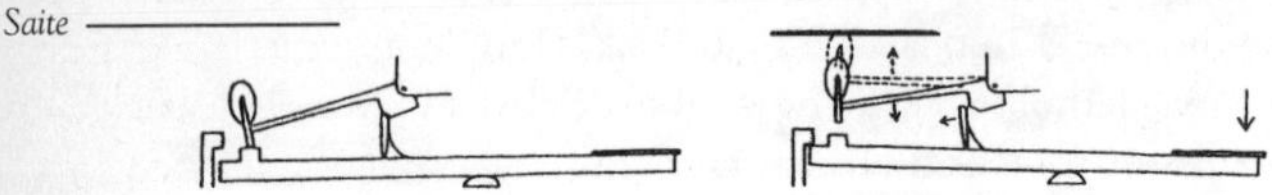

Cristofori-Mechanik

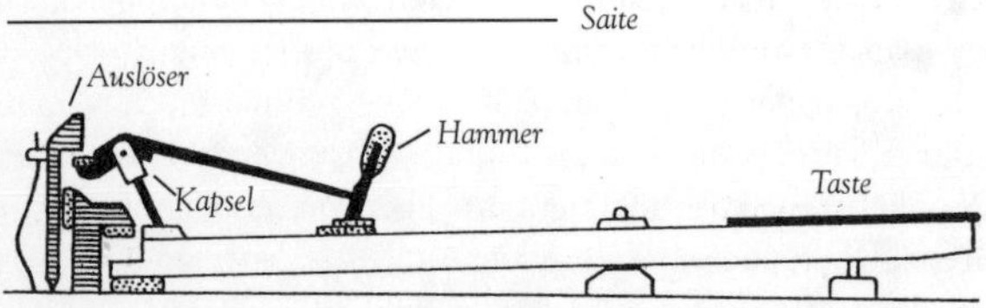

Prellzungen-Mechanik (Wiener Mechanik)

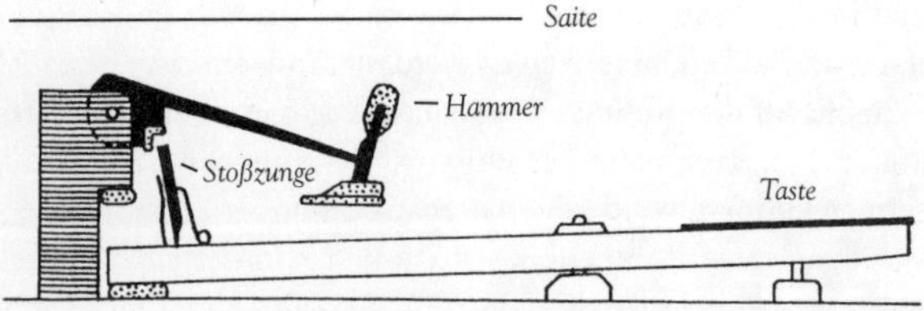

Englische Mechanik

die Taste selbst und kann daher eine größere kinetische Energie umsetzen als bei starren Tangentenkonstruktionen.
Bei der um 1760 von Johann Andreas Silbermann (1712–1783; Neffe von G. Silbermann) entwickelten *Prellmechanik* sitzt der Hammer mit auf der Taste. Sein verbreitertes Stielende ist vertikal beweglich in einer Gabel *(Kapsel)* gelagert. Das Hammerstielende ist durch einen gebogenen Fortsatz *(Hammerschwanz, Schnabel)* bis unterhalb einer querliegenden, für alle Tasten gemeinsamen *Prelleiste* (daher Benennung der Technik) verlängert. Bei Tastenbetätigung bewegen sich alle Hammerteile zunächst gemeinsam aufwärts Richtung Saite. Sobald der Schnabel die Prelleiste erreicht, wird der gesamte hintere

Hammerstielbereich dort abgestoppt, der vor dem Gabeldrehpunkt liegende Hammerstielbereich wird dagegen mit recht großer Bewegungsenergie weiter Richtung Saite geschleudert. Durch sein Eigengewicht fällt der Hammerkopf nach der Saitenberührung wieder in seine Ausgangslage auf der Taste zurück und kann erneut ausgelöst werden.

Etwa 1770 ersetzt Johann Andreas Stein (Augsburg) die bisherige, starre Prellleiste und ordnet jeder Taste eine eigene, abgefederte *Prellzunge* zu, welche dem Druck des Schnabels nachgeben kann. Seine Entwicklung verbreitet sich als *Prellzungenmechanik* oder *Deutsche Mechanik*, nach Umsiedelung der Steinschen Werkstatt 1794 nach Wien auch als *Wiener Mechanik*. Stein-Instrumente *(sog. Wiener Flügel)* galten zu ihrer Zeit als äußerst zuverlässig und wurden von den Komponisten der *Wiener Klassik* hoch geachtet. Die Instrumente erforderten allerdings eine sehr genaue, subtil ausgeführte Fingertechnik (jede Taste muß zur neuerlichen Auslösung zunächst wieder vollständig in ihre Ausgangslage zurückgeführt sein); ein recht kurzer Tastenhub (etwa 6 mm) sollte hier abhelfen. Die Wiener Mechanik entschädigt diese Mühe durch ein sehr direktes, geradezu *intimes* Tastengefühl und ermöglicht (bei entsprechend versierten Instrumentalisten) ein phantastisch leichtgängiges, elegantes und anmutiges Spiel.

Bei der *Stoßzungenmechanik* ist der Hammer nicht mit der Taste verbunden, sondern sitzt auf einer gesonderten, allen Hämmern gemeinsamen Querachse *(Hammerleiste, Hammerstuhl)* oberhalb des inneren Tastenbereiches. In Ruhestellung liegt der Hammerkopf mit seiner Rückseite auf der Taste. Die Auslösung der Hammerbewegung erfolgt über einen Holzstift *(Stößer)*, welcher auf das verbreiterte Ende des Hammerstiels *(Hammernuß)* zielt und bei Auslösung den Hammer von unten gegen die Saite schleudert. Dieses Verfahren ermöglicht die Übertragung größerer Hebelkräfte und damit auch eine insgesamt größere Lautstärke als eine vergleichbare Prellmechanik bzw. Prellzungenmechanik.

1772 übertrug Americus Backers (London) die Vorteile der Prellzungenmechanik auf die Stoßmechanik. Er ersetzte die bislang festen Stößel der Silbermann-Mechanik durch bewegliche Stoßzungen, welche nun zur *Auslösung* des Hammers wegfedern konnten. Wie bei der bisherigen Stoßzungenmechanik trifft nach einer Tastenbetätigung die Stoßzunge zunächst den Hammerstiel von unten kommend und überträgt ihre Bewegungsenergie in den Aufwärtsschwung des Hammerkopfes. Kurz vor dem Saitenanschlag wird der Hammer jedoch freigegeben *(ausgelöst)* und fliegt durch den aufgenommenen Schwung alleine weiter Richtung Saite. Die Stoßzunge wird währenddessen mittels einer kleinen Feder in ihre Grundstellung zurückgeführt und ist sogleich wieder zu einem erneuten Anschlag bereit, während der zurückfallende Hammer selbst noch in Bewegung ist. Dieser sog. *Auslösemechanismus* ermöglichte nun erstmals sehr viel raschere Tonrepetitionen. Nachdem Robert

Stodart (London) diese Technik weiter verfeinert hatte, wurde sie schließlich 1777 als *Englische Stoßzungenmechanik* (abgek. *Englische Mechanik*) patentiert.
Um 1810/12 entwickelte Petzold die *Winkelstoßzunge*, welche ihrerseits Sébastien Erard (1752–1831) als entscheidende Voraussetzung für dessen *Repetitionsmechanik* diente. Sie gestattete zwei Möglichkeiten der Hammerauslösung: neben der vollständigen, bei der die Taste wie bisher auch aus ihrer Ruhelage heraus betätigt wird, war nun zusätzlich auch eine Auslösung aus halber Tastenhöhe möglich. Nach der Saitenberührung läßt ein *Auffänger* den Hammer bei noch gedrückter Taste nicht wieder in seine Ausgangslage zurückfallen, sondern hält diesen zunächst einmal auf etwa mittlerer Höhe ab. Von hier aus kann der Hammer bei einer Tonwiederholung auch bei halbem Tastenhub sogleich wieder ausgelöst werden. Die Erardsche Repetitionsmechanik erfüllte damit den Wunsch von Klavierkomponisten und Virtuosen nach einer technischen Möglichkeit zu noch schnelleren Tonwiederholungen und war mit Sicherheit die eigentliche Voraussetzung für die pianistische Virtuosität des 19. und 20. Jahrhunderts. Von bautechnischer Seite war damit der moderne → Flügel geschaffen. Spätestens seit den 1910er Jahren wurde die Deutsche bzw. Wiener Mechanik durch den Flügel mit Englischer Mechanik und Erardscher Repetition weitgehend in den Hintergrund gedrängt.

Hammermechanik → Hammerflügel

Handharmonika → Harmonika-Instrumente

Hardbop → Jazz

Harfe [harpan = altnordisch reißen; oder abgeleitet von der sprachlichen Wurzel *kerb* = indogermanisch zupfe, welche zu mhdt. *herpfe* wurde] Mehrsaitiges Zupfinstrument, welches in drei Grundbauweisen weltweit verbreitet ist. Als ursprünglichste Harfenform gilt die *Bogenharfe*, die vermutlich direkt aus dem einfachen *Musikbogen* hervorgegangen ist. Aus statischen Gründen läßt die Bogenharfe eine nur geringe Saitenspannung zu und ist daher nicht für eine größere Saitenanzahl geeignet. Als früheste Belege dieser Form gelten sumerische Harfen von 3500 v. Chr. Auch viele der historischen ägyptischen Harfen waren als Bogenharfen konstruiert (vgl. Relief aus dem Grab von Ramses III., 1235 v. Chr.). Bogenharfen sind bis heute im gesamten afrikanischen und ostasiatischen Kulturraum verbreitet geblieben.
Vermutlich um 3000 v. Chr. kamen in Persien erste *Winkelharfen* auf und wurden von dort aus in Vorderasien (u. a. Babylonien), seit etwa 150 v. Chr. bis in den südpazifischen Raum (u. a. Borneo) sowie nach China und Japan verbrei-

tet. Ebenso wie Bogenharfen eignen sich auch Winkelharfen aus statischen Gründen nur für geringere Saitenspannungen und wenige Saiten. Die Winkelharfe (oft mit hölzernem, zumeist mit verjüngt zulaufendem Resonanzkorpus) ist heute der dominierende Harfentyp in afrikanischer Musik (insbesondere Kongo, Gabun).
Indem deren bislang offener Winkel zwischen Hals und Resonanzkasten durch eine sog. *Baronstange* [barrer = frz. verriegeln, versperren; barre = frz. Riegel] geschlossen wurde, entstand schließlich der Bautypus der *Rahmenharfe*.
Als früheste europäische Rahmenharfen gelten keltische Harfen aus dem 6. Jahrhundert. Sie verbreiteten sich ab dem 7. Jahrhundert bis nach Schottland, ab etwa 800 auch nach Irland und wurden dort zur schottischen *Clarsha* bzw. zur irischen *Clarsech*. (Maria Stuart soll eine solche Harfe gespielt haben, sie befindet sich heute als sog. *Queen Mary's harp* im Museum of Antiquities of Scotland, Edinburgh.) Ab etwa 1000 n. Chr. setzte sich die Rahmenharfe als Bautypus auch bei den → Troubadours, Trouvères und Minnesängern durch und gilt seit dieser Zeit als charakteristische Harfenform der europäischen Musikkultur. Aus den Ursprüngen der Minnesängerharfen entwickelte sich schließlich über mannigfaltige Zwischenstufen ab Mitte des 17. Jahrhunderts die moderne *Orchesterharfe*. Deren Hals ist, in deutlicher Anlehnung an die keltische bzw. die Minnesängerharfe, traditionellerweise S-förmig geschweift und trägt einen ebenfalls geschweiften Steg und die Stimmstifte. Die Baronstange ist gewöhnlich als Rundsäule gestaltet und gerne reichlich verziert. Als Resonanzkorpus dient ein sog. *Schallkasten*, der sich Richtung Hals verjüngt und dessen Boden gewölbt ist. Die Korpusdecke weist bis zu fünf Schallöcher auf.
Bei heutigen Orchesterharfen sind zwischen Hals und Korpus 46 bis 48 Saiten gespannt (im 17. Jahrhundert hatte man zwar bereits bis zu 43 Saiten benutzt, diese Anzahl jedoch zwischenzeitlich im 18. Jahrhundert zumeist wieder auf 36 bis 38 Saiten reduziert). Die Saiten werden mit den Fingern beider Hände (hart als sog. *Nagelanschlag* oder weich, dann mit den Fingerkuppen als sog. *Angriff*) angezupft. Bereits im 16. Jahrhundert wurden bestimmte Saiten zur besseren Übersicht unterschiedlich gefärbt (*cuerdas coloradas* = span. gefärbte Saiten). Bei einer Orchesterharfe sind traditionell alle Ces-Saiten rot, die Fes-Saiten dagegen blau abgesetzt.
Europäische Harfen wurden von Anfang an bevorzugt diatonisch gestimmt. Es sind zwar aus der Zeit vor 1600 gelegentliche Versuche mit chromatischen Stimmungen bekannt, wegen der vielen Saiten erforderten solche Harfen jedoch langwierige Stimmprozeduren und waren zudem schwierig zu spielen. Die entsprechenden Verfahren konnten sich daher letztlich nicht durchsetzen. Um dennoch auch → Alterierungen der jeweiligen diatonischen Grundreihe zu ermöglichen, verwendete man bereits bei der Tiroler *Hakenharfe* von 1660

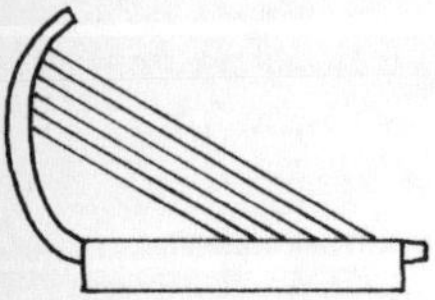

Bogenharfe

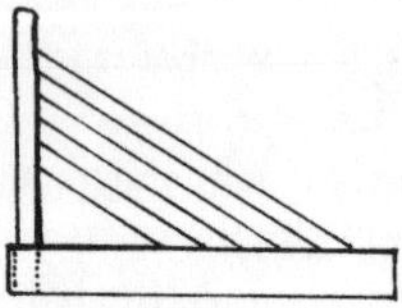

Winkelharfe

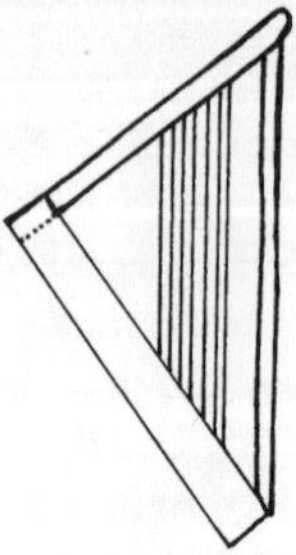

Rahmenharfe

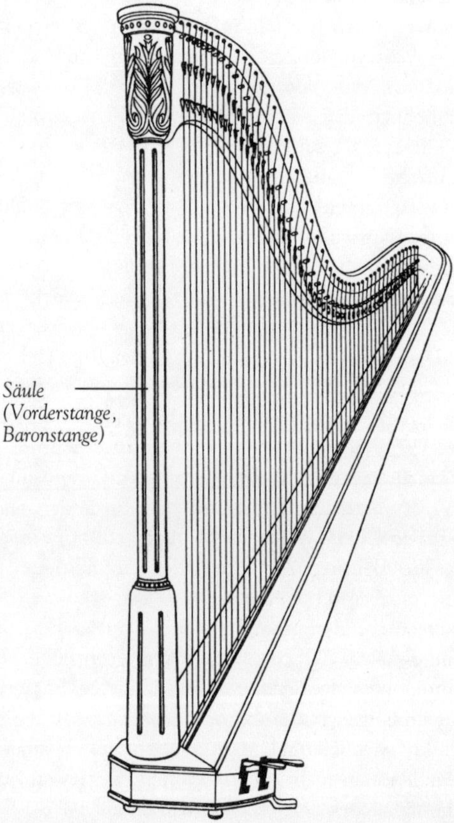

Doppelpedalharfe

nahe den Stimmwirbeln eingesteckte, drehbare Metallhäkchen, mit welchen die Saiten (wenn auch noch recht langsam und umständlich) während des Spielens umstimmbar waren. 1720 entwickelte Georg Hochbrucker (Donauwörth) die *Tretharfe*, bei welcher die Umstimmhäkchen über eine eingebaute Mechanik mit fünf bis sieben Fußpedalen verbunden waren, wodurch das Alterieren nun bereits deutlich beschleunigt werden konnte. Hochbruckers Sohn Simon sowie sein Neffe Christian Hochbrucker verfeinerten diese Technik um 1729 zur eigentlichen *Pedalharfe*. (Für diesen Harfentypus schrieb W. A. Mozart 1778 sein «Konzert für Flöte, Harfe und Orchester in C-Dur», KV 299). Die bis heute als *Doppelpedalharfe* verbreitetste Form der Orchesterharfe entwickelte (nach einer Vorstufe bei Georges Cousineau, Paris, 1782) schließlich 1810/20 Sébastian Erard (Paris). Bei diesem Verfahren kann mittels zweier bestimmter Pedaleinrastungen jede Saite um einen Halbton- bzw. Ganztonschritt aufwärts umgestimmt werden (auf der Ces-Saite kann so auch C oder Cis gespielt werden). Die Umstimmpedale befinden sich gewöhnlich in einem gesonderten Pedalkasten *(Untersatz)* am unteren Korpusende.
Heutige Orchesterharfen sind in der Regel in Ces-Dur gestimmt. Ihr Tonumfang beträgt Ces_1- etwa gis''''. Notiert wird die Harfe nichttransponierend in Violin- und Baßschlüssel.
In Claudio Monteverdis «L'Orfeo» (1607) erstmals in einem Opernorchester verwendet, wurde die Harfe ab dem 19. Jahrhundert (oft doppelt besetzt) beliebtes Instrument in Sinfonieorchestern (vgl. L. v. Beethoven: «Die Geschöpfe des Prometheus»; Anton Bruckner: «Sinfonie Nr. 8»; Hector Berlioz: «Symphonie fantastique» u. v. m.). Vielfältige Verwendung fand die Harfe bei Komponisten des → Impressionismus (vgl. Claude Debussy: «Prélude à l'après-midi d'un faune»; Maurice Ravel: «Introduction et Allegro»).
Seit einigen Jahren werden Harfen unter Einbindung vielfältigster Effektgeräte auch elektrisch verstärkt gespielt (z. B. Andreas Vollenweider).

Harfenbässe → Albertische Bässe

Harmonik Das Bezugsverhältnis der Töne eines → Akkordes untereinander und die Art ihrer Verbindung zu benachbarten Akkorden.
Eine erste Beschreibung der harmonischen Bezüge geht auf Jean-Philippe Rameau (1722) zurück. Seither unterscheidet man in tonalitätsgebundenen Werken oder Werkabschnitten zwischen *Hauptfunktionen* (→ Tonika, → Dominante, → Subdominante; jeweils auf den Hauptstufen I, V und IV gebildete → Dreiklänge) und *Nebenfunktionen* (auf den Nebenstufen II, III, VI und VII gebildete Dreiklänge).
Hugo Riemann arbeitete im 19. Jahrhundert ein bis heute weitgehend gültiges Chiffrensystem zur → Funktionsbezeichnung aus.

Harmonika-Instrumente Blasinstrumente mit elastisch-durchschlagenden, gestimmten Metallzungen, welche durch Luftstrom *(Wind)* zur Schwingung und damit zum Tönen gebracht werden. Die Metallzungen sind jeweils in gesonderten Windkammern *(Kanzellen)* eingebaut. Instrumente, die bei Zug- bzw. Druckwind unterschiedliche Kanzellen mit verschieden gestimmten Zungen ansteuern, nennt man *wechseltönig*. *Gleichtönige* Instrumente besitzen zwar ebenfalls unterschiedliche Kanzellen für Zug- oder Druckwind, verfügen allerdings über Zungen mit gleichen Tonhöhen. Die Metallzungen wurden zunächst aus Messing gefertigt, werden jedoch seit etwa 1923 (Mariano Dallapè, Italien) zumeist aus Stahl hergestellt. Das Tonerzeugungsverfahren mittels durchschlagender Metallzungen ist in China seit etwa 3000 bis 4000 Jahren bei der Mundorgel → sheng bekannt, eine Ableitung der europäischen Harmonika-Instrumente vom sheng ist jedoch sehr umstritten.

Je nach Art der Winderzeugung sind bei den Harmonika-Instrumenten zwei Prinzipien zu unterscheiden.

Bei einer *Mundharmonika* wird der benötigte Luftstrom durch menschliche Atmung erzeugt. Zur Steuerung der Tonauswahl deckt der Spieler mit Hilfe seiner Zunge gezielt all jene Windkammern *(Tonkanäle)* ab, die nicht erklingen sollen. Eine weitere Möglichkeit besteht darin, mit *spitzem* Mund, wie beim Pfeifen, nur diejenigen Tonkanäle anzuspielen, welche erklingen sollen. Die Hände dienen gewöhnlich als resonanzverstärkender Abstrahltrichter. Die Mundharmonika wurde um 1821 von Christian Friedrich Ludwig Buschmann (Berlin) als *Mundäoline* aus der *Äoline* seines Vaters David Buschmann weiterentwickelt. Bereits diese frühen Instrumente besaßen separate Windkammern für jeden Einzelton. Heute ist die Mundharmonika in sehr unterschiedlichen Bauformen und Größen verbreitet, zwischen 6 und 128 durchschlagende Zungen ergeben einen Tonumfang von einer bis vier Oktaven. Die Notation erfolgt als nicht-transponierendes Instrument im Violinschlüssel. Als *diatonische Mundharmonika* ist das Instrument wechseltönig sowie jeweils auf eine bestimmte diatonische Skala festgelegt. Die *chromatische Mundharmonika (Chromonika)* ist ebenfalls wechseltönig, jedoch mit allen chromatischen Halbtonschritten konstruiert, deren Tonkanäle durch Drücken eines *Tonschiebers* bei Bedarf geöffnet werden können. Eine chromatische Mundharmonika ist somit für alle Tonarten verwendbar. Beide Varianten werden solistisch (vgl. Originalwerke von Darius Milhaud, Ernst Lothar von Knorr), in eigenständigen Mundharmonika-Orchestern (ergänzt durch spezielle *Akkord-* und gleichtönige *Baßmundharmonikas*) und auch zusammen mit Ziehharmonikas in Akkordeon-Orchestern eingesetzt. Wegen ihrer Handlichkeit wird die Mundharmonika zudem als praktisches Wander- bzw. Reise-Instrument geschätzt.

Der Luftstrom einer *Ziehharmonika* wird über einen laternenartig gefalteten Blasebalg durch Auseinanderziehen bzw. Zusammendrücken per Hand erzeugt und gesteuert. Die Ziehharmonika zählt daher als *Balginstrument* auch zu den *mechanischen Blasinstrumenten*. Der Balg besteht aus leder- oder kunststoffüberzogener Hartpappe und verbindet zwei einander gegenüberliegende rechteckig-längliche Gehäuseteile (*Diskant-* und *Baßteil*). Er läßt sich mit Hilfe eines Handriemens auf der Baßseite öffnen und schließen. An der Diskantseite befindet sich seitlich angesetzt ein Griffbrett mit Tastatur (*Manual 1*). Eine weitere Tastatur (*Manual 2*) ist auf der Baßseite eingelassen. Beide Manuale sind über innerhalb des Gehäuses verlaufende Hebelmechaniken mit einem Klappensystem verbunden, welches den Luftstrom in Ruhestellung sperrt, bei Tastenbetätigung jedoch freigibt und dann gezielt über die Kanzellen zu den gewünschten Zungen leitet. Differenzierte Balgführung ermöglicht eine große dynamische Vielfalt. Zusätzliche Registertasten koppeln Töne u. a. mit deren eigenen Oktavtönen oder auch mit leicht schwebend intonierten Zungen, wodurch sich sowohl Klangstärke als auch Klangfarbe beeinflussen lassen (u. a. *Chor-*, *Tremolo-*, *Piccolo*-Register). Das Instrument wird sitzend oder stehend gespielt und dabei mittels Schultergurten vor der Brust der Spieler angeschnallt. Bei besonders großen und schweren Instrumenten werden teilweise auch gesonderte Ständer benutzt.

Die Ziehharmonika wurde vermutlich um 1820 aus der Mundharmonika weiterentwickelt. Eine Vorstufe, welche erstmals einen per Hand zu bedienenden Blasebalg nutzt, war die *Handäoline* von Ch. Fr. L. Buschmann (1822, Berlin). Im Laufe der Zeit sind daraus mehrere unterschiedliche Bauformen entstanden.

Die *diatonische Ziehharmonika* oder *Handharmonika* ist ein wechseltöniges Instrument und besitzt auf beiden Manualen Knöpfe. Durch Wechseln von Balgdruck und -zug lassen sich mit jedem Knopf (abgesehen vom sog. *Grundton-* bzw. *Gleichtonknopf*) zwei unterschiedliche, auf der zugrundeliegenden diatonischen Bezugsskala benachbarte Töne ansteuern. Der übliche Tonumfang beträgt etwa e/f bis c'''', die Notation erfolgt in einer besonderen *Harmonika-Griffschrift*. Die verbreitetste Handharmonika ist das sog. *Club-Modell* mit 30 Knöpfen in drei Reihen auf der Diskantseite sowie acht bis zehn Knöpfen auf der Baßseite. Dieses Standard-Modell ist bevorzugt in C- oder F-Dur (gelegentlich auch in B- und Es-Dur) ausgelegt und wird hauptsächlich in traditioneller Volksmusik (insbesondere in Schweiz, Österreich und Süddeutschland) verwendet.

Das *Akkordeon* ist eine gleichtönige, chromatische Ziehharmonika mit vier bis zehn verschiedenen Klangregistern, welche in zwei verschiedenen Ausführungen verbreitet ist. Das *Klavier-* oder *Piano-Akkordeon* (umgangssprachlich auch: *Schifferklavier*, *Quetschkommode*, *Quetsche*) wurde etwa 1930 von Mariano Dallapè (Italien) entwickelt und weist als Manual 1 einen Klaviertastenaufbau, als Manual 2 eine mehrreihige Anordnung von Knöpfen auf. Der üb-

liche Tonumfang der Diskantseite beträgt etwa f bis a''', bei großen Instrumenten auch E bis c'''''. Das *Knopfgriff-Akkordeon* nutzt auf beiden Manualen Knöpfe, der Tonumfang der Diskantseite reicht in der Regel von Cis bis cis'''''. Knöpfe sind aus grifftechnischer Sicht (insbesondere für ausgefallenere Akkordverbindungen sowie übergroße Intervalle) günstiger als die Klaviatur des Piano-Akkordeons, da sie wegen ihrer geringeren Größe dichter angeordnet werden können (vgl. Wassili Pawlowitsch Solowjow: «Sonate Nr. 3»).
Bei beiden Varianten sind die Knöpfe von Manual 2 entweder als Einzeltöne

Piano-Akkordeon

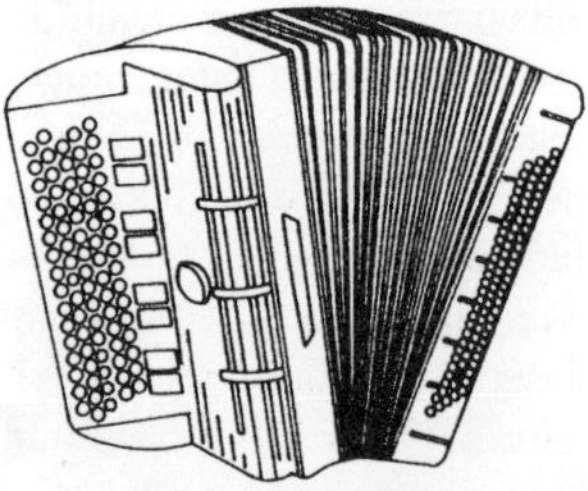

Knopfgriff-Akkordeon

geschaltet oder über eine mechanische Verkoppelung als sog. *Standardbaß* in Baßtöne (Grund- und Terzton) und Akkorde (jeweils in Quintenzirkelfolge: Dur-Dreiklang, Moll-Dreiklang, Dominantseptakkord, verminderter Septakkord) aufgeteilt. Die Bezeichnung *Akkordeon* wurde ursprünglich einmal von dieser *Akkord*-Koppelung abgeleitet (1825 von Cyrillus Demian, Wien, für ein diatonisches Knopfgriff-Akkordeon entwickelt und 1829 als *accordion* patentiert). Das Standardbaß-Verfahren ermöglicht, häufig genutzte Akkordstrukturen mittels einfachem Tastendruck direkt abzurufen. Gleichzeitig jedoch verhindert diese spieltechnische Vereinfachung notgedrungen aber auch die Gestaltungsmöglichkeiten von Harmonien, während sich beim Einzelton-Verfahren alle erdenklichen akkordischen wie auch linearen Tonverbindungen verwirklichen lassen. Seit etwa 1930 wird auch bei Standardbaß-Instrumenten gerne ein sog. Manual 3 angefügt (entweder als vorgebautes, separates Einzeltonmanual oder als *Konverter* zur Einzeltonaktivierung), so daß auch hier zusätzlich und chromatisch Einzeltöne spielbar sind.
Zunächst ein typisches Volksmusikinstrument sowie in Tanz- und Unterhaltungsorchestern verbreitet, erfuhr das Akkordeon (insbesondere wegen seiner vielfältigen dynamischen Möglichkeiten) seit dem 20. Jahrhundert auch innerhalb der Kunstmusik zunehmend größere Beachtung (vgl. u. a. Alban Berg, Helmut Degen, Diether de la Motte, Hugo Herrmann, E. L. von Knorr). Das

Akkordeon wird als nicht-transponierendes C-Instrument in Violin- und Baßschlüssel, als Standardbaß-Ausführung in Unterhaltungs- und Tanzmusik teilweise auch in Kombination mit einer Akkordsymbolschrift notiert. (Weitere Ziehharmonika-Varianten: → Concertina, → Bandoneon)

Harmonium Seit 1840 (Alexandre-François Debain) bekanntes Tasteninstrument, das Kanzellen (Windkanäle) mit durchschlagenden Metallzungen (→ Harmonika-Instrumente) besitzt. Zungen unterschiedlicher Klangfarben sind (wie bei einer → Pfeifenorgel) in *Registern* zusammengefaßt. Die Windsteuerung (und damit gleichzeitig auch die Dynamik) erfolgt über zwei gekoppelte Tret-Blasebälge.

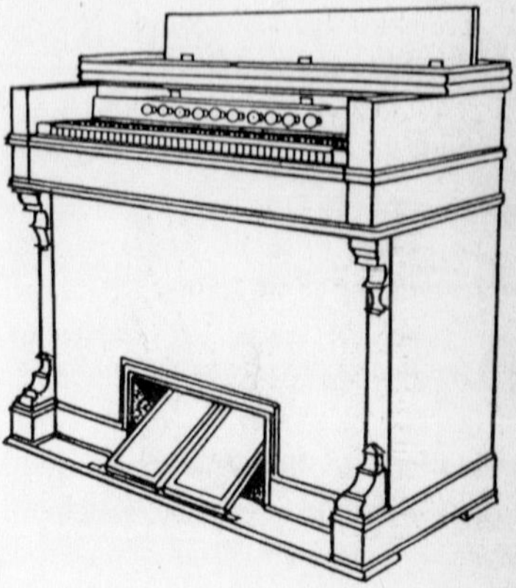

harpsichord → Cembalo

Hawaiigitarre Sechssaitige, rein akustische oder elektrisch verstärkte → Gitarre, welche typischerweise quer vor dem Spieler liegend gespielt wird. Ihre Saiten sind zumeist auf E, A, e, a, cis', e' gestimmt und werden mit Fingerplektren angeschlagen. Um die Tonhöhe zu verändern, wird gleichzeitig mit der anderen Hand eine Metallröhre oder ein Metallstab *(Kamm)* quer zur Saitenrichtung über die Saiten verschoben, wodurch ein charakteristisches, permanentes → Glissando entsteht. Diese Spieltechnik wurde von dem volkstümlichen hawaiischen Psalter *Okeke-laau* übernommen, das Instrument entsprechend benannt. (Eine ähnliche Technik ist auch vom → Scheitholtz sowie der indischen *vicitrā* vīṇā bekannt, → vīṇā.)

head arrangements → Jazz

Heavy Metal → Rockmusik

Heterophonie [heterophonos = griech. verschiedenstimmig] Form der Mehrstimmigkeit, bei welcher eine gegebene Melodiegestalt durch simultan verlaufende Variationen in Begleitstimmen *umspielt* wird, ohne daß vertikale (harmonische) Regeln bestimmend sind. Sie ist ein verbreitetes Prinzip afrikanischer und asiatischer Mehrstimmigkeit, wobei die Begleitstimmen zumeist improvisiert werden und die Kernmelodie paraphrasieren. (→ gamĕlan)

Hexenscheit → Scheitholtz

Hiefhorn → Naturhorn

High-Hat/Hi-Hat → Becken

Hilfslinien → Notation

Hillbilly-Music → Country-&-Western-Musik

Hip-Hop [= engl.-umgangssprachlich Hüftschwung] Ursprünglich ein *street-dancer*-Stil afrikanisch-puertorikanischer Jugendlicher in der New Yorker Bronx. Ab etwa 1979 verselbständigte sich die zu deren Tänzen geeignete Musik als *Break Music* oder *Hip-Hop*.

Holler (Hoolie, Whooping, Loud-Mouthing, field call) Holler sind Signal- oder Kommunikationsrufe, welche noch bis ins 20. Jahrhundert in den Südstaaten Nordamerikas der Verständigung und Überbrückung über weitere Strecken dienten. Sie sind als *Protomusik* einzuordnen (musikalische Mittel werden zwar angewandt, musikalische Formgebung im üblichen Sinn ist jedoch nicht beabsichtigt). Holler gelten (neben → Worksong und → Spiritual) als frühe Gattung → Afroamerikanischer Musik, wurden jedoch häufig auch von weißen Siedlern verwendet.
Ein Holler wird in aller Regel solistisch intoniert und bleibt (von gelegentlichem Klatschen oder Stampfen abgesehen) unbegleitet. Meist besteht er aus einem langgezogenen, lauten, hohen Spitzenton (oft im Falsett) auf Silben wie *Ooh, Woh, Hoo* o. ä., der über eine melodische, gelegentlich frei textierte Linie ins tiefe Register übergeht. Dabei bedient sich der Sänger seiner völlig eigenen Technik der Ausschmückung und motivisch-rhythmischen Gestaltung unter Verwendung von → Glissando, Registerwechsel u. v. m. Die Tongebung unterliegt dabei typischerweise dauernden Schwankungen und Schwebungen.
Ursprünglich war ein Holler wohl kaum mehr als ein spontaner Ausdruck persönlicher Gefühlsempfindung. Seine Tauglichkeit, Mitteilungen zu übertragen, wurde vermutlich erst nach und nach erkannt. Dabei ermöglichte insbesondere die übliche Individualität der Singtechnik, Hollerer auch über weite Entfernungen voneinander zu unterscheiden.
Holler dienten u. a. als Alarmrufe bei Feuer, halfen zur Orientierung in den Wäldern und wurden benutzt, um die Wasserträger auf den Baumwoll- und Maisfeldern heranzurufen *(water call)* oder den Feldarbeitern den Feierabend anzukündigen *(quittin'-time-Holler)*. Man unterscheidet *corn-field-Holler* und

cotton-field-Holler. Beim Eisenbahnbau wurden die Anweisungen der Vorarbeiter mittels bestimmter Holler an die Arbeiter weitergegeben. Auch die Kuhhirten gebrauchten bei ihrer Arbeit Holler zur Verständigung.
Holler sind funktional und in der Verwendung ihrer musikalischen Mittel nah verwandt mit den *street cries* der Straßen- und Marktverkäufer und den *sounding calls* der Flußdampferlotsen (einem solchen sounding call verdankt der Schriftsteller Samuel Langhorne Clemens sein berühmtes Pseudonym *Mark Twain*, das in der Lotsensprache «zwei Faden freies Wasser unter dem Schiffskiel» bedeutete).

Holzblasinstrumente Blasinstrumente, deren Tonerzeugung ursprünglich einmal (abgesehen von archaischen Schnecken-, Muschel- oder Knochenflöten) vorwiegend mittels hölzerner Bauteile erfolgte. Aus klanglichen Gründen werden die Anblasstellen mancher Holzblasinstrumente mittlerweile jedoch eher aus Metall gefertigt (vgl. z. B. → Querflöte), so daß die Bezeichnung *Holzblasinstrument* aus heutiger Sicht gelegentlich verwirrend erscheint.
Die Schallröhre der Holzblasinstrumente hat, von wenigen Ausnahmen wie → Lotosflöte und → Panflöte abgesehen, im allgemeinen *Tonlöcher*, womit die aktive Luftsäule zur Chromatisierung der → Naturtonreihe im Bedarfsfall *verkürzt* werden kann. Dieses Verfahren ist ein prinzipieller Unterschied zu den → Blechblasinstrumenten, bei welchen, abgesehen vom → Zink und einigen recht erfolglosen Versuchen mit *Klappentrompeten* und → Klappenhörnern, keine Tonlöcher vorkommen. Der Tonkanal (Röhre) eines Holzblasinstruments kann konisch, zylindrisch oder kombiniert mensuriert sein. Eine enge Mensur erleichtert in der Regel das Anblasen der Obertöne (das sog. *Überblasen*), was das Spiel in hoher Lage begünstigt.
Je nach Instrument können Tonlöcher als sog. *Grifflöcher* direkt mit den Fingern oder mittels mechanischer *Klappen* bedient werden. Klappen sind unterseitig beschichtete Abdeckungen, welche je nach System die Tonlöcher in Ruhestellung geschlossen halten oder sich bei Aktivierung abschließend auf die Öffnungen legen. Hebelmechaniken ermöglichen zudem (unabhängig von der Griffweite der menschlichen Hand), auch entferntere Tonlöcher zu erreichen.
Man unterteilt die Holzblasinstrumente gewöhnlich in → Flöteninstrumente und → Rohrblattinstrumente.

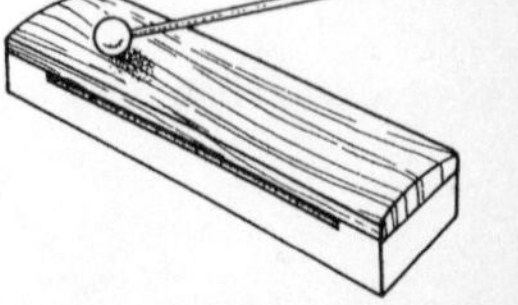

Holzblocktrommel *(Woodblock)* Schlaginstrument, das aus einem rechteckigen Hartholzstück besteht, in welches seitlich Schlitze eingefräst sind. Bei einem Schlitz ergibt sich eine einzige Klangfarbe. Durch mehrere (meist zwei) unterschiedlich weit vom Rand der Schlagfläche entfernte Schlitze ergeben sich verschieden dicke Wandungen und entsprechend verschiedene Klangfarben. Holzblocktrommeln werden üblicherweise mit Rundkopf- oder Hammerkopfschlägeln gespielt.

Holzfidel, Holzharmonika → Xylophon

Homophonie [homophonos = griech. übereinstimmend, gleichstimmig] Form der Mehrstimmigkeit, bei welcher eine gegebene Melodiegestalt und ihre jeweiligen Begleitstimmen überwiegend homorhythmisch geführt sind. Die Töne der Einzelstimmen bilden gemeinsam jeweils einen → Akkord, der musikalische Ablauf ist eine Folge von Akkordstrukturen.

Hoquetus [hoqueter = afrz. zerschneiden, zerstückeln] Mehrstimmige Satztechnik, bei der die Töne einer Melodielinie auf unterschiedliche Stimmen verteilt sind (→ durchbrochene Arbeit) und jeweils eine Stimme pausiert, während eine andere erklingt. (→ Ars antiqua, → Ars nova)

Horn → Alphorn, → Althorn, → Bassetthorn, → Englischhorn, → Flügelhorn, → Jagdhorn, → Klappenhorn, → Krummhorn, → Naturhorn, → Posthorn, → Tenorhorn, → Waldhorn, → Zink

hot intonation [haut = frz. laut, allerdings unsichere Etymologie; intonation = engl. Tongebung] Bezeichnung für eine typische Tongebung in → Afroamerikanischer Musik, welche aus der traditionellen Sing- und Spielweise afrikanischer Musik übernommen wurde. Die Töne von Blasinstrumenten und Singstimme werden plötzlich und laut (gleichsam explosiv) intoniert und erhalten hierdurch einen auffallend perkussiven Charakter, der sich grundsätzlich gut in die allgemein rhythmisch betonte Atmosphäre dieser Musik einfügt. Hot intonation war u. a. im → Jazz bis zum *Modern Jazz* üblich.

Hummel → Scheitholtz

Hummelchen → Dudelsack

hurdy-gurdy → Drehleier

Hydraulos/Hydraulus → Wasserorgel

I

Imitation [imitare = lat. nachahmen] Nachahmung einer musikalischen Struktur.
Imitation ist u. a. ein bedeutendes satztechnisches Verfahren, bei dem durch die Wiederholung einer gegebenen Melodiegestalt in einer anderen Stimmlage und auf einer anderen Tonstufe Mehrstimmigkeit entsteht. Bevorzugt setzen die beteiligten Begleitstimmen zeitlich versetzt ein. Bleibt das motivische Material in seiner Wiederholung intervallgetreu, so spricht man von *strenger Imitation* und *realer Beantwortung*. Werden die Intervalle an bestimmten Stellen der Wiederholung an die tonartlichen Gegebenheiten angepaßt, um keine → Modulation hervorzurufen, so handelt es sich um eine *freie Imitation* und eine *tonale Beantwortung*. Eine sog. *Engführung* entsteht, wenn die Stimme einer Beantwortung einsetzt, bevor die vorige Tongestalt vollständig erklungen ist. Die strengste Form der Imitation (stets reale Beantwortung sowie ohne Hinzufügen zusätzlichen Motivmaterials) stellt der → Kanon dar. Setzen die imitierenden Stimmen im Quintabstand zum Ausgangsmotiv ein, so spricht man auch von *fugenartiger Imitation*. (→ Fuge)
Das motivische Material einer Beantwortung kann im Vergleich zur Ausgangsgestalt auf unterschiedlichste Art verändert sein. Die Zeitwerte können verkleinert *(Diminution)* oder vergrößert *(Augmentation)* vorkommen. Bei einer *Umkehrung (Inversion, Spiegelung)* erscheinen alle Intervalle einer Grundgestalt jeweils in entgegengesetzter Richtung, wobei zwischen *identischer* bzw. *realer* und *tonaler Umkehrung* unterschieden wird (vgl. Johannes Brahms: «Sinfonie Nr. 1», 3. Satz: T. 1–4 und T. 6–9 als reale Umkehrung; J. S. Bach: «Das Wohltemperierte Klavier», Bd. 1, Fuge Nr. 8: T. 1–3 und T. 40–42 als tonale Umkehrung). Erklingt die Tonfolge der Grundgestalt in einer Beantwortung rückwärts *(retrograd)*, so spricht man von *Krebsgestalt* (abgek. *Krebs*). Ein *Umkehrungskrebs (Spiegelkrebs)* ist eine Kombination aus Krebs und Umkehrung. Alle Verfahrenstechniken können auch beim → Kontrapunkt vorkommen.

a. strenge Imitation

(Béla Bartók: Mikrokosmos, Bd. 1, Nr. 36: Freier Kanon)

b. freie Imitation

(Johann Sebastian Bach: Das Wohltemperierte Klavier, Bd. 1, Fuge Nr. 2)

c. Engführung

(Johann Sebastian Bach: Das Wohltemperierte Klavier, Bd. 1, Fuge Nr. 1)

d. Diminution und Augmentation

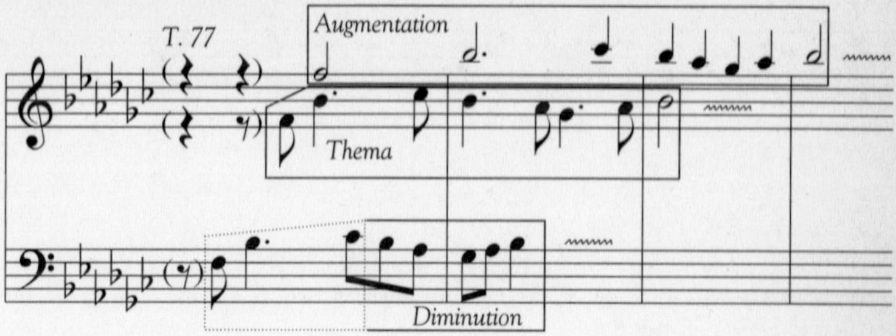

(*Johann Sebastian Bach: Das Wohltemperierte Klavier, Bd. 1, Fuge Nr. 8*)

e. reale Umkehrung

(*Johannes Brahms: Sinfonie Nr. 1, op. 68, 3. Satz, Klarinette I*)

f. tonale Umkehrung

(*Johann Sebastian Bach: Das Wohltemperierte Klavier, Bd. 1, Fuge Nr. 8*)

g. Krebs

(George Gershwin: I Got Rhythm)

Eine ein- oder mehrmalige Wiederholung einer Tongestalt in gleicher Stimmlage, jedoch auf jeweils unterschiedlichen Tonstufen beginnend, wird als → Sequenz bezeichnet.

Impressionismus [impression = frz. Eindruck] Etwa 1890 in Frankreich entstandener Kompositionsstil, dessen zentrales musikalisches Gestaltungselement die Klangfarbe ist.
Der musikalische Impressionismus bezieht sich dabei auf die gleichnamige Stilrichtung der Malerei (zumeist Freiluftmalerei), in welcher die scharf abgegrenzte Gegenständlichkeit weitgehend verlassen ist und fließende Konturen vorherrschen. Farb- und Lichtwirkungen werden als geeignete Medien angesehen, landschaftliche Atmosphären bildnerisch einzufangen (vgl. Edgar Degas, Auguste Renoir, Claude Monet, Max Liebermann, Lovis Corinth). Die Benennung geht auf das Gemälde «Impression, soleil levant» von Cl. Monet zurück.
Als bedeutendster Vertreter des musikalischen Impressionismus gilt Claude Debussy. Auffallend ist seine Vorliebe für deszendente Melodik. Akkorde werden bevorzugt arpeggiert verwendet (→ Arpeggio). Harmonien auch entlegener Tonalitäten folgen dichtest gestaut aufeinander (→ Rückungen), treten gelegentlich auch in Schichtungen übereinander auf (→ Polytonalität), um sich sogleich wieder in flirrender Ornamentik aufzulösen. Bevorzugt werden übermäßige Dreiklänge eingesetzt, die sich einer klaren Zuordnung zu einer bestimmten Tonalität entziehen. Bei vielen Werken ist ein direkter Tonartenbezug nicht mehr feststellbar. Die Kadenz-Tradition ist ebenso wie die traditionell gültige Funktionalität zwischen den Harmonien weitgehend verlassen (→ Kadenz, → Harmonik), wodurch das charakteristisch kontinuierliche Fließen und Schweben der impressionistischen Musik entsteht. Die noch in der → Klassik so zentrale Themendialektik bzw. deren thematisch-motivische Verarbeitung ist nicht mehr zu finden. Dagegen werden Skalen auf ihren Farbwert hin abgetastet (→ Ganztonleiter, → Pentatonik, → laras), Akkorde als reine Klangflächen aufgefaßt und behandelt. Der Klang bzw. dessen Farbwert ist dabei musikalischer Ausdruck eines zugrundeliegenden, ganz persönlichen Gefühlserlebnisses. Die Grundstimmung ist überwiegend lyrisch. Die musika-

lische Gestaltung bewirkt den Eindruck einer sich ständig verströmenden Luftigkeit.

Da sich impressionistische Musik in aller Regel auf ein Gefühlserlebnis bezieht, ist sie *romantisch.* Da sie zudem etwa gleichzeitig mit der musikalischen *Spätromantik* entsteht und wirkt, kann sie durchaus als französische Variante der (ansonsten sehr deutschen) → Romantik verstanden werden. Inwieweit der Impressionismus andererseits der → Programmusik zugerechnet werden kann, ist recht umstritten. Impressionistischer Musik liegt zwar oft ein Naturereignis als Ausgangspunkt zugrunde, nach Debussys eigenen Aussagen sollen die musikalischen Gestaltungselemente jedoch nicht das Ereignis selbst *(tonmalerisch)* abbilden, sondern die Empfindung widerspiegeln, welche ein Komponist bei der Wahrnehmung des Ereignisses hatte. Debussy hat stets betont, daß seine Titelbenennungen lediglich auf die jeweils zugrunde liegende Ursache *verweisen* sollen, diese jedoch selbst keinesfalls tatsächlich darstellen.

Weitere Komponisten, welche (zumindest gelegentlich) impressionistisch komponierten, sind u. a. Maurice Ravel (z. B. Ballett «Daphnis et Chloé», 1909–1912, «Gaspard de la nuit», 1908), Paul Dukas, Eugène Ysaye, Manuel de Falla, Ottorino Respighi, Alexander Skrjabin.

Impromptu [in promptu = lat. in Bereitschaft] Beliebte Werkform romantischer und nachromantischer Klaviermusik, welche zwar gerne in der Art einer dreiteiligen Liedform gegliedert, grundsätzlich aber an keine verbindliche Formvorgabe gebunden ist. Das Impromptu wird häufig zu den → Charakterstücken gezählt und ist gelegentlich kaum von einem → Moment musical zu unterscheiden (vgl. Franz Schubert, Frédéric Chopin). Viele Impromptus erscheinen, obwohl auskomponiert, wie improvisiert (→ Improvisation).

Improvisation [improvisus = lat. unvorhergesehen] Spontane Erfindung von musikalischem Material bei gleichzeitiger Ausführung der schöpferischen Einfälle (simultane *inventio* und *executio*). Improvisation kann solistisch oder kollektiv ausgeführt werden und ist weltweit in allen Musikkulturen und in vielen Stilbereichen verbreitet (vgl. u. a. → Afroamerikanische Musik, → Jazz, → Rockmusik, → Blues, → Indische Musik, europäische → Konzertkadenz, → Präludium, → Aleatorik). In aller Regel liegen einer Improvisation bestimmte, wenngleich oft nur verinnerlichte Modellvorstellungen zugrunde, deren Vorgaben dann beliebig ausgestaltbar sind. Eine (immer wieder gerne proklamierte) *freie Improvisation* ist dagegen nur unter sehr beschränkten, gleichsam klinischen Bedingungen realisierbar. Verfügt doch jeder Musiker durch sein (bisheriges) Musizieren über einen mehr oder weniger großen Vorrat an automatisierten, spieltechnischen und gestalterischen Fertigkeiten, welche zwar bewußt ausgegrenzt werden können, aber logischerweise auch in ihrer Negierung letztlich ein wirksames Ordnungsprinzip darstellen. Eine tatsächliche, in strengem Sinne *freie* Improvisation setzte ein absolutes *Nichtwissen* voraus und wäre dann wohl, künstlerisch betrachtet, ein mehr oder weniger sinn- und wertloses akustisches Ereignis.

Indische Musik → rāga, → svara, → tāla; Instrumente: → vīṇā, → sitār, → sarod, → sāraṅgī, → tānbūrā, → śahnāī, → nāgasvaram, → bīṇ, → vaṃśa, → mṛdaṅga, → tablā.

Indonesische Musik → gamĕlan, → laras

Intervall [intervallum = lat. Zwischenraum] Räumlicher Abstand zwischen zwei nacheinander oder gleichzeitig erklingenden Tonstufen.
Die Grundintervallstufen sind auf eine → diatonische Tonleiter bezogen und bezeichnen jeweils den Abstand zwischen der ersten und allen weiteren Stufen. Prime, Quarte, Quinte und Oktave werden in ihrer Grundform als *reine* Intervalle bezeichnet. Bei Sekunde, Terz, Sexte und Septime unterscheidet man dagegen *kleine* oder *große* Intervalle; bezogen auf eine Dur-Tonleiter handelt es sich stets um *große* Intervalle. *Große* Intervalle lassen sich durch Tiefalterierung des jeweiligen oberen Tones in *kleine* Intervalle umwandeln. Durch Hochalterierung des oberen Tones oder durch Tiefalterierung des tieferen Tones (jeweils um einen Halbtonschritt) entstehen aus *reinen* sowie *großen* Intervallen sog. *übermäßige* Intervalle. Durch Tiefalterierung des oberen Tones oder durch Hochalterierung des tieferen Tones (jeweils um einen Halbtonschritt) entstehen aus *reinen* und *kleinen* Intervallen sog. *verminderte* Intervalle.
Zwei Intervalle, welche übereinandergeschichtet insgesamt eine Oktave umspannen, heißen *Komplementärintervalle* (z. B. große Sekunde und kleine Septime, reine Quarte und reine Quinte). Abgesehen von *reinen* Intervallen, deren Ergänzung jeweils ebenfalls ein *reines* Intervall ist, ergeben sich dabei stets Gegensatzpaare (groß-klein, klein-groß, vermindert-übermäßig, übermäßig-vermindert).
Bezüglich der klanglichen Qualität wird zwar traditionell zwischen *konsonanten* und *dissonanten* Intervallen unterschieden, allerdings war die jeweilige Zuordnung im Laufe der Musikgeschichte stets äußerst umstritten. Da die Klangqualität eines Intervalls immer von der zugrundeliegenden → Stimmung abhängig ist, kann sie je nach Gegebenheit recht unterschiedlich ausfallen. Gleichfalls recht umstritten ist die Zuordnung der Intervalle zu bestimmten Gefühlsebenen, wenngleich dieses Phänomen in der Musikgeschichte häufig zu finden ist (→ Musikalisch-rhetorische Figurenlehre).
Eine Reihung von Quinte – Quarte – großer Terz entspricht der Stufenfolge im unteren Abschnitt einer → Naturtonreihe und gehört daher zu den typischen

Prime
Sekunde
Terz
Quarte
Quinte
Sexte
Septime
Oktave

GRUNDFORMEN
reine Prime
übermäßige Prime
verminderte Sekunde
kleine Sekunde
große Sekunde
übermäßige Sekunde
verminderte Terz
kleine Terz
große Terz
übermäßige Terz
verminderte Quarte
reine Quarte
übermäßige Quarte
verminderte Quinte
reine Quinte
übermäßige Quinte
verminderte Sexte
kleine Sexte
große Sexte
übermaßige Sexte
verminderte Septime
kleine Septime
große Septime
übermäßige Septime
verminderte Oktave
reine Oktave
übermäßige Oktave

Melodieschritten von → Naturhörnern. Deren Funktion als Signalinstrumente im Jagd- und Postwesen vermittelt nun auch außerhalb dieser Umfelder zumeist eine Assoziation von Jagd, Wald, Post usw. beim Erklingen entsprechender Intervalle.
Zur exakten Messung der Tonabstände dienen seit 1885 Angaben in *Cent* (abgek. C), einer von Alexander John Ellis und Heinrich Bellermann eingeführten Maßeinheit. Ein Halbtonschritt in Wohltemperierter Stimmung ist mit 100 C, die Oktave entsprechend mit 1200 C markiert.
Insbesondere bei aufwärts gerichteten Intervallbewegungen wird allerdings häufig nicht nur der Abstand zwischen zwei Tonstufen, sondern auch der hierbei jeweilig oberste Ton mit der entsprechenden Intervallbenennung bezeichnet. So wird z. B. sowohl der Abstand zwischen C und E als auch das E selbst *Terz* genannt.
Schwierig ist die Beurteilung der Intervallqualität einer *reinen* Prime innerhalb der Musizierpraxis. Zum einen ist ihr gleichzeitiges Erklingen auf vielen Instrumenten (z. B. Klavier, Blasinstrumenten) nicht möglich, zum anderen ist ihr Nacheinandererklingen eigentlich eine Tonwiederholung und wird im allgemeinen auch so und nicht als Tonhöhenabstand gehört.
Seit der Einführung der Wohltemperierten Stimmung ist die ursprüngliche Unterschiedlichkeit mancher Intervalle im praktischen Bereich weitgehend aufgehoben (→ Enharmonik).

Intonarumori → Futurismus

intrada → Ouvertüre

Invention [invenire = lat. finden, erfinden] Ursprünglich ein aus der Rhetorik entlehnter Begriff für die *Themenfindung*, der (zumindest bis in die Barockzeit) von *elaboratio* (Themenausarbeitung) sowie *executio* (praktische Aufführung bzw. Vortrag des Themas) unterschieden wird.
Zudem ist *Invention* seit dem 16. Jahrhundert eine Bezeichnung für instrumentale Musikstücke (vgl. Clément Janequin: «Livre des inventions musicals», 2 Bände, 1555). Obgleich häufig polyphon gehalten und mit imitatorischen Schichtungen sowie kontrapunktischer Arbeit durchsetzt, ist die Invention grundsätzlich an keine bestimmte innere oder äußere Vorgabe gebunden, kann u. a. Lied-, Fugen-, Kanon- oder Sonatenform aufweisen und ist namentlich im Barock oft gleichbedeutend mit → Fantasie, → Präludium und → Improvisation behandelt worden (vgl.: J. S. Bachs zweistimmige «Inventionen» können auch als Präludien zu den dreistimmigen «Sinfonien» verstanden werden). In der Folgezeit verliert sich die Bezeichnung zunächst, in Klassik und insbesondere Romantik werden ähnlich geartete Musikstücke eher als → Moment

musical, → Impromptu oder *Bagatelle* betitelt. Erst im 20. Jahrhundert wendet man sich wieder der älteren Bezeichnung zu (vgl. Béla Bartók: «Mikrokosmos», Bd. 3: «Chromatische Inventionen»; Hanns Eisler: «Sieben Stücke» op. 32, Nr. 1; Andre Asriel: «Inventionen für Trompete, Posaune und Orchester»; Boris Blacher: «Zwei Inventionen» op. 46).

Inventionshorn → Waldhorn

Inversion → Imitation

J

Jagdhorn [frz. *cor de chasse*, engl. *french horn*, ital. *corno da/di caccia*] Um 1660/1670 in England und Frankreich (für Hof- und Jagdmusiken bei Ludwig XIV.) entwickeltes Natur-Waldhorn (*Naturhorn*) mit Kesselmundstück und charakteristisch zweieinhalbfach gewundenem Rohr (→ Waldhorn). Der nunmehr erweiterte Durchmesser des Rohrkreises ließ zu, das Instrument schräg um den Oberkörper zu hängen (ältere Natur-Waldhörner wurden dagegen beim Spielen meist noch mit aufwärts gerichteter Stürze in der Art der frühen Signalinstrumente gehalten). Ab etwa Mitte des 18. Jahrhunderts setzte sich dabei zunehmend die Spielart durch, bei welcher sich die Stürze im Rücken des Spielers befindet. Entgegen seiner Bezeichnung verwendete man das Jagdhorn keineswegs nur für Musik zur Jagd, sondern auch als Orchesterinstrument in Konzert- und Opernmusiken (vgl. J. S. Bach: «Brandenburgisches Konzert Nr. 1», 1721; Reinhardt Keiser: «Octavia», 1705/06; Joseph Haydn: «Die Jahreszeiten», 1801).
Das heutige Jagdhorn ist in Es oder in B gestimmt. Die Bauvariante mit eineinhalbfacher Windung des Schallrohrs wird als *Parforcehorn (corne par force)* bezeichnet und ist heute auch als Doppelhorn in Es und B (mittels Ventil umschaltbar) verbreitet. Im Unterschied zum eigentlichen Jagdhorn wurde das Parforcehorn nahezu ausschließlich auf der Jagd eingesetzt. Eine kleinwindige Version ist als *Pleßhorn* (meist in B) bekannt (nach Herzog Heinrich XI. von Pleß).
Die Bezeichnung *french horn* wurde später auf das Ventil-Waldhorn übertragen, vermutlich u. a. als Hilfe zur Unterscheidung vom → Englischhorn (einem Oboeninstrument).

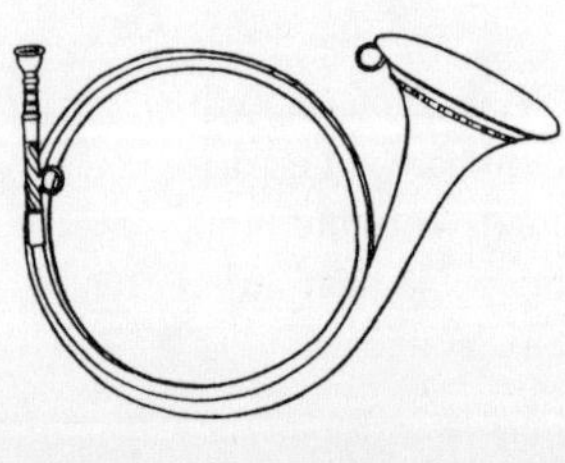

Janitscharenmusik Bezeichnung für die Musik und das Instrumentarium der Militärkapellen von Janitscharen.
Zur üblichen Besetzung einer Janitscharenkapelle [türk. *mehterhane*; mehter = pers. Musikant, Musik; hane = türk. Haus] gehörten u. a. zurna (→ mizmār), → davul, çağana (Schellenbaum), nakkare (kleines Paukenpaar, → kudüm), → zil, → def, → Triangel sowie verschiedene Trompeten und Hörner. Die Instrumente dienten dabei weniger zum Musizieren im eigentlichen Sinn als vielmehr dazu, einen möglichst großen Lärm zu veranstalten, um einer feindlichen Armee bereits aus großer Entfernung Angst einzujagen. Durch die Türkenkriege kam das Instrumentarium nach Mitteleuropa und wurde dort ab Anfang des 18. Jahrhunderts sowohl in die Militärmusik als auch in die Kunstmusik übernommen. Insbesondere die Schlaginstrumente (→ Große Trommel, → Becken, → Triangel und Schellenbaum) gelten seither als typisch türkisches bzw. militärisches Kolorit.

jāti → svara

Jazz In den 1890er Jahren entstandene Variante → Afroamerikanischer Musik. Vorformen der Entwicklung sind u. a. → Worksong, → Holler, → Spiritual, → Blues. Umstritten ist der Einfluß des → Ragtime auf die Entwicklung des Jazz. Als richtungweisendes Zentrum gilt New Orleans, das Jazzidiom hat sich aber etwa gleichzeitig auch in anderen nordamerikanischen Städten herauskristallisiert (u. a. Philadelphia, New York). Wenngleich sich heute zudem sehr vielfältige Verzahnungen unterschiedlichster Musikkulturen im Jazz widerspiegeln (Jazz ist mittlerweile eine internationale, gleichsam *weltmusikalische* Erscheinung), ist das afroamerikanische Erbe stets spürbar und nach wie vor das wesentlich prägende Element geblieben.
Die Bezeichnung *Jazz* ist möglicherweise von chasser [frz. jagen] oder jaser [= frz. quasseln, schwatzen] in die afroamerikanische Umgangssprache übergegangen. *Jazz* hatte dort zunächst eine erotische Bedeutung im Sinne von Erregung, Ekstase, Raserei, bevor die Bezeichnung dann zwischen 1900 und 1915 (vermutlich von Weißen) als musikalische Begriffsbildung Verwendung fand. Bis dahin war die entsprechende Musik als *Brass Band Music*, *Ragtime* (nur bedingt gleichbedeutend mit dem *Ragtime*-Stil) oder *Stomp* etikettiert worden. Das Instrumentarium des frühen Jazz ist (von wenigen Ausnahmen wie z. B. dem → Banjo abgesehen) überwiegend europäisch und anfänglich aus Militär- bzw. Marschmusik und Zirkusmusik übernommen. Die übliche Tongebung (→ Artikulation) ist dagegen weitgehend afroamerikanischer Sing- und Musizierpraxis entlehnt und wurde bevorzugt sehr individuell gestaltet (→ off-pitchness, → dirty intonation, → hot intonation). Charakteristisch ist eine enge Verbundenheit der Jazzmelodik mit sprachlichen Intonations- und Glie-

derungsweisen. Der Umgang mit Rhythmik ist ebenfalls weitgehend von afroamerikanischen Traditionen beeinflußt (→ off-beat). Typisch für Jazzmusik sind Kollektiv-, Ensemble- oder Einzelimprovisationen, wobei zumindest noch in der Frühzeit das für afrikanische Musik typische heterophone Verfahren der simultanen Melodieauszierung bestimmend ist (→ Heterophonie).
Im Laufe der Jazzgeschichte hat sich eine Vielzahl sehr unterschiedlicher Stile ausgeprägt. Man unterscheidet dabei die Jazzstile bis einschließlich *Swing* gewöhnlich als *Klassischen, Traditional* bzw. *Oldtime Jazz* vom sog. *Modern Jazz* der Nach-Swing-Ära. Gelegentlich werden allerdings *Free Jazz* und die aus diesem folgenden Stile gesondert ausgegrenzt. Alle Stilausprägungen kennen auf der einen Seite kommerzialisierende Tendenzen (insbesondere Swing), andererseits eine Hinwendung zu einer Art kunstmusikalischem Anspruch (u. a. *Cool Jazz,* → *Progressive Style*). Manche Stile tragen eine starke Protesthaltung schwarzer Musiker gegen weiße Kulturmechanismen und deren Machtansprüche in sich, sind gleichsam *politische* Musik (u. a. Free Jazz und insbesondere *Hardbop*, bei welchem viele seiner Vertreter Anhänger der Black Muslims sind und aus Protest gegen das weiße Christentum zum Islam konvertierten).
Die erste, als bedeutend eingestufte Stilistik der Jazzmusik ist der *New-Orleans-Stil.* Er entstand um 1895 im Umfeld der kreolischen Bewohner von New Orleans, die Bezeichnung soll allerdings erst etwa 1930 in Umlauf gekommen sein. New-Orleans-Jazz verschmolz Elemente europäischer Salon-, Operetten-, Marsch- und Zirkusmusik mit populärer, afroamerikanischer, urbaner Musizierpraxis. Charakteristisch sind linear orientierte Kollektivimprovisationen über das thematische Material. Die Melodik hat deutlich vokalen Gestus, die Rhythmik lebt von ausgeprägter off-beat-Phrasierung. Die Harmonik ist europäisch beeinflußt und fußt auf einfachen oder wenig erweiterten Kadenzfolgen, deren Harmonien in aller Regel nur taktweise gewechselt werden. Die übliche Besetzung bestand aus einer Bläsergruppe mit Kornett (als hauptsächlichem Melodieträger), Klarinette und Posaune (welche beide die Hauptmelodie heterophon paraphrasierend umspielen) und einer Rhythmusgruppe mit Tuba oder Sousaphon (als Baßstimme), Banjo und (Marsch-)Schlagwerk. Die Blasinstrumente wurden allgemein betont expressiv mit hot intonation, dirty intonation und off-pitchness gespielt. Kornett und Klarinette bzw. Posaune entwickelten in den improvisierten Passagen gerne ein eng verzahntes, an → call & response erinnerndes Wechselspiel, wobei die call-artigen Anteile zumeist beim Kornett lagen, während die anderen beiden Blasinstrumente hierauf antworteten. Diese frühe Besetzung (zu der gelegentlich auch eine Violine kommen konnte) war bestens für die damals beliebten *street parades* geeignet, ermöglichten sie doch, während des Musizierens zu marschieren (*marching bands*). Bald eroberte der New-Orleans-Stil allerdings auch die Tanzsäle, und für solche Auftritte wurde dann (ab etwa 1910) das Klavier in die Besetzung

aufgenommen, die Tuba durch den Kontrabaß ersetzt, die Schlagwerkbesetzung durch stationäre Anteile erweitert. Einer der bedeutendsten Pianisten des New-Orleans-Stils wurde Jelly Roll Morton, welcher einmal behauptete, er habe 1902 als erster die Vokabel *Jazz* in Umlauf gebracht. Andere bedeutende Vertreter dieses ersten Jazzstils waren u. a. Buddy Bolden, William Geary ‹Bunk› Johnson, Joe ‹King› Oliver. Bereits seit Ende des 19. Jahrhunderts wurde der New-Orleans-Stil auch von weißen Musikern imitiert (→ Dixieland).
In den 1910er Jahren siedelten Jazzmusiker aus New Orleans zunehmend in die nördlichen Industriestädte der USA, insbesondere nach Chicago um. Sie folgten dabei dem Strom afroamerikanischer Zuwanderer, denen die dortige Industrie weitaus bessere Arbeitsmöglichkeiten bot als der ländliche Süden. Das Bedürfnis der schwarzen Arbeiter nach Unterhaltung ließ in der Folge auch für die mit- und nachziehenden Musiker ein günstiges Potential an Arbeitsmöglichkeiten entstehen. In Chicago spielten die New-Orleans-Musiker zunächst weiterhin ihre gewohnten Jazzformen, entwickelten jedoch vor allem ab etwa 1920 nach und nach eine neue Stilistik (vgl. Louis ‹Satchmo› Armstrong und seine Hot Five und Hot Seven, Sidney Bechet). Die Improvisationspassagen wurden jetzt jeweils einzelnen Instrumentalisten, bevorzugt einem Bläser (sog. *Hot-Solist*), übertragen. Die bisher üblichen Kollektivimprovisationen blieben auf kurze, ausgewählte Abschnitte begrenzt. Es entstanden Folgen von Solo-Improvisationen *(chorus)*, wobei zunehmend die Harmoniefolge des Stückes *(changes)* als Grundlage diente und sich entsprechend die Improvisationslinie weitgehend von der Hauptmelodie emanzipierte. Die Stücke wurden nun zumeist ausarrangiert, allerdings nicht notiert, sondern als sog. *head arrangements* behandelt. In der Besetzung etablierte sich um 1919/20 zusätzlich das Saxophon, gelegentlich ersetzte es bereits die Klarinette. Klavier und Kontrabaß waren üblich geworden, die Besetzung hatte sich nun weitgehend von ihrem marching-band-Charakter gelöst und war nicht mehr zum Freiluftmusizieren geeignet. Die Entwicklung dieser Stilistik (insbesondere die Orientierung an Harmoniefolgen statt wie bislang an der Melodik) ist Ausdruck einer deutlichen Annäherung an europäische Musizierformen und wurde vermutlich nicht unwesentlich von einer ebenfalls in Chicago verbreiteten, weißen Spielweise der Jazzmusik mit beeinflußt. Deren Vertreter werden als *Chicagoans*, ihre Spielweise als *Chicago-Stil* bezeichnet. Es handelte sich um eine Gruppe angloamerikanischer, bürgerlicher Amateurmusiker und Jazzfans. Die meisten von ihnen waren Schüler der Austin High School, ihr Ensemble wurde als *Austin High School Gang* bekannt (u. a. mit Jimmy und Dick McPartland, Frank Teschemacher, Lawrence ‹Bud› Freeman, später auch mit Eddie Condon, Dave Tough und mit Benny Goodman). Zum weiteren Umfeld der Austin High School Gang zählten u. a. Frank Trumbauer, Mezz Mezzrow, Leon ‹Bix› Beiderbecke, Art Hodes, Pee Wee Russell, Jack Teagarden, Eddie Lang, Glenn

Miller und Muggsy Spanier. Die Chicagoans nehmen insofern eine Sonderstellung im Bereich der Imitation schwarzer Jazzmusik ein, als ihre Musik sich nach 1925 zunehmend professionalisierte. Sie verlagerten ihr Zentrum von Chicago nach Greenwich Village (New York) und wurden eine wichtige Entwicklungsstufe auf dem Weg zur Ausbildung der weißen Swing-Orchester der 1930er Jahre (viele Musiker dieser Gruppierungen hatten als Chicagoan erstmals praktische Erfahrung mit Jazzmusik sammeln können).

Der *Swingstil* entsteht in den späten 1920er Jahren in New York und parallel in Kansas City und bleibt bis etwa 1945 die bestimmende Jazzstilistik. Die Bezeichnung bezieht sich auf → swing, das in diesem Stil wesentliche rhythmische Gestaltungsmodell.

Typisch ist zudem ein (vor allem vom Kontrabaß als sog. *walking bass*) gleichmäßig durchgehaltener *beat* mit mehr oder weniger starker Akzentuierung der Zählzeiten 2 und 4 (sog. *Four-beat*). Melodische Bewegungen sind nicht mehr auf Viertelnoten als Grundwerte bezogen, sondern werden zunehmend aus fließenden Achtelnotenketten gebildet, welche zu Zweiergruppen verbunden und *ternär* (triolisch) interpretiert werden.

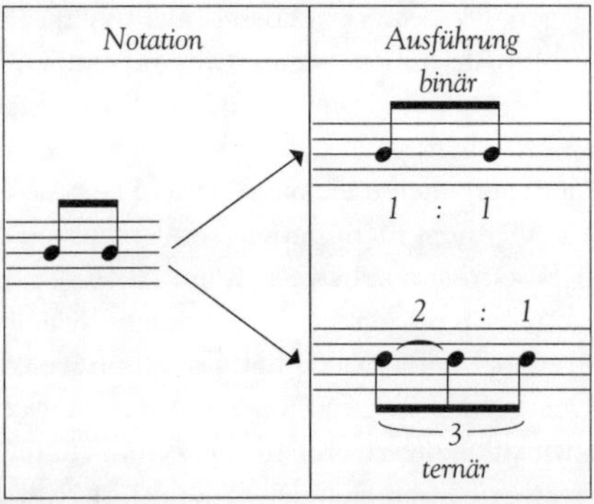

Der neue Stil wurde in unterschiedlichst besetzten Ensembles dargeboten. Zur charakteristischsten Besetzungsstruktur der Swingzeit wurde jedoch die *Big Band*. Hier behielt man die ursprüngliche New-Orleans-Besetzung (Kornett bzw. Trompete, Posaune, Klarinette bzw. Saxophon und Rhythmusgruppe) zwar prinzipiell bei, besetzte allerdings jedes der Blasinstrumente nun mehrfach (*chorisch*). Es entstand das große, etwa 18köpfige Jazzorchester. Dessen Standardbesetzung besteht aus einer *brass section* mit acht oder neun Blechbläsern (vier oder fünf Trompeten, darunter gelegentlich alternativ ein oder zwei Flügelhörner, drei Tenor- und eine Baßposaune), einer *reed section* (zwei Alt-, zwei Tenor-, ein Baritonsaxophon, gelegentlich alternativ mit Klarinetten sowie Querflöten) und der Rhythmusgruppe (*rhythm section*) mit Klavier, Gitarre, Baß und Schlagzeug.

Mit der Ausweitung der Besetzung zur Big Band geht das frühere, heterophon-lineare Musizieren des New-Orleans-Stils endgültig in ein harmonieorientiertes Musizieren über. Die Kollektivimprovisation hat ihre Bedeutung verloren. Die Betonung der unterschiedlichen Klangfarben durch satzweises Musizieren tritt dagegen deutlich in den Vordergrund. Die orchestralen Passagen wurden stets arrangiert, konnten jedoch notiert sein oder nur als *head arrangement* existieren (beim Ausscheiden von Musikern waren solche Arrangements dann jedoch nicht mehr spielbar und in aller Regel für immer verloren).

Die meisten Big Bands bemühten sich (bereits ab 1927/1930) um eine möglichst unverwechselbare, eigenständige *Orchesterfarbe* und entwickelten entsprechende Rollenverteilungen innerhalb ihrer Besetzungen. Charakteristisch für das Count Basie Orchestra war z. B. eine deutliche Nähe zum → Blues und ausgeprägte → Riff-Technik (als harmonischer Ostinato-Hintergrund zu Solopassagen). Typisch für das Duke Ellington Orchestra (insbesondere bis etwa 1932) wurde z. B. der sog. *Jungle Style*, eine tonmalerische Nachahmung von Dschungelgeräuschen u. a. durch den Gebrauch bestimmter Dämpfer bei den Blechbläsern. Neben den rein schwarzen gab es rein weiße Swing-Orchester, aber erstmals spielten auch weiße und schwarze Musiker gemeinsam Jazzmusik (so z. B. im Benny Goodman Orchestra). Mit dem Swingstil wurde der Jazz erstmals einem breiten weißen Publikum bekannt. Swing wurde, insbesondere nach dem legendären *Carnegie Hall Concert* (1938), zur populärsten Variante der nordamerikanischen Unterhaltungsmusik bis etwa 1945. Es war zudem die vermutlich bislang ökonomisch erfolgreichste Ära der Jazzmusik.

Die Phase des sog. *Modern Jazz* beginnt mit dem *Bebop* (abgek. *Bop*), einer Stilistik, welche sich ab etwa 1941 in New York entwickelte (u. a. durch John Birks ‹Dizzy› Gillespie, Charlie ‹Bird› Parker, Thelonious Monk, Charlie Christian, Kenny Clarke). Die Bezeichnung entstand (laut D. Gillespie) aus den in Musikerkreisen üblichen (inhaltslosen) *scat*-Silben zur lautmalerischen Darstellung der verminderten Quint *(flatted fifth)*, welche als charakteristisches Intervall des Bebop gilt. Die typische Besetzung bestand aus einer Rhythmusgruppe und ein oder zwei Bläsern *(Combo)*, größere Bebop-Orchester blieben eher selten. Man spielte äußerst expressiv und persönlich gefärbt. Die melodischen Phrasen des Bebop sind betont kurz und wirken abgerissen-überhastet, die Tempi nicht selten rasend und nervös-fiebrig übersteigert. Insbesondere Ch. Parker und D. Gillespie bevorzugten extrem verdichtete Tonbewegungen. Der Kontrabaß spielte zumeist einen *walking bass* in durchlaufenden Vierteln, allerdings melodisch und auch rhythmisch weit beweglicher als noch im Swing. Die Schlagzeugpraxis wurde zunehmend vom reinen Grundschlagspiel befreit und erhielt hierdurch die Möglichkeit zur Entwicklung eigenständiger rhythmischer Akzentbildungen. Als bewußte Rückbesinnung auf die afrikanische Musizierpraxis zeigte die Gesamtrhythmik wieder deutliche Tendenzen zur Polyrhythmik. Die Melodik der Improvisationen bewegte sich bevorzugt in Ketten von Achtel- oder Sechzehntelnoten, welche äußerst individuell und betont asymmetrisch akzentuiert und zu sehr unterschiedlichen Längen phrasiert wurden. In den Improvisationsabschnitten löste man sich konsequent von der jeweiligen Grundmelodie und orientierte sich nunmehr ausschließlich an der harmonischen Folge eines Stückes. Die Fähigkeit, stets völlig neue Melodien zu den gegebenen Harmoniestrukturen zu entwickeln, wurde zum Ideal erhoben. Die Bebop-Musiker verwendeten dabei das Stücke-Repertoire der Swing-Ära zunächst durchaus weiter, ersetzten jedoch die Grundharmonien solcher *Standards* bevorzugt durch einzelne oder raffinierte Folgen von zumeist stark alterierten Substitutakkorden *(Reharmonisierung)*. Bebop entstand u. a. als beabsichtigte Gegenreaktion auf die kommerzialisierte, eingängige Variante der Swingmusik zu Beginn der 1940er Jahre. Vehement und mit allen musikalischen Mitteln sollte eine erneute Entfremdung des Jazz als Tanz- und Unterhaltungsmusik vermieden werden. Die bisherigen Elemente des Jazz wurden im Bebop zwar weiterhin verwendet, die bisherige musikalische *Grammatik* allerdings bewußt preisgegeben und durch neue Bezugsverhältnisse ersetzt.

Zwischen 1948 und 1953 entwickelte sich, hauptsächlich in New York, mit dem *Cool Jazz* eine weitere Variante des Modern Jazz, deren wesentliche Merkmale deutlich an Klangideal und Formbildungen europäischer Kunstmusik orientiert sind. Man spielt mit verhaltenem, vibratolosem Ton (ohne dirty intonation), vermeidet jegliche Ornamentik. Instrumentierung und Melodieführung sind stets sehr transparent, kontrapunktische → Polyphonie ist häufig. Die Formbildungen sind komplexe, streng rational durchdachte Konstruktionen (mit offenen Anleihen bei → Suite, → Passacaglia, → Invention usw.). Ein insgesamt intellektueller, artifizieller Gestus herrscht vor. Cool Jazz wird gerne als *kammermusikalischer Jazz* bezeichnet. Als einflußreichste Musiker des Cool Jazz gelten Gil Evans, John Lewis (Modern Jazz Quartet), Gerry Mulligan und Miles Davis, dessen Schallplatte «Birth of the Cool» (1949/1950) als erste Cool-Jazz-Aufnahme angesehen wird. Eine Sonderstellung nimmt der Cool Jazz des blinden Pianisten Leonard Joseph ‹Lennie› Tristano ein, dessen polytonale und atonale Experimente und seine gelegentliche athematische Improvisationsweise bis hin zur bewußten Überwindung von Formvorgaben bereits deutlich den Weg zum *Free Jazz* weisen.

Eine spätere Variante des New Yorker Cool Jazz entsteht an der nordamerikanischen Westküste mit dem sog. *West Coast Jazz (California Jazz)*. West Coast Jazz wirkt im allgemeinen weniger streng und asketisch als der Cool Jazz der New Yorker Szene. Seine Vertreter (u. a. Shorty Rogers, Dave Brubeck, Paul

Desmond, Art Farmer, Bob Brookmeyer, Chico Hamilton, Chet Baker, ab 1952 auch Gerry Mulligan) bemühten sich nicht nur um Anerkennung in jazzmusikalischen Kreisen, sondern erklärtermaßen auch um einen breiteren Publikumserfolg (außer dem Modern Jazz Quartet hatte zu ihrer Zeit keine der New Yorker Gruppierungen einen dem West Coast Jazz vergleichbaren Erfolg aufzuweisen). Typisch ist eine bewußte Wiederbelebung von Swing-Elementen (insbesondere orientiert man sich am Swingstil des Count Basie Orchestra).

Als Gegenreaktion auf Cool Jazz bzw. West Coast Jazz und erneuernde Wiederbelebung der Bebop-Tradition erscheint ab etwa 1955 *Hardbop (New Bop, Modern Bop)*. Hardbop ist in der Verwendung der künstlerischen und ästhetischen Mittel allerdings durchweg radikaler als das ältere Vorbild und geht in der Rückbesinnung auf die traditionellen Wurzeln des Jazz weiter (vgl. Charles Mingus: «Worksong», 1959; John Coltrane: «Africa», 1961). Typische Merkmale sind der Verzicht auf komplexe Harmonik (wie noch im Bebop), die ausgeprägte Einbindung von → call-&-response-Strukturen, die betont vokalen und expressiven Motivbildungen der Melodik sowie die bevorzugte Verwendung von ungeraden Taktarten (vgl. George Coleman: «5/4-Thing»), von Polymetrik und Polyrhythmik (vgl. Art Blakey & The Jazz Messengers). Hardbop spiegelt das gewachsene Selbstbewußtsein schwarzer Musiker wider, die ihre Musik als künstlerische Rebellion gegen das weiße Establishment und als Ausdruck einer eigenen kulturellen Identität verstehen. Hardbop-Musiker geben sich bewußt politisch programmatisch, artikulieren die bestehenden Rassenkonflikte künstlerisch (vgl. Sonny Rollins/Max Roach/Oscar Pettiford: «Freedom Suite», 1958), idealisieren das eigene schwarze Kulturerbe und wehren sich gegen die bisherige Haltung gegenüber den Kulturelementen Afrikas als exotische Verniedlichung. Als zentraler Pol dieser Identität wurde die schwarze Kirche und deren Musik wiederentdeckt (vgl. Horace Silver: «The Preacher»).

Modaler Jazz ist eine in den späten 1950er Jahren insbesondere von Miles Davis, John Coltrane, George Russell und Gil Evans erprobte Spielweise, der ein → Modus zugrunde liegt, aus welchem das jeweilige akkordische Material abgeleitet wird. Die Harmonik bewegt sich weitgehend um ein gleichbleibendes tonales Zentrum und moduliert in aller Regel nicht (→ Rückungen sind allerdings üblich). Als erstes typisches Modal-Jazz-Stück gilt M. Davis' «So What» (1959, über den *dorischen* Modus). Modaler Jazz war ein wichtiger Schritt auf dem Weg zum *Free Jazz*.

Die Bezeichnung *Free Jazz* beschreibt eine etwa 1960 in New York und Chicago aufkommende Jazzmusik, deren Merkmale so vielschichtig und vielfältig sind wie die Spielweisen seiner Protagonisten. Free Jazz entzieht sich daher weitgehend einer Festlegung auf bestimmte normative Muster und Kategorien.

Wenn überhaupt, dann lassen sich wirksame Stilelemente nur mit starker Einschränkung ihrer tatsächlichen Gültigkeit festlegen.

Vorab festgelegtes thematisches bzw. harmonisches Material kann vorhanden sein. Als verbindlicher Bezugspunkt kann jedoch auch eine mehr oder weniger ausführliche konzeptionelle Konstruktion *(Konzeptpartitur)* zugrunde liegen, statt eines Themas auch nur eine bestimmte Skala zur Verfügung stehen (die modale Musizierweise war in diesem Zusammenhang richtungsweisend). Auf eine durchgehende Metrik oder Rhythmik wird zumeist verzichtet (Free Jazz ist die erste konsequent *nicht tanzbare* Jazzmusik der Geschichte). Eine Bindung an Tonalität kann vorhanden sein oder nicht, kann sich aber auch auf die bloße Angabe eines Tonhöhenbereichs beschränken. Neue Bedeutung erlangt die Klangfarbe, die nun als eigenständiges musikalisches Mittel behandelt wird und Geräuschelemente einbezieht. Dabei werden die spieltechnischen Möglichkeiten der Instrumente bis in Extrembereiche ausgeweitet (vgl. u. a. Don Cherry, Cecil Taylor, McCoy Tyner, Pharoah Sanders). Improvisation ist immer vorhanden, kann jedoch nach sehr unterschiedlichen Methoden erfolgen (mit oder ohne Bindung an thematisches, rhythmisches oder harmonisches Material bzw. das Konzept, als solistische oder kollektive Improvisation oder als fließende Mischform zwischen beiden Formen). Die bisherige scharfe Trennung zwischen komponierten und improvisierten Anteilen ist weitgehend aufgehoben. Alle musikalischen Mittel können jederzeit berücksichtigt oder mißachtet, imitiert oder paraphrasiert, entwickelnd erweitert und fortgesponnen, verkürzt oder umgeformt oder bis zur Unkenntlichkeit konterkariert werden. Form und innere Logik entstehen weitgehend während des Musizierens. Dabei ist Free Jazz nicht Ausdruck persönlicher Willkür, sondern intuitiver und spontaner Umgang mit allen einem Musiker jeweils im Augenblick des Musizierens zur Verfügung stehenden musikalischen Mitteln. Die Qualität eines Stückes ist im Free Jazz (mehr als dies bisher bei den vorangegangenen Jazzstilen jemals offenkundig wurde) von der musikalischen Potenz der beteiligten Musiker abhängig.

Während sich bei manchen der schwarzen Free-Jazz-Musikern die bereits im Hardbop erkennbare politische Protesthaltung erhalten hat (vgl. u. a. Charles Mingus, Archie Shepp, Thelonious Monk), ist eine politisierende Grundhaltung nun nicht mehr grundsätzlich feststellbar. Die meisten (weißen oder schwarzen) Free-Jazz-Musiker verstehen ihre Musik eher als rein künstlerisches, avantgardistisches Programm, das auch vor der Einbindung von multimedialen und szenischen Aktionen nicht Halt machte (vgl. Peter Brötzmann, Han Bennink, Willem Breukers Kollektief, Sun Ra, Art Ensemble of Chicago, Milan Svoboda & Contra-Band). Als erste Free-Jazz-Aufnahmen gelten Ornette Colemans «The Shape of Jazz to Come» (1959) und sein «Change of the Century» (1959).

Durch Einbindung typischer Elemente der → Rockmusik in die Jazzmusik entsteht ab etwa 1970 in den USA *Rock Jazz (Electric Jazz)*. Er wird in der Folgezeit zu einer sehr populären und für Jazzverhältnisse auch wirtschaftlich erfolgreichen stilistischen Variante. Charakteristisch ist die vorrangige Verwendung elektrisch verstärkter Instrumente (mit all ihren bereits in der Rockmusik erprobten Mitteln der Klanggestaltung) und eine starke Anlehnung an rockmusikalische Rhythmik (vgl. $\frac{8}{8}$-beat). Die jazztypische Art der Improvisation (mit deren Phrasierungsmerkmalen) bleibt in aller Regel erhalten. Der Übergang zum → Jazz Rock ist oft fließend.
Erste Ansätze der Rock-Jazz-Stilistik zeigt Miles Davis auf seiner Platte «In a Silent Way» (1969), als entscheidender Durchbruch gilt sein Album «Bitches Brew» (1970). Bedeutende Repräsentanten des Rock Jazz sind u. a. Chick Corea, Herbie Hancock, John McLaughlin, Wayne Shorter & Weather Report, Billy Cobham, Josef ‹Joe› Zawinul, Pat Metheny, Larry Coryell, Jasper van t'Hof, Klaus Doldinger & Passport, das United Jazz & Rock Ensemble.

Jazz Rock Ab etwa 1965 in England und den USA von Musikern wie Frank Zappa, ab 1967 von der Gruppe Soft Machine und ab 1968 von der Gruppe Colosseum, ab etwa 1969 von der Gruppe Chicago entwickelte → Rockmusik mit typischen Elementen des → Jazz.

jig → Gigue

joglars, jongleurs → Troubadours

jublag → gamĕlan

K

Kadenz [cadere = lat. fallen] Harmonische Schlußwendung zur → Tonika als traditionelles Verfahren für die Bestätigung einer → Tonart. Seit dem 18. Jahrhundert (Jean-Philippe Rameau) unterscheidet man zwischen *authentischer Kadenz* (*cadence parfaite*, als Folge von Dominante und Tonika) und *plagaler Kadenz* (*cadence imparfaite* bzw. *irrégulière*, als Folge von Subdominante und Tonika).Unter einer *vollständigen* Kadenz versteht man heute eine Folge von

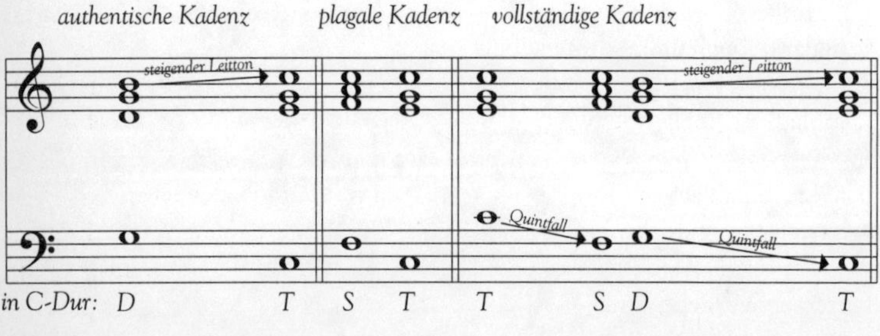

Tonika-Subdominante-Dominante-Tonika, wodurch sich, bezogen auf die jeweiligen Grundtöne der beteiligten Dreiklänge, ein doppelter Quintfall ergibt.

kajar → gamělan

Kalimba → mbira

Kalkant → Pfeifenorgel

kamānǧah [kamān = arab. Bogen; *kamença, kemançe]* Ursprünglich vermutlich aus Persien stammende, zwei- bis viersaitige Langhalsfidel mit zumeist halbkugelförmigem Resonanzkörper, der gelegentlich aus der halbierten Fruchtschale einer Kokosnuß hergestellt und mit einer Tierhaut überspannt ist. Statt einer Fellmembran kann auch eine flache Holzscheibe als Decke aufgesetzt sein.
Die kamānǧah ist heute in vielen arabisch beeinflußten Musikkulturen (oft als Dornfidel) zu finden.
In der türkischen Musik bezeichnet *kemençe rumi* eine dreisaitige Kurzhalsstreichfidel mit birnenförmigem Korpus, welche in Kniehaltung gespielt wird. Sie besitzt eine Wirbelplatte mit unterständigen Wirbeln. Die heute übliche Stimmung ist d', g', d''. Gelegentlich werden die beiden unteren Saiten nicht gegriffen, sondern als → Bordun gespielt.

kamença → kamānǧah

Kammerton Die Tonstufe a', welche auf der *Londoner Stimmtonkonferenz* von 1939 auf 440 Hz als Bezugsfrequenz festgeschrieben wurde. Der Kammerton gilt als weitgehend verbindliche Einstimmhöhe von Ensembles oder Orchestern.

Kanon [= griech. Regel, Richtmaß, Gesetz, Norm] Vokales oder instrumentales Musikstück, das aus einer Melodie (als → Thema) besteht, welche nach bestimmten Regeln zeitlich versetzt imitiert wird, so daß polyphone Mehrstimmigkeit entsteht.
Der Kanon ist eine direkte Vorstufe zur → Fuge und wurde daher noch im 18. Jahrhundert als *fuga in consequenza* verstanden und bezeichnet. Tatsächlich ist für den eigentlichen Kanon nur das strenge Verfahren der → Imitation (*imitatio ligata*, auf gleicher Tonhöhe und ohne intervallische oder rhythmische Veränderung) zugelassen. Das Thema wirkt hierbei in Gestalt seines Imitates gleichzeitig als Begleitstimme zu sich selbst. Letztlich ist das kanonische Verfahren daher nichts anderes als eine permanente *Engführung* (→ Fuge, → Imitation). Jede Abwandlung der Themenstruktur innerhalb einer Imitation als *imitatio simplex* (*Umkehrung*, *Spiegelung*, *Krebs*, *Umkehrungskrebs*, *Augmentation*, *Diminution*, → Imitation) weist eigentlich bereits Fugencharakter auf. Auch wenn die imitierenden Stimmen auf einer neuen Tonhöhe beginnen, handelt es sich wohl eher um eine fugenartige Gestaltung.
Als bislang ältester erhaltener Kanon der europäischen Musikgeschichte gilt «Sumer is icumen in», den der englische Mönch John Fornsete um etwa 1240–60 aufgeschrieben haben soll. Die Gattung als solche wird jedoch als wesentlich älter eingestuft und zählt vermutlich zu den frühesten Formen von Mehrstimmigkeit.

Im Laufe ihrer Geschichte wird die Gattung in zwei sich häufig überschneidenden Entwicklungslinien gepflegt: einerseits als vorwiegend vokale, volkstümlich populäre Musizierweise (sog. *Gesellschaftskanon*), andererseits als vokale oder instrumentale Kunstform (Blütezeit ab 1600).
Häufigste Formanlage ist der *Zirkel-* oder *Kreiskanon* (*canon infinitus* bzw. *perpetuus*). Sein kreisförmiger Ablauf ist so konzipiert, daß sein Ende ohne Unterbrechung wieder in den Anfang übergehen kann, der Kanon also stets von neuem beginnen kann. Zumeist wird der Zirkelkanon nur einstimmig notiert, die Stellen für weitere Stimmeinsätze sind durch Ziffern oder Zahlen markiert. Im *Rätselkanon*, einem beliebten Gesellschaftsspiel des 16. bis 18. Jahrhunderts, fehlen solche Angaben, und die Ausführenden müssen die entsprechenden Stellen selbst erraten.

Kantate [cantare = ital. singen] Mehrteilig gegliedertes, instrumental begleitetes Vokalwerk.
Die Gattung entsteht zu Beginn des 17. Jahrhunderts in Italien als weltliche *Solokantate* mit Generalbaßbegleitung (vgl. u. a. Alessandro Grandi: «Cantade et Arie», 1620). Über einer in allen Strophen gleichbleibenden Baßfolge bewegt sich die Solostimme in einer durchkomponierten Melodik. In der Folgezeit löst sich die Werkform von der strophischen Form mit Baß-Ostinato, und man geht zu einer Reihung von → Rezitativen und → Arien über (erste Ansätze bei Benedetto Ferrari: «Musiche varie», 1633–41, ausgeprägt dann in den Kantaten von Luigi Rosso, Giacomo Carissimi, Francesco Cavalli, Marc Antonio Cesti). Das begleitende Instrumentarium wird dabei zum Orchester ausgeweitet, reine Instrumentalabschnitte (→ Ritornelle) können eingeschoben sein. Die einzelnen Sätze werden formal, besetzungs- und satztechnisch bevorzugt unterschiedlich gearbeitet. Als Musterform gilt die Kantate mit zwei oder drei da capo-Arien und jeweils vorangestellten Rezitativen.
In der Folgezeit entstehen je nach Textbezug, Besetzung, Funktion und Aufführungspraxis unterschiedliche Kantatenbezeichnungen.
Die *Kirchenkantate (cantata da chiesa)* oder *geistliche Kantate* enthält einen religiösen Text, die *Profankantate* oder *weltliche Kantate* hat dagegen einen (oft recht humorvollen) Text weltlichen Inhalts (vgl. Georg Philipp Telemann: «Schulmeister-Kantate»; J. S. Bach: «Kaffeekantate», «Bauernkantate»). Textliche oder melodische Rückgriffe auf Volkslieder sind bei weltlichen Kantaten nicht ausgeschlossen. Durch → Kontrafaktur (Umtextierung) und → Parodieverfahren (Funktionsänderung) konnten Sätze von weltlichen Kantaten auch in geistlichen Kantaten verwendet werden (vgl. J. S. Bach: «Weihnachtsoratorium», BWV 248: Arie Nr. 3 «Schlafe, mein Liebster» ist der weltlichen Kantate «Laßt uns sorgen, laßt uns wachen», BWV 213 entnommen und wurde für die Verwendung innerhalb der geistlichen Kantate entspre-

chend umtextiert). Eine *Kammerkantate (cantata da camera)* ist für Aufführungen in kleinerem geselligem Kreis gedacht, deren Besetzung zumeist entsprechend begrenzt. *Chorkantaten* sind für Chor und in der Regel polyphon gearbeitet, *gemischte Kantaten* für Solostimmen und Chor gesetzt, wobei dann der häufige Wechsel von chorischen und solistischen Vokalabschnitten als typisch gilt. Einer *Choralkantate* liegt ein → Choral (protestantisches Kirchenlied) zugrunde. Mehrere Kantaten können zu einem übergeordneten Zyklus zusammengefaßt sein (vgl. J. S. Bach: «Weihnachtsoratorium» als Folge von sechs Kantaten).
Im 19. und 20. Jahrhundert verwischen die Grenzen zwischen Kantate und anderen Vokal- bzw. Instrumentalformen (Orchesterlied, → Oratorium, → Sinfonie) immer häufiger, und die Bezeichnung kann nunmehr recht unverbindlich für allerlei Werke stehen, sofern sie instrumentale und chorische Anteile enthalten. *Schul-* oder *Lehrkantaten* entstehen im 20. Jahrhundert und haben zumeist eine musikpädagogische Ausrichtung.

Kantele → Psalter

kanun → qānūn

Kanzone → canzona

Kapodaster [Capotasto, capo d'astro = ital. Kopf/Ende des Griffbrettes] Mechanische barré-Vorrichtung für → Zupfinstrumente, welche als zusätzlicher, beweglicher Sattel die Grundstimmung vollständig in eine höhere Lage transponiert (→ barré).

Kastagnetten [castaña = span. Kastanie] Klapperinstrument aus zwei schalenförmigen Hartholzstücken, welche in traditioneller Spielweise zwischen den Fingern einer Hand aufeinandergeschlagen werden.

Kastrat [castrare = lat. schneiden, entmannen] Sänger, der aufgrund eines operativen Eingriffs auch nach dem Stimmbruch *(Mutation)* weiterhin mit seiner Knabenstimme und damit in Sopran- oder Altlage singen kann.
Kastratengesang spielte (neben Knaben- und Falsettgesang) bis ins 18. Jahrhundert eine wichtige Rolle in der Kirchenmusik (→ Falsett). Frauenstimmen waren dort wegen wortwörtlicher Auslegung der Bibelstelle «mulieres in ecclesiis taceant» (1. Korinther, 14, 34) für lange Zeit verboten. Erst Johann Mattheson brach 1715/16 das päpstliche Veto und führte wieder Frauenstimmen im Chorsatz. Bis zu diesem Zeitpunkt meint *Altstimme* im Chorsatz geistlicher Musik in aller Regel nicht *tiefe* Frauenstimme, sondern *höchste* Männerstimme. Der letzte Kastrat der Sixtinischen Kapelle in Rom, Alessandro

Moreschi, starb 1922. Ab etwa 1650 war Kastratengesang auch im Opernbereich verbreitet und wurde dort äußerst beliebt. Berühmte Kastraten waren u. a. Carlo Broschi (genannt Farinelli) und Gaetano Majorano (genannt Caffarelli).

Kavatine Kleine, oft zweiteilig gegliederte → Arie in kurzer, knapper Ausdehnung. Im Vergleich zu einer Arie ist die Melodik einer Kavatine wesentlich schlichter, liedmäßiger gearbeitet.

Kegeloboe → mizmār, → śahnāī

kemançe, kemençe rumi → kamānğah

kĕmpli → gamĕlan

kĕmpul/kĕmpur → gamĕlan

kĕmpyang → gamĕlan

kĕnḍang → gamĕlan

kĕnong → gamĕlan

Kenthorn → Klappenhorn

kĕṭuk → gamĕlan

Keyboard → Elektro-Piano

Kielflügel → Cembalo

Kielinstrumente Tasteninstrumente mit Zupfmechanik (→ Cembalo, → Virginal, → Spinett, → Clavicytherium)

Kirbenpfeiff → Chalumeau

Kirchentonart → Modus

kithara Ursprünglich siebensaitiges (später auch bis zu 18saitiges) griechisch-antikes Zupfinstrument mit einem Holzkasten als Resonanzkorpus, aus welchem zwei dicke Jocharme herausragen. Zwischen die Arme ist ein Quersteg (Joch) eingefügt, der als obere Saitenhalterung dient. Die Saiten werden mit einem Plektrum angeschlagen, das Instrument diente vorwiegend zur Gesangsbegleitung. (→ Leier)

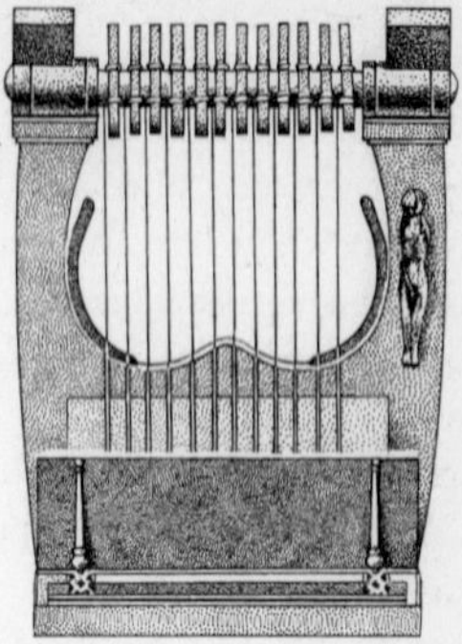

Klang → Ton

Klangfarbenkomposition/Klangfarbenmusik → Klangkomposition

Klangkomposition (Klangfarbenkomposition, Klangfarbenmusik, Sonorismus) Werkform der → Neuen Musik, in welcher traditionelle Melodik und Rhythmik durch einen breitflächigen, statisch wirkenden Klangkomplex ersetzt sind. Dessen Klangfarbenqualität verschiebt sich während des zeitlichen Ablaufes der Komposition durch gezielte mikrotonale Intervallbewegungen (→ Mikrotonalität) allmählich in eine andere Qualität (vgl. György Ligeti: «Atmosphères», 1961).

Klappenhorn 1770 von Kölbel entwickeltes → Blechblasinstrument aus Metall. Kölbel verwendete zur Chromatisierung der → Naturtonreihe eine konisch mensurierte Schallröhre mit fünf bis acht Tonlöchern, welche in Ruhestellung mit ebenso vielen Klappen geschlossen sind und zur Verkürzung der Luftsäule (d.h. zur Erhöhung der Tonstufen) über eine entsprechende Mechanik geöffnet werden können. Äußerlich betrachtet hat das Instrument Signalhorn-Form und ähnelt einer ventillosen → Trompete. Es wurde in verschiedenen Mensurweiten mit Grundstimmungen in A, B, C, D, als Altklappenhorn auch in F und Es gebaut und war ab etwa 1810 in Militärmusik recht verbreitet. Ab etwa 1850 wurde das Klappenhorn durch die neuen ventilbestückten Blechblasinstrumente jedoch zunehmend verdrängt und ist heute, ebenso wie seine Varianten, das englische *Kenthorn* von 1810 und die französische *Ophikleïde* [griech. Schlangenklappe] von 1817, weitgehend unbedeutend geworden.

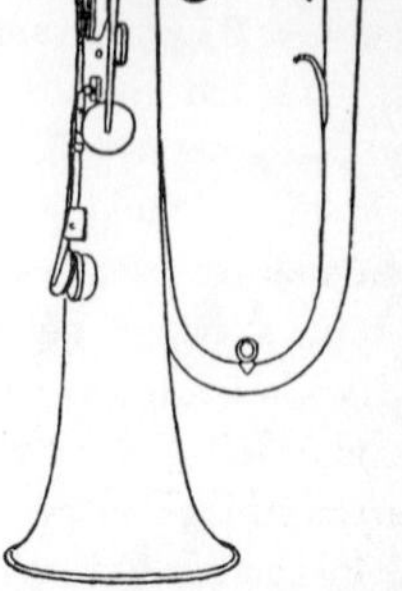

Klarinette Zylindrisch mensuriertes → Holzblasinstrument mit Einzelrohrblatt, welches als Aufschlagzunge dient.
Die Klarinette entsteht gegen Ende des 17. Jahrhunderts aus dem → Chalumeau mit Einfachrohrblatt. Diese Weiterentwicklung geht insbesondere auf Johann Christoph Denner (Nürnberg) zurück, der u. a. das Schallrohr des Chalumeau verlängerte, die Mensur erweiterte, zusätzliche Tonlöcher und eine Klappenmechanik hinzufügte, um den Tonumfang kunstmusikalischen Ansprüchen anzugleichen. 1716 erscheint erstmals die Bezeichnung *clarinette* in einem niederländischen Werktitel; 1732 erwähnt Johann Gottfried Walther den neuen Typus als *clarinetto* (vgl. Musicalisches Lexicon). Die neue Bezeichnung verweist auf das *clarino*-Register, die hohe Lage der Trompeten des 17./18. Jahrhunderts. Spätestens ab der zweiten Hälfte des 18. Jahrhunderts löste das neugeschaffene *Clarinetto* (übersetzt etwa *Kleines Clarin* oder *Clarin-Instrumentchen*) zunehmend die in dieser Lage schwierigst zu spielende Trompete ab. Als Beleg für diesen Rollentausch gelten u. a. die vier Klarinettenkonzerte von Johann Melchior Molter (1740/50), in denen der Klarinette genau jene Töne zugewiesen werden, welche den Naturtönen einer im Clarinregister geblasenen Trompete entsprechen würden.
Zunächst in Anlehnung an die Rolle des Chalumeau hauptsächlich ein Volksmusikinstrument, wird die Klarinette bald in die Militär- und Marschmusik und seit Mitte des 18. Jahrhunderts (durch Jean-Philippe Rameau sowie ab 1759 durch die → Mannheimer Schule) zunehmend in die Orchesterbesetzungen der Kunstmusik aufgenommen. W. A. Mozart lernte das neue Instrument 1778 bei einem Besuch in Mannheim kennen und insbesondere dessen ausgeprägte Registerklangfarben schätzen (vgl. W. A. Mozart: «Klarinettenquintett», KV 581, 1789, «Klarinettenkonzert in A-Dur», KV 622, 1791). Ende des 19. Jahrhunderts gelangte das Instrument über die Militär- und Marschmusik, die Zirkus- und Operettenmusik zudem in die Besetzungen der Jazzmusik.
Bereits ab etwa 1770 wurde die Klarinette in unterschiedlichen Größen und Stimmlagen gebaut, aus denen sich letztlich die *Sopranklarinette* als Stamminstrument in drei Grundstimmungen A, B bzw. C, die sog. *Kleinen* oder *Quartklarinetten* in den Grundstimmungen Es und D sowie die beiden tiefsten Größen *Baßklarinette* (*Clarone*; vgl. Richard Wagner: «Tristan und Isolde», 2. Akt: Markes Monolog) und *Kontrabaßklarinette* behaupten konnten.
Die Tonumfänge (jeweils klingend) sind: C-Klarinette (e-c''''), B-Klarinette (d-b''', mit Es-Klappe: des-b'''), A-Klarinette (cis-a'''), Kleine Es-Klarinette (g-b'''), D-Klarinette (fis-b'''), Baßklarinette in B (B_1-f''), Kontrabaßklarinette in B (D_1-d'/e').
Klarinetten werden im Violinschlüssel notiert *(Französische Notierung)* und abgesehen von der C-Klarinette transponierend behandelt. Bei tiefen Klari-

netten hat sich zudem eine Notierung im Baßschlüssel verbreitet *(Deutsche Notierung)*. Die üblichen Abkürzungen in Partituren sind *Klar.*, *cl.*, *clar.*
Die heutige Bauform einer Klarinette ist üblicherweise fünfteilig und besteht aus Mundstück *(Schnabel)*, Kopfstück *(Birne, Fäßchen)*, Oberstück, Unterstück und Schalltrichter *(Stürze, Becher)*. Das Mundstück *(Schnabel)*, früher aus Holz, heute zumeist aus Kunststoff, Kautschuk oder Plexiglas (seltener auch aus Elfenbein oder Glas) weist eine Aussparung *(Bahn)* auf für das mittels Blattschnur aufgebundene oder (seit Iwan Müller) mittels Schelle und Blattschraube fixierte Rohrblatt. Zunächst wurde das Mundstück so geführt, daß das Rohrblatt an der Oberlippe lag, etwa ab Ende des 18. Jahrhunderts (Mann-

heimer Schule) wurde das Mundstück gedreht (teilweise wurde diese Technik jedoch regional noch längere Zeit unterschiedlich gehandhabt). Das Kopfstück ist in verschiedenen Größen erhältlich, wodurch sich die Grundstimmung um etwa 10% variieren läßt. Das Rohr wird aus Buchsbaum, tropischem Grenadill-, Kokos- oder Schwarzholz, aus Kunststoff oder Plexiglas hergestellt und ist, abgesehen vom schwach konisch gebohrten Unterstück, überwiegend zylindrisch mensuriert. Es wirkt das akustische Prinzip der einseitig geschlossenen Röhre mit ungeradzahliger Partialtonreihe, die Klarinette überbläst daher in die Duodezime. Die Anzahl der *Klappen* (für lange Übertragungswege) und *Heber* (für kurze Übertragungswege) hat im Laufe der Klarinettengeschichte beständig zugenommen. Die ersten Denner-Klarinetten von 1690 besaßen zwei Klappen, Ende des 18. Jahrhunderts waren sechs Klappen üblich, Iwan Müller (London) erweiterte die Mechanik um 1810/1812 auf 13 Klappen. Heutige Instrumente weisen zumeist etwa 20 oder 21 Klappen und fünf bis sieben Ringklappen (*Ringe*) auf. Zwei bis drei Ringe können zu sog. *Brillen* verbunden sein.
Das weltweit verbreitetste Klappensystem (gut erkennbar an bis zu fünf dicht nebeneinander angesetzten Hebern im Bereich des Unterstücks) wurde um 1850 von Theobald Boehm (*Boehm-Klarinette*, → Querflöte) entwickelt. Die um 1900 erschienene, aus verschiedenen Zwischenstufen (u. a. der *Mollenhauer-Klarinette*, 1867, sowie der *Deutschen Normal-Klarinette*, 1890) hervorgegangene *Oehler-Klarinette* verwendet eine unterschiedliche Anzahl Heber und Rollen und wird heute nur noch in Deutschland gespielt. Boehm-Klarinetten sind auch im hohen Register äußerst intonationsgenau, besitzen eine finger-

technisch günstigere Verteilung der Klappen und Ringe, ihr Klang wird jedoch allgemein als etwas schärfer eingestuft als vergleichbare Oehler-Klarinetten.

Die Angabe zur Grundstimmung einer Klarinette ist, anders als bei den → Blechblasinstrumenten, nicht direkt auf Rohrlänge und deren tiefstmöglichen Ton, sondern auf den klingenden Grundton der Transposition bezogen. Wenn z. B. ein Klarinettist ein notiertes c' liest und auf seiner B-Klarinette entsprechend ein c' greift, so erklingt ein b. Greift der Spieler das c' jedoch auf einer A-Klarinette, so erklingt statt dessen ein a. Diese Systematik erleichtert den Klarinettisten das Spielen ihrer verschiedenen Instrumente ganz entscheidend. Ein Komponist oder Arrangeur muß dagegen für jedes dieser Instrumente die später automatisch transponierte Stimmung bereits beim Schreiben einer Partitur mit einplanen und jede Klarinette also in einer anderen, eben der gültigen klingenden Tonart notieren, um letztlich den erwünschten klingenden Ton zu erhalten. Diese Aufgabenverteilung zwischen Spielern und Komponisten scheint sinnvoll, wenn man bedenkt, daß der Instrumentalist bei einer Aufführung schnell reagieren und handeln muß, ein Komponist sich jedoch bei seinen Vorarbeiten zumeist etwas mehr Zeit lassen darf.

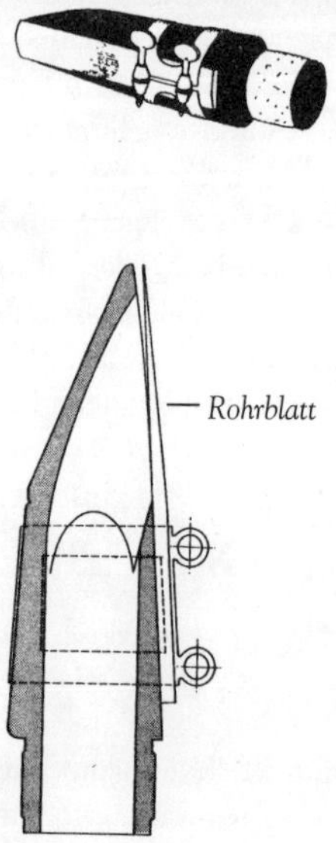

Klarinetten-Mundstück

Klassik (Wiener Klassik) Musikgeschichtliche Epoche zwischen etwa 1750/70 und etwa 1827 (Todesjahr L. v. Beethovens), in welcher sich eine neue Idealvorstellung von Musik entwickelt, die sehr vom Wesen der *Aufklärung* beeinflußt ist. Bestimmendes Zentrum der Entwicklungen ist der deutschsprachige Raum.

Die geistige Strömung der *Aufklärung* (vgl. Immanuel Kant) fordert den mündigen Menschen, der die alten Standesschranken durchbricht, der seinen wachen Verstand benutzt, um sich zu bewähren, und dadurch Würde und Freiheit gewinnt. Jenseits von Kirche und den höfisch-aristokratischen Kreisen erstarkt das Bürgertum, welches nun auch die Musik mitträgt. Diese soll keinem Zweck mehr außer sich selbst dienen, *rein*, durchgeistigt und erhaben sein. Musikalische Werke sollen so gestaltet sein, daß sie eigenständige *Wesenheiten* darstellen, welche für sich selbst *sprechen*. Es entsteht der Begriff des *Werkcharakters*. Um den Ansprüchen eines solchen autonomen Kunstwerkes gerecht zu werden, erfordert der Schaffensprozeß eine gleichartige Unabhängigkeit auch vom Komponisten. Er muß nicht nur sein Handwerk beherrschen und frei über alle gestalterischen Möglichkeiten verfügen können, er sollte auch von allen äußeren Aufgaben (Dienststellungen in Kirche, bei Hofe usw.) entbunden sein. Erstmals tritt der *freischaffende Künstler* in Erscheinung, der nur noch der Kunst und sich selbst verantwortlich ist. «Frei muß das Gemüt und die Seele sein, wenn man etwas ... sich Verdienste sammeln will» (Joseph Haydn, 1778). Das individuelle Erleben des Künstlers wird im Kunstwerk zum überindividuellen, allgemeingültigen Menschen-Erlebnis sublimiert. Der klassische Komponist strebt nach *vollkommener* Ausgeglichenheit von Form und Inhalt bei gleichzeitiger Schlichtheit und Universalität der Tonsprache (J. Haydn: «Meine Sprache versteht man in der ganzen Welt»).

Zentrale Baustruktur der Klassik wird die → Sonate, deren Kopfsatz nun in aller Regel die → Sonatenhauptsatzform (mit zwei Themen) aufweist. Die Kontraste zwischen den beiden Themen werden zu wahrhaften Konflikten, welche dialektisch gegeneinander ausgespielt werden, um schließlich in einer gemeinsamen, kathartischen Lösung ihren Abschluß zu finden. Dieser *Entwicklungsgedanke* ist eine der wichtigen Neuerungen der klassischen gegenüber der barocken Sonate. Im → Barock hatte man sich noch weitgehend darauf beschränkt, unterschiedliche Affektgehalte zwischen Sätzen, Themen oder Motiven nebeneinanderzustellen, sie gleichsam *statisch* zu behandeln. Nun wird das antithetische Gegenüber zweier Elemente als *dynamische Qualität* erkannt, die es zu entfalten gilt. Das musikalische Geschehen wird entsprechend dramatischer, spätestens bei L. v. Beethoven ist der Kopfsatz der Sonate ein *musikalisches Drama* geworden.

Zum Träger aller musikalisch bedeutsamen Elemente (Rhythmus, Charakter, Stimmung, Tonalität, motivische Untergliederung, Dynamik, Farbe) wird das → Thema. Es ist nicht nur Einfall und Inspiration, sondern wird *erarbeitet*, muß originell und persönlich, spannungsreich und aussagekräftig sein. Die Motivik ist nicht mehr, wie oft in der Barockmusik, an bestimmte Figuren gebunden (→ musikalisch-rhetorische Figurenlehre). Die verwendeten → Motive müssen *entwicklungsfähig* sein und dürfen auch bei größten Verwandlungen und Umformungen ihr eigentliches Wesen nicht verlieren. Wichtiges kompositorisches Verfahren innerhalb der Sonatenhauptsatzform wird die → thematisch-motivische Arbeit. Sie ermöglicht, alle musikalischen Elemente und Gedanken zu einem Geflecht von sinnfälligen Beziehungssträngen zu vernetzen und damit die gewünschte Einheit eines Werkes zu erreichen. Erste Ansätze dieser

Technik finden sich bei Carl Phil. Emanuel Bach, in vollkommener Konsequenz erscheint sie dann erstmals in Joseph Haydns «Russischen Streichquartetten» op. 33, 1781. Eine bevorzugte Satztechnik für Ensemble und Orchester wird ab 1777 (Joseph Haydn) die → durchbrochene Arbeit.
Klassische Werke stehen zwar häufig in Dur-Tonarten, beliebt sind jedoch (insbesondere bei W. A. Mozart zu beobachtende) Moll-Eintrübungen von vormaligen Dur-Motiven. Insbesondere in den Durchführungen von Sonaten werden differenzierteste, nicht selten plötzlich erscheinende → Modulationen zwischen Tonarten durchgeführt (eine Erscheinung, welche in der → Vorklassik noch nicht zu beobachten war). Zudem gibt es die vielfältigsten enharmonischen Verwechslungen (→ Enharmonik), → Ausweichungen, → Rückungen, aber auch (insbesondere bei L. v. Beethoven) jäh aufeinanderfolgende Tonartengegensätze. Verwandte Tonarten werden zur strukturellen Verklammerung der Sätze, Themen und Motive eingesetzt. Als bedeutende formale Prinzipien der Klassik gelten → Satz und → Periode. Aber bereits J. Haydn und W. A. Mozart hinterfragen diese Normierung bis an die Grenzen der Auflösung und erreichen hierdurch eine immense Spannung zwischen Hörerwartung und realer Hörsituation. L. v. Beethoven schreibt bis in seine mittlere Schaffensperiode klar periodisch strukturierte Themen, durchbricht später jedoch diese Regelhaftigkeit.
Während in einem Barockwerk innerhalb der geregelten Periodenbildung noch hauptsächlich eine einzige, durchgehende Rhythmik überwog (was nicht selten zum Eindruck eines geradezu *motorischen* Charakters führte), weisen klassische Werke zumeist eine verhältnismäßig große Vielzahl von rhythmischen Zwischendifferenzierungen auf. Die Eigenständigkeit der *Werkcharaktere* fordert nun zwingend ebenso genaue Angaben zur Aufführungsgeschwindigkeit (→ Tempo), welche sich folgerichtig ab Anfang des 19. Jahrhunderts auch durchsetzen (Mälzelsches → Metronom).
Die Instrumentalmusik tritt in der Klassik deutlich in den Vordergrund, konzentriert sich dabei vornehmlich auf Sonate, → Streichquartett, → Sinfonie und Solokonzert (→ Konzert). Die meisten dieser Gattungen sind konsequente Weiterentwicklungen aus der Barockzeit. Die → Oper wird von Christoph Willibald Gluck reformiert, es entstehen national unterschiedliche Opernstile.
Die wichtigsten Repräsentanten der Klassik sind Joseph Haydn (1732–1809), W. A. Mozart (1756–1791) und L. v. Beethoven (1770–1827). Haydn entwickelt aus den Vorarbeiten der → Mannheimer Schule und der → Berliner Schule die klassische Sonatenhauptsatzform. Er hinterließ ein riesiges Gesamtwerk unterschiedlichster Formen und Gattungen (83 Streichquartette, 120 Sinfonien, Konzerte, Klavier- und Violinsonaten, Trios, Messen, Oratorien u. v. m.). Dabei verblieben seine Motiv- und Themenbildungen gerne im

Bereich bemerkenswert einfacher, gelegentlich der Volksmusik entlehnter Gestaltung. In W. A. Mozarts insgesamt über 600 Kompositionen finden sich viele Opern (zumeist als Auftragskompositionen) in allen seinerzeit bekannten Stilistiken, wobei ihn ein Streben nach einer eigenständigen deutschen Ausprägung der Gattung ständig begleitete. L. v. Beethoven, den Idealen der Französischen Revolution nahestehend, war ein äußerst disziplinierter Arbeiter, dessen Werke eine geradlinige Folge stetiger Weiterentwicklung zu formaler und inhaltlicher Vertiefung darstellen, ohne dabei an impulsiver Leidenschaft zu verlieren. Seine Geisteshaltung wurde stark durch die Literatur der Klassik und das Gedankengut der griechischen Antike geprägt. In ihm findet die Epoche des klassischen Ebenmaßes ihren Vollender, gleichzeitig gilt er durch das stürmerische, ich-bekenntnishafte Wesen seiner Musik auch als früher Vertreter der → Romantik, der den Weg zu Robert Schumann und Johannes Brahms weist. L. v. Beethoven schreibt vorwiegend Instrumentalmusik, führt insbesondere die Klaviersonate und das Klavierkonzert zu größter Vollkommenheit, sucht auch hier nach gültigen formalen Lösungen, hinterfragt sowohl die schulmäßigen Formvorgaben als auch die thematischen Vorgaben gleichsam bis zu ihrer Auflösung.

Klavier → Pianino

Klavierinstrumente Sammelbezeichnung für besaitete Tasteninstrumente mit Klaviatur und Zupfmechanik (→ Cembalo, → Spinett, → Virginal, → Clavicytherium) oder Schlagmechanik (→ Hammerklavier, → Flügel, → Clavichord, → Pianino, → Tafelklavier, → Tangentenflügel). Die Bedeutung der Bezeichnung *Clavier/Klavier* hat sich im Laufe der Musikgeschichte häufiger gewandelt. Bis etwa 1750 wurde die Benennung einheitlich auf alle Instrumente mit einer Klaviatur angewandt (→ Kielinstrumente, → Clavichord, → Tangentenflügel, → Hammerflügel, → Pfeifenorgel). In den folgenden 50 Jahren reduzierte sich diese Bedeutungsvielfalt zumindest in Deutschland zumeist auf das *Clavichord*, wogegen das *Cembalo* nun *Flügel* genannt wurde (u.a. bei Carl Phil. Emanuel Bach). Ab Anfang des 19. Jahrhunderts wurde die Bezeichnung *Klavier* schließlich nur noch auf den *Hammerflügel* bzw. die daraus hervorgegangenen Tasteninstrumente mit liegendem (vgl. Tafelklavier, Flügel) oder aufrechtem Rahmen (vgl. Pianino) angewendet. So waren z. B. die ersten acht Klaviersonaten von Ludwig van Beethoven cop. 2, Nr. 1 bis op. 13) zunächst als «Sonaten für Cembalo oder Pianoforte» veröffentlicht worden und wurden vom Komponisten erst später (vermutlich am 23. 1. 1817) nachträglich in «Sonaten für das Hammerklavier» umbenannt.

Klavierlied → Kunstlied

Klaviziterium → Clavicytherium

Kleine Trommel Zweifelliges Schlaginstrument mit zylindrischem Korpus (früher aus Holz, seit dem 18. Jahrhundert zumeist aus Metall), der eine niedrige Zargenhöhe (8–19 cm) aufweist. Die obere Membran wird als *Schlagfell* benutzt, das gegenüberliegende *Resonanzfell* besitzt quergespannte, metallene *Schnarrsaiten*. Sie lassen sich über eine Hebelmechanik direkt auf das Resonanzfell auflegen und werden dann beim Anschlag mit in Schwingung versetzt. Die Kleine Trommel wird mit paarigen Holzstöcken gespielt. Die Membranspannung wurde traditionellerweise über seitliche Spannleinen beeinflußt, seit dem 18. Jahrhundert dient dem gleichen Zweck in aller Regel eine Schraubenmechanik (→ Pauke; zur Stimmfähigkeit: → Trommel). Ursprünglich ein Militärmusikinstrument, ist die Kleine Trommel seit dem 19. Jahrhundert auch in sinfonischer Musik vertreten. In heutiger Tanz-, Unterhaltungs-, Jazz-, Rock-, Pop- und Schlagermusik wird sie zumeist als *snare drum* bezeichnet (→ Schlagzeug).

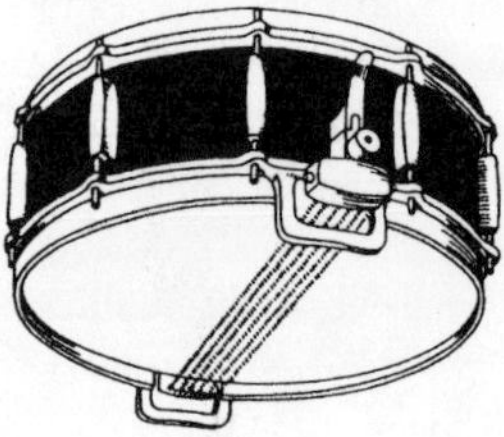

Kontrabaß Streichinstrument, das im 16. Jahrhundert aus den tiefen Varianten der → Viola da gamba hervorging. Früheste Darstellungen des Instrumentes finden sich in Jost Ammans «Turnirbuch» (1566) und in dessen «Beschreibung aller Stände» (1568).
An die Herkunft des Kontrabasses erinnern u. a. noch der dicke Kurzhals, der zum Hals hin verjüngt auslaufende Oberbügel sowie insbesondere dessen typische Abdachung *(Bruch)* am Boden. Der *Bruch* dient einerseits der Druckstabilisierung und ist damit günstig zur Verbesserung der Schwingungseigenschaften, bietet bei der Größe des Instrumentes andererseits aber auch gewisse spieltechnische Vorteile. Ebenfalls in Anlehnung an die Viola da gamba besaßen Kontrabaß-Griffbretter noch bis ins 18. Jahrhundert Bünde. Neben diesen noch deutlich mit den Gamben verwandten Kontrabässen entstanden bereits seit Anfang des 17. Jahrhunderts vorwiegend in Italien auch Bauformen, welche sich eher an Merkmale der Violinfamilie anlehnten. Diese Instrumente weisen u. a. eine für → Violinen typische Schnecke statt des sonst üblichen Gamben-Zierkopfes, F-Löcher statt Gamben-C-Löcher, einen gewölbten Boden statt eines flachen Gambenbodens sowie ein bundloses Griffbrett auf. Etwa seit Mitte des 18. Jahrhunderts sind die ursprünglich getrennten Baumerkmale beider Varianten häufig mehr oder weniger ausgeprägt miteinander vermischt. So haben beide Varianten angesetzte Wirbelkästen

mit hinterständigen Wirbeln, welche seit 1778 (Karl Ludwig Bachmann) über eine Schrauben- bzw. Zahnradmechanik bedient werden, und weisen (ab etwa 1800) übereinstimmend nur noch bundlose Griffbretter auf. Ebenfalls bei beiden Bauformen ist am jeweiligen Unterbügel ein höhenverstellbarer, kurzer *Stachel* (→ Violoncello) zur günstigeren Handhabung des Instrumentes angebracht. Ansonsten läßt sich allerdings eine weitere Vereinheitlichung der Kontrabaßbauweise bislang nicht feststellen. Italienische Kontrabässe sind häufig nach wie vor eher an die Violinenform angelehnt, deutsche Instrumente blieben dagegen oft weiterhin gerne gambenähnlich.

Der Resonanzkorpus eines heutigen Kontrabasses ist etwa 105–110 cm lang, für jüngere Spieler sind an die Körpergröße angepaßte, sog. $\frac{3}{4}$- und $\frac{1}{2}$-Instru-

Stimmschraube

Viola-da-gamba-Form *Violinenform*

mente in Gebrauch (→ Violine). Bereits in der Barockzeit wurde auch mit Vergrößerungen des Kontrabasses experimentiert, solche Instrumente waren jedoch oftmals spieltechnisch kaum noch zu bewältigen. Aus dem 17. Jahrhundert ist z. B. eine italienische *Gigante* mit 247 cm Länge erhalten (heute im South Kensington Museum, London). 1830 wurde in Wien ein *Riesenkontrabaß* mit sieben Saiten konstruiert. Ebenfalls im 19. Jahrhundert fertigte Jean-Baptiste Vuillaume in Paris einen dreisaitigen, 400 cm langen *Octobasse* (heute im Musée Instrumental du Conservatoire, Paris), auf einem Musikfest in Cincinnati (USA) wurde 1889 ein Kontrabaß von J. Geyer mit 480 cm Länge und 280 cm Breite vorgestellt. Dieser benötigte zwei Spieler, von denen der eine, auf einer Leiter stehend, die Tonhöhen abgriff, während der andere den Streichbogen führte.

Die Anzahl der Saiten sowie deren Stimmungen wurden im Laufe der Kontrabaßgeschichte recht uneinheitlich gehandhabt. Bis ins 19. Jahrhundert wurden in Orchestern gerne sog. *Dreisaiter* eingesetzt, welche auf G_1, D, A, auf G_1, D, G oder auf A_1, D, G gestimmt wurden. Die Decke der dreisaitigen Kontrabässe war durch die wenigen Saiten nur gering belastet, die Instrumente konnten entsprechend günstig schwingen und einen vollen, tragfähigen Klang entwickeln. Fünfsaitige Kontrabässe sind mindestens seit dem 17. Jahrhundert bekannt, waren zunächst in Quarten und Terzen (→ Viola da gamba), werden heute jedoch zumeist auf H_1 oder C_1, E_1, A_1, D, G gestimmt. Vermutlich ebenfalls schon im 17. Jahrhundert entstanden auch sechssaitige Kontrabässe, welche sich jedoch kaum durchsetzen konnten und zumindest heute keine Verwendung mehr finden. Die heute verbreitetste Kontrabaßform trägt eine viersaitige Bespannung. Die Saiten haben einen Kern aus Darm, Silber, Kupfer, Aluminium oder Chromstahl, die beiden tieferen Saiten sind umsponnen. Sie sind heute üblicherweise in Quarten auf E_1, A_1, D, G gestimmt. Aus klanglichen Gründen werden bei solistischem Spiel gelegentlich alle Saiten um einen Ganzton höher eingestimmt. Die tiefste Saite kann seit etwa 1880 mittels der Hebelmechanik von Carl Pittrich (sog. *C-Maschine*) chromatisch bis C_1 umgestimmt werden, wodurch eine fünfte Saite verzichtbar wurde. (Eine ähnliche Funktion hat das *Klappensystem* von Max Poike, Berlin, und Ludwig Glaesel, Markneukirchen). Falls möglich, werden heute in größeren Orchestern die klangvollen Viersaiter mit einigen wenigen Fünfsaitern gemischt eingesetzt.

Der Kontrabaß wird stehend oder auf einem hohen Hocker sitzend gespielt. Kontrabaßbogen waren bis in die zweite Hälfte des 19. Jahrhunderts relativ kurz und hatten eine konvex gebogene Stange. Seit František Simandl (1840–1912) sind längere (68–70 cm) Konkavbogen üblich. Die deutsche Bogenführung nutzt den Unterhandgriff, die französische dagegen den Oberhandgriff. Früher wurde zum Schutz der Fingerkuppen nicht selten ein Lederhandschuh über die Greifhand gezogen. Spielanweisungen bzw. Stricharten entsprechen in etwa denen bei der → Violine, → sordine ist möglich, Daumenaufsatz (→ Violoncello) üblich. Der Kontrabaß wird als oktavtransponierendes Instrument (eine Oktave höher als klingend) im Baßschlüssel notiert. Die üblichen Abkürzungen in Partituren sind *Kb.*, *K. B.*, *Cb.*, *C. B.*

Eine interessante Spielanweisung ist der *Langloische Effekt*, benannt nach K. Langlois (Piemont), der diese Spielweise etwa 1830 entwickelt hatte. Hierbei wird eine Saite in sehr hoher Lage zwischen zwei Finger eingeklemmt und mit dem Bogen scharf angestrichen. Es entsteht ein schreiender Klang (vgl. Richard Strauss: «Salome»: Szene der Hinrichtung des Jochanaan).

Der Kontrabaß ist seit dem 18. Jahrhundert im Orchester vertreten (sowohl im Sinfonie- als später auch im Unterhaltungsorchester) und übernahm dort die Rolle, welche bis dahin die tiefen Viola-da-gamba-Instrumente innehatten. Zunächst wurde er gewöhnlich unisono im Oktavabstand mit → Fagott oder Violoncello geführt, ab dem 19. Jahrhundert zunehmend eigenständiger behandelt. Wegen der nun oft schnellen Figurationen sowie des gewünschten, sensiblen Spiels in hohen Lagen (→ Flageolettöne sprechen bei allen Kontrabässen sehr gut an) werden seither recht hohe Anforderungen insbesondere an die Greifhand der Bassisten gestellt (vgl. L. v. Beethoven: «Sinfonie Nr. 5», Scherzo: Diese Stelle wird oft in Probespielen gefordert und ist unter Kontrabassisten gefürchtet). Der Kontrabaß gehört zudem zur typischen Besetzung in Streicher-Kammermusik (vgl. Franz Schubert: «Klavierquintett» [«Forellenquintett»], D 667, «Oktett», D 803, Anton Dvořák: «Streichquintett» op. 77; W. A. Mozart: «Eine kleine Nachtmusik», KV 525; L. v. Beethoven: «Septett» op. 20, «Septett» op. 31; Louis Spohr: «Nonett» op. 31, «Oktett» op. 32; Sergej Prokofjew: «Quintett» op. 39). Bedeutende Kontrabaßkonzerte stammen von Carl Ditters von Dittersdorf, Johann Baptist Vanhal, Carl Stamitz, Giuseppe Antonio Capuzzi, Joseph Abert, Giovanni Bottesini und Domenico Dragonetti, der selbst ein virtuoser Kontrabassist war.

Der Kontrabaß war bis zur Entstehung des *Elektro-Basses* das charakteristische Baßinstrument in Tanz- und Unterhaltungsmusik-Ensembles. Im → Jazz löste er ab etwa 1910 die → Tuba ab, welche bis dahin in sog. *marching bands* das Baßfundament bildete. In Jazzmusik, → Rockabilly und → Rock 'n' Roll wird er fast ausschließlich als *Zupfinstrument* eingesetzt, wobei zudem eine bestimmte Spieltechnik als *Schlagbaß (slap bass)* sehr verbreitet ist. Hierzu wird eine Saite beim Anzupfen gleichzeitig senkrecht oder leicht schräg vom Griffbrett weggezogen. Nach dem Ablösen von der Fingerkuppe schlägt die Saite auf das Griffbrett zurück, was jedem Ton einen zusätzlichen, perkussiven Impuls verleiht.

Kontrafaktur [contrafacere = lat. ins Gegenteil verkehren] Verfahren der Umtextierung, bei welchem eine vorhandene Melodie neu textiert wird. Bei einer gleichzeitigen Abänderung der musikalischen Struktur bzw. der Funktionszuordnung eines Musikstückes spricht man dagegen von *Parodie* bzw. → *Parodieverfahren.*

Kontrapunkt [punctus contra punctum = lat. Punkt gegen Punkt, d. h. Note gegen Note] Seit dem 14. Jahrhundert bekanntes Kompositionsverfahren, um eine gegebene Melodiegestalt durch eine oder mehrere Begleitstimmen zur Mehrstimmigkeit zu erweitern. Die neu hinzugefügten *Gegenstimmen* werden jeweils ebenfalls als *Kontrapunkte* bezeichnet. Sie enthalten eigenständiges Motivmaterial, welches im weiteren Verlauf eines kontrapunktischen Stückes mit den Techniken der → Imitation verarbeitet werden kann (u. a. *Diminution, Augmentation, Umkehrung, Krebs, Spiegelung*). Die vertikalen Intervallbeziehungen aller Stimmen wie auch deren horizontale Bewegungsarten sind stets nach bestimmten Prinzipien geordnet. Bei überwiegend homorhythmischer Stimmführung entsteht → Homophonie. Werden die Einzelstimmen rhythmisch eigenständig geführt, spricht man dagegen von → Polyphonie. Bei Polyphonie ist die Verwendung von *Komplementärrhythmen* beliebt (→ Rhythmik). Bewegt sich eine Stimme in verhältnismäßig langen Notenwerten, so werden die anderen Stimmen bevorzugt in kurzen Noten dagegengeführt. Diese Technik ermöglichst selbst in dichteren Stimmengeflechten eine noch deutlich hörbare Eigenständigkeit der beteiligten Einzelstimmen.
Sind die Melodieverläufe innerhalb eines kontrapunktischen Satzes derart gestaltet, daß die Intervallverhältnisse umkehrbar, die Stimmen also untereinander (zumindest abschnittsweise) austauschbar sind, ohne daß deshalb unerwünschte Dissonanzenreihungen entstehen, so spricht man von *mehrfachem Kontrapunkt.* Je nach Anzahl der beteiligten Stimmen ergibt sich ein *doppelter, dreifacher, vierfacher* usw. *Kontrapunkt*. Das Verfahren des Stimmentausches im mehrfachen Kontrapunkt wird auch *Umkehrung* oder *Permutation* genannt (vgl. doppelter Kontrapunkt: J. S. Bach: «Das Wohltemperierte Klavier», Bd. 1: Präludium Nr. 3; dreifacher Kontrapunkt: J. S. Bach: «Sinfonia Nr. 9», BMV 795, T. 7–9 und T. 31–33 und T. 33–35; vierfacher Kontrapunkt: J. S. Bach: «Das Wohltemperierte Klavier», Bd. 1, Fuge Nr. 12: T. 13 und T. 27). Mehrfacher Kontrapunkt ist eine geregelte Möglichkeit, ein entsprechendes Musikstück, trotz unvermeidlicher Motivwiederholungen, kontrastreich und interessant zu gestalten und gleichzeitig die Einheit einer Komposition zu betonen. Ist ein solcher Stimmentausch nicht ohne Intervallkorrekturen möglich, handelt es sich um einen *einfachen* oder *gemeinen Kontrapunkt.*

Kontrasubjekt → Fuge

Konzept-Album → Rockoper

Konzert [concertare = ital./lat. zusammenwirken, wettstreiten, sich auseinandersetzen]

1. eine unternehmerisch organisierte, gesellschaftliche Veranstaltung mit Musik (z. B. *Orchesterkonzert*, *Chorkonzert*, *Sinfoniekonzert*, *Kirchenkonzert*, *Freiluftkonzert*, *Frühlingskonzert*, *Weihnachtskonzert*, *Neujahrskonzert* usw.). Ein öffentliches Konzertwesen entwickelt sich im 18. Jahrhundert als Folge sozialer Umwälzungen, die ein selbstbewußtes Bürgertum entstehen ließen. Bis dahin war die musikalische Aufführungspraxis noch weitestgehend an kirchliche Strukturen sowie im weltlichen Bereich an die höfische Kultur gebunden. Als konsequente Antwort auf die Ansprüche eines erstarkenden bürgerlichen Publikums schuf man sich nun in der öffentlichen Konzertveranstaltung (u. a. Leipziger Gewandhauskonzerte, seit 1781) zunehmend ein neues, gegen Zahlung eines Eintrittsgeldes allgemein zugängliches Forum. Insbesondere die damals vergleichbar avantgardistische → Sinfonie wurde zum willkommenen musikalischen Markenzeichen des neuartigen gesellschaftlichen Freignisses Konzert, das nun auf der musikantischen Seite von Berufsorchestern getragen wurde. Die Komponistengarde dankte das Interesse an der musikalischen Gattung Sinfonie mit einer fast unüberschaubaren Produktion an entsprechenden Werken (aus dem 18. Jahrhundert sind etwa 10 000 Sinfonien bekannt).

2. eine musikalische Werkform. Im 16. (und noch bis ins 17.) Jahrhundert ist *concerto* zunächst eine recht allgemein gehaltene Sammelbezeichnung für instrumentale oder vokale Werke mit instrumentaler Begleitung ohne verbindliche musikalische Formanlage (häufig für → Motetten oder → Madrigale mit Instrumentalbegleitung). Unter *concertieren* verstand man vorerst noch ein zusammenwirkendes Miteinander unterschiedlicher Klangkörper (vgl. Andrea und Giovanni Gabrieli: «Concerti di A. et di G. Gabrieli» 1587; Lodovico Grossi da Viadana: «Cento concerti ecclesiastici» 1602–1609, als ein- oder mehrstimmige Solomotetten mit obligatem Generalbaß). Die vorwiegend in kirchlicher Aufführungspraxis beliebte räumlich getrennte Aufstellung von unterschiedlich besetzten Gruppierungen ermöglichte dabei eine Fülle interessanter Klangeffekte.

In der Folgezeit wandelte sich dieses *concertierende* Miteinander jedoch zunehmend zu einem wettstreitenden Dialog, und es entwickelten sich in der zweiten Hälfte des 17. Jahrhunderts die beiden Instrumentalkonzerttypen *Concerto grosso* und *Solokonzert*.

Beim *Concerto grosso* treten sich Gesamtorchester (*Tutti*, *Ripieno*, eigentliches *Concerto grosso*) und eine solistisch behandelte Orchester-Untergruppe (*Con-*

certino) als konkurrierende Antipoden gegenüber. Es kann sich im Verlauf eines Concerto grosso um stets das gleiche Concertino handeln, es können jedoch ebenso auch unterschiedliche Concertino-Gruppen beteiligt sein. Im italienischen Stil wird das Concertino gerne als Streichertrio (vgl. Arcangelo Corelli: «Concerto grosso» op. 6, Nr. 7 mit zwei Violinen und Violoncello), im deutschen Stil dagegen häufig mit Bläsern besetzt (vgl. J. S. Bach: «Brandenburgisches Konzert Nr. 2», mit Flöte, Oboe, Trompete und Violine).

Nutzen Tutti und Concertino gleiches motivisches Material, so kann eine kontrastierende Wirkung sowohl aus einer unterschiedlichen Zuordnung der tonartlichen Ebenen als auch aus bloßen Klangdifferenzierungen (hohe Instrumente – tiefe Instrumente, Blasinstrumente – Streichinstrumente usw.) oder auch aus der unterschiedlichen Art der Motiv-Fortspinnungen gewonnen werden. Beide Dialogpartner können jedoch ebenso mit jeweils eigenständiger Motivik ausgestattet sein. Noch im 18. Jahrhundert war es üblich, die Begleitstimmen von → Triosonaten (spontan und improvisierend) mehrfach zu besetzen, wodurch aus einem ursprünglich als *sonata da chiesa* oder *sonata da camera* konzipierten Werk (→ Sonate) ein *concerto da chiesa* (Kirchenkonzert) bzw. ein *concerto da camera* (Kammerkonzert) entstehen konnte. Zunehmend wurden solche Besetzungserweiterungen dann auch ausnotiert bzw. derartige Concerti grossi grundsätzlich in einer der beiden barocken Sonatenformen entworfen (vgl. A. Corelli: «Concerti grossi» op. 6).

Bei einem *Solokonzert* ist gleichsam die Concertino-Gruppe des Concerto grosso auf ein einziges Solo-Instrument reduziert. Obwohl grundsätzlich an keine bestimmte Formanlage gebunden, setzt sich die dreisätzige Struktur der «Konzerte op. 3» von Antonio Vivaldi (nach deren Drucklegung 1712) weitgehend als verbindliches Modell durch. Die Tempofolge der Sätze ist schnell – langsam – schnell. Kopf- und Finalsatz sind zunächst häufig als → Rondo gestaltet. Dabei erklingt das → Thema (vollständig oder abschnittsweise) in den (refrainartigen) → Ritornellen als Orchester-Tutti, während jeweils alternierende *Couplets* als Soloabschnitte für das entsprechende Solo-Instrument dienen.

Seit der Klassik versteht man unter einem *Solokonzert* zumeist eine → Sonate für eines oder mehrere solistische Instrumente mit obligater Orchesterbegleitung. Dabei ist der jeweilige Kopfsatz in aller Regel in → Sonatenhauptsatzform gestaltet. Das Orchester kann dabei entweder reine Begleitaufgaben übernehmen, Solo-Instrumente und Orchester können aber auch mehr oder weniger gleichberechtigt neben- und miteinander geführt werden (vgl. Robert Schumann: «Klavierkonzert» op. 54; Johannes Brahms: «Violinkonzert» op. 77). Sind die Orchesteranteile im Verhältnis zum Solo-Instrument dagegen bedeutsam in den Vordergrund des musikalischen Geschehens gestellt, so

spricht man in diesem Fall eher von einer *konzertanten Sinfonie* bzw. *Sinfonia concertante* (vgl. W. A. Mozart: «Konzertante Sinfonie für Violine und Viola», KV 364; Joseph Haydn: «Sinfonie concertante», Hob. I: 105).
Je nach Anzahl der Solo-Instrumente werden die Sonatenthemen zumeist mehrfach (üblicherweise durch jedes der beteiligten Solo-Instrumente jeweils einmal) vorgetragen. Die Solopartien selbst werden nun gerne virtuos gestaltet und berücksichtigen (insbesondere im 19. Jahrhundert) den jeweils neusten spieltechnischen Standard. Als Forum zur Darstellung des musikantischen Potentials eines Solisten wird zudem, meist kurz vor dem Abschluß eines Satzes, ein Abschnitt *(Kadenz)* für unbegleitetes Solospiel reserviert. Kadenzen wurden noch bis ins erste Viertel des 19. Jahrhunderts üblicherweise improvisierend ausgestaltet (→ Konzertkadenz). Bereits im Laufe des 19. Jahrhunderts, im wesentlichen wohl durch den sich verbreitenden Mangel an improvisationsfähigen Instrumentalisten, werden Solo- bzw. Konzertkadenzen jedoch zunehmend von den Komponisten auch gleich mitkomponiert (vgl. L. v. Beethoven: «Klavierkonzert Nr. 5» op. 73, 1. Satz mit obligater Kadenz), oder die Solisten greifen auf überlieferte Kadenzen hervorragender Interpreten zurück (vgl. die Violinkadenzen von Joseph Joachim u. a. zu Johannes Brahms' «Violinkonzert» op. 77).

Konzertante Sinfonie → Konzert

Konzertflügel → Flügel

Konzertina → Concertina

Konzertkadenz Abschnitt eines Solokonzerts, der für → Improvisationen des jeweiligen Solisten reserviert und dessen Anfang üblicherweise durch eine → Fermate im Notentext markiert ist. (→ Konzert)

Kornett [cornetto = ital. Hörnchen; frz. *cornet à pistons* bzw. verkürzt *piston*] Um 1820/1825 aus dem Posthorn entwickeltes → Blechblasinstrument mit drei *Périnet-* bzw. *Pumpventilen* (→ Trompete). Die Schallröhre ist verhältnismäßig eng mensuriert, das Mundrohr mündet (im Unterschied zum → Flügelhorn, aber gleich wie bei einer Trompete) erst nach dem Stimmzug in die Ventilmaschine, so daß ein verhältnismäßig langer zylindrischer Rohrteil in der ansonsten weitgehend konischen Mensur entsteht. Das Klangbild eines Kornetts läßt sich zwischen dem weicheren des Flügelhorns und dem schärferen der Trompete einordnen. Durch seine zudem gut geläufige Spielbarkeit ist das Kornett daher für solistisches, lyrisches Melodiespiel in hoher Lage bestens geeignet (vgl. Hector Berlioz: «Symphonie fantastique»; Georges Bizet:

«Carmen»; Giuseppe Verdi: «Otello»; Gustav Mahler: «Sinfonie Nr. 3»; Igor Strawinsky: «L'histoire du soldat» [«Die Geschichte vom Soldaten»]).
Das Kornett ist in mehreren Größen und Stimmungen verbreitet, u. a. als *Piccolo-Kornett (Cornettino)* in Es, als *Sopran-Kornett* in B und C (mit Zusatzstimmbogen auch in A spielbar) und als *Alt-Kornett* in Es. Alle Varianten werden im Violinschlüssel und je nach Grundstimmung (mit Ausnahme des Kornetts in C) transponierend notiert.

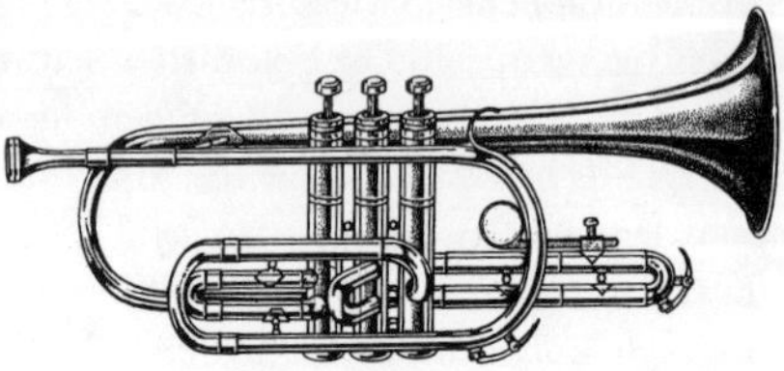

Kortholt [dänisch/niederdeutsch kurzes Holz] Insbesondere im 16. Jahrhundert verbreitetes → Holzblasinstrument mit Doppelrohrblatt und Windkapsel, dessen zylindrisch mensurierter Tonkanal eine Umlenkknickung aufweist.

koto [= japan. Saiteninstrument] Japanische Sammelbezeichnung für unterschiedliche traditionelle Saiteninstrumente. Üblicherweise wird heute mit *koto* bzw. *sô-no-koto* eine bis zu 2 m lange Wölbbrettzither mit etwa 13 Saiten und verschiebbaren Stegen bezeichnet. Der Anschlag erfolgt mit drei Plektren, welche auf Daumen, Zeige- und Mittelfinger aufgesteckt sind. Die andere Hand greift während des Spiels direkt auf die Saiten und ermöglicht Tonverzierungen (u. a. → Vibrato-Effekte).

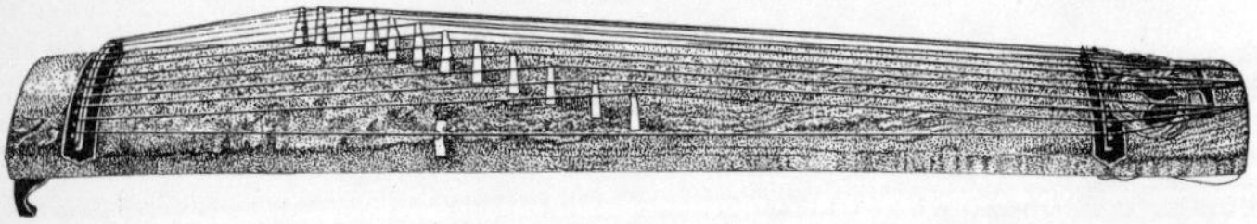

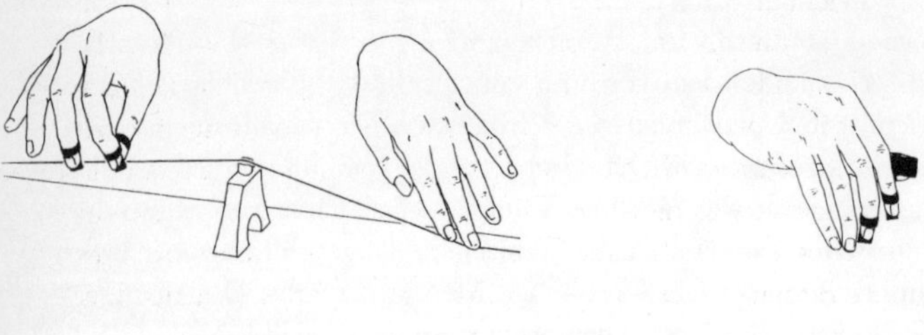

Krebs → Imitation

Kreuz (♯) → Alterierung

Krummhorn (Kromphorn, Krumphorn) Spätestens seit 1300 bekanntes → Holzblasinstrument mit Doppelrohrblatt und Windkapsel. Sein gerader Rohrteil ist zylindrisch, das charakteristisch U-förmig aufwärts gebogene Unterteil dagegen konisch mensuriert. Das Instrument war insbesondere im 16. Jahrhundert weit verbreitet und wurde zu Beginn des 17. Jahrhunderts in bis zu fünf Größen gebaut (*Kontrabaß-Krummhorn* in C, *Baß-Krummhorn* in F, *Tenor-Krummhorn* in c, *Alt-Krummhorn* in f und *Sopran-Krummhorn* in c'). Die sechs bis acht Grifflöcher können bei tiefen Krummhörnern teilweise mit Klappen versehen sein.

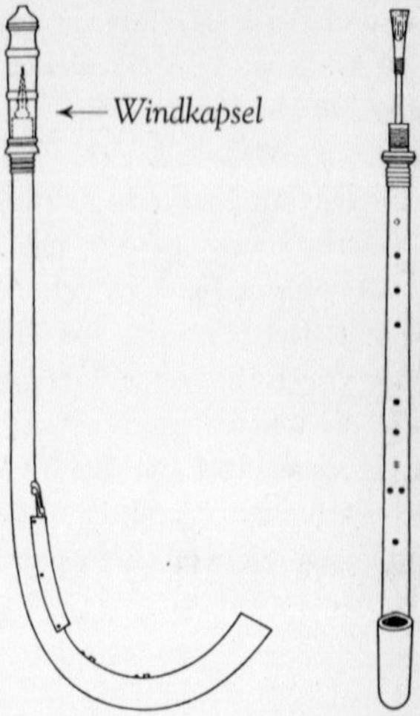

Kruspe-Schwedler-Flöte → Querflöte

kudüm Kleines Paukenpaar türkischer Kunstmusik, das im Quartabstand gestimmt ist und mit Schlägeln gespielt wird. Die Kessel der beiden Instrumente sind aus Metall gearbeitet und mit Ziegenfell überspannt. Kudüm-Pauken heißen in der → Janitscharenmusik auch *nakkare/naqqare*.

Kunstlied Textierte, solistisch besetzte Vokalgattung mit zumeist anspruchsvollen gesangstechnischen Anforderungen. Ein Kunstlied ist in der Regel instrumental begleitet (bevorzugt Klavier, Gitarre, Laute; bei Orchesterbegleitung spricht man von *Orchesterlied*, vgl. Gustav Mahler: «Kindertotenlieder», «Lieder eines fahrenden Gesellen»). Rein instrumentale Vor-, Zwischen- oder Nachspiele sind häufig anzutreffen. Die Herkunft eines Kunstliedes als Komposition ist im Unterschied zum → Volkslied üblicherweise nachweisbar.
Kunstliedtexte sind weltlich und in aller Regel mehrstrophig, ihre Inhalte werden musikalisch differenziert ausgedeutet. Als Formanlagen dienen einfaches oder variiertes Strophenlied, bevorzugt jedoch das durchkomponierte → Lied. (Johannes Brahms unterscheidet *Gesänge* als durchkomponierte Lieder von *Liedern* in Form einfacher oder variierter Strophenlieder.)
Als früheste Kunstlieder der europäischen Musikkultur gelten die höfischen Lieder der → Troubadours, Trouvères und Minnesänger des Mittelalters.
Insbesondere im 19. Jahrhundert werden Kunstlieder gerne zu sog. *Liederzyklen*

zusammengefaßt. Ein organischer Zusammenhalt kann hierbei bereits durch die innere Logik der Textabfolgen gegeben sein (vgl. Franz Schubert: «Die schöne Müllerin», D 795) oder auch durch die Art der musikalischen Gestaltung bewirkt werden (vgl. die Folge der Tonarten in Robert Schumanns «Liederkreis» op. 39).

Kunstlieder mit Klavierbegleitung werden auch als *Klavierlieder* bezeichnet. Die Begleitstimme eines Klaviers wurde dabei im Laufe der Zeit (insbesondere unter dem Einfluß von Fr. Schubert, R. Schumann, Johannes Brahms, Hugo Wolf und Rich. Strauss) von einer bloßen harmonischen Stütze zu einem gleichwertigen Partner der Gesangsstimme weiterentwickelt. Die Klavierstimme kommentiert, dramatisiert, kontrastiert, formuliert für die Gesangsstimme Unsagbares aus und zeigt die hinter der Sprache verborgenen Schichten auf. Durch die Variationen ihrer Begleitfiguren läßt sie eine Sache oder eine Person in neuem Licht erscheinen und vermittelt unterschiedliche Betrachtungswinkel.

L

Labialpfeife → Pfeifenorgel

Lamellophon → mbira

lamentation → Troubadours

Ländler Vermutlich ehemals als $\frac{3}{4}$-Takt-Variante der barocken → Allemande entstandene Tanzweise in gemäßigtem Tempo. Ländler sind zwei- oder dreiteilig (gern als da capo-Form mit kontrastierendem Mittelteil) gegliedert und gelten als Vorläufer des späteren → Walzers. In stilisierter Form finden sie sich häufig in → Suiten der Romantik sowie unter der Benennung *Deutsche Tänze* als Einzelwerke (vgl. Franz Schubert). In der → Salonmusik des 19. Jahrhunderts werden sie dagegen bevorzugt als *Tyrolienne* bezeichnet, in heutiger Volksmusik Oberösterreichs sind sie auch als *Dreher* bekannt.

Langloischer Effekt → Kontrabaß

laras Sammelbezeichnung für die javanischen Tonsysteme, deren Materialleitern das fünfstufige *slendro* und das siebenstufige *pelog* bilden (→ gamĕlan). Die Tonstufen des *slendro* sind mit *barang, gulu, ḍaḍa, lima* und *nĕm* bezeichnet. Obwohl der Abstand zwischen den einzelnen Stufen theoretisch jeweils gleich ist (240 Cent), kann er in der Praxis große Abweichungen (insbesondere beim Ton *gulu*) aufweisen. Insgesamt sind auf Java etwa neun unterschiedliche Stimmnormen für slendro verbreitet.
Die *pelog*-Leiter besteht aus sieben verschieden großen Tonschritten, deren Abstände in der Praxis ebenfalls nicht an eine grundsätzliche Norm gebunden sind. Die Stufenbezeichnungen des slendro sind (jeweils eingefügt die theoretischen Abstände in Cent): *bĕm*–(120 C)–*gulu*–(150 C)– *ḍaḍa*–(270 C)–*pe-*

log–(130 C)–*lima*–(115 C)–*nĕm*–(165 C)–*barang*–(250 C)–oktavierter *bĕm*. Insbesondere die Tonstufen *gulu* und *barang* können von gamĕlan zu gamĕlan stark voneinander abweichen. Zudem werden in der allgemeinen Spielpraxis zumeist nur fünf Tonhöhen tatsächlich genutzt. Wie die slendro-Leiter ist daher auch die pelog-Leiter in ihrer praktischen Anwendung üblicherweise nur als → Pentatonik wirksam.

Von jeder Tonstufe einer slendro- oder pelog-Leiter aus läßt sich eine Gebrauchsleiter bzw. Tonart *paṭĕt* [= javan. Bett, Lage, Begrenzung] bilden. Man beschränkt sich in der javanischen gamĕlan-Praxis allerdings zumeist auf drei *paṭĕt* (in pelog: *paṭĕt lima*, *paṭĕt bareng*, *paṭĕt nĕm*; in slendro: *paṭĕt sanga*, *paṭĕt manyura*, *paṭĕt nĕm*). Die paṭĕt unterscheiden sich vor allem durch ihren jeweiligen Zentralton *ḍasar* [= javan. Grundlage, Boden], der je nach melodischem Kontext funktional unterschiedliche Bedeutungen aufweisen kann.

Nach traditionellem javanischem Musikverständnis drückt jeder paṭĕt eine bestimmte Gefühlsatmosphäre aus, welche schließlich auch über dessen Verwendungsmöglichkeiten entscheidet. So werden z. B. bei *wayang*-Vorstellungen die Musikstücke hauptsächlich aufgrund ihrer verschiedenen paṭĕt in den Ablauf der Aufführungen und damit den unterschiedlichen Aufführungszeiten zugeordnet (vgl. indische → rāga). Die Aufgabe, den zugrundeliegenden Gefühlsgehalt eines paṭĕt für die Zuhörer zu verdeutlichen, wird in einem gamĕlan heutzutage zumeist den *rebāb*-Spielern übertragen.

Obwohl gewisse Ähnlichkeiten der javanischen slendro- bzw. pelog-Leitern zu den balinesischen *saih lima* bzw. *saih pitu* feststellbar sind, werden diese Tonsysteme im balinesischen Musikverständnis als unterschiedliche, unabhängige Skalenformen angesehen und behandelt. In beiden Fällen sind die Tonabstände durch das europäische Tonsystem in Wohltemperierter Stimmung nur annähernd erfaßbar.

Claude Debussy hörte 1889 auf der Weltausstellung in Paris zum erstenmal indonesische Musik und war offensichtlich sehr beeindruckt. Als Annäherung an die Fünfstufigkeit javanischer Tonsysteme benutzte er in der Folgezeit in seinen Kompositionen häufig anhemitonische → Pentatonik. Um die (ungefähre) Gleichstufigkeit der slendro-Leiter mit europäischen Tonstufen darzustellen, verwendete er die äquidistante, sechsstufige → Ganztonleiter. Beide Verfahren wurden fortan zu charakteristischen Merkmalen der Musik des → Impressionismus (vgl. u. a. Cl. Debussy: «La Mer»).

largo → Tempo

Latin → Bossa Nova

Laute Weltweit verbreitetes Zupfinstrument mit charakteristisch bauchig gewölbtem Korpus und flacher bis leicht gewölbter Decke. Der Hals läuft üblicherweise in eine Wirbelplatte oder einen Wirbelkasten aus, kann ohne oder mit Griffbrett (bundlos oder mit Bünden) gearbeitet sein. Je nach Verhältnis der Halslänge zu Korpuslänge unterscheidet man *Langhalslauten* (der Hals ist länger als der jeweilige Korpus, z. B. indische *sarasvatī* → vīṇā, → sitār, → tānbūrā, arabische → ṭunbūr, türkische *tanbur*, → bağlama) oder *Kurzhalslauten* (der Hals ist etwa ebenso lang wie oder kürzer als der jeweilige Korpus, z. B. indische → sārod, arabische → 'ūd, türkische → lavta, chinesische → pipa und *europäische Laute*).

Der Ursprung der Lauten ist ungeklärt. Es wird jedoch vermutet, daß sie ehemals im Mittelmeerraum als griechische *Pandur* entstanden sind und sich von dort Richtung Osten verbreitet haben. Als früheste ikonographische Quelle von Langhalslauten gelten zwei mesopotamische Siegel von etwa 2370–2110 v. Chr. Während diese Instrumente in der europäischen Musikkultur der folgenden drei Jahrtausende keine entscheidende Rolle spielen konnten (die griechische → kithara wurde weitaus höher geachtet) und nach und nach in Vergessenheit gerieten, entwickelten sie sich im arabisch-persischen und asiatischen Raum zu angesehenen Elementen der dortigen Musizierpraxis weiter. Mit dem Vordringen islamischer Eroberer nach Westen kehrte die mittlerweile nicht nur in Bauform, sondern auch in ihrer Spielkultur verfeinerte Instrumentengattung schließlich wieder in den Mittelmeerraum zurück und führte im 10. Jahrhundert in Spanien zur Entstehung der *europäischen Laute* (als frühestes Beispiel gilt ein Instrument aus Cordoba von 968). Diese Kurzhalslaute ist vermutlich eine direkte Ableitung vom arabischen → 'ūd. Aus der arabischen Bezeichnung *al-'ūd* [= arab. das Holz] wurde zunächst das span. *laúd*, das sich über mhdt. *lûte* in neuhdt. *Laute* wandelte.

Die Laute wurde in der Folgezeit ein beliebtes Instrument der Kunst- und Unterhaltungsmusik Frankreichs, Deutschlands und Italiens und war in ihrer Blütezeit vom 16. bis Mitte des 18. Jahrhunderts in bis zu sieben unterschiedlichen Baugrößen verbreitet (*Kleine Oktavlaute*, *kleine Diskant-*, *Diskant-* oder *Sopran-*, *Alt-*, *Tenor-*, *Baß-* und *Großoktav-Baßlaute*). Insbesondere die Altlaute (auch *Rechte Chorist-Altlaute* oder kurz *Chorist-Laute* genannt) wurde zu jener Zeit gerne gespielt und gilt seither als Stamminstrument der Lautenfamilie (sie wird heute etwas widersinnig allerdings auch als *Mandolinengitarre* oder *Lautengitarre* bezeichnet).

Seit der ersten Hälfte des 16. Jahrhunderts werden europäische Lauten mit einem halbbirnenförmigen Korpus *(Muschel)* gebaut, welcher aus bis zu 40 gebogenen Holzspänen zusammengesetzt ist. Beliebt ist hierbei eine wechselnde Aufeinanderfolge von hellen und dunklen Hölzern (→ Mandoline). Die flache, etwa 2 mm dicke Fichtendecke ist innenseitig durch bis zu fünf Deckenbalken versteift und trägt eine Schallrosette, deren Verzierungen in ihrer

Gestaltung häufig noch deutlich auf den arabisch-islamischen Ursprung des Instrumentes verweisen. Der verhältnismäßig breite Hals trägt Bünde und geht rückwärts geschweift in einen Wirbelkasten mit seitenständigen Wirbeln über. Bei der sog. *Knickhalslaute*, welche insbesondere in der Renaissance-Zeit verbreitet war, ist der obere Halsbereich dagegen gerade geformt und der Wirbelkasten, nahezu rechtwinklig nach hinten abgeknickt, gesondert angesetzt. Die Anzahl der Bünde hat im Laufe der Lautengeschichte stetig zugenommen. Zu Beginn des 15. Jahrhunderts noch vierbündig, waren Lauten im 16. Jahrhundert bereits mit sechs oder acht Bünden versehen. Die heutige Laute ist in der Regel 14bündig und weist chromatische Tonschritte auf. Zur Fixierung der Tonabstände wurden früher Darmschnüre um Hals und Griffbrett *gebunden* (dieses Verfahren führte vermutlich auch zur Bezeichnung *Bund*), heute sind in der Regel zum gleichen Zweck Metallbänder in die Griffbrettfläche eingelassen.

Die Bespannung besteht aus sechs einchörigen, in den tiefen Lagen umsponnenen Darm-, Stahl- oder Nylonsaiten. Zur Gewinnung eines dichteren, volleren Klanges beim Akkordspiel waren die fünf tieferen Saiten bis ins 16. Jahrhundert noch oft zu Doppelchören erweitert. Die oberste Saite *(chanterelle)* blieb dagegen stets einfach bezogen und wurde ausschließlich als Melodiesaite gespielt. Im sog. *vieux ton* wurden die Saiten auf A–a, d–d', g–g', h–h, e'–e', a' oder G–g, c–c', f–f', a–a, d'–d', g' gestimmt. Ab Mitte des 17. Jahrhunderts setzte sich die (einchörige) sogenannte *nouveau ton*-Stimmung A, d, f, a, d', f' durch, heute wird zudem häufig die Gitarrenstimmung E, A, d, g, h, e' verwendet. Die Saiten werden üblicherweise mit den Fingerkuppen bzw. -nägeln angezupft.

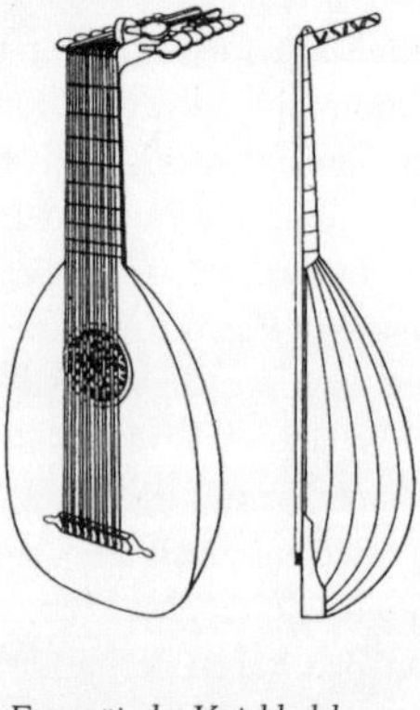

Europäische Knickhalslaute

Bereits Ende des 16. Jahrhunderts wurden zur Verstärkung des tiefen Registers bei manchen Lauten zusätzlich fünf bis elf parallel zu den eigentlichen Spielsaiten gespannte Bordunsaiten mit einem gesonderten Wirbelkasten angefügt. Diese *Theorbierungstechnik* soll 1594 von Piccinini erfunden worden sein. *Theorbierte* Lauten galten im frühen 17. Jahrhundert, insbesondere in Frankreich, als typische Modeinstrumente und waren mindestens bis 1660 in unterschiedlichsten Stimmungen in Gebrauch. Sie führten sehr bald zur Entwicklung großer Baßlauten *(Erzlauten)*, bei welchen die Bordunsaiten nicht mehr nachträglich hinzugefügt wurden, sondern von Anfang an eingeplant waren (→ Theorbe, → Chitarrone).

Um 1650 wurde die umsponnene Saite entwickelt, mit der sich eine größere Masse pro Längeneinheit erreichen läßt. Durch dieses Verfahren mußten nun selbst kleinere Zupfinstrumente nicht mehr auf die gewünschte Klangfülle im tiefen Register verzichten. Die überdimensionierten und daher oft schwierig zu handhabenden Erzlauten verloren an Bedeutung, der bisher von ihnen abgedeckte tiefere Tonbereich wurde nun von den eigentlichen Lauten mit übernommen.
Die Notation der Laute erfolgte zunächst in einer eigens für dieses Instrument (ursprünglich wohl in Italien) entwickelten Griffschrift *(Lautentabulatur)*. Die gewünschte Abfolge der Griffstellen (also Saite und Bund) wird mittels Ziffern und Buchstaben auf einem Liniensystem verzeichnet, welches das Griffbrett symbolisiert. Solche Lautentabulaturen waren seinerzeit in mehreren Varianten mit unterschiedlichen Zeichengebungen verbreitet (z.B. *deutsche*, *französische*, *spanische* und *italienische* Tabulatur). Da komplexere musikalische Abläufe jedoch nicht immer adäquat abgebildet werden konnten, ging man ab etwa dem 17. Jahrhundert allgemein dazu über, die Laute oktavtransponierend (eine Oktave höher als klingend) im Violinschlüssel zu notieren. Die ältere Tabulaturschreibweise wurde erst Mitte des 20. Jahrhunderts, allerdings in abgewandelter Form und nun für die → Gitarre der Rock-, Pop- und Folkmusik, wiederbelebt.
Lautenliteratur ist insbesondere im 15. und 16. Jahrhundert sehr zahlreich. Die Laute hat die Entwicklung der Gattungsform → Suite bedeutsam mitgetragen und galt bis Mitte des 18. Jahrhunderts als typisches Instrument der → Generalbaßpraxis, insbesondere zur Gesangsbegleitung. In der Folgezeit wurde sie jedoch zunehmend durch die nunmehr beliebtere → Gitarre verdrängt, geriet im 19. Jahrhundert vorübergehend nahezu in Vergessenheit, bevor sie ab Anfang des 20. Jahrhunderts, insbesondere als Knickhalslaute, eine starke Wiederbelebung erfuhr.

Lautsprecherwerke → Elektronische Musik, → musique concrète

Lautstärke → Dynamik

lavta Türkische Kurzhalslaute (→ Laute) mit Bünden und acht Saiten, welche zu vier Doppelchören zusammengefaßt und auf c–c, g–g, d'–d', a'–a' gestimmt sind. Ursprünglich einmal ein typisches Instrument türkischer Kunstmusik, wird die lavta heute meistens in gehobener Unterhaltungs- und Tanzmusik verwendet.

Le Groupe des Six (Les Six) Französische Komponistengruppe ohne übereinstimmende musikalische Stilistik. Mitglieder waren Arthur Honegger

(1892–1955), Darius Milhaud (1892–1974), Louis Durey (1888–1979), Germaine Tailleferre (1892–1983), Georges Auric (1899–1983) und Francis Poulenc (1899–1963). Sie unterhielten enge Verbindungen zu Vertretern der Bildenden Kunst, der Literatur und des Theaters, verarbeiteten u. a. Einflüsse des → Jazz, schrieben auch Filmmusiken. Gelegentlich entstand in ihrem Umfeld sehr pointierte, witzige, zum Teil groteske, satirische Musik (vgl. D. Milhaud: drei «Opéras minutes», 1927). Großen Einfluß auf die Groupe des Six hatten Erik Satie und der Dichter Jean Cocteau.

legato → Artikulation

Leier Historisches Saiteninstrument mit kastenförmigem oder bauchigem Resonanzkorpus, an welchem zwei dicke Jocharme angesetzt sind. Zwischen die Arme ist ein Quersteg (Joch) als obere Saitenhalterung eingefügt. Als Jocharme dienten nicht selten zwei Tierhörner. Der Korpus kann aus einer Schale (Kokosnuß, getrockneter Kürbis o. ä.) bestehen oder aus Holz zusammengefügt sein. Die griechische *Lyra* nutzte zum gleichen Zweck einen Schildkrötenpanzer.

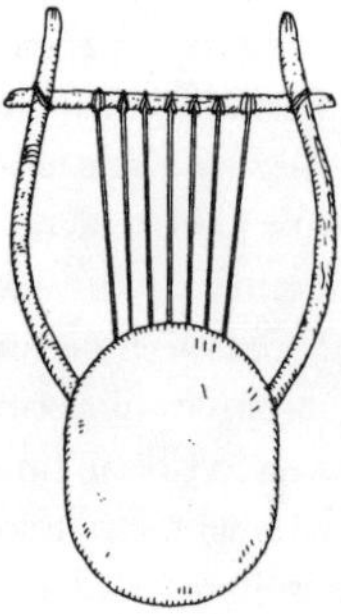

Leitmotiv Tonfolge, welche innerhalb eines Musikstückes eine oder mehrere Personen, Ereignisse, Situationen, Gegenstände o. ä. charakterisieren soll. Dabei ist zwischen *Erinnerungsmotiv* und *Leitmotiv* zu unterscheiden. Erinnerungsmotive bleiben auch in Wiederholungen weitgehend unverändert, Leitmotive sind während eines musikalischen Ablaufes variierbar. Die jeweiligen Veränderungen eines Leitmotives symbolisieren die Entwicklungen und Wandlungen einer entsprechenden Bezugsgröße. Leitmotivik ist u. a. typisch für die → Musikdramen Richard Wagners. Erinnerungsmotive finden sich u. a. in L. v. Beethovens «Fidelio» (Rachemotiv des Pizarro) bzw. in Carl Maria von Webers «Der Freischütz» (Samiel-Motiv).

Leitton Bestimmte Tonstufe einer Harmonie, welcher (als tradierte Hörgewohnheit) eine Überleitungsfunktion in einen definierten Zielton zugeordnet ist. Je nach Bewegungsrichtung unterscheidet man zwischen *steigendem* und *fallendem* Leitton *(Gleitton)*.

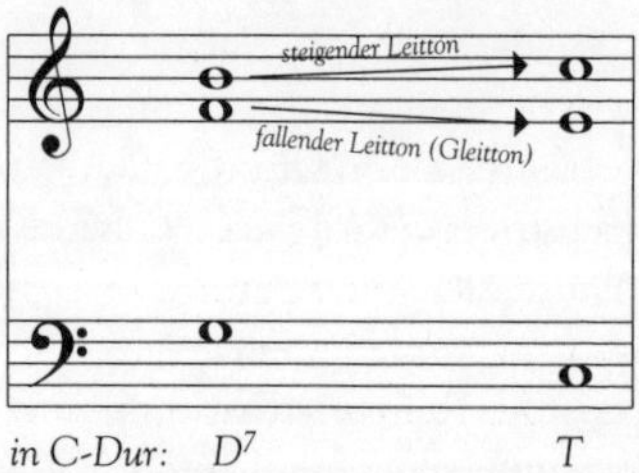

Libretto [= ital. kleines Buch] Textvorlage eines Bühnenwerkes (→ Oper, → Operette). Der Verfasser eines Librettos ist der *Librettist*.

lick → Riff

Lied Vokales Musikstück, welches je nach Entstehungshintergrund, Aufführungspraxis, Besetzung, Form (→ Liedform) und Funktion sehr unterschiedlich ausgeprägt sein kann. Man unterscheidet gewöhnlich zwischen Liedtypen (weltliches Lied, geistliches Lied, Sololied, Chorlied, → Volkslied, → Kunstlied, → Arbeitslied, Tanzlied, Trinklied, Spott- oder Scherzlied, Kinderlied, politisches Lied, Wanderlied, Soldatenlied, Jugendlied usw.).
Ein *einfaches Strophenlied* behält, unabhängig von der inhaltlichen Entwicklung der Textvorlage, stets eine gleichbleibende Melodik in allen Strophen bei (vgl. Franz Schubert: «Das Heideröslein»). Beim *variierten Strophenlied* bildet die Melodik (im Kunstlied häufiger auch nur die Begleitung) der ersten Strophe eine Keimzelle, welche je nach den textlichen Bedürfnissen (bzw. zum Zweck der intensiveren inhaltlichen Ausdeutung) in den jeweils nachfolgenden Strophen abgewandelt wird (vgl. Franz Schubert: «Die schöne Müllerin»: ‹Der Lindenbaum›, ‹Die Forelle›, ‹Tränenregen›). In längeren Abfolgen können hierbei bestimmte Strophen teilweise auch wiederkehren *(Rondolied)*. Dreistrophige Lieder werden nicht selten in da capo-Form (A-B-A) gestaltet. Das *Refrainlied* enthält nach jeder Strophe einen gleichbleibenden Abschnitt *(Refrain, Kehrreim)*, der gelegentlich als Kontrastierung zu solistischen Strophen auch chorisch besetzt wird. Im *durchkomponierten Lied* wird jede Textstrophe, aber auch jeder für bedeutsam gehaltene kürzere Textabschnitt melodisch bzw. bezüglich seiner Begleitung eigenständig behandelt (vgl. Franz Schubert: «Schwanengesang»: ‹Der Doppelgänger›). Durchkomponierte Lieder können daher die unterschiedlichsten Formanlagen aufweisen.

Liederkranz → Romantik

Liedermacher → Folkmusic

Liedertafel → Romantik

Liedform Formales Gestaltungsprinzip, welches sowohl in Vokalmusik als auch (trotz der eingrenzenden Bezeichnung *Lied*) in Instrumentalmusik zu finden ist. Der Aufbau einfacher Liedformen war zunächst konsequent an die jeweils zugrunde liegende sprachliche Gliederung geknüpft. Satzbau, Versmaß bzw. die Reihungsstrukturen in Strophen bedingten analoge musikalische Formmodelle. Bereits im Mittelalter jedoch zeigen → Volkslieder (im Unterschied zu Kirchenliedern) einen von der sprachlichen Gliederung unabhängigen, streng symmetrischen Aufbau. Als sich ab der zweiten Hälfte des 16. Jahrhunderts die Instrumentalmusik mehr und mehr von der Vokalmusik und ihrer dortigen Begleitfunktion löste und verselbständigte, wurden manche erfolgreichen (weil als besonders *stimmig* empfundenen) vokalen Formbildungen in die Instrumentalmusik übernommen.

Prinzipiell unterscheidet man *ein-*, *zwei-* oder *dreiteilige Liedform*. Alle Liedformen sind jedoch als reine Modelle zu verstehen, denen sich die Praxis durch mannigfaltige Variationen (Kürzungen, Erweiterungen, Einschübe, Zusammensetzungen, Unterteilungen) zu entziehen weiß. Die systematisierende Zuordnung von Vokal- oder Instrumentalwerken zu einer bestimmten Liedform gelingt daher keineswegs immer eindeutig und kann, je nach Standpunkt und Betrachtungsweise, recht unterschiedlich ausfallen. So kann die Analyse eines Werkes je nach Betrachtungsweise (je nach dem, ob gerade die Ähnlichkeiten oder eher die Unterschiede seiner Formteile als auffälliger erachtet werden), gelegentlich ebenso schlüssig eine zwei- wie eine dreiteilige Liedform ergeben.

Eine *einteilige Liedform* ist zumeist achttaktig, seltener auch zwölftaktig. Die gesamte Einheit bildet einen einzigen, in sich geschlossenen musikalischen Gedanken, der jedoch (wie → Periode und → Satz) häufig in zwei gleichlange Halbsätze untergliederbar ist (vgl. «Da drunten in jenem Tale» als achttaktige Form mit zwei viertaktigen Halbsätzen; «Der Mond ist aufgegangen»; «Wenn ich ein Vöglein wär» als jeweils zwölftaktige Form mit zwei sechstaktigen Halbsätzen). Weitaus seltener ist dagegen eine Dreiteilung der zwölftaktigen Form in Vorder-, Zwischen- und Nachsatz (vgl. «Kein schöner Land»), aber auch hier bilden alle drei Glieder zusammen einen gemeinsamen musikalischen Gedanken. Die einteilige Liedform ist in der Instrumentalmusik eher selten vertreten. Sie bestimmt jedoch als Formmodell eine Vielzahl von Kinderliedern und Volksweisen (vgl. «Bald gras ich am Neckar») und ist auch bei → Kunstliedern keineswegs selten.

Die *zweiteilige Liedform* ist u. a. typisch für Tanzsätze des 16. und 17. Jahrhunderts (→ Suite) und ergibt sich in der Regel aus der Aneinanderreihung zweier meist achttaktiger Einheiten. Dabei kann der zweite Abschnitt eine mehr oder weniger abweichende Variation des ersten Teils sein (A–A'-Typ). Beide Einheiten können auch verhältnismäßig unabhängig und sogar kontrastierend gearbeitet sein (A–B-Typ). In der *zweiteiligen Reprisenform* sind beide Gestaltungsprinzipien gekoppelt. Die jeweils ersten vier Takte *(Vordersatz)* beider Einheiten sind kontrastierend gestaltet, die jeweils letzten vier Takte *(Nachsatz)* stimmen dagegen überein oder weisen zumindest große Ähnlichkeit auf (A–B–C–B- bzw. A–B–C–B'-Typ). Daneben ist eine Vielzahl asymmetrischer zweiteiliger Liedformen bekannt, welche sich aus der Verknüpfung unterschiedlicher Satz- bzw. Periodenlängen ergibt.

Die *dreiteilige Liedform* setzt sich aus drei (bei Kinderliedern und Volksweisen zumeist viertaktigen, in Instrumentalmusik eher achttaktigen) Abschnitten zusammen. Auch hier können sich deren musikalische Gestaltungen entweder ähneln (A–A'–A''-Typ) oder einander kontrastierend gegenüberstehen (A–B–C-Typus). Das A–B–C-Modell ist auch unter der Bezeichnung *Reihungstypus* verbreitet. Die dramaturgisch ergiebigsten dreiteiligen Liedformen entstehen allerdings erst durch die Überlagerung beider Gestaltungsprinzipien im A–A'–B-, A–B–B'-Typ oder in den wegen ihrer Symmetrie besonders geschätzten *Bogenformen* A–B–A bzw. A–B–A' («Alle Vögel sind schon da»; «Drunten im Unterland»).

Ebenso wie in ein- und zweiteiligen sind auch in dreiteiligen Liedformen asymmetrische Verhältnisse der Abschnittslängen bekannt (vgl. «Das Wandern ist des Müllers Lust»: Einem sechstaktigen A-Teil folgen zwei achttaktige Einheiten). Typische Ansatzstelle für asymmetrische Bildungen der A–B–A- bzw. A–B–A'-Bogenform ist deren Mittelteil (B), dessen Länge gegenüber den Außenteilen ausgeweitet oder verkürzt wird (Ausweitung: J. S. Bach: «Klavierbüchlein für Anna Magdalena Bach»: ‹Musette› in D-Dur: 8–12–8; Verkürzung: Robert Schumann: «Kinderszenen»: ‹Von fremden Ländern und Menschen›: 8–6–8; ‹Kuriose Geschichte›: 8–4–8)

Eine Sonderform der asymmetrischen dreiteiligen Liedform ist die *Barform* [bâri = ahdt. tragend, hervorbringend]. Die ersten beiden Abschnitte (A bzw. A') werden als *Stollen* [stolle = mhdt. Stütze] und *Gegenstollen* bezeichnet und sind idealtypisch jeweils vier Takte lang. In Vokalmusik stimmen Stollen und Gegenstollen melodisch zumeist überein, sind jedoch textlich variiert. Barformen der Instrumentalmusik weisen dagegen eher leicht veränderte, gerne auch sequenzierte Gegenstollen-Melodik auf. Der Schlußteil *(Abgesang)* einer Barform ist in aller Regel länger als ein Stollen-Abschnitt sowie zudem musikalisch deutlich eigenständig gestaltet (vgl. «Es blies ein Jäger» mit fünftaktigem Abgesang; «Wie schön blüht uns der Maien» mit sechstaktigem Abgesang; «Es, es, es und es» mit siebentaktigem Abgesang; «Die Gedanken sind frei» mit achttaktigem Abgesang; «Nach grüner Farb mein Herz verlangt» mit zehntaktigem Abgesang). Gelegentlich werden Stollen und Gegenstollen auch als *Aufgesang* zusammengefaßt, die Gliederung der Barform in Aufgesang und Abgesang dann als zweiteilige Liedform gedeutet.

Ein Erweiterungsmodell der ursprünglichen Barform ist die *Reprisenbarform*, bei welcher nach dem (zumeist stark verkürzten) Abgesang nochmals ein Stollen angefügt ist: Stollen–Stollen–Abgesang–Stollen (vgl. «Ein Männlein steht im Walde»; «Im Märzen der Bauer»).

Barformen sind seit dem Mittelalter bekannt (→ Minnesang, Lieder der → Troubadours und Trouvères: vgl. Adam de la Halle: «Kume, kum, geselle mîn»; Walther von der Vogelweide: «Palästinalied»). Sie blieben bis in die

Neuzeit beliebte Gestaltungsmodelle weltlicher und geistlicher Vokal- und Instrumentalmusik. Die A–A–B–A-Variante der Reprisenbarform dient u. a. häufig als Formanlage in → Popmusik, → Schlagermusik, → Jazz (vgl. u. a. Kaper/Washington: «On Green Dolphin Street»).
Gleiche, ähnliche oder verschieden strukturierte Liedformen können aneinandergereiht bzw. zu größeren Einheiten verkoppelt werden (*zusammengesetzte Liedform*). So folgt beim klassischen → Menuett üblicherweise einem Abschnitt in dreiteiliger Liedform ein ebenso gearbeiteter, kontrastierender Mittelteil (→ Trio), bevor eine wörtliche oder leicht variierte Wiederholung des Anfangsteils die Gesamtform beschließt. Eine zusammengesetzte Liedform, deren kontrastierende Formteile einen mehr oder weniger deutlichen inneren Bezug aufweisen und in deren Reihung zudem eine regelmäßig wiederkehrende Einheit (hier: A) eingegliedert ist, wird zumeist gesondert als → Rondo behandelt (z. B. A–B–A–C–A–D–A usw.). Formabschnitte von zusammengesetzten Liedformen können insbesondere bei Instrumentalwerken umfangreiche Ausmaße annehmen. Es hat sich eingebürgert, in diesen Fällen von sog. *großen Liedformen* zu sprechen.

Ligaturen → Choralnotation, → Mensuralnotation

likembe → mbira

Lingualpfeife → Pfeifenorgel, → Rohrblattinstrumente

Lippenpfeife → Pfeifenorgel

Live-Elektronik → Elektronische Musik

longa → Modalnotation, → Mensuralnotation

Lotosflöte Längsflöte ohne Grifflöcher, mit variablem Zug und Stopfer.

Loud-Mouthing → Holler

Lure [dänisch, sing. *lur*, pl. *lurer*] Skandinavisches → Blechblasinstrument aus dem 1. Jahrtausend v. Chr. mit mehrfach gebogenem, schwach konisch mensuriertem Rohr aus getriebener oder gegossener Bronze. Charakteristisch ist ein tellerartiger Abschluß der Schallröhre.

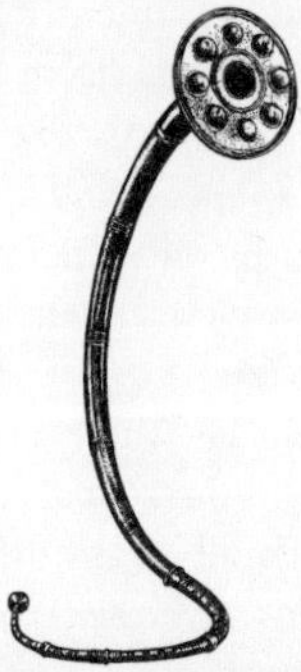

Ausgrabungsfunde belegen, daß die Lure stets paarig verwendet wurde. Man vermutet, daß diese obligate Paarigkeit sich aus einer Herkunft des Instrumentes von älteren Vorformen aus Mammutzähnen ableitet. Hinweise, daß die Lure gleichzeitig auch zweistimmig gespielt wurde, sind dagegen stark anzuzweifeln.

Lyra (Stahlstabspiel) → Glockenspiel

Lyra (Zupfinstrument) → Leier

Lyraflügel → Pianino

Lyrisches Stück → Charakterstück

M

Madrigal [matricalis = lat. mütterlich, d. h. muttersprachlich, ursprünglich, natürlich] Mehrstimmiges Vokalwerk, dessen Formgestaltung direkt von der zugrundeliegenden Textgliederung abhängig ist und dessen Melodik die Textsprache bevorzugt tonmalerisch ausdeutet.

Erste Madrigale entstehen im 14. Jahrhundert in Norditalien (→ Trecento) als verhältnismäßig kurze, zwei-, später auch dreistimmige Vokalstücke ohne Instrumentalbegleitung. Sie sind in der Regel polyphon, wobei die Oberstimme als Hauptstimme dient und mehrgliedrig gestaltet ist (zwei bis drei identisch melodisierte Strophen und mindestens ein → Ritornell mit eigenständiger Melodik).

Die Texte erzählen von ländlichem Schäferleben, von erotischen Idyllen, können jedoch auch politische Satire und Gesellschaftskritik enthalten. Sie waren zunächst in bestimmten Strophenformen (jede Strophe als dreimalige Folge von elfsilbigen Versen) geordnet und wurden ab etwa 1350 auch, unabhängig von ihrer Funktion als Vertonungsgrundlage, als eigenständige literarische Gattung verstanden. Das erzählende Moment der Madrigaldichtung gilt als entscheidender Einfluß für die spätere Entwicklung des → Rezitativs zum Träger der Handlungsebene in → Opern.

Ab dem 16. Jahrhundert ist das Madrigal zumeist vier- bis sechsstimmig und bevorzugt als motettischer Satz gestaltet. Je nach Anzahl der beteiligten Stimmen erklingen mehrere unterschiedliche Texte gleichzeitig. Da (im Unterschied zur → Motette) kein → Gregorianischer Choral als verbindliche Hauptstimme *(cantus)* zugrunde liegt, werden bei systematischen Benennungen alle beteiligten Stimmen mitgezählt: ein *Tripelmadrigal* ist dreistimmig und verbindet simultan drei unterschiedliche Texte (vgl. Unterschied zur *Tripelmotette*). Dichtungen von Francesco Petrarca, Giovanni Boccaccio, Franco Sacchetti, Niccolò Soldanieri, welche man bereits in den früheren Madrigalen des 14. Jahrhunderts vertont hatte, gelten weiterhin als bevorzugte Textvorlagen.

Die bisher obligate Bindung an ein *madrigalisch* strukturiertes Gedicht hatte sich allerdings mittlerweile gelockert, und als Textvorlage konnten nun weitgehend alle Gedichte mit weltlichem Inhalt verwendet werden, wobei im allgemeinen nichtlateinische Texte bevorzugt wurden. Die melodische Gestaltung der Stimmen ist primär dem jeweiligen Textinhalt verpflichtet. Die Musik deutet die Affektgehalte der Worte tonmalerisch bzw. symbolisch aus. Die entstehenden Motivbildungen *(Madrigalismen)* werden jeweils imitatorisch durch alle Stimmlagen geführt (vgl. *Durchimitierte Motette*), wobei homophone Strukturen nicht ausgeschlossen sind (vgl. Philippe Verdelot: «Ogn'hor voi sospiro»). Als bedeutende Madrigalkomponisten gelten u. a. Jakob Arcadelt, Philippe Verdelot, Adrian Willaert, Orlando di Lasso, Andrea Gabrieli, Giovanni Pierluigi da Palestrina, Carlo Gesualdo di Venosa, Luca Marenzio, Claudio Monteverdi, Thomas Morley, William Byrd, John Dowland, Heinrich Schütz und Hans Leo Hassler.

Das 17. Jahrhundert benutzt die Bezeichnung *Madrigal* sehr uneinheitlich. Madrigale können nun sowohl unbegleitet wie in → Generalbaßpraxis begleitet, mehrstimmig wie einstimmig *(Solomadrigal)* oder auch zyklisch gestaltet sein (vgl. Cl. Monteverdi: «Madrigalbücher»).

Im 18. und 19. Jahrhundert gehen Struktur und Funktion des Madrigals weitgehend an → Kantate und später an das *Chorlied* über. Erst die Komponisten des 20. Jahrhunderts beschäftigen sich wieder mit dem Madrigal als eigenständiger Vokalgattung (vgl. Paul Hindemith, Hugo Distler, Ernst Pepping, Henri Pousseur, Karl Marx).

Da Madrigale stets weltliche Texte aufweisen und seit dem 16. Jahrhundert in aller Regel motettisch gearbeitet sind, andererseits die Motette ab Mitte des 15. Jahrhunderts (trotz vielerlei *weltlicher* Varianten) weitgehend als *geistliche* Vokalgattung gilt, wird das Madrigal nicht selten auch vereinfachend als *weltliche Motette* bezeichnet.

Madrigalkomödie Um 1600 in Italien verbreitete Bühnengattung der *Commedia dell'arte*, deren Texte im Stil der → Madrigale vertont sind und pantomimisch dargestellt werden (vgl. Orazio Vecchi: «L'Amfiparnasso», 1594). Der beteiligte Chor blieb dabei oft hinter einem Vorhang verborgen. Madrigalkomödien gelten als wichtige Vorstufe der späteren → Oper.

makam → maqām

Malagueña → Fandango

malimba → mbira

Mandola (Mandora, Mandore) Seit dem 13. Jahrhundert in Nordspanien und der frz. Provence bekannte kleine → Laute mit verhältnismäßig flach gehaltenem Korpus, rückwärts geschweiftem Wirbelkasten und seitenständigen Wirbeln.
Um 1400 noch vierbündig, ist eine Mandola heute in der Regel mit sieben Bünden versehen. Anzahl und Stimmung der Saiten wurden im Laufe ihrer Geschichte sehr uneinheitlich gehandhabt, doppelchörige Bespannung war jedoch weit verbreitet. Heute ist eine Mandola allgemein mit vier Doppelchören bespannt und auf G–G, d–d, a–a, e'–e' gestimmt. Sie wird als oktavtransponierendes Instrument (eine Oktave höher als klingend) im Violinschlüssel notiert.
Seit der Entwicklung der *Mailänder Mandoline* wird die Mandola als große → Mandoline in Altlage verstanden. Seit dem 18. Jahrhundert wird sie zudem (wie eine *Neapolitanische Mandoline*) zumeist mit einem Plektrum gespielt.

Mandoline Zupfinstrument, das in mehreren unterschiedlichen Formausprägungen verbreitet ist.
Als älteste Variante gilt die *Mailänder* oder *Lombardische Mandoline (mandolino milanese)*, welche in der zweiten Hälfte des 17. Jahrhunderts in Italien durch Verkleinerung der → Mandola entstand. Sie besitzt einen Lautenkorpus (*Muschel*, → Laute). Ihr verhältnismäßig breiter Hals geht in einen sichelförmig rückwärts geschweiften Wirbelkasten mit zehn oder zwölf seitenständigen Wirbeln über, dessen Abschluß typischerweise eine Figur oder einen Wirbelkopf aufweist. Fünf oder sechs (bei doppelchöriger Bespannung zehn oder zwölf) Darmsaiten werden über ein Griffbrett mit Bünden geführt und sind in der fünfsaitigen Variante auf g, h, e', a', d", g", in der sechssaitigen auf g, h, e', d", e" gestimmt. Ein Querriegel dient als Steg wie gleichzeitig als unterer Saitenhalter. Die Saiten werden mit den Fingerkuppen bzw. -nägeln angezupft, was auf die Lautenspielweise und einen entsprechenden Ursprung verweist.
Um 1750 schuf die neapolitanische Instrumentenbauerfamilie Vernaccia die *Neapolitanische Mandoline (mandolino napoletano)*, welche heute als eigentliches Stamminstrument der Mandolinen gilt. Ihr birnenförmiger, tiefbauchiger Korpus *(Muschel)* ist aus bis zu 20 länglichen Holzspänen zusammengefügt, welche innenseitig mittels Papier- oder Leinwandstreifen verklebt sind. Eine wechselnde Aufeinanderfolge von hellen und dunklen Hölzern (meist Ahorn und Mahagoni bzw. Palisander) ist hierbei Tradition (vgl. Laute). Die flache, im unteren Teil oft abgedachte Decke (Fichte) ist unterseitig mit zwei Rippen, innenseitig mittels Klötzen und Reifchen sowie am Korpusansatz mittels Randspänen versteift. Das Schalloch ist üblicherweise als querliegendes Oval geschnitten. Der verhältnismäßig breite Hals trägt ein Griffbrett mit etwa 17 Messingbünden. In die charakteristisch nach hinten abgeknickte Wirbel-

Mailänder Mandoline

Neapolitanische Mandoline

platte sind hinterständige Wirbel eingelassen, welche jedoch heute gelegentlich durch Wirbel mit Zahnradmechanik ersetzt sind. Acht in Doppelchören geordnete Saiten (früher aus Darm und Messing, seit Mitte des 19. Jahrhunderts meist aus Stahl) sind auf g–g, d'–d', a'–a', e''–e'' gestimmt und werden über einen etwa 1 cm hohen aufgesetzten Steg geführt. Im Unterschied zur Mailänder Mandoline werden die Saiten der Neapolitanischen Mandoline mittels Hornplektrum *(penna, piuma)* angezupft. Reines Melodiespiel mit Wechselschlag ist verbreitet, Akkordspiel eher selten. Da ihr Ton nur sehr kurz nachklingt, wird bei längeren Notenwerten üblicherweise tremoliert (→ Tremolo).

Deutliche Unterschiede zur Lautenbauweise der Mailänder bzw. der Neapolitanischen Mandoline zeigen die achtsaitig in Doppelchören bespannte *Portugiesische* oder *Französische Mandoline* mit gewölbtem Boden und Zargenkranz sowie die ebenfalls mit vier Doppelchören bespannte *Deutsche Mandoline* mit flachem bis leicht gewölbtem Boden, flacher bis leicht gewölbter Decke und Zargenkranz.

Solowerke für Mandoline schrieben u. a. L. v. Beethooven («Sonatine für Mandoline», «Adagio für Mandoline und Cembalo») und Antonio Vivaldi («Konzert für Mandoline», zwei «Konzerte für zwei Mandolinen»). Daneben ist sie häufig in Kammermusik, Oper und sinfonischer Musik vertreten (vgl. W. A. Mozart: «Don Giovanni», 2. Akt, Nr. 16: Begleitung des Liebesliedes des Don Giovanni; Arnold Schönberg: «Serenade» op. 24, «Moses und Aron»; Ermanno Wolf-Ferrari: «Die neugierigen Frauen»; Manuel de Falla: «La Vida breve»; Gustav Mahler»: «Sinfonien» Nr. 7 und Nr. 8, «Das Lied von der Erde»; Hans Pfitzner: «Palestrina»; Daniel François Esprit Auber: «Fra Diavolo»; Giuseppe Verdi: «Otello»). Heute werden ihre Partien jedoch oft von der → Harfe mit übernommen. Die Mandoline ist zudem ein beliebtes

Instrument in volkstümlicher Laienmusik (vgl. Mandolinen- und Zupforchester) sowie in Unterhaltungs- und Tanzmusik. Die Notation erfolgt nichttransponierend im Violinschlüssel.

Mandora → Mandola

Manieren [man(u)aria = lat. Art und Weise] Ornamentale Wendungen in Musik. Die meisten Verzierungsmuster sind ursprünglich aus der Improvisationspraxis hervorgegangen, wurden spätestens seit der Vorklassik jedoch zunehmend ausgeschrieben (→ Triller, → Vorschlag, → Doppelschlag, → Schleifer, → Arpeggio). Sie dienen zumeist der Ausschmückung von Melodien. Außerdem ermöglichen sie bei bestimmten Instrumenten, deren schnell verklingende Töne durch mehrfaches variierendes Anspielen gleichsam zu *verlängern* (→ Kielinstrumente).
(Vgl. → Tremolo, → Vibrato, → Glissando, → Portamento, → Bebung)

Mannheimer Rakete → Mannheimer Schule

Mannheimer Schule Bedeutendes musikalisches Zentrum der → Vorklassik, das zwischen 1743 und 1777/78 eine Vielzahl von Neuerungen hervorbrachte, welche heute als richtungsweisende Impulse für die Entwicklung der Wiener → Klassik eingeschätzt werden. Manche dieser Errungenschaften sind zwar seinerzeit vereinzelt auch anderswo feststellbar, in Mannheim erscheinen sie jedoch in einer aussagekräftigen und gültigen Synthese.
Waren die Instrumente einer Orchesterbesetzung im → Barock noch in aller Regel weitgehend beliebig austauschbar, so entwickelt man nun zunehmend ein Gespür für die Unverwechselbarkeit der Klangfarben von Instrumenten. Instrumente gleicher Klangfarben werden in Gruppen zusammengefaßt (die *Streicher-*, die *Holzbläser-*, die *Blechbläser-*Gruppe) und in sich möglichst homogen behandelt (die Streicher müssen erstmals übereinstimmende Bogenstricharten ausführen). Es entsteht die neue Qualität der *Instrumentierung*. Die Besetzung eines Orchesters wird bei einer Komposition mit eingeplant und in der Partitur verbindlich festgehalten. Das Fundament des Mannheimer Orchesters bildet ein mehrfach besetztes → Streichquartett (1. und 2. Violine, Viola da braccio und Violoncello). Als Kolorierung kommen hierzu unterschiedliche Blasinstrumente (Querflöte, Fagott, Oboe, Horn, Trompete, Posaune, später auch die Klarinette), welche außer der gerne solistisch geführten Querflöte oft paarweise besetzt sind. Die Violoncelli werden meist → unisono oder oktaviert mit Kontrabässen geführt. Diese spezifische Zusammensetzung der Instrumente entspricht bereits weitgehend dem bis heute gültigen Orchesterapparat.

Gleichzeitig entwickelte man in Mannheim eine bislang ungehörte Disziplin der miteinanderspielenden Musiker. Neben der rein kompositorischen Konstruktion eines Werkes wird nun zum erstenmal in der Musikgeschichte auch dessen Vortragsweise und damit dessen hörbare Erscheinung bedeutsam. Das Mannheimer Orchester musizierte in einer nur diesem Ensemble eigentümlichen Art, vertrat eine spezifische Spiel- und Klangkultur, welche nun als weiteres substantielles Element neben der eigentlich aufzuführenden Komposition die Aufmerksamkeit der Zuhörer auf sich zog. Die Musik wurde zusätzlich zur *Darstellungskunst.* Mit dem Mannheimer Orchester wurde erstmals ein bestimmtes Ensemble als eigenständige Institution beachtet und gewürdigt. Die dortige Orchesterdisziplin ermöglichte eine Fülle feinster dynamischer Abstufungen, welche man in einem größeren Ensemble bislang in diesem Maße für schlicht undurchführbar gehalten hatte. Berühmt wurde u. a. das *Mannheimer Crescendo*, wobei die Klangfülle stetig ansteigend von piano bis fortissimo verdichtet wurde (natürlich war es auch im umgekehrten Verfahren als decrescendo vertreten). Weitere besondere Effekte waren die *Mannheimer Rakete* (eine aufwärts gerichtete, schnelle Dreiklangsbrechung als Tutti-unisono) und die *Mannheimer Walze* (eine Spielfigur, welche in der Art einer → Sequenz in höhere Tonlagen steigt und dabei jeweils an Lautstärke zunimmt). Ebenfalls neu war die → Generalpause.
Man hatte in Mannheim jedoch nicht nur die Klangfähigkeiten des Orchesterapparates ausgelotet, sondern zudem auch entscheidende Impulse in satztechnischer und formaler Hinsicht geliefert. Die Sonatenform der → Sinfonie wird in Mannheim drei-, oft auch bereits viersätzig gearbeitet. Der Gesamtgestus ist konzertant angelegt. Die einzelnen Sätze tragen unterschiedliche Ausdrucksgehalte. Der Kopfsatz ist zweiteilig, das zweite Thema geht bereits in die Dominant-Tonart sowie in der Reprise zur Tonika zurück. Der zweite Satz ist liedhaft und in der Regel langsamer gestaltet. Als dritter Satz dient ein → Menuett (ob dieses Verfahren wirklich erstmals von Carl Stamitz angewendet wurde oder auf die Wiener Komponisten Georg Christian Wagenseil und Matthias Georg Monn zurückzuführen ist, gilt allerdings als umstritten). Ein eventuell vorhandener vierter Satz ist meist ein Presto.
Wichtige Repräsentanten der Mannheimer Schule sind u. a. Ignaz Holzbauer, Franz Xaver Richter, Joh. Wenzel Anton Stamitz und dessen Söhne Anton und Carl Stamitz, Joh. Christian Cannabich.

Mannheimer Walze → Mannheimer Schule

maqām [= arab. Ort, Stelle, Stätte; türk. *makam*] Bezeichnung für die Melodieformel, die in traditoneller arabischer bzw. türkischer Musik als Grundlage der melodischen Gestaltung dient (vgl. indische → rāga; indonesische paṭĕt, → laras).

Die arabischen *maqāmāt* [pl. von maqām] beziehen sich auf ein Tonstufensystem, das die Doppeloktave in 48 unterschiedlich große Intervalle unterteilt. Von den 49 möglichen Tonstufen ist jedoch nur eine Auswahl von etwa 15 für den praktischen Gebrauch gedacht.

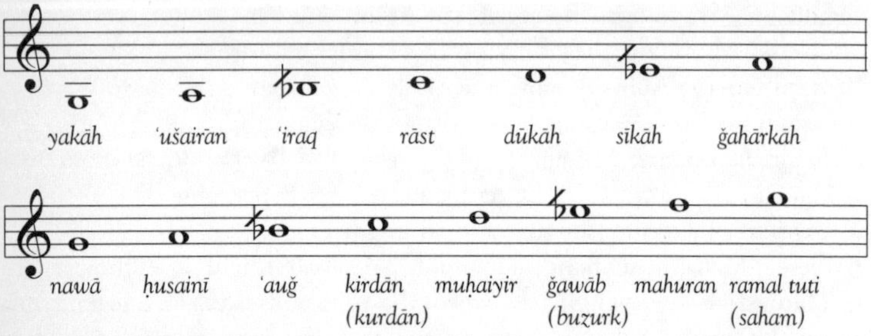

(♭ = Tiefalterierung um einen Vierteltonschritt)

(Eine Tonstufe wird dabei nach arabischem Verständnis stets als Individuum betrachtet und ist daher nicht in europäischem Sinn *oktavierbar.*)
Auf jeder dieser Tonstufen lassen sich unterschiedliche Materialleitern bilden, deren Töne zu bestimmten, traditionell festgelegten Motivbildungen verknüpft werden. Materialleiter und die jeweiligen melodischen Wendungen ergeben zusammen die charakteristischen Merkmale eines maqām. Dabei gelten insbesondere die Folgen bestimmter Sekundintervalle innerhalb von Schlußformeln als bedeutsames Zeichen für die Zuordnung einer Tonauswahl zu einem maqām. Die etwa 20 maqāmāt der Gattung rāst enden z. B. alle mit der Sekundintervall-Folge mittel–mittel–groß. Dagegen sind die maqāmāt der Gattung bayātī durch eine abschließende Sekundenfolge von groß–mittel–mittel gekennzeichnet. Jeder maqām ist traditionell mit einem bestimmten Gefühlsinhalt verknüpft.
Die maqām-Gattungen dienen in der arabischen Musikpraxis als Materialauswahl zur vokalen oder instrumentalen Improvisation. Eine maqām-Improvisation ist traditionellerweise in verschiedene Phasen unterteilt, in denen jeweils die Tonstufen eines bestimmten maqām umspielt werden. Anzahl und Dauer der Phasen sind frei wählbar, deren Gestaltung hängt von den stilistischen Vorlieben oder Eigenheiten sowie insbesondere von den kreativen Fähigkeiten bzw. der Originalität eines Musikers ab. Instrumentale maqām-Improvisationen werden typischerweise auf → ʿūd, → ṭunbūr, → sanṭūr, → kamānǧah, → rebāb, → qānūn, → mizmār oder → nāy vorgetragen.
Obwohl heute oft bekannte Improvisationen von berühmten Instrumentalisten imitierend nachgespielt werden, handelt es sich grundsätzlich nicht um komponierte Musik.

Maraca Süd- und lateinamerikanisches, üblicherweise paarig verwendetes Schüttelinstrument *(Rassel)* aus einer getrockneten Kalebasse (Flaschenkürbis; heute auch aus Holz), welche traditionell mit Fruchtkörnern, kleinen Muscheln, Steinchen o. ä. gefüllt ist. Maracas haben einen angesetzten Holzstiel, die verwandten *Rumbakugeln* nutzen den Kalebassenhals als Griff.

marche, marcia → Marsch

Marientrompete → Trumscheit

Marimbaphon Ursprünglich ein afrikanisches Stabspiel mit gestimmten Klanghölzern (→ Xylophon), an welche zur Klangverstärkung ausgehöhlte Kürbisse als Resonatoren unterseitig angehängt sind. Moderne Instrumente besitzen zum gleichen Zweck Röhrenresonatoren aus Kunststoff oder Leichtmetall. Die Klangstäbe sind üblicherweise klaviaturartig angeordnet und werden durch paarige, befilzte oder garnumwickelte Schlägel zum Klingen gebracht.
Das heutige *Orchester-Marimbaphon* unterscheidet sich vom *Orchester-Xylophon* im wesentlichen nur durch seinen größeren Stimmumfang im Baßbereich (c–c''''/c''''').

Marsch (ital. *marcia*, frz. *marche*) Musikgattung, die in ihrem ursprünglichen Sinn zweckgebunden ist und die gleichmäßigen Geh- bzw. Schreitbewegungen (Gleichschritt) von Personengruppen unterstützen und ordnen soll. Entsprechend sind gerade Taktarten (üblicherweise $\frac{2}{4}$- oder $\frac{4}{4}$-Takt) vorherrschend und starke Akzentbildungen (oft mit → Synkopen) üblich. Der Marsch gehört aus gegebenem Anlaß zum Grundrepertoire der Militärmusik. Dort kennt man u. a. *Reitermärsche* (zumeist im $\frac{6}{8}$-Takt), *Parademärsche*, *Geschwindmärsche* (frz. *pas redoublés*) und *Sturmmärsche*, deren jeweiliges Schrittempo im Laufe der Geschichte allerdings sehr unterschiedlich geregelt war. In stilisierter Form fand der Marsch auch Eingang in → Suite, → Sinfonie, → Oper und → Operette. Man unterscheidet *Fest-*, *Triumph-*, *Hochzeits-*, *Aufzugsmarsch (intrada, entrée)* und *Trauermarsch* (frz. *marche funèbre*).
Viele Märsche (abgesehen von Trauermärschen) stehen in Dur-Tonalität. Seit dem Barock wird eine Gliederung in acht- oder 16taktigen → Liedformen bevorzugt, ab Mitte des 17. Jahrhunderts ist die da capo-Form unter Einbindung eines → Trios als Mittelsatz üblich (Marsch–Trio–Marsch).

mātrā → tāla

mazhar → def

Mazurka Seit dem 16. Jahrhundert vorwiegend in Polen verbreitete bewegte Tanzweise im $\frac{3}{4}$- oder $\frac{3}{8}$-Takt, bei welchem im Unterschied zum → Walzer die Akzente nicht auf dem Taktbeginn liegen:

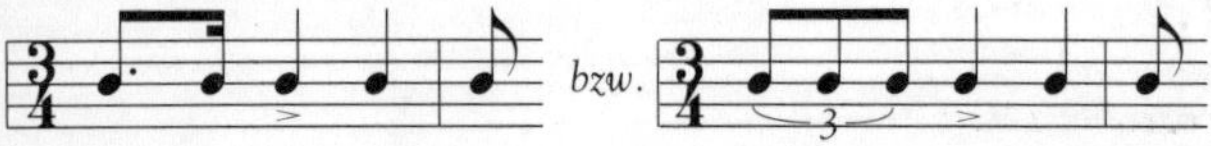

In stilisierter Form bevorzugt dreiteilig gegliedert und mit deutlich beruhigtem Tempo, findet sich die Mazurka sowohl in den → Suiten als auch in der Klaviermusik der Romantik (vgl. Frédéric Chopin: «Mazurken»).

mbira (sansa, sanza, zansa, Kalimba) Hauptsächlich in Zentral- und Südafrika mit unterschiedlichsten Bezeichnungen (u. a. *bisanzi*, *kisansi*, *likembe*, *kinditi*, *ékébé*, *kasayi*, *lidumu-dumu*, *tsumeb*) und in reichen Formvarianten verbreitetes Zupfinstrument *(Lamellophon)*. Hierzulande wird es wegen seiner Spielweise oft auch als *afrikanisches Daumenklavier* bezeichnet.
Klanglamellen aus Holz, Schilfrohr oder Metall sind an einem Ende mittels einer Querleiste auf einer flachen Unterlage fixiert. Die Länge bzw. Masse des freischwebenden Zungenteiles bestimmt die Tonhöhe; durch Verschieben der Lamellen unter der Querklammer können unterschiedlichste Tonskalen eingestellt werden. Teilweise wird an die Unterseite der Lamellen Bienenwachs oder Baumharz geklebt, um die Tonhöhe zu verändern. Die Lamellen sind oft in mehreren Manualen übereinander angeordnet. Typisch ist die Zweiteilung dieser Manuale: Der tiefste Ton (die längste Lamelle) liegt in der Mitte des Griffbrettes, wechseltönig steigt die Tonhöhe nach rechts und links aufwärts. Die freischwingenden Enden der Lamellen werden mit Daumen und Zeigefinger beider Hände angezupft und lassen einen warm-metallischen Ton erklingen.
Als klangverstärkende Resonanzkörper dienen eckige oder bauchig geschwungene, zumeist reich mit Schnitzereien verzierte Holzkästen, heutzutage auch Blechbüchsen oder Konservendosen. Gelegentlich werden mbira auch in getrocknete, ausgehöhlte Kürbisfrüchte eingesetzt. In manchen ostafrikanischen Gebieten werden Metallhülsen oder -ringe, zuweilen auch Schneckenhäuser über die Zungen geschoben, wodurch beim Spielen die in der afrikanischen Musik sehr beliebten Ton-Geräusch-Mischklänge entstehen.
Die mbira ist tief in der afrikanischen Mythologie verwurzelt und wird als

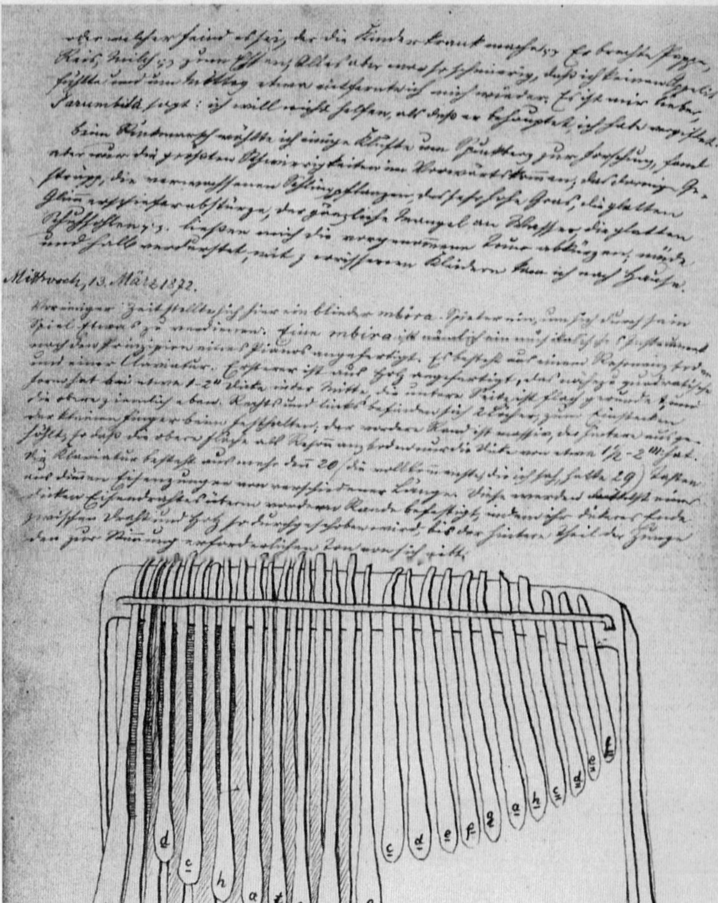

mbira aus dem Tagebuch von Karl Mauch, 1872

wichtiges Bindeglied zum kulturellen Erbe verstanden. Sie ist zeremonielles Instrument bei vielen Stammesritualen und gilt als Brücke zum Ursprung des menschlichen Daseins. So besagt eine Legende aus Simbabwe, daß Gott die Welt zunächst als öde und leer empfand. Einer inneren Eingebung folgend, baute er sich eine mbira. Er begann auf ihr zu spielen und bemerkte, daß jeder Ton dabei etwas Neues zum Leben erweckte: zuerst die Sonne, danach den Mond und schließlich auch die Menschen. Entsprechend wird der Resonanzkasten einer mbira in manchen Gebieten Afrikas als Sinnbild der Erde verstanden, während die Klangzungen die Menschen darstellen, die auf dieser Erde leben. Oft werden zudem kleine Steine in den Resonanzkörper gelegt, welche dann beim Spielen der mbira mitschwingen und mitrasseln. Diese Steine symbolisieren die toten Ahnen, welche somit durch das mbira-Spiel an den Festen und Feierlichkeiten der Lebenden gleichsam weiterhin teilhaben können. Die Klänge der mbira stellen dabei die Empfindungen der verstorbenen Vorfahren dar.

Außer bei Stammesritualen wird die mbira oft auch zum reinen Vergnügen gespielt. Kleinere Instrumente werden aufgrund ihrer handlichen Größe gerne auf Spaziergänge zur Begleitung des eigenen Gesanges mitgeführt.

Die Spielweise der mbira ist in etwa mit der abendländischen Technik des → Hoquetus vergleichbar. Eine Melodie ist hierzu auf mehrere Stimmen verteilt, wobei immer dann, wenn eine Stimme hörbar ist, die anderen Stimmen gerade pausieren und umgekehrt. Mehrere gleichzeitig erklingende melodische Linien werden kunstvoll ineinander verzahnt und zu einem dichten rhythmischen Klangteppich verwoben. Dieser stellt einen geradezu idealen Hintergrund zur Begleitung von Gesang oder poetischen Rezitationen dar. Die einzelnen Motivfiguren können beständig wiederholt werden; die eigentliche Kunst des mbira-Spieles besteht jedoch darin, diese Motivlinien nach und nach so zu variieren, daß stets ein etwas anderes Klangergebnis entsteht. Durch die Anzahl bzw. Anordnung der Lamellen und die überlieferten Spieltechniken ist die mögliche Figurenbildung allerdings bis zu einem gewissen Grad schon jeweils prädisponiert.

Die mbira ist das vermutlich einzige Instrument *rein* afrikanischen Ursprungs. Außerhalb Afrikas ist dieser Bautypus nirgendwo originär bekannt. Analog aufgebaute Instrumente, welche im mittelamerikanischen Kulturbereich vorkommen (z. B. *malimba*), wurden von älteren afrikanischen Urbildern abgeleitet. Die frühesten Aufzeichnungen und Transkriptionen von mbira-Musik in europäischer Notationsweise stammen von Karl Mauch (Tagebuchaufzeichnung vom 13. März 1872, vgl. Abbildung).

Mechanik (Hammermechanik) → Hammerflügel

Medianten → Parallelklänge, → Gegenklänge

mehterhane → Janitscharenmusik

Meistersinger Bürgerliche Handwerker, welche sich bemühten, die ältere Kunst des → Minnesangs, insbesondere dessen charakteristische *Barform* (→ Liedform) in einem strengen Regelwerk zu erhalten. Zu diesem Zweck schlossen sie sich in gesonderten Zünften *(Singschulen)* zusammen, deren erste ab etwa 1370 in Mainz nachweisbar ist und deren letzte sich 1878 in Memmingen auflöste.

mela, melakarta → rāga

Melisma [melos = griech. Lied, Weise] Bezeichnung für eine Folge von Melodietönen, welche auf einer gemeinsamen Textsilbe gesungen werden (Gegensatz: → syllabische Vertonung). Melismatik ist ein weltweit verbreitetes Verfahren zur Auszierung von gegebenen Melodieweisen. Melismen werden dabei häufig improvisiert und haben einen zumeist sehr emphatischen Charakter. Im → Gregorianischen Choral dienten melismatische Episoden vorwiegend der Hervorhebung bestimmter Sinnbereiche des zugrundeliegenden Textes. Melismatik bildet zudem den Ausgangspunkt zur Entwicklung der → Motette.

Melodie [melos = griech. Lied, Weise; ode = griech. Gesang] Längere, lineare Tonfolge, welche zumeist erkennbare Gliederungsabschnitte sowie ein bestimmtes Ausdrucksbestreben aufweist.

Melodram Werkform, bei welcher Musik (zumeist für Orchester instrumentiert) zusammen mit gesprochenem Textvortrag erklingt. Man unterscheidet zwischen *freiem Melodram* und *gebundenem Melodram*; bei letzterem sind Rhythmus und (ungefähre) Lagenunterschiede der Sprechstimme vorgegeben.
Neben melodramatischen Episoden in Opern (vgl. Jacques Offenbach: «Les contes d'Hoffmann» [«Hoffmanns Erzählungen»]; Alban Berg: «Wozzeck», 3. Akt, 1. Szene) entstanden Melodramen, namentlich im 19. und 20. Jahrhundert, auch als eigenständige Konzertstücke (*Konzertmelodram*; vgl. Rich. Strauss: «Enoch Arden», 1897; Max von Schillings: «Hexenlied», 1904; Arnold Schönberg: «Pierrot lunaire», 1912, «Ode an Napoleon», 1942; Paul Dessau: «Lilo Herrmann», 1952/53; Hanns Eisler: «Palmström», 1924).
Das Melodram ist seinem Wesen nach eng mit der Schauspielmusik sowie dem → Rezitativ verwandt (vgl. H. Eisler: «Drei melodrame Sätze» zum Schauspiel «Winterschlacht» von Johannes R. Becher). Eine besondere Ausprägung findet die melodramatische Technik in der *Filmmusik* des Tonfilms als Verbindung von bewegtem Bild, Sprache und untermalender Tonsprache. Melo-

dramatische Verknüpfungen von Sprechtext und Tanzmusik sind bei Igor Strawinsky («Persephone», 1933/34) sowie bei Arthur Honegger («Jeanne d'Arc au bûcher», 1950) zu finden.
Das Melodram war im Laufe seiner Geschichte (als erstes Melodram gilt Jean-Jacques Rousseau/Horace Coignet: «Pygmalion», 1770) immer wieder lebhaften Angriffen im Hinblick auf seinen ästhetischen Stellenwert ausgesetzt. Eines der Hauptargumente der Melodram-Gegner stellte die Berechtigung der Werkform als solche in Frage. Es bestand aus dem Vorwurf, das Melodram sei ein unzeitgemäßer Rückschritt, da es die bisherige Entwicklung (und gleichzeitige qualitative Steigerung) vom gesprochenen zum gesungenen Wort unsinnigerweise wieder umkehre. Eine solche Beurteilung mißachtet jedoch augenscheinlich all die reizvollen Möglichkeiten, die sich ergeben, wenn das gesprochene Wort als dramatische Intensivierung des gesungenen Wortes eingesetzt wird. So kann eine Sprechstimme innerhalb eines musikalischen Ablaufes gelegentlich eine weitaus eindringlichere Atmosphäre schaffen, als dies durch eine Gesangsstimme vermutlich möglich wäre (vgl. A. Schönberg: «Ein Überlebender aus Warschau», op. 46; Kurt Weill/Paul Hindemith/Bertolt Brecht: «Der Lindberghflug», Nr. 9: ‹Die Gedanken des Glücklichen›, Nr. 11: ‹Lindberghs Gespräch mit seinem Motor›). Andererseits lassen sich durch eine Gegenüberstellung von Sprechrollen und Singrollen dramaturgische Distanzen oder Konflikte wirksam verstärken (vgl. A. Schönberg: «Moses und Aron»: Moses als Sprechrolle, Aron als Singrolle). Sprechmelodik kann innerhalb eines Handlungsstranges neuartige Realitätsebenen verdeutlichen (vgl. A. Schönberg: «Moses und Aron»: die Stimme Gottes im Dornbusch als Sprechchor; Carl Maria von Weber: «Der Freischütz», 2. Akt, Wolfsschluchtszene: Samiel als Sprechrolle).

ménestrel → Troubadours

Mensur [mensura = lat. Maß]
1. das Verhältnis von Länge zu Durchmesser der Schallröhre (Pfeife) eines → Blasinstruments. Eine engere Mensur erleichtert im allgemeinen das Anblasen der Obertöne *(Überblasen)*, was das Spiel in hoher Lage begünstigt und damit gleichzeitig eine größere natürliche Tonauswahl ermöglicht (→ Ton).
2. bei Saiteninstrumenten der Abstand zwischen Steg und Sattel bzw. das Verhältnis von (freischwingender) Saitenlänge und Halslänge.

Mensuralnotation [mensura = lat. Maß] Die Mensuralnotation entwickelte sich im 13. Jahrhundert aus der → Modalnotation der → Notre-Dame-Schule und ist das erste europäische Notationssystem, das neben einer Bestimmung der Tonhöhen auch eine genaue Fixierung der Zeitrelationen einzelner Töne zuläßt (vgl. Traktat des Franco von Köln: «Ars cantus mensurabilis», etwa 1280). Mensuralnotation ist daher die entscheidende notationstechnische Voraussetzung für die Ausbildung der → Niederländischen Vokalpolyphonie, deren komplexe Mehrstimmigkeit eine detaillierte Darstellung der zeitlichen Verläufe aller beteiligten Stimmen benötigte.

Zunächst sind vier Noten- bzw. Pausenwerte in Gebrauch: *duplex longa, longa, brevis* und *semibrevis*. Dabei setzt sich jeder längere Notenwert aus kürzeren Notenwerten zusammen. Die zeitliche Relation der Töne untereinander ist jedoch (im Unterschied zum modernen Notationssystem) noch sehr vielschichtig geordnet. Eine duplex longa setzt sich aus zwei longae zusammen. Eine longa kann als *longa perfecta* drei breves oder als *longa imperfecta* zwei breves dauern. Analog kann eine brevis aus drei oder zwei semibreves zusammengesetzt sein. Das Tempo bzw. die absolute Ton- oder Pausendauer wird noch am menschlichen Pulsschlag ausgerichtet. Taktstriche sind noch nicht in Gebrauch. Bestimmte Tongruppen, welche bis zu acht Töne enthalten können, werden (wie in der → Choralnotation) zu *Ligaturen* zusammengefaßt. Deren Bedeutungen wurden sehr unterschiedlich gehandhabt und sind daher in ihrer Auslegung bis heute recht umstritten.

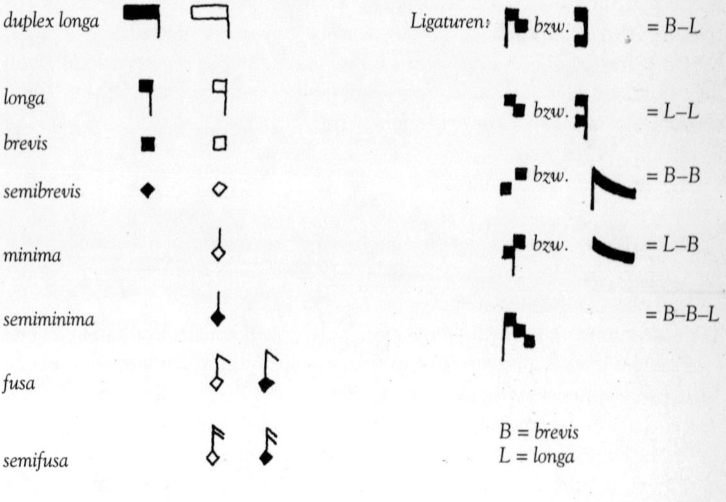

Bereits um 1320 war das System um kleinere Noten- und Pausenwerte (*minima* und *semiminima*) erweitert worden. Ab etwa 1430 kamen *fusa* und *semifusa* dazu. Etwa gleichzeitig wurden die Notenköpfe, welche bislang schwarz ausgefüllt waren, bei den längeren Zeitwerten unausgefüllt geschrieben.

Die Mensuralnotation hatte bis etwa 1600 Gültigkeit und war eine wichtige Vorstufe der modernen → Notation.

Menuett [ital. *menuetto, minuetto*; frz. *menuet*, von menu pas = frz. kleiner Schritt] Ein ehemals schneller und heiterer Volkstanz aus der südwestfranzösischen Provinz Poitou. In gemäßigterem Tempo fand er ab dem 17. Jahrhundert Eingang in den höfischen Bereich und entwickelte sich dort als eleganter Schreittanz zu einer der beliebtesten Tanzweisen der Zeit. In stilisierter Form fand das Menuett (ab etwa 1680) Eingang in die → Suite und erhielt ab der → Mannheimer Schule große Bedeutung innerhalb der Sonate (→ Sonate) als dritter Satz in viersätzigen → Sinfonien.
Allen Menuetten ist in der Regel eine zwei- bis dreiteilige Gliederung und ein $\frac{3}{4}$-, seltener $\frac{3}{8}$- oder $\frac{6}{8}$-Takt gemeinsam. In Suiten des Barock findet man häufig eine Paarbildung zweier tonartlich zumeist in → Varianten stehender sowie unterschiedlich instrumentierter Menuette. Barocke Menuette sind zumeist auftaktlos sowie in eher ruhigem Tempo und vornehm-gewandtem Charakter gehalten. In der Klassik wird der Beginn dagegen gerne mit einem → Auftakt (meist einer Viertelnote) versehen. Bei Menuett-Paaren wird nun zudem (spätestens seit der → Mannheimer Schule) der erste Tanzsatz häufig vollständig wiederholt, der jeweils zweite dabei als kontrastierender Trio-Teil behandelt (*da capo-Menuett* in A–B–A-Form bzw. als Folge von Menuett–Trio–Menuett; → Trio). Insbesondere unter dem Einfluß von L. v. Beethoven wandelt sich dieses jüngere Menuett in der Folge zum lebhaft-launischen → Scherzo ohne oder mit da capo-Gliederung (Scherzo–Trio–Scherzo).

Mersey-Beat → Rockmusik

Messe [von *missa* aus der liturgischen Entlassungsformel: *Ite missa est* = lat. Gehet, die Versammlung ist beendet] Vertonung liturgischer Texte des katholischen Gottesdienstes.
Die Gliederung einer Meßkomposition und die Reihenfolge der Sätze ergeben sich aus der jeweils gültigen Meßliturgie, welche verbindlich vorgeschriebene Teile *(Ordinarium missae)* und auf die Abfolge des Kirchenjahres bzw. besondere kirchliche Feiertage bezogene, wahlweise einsetzbare Abschnitte *(Proprium missae)* kennt. Das Ordinarium missae besteht seit dem 14. Jahrhundert aus *Kyrie, Gloria, Credo, Sanctus* (mit *Benedictus*) und *Agnus Dei*. Ein Proprium missae kann die Teile *Introitus* (Eingangsstück, vor dem Kyrie), *Graduale* (vor dem Credo), *Alleluia* (Lobgesang), *Offertorium* (Opferung, vor dem Sanctus) und *Communio* (Abendmahl, nach dem Agnus Dei) aufweisen. Eine Messe mit Ordinarium missae und Proprium missae heißt *Plenarmesse*.
Abgesehen vom funktionalen und textlichen Bezug zur Meßliturgie, unter-

liegen Meßkompositionen keiner weitergehenden, grundsätzlich vorgegebenen Verbindlichkeit bezüglich Satztechnik, Besetzung usw. Die einzelnen Sätze können unbegleitet oder instrumental begleitet, ein- oder mehrstimmig, solistisch oder chorisch gearbeitet sein.
Für die jeweiligen Ausprägungen haben sich unterschiedliche Bezeichnungen eingebürgert:
Die *Gregorianische Choralmesse* ist durchgehend einstimmig. Priesterlicher Sologesang wechselt mit ebenfalls einstimmigem Chorgesang (Chor von Geistlichen oder Gemeindechor). Die einzelnen Abschnitte sind in der Regel melodisch eigenständig und entstammen nicht selten unterschiedlichen Quellen, welche erst nachträglich zyklisch zusammengefügt wurden.
Motettische Messen sind überwiegend in motettischer Satztechnik (→ Motette) gestaltet und gelten als älteste Formen mehrstimmiger Messen (vgl. Messen von Guillaume de Machaut, dessen «Krönungsmesse» für Karl V. von 1364 zudem die vermutlich erste, durchgängig aus einer kompositorischen Quelle stammende Messe ist).
Eine *Alternatim-Messe* ist → a cappella besetzt. Solistischer Priestergesang und einstimmige oder mehrstimmig-polyphone Chorsätze wechseln sich ab (vgl. Giovanni Pierluigi da Palestrina: «Mantuaner Messen»).
Mit der *Cantus-firmus-Messe* des 15. Jahrhunderts löste sich die Meßkomposition von der bisherigen Tradition, jeden liturgischen Abschnitt melodisch unterschiedlich zu behandeln. Der Mehrstimmigkeit liegt ein → Gregorianischer Choral oder eine weltliche Liedweise als → cantus firmus zugrunde, welcher mehr oder weniger konsequent durch alle Sätze beibehalten wird. Befindet sich der cantus firmus in der obersten Stimmlage, spricht man von einer *Diskant-Messe*, liegt er in der hohen Männerstimme, von einer *Tenor-Messe*. Die Cantus-firmus-Messe verdeutlicht einen grundsätzlich neuen Ansatz innerhalb des Messeschaffens, er ist jetzt musikalisch und nicht mehr, wie bislang, primär liturgisch begründet.
Die Übertragung meßliturgischer Texte auf ein bereits vorhandenes mehrstimmiges geistliches oder weltliches Vokalwerk (→ Motette, → Madrigal, → Chanson) oder ausgesuchte Teile hiervon führte zur *Parodie-Messe* (→ Parodieverfahren, → Kontrafaktur). Formale Abweichungen wurden musikalisch-kompositorisch aufeinander abgestimmt, neu komponierte Abschnitte konnten hinzugefügt werden. Die Übernahme einer Chanson wird zumeist gesondert als *Chanson-Messe* bezeichnet (vgl. Orlando di Lasso: «Missa super ‹Entre vous filles›» über eine gleichnamige Chanson von Clemens non Papa aus dem 16. Jahrhundert). Das Parodieverfahren für Meßkompositionen ist seit Mitte des 15. Jahrhunderts bekannt und war insbesondere in der Spätrenaissance verbreitet. Die Übernahme einer weltlichen Liedvorlage als cantus firmus (vgl. Orlando di Lasso: «Missa ad imitationem moduli ‹Puis que j'ay

perdu›») wurde zwar durch das Konzil von Trient (1545–1563) verboten, jedoch weiterhin praktiziert. Allerdings vermied man nun die früher übliche Offenlegung der entsprechenden weltlichen Quelle.
Polychore Messen sind mehrchörig und in der Regel instrumental begleitet (erstmals vermutlich bei Giovanni Gabrieli, 1597). Bei einer *Kantaten-Messe* ist der meßliturgische Text im Stil einer → Kantate, d. h. mit Abschnitten in jeweils unterschiedlichen Satztechniken und Besetzungen, vertont. Kantaten-Messen waren insbesondere in der Barockzeit beliebt (vgl. J. S. Bach: «Hohe Messe in h-Moll»; W. A. Mozart: «Messe in c-Moll», KV 427), finden sich jedoch noch bis ins 20. Jahrhundert (vgl. Leoš Janáček: «Glagolitische Messe»).
Die *Sinfonische Messe* entwickelt sich in der Klassik. Sie weist Formstrukturen sinfonischer Musik (z. B. Sonatenform) sowie das nunmehr gültige Verfahren → thematisch-motivischer Arbeit auf. Typisch sind deutliche Kontrastwirkungen zwischen den einzelnen Sätzen, welche deren Eigenständigkeit betonen und gleichzeitig die Wirkung motivischer Querbezüge verstärken (L. v. Beethoven: «Missa solemnis»; Anton Bruckner: «Messe Nr. 1»). In der Romantik wurde gelegentlich auch mit Leitmotivik gearbeitet (vgl. Franz Liszt: «Graner Festmesse», «Ungarische Krönungsmesse»; → Leitmotiv). Insbesondere Sinfonische Messen haben, losgelöst von ihrer eigentlichen Funktionalität als Gottesdienstmusik, auch den Weg in den Konzertsaal gefunden.
Ist die Instrumentalbegleitung einer Messe auf die Orgel beschränkt, so spricht man auch von *Orgelmesse*, bei Orchesterbegleitung ist die Bezeichnung *Orchestermesse* verbreitet. Bei der *Deutschen Messe* sind die ursprünglich lateinischen Liturgietexte durch deutschsprachige ersetzt und werden chorisch (Chor von Geistlichen oder Gemeindechor) mit oder ohne Priestergesang *(Stille Messe)* vorgetragen (vgl. Michael Haydn, Franz Schubert). Eine *Missa cantata* ist ein solistischer Priestergesang ohne Chor, eine *Missa solemnis* eine große Messe zu besonderen, feierlichen Anlässen. *Missa brevis* bedeutet in protestantischer Kirchenmusik eine auf Kyrie und Gloria verkürzte Messe (vgl. J. S. Bach: «Missae breves» in G-Dur, in A-Dur, in f-Moll, in g-Moll), in katholischer Kirchenmusik eine satz- und besetzungstechnisch betont schlicht gehaltene Messe, welche zwar einen vollständigen Ordinariumstext aufweist, deren Sätze allerdings auf knappste Ausmaße begrenzt sind.
Eine *Totenmesse (missa pro defunctis)* besteht in der Regel aus *Introitus*, *Kyrie*, *Graduale*, *Tractus*, *Dies irae*, *Offertorium*, *Sanctus* (mit *Benedictus*), *Agnus Dei* und *Communio (Lux aeterna)*. Nach dem Textanfang des Introitus *Requiem aeternam dona eis, Domine* [= lat. Ewige Ruhe gib ihnen, Herr] werden Totenmessen häufig auch *Requiem* genannt. Als älteste Totenmesse gilt eine Vertonung von Johannes Ockeghem. Im 19. Jahrhundert wurden den Requiem-Kompositionen auch nichtliturgische Texte unterlegt (vgl. Johannes Brahms: «Ein deutsches Requiem», op. 45, auf Bibeltexte bezogen), im 20. Jahrhundert

ist die Bindung an überlieferte geistliche Texte weitgehend aufgelöst (vgl. Hanns Eislers Requiem «Lenin», 1937, auf einen Text von Bertolt Brecht; Paul Hindemiths Requiem «Als Flieder jüngst mir im Garten blühte» nach einem Text von Walt Whitman). Gelegentlich wurden auch einzelne Textabschnitte aus dem traditionellen Zusammenhang der Totenmeßliturgie herausgelöst (vgl. György Ligeti: «Lux aeterna», 1966) und mit anderen vokalen Gattungsformen verknüpft (vgl. Krzysztof Penderecki: «Dies irae», 1967, als → Oratorium über das Geschehen in Auschwitz).

Metallophon 1. Sammelbezeichnung für idiophone Musikinstrumente *(Selbstklinger)*, deren Tonerzeuger aus Metall (Stahl, Bronze, Messing usw.) bestehen (→ Becken, → Celesta, → Glockenspiel, → Gong, → Triangel, → Vibraphon, → Zimbeln).
2. Stabspiel mit gestimmten Metallplatten, welche mit Schlägeln zum Klingen gebracht werden. Der Aufbau eines solchen Metallophons entspricht weitgehend einem → Xylophon.

Metrik [metron = griech. Maß] Aus der antiken Verslehre abgeleitetes Gliederungsprinzip musikalischer Abläufe je nach Art der Folge von betonten *(schweren)* und unbetonten *(leichten)* Zeiteinheiten. (→ Metrum)

Metronom Mechanischer Zeitmesser zur Objektivierung von musikalischen Tempo-Angaben. Erste Versuche mit Metronomen gehen auf Étienne Loulié (1696) zurück, die bis heute wohl verbreitetste Version legte schließlich 1816 Johann Nepomuk Mälzel (1772–1838) zur Patentierung vor. Das *Mälzelsche Metronom* ist ein Pendel-Uhrwerk, dessen Geschwindigkeit über eine definierte Skala von 40 bis 208 Schlägen pro Minute variabel einstellbar ist. Die Pendelschläge sind als Knacklaute hörbar. Das Mälzelsche Metronom dient heute als allgemein gültiger Maßstab für Tempo-Angaben, wobei die Geschwindigkeit auf einen ausgewählten Notenwert bezogen ist (z. B. M.M. ♩ = 60). In neuerer Zeit wurde das Prinzip auch auf elektronische Metronome mit Lichtimpulsen übertragen.

Metrum Das jeweilige Verhältnis von betonten *(schweren)* und unbetonten *(leichten)* Zeiteinheiten innerhalb eines bestimmten musikalischen Ablaufs. Die Überlagerung von zwei oder mehr unterschiedlichen, simultan wirksamen Metren, z. B. $\frac{3}{4}$ gegen $\frac{6}{8}$, ergibt *Polymetrik*.

mey Türkisches Doppelrohrblattinstrument mit 30–38 cm langer Spielröhre und sieben oder acht Grifflöchern. Die Mensurverhältnisse entsprechen einer → mizmār (bzw. *zurna*). Im Unterschied zu dieser wird die mey jedoch mit

einem sehr großen Doppelrohrblatt (8–9 cm) und der modernen europäischen Oboentechnik gespielt (das Doppelrohrblatt befindet sich beim Spielen nicht vollständig im Mundraum, sondern zwischen den Lippen).
Die mey ist ein typisches Instrument türkischer Volksmusik und wird dort, ähnlich wie die zurna (→ mizmār), häufig in Verbindung mit der türkischen Trommel → davul verwendet. Die davul wird im Zusammenspiel mit der verhältnismäßig leiseren mey oft mit den Händen statt mit Schlagstöcken gespielt.

Mezzosopran → Gesangsregister

Mikrotonalität Erweiterung der Tonauswahl bei Wohltemperierter → Stimmung durch Verkleinerung der Intervallstufen zu sog. *Mikro-Intervallen* (Drittel-, Viertel-, Sechstel-, Achteltonschritte usw.) (vgl. Alois Hábas Oper «Es komme dein Königreich», 1942; Edgar Varèse: «Déserts», 1950–1954, «Poème Electronique», 1958). (→ Vierteltonmusik, → Neue Musik)

minima → Mensuralnotation

Minimal Music Ab etwa 1965 in Nordamerika aufkommende variable Ostinato-Werkform (→ Ostinato). Deren Melodik und Rhythmik sind auf wenige kurze Motivformeln begrenzt, welche beständig wiederholt und dabei nach und nach leicht abgewandelt sowie zeitlich gegeneinander verschoben werden. Es entstehen breite, flirrende Klangflächen.
Minimal Music ist sehr von indonesischer → gamĕlan-Musik, indischer → rāga-Musik, von den → Klangkompositionen György Ligetis (vgl. «Atmosphères», 1961) und von den Werken Erik Saties beeinflußt (Satie komponiert bereits vor 1900 ein Klavierstück mit der Spielanweisung, das Werk bei Aufführungen 800mal zu wiederholen).
Bedeutende Vertreter dieser Kompositionsweise sind u. a. Philip Glass (*1937), La Monte Young (*1935), Terry Riley (*1935, vgl. «A Rainbow in Curved Air», 1969) und Steve Reich (*1936, vgl. «Piano Phase», 1966).

Minnesang [mhd. minne = liebevolles Gedenken] Einstimmiger und instrumental begleiteter, weltlicher Liedgesang, der (vom französischen → Troubadour- und Trouvère-Stil beeinflußt) in der zweiten Hälfte des 12. Jahrhunderts im Umfeld deutscher Höfe entstand.
Die Texte sind hauptsächlich stilisierte Darstellungen ritterlicher Liebe als tugendhafte und standesgemäße Haltung gegenüber der Frau als solcher bzw. einer auserwählten, aber unerreichbaren Edelfrau im besonderen *(hôhe minne)*.
Es ist umstritten, ob und inwieweit diese Thematik durch die seinerzeit ver-

breitete *Marienlyrik* beeinflußt wurde, in welcher man der Jungfrau Maria eine ähnlich verehrende Haltung entgegenbrachte. Ebenso ist es durchaus denkbar, daß die Minnelyrik ihre entscheidenden Anregungen eher aus dem Bereich der arabischen Liebesdichtung erhielt, welche vergleichbare Motive behandelt und von Kreuzfahrern nach Mitteleuropa mitgebracht worden sein könnte.

Daneben erscheint eine Reihe von Liedern, die geschichtliche Ereignisse wiedergeben, aber auch deren politische und soziale Hintergründe erfragen und durchaus als erste *politische Lieder* bezeichnet werden könnten (z. B. bei Walther von der Vogelweide).

Die musikalische Gestaltung des Minnesangs ist stets eng an die Reimtexte angelehnt. Die *Barform* (→ Liedform) ist beliebt, während (im Unterschied zum Trouvère-Gesang) das Refrainlied weniger verbreitet ist. Die musikalische Rhythmik folgt den Silbenbetonungen. Die Melodik des Minnesangs nutzt zwar wie ihre französischen Vorformen ebenfalls Kirchenmodi (insbesondere den 5. und 7. → Modus), ist jedoch oft volksliedhaft gestaltet und kann bereits deutliche Dur-Moll-Tonalitäten aufweisen (vgl. W. v. d. Vogelweide: «Mir hât ein liecht von Franken der stolze Missenaere bracht», etwa 1212, in F-Dur). Nicht selten werden Melodien der Troubadours und Trouvères als Vorlage verwendet und nur neu textiert (→ Kontrafaktur; z. B. verarbeitete W. v. d. Vogelweide zu seinem «Wol mich der stunde, da ich sie erkande» das Troubadour-Lied «Can vei la flore» von Bernart de Ventadorn).

Minnelieder wurden mit → Neumen oder in → Choralnotation aufgeschrieben. Es sind jedoch weitaus mehr Texte als Melodien erhalten. So enthält der *Codex Manesse* (1315–1330) zwar die Dichtungen von etwa 140 Minnesängern, und die Texte weisen an vielen Stellen auch Notenlinien auf, oft sind jedoch keine Noten eingetragen. In großer Zahl und vermutlich noch in Originalgestalt sind dagegen die Melodien des Neidhart von Reuental erhalten. Dessen Lyrik bezieht zudem auch Naturschilderungen mit ein und läßt eine erste Blüte romantischer Natursehnsucht spürbar werden.

Der deutsche Minnesänger hatte (im Unterschied zu den Troubadours und Trouvères) zumeist keinen zusätzlichen Begleitmusikanten, sondern begleitete seinen Gesang selbst auf Saiteninstrumenten (Fidel, Psalter, Laute, Harfe, Drehleier).

Bekannte Dichter-Musiker jener Zeit waren u. a. Heinrich I. («der Vogler»), Hartmann von Aue, Wolfram von Eschenbach, Walther von der Vogelweide, Neidhart von Reuental. Gelegentlich maßen sie ihre Künste in höfischen Sängerwettstreiten direkt miteinander (so im Sängerkrieg auf der Wartburg, 1207). Ab der zweiten Hälfte des 14. Jahrhunderts ging die Liedkunst der deutschen Minnesänger an die → Meistersinger weiter. Als einer der letzten Minnesänger gilt Oswald von Wolkenstein (um 1377–1445), von dem schließlich auch etwa vierzig zwei- und dreistimmige Lieder überliefert sind.

Minnesänger → Minnesang

Minstrel-Show [ménestrel = frz. mittelalterlicher Spielmann zur Begleitung des → Troubadour- bzw. Trouvère-Gesangs; später wurde die Vokabel zu engl. *minstrel*; Circus Show, Tent Show] Ab etwa 1800 bekannte Bühnengattung nordamerikanischer Wanderbühnen.
Neben vielerlei Tanz-, Zauber- und Artistikdarbietungen führten als Schwarze geschminkte und verkleidete weiße Darsteller afroamerikanische Tanzweisen und Lieder parodistisch und ironisch auf oder spielten Szenen aus dem Plantagenalltag der schwarzen Sklaven nach. Insbesondere beliebt waren Geschichten über die Figur des *Jim Crow* oder die dicke, gutherzige schwarze *Mammy*.
Gegen Ende des 19. Jahrhunderts änderte sich der Charakter der Minstrel-Shows grundlegend. Nun traten schwarze Darsteller mit übertrieben schwarz geschminkten Gesichtern auf und versuchten ihrerseits die weißen Minstreldarsteller nachzuahmen, deren Ungeschicklichkeit und Einfältigkeit bei der Darstellung schwarzer Lebensformen und Musikkultur zu persiflieren und deren unverhohlene Diskriminierung bloßzulegen. Berühmte Minstrel-Shows waren u. a. die *Silas Green Show* und die *Rabbit Foot Minstrels*.

minuetto → Menuett

missa → Messe

mizaf → qānūn

mizmār (pers. *surnay*) Arabisches Doppelrohrblattinstrument mit einer runden Metallscheibe als Lippenstütze *(Lippenscheibe)*.
Seine Spielröhre ist im Ansatzbereich zylindrisch, im weiteren Verlauf jedoch konisch mensuriert und endet in einem charakteristisch weit ausladenden Schalltrichter. Das Doppelrohrblatt befindet sich beim Spielen vollständig in der Mundhöhle, die Metallscheibe dient als Lippenauflage. Der mizmār besitzt sechs bis acht vorderständige Grifflöcher und ein Daumenloch an der Rückseite. Am Trichter befinden sich zusätzlich sog. *Stimmlöcher* [türk. seytan delikleri = Teufelslöcher], durch welche sich die Intensität und Qualität der Obertöne beeinflussen lassen.
Die Bauform als *Kegeloboe* stammt ursprünglich vermutlich aus Indien (→ śahnāī, → nāgasvaram), ist aber auch in China als *sonai* verbreitet und mindestens seit 200 n. Chr. ebenso im vorderasiatischen Raum belegbar. In der Musikpraxis wird das Instrument gelegentlich auch als *nāy-i siyah* [= arab. schwarzer nay] bezeichnet, um es von der Flöte → nay als *nāy-i safid* [= türk.

weißer nay] zu unterscheiden. Bei den zentralasiatischen Turkmenen wurde dieses Instrument *yirag* oder auch *yorag* genannt. Als *zurna* ist das Instrument heute in verschiedenen Größen in der Türkei verbreitet. Die bis zu 55 cm lange *kaba zurna* ist vor allem in der Musik Thrakiens beliebt, die sehr kleine *cura zurna* findet man dagegen eher in den Gebieten am östlichen Schwarzen Meer. In türkischer Volksmusik wird die zurna oft zusammen mit der großen Trommel → davul als Duo gespielt.
Zwischen 800 und 1100/1200 n. Chr. kam die orientalische Kegeloboe über Sizilien nach Europa und entwickelte sich dort zur europäischen → Schalmei.

Modalnotation [modus = lat. Maß, Maßstab] Im 12./13. Jahrhundert in der → Notre-Dame-Schule entwickeltes Tonschriftsystem, in welchem erstmals eine Festlegung auf rhythmische Grundstrukturen erkennbar ist. Als Bezugsmaß dienen sechs bestimmte rhythmische Muster (*modi*, → Modus) für die Kombination von *longa* und *brevis*. Modalnotation ist eine Vorstufe zur → Mensuralnotation des 13. Jahrhunderts.

moderato → Tempo

Modulation [modus = lat. Maß, Maßstab] Wechsel der → Tonart innerhalb eines musikalischen Ablaufes, der über eine → Kadenz bestätigt wird. Als Mittler zwischen den beteiligten Tonarten dienen in aller Regel gemeinsam in beiden Tonarten gültige bzw. mittels → Enharmonik umdeutbare Harmonien. Ein kurzfristiger Wechsel der Tonart ohne Kadenzbestätigung heißt → Ausweichung.

Modus [= lat. Maß, Maßstab]
1. Die → Modalnotation versteht unter *modus* eine rhythmische Formel, die sich aus dem jeweiligen Verhältnis von *longa* und *brevis* ergibt. Man unterschied sechs Grundmodi:

1. modus

2. modus

3. *modus*
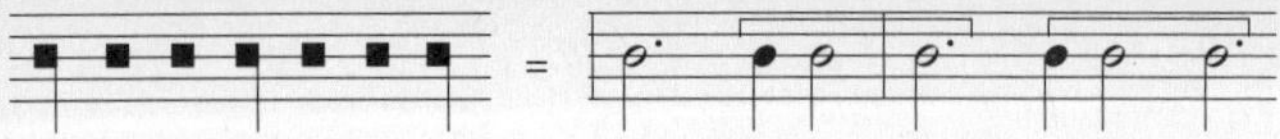

4. *modus*

5. *modus*
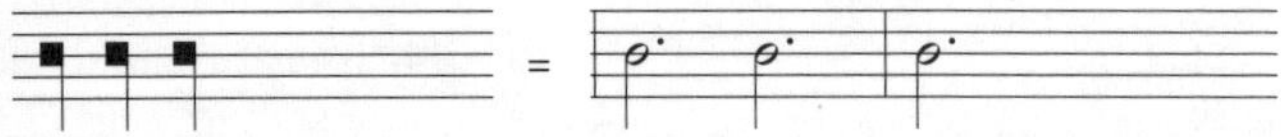

6. *modus*

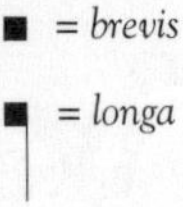

2. Seit dem 9. Jahrhundert (Odo von Cluny, Aurelius Reomensis) bis ins 16. Jahrhundert war die Bezeichnung *modus/Modus* zudem für bestimmte diatonische → Tonarten verbreitet, welche als Grundlage der Tonauswahl in der Kirchenmusik galten *(Kirchentöne, Kirchentonarten)*.

Der 1., 3., 5. und 7. Modus wurden als *authentische Modi*, die anderen als *plagale Modi* bezeichnet. Die *finalis* (Schlußton) ist bei verwandten Modi gleichbleibend, während sich der Rezitationston *(tenor, repercussa)* dagegen ändert.

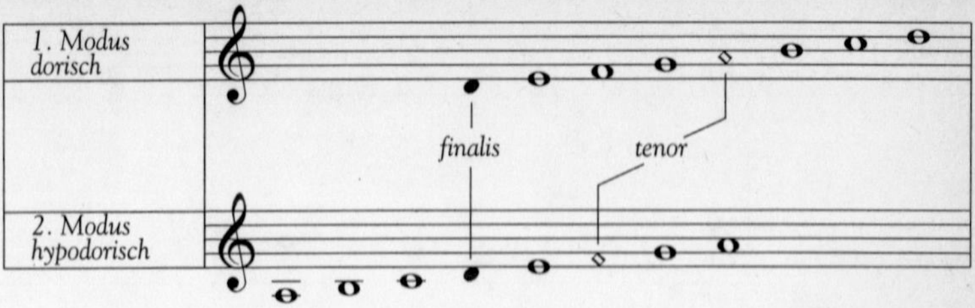

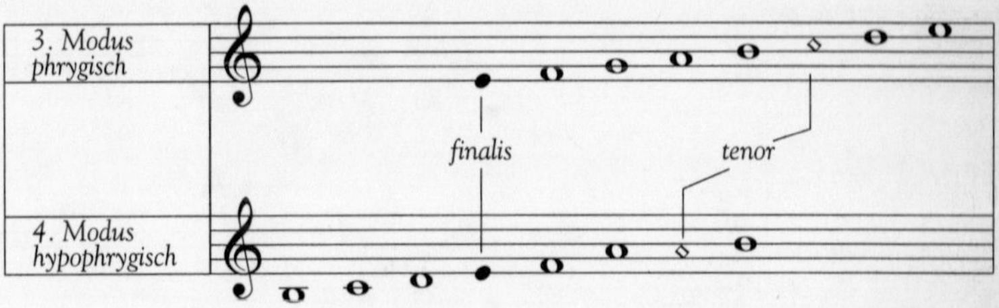

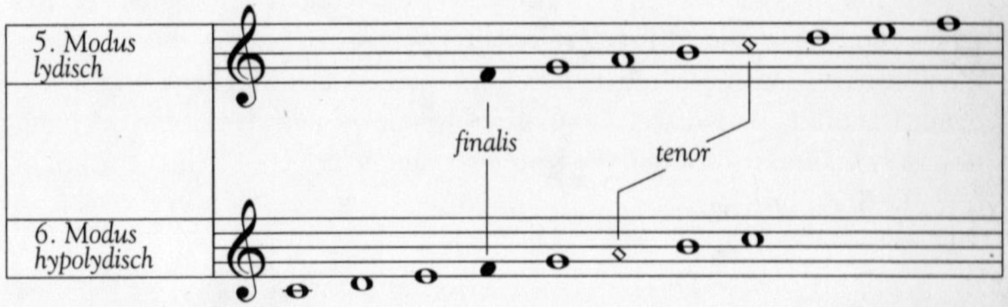

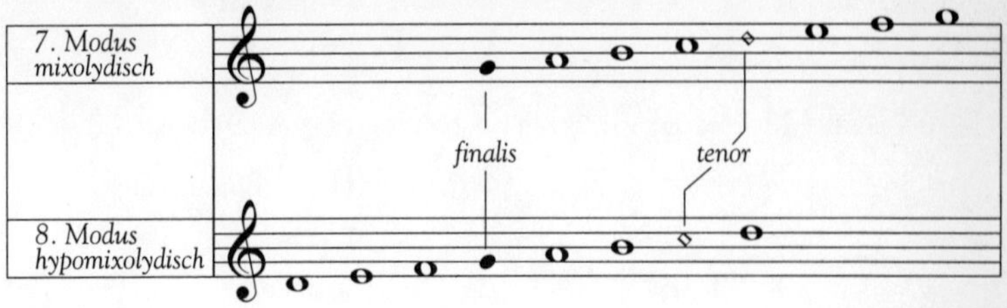

1547 erweiterte Glareanus in seinem Traktat «Dodekachordon» das bisherige System um vier Modi:

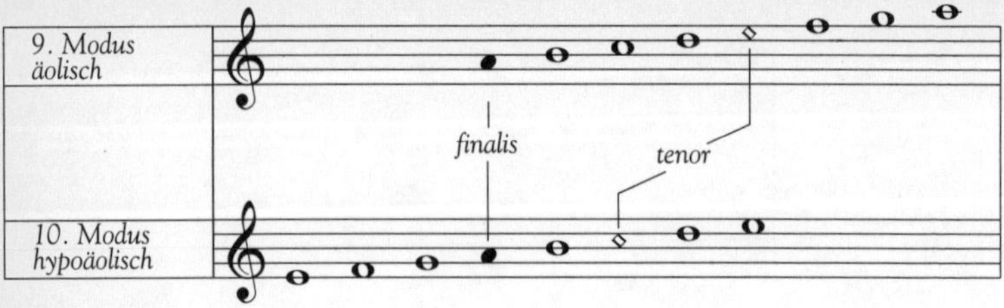

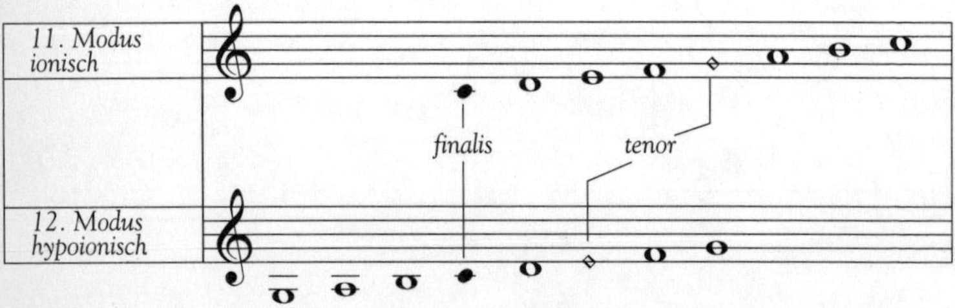

Moll [mollis = lat. weich] → Tongeschlecht, das durch eine kleine Terz zwischen den Stufen I und III seiner Tonleiter gekennzeichnet ist. Für die weiteren Tonschritte kennt man heute drei unterschiedliche Möglichkeiten. *Reines (natürliches) Moll*, welches in der Schrittfolge, jedoch nicht in der Funktion der einzelnen Tonstufen der Kirchentonart *äolisch* (→ Modus) entspricht, zeigt die Tonschrittfolge:

$1 - {}^1/_2 - 1 - 1 - {}^1/_2 - 1 - 1$ (1 = Ganztonschritt, $^1/_2$ = Halbtonschritt)

	I	II	III	IV	V	VI	VII	VIII	(Stufen)
z. B.	a	h	c	d	e	f	g	a	(= a-Moll)
z. B.	c	d	es	f	g	as	b	c	(= c-Moll)

Bei *harmonisch Moll* ist die VII. Stufe hochalteriert (→ Alteration):

$1 - {}^1/_2 - 1 - 1 - {}^1/_2 - 1{}^1/_2 - {}^1/_2$ ($1^1/_2$ = Eineinhalbtonschritt)

	I	II	III	IV	V	VI	VII	VIII	(Stufen)
z. B.	a	h	c	d	e	f	*gis*	a	(= a-Moll harmonisch)
z. B.	c	d	es	f	g	as	*h*	c	(= c-Moll harmonisch)

Die Änderung hat *harmonisch* günstige Auswirkungen (daher die Benennung). Der hierbei entstehende steigende → Leitton (z. B. gis bzw. h) ermöglicht eine Dur-Dominante auf der V. Stufe und damit eine deutlichere Kadenzwirkung (→ Kadenz).

Melodisch Moll ist eine seit dem 18. Jahrhundert bekannte Variante, bei welcher der melodisch ungünstige übermäßige Sekundschritt (Stufe VI–VII) des harmonisch Moll durch die Hochalterierung der VI. Stufe ausgeglichen wird:

$$1 - {}^{1}/_{2} - 1 - 1 - 1 - 1 - {}^{1}/_{2}$$

	I	II	III	IV	V	VI	VII	VIII	(Stufen)
z. B.	a	h	c	d	e	*fis*	gis	a	(= a-Moll melodisch)
z. B.	c	d	es	f	g	*a*	h	c	(= c-Moll melodisch)

Da die entsprechende Maßnahme aus *melodischen* Gründen erfolgte, nannte man dieses Tongeschlecht *melodisch Moll*.

In allen drei Moll-Varianten bleibt die charakteristische Kleinterz zwischen den Stufen I und III und damit der typische Moll-Charakter erhalten (in a-Moll: a–c, in c-Moll: c–es). Alle Varianten ergeben allerdings unterschiedliche Grundkadenzen:

(Stufen	:	I	–	IV	–	V	–	I)
reines Moll	:	t	–	s	–	d	–	t
harmonisch Moll	:	t	–	s	–	D	–	t
melodisch Moll	:	t	–	S	–	D	–	t

Moll wird im Unterschied zu → Dur zumeist durch Kleinbuchstaben gekennzeichnet (c-moll/c-Moll, aber C-Dur).

Moment musical [= frz. musikalischer Augenblick] Kleines, häufig in dreiteiliger Liedform gestaltetes Musikstück, welches insbesondere in romantischer und nachromantischer Klaviermusik als → Charakterstück beliebt war (vgl. Franz Schubert: «Moments musicaux») und nah mit dem → Impromptu verwandt ist.

Monochord [monochordos = griech. Einsaiter] Antikes Instrument mit einer Einzelsaite, welche über einen länglichen, einfachen Holzkasten als Resonanzkorpus gespannt ist. Ein unter der Saite verschiebbarer Steg ermöglicht beliebige Unterteilungen von deren Gesamtlänge. Das Monochord galt noch bis ins Mittelalter nicht im eigentlichen Sinn als Musikinstrument, sondern diente vorwiegend als Hilfsmittel der Musiktheorie zur Berechnung von Tonstufen und deren Intervallverhältnissen. Seine Erfindung wird Pythagoras zugeschrieben.

Im Mittelalter wurde das Monochord auch mehrsaitig bespannt, die bisherige Bezeichnung allerdings mitunter beibehalten (Johannes de Muris erwähnt 1323 in seiner «Notitia artis musicae» ein viersaitiges und ein 19saitiges Monochord).
Das Monochord gilt als Vorbild für → Trumscheit und → Scheitholtz wie auch als Vorstufe zum → Clavichord.

Monodie [monodia = griech. Einzelgesang] Ursprünglich ein deklamatorischer Vortragsstil im antiken Griechenland, bei welchem sich die Musik dem Text als Begleitung unterzuordnen hatte.
Als Sologesang mit instrumental ausgeführten Stützakkorden wurde dieses Gestaltungsprinzip gegen Ende des 16. Jahrhunderts von einem Kreis aristokratischer Kunst- und Literaturliebhaber in Florenz wiederbelebt *(Florentiner Camerata)*. Deren Ziel war es, die Wortverständlichkeit bei Textvertonungen zu verbessern, um damit einer zugrundeliegenden Dichtung angemessenes Gehör zu verschaffen. Die damals verbreitete → Niederländische Vokalpolyphonie wurde in diesem Kreis strikt abgelehnt, da man der Meinung war, daß sie aufgrund ihrer Stimmenüberlagerungen innerhalb des Satzgeflechtes eine solche Textverständlichkeit nicht in dem erwünschten Maße garantiere, ja geradezu verhindere.
Das Prinzip der florentinischen Monodie wurde zu einem der zentralen Gestaltungsmittel der Barockzeit und war (mit vokaler oder instrumentaler Melodiestimme) u. a. die entscheidende Voraussetzung für die Entwicklung der → Generalbaßpraxis. (Die Baßstimme wurde zunehmend nicht nur als linear-fortschreitendes Element, sondern als eigentliche Grundsubstanz der Akkordik verstanden. Die Bedeutung der Mittelstimmen reduzierte sich auf die reiner Füllstimmen. Als Konsequenz wurden schließlich die Mittelstimmen überhaupt nicht mehr ausnotiert, die Baßstimme nun als *Generalbaß* bezeichnet.)
Die Vertonung von handlungsorientierten Bühnendichtungen nach monodischem Prinzip führte schließlich um 1600 zur Werkform → Oper. Wegen der akkordischen Art ihrer Begleitung wird die Monodie heute oft vereinfachend als → Homophonie verstanden und behandelt.

monodisches Prinzip → Monodie

Mordent → Triller

Motette [mot = frz. Wort] Mehrstimmige Vokalgattung, die unterschiedliche, aber simultan verlaufende Textierungen (teilweise sogar in verschiedenen Sprachen) aufweist.

Die Motette entwickelte sich um 1200 in der *Schola cantorum* von Notre-Dame (→ Notre-Dame-Schule). Grundlage ist eine neue Form vokaler Mehrstimmigkeit, bei welcher den Gregorianischen Choralmelodien *(cantus)* an melismatischen Abschnitten eine Oberstimme (*organum duplum* bzw. kurz *duplum*) hinzugefügt und diese textiert *(tropiert)* wird (→ tropus). → Melisma und duplum bilden eine zweistimmige Episode im ansonsten einstimmigen Choral (→ Gregorianischer Choral).

Der Text eines duplum war zunächst inhaltlich direkt auf das jeweils melismatisch ausgezierte Choralwort bezogen. Bald wurden jedoch auch eigenständige, vom zugrundeliegenden Choral unabhängige Texte, anfänglich z.B. lateinische Bibelworte, Psalmverse o. ä., unterlegt. Eine derart neutextierte *(be-wortete)* Oberstimme wurde nun als *motetus (motet, motetta)* bezeichnet. Motetus-Episoden dienten (ähnlich wie Tropen) der verzierenden Ergänzung von Chorälen und wurden im Sinne von austauschbaren Formeln *(clausulae)* vermutlich recht frei eingesetzt. Zu Melisma und duplum konnten weitere Begleit- bzw. Oberstimmen (*triplum, quadruplum* usw.) hinzugefügt werden, die ebenfalls textiert wurden. Noch im 13. Jahrhundert verselbständigte sich das Verfahren zu einer gesonderten Werkgattung, die man als *Motette* bezeichnete. Bei der üblichen systematischen Benennung wird die chorale Hauptstimme, die seit 1200 *tenor* hieß, als obligate Grundlage angesehen und entsprechend nicht mitgezählt. So ist eine *Doppelmotette* dreistimmig, eine *Tripelmotette* vierstimmig usw. Eine zweistimmige Motette wird als *Einfache Motette* bezeichnet.

Motetten hatten (zumindest in Notre-Dame) keine liturgische Funktion und wurden am Ende der Gottesdienste von ausgewählten Solisten gesungen.

Eine beliebte Gestaltungsweise wird in der Epoche der → Ars nova die Variante der *Isorhythmischen Motette*. Sie ist vermutlich von Philippe de Vitry entwickelt worden. Ihr cantus bewegt sich bevorzugt in langen Zeitwerten, der motetus liegt in der Alt-Stimme, das triplum als Sopranlage läßt man bevorzugt von Knabenstimmen ausführen. Der Hauptstimme ist ein Rhythmusmuster *(talea)* unterlegt, welches (unabhängig von der Tonhöhenverteilung der Melodik) so oft wiederholt wird, bis alle Töne des jeweiligen Formabschnitts abgehandelt sind. Die einzelnen Formabschnitte einer Isorhythmischen Motette besitzen in der Regel unterschiedliche taleae (vgl. Guillaume de Machaut: «Messe de Nostre Dame»: ‹Agnus Dei II›).

Eine weitere Variante ist die seit Ende des 14. Jahrhunderts bekannte *Durchimitierte Motette*. Die beteiligten Stimmlagen setzen hier kanonartig nacheinander ein, wobei die Melodik der beginnenden Stimme von den jeweils nachfolgenden wörtlich oder variiert imitiert wird. Die Kernmelodie kann ein Gregorianischer Choral, sie kann jedoch auch frei komponiert sein. Im zweiten Fall ist die Musik nur noch dem Inhalt des verwendeten Textes verpflichtet und deutet diesen tonmalerisch oder symbolisierend aus. Jedes dabei entstehende musikalische Motiv *(soggetto)* wird mittels Imitationsverfahren zunächst durch alle beteiligten Stimmlagen geleitet (→ Imitation), bevor ein neuer textlicher oder musikalischer Gedanke erscheint und in gleicher Weise verarbeitet wird. Eine Durchimitierte Motette ist also eine Reihung unterschiedlicher soggetti (vgl. Josquin Desprez: «Missus est Gabriel angelus»; Giovanni Pierluigi da Palestrina: «Lapidabant Stephanum», 1563). Die Durchimitierte Motette ist insbesondere im 15. und 16. Jahrhundert beliebt und wird über die Zwischenstufe des → Ricercar (als instrumentale Motette) zum bedeutenden Ausgangspunkt für die Entstehung der → Fuge.

Bereits im 13. Jahrhundert wurden motetus-Texte zunehmend in Französisch verfaßt und behandelten weltliche Themen (bevorzugt mit satirischem oder erotischem Einschlag). Bei einer solchen *weltlichen Motette* diente zumeist ebenfalls ein Gregorianischer Choral als cantus. Dieser konnte aber sowohl mit seinem lateinischen Text gesungen als auch rein instrumental gespielt werden (wobei Besetzung und Spielweise der Instrumente vermutlich von den → Troubadours bzw. Trouvères übernommen wurden). Eine weltliche Doppelmotette des 14. bis 16. Jahrhunderts konnte in der Unterstimme (tenor) einen (geistlichen) Gregorianischen Choral enthalten, in der Mittelstimme (duplum) ein Trinklied, in der Oberstimme (triplum) gleichzeitig ein Liebeslied sein. Zudem konnten für alle Texte unterschiedliche Sprachen genutzt werden. Man kann davon ausgehen, daß die Werkform Motette in dieser Ausprägung primär als eine Art *Klangkonstruktion* aufgefaßt wurde. Die Stimmen sind zwar textiert, die Gleichzeitigkeit unterschiedlicher textlicher bzw. sprachlicher Ebenen macht ein Verstehen der Worte jedoch nahezu unmöglich. Die Textverständlichkeit kann deshalb offensichtlich eine nur sekundäre Rolle gespielt haben.

In der Folgezeit bis etwa Mitte des 15. Jahrhunderts überwiegen Motetten mit weltlichen Texten. Erst mit Aufkommen der → Niederländischen Vokalpolyphonie wurde deren Bedeutung in den Hintergrund gedrängt, und die Motette mit geistlichem Text erfuhr als sog. *klassische Motette* ihre eigentliche Blütezeit. Seit dieser Zeit gilt motettischer Satzstil als bedeutendes Gestaltungsverfahren mehrstimmiger geistlicher Werke (→ Messe, → Passion, → Oratorium), wobei prinzipiell zwischen der affektbetonteren Stilistik der → Venezianischen Schule und der eher schlichten Gestaltungsweise der → Römischen Schule unterschieden wird.

Charakteristisch für einen motettischen Satz wurde hierbei das *abschnittsweise* Vertonen einer Textvorlage, das es ermöglicht, jeden Textpassus musikalisch gesondert zu behandeln und damit eine dichte Beziehung zwischen Wort und Musik zu schaffen. Jedem Textabschnitt wird möglichst eigenständiges motivisches Material zugeordnet, die jeweiligen Übergangsstellen zwischen Textepisoden werden mittels kunstvoller Stimmenverzahnungen bevorzugt verschleiert.

Im 17. und 18. Jahrhundert wandelt sich das bisherige Erscheinungsbild der Motette entscheidend. Unter anderem werden häufig Instrumentalbegleitung und nicht selten solistische Vokalpartien hinzugefügt. Es entsteht die *Solomotette* mit Generalbaßbegleitung, welche als Vorstufe zu → Arie sowie geistlichem → Konzert gilt. Gelegentlich sind Motetten nun erkennbar in Sätze gegliedert, erhalten hierdurch zyklischen Charakter und sind nicht mehr eindeutig von → Kantaten zu unterscheiden. Statt eines Gregorianischen Chorals kann als cantus ein protestantisches Kirchenlied (→ Choral) zugrunde liegen (*Choral-* oder *Liedmotette*) (vgl. J. S. Bachs Motette «Jesu meine Freude» mit gleichnamigem Choral).
Nach etwa 1750 wird die Verwendung des motettischen Stils allgemein als historisierender Rückgriff verstanden, eine solche Komposition als Werk *im alten Stil* bezeichnet. Klassik, Romantik und Neuzeit kennen Motetten unterschiedlichster Ausprägung.

motetus → Motette

Motiv [movere = lat. bewegen] Kleinste musikalisch wirksame Sinneinheit einer Komposition. Dabei kann das Empfinden für die Geschlossenheit einer rhythmischen, harmonischen oder melodischen Folge mit Änderung (insbesondere mit Verlangsamung) der Ablaufgeschwindigkeit erheblich variieren. Ein Motiv dient in aller Regel als kompositorischer Ausgangspunkt für die Entstehung größerer Zusammenhänge. Weniger entwicklungsrelevante Ton- bzw. Impulsfolgen werden gelegentlich als *Figuren* von den eigentlichen *Motiven* unterschieden. Das Charakteristische eines musikalischen Motivs kann sich durch dessen Melodik, dessen Harmonik oder dessen Rhythmik oder durch verschiedene Kombinationen dieser Parameter ausdrücken. Man unterscheidet *Fortspinnungs-* und *Entwicklungsmotive*.
Fortspinnungsmotive sind charakteristisch für die Melodik mehrstimmiger Musik bis etwa 1750. Ihre melodische und rhythmische Struktur ist auf horizontal-lineare Bewegungsimpulse ausgerichtet, so daß derartige Motive idealtypischerweise oft wiederholbar *(fortspinnbar)* sind. Bei solchen Reihungen bilden sich in aller Regel asymmetrische Melodieverläufe. Nicht selten ist das → Thema einer barocken, polyphonen Komposition aus einem einzigen *Fortspinnungsmotiv* gebildet, das dann (gleichbleibend oder leicht variiert) durch die weiteren beteiligten Stimmen wandert. Dieses Verfahren ermöglicht, einen bestimmten Affektgehalt für längere Zeit beizubehalten, ein Prinzip, das typisch für Barockmusik ist (mit Affekt-*Gegensätzen* arbeitet man erst in der Klassik). Man nannte solche Motive in der Barockzeit allerdings noch nicht Thema, sondern *soggetto* [= ital. Subjekt].
Entwicklungsmotive sind charakteristisch für die Melodik der Klassik und

Romantik. Sie sind weitaus prägnanter geformt als Fortspinnungsmotive und müssen → thematisch-motivische Arbeit nicht nur ermöglichen, sondern durch den Spannungsgehalt ihrer Struktur idealtypischerweise regelrecht herausfordern. Entwicklungsmotive sind deutlich abgeschlossene, unverwechselbare Tongruppierungen, die zumeist symmetrisch gegliederte Melodieverläufe ergeben. Sie müssen auch im Verlauf thematisch-motivischer Arbeit immer klar in ihrer Eigenständigkeit erkennbar bleiben (vgl. das Kopfmotiv von L. v. Beethovens »Sinfonie Nr. 5», 1. Satz).
Inwieweit ein einzelner Ton, ein einzelnes Klang- oder Akzentereignis, bereits musikalisches Motiv sein kann, beschäftigt die Musiktheorie immer wieder und hat zu einer regen Diskussion mit sehr unterschiedlichen Argumentationsansätzen geführt. Entscheidend ist dabei die Frage, ob ein Einzelereignis bereits die für eine musikalische Entwicklungsarbeit notwendigen Spannungsimpulse bereitstellen kann oder nicht. Spätestens mit Beginn der → Neuen Musik ist diese Auseinandersetzung in eine neue Phase getreten (vgl. u. a. die Bedeutung des Tones h in Alban Bergs «Wozzeck», letzter Akt, 2. Szene).
Durch die technischen Möglichkeiten der → Elektronischen Musik läßt sich heute jedes Tonereignis in seine zugrundeliegende Grundschwingung und das zugehörige Obertonspektrum zerlegen. Die Grundschwingung wird zur musikalischen Keimzelle einer Klangkomposition, während das Obertonspektrum jeweils über entsprechende Modulatoren und Filter beeinflußt werden kann. Die kompositorische Arbeit besteht in diesem Fall aus dem Variieren dieser Klangrelation zwischen Grundschwingung und Obertonspektrum. In diesem Sinne kann selbst eine einzelne Grundschwingung durchaus als Motiv dienen.

mṛdaṅga Indische, in vielerlei Größen verbreitete stimmbare Doppelfell-Faßtrommel, deren Korpus asymmetrisch-doppelkonisch geformt ist, wodurch auf den beiden Membranen verschiedene Tonhöhen ermöglicht werden. Die tiefer klingende Seite wird nach traditionellem Verständnis dem Mond, die heller klingende der Sonne zugeordnet. Der Korpus wird heute üblicherweise aus Holz hergestellt, die Bezeichnung verweist jedoch noch auf gebrannten Ton als ursprüngliches Baumaterial [mṛd = skt. Ton, Irdenes; aṅga = skt. Körper]. Die tiefer gestimmte Membran (Ziegenfell) trägt eine scheibenförmige Platte (*syahi*; aus einer

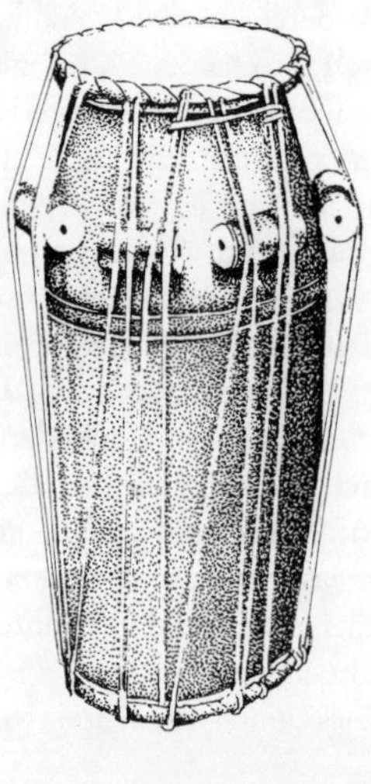

Mischung von Eisenpulver und gekochtem Reis- oder Griesmehl), welche zur Feinstimmung und zur Verbesserung der Klangfarbe dient. Die mṛdaṅga wird mit Fingern und Händen gespielt und in Nordindien hauptsächlich für Tempel- und Kunstmusik verwendet. Südindische Formen sind oftmals eher bauchig oder zylindrisch gearbeitet und dienen u. a. als typische Begleitinstrumente des *bhārata nāṭyam*-Tanzstils. Die mṛdaṅga soll bereits 3000 v. Chr. bekannt gewesen sein. Sie und nicht etwa die in Europa viel bekanntere → tablā gilt in Indien als das eigentliche *klassische* Schlaginstrument. (→ tāla)

Mundharmonika → Harmonika-Instrumente

Mundorgel → sheng

muralī, murlā → vamśa

mūrchanā → svara

Musette 1. Geradtaktige (meist im $\frac{2}{2}$-Takt stehende) Tanzweise, die im wesentlichen durch die Verwendung eines oder mehrerer → Orgelpunkte (Einzelton oder Bordunquinte als Dudelsack-Imitation) gekennzeichnet ist und in ihrer Grundstruktur weitgehend einer → Gavotte entspricht (vgl. J. S. Bach: «Englische Suite Nr. 3», BWV 808: ‹Gavotte II ou la Musette›). In → Suiten des Barock wird die Musette gerne (in der Art eines → Trios) als Mittelsatz einer Gavotte verwendet. Werden musetteartige Orgelpunkte in anderen Tanzstücken eingesetzt, so wird dies üblicherweise durch den Zusatz «*. . . à la Musette*» im Titel verdeutlicht.
2. → Dudelsack

Musical [Kurzform von *musical play* = engl. Musikspiel] Seit Anfang des 20. Jahrhunderts in Nordamerika entwickelte Bühnengattung, deren musikalische und darstellerische Elemente u. a. von → Operette, → Singspiel, → Minstrel-Show und Tanztheater (Ballett) beeinflußt sind. Als erstes Musical gilt George Michael Cohans «Little Johnny Jones» (1904).
Die Themen von Musicals sind zumeist gegenwartsbezogen. Neben heiteren, unterhaltsamen Stoffen werden nicht selten soziale Probleme behandelt (Jugend- und Rassenkonflikte; vgl. Leonard Bernstein: «West Side Story», 1957). Musicals können eine Vielzahl unterschiedlicher Werkformen enthalten (Solo-, Ensemble- und Chorlied, Tanz, Pantomime, rein instrumentale Abschnitte, gesprochene Mono- und Dialoge, → Melodram u. v. m.). Tanz wird dabei zumeist nicht als nur abwechslungsreiche Episode (→ Operette), sondern handlungsimmanent eingesetzt (vgl. L. Bernstein: «West Side Story»;

Richard Rodgers: «Oklahoma», 1943). Wichtigstes Grundelement ist der *Song*, der eher Sprech- als Singstimme erfordert. Charakteristisch sind seit etwa 1925 unüberhörbare Einflüsse des → Jazz (erstmals bei George Gershwin: «Lady Be Good», 1924). Seit Mitte des 20. Jahrhunderts werden die Themen häufig auf literarische Vorlagen bezogen (vgl. Cole Porter: «Kiss Me Kate», 1948, nach William Shakespeare: «Der Widerspenstigen Zähmung»; Frederick Loewe: «My Fair Lady», 1956, nach George Bernhard Shaw: «Pygmalion»; L. Bernstein: «West Side Story», nach W. Shakespeare: «Romeo und Julia»; Jerry Bock: «Fiddler on the Roof», 1964, nach Scholem Alejchem: «Tewje, der Milchmann»).
Ende der 1960er Jahre entstehen erste *Rockmusicals*, welche die Bühnengattung mit rockmusikalischen Elementen verzahnen, allerdings nicht mit → Rockopern gleichzusetzen sind (vgl. Galt McDermot: «Hair», 1967; später Andrew Lloyd Webber: «Jesus Christ Superstar», 1971, «The Phantom of the Opera», 1986).

Musik des 20. Jahrhunderts → Neue Musik

Musikalisch-rhetorische Figurenlehre Seit Ende des 16. Jahrhunderts bekanntes Regelwerk zur Umsetzung der Empfindungsgehalte von Worten in Musik.
Bestimmte Tonfolgen, Intervalle, rhythmische Motive usw. sind formelhaft und verallgemeinernd jeweiligen Gefühlswerten zugeordnet. Manche der Figuren sind direkte, nachahmende Tonmalerei (*imitatio naturae*; z. B. Vogelstimmen, Kuckucksterz) und waren bereits bei Josquin Desprez (→ Niederländische Vokalpolyphonie) bekannt. Andere Motive sind rein symbolisch und mehr oder weniger stark verschlüsselt. Manche Strukturen sind gar nicht *hörbar*, sondern nur beim Lesen im Notentext *(Partitur)* erkennbar:

(Johann Sebastian Bach: Ich will den Kreuzstab gerne tragen, BWV 56)

Diese Formelsprache (vgl. u. a. drei Traktate von Joachim Burmeister, um 1600) galt während der ganzen Barockzeit als verbindliches Vokabular (vgl. J. S. Bach: «Kantaten», «Passionen»; Giovanni Gabrieli, Claudio Monteverdi), wurde ab der → Vorklassik jedoch kaum noch angewendet.

Musikdrama Bedeutende Bühnengattung der Spätromantik (→ Romantik). Mit der Absicht, ein *Gesamtkunstwerk* zu schaffen, in welchem Sprache, Musik und Geste zu einer Einheit verbunden sind, entwickelte Richard Wagner eine Bühnenwerkform, die heute allgemein als *Musikdrama* bezeichnet wird (vgl. u. a. «Der Ring des Nibelungen»). Ein Musikdrama ist im Unterschied zu vielen → Opern (insbesondere zu *Nummernopern*) stets *durchkomponiert*. Die Trennung in Musiknummern (→ Arien, → Rezitative) ist zugunsten weiter gefaßter, der dramatischen Logik verpflichteter Abschnitte aufgegeben. Das Orchester wird sinfonisch behandelt. Es kommentiert, deutet die hinter dem szenischen Geschehen verborgenen Ebenen aus, beleuchtet die Gefühlszustände und seelischen Wandlungen der Protagonisten, oft trägt es die eigentliche dramatische Fortentwicklung. Die Gesangspartien stellen eine Art durchgängiges *recitativo accompagnato* dar, dessen Sprechmelodik nur gelegentlich von arienhaften Abschnitten unterbrochen wird. Die traditionelle Ouvertüre ist durch ein *Vorspiel* (→ Ouvertüre) ersetzt. Die Themen entstammen der heimischen Sagen- und Legendenwelt. Typisch für die Musikdramen Wagners ist zudem die Verwendung von Leitmotivik zur tonsymbolischen Darstellung von Personen, Ereignissen, Situationen, Seelenzuständen sowie deren Entwicklungen (→ Leitmotiv).

musique concrète [= frz. konkrete Musik] 1948 von Pierre Schaeffer entwickeltes Werkverfahren der Tonbandmusik mit elektronisch verfremdeten Naturlauten und Maschinengeräuschen.
Schaeffer, der sehr von der Musikästhetik des italienischen → Futurismus bzw. des französischen Bruitismus beeinflußt war, verwendete als Ausgangsmaterial seiner Kompositionen reale Klänge und Geräusche (Wasserplätschern, Regen, Industrielärm usw.), welche er auf Tonband aufzeichnete. Anschließend verfremdete er die Aufnahmen mit elektronischen Mitteln, setzte sie collagenartig neu zusammen und fixierte sie in ihrer neuen Gestalt wiederum auf Tonband (vgl. u. a. «Etude aux chemins de fer», 1948, «Etude aux tourniquets», 1948). Seine Werke waren zum Großteil nicht für Konzertaufführungen, sondern für Radiosendungen gedacht *(Lautsprecherwerke)*. Mit seinem Montageverfahren hat er als erster Komponist ganz bewußt die Grenzen zwischen Musik und Hörspiel aufgebrochen und damit entscheidende Impulse für die Entwicklung der → Elektronischen Musik gesetzt. Ab 1952 arbeitete Schaeffer eng mit Pierre Boulez, Olivier Messiaen, später auch mit Iannis Xenakis zusammen. Sie bildeten die *Groupe de recherche de musique concrète*.

N

nāgasvaram Südindisches Holzblasinstrument mit Doppelrohrblatt und etwa 80–120 cm langer, im oberen Teil zylindrisch, im unteren Teil konisch mensurierter Röhre (oft aus Ebenholz). Die Röhre weist auf der Oberseite sieben äquidistante Grifflöcher sowie fünf zusätzliche, zum Stimmen teilweise mit Wachs gefüllte Löcher auf. Sie läuft am unteren Ende in einen Trichter aus, welcher bei der kürzeren *ṭimirī-nāgasvaram* aus Metall, bei der längeren *bārī-nāgasvaram* aus Holz gearbeitet ist. Der Tonumfang beträgt jeweils etwa zwei Oktaven.
Die nāgasvaram wird vorzugsweise in Hindu-Tempelmusik, u. a. während der abendlichen und morgendlichen Opferzeit (pūja), gespielt. Eine volkstümliche Variante findet sich als *nāyandi-melam* bei ländlichen Hochzeiten und Festen.
Die nāgasvaram gilt als südindisches Gegenstück zur → śahnāī, ist jedoch deutlich größer dimensioniert und besitzt außerdem eine zumeist härtere Klangfarbe als die nordindische Variante.

nagbīṇ → bīṇ

nakkare, naqqare → kudüm

Nationalschulen Ab etwa 1850 insbesondere in Nord- und Osteuropa sich ausbildende Stilströmungen. Man bemühte sich, die Wurzeln der jeweils eigenen kulturellen Traditionen zu ergründen und in die Kunstmusik einzubinden (z. B. übertrug Modest Mussorgskij die Sprachmelodik des Russischen konsequent auf die Gestaltung seiner Lieder und Opernmelodien).
Nationalschulen existierten in Rußland (Michail Glinka, Peter Tschaikowsky, «Das mächtige Häuflein» mit Milij Balakirew, Cäsar Cui, Nicolaj Rimskij-Korsakow, Alexander Borodin und Modest Mussorgskij, später Igor Strawinsky,

Alexander Glasunow, Sergej Rachmaninow, Alexander Skrjabin), in Böhmen (Friedrich Smetana, Anton Dvořák), in Mähren (Leoš Janáček), in Ungarn (Béla Bartók, Zoltán Kodály), in Finnland (Jean Sibelius), in Dänemark (Niels Wilhelm Gade), in Norwegen (Edvard Grieg, Christian Sinding) und in England (Edward Elgar).

Naturalismus → Verismo

Naturhorn Blasinstrument mit konischer Mensur, welches in seiner ursprünglichen Form aus Tierhörnern (Bock, Rind, Widder, Wisent) oder ausgehöhlten Holzstücken, Knochen oder Tierzähnen (u. a. seit dem 10./11. Jahrhundert als *Olifant/Oliphant* aus einem Elefantenstoßzahn), zumeist noch ohne gesondertes Mundstück, hergestellt wurde. Nach Öffnen des spitzen Endes eines Tierhornes konnte die Luftsäule von dort aus direkt angeblasen werden. Naturhörner dienten üblicherweise als Signalinstrumente bei Hirten, Wachleuten und Jägern. Sie wurden zwar später auch aus gegossenem Metall (u. a. Bronze) oder gerolltem Metallblech hergestellt, behielten jedoch die älteren Formmerkmale (konische Mensur, gebogene Rohrform) sowie ihre funktionale Zuordnung noch bis ins Mittelalter, gelegentlich gar bis ins 18. Jahrhundert bei (z. B. *Hiefhorn*).
In der heutigen Orchestersprache versteht man unter einem *Naturhorn* üblicherweise ein → Waldhorn ohne Ventile.

Naturton → Ton

Naturtonreihe Stufenweise Darstellung einer Grundschwingung (*Grundton*) und ihrer zugehörigen Obertöne (→ Ton). Die Bezeichnung ist hauptsächlich im Bereich der → Blasinstrumente verbreitet.

nāy Arabisch-persische offene Längsflöte aus Bambus oder Schilfrohr ohne Mundstück (der Spieler bläst schräg gegen den Rand der oberen Rohröffnung). Der nāy kommt in mehreren Größen vor und besitzt zwischen fünf und acht Grifflöcher, wobei zumeist ein unterständiges als Daumenloch vorhanden ist. Die Tonhöhe des Grundtones wird (wie bei allen Blasinstrumenten ohne zusätzliche Hilfseinrichtungen, Ventilrohre usw.) durch die Größenverhältnisse des Spielrohres fixiert (z. B. der größere *dukah nāy* mit *dukah* [= d] als tiefstem Ton, der kleinere *nawah nāy* mit *nawah* [= g] als tiefstem Ton). Durch Überblasen ist ein Tonumfang bis zu drei Oktaven möglich. In arabischer Musik wird der nāy traditionell nur von Männern gespielt. Nicht selten wird er als *nāy-isafid* [= arab. weißer nāy] bezeichnet, um ihn von dem Doppelrohrblattinstrument mizmār zu unterscheiden, das in diesem Zusammenhang den Namen *nāy-i, siyah* [= türk. schwarzer nāy] trägt.

In türkischer Musik ist der nāy als *ney* verbreitet. Er gilt dort (im Unterschied zur einfachen Hirtenflöte *kaval*) als hochgeachtetes Instrument und spielt u. a. in vielen türkischen Legenden und Märchen eine bedeutende Rolle.

nāyandi-melam → nāgasvaram

Neapolitanischer Sextakkord Moll-Subdominate mit kleiner Sexte (statt Quinte). Bei Auflösung in eine folgende → Dominante ergibt sich eine charakteristische, fallende, verminderte Terz (→ Harmonik, → Subdominante, → Tonika).

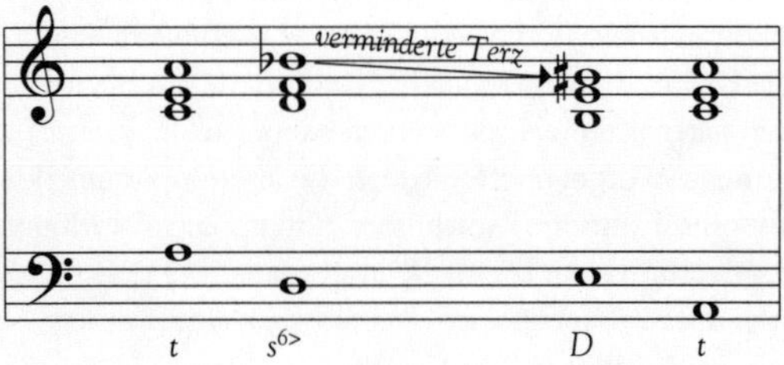

in a-Moll harmonisch:

Neoklassizismus Ab etwa 1920 auftretende musikalische Strömung, welche durch eine Rückbesinnung auf *vorromantische* Musizierweisen, Gattungen und Satztechniken als kritisch-distanzierter Historismus gekennzeichnet ist.
Neoklassizismus ist keine bloße Nachahmung barocker oder klassischer Elemente (im Sinne eines *stile antico*); vielmehr will man auf die vorhandenen Modelle zurückgreifen, um damit Neues zu schaffen. Er ist eine bewußte Gegenreaktion auf die Entwicklungen der *Spätromantik* (→ Romantik), gelegentlich direkt gegen die Neuerungen Richard Wagners gerichtet. Das *konzertante* Musizieren wird wiederbelebt (vgl. Solokonzerte von Paul Hindemith), die Besetzungen werden bewußt klein gehalten. Klarheit und Einfachheit herrschen vor. Dem oft übersteigerten Subjektivismus der Spätromantik wird eine betont objektivierte Haltung entgegengesetzt. → Tonalität wird dabei häufig nicht verlassen.
Typisch für den Neoklassizismus Igor Strawinskys (1882–1971) ist sein → Parodieverfahren, mit welchem er barocke Originalstücke verarbeitet. In seinem frühesten neoklassizistischen Werk, dem Ballett «Pulcinella» (1920 uraufgeführt), verwendet Strawinsky Musik von Giovanni Battista Pergolesi, wobei er

die historische Vorlage allerdings in kleinste Bauteile zerlegt und in seiner eigenen Musiksprache wieder zusammenfügt *(Collage-Technik)*. Ebenso verfährt Strawinsky in seiner «Suite pour violon et piano, d'après des thèmes, fragments et morceaux de Giambattista Pergolesi» (1925), in «Kuß der Fee» (nach Motiven von Peter Tschaikowsky) und in «Oedipus Rex» (1926, vermutlich nach Motiven von Giacomo Carissimi). Als eines der typischsten neoklassizistischen Werke Strawinskys gilt dessen «Konzert für Kammerorchester in Es», 1938.
Neoklassizistisch mit ausgeprägt russischem Kolorit schreibt Sergej Prokofjew (vgl. «Symphonie classique» op. 25, 1917/18, im Stil Joseph Haydns). Alban Berg nutzt in seinem «Violinkonzert» eine Zwölftonreihe (→ Dodekaphonie) als Ausgangsmaterial, deren 9. bis 12. Tonstufe eine Ganztonfolge bilden, welche den Anfang des Chorals «Es ist genug» von J. S. Bach zitiert. In seiner Oper «Wozzeck» kommen im 1. Akt die typisch barocken Gattungen Suite, Passacaglia und Rondo vor, der 3. Akt besteht aus fünf Inventionen. Anton Webern veröffentlicht 1908 als op. 1 eine «Passacaglia» für Orchester (ein tonales Werk) und bearbeitet 1935 des sechsstimmige «Ricercar» aus J. S. Bachs «Musikalischem Opfer» im dodekaphonischen Verfahren.
Wichtigster deutscher Vertreter des Neoklassizismus ist Paul Hindemith (1895–1963). Er beschäftigt sich nach einer expressionistischen Frühphase (→ Expressionismus) mit kirchtonalen Modi (→ Modus), deren → Diatonik er von der → Chromatik als Ausgangspunkt herkommend neu ableitet (ein Verfahren, das auch I. Strawinsky bevorzugte). Damit bewegte er sich in deutlichem Gegensatz zur vorherrschenden Tendenz der Spätromantiker, Chromatik als *Erweiterung* der Diatonik zu behandeln. Hindemith überwindet die Begrenzung auf Dur-Moll-Tonalität, *alle* diatonischen Skalen sind für ihn grundsätzlich gleichwertig. Hindemiths Neoklassizismus wird wegen dessen bevorzugter Verwendung barocker Formen gerne auch als *Neobarock* bezeichnet (vgl. P. Hindemith: «Ludus tonalis»).

Neue Deutsche Welle → Rockmusik

Neue Musik Sammelbegriff für Werkformen und Kompositionsverfahren des 20. Jahrhunderts, welche sich zwar auf einer traditionellen Entwicklungslinie von weltlicher bzw. geistlicher *Kunstmusik* befinden, deren Ästhetik jedoch überwinden, um neue Klangräume zu erschließen. Manche der Neuerungen haben sich bereits in älteren Stilformen angekündigt, wurden nun jedoch zu konsequenten Ergebnissen geführt (z. B. → Atonale Musik), wobei die Komponisten sehr unterschiedliche, teils auch gegensätzliche Wege beschritten.
Arnold Schönberg und die *Zweite Wiener Schule* behielten zwar die Wohltemperierte → Stimmung bzw. die zwölf Tonstufen der chromatischen Skala

(abgesehen von → Glissando-Abschnitten) bei und entwickelten auf dieser Grundlage Atonalität und → Dodekaphonie, welche ihrerseits zu → Serieller Musik, zu → Aleatorik und zu → Elektronischer Musik führten. Andere Komponisten erweiterten in ihren Werken die bisherige Tonauswahl durch Mikrointervalle (→ Mikrotonalität, → Vierteltonmusik, → Klangkomposition) oder befreiten sich zumindest zeitweise völlig von der traditionellen Tonstufen-Einteilung (→ Futurismus, → Elektronische Musik). In beiden Strömungen konnten die Traditionen von → Metrum, → Takt und → Rhythmus weitgehend beibehalten oder ebenfalls neu definiert sein (→ Minimal Music). Zudem wurde das Geräusch als musikalisches Gestaltungsmittel legitimiert (→ Futurismus, → musique concrète, → Elektronische Musik). Die bisherige Spielpraxis der Instrumente und die bisherige Gesangstechnik wurden gelegentlich bis zur Absurdität erweitert (vgl. Luciano Berio: «Sequenza III», 1965; Dieter Schnebel: «Maulwerke», 1968–1974). Vielschichtige Verfremdungseffekte der Instrumente wurden erprobt (vgl. John Cage: «Bacchanale», 1938, für *Präpariertes Klavier* mit Holz-, Papier-, Gummiteilen an und zwischen den Saiten und Hämmern). Die *Tonbandtechnik* eröffnete völlig neue Arbeits- und Werkformen (→ musique concrète, → Elektronische Musik). Der Aufführungsraum wurde in die Präsentation der Musik einbezogen *(Rauminstallationen)*, die Klangquellen gezielt unterschiedlich installiert (vgl. Charles Ives: «Sinfonie Nr. 4« für mehrere unabhängige Orchester; Karlheinz Stockhausen: «Gesang der Jünglinge im Feuerofen», 1956, für eine Aufführung mit fünf unterschiedlich im Raum installierten Lautsprechern konzipiert; K. Stockhausen: «Gruppen für drei Orchester» mit drei Dirigenten, 1958; K. Stockhausen: «Kugelraum-Musik», 1970, im deutschen Pavillon der Weltausstellung in Osaka/Japan).

In manchen experimentellen Werken (vgl. u. a. John Cage, Maurizio Kagel, Josef Anton Riedl) wurde der Körper der Instrumentalisten in die Klanggestaltung mit einbezogen (z. B. Klatschen, Schnalzen, Füßescharren usw.), wurden Alltagsgegenstände als Instrumente benutzt (Zeitungspapier, Fahrradpumpe, Telefonklingel, Autohupe, Martinshorn, Nebelhorn, Schreibmaschine, Verbrennungsmotoren usw.). Die Instrumentalisten konnten szenische Handlungsanweisungen erhalten (vgl. M. Kagel: «Match für drei Spieler», 1964). Gelegentlich entwickelte sich die Aufführung eines Werkes zur multimedialen Happening-Aktion (vgl. J. A. Riedl: «Klang-Duft-Spiele», «Paper-Music», La Monte Young: «The Tortoise, His Dreams and Journeys», 1964, für Streichinstrumente, Elektronik, Lichtprojektoren und Brummtöne). Der traditionelle Werkbegriff wurde bis zur Absurdität hinterfragt (vgl. J. Cage: «4'33"-tacet», 1952; das *Werk* besteht aus einer 4 Minuten 33 Sekunden dauernden Pause, welche von einem Instrument oder Instrumentalensemble schweigend *auszuführen* ist; die eigentliche Musik spielt sich nur in der Vorstellung der Zuhörer ab).

Viele Komponisten der Neuen Musik sehen ihre Arbeiten in enger Abhängigkeit vom allgemeinen sozialen Wandel (u. a. Hanns Eisler, Luigi Nono, J. Cage, Hans Werner Henze, Klaus Huber). Man öffnete sich für Impulse aus den unterschiedlichsten Einflußbereichen (u. a. Darstellende Kunst, Bildende Kunst, Volksmusik, außereuropäische Musik, → Jazz usw.). Heute gibt es in der Neuen Musik eine schier unübersehbare Fülle an unterschiedlichsten Kompositionsrichtungen und Personalstilen.
Dabei war und ist das vorrangige Ziel fast aller Bestrebungen, die bisherigen musikalischen Ausdrucksmöglichkeiten zu erweitern, nicht jedoch (wie häufig unterstellt wurde) den traditionellen Werk- und Formenkanon zu zerstören. Der Verlust mancherlei Ordnungsprinzipien war allerdings oft die *Konsequenz* der entsprechenden Verfahren. Neue Musik fand daher bis heute im öffentlichen Konzertwesen eine zumeist nur geringe Akzeptanz und blieb oft eine Kunst für nur wenige Interessierte.

Neume [neuma = griech. Wink] Seit dem 9. Jahrhundert bekanntes Notationssymbol (→ Notation) für den ungefähren melodischen Verlauf einer Tongruppe innerhalb einstimmiger, geistlicher Vokalmusik (→ Gregorianischer Choral).
Neumen symbolisieren keine Zeitwerte. Sie wurden zunächst als reine Erinnerungschiffren ohne absoluten Tonhöhenbezug frei, d. h. ohne Bezugslinie über die entsprechenden Textstellen geschrieben. Ihre Formgestaltung war ursprünglich von den Akzentsymbolen der griechischen Schriftzeichen abgeleitet, wurde jedoch später in ihrer Kalligraphie genauer an den Melodieverlauf angeglichen. Je nach Verbreitungsgebiet entstanden dabei unterschiedliche Schreibweisen. (Siehe Tabelle auf S. 224/225)
Erste Notenlinien als relative Tonhöhenbezüge der Neumen kamen im 10. Jahrhundert auf. In der ersten Hälfte des 11. Jahrhunderts entwickelte Guido von Arezzo ein System von vier unterschiedlich gefärbten Bezugslinien im Terzabstand, das sich schließlich durchsetzte.
Im 12. Jahrhundert wurde die Neumenschreibweise zur römischen → Choralnotation weiterentwickelt. Reste der Neumensymbolik findet man in heutiger Notation noch in den Symbolen der Verzierungszeichen (→ Manieren).

New-Orleans-Stil → Jazz

New Wave → Rockmusik

ney → nāy

Neumentabelle	St. Gallen	Benevent	Nord-französisch
Punctum			
Tractulus			
Virga			
Pes (Podatus)			
Flexa (Clivis)			
Climacus			
Scandicus			
Torculus			
Porrectus			
Pes subbipunctis			
Climacus resupinus			
Oriscus			
Pressusverbindungen			
Salicus			
Strophicus			
Quilisma			
Liquescens, besonders Cephalicus			
Epiphonus			

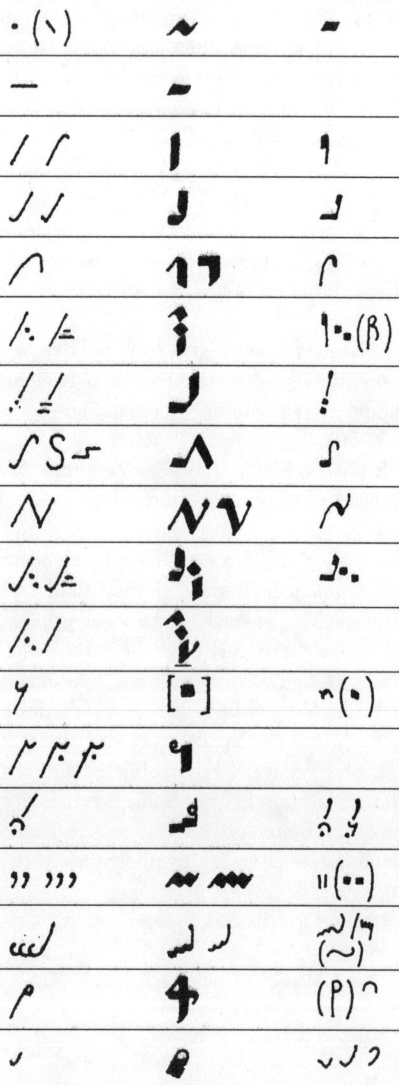

Aquitanisch	Paläofränkisch	Metz	Römische Choralnotation	Deutsche Choralnotation

Niederländische Vokalpolyphonie Bedeutende Stilistik vokaler Mehrstimmigkeit während der → Renaissance.
Die seit Raphael Georg Kiesewetter und François-Joseph Fétis gebräuchliche Bezeichnung ist etwas mißverständlich, da, abgesehen von Jacob Obrecht, alle anderen bedeutenden Komponisten dieses Stils keine *Niederländer* waren, sondern zumeist aus der (damals neuburgundischen, heute belgischen) Grafschaft *Hainaut (Hennegau)* stammten und zudem das eigentliche Zentrum des Musikschaffens stets außerhalb der Niederlande (zunächst in Frankreich, später vor allem in Italien) lag.
Eine erste Phase der Niederländischen Vokalpolyphonie beginnt mit Guillaume Dufay (1398/1400–1474). Er weitet die bisherige Dreistimmigkeit zur Vierstimmigkeit aus und gleicht damit den Vokalsatz den menschlichen Singregistern bzw. Stimmumfängen an. Die Stimmlagen waren als *Superius, Contratenor altus, Tenor* und *Contratenor bassus* bezeichnet, woraus sich später die bis heute üblichen Benennungen *Sopran, Alt, Tenor* und *Baß* ableiteten (→ Gesangsregister). Melodieträger ist gewöhnlich der Tenor, welcher nun als hohe Männerstimme geführt wird. Die Gliederungen der Melodik sind auf die menschlichen Atembewegungen bezogen. Die Technik der Mehrstimmigkeit ist bei Dufay dagegen noch recht konventionell. Die Begleitstimmen bewegen sich in Quinten und Oktaven (→ Organum) sowie in Terzen und Sexten (→ Fauxbourdon). Die beiden Contratenor-Lagen konnten rein vokal oder vokal mit instrumentaler Begleitung besetzt sein. Als Auflockerung der strengen Vierstimmigkeit fügt Dufay gelegentlich zwei- bis dreistimmige Zwischenabschnitte ein. Seine Metrik ist bevorzugt dreigliedrig *(tempus perfectum)*, seine Harmonik läßt bereits deutliche kadenzierende Wirkungen erkennen (→ Kadenz).
In der Folgezeit verfeinerte Johannes Ockeghem (1420/30–1495) die von Dufay vorgeformte Stilistik und verschaffte der Niederländischen Vokalpolyphonie hierdurch eine erste größere Beachtung in der europäischen Musikkultur. Ockeghem schrieb sehr unterschiedlich gearbeitete Werke und nutzte dabei den Gesamtvorrat an satztechnischen Möglichkeiten seiner Zeit voll aus. Typisch für seine Melodik ist das Vermeiden größerer Intervallschritte (Ockeghem verwendete vorwiegend Sekundschritte, was der gesangstechnischen Umsetzung seiner Werke sehr entgegenkommt). Meisterhaft tritt in seinen Kompositionen die Konstruktion hinter den musikalischen Ausdruck zurück. Zur Verdichtung des Satzgefüges verwendete Ockeghem enge Überlappungen der verschiedenen Stimmeinsätze, außerdem ermöglichte ihm der Einsatz kürzerer Zeitwerte vielfältige Synkopenbildungen. Nicht selten setzte er zudem zwei- und dreigliedrige Metrik simultan erklingend übereinander (*Polymetrik*; → Metrum). Typische Gattungen sind → Messe (insbesondere die vierstimmige Tenor-Messe), → Motette und (typischerweise dreistimmige) → Chanson.

Der wohl bedeutendste Schüler von Ockeghem war Josquin Desprez (etwa 1440/50–1521), der sehr homogen wirkende Satzgeflechte schrieb. Charakteristisch an seinen Werken ist ein verstärktes Ausdrucksbestreben. Desprez experimentierte mit unterschiedlichsten Mitteln textausdeutender Tonmalerei (vgl. «Lamento»-Motetten). Er verwendete (im Unterschied zu Ockeghem) wieder eine vergleichsweise einfachere Metrik und Rhythmik, verbunden mit einer klaren Gliederung in textlich sinnvolle Abschnitte, welche typischerweise abkadenziert sind (→ Kadenz). Die Stimmen werden nicht nur polyphon, sondern, abhängig vom Inhalt der jeweiligen Textstelle, abschnittsweise auch in unterschiedlichen Koppelungen (gleichsam als Chor *im* Chor) geführt. Eine derartige Gruppierung von zwei Stimmlagen wird *bicinium* genannt.
Wichtigste Neuerung bei Desprez wurde die *Durchimitation*, bei welcher der jeweilige → cantus firmus nun nicht mehr gleichbleibend in einer Hauptstimme *(Tenor)* geführt ist, sondern durch alle Stimmlagen wandert (vgl. J. Desprez: «Missa Pangue Lingua»). Die durchimitierte Satztechnik erforderte sowohl eine Reduktion der bisher beliebten Mehrtextigkeit (→ Motette) als auch eine Konzentration auf einige wenige melodische Motive. (Desprez teilte in seiner → Messe «Pangue Lingua» die zugrundeliegende gleichnamige Hymne in sechs Abschnitte und ordnete jedem der Ordinariumsteile einen dieser Abschnitte als melodische Quelle zu. Gleichzeitig durchläuft das Kopfmotiv des Hymnus alle Messeteile als verbindender, gemeinsamer Bezugspunkt.) Die Einzelstimmen verlieren durch die Imitationstechnik ihre traditionelle Eigenständigkeit, alle Stimmen stehen nun gleichwertig nebeneinander. Die entsprechenden Werke (Messen, Motetten) sind zumeist → a cappella, also ohne Instrumentalbegleitung gearbeitet. Der zugrundeliegende cantus firmus ist in der Regel noch ein → Gregorianischer Choral, kann jedoch auch ein weltliches Lied sein (vgl. Chanson «Comme femme» in: J. Desprez: «Stabat mater») oder auch nur auf bestimmten, exponierten Tönen der Skala beruhen (ein Verfahren, das bereits bei Dufay zu finden ist und oft eine sich aus den Solmisationssilben ergebende Widmung enthält, vgl. J. Desprez: «Missa Hercules Dux Ferrariae»). Die Messen von Desprez gelten als erste im Druck erschienene Musikstücke der Geschichte.
Neben Desprez sind Heinrich Isaac (etwa 1450–1517) und Jacob Obrecht (1450–1505) weitere wichtige Komponisten während dieser Blütezeit der Niederländischen Vokalpolyphonie.
Als wichtiger später Repräsentant und gleichzeitig den Endpunkt der Niederländischen Vokalpolyphonie darstellend gilt Orlando di Lasso (1530/32–1594). In ihm vereinigen sich das musikalisch-technische und künstlerische Wissen und Können seiner Zeit auf geniale Weise. Lasso verzahnte und verschmolz in seinen Kompositionen alle Ausprägungen bislang gültiger Merkmale und Formen. Bestimmende Gattungen in seinem Werk sind die geistliche und weltliche

Motette. Lasso gilt als einer der überragendsten Motettenkomponisten überhaupt (er schreibt über tausend zwei- bis zwölfstimmige Motetten). Deren Texte (bei weltlichen Motetten bevorzugt Lasso Texte von Petrarca) sind vorwiegend in durchgehenden Versmaßen gehalten. Die Affektgehalte der Worte werden unter verstärkter Einbindung von → Chromatik ausgedeutet. Die (bei Desprez bevorzugte) klare Gliederung der einzelnen Formabschnitte wird nun vorzugsweise wieder aufgegeben, Lasso überdeckt (ähnlich wie Ockeghem) die entsprechenden Übergänge durch vielfältige Stimmüberschneidungen.
Durch sein Wirken am Hofe des Wittelsbachers Albrecht V. von Bayern in München gilt Lasso als Begründer der Niederländischen Schule in Deutschland.

Nocturne [nocturnus = lat. nächtlich; ital. *notturno*] Die Bezeichnung findet sich im 18. Jahrhundert zunächst auf allerlei Musikstücke angewendet, deren Aufführung zur Nachtzeit stattfand (vgl. indische Nacht-rāga). Seit der Romantik löste sich die Bindung des Nocturnes an eine entsprechende Aufführungszeit, und man übertrug die Bezeichnung nun auch auf Musikstücke, welche eine *nächtliche* Stimmung wiedergeben (vgl. John Field: «Trois Nocturnes», 1814). Formal werden (u. a. von Frédéric Chopin und Robert Schumann) dreiteilige → Liedform und → Rondo bevorzugt. Eine grundsätzliche Verbindlichkeit läßt sich hieraus jedoch nicht ableiten. Wegen seines hauptsächlich unterhaltsamen Charakters zählt man das Nocturne auch zu den Divertimenti (→ Divertimento).

Nonnengeige → Trumscheit

nota quadrata → Choralnotation

Notation Zeichensystem zur schriftlichen Fixierung von Klangereignissen. Als älteste europäische Notenschrift gilt die griechische *Buchstabennotation*, welche jedem Ton einen bestimmten Buchstaben zuordnet (teilweise wurden auch quergelegte oder auf den Kopf gestellte Buchstaben verwendet). Boethius ersetzte im 6. Jahrhundert die griechischen Buchstaben durch lateinische, behielt jedoch die Grundansätze des antiken griechischen Notationssystems bei (vgl. Boethius: «De institutione musica»). Ab etwa dem 9. Jahrhundert entsteht für die Musikpraxis die Schreibweise der → Neumen, während die Buchstabennotation in der Musiktheorie durchaus noch weiter beibehaten wurde. Über weitere Zwischenstufen wie → Choralnotation, → Modalnotation und → Mensuralnotation entwickelte sich schließlich ab etwa dem 16. Jahrhundert die moderne Notationsweise.

Als relativer Bezugsmaßstab für die Darstellung der Tonhöhen dient seither (abgesehen von der vierzeiligen Choralnotation) ein System von fünf parallelen Notenlinien in Terzabständen. Die absolute Bezugshöhe ergibt sich durch einen bestimmten, jeweils vorangestellten → Notenschlüssel. Die Notenköpfe können auf den Notenlinien oder in den Zwischenräumen *(Spatien)* erscheinen, wodurch (ohne die möglichen → Alterierungen) elf Tonhöhen darstellbar sind. Tonstufen, die das Liniensystem über- bzw. unterschreiten, können durch *Hilfslinien* markiert werden. (Um eine bessere Übersichtlichkeit zu erreichen, wird für weiter entfernte Tonstufen in aller Regel das absolute Bezugssystem durch Änderung des Notenschlüssels oder durch → Oktavierungszeichen gewechselt.) Bei mehrstimmigen Kompositionen sind bei Bedarf entsprechend viele Liniensysteme übereinander geschichtet *(Partitur)*. Die Klaviernotation nutzt z. B. üblicherweise zwei Liniensysteme (jeweils ein System pro Hand), die Orgelnotation drei Liniensysteme (zwei Systeme für die Hände und ein weiteres für die Pedalklaviatur).
Die relative Zeitdauer eines Klangereignisses wird durch einen *Notenwert* symbolisiert. Die Grund-Notenwerte sind (abgesehen von der *ganzen Note*) als mathematische Brüche mit geradzahligem Nenner organisiert: *halbe Note*, *Viertelnote*, *Achtelnote* usw. Deren äußeres Erscheinungsbild ist teils aus der → Mensuralnotation übernommen (*semibrevis* = ganze Note, *minima* = halbe Note, *semiminima* = Viertelnote, *fusa* = Achtelnote, *semifusa* = Sechzehntelnote). Jeder Grund-Notenwert kann durch *Punktierung* oder durch *Überbindung* verlängert werden. Die Position des Notenkopfes im Liniensystem symbolisiert die Tonhöhe, die spezifische Notenform (unausgefüller oder geschwärzter Kopf, *Notenhals*, *Fähnchen* bzw. *Verbalkung*) stellt die relative Tondauer dar. Notenhälse können rechts am Notenkopf angesetzt und aufwärts gerichtet oder links am Notenkopf angesetzt und abwärts gerichtet sein. Fähnchen weisen immer nach rechts! Für Partituren bzw. mehrstimmige Musikstücke gelten gesonderte Regeln, die sich an der besten Lesbarkeit der Systeme orientieren.

Griechische Buchstabennotation:

Moderne Notation:

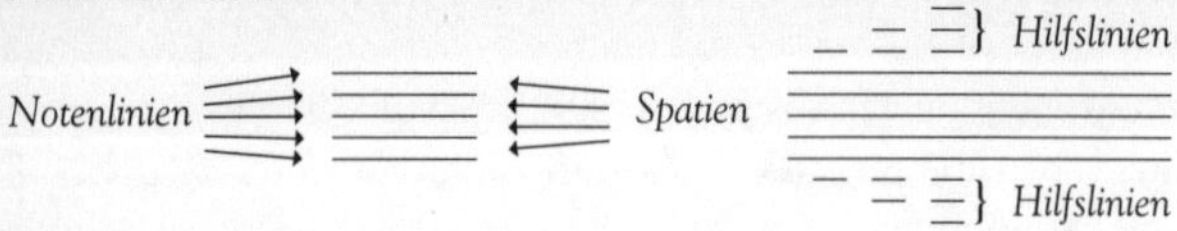

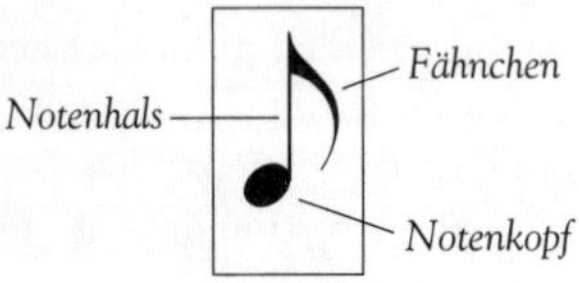

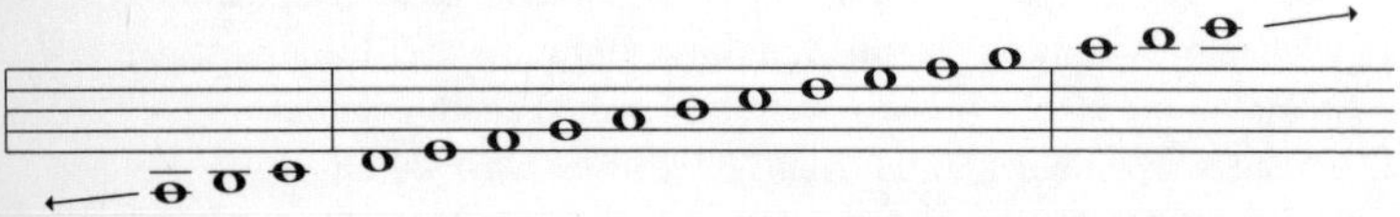

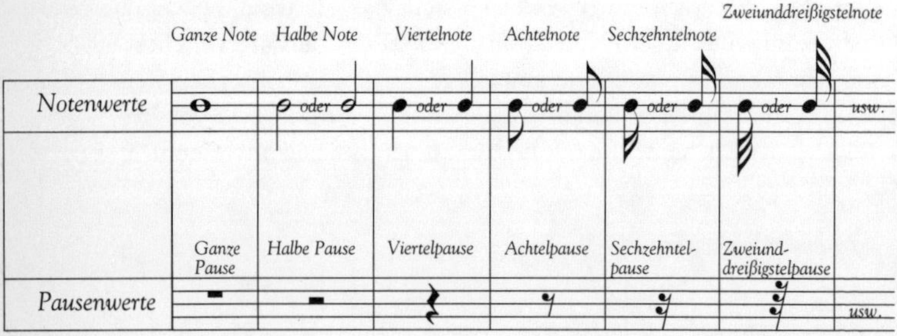

1 Ganze Note ≙ 2 Halbe Noten ≙ 4 Viertelnoten ≙ 8 Achtelnoten ≙ 16 Sechzehntelnoten usw.

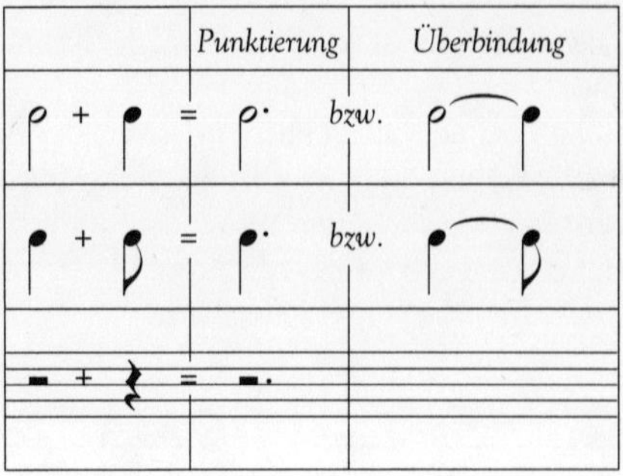

Die relative Zeitdauer *zwischen* zwei Klangereignissen eines Musikstückes läßt sich durch einen *Pausenwert* darstellen. Zu Beginn eines Musikstückes zeigt ein Pausenwert die relative Zeitdauer bis zum Eintritt des Klangereignisses an, am Ende eines Musikstückes die relative Zeitdauer bis zum Ende des letzten Taktes. Pausenbenennungen und -werte entsprechen den Notenwerten, wobei

allerdings die *ganze Pause* unabhängig von der Taktart stets für einen ganzen Takt gilt. Der Zeitwert von Pausen kann durch Punktierung, nicht jedoch durch Überbindung verlängert werden.
Das Verhältnis der Zeitwerte untereinander ist prinzipiell zweiteilig geordnet (eine ganze Note = zwei halbe Noten usw.). Bei Abweichungen werden die jeweiligen Noten oder Pausen zu Gruppen zusammengefaßt und als *Triolen, Quintolen, Septolen (Septimolen)* usw. gekennzeichnet.
Für Tonhöhenänderungen gelten gesonderte *Versetzungszeichen, Vorzeichen* und *Auflösungszeichen* (→ Alterierung). Daneben gibt es eine Fülle von graphischen Symbolen für → Artikulation, → Phrasierung, Verzierungen (→ Manieren), → Dynamik, Klangfarbe, → Tempo sowie gegebenenfalls Akkordsymbole (→ Akkord) und Generalbaßbezifferung (→ Generalbaßpraxis).
Die Musik des 20. Jahrhunderts (→ Neue Musik) entwickelte Ausweitungen und Varianten des Notationssystems (Joseph Matthias Hauer notierte um 1920 seine Atonale und Dodekaphonische Musik z. B. in einem achtzeiligen Liniensystem) und ging teilweise eigenständige Wege (→ Graphische Notation).

Notenschlüssel Symbol der Notenschrift (→ Notation), welches deren Liniensystem einer bestimmten Tonhöhe zuordnet. Notenschlüssel stehen jeweils zu Beginn eines Notenliniensystems oder bei Wechsel der Bezugshöhe innerhalb einer Zeile auch an gegebener Stelle.
Der *f-Schlüssel* 𝄢 zeigt an, wo die Tonstufe f im Liniensystem zu finden ist. Bei einer Position auf der vierten Linie von unten spricht man von *Baßschlüssel*, bei einer Lage auf der dritten Linie von unten wird der f-Schlüssel als *Baritonschlüssel 1* bezeichnet.
Ein *g-Schlüssel* 𝄞 (für g') befindet sich üblicherweise auf der zweiten Linie von unten *(Violinschlüssel)*, konnte im Barock als sog. *Französischer Violinschlüssel* aber auch auf der ersten Linie von unten verwendet werden.
Der *c-Schlüssel* 𝄡 (für c') wird als *Diskant-* bzw. *Sopran-*, *Mezzosopran-*, *Alt-* bzw. *Bratschen-*, *Tenor-* oder *Baritonschlüssel 2* eingesetzt.

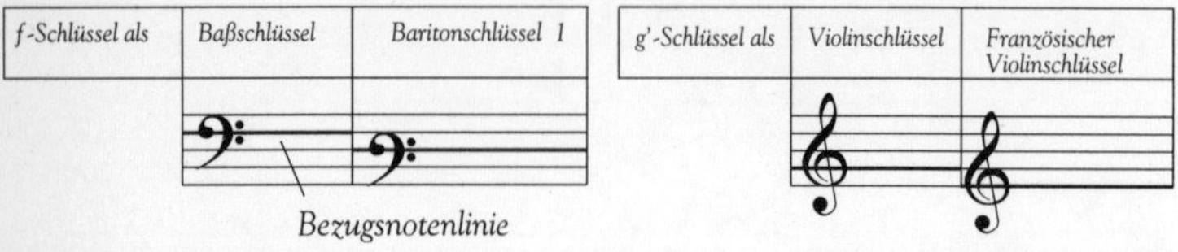

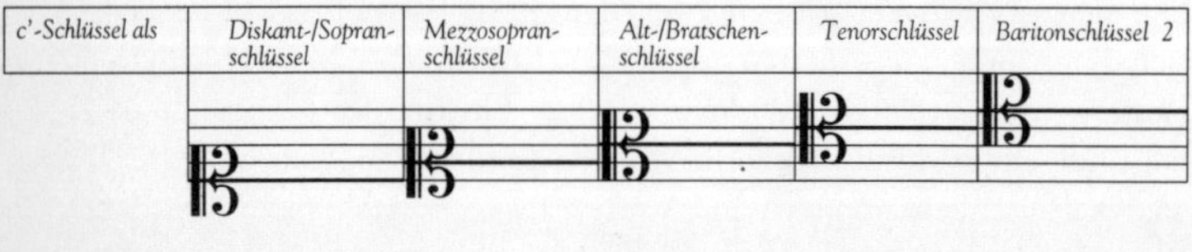

Unterschiedliche Notenschlüssel ermöglichen es, den jeweils benötigten Tonhöhenbereich eines Instrumentes oder einer Stimme dem Liniensystem so zuzuordnen, daß möglichst wenige Hilfslinien erforderlich sind bzw. eine optimale Lesbarkeit erreicht wird. Im Barock war es durchaus üblich, jeder Chorstimme einen eigenen Notenschlüssel zuzuordnen:

in Violin- bzw. Baßschlüssel:

Notenschrift → Notation

Notenwert → Notation

Notre-Dame-Schule Französischer Kompositionsstil, dessen wichtigste Repräsentanten die Pariser Kirchenkapellmeister Leoninus und Perotinus Magnus waren. Letzterer wirkte an der Schola cantorum der Pariser Kathedrale *Notre Dame*, wodurch der Stil seinen Namen erhielt. Die Notre-Dame-Schule war ab etwa Mitte des 12. bis Mitte des 13. Jahrhunderts für die Entwicklung der europäischen Mehrstimmigkeit von entscheidender Bedeutung, dieser Zeitabschnitt wird daher auch als musikgeschichtliche Epoche angesehen *(Notre-Dame-Epoche)*.
Geistliche Musik hat während der Notre-Dame-Epoche eindeutigen Vorrang vor weltlicher Musik. Abgesehen von der Vokalgattung des → Conductus gilt der → Gregorianische Choral weiterhin als verbindlich, er wird nun jedoch auf unterschiedliche Art zur Mehrstimmigkeit erweitert.
Die Choralbearbeitungen des Leoninus sind zumeist zweistimmige Organum-Formen (→ Organum), wobei zwei prinzipielle Kompositionsweisen zu erkennen sind. Das sog. *Organum purum*-Verfahren entspricht weitestgehend der St.-Martial-Technik des *Melismatischen Organums*. In den syllabischen Abschnitten (→ syllabische Vertonung) eines Gregorianischen Chorals werden die Töne der Hauptstimme (nun in der Regel als *tenor* bezeichnet) zu langen Haltetönen ausgedehnt, über denen sich eine Begleitstimme *(duplum)* in der Art eines → Melismas frei bewegt. Die sog. *discantus*-Technik ist dagegen auf Choralabschnitte beschränkt, welche bereits durch eingeschobene Melismen erweitert sind. Dort wird die organale Begleitstimme (duplum) in gleichartiger Rhythmik über das jeweilige cantus-Melisma gelegt.
Erstmals in der Geschichte der Mehrstimmigkeit ist der Gesamtablauf eines Gregorianischen Chorals nun auch satztechnisch in verschiedene Abschnitte untergliedert.
Perotinus Magnus nutzte die Organumsammlung des Leoninus als Vorlage, überarbeitete viele Sätze und erweiterte dabei die Anzahl der Begleitstimmen. Obwohl von ihm bis zu vierstimmige Organa bekannt sind (vgl. «Sederunt principes», «Viderunt omnes», erstmals in den Weihnachtsgottesdiensten 1198 und 1199 gesungen), bleibt Dreistimmigkeit seine häufigste Satztechnik (die Zahl 3 gilt nach wie vor als Symbol der Vollkommenheit). Die jeweiligen Begleitstimmen werden als *duplum*, *triplum* bzw. *quadruplum* bezeichnet.
Die nunmehr entstandene Verdichtung des satztechnischen Beziehungsgeflechts erforderte eine präzisere Abstimmung der rhythmischen Stimmabläufe. Die wichtigsten rhythmischen Grundbewegungen wurden als *Modalrhythmik* systematisiert, dreigliedrige Rhythmusformeln wurden hierbei bevorzugt.

Die schriftliche Fixierung erfolgte mittels der → Modalnotation. Bisher in der Aufführungspraxis übliche (und durchaus auch erwünschte) rhythmische Interpretationsfreiheiten mußten weitgehend aufgegeben werden. Gleichzeitig wurden die im Vergleich zu den Organum-purum-Abschnitten rhythmisch durchsichtiger strukturierten discantus-Teile zu eigenständigen Strukturen *(clausulae)* verselbständigt und galten bald bis zu einem gewissen Grad als untereinander austauschbar. Aus diesen discantus-Klauseln entstanden durch syllabische Neutextierung der organalen Begleitstimmen schließlich (noch während dieser Epoche) die ersten → Motetten.

notturno → Nocturne

nuzha → qānūn

Nyckelkarpa (Nyckelfiol) Schwedische Streichfidel mit Tastenmechanik (→ Fidel, → Drehleier).

O

Oberton → Ton

Oboe [frz. *hautbois*, abgeleitet von haut bois = frz. hohes Holz; da hohe Holzblasinstrumente zumeist gleichzeitig auch lauter klingen können, war die Bezeichnung *hautbois* im 16. Jahrhundert, also vor Ausbildung der eigentlichen Oboe, zunächst eine Sammelbezeichnung für lautstarke Holzblasinstrumente; die tieferen Holzblasinstrumente wurden dagegen als *grosbois* bezeichnet] Konisch mensuriertes → Holzblasinstrument mit Doppelrohrblatt und Klappensystem.

Die Oboe wurde ab etwa 1690 in Frankreich durch Dreiteilung, Verengung der konischen Mensur, Verzicht auf Lippenstütze und Fontanelle sowie Hinzufügen eines ausgeweiteten Klappensystems aus der → Schalmei und dem → Pommer entwickelt. Insbesondere der Verzicht auf die Lippenstütze der älteren Schalmeieninstrumente ist wichtiges Kennzeichen des neuen Instrumententypus. Möglich geworden war er durch eine neue Anblasweise, welche das Doppelrohrblatt nicht mehr vollständig in die Mundhöhle einführt, sondern zwischen den Lippen hält.

Vielfältige Änderungen und Ergänzungen dieser Barockoboe führten in der Folgezeit zu unterschiedlichen Modellvarianten: um 1840 zur *Französischen Oboe* von Henri Brod und Wilhelm Triébert (der sich französisiert Guillaume Triébert nannte), 1881 zur *Konservatoriumsoboe* von Frédéric Triébert und schließlich zur *Deutschen* bzw. *Wiener Oboe*.

Alle diese Oboen sind aus drei getrennten Werkteilen gebaut: Oberstück (mit *Köpfchen/Hülse* und aufgestecktem Doppelrohrblatt), Unterstück und Schallbecher *(Fuß)*. Als Korpusmaterial dient Buchsbaum, tropisches Grenadill-, Palisander- oder Ebenholz.

Die Oboe ist in C gestimmt und wird nicht-transponierend im Violinschlüssel notiert. Der Umfang beträgt bei einer heutigen Deutschen Oboe h – etwa f'''/g''', bei einer Französischen Oboe dagegen b – f'''/gis'''. Die üblichen Abkürzungen in Partituren sind *Ob.*, *Htb*. Das Instrument zeichnet sich durch ein obertonreiches, in allen Lagen sehr homogenes Klangbild aus. Die enge Einblasritze einer Oboe läßt einen nur geringen Luftstrom in das Schallrohr eindringen, der hierdurch sparsamste Verbrauch von Anblasluft gestattet weitausholende Phrasierungsbögen (vgl. insbesondere Oboen-Sololiteratur bzw. Solostellen im Orchester).

Seit ihrer Entstehung ist die Oboe weit verbreitet in der Orchestermusik und besitzt eine reiche Auswahl an Sololiteratur. Ob das Instrument allerdings, wie immer wieder zu lesen ist, bereits 1657 durch Jean-Baptiste Lully (in dessen Ballett «L'amour malade») bzw. durch Robert Cambert (in dessen Opern «Ariane, ou le Mariage de Bacchus», 1659 und «Pomone», 1671) in die Besetzung des Orchesters aufgenommen wurde, muß angezweifelt werden. Da die Oboe im engeren Sinne erst um 1690 entwickelt worden ist, kann es sich bei den hier erwähnten Instrumenten wohl eher um Oboen-Vorläufer, also Schalmei oder Pommer, gehandelt haben. Zumindest Cambert dürfte aufgrund seiner Lebensdaten (1628–1677) die eigentliche Oboe überhaupt nicht mehr kennengelernt haben.

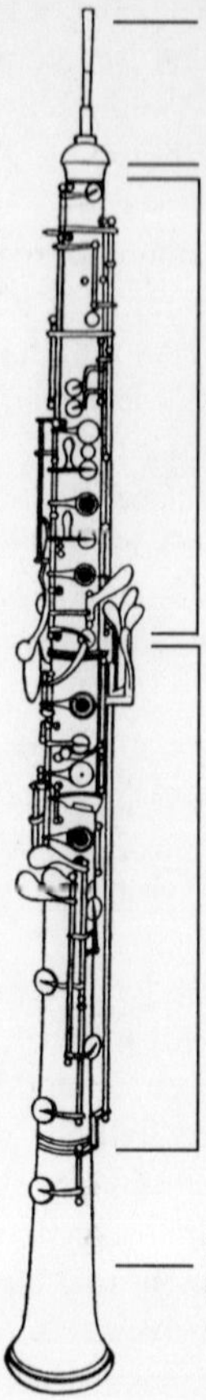

Oboe d'amore [= ital. Liebesoboe] Mindestens vor 1722 in Frankreich als *Hautbois d'amour* entwickeltes Oboeninstrument (→ Oboe), bei welchem die Stürze zu einer charakteristischen Birnenform umgebildet ist *(Liebesfuß)*. Diese im Vergleich zur Standardoboe verengte Schallöffnung wirkt wie ein Dämpfer und läßt gleichzeitig durch die Verstärkung bestimmter Partialtöne einen entsprechend weicheren, sanfteren Ton erklingen (daher die Benennung). Das Instrument geriet nach etwa 1750 zunächst wieder in Vergessenheit und wurde erst 1874 (durch Charles Mahillon, Brüssel) neuerlich entdeckt und (nun allerdings mit verändertem Tonumfang) rekonstruiert.

Die Bauform einer Oboe d'amore entspricht, abgesehen von der etwas weiteren Mensur, der Birnenform ihrer Stürze und dem gebogenen Anblasröhrchen im wesentlichen einer Standardoboe. Das Instrument wird in A gestimmt und transponierend (eine kleine Terz höher als klingend) im Violinschlüssel notiert. Der Umfang betrug im 18. Jahrhundert etwa a – a''/h'', umfaßt seit dem 19. Jahrhundert jedoch gis – cis'''/dis'''.

Die Oboe d'amore wurde vermutlich erstmals von Georg Philipp Telemann 1722 in «Sieg der Schönheit» verwendet, später findet man sie häufig in Werken von J. S. Bach (vgl. u. a. «Matthäus-Passion», «Weihnachtsoratorium», 2. Teil: Vorspiel, Sinfonia). Nach ihrer Wiederentdeckung wurde sie wegen ihres weichen Klangspektrums inbesondere für lyrische Solostellen (z. B. Hirtenidylle) gerne eingesetzt (vgl. Richard Strauss: «Sinfonia domestica», 1903, zur Darstellung der Mutterliebe bzw. des träumenden Kindes; Claude Debussy: «Images», 1910–1913: Gigues).

Oboe da caccia → Englischhorn

Ocarina → Okarina

off-pitchness [off = engl. weg, pitch = engl. Tonhöhe] Bezeichnung für die in → Afroamerikanischer Musik verbreitete Sing- und Spielweise, die Intonationshöhe von Tönen durch beständiges Verschleifen labil zu halten, um eine definierte Tonhöhe gezielt zu vermeiden. Diese Technik ist mit großer Wahrscheinlichkeit einer Übernahme aus afrikanischer Musik, in welcher (in deutlichem Unterschied zur europäischen Musikästhetik) Instrumente mit bestimmter Tonhöhe und Instrumente mit unbestimmter Tonhöhe als qualitativ gleichwertig behandelt werden.

off-beat-Phrasierung In → Afroamerikanischer Musik verbreitete Verschiebung von melodischen Betonungen um kleinste Zeitwerte vor *(antizipierender off-beat)* oder hinter *(retardierender off-beat)* die eigentlich etablierten Grundschläge *(beat)*. Unter *beat* versteht man dabei eine Folge von gleichmäßigen Impulsen, denen, im Unterschied zum europäischen → Takt und dessen Zählzeiten, kein Betonungsmuster (→ Metrum) unterlegt ist. Die Impulse des beat wirken als durchgängiger Maßstab für die Ablaufgestaltung Afroamerikanischer Musik und können unterschiedliche Zeitwerte als Bezugsgrößen aufweisen. Im traditionellen → Jazz galt die Viertelnote (bei schneller Spielweise auch die halbe Note) als üblicher Bezugswert, der Bebop-Stil bezog sich dagegen weitgehend auf Achtelnotenwerte, die Musik des → Soul auf Sechzehntelnotenwerte. Durch das off-beat-Verfahren entsteht in diesem Zusammenhang eine fein schwebende Spannung zwischen erwartetem Impuls und tatsächlicher Akzentsetzung. Off-beat ist keine → Synkope, wird jedoch (insbesondere aus europäischer Sichtweise) oft damit gleichgesetzt.

Okarina [oca = ital. Gans; *Ocarina*] 1867 von G. Donati (Italien) geschaffene, aus Ton gebrannte *Gefäßflöte* mit acht bis zehn Grifflöchern. Die Okarina ist insbesondere in Süditalien ein beliebtes Volksmusikinstrument, welches sowohl solistisch, aber auch in eigenen Okarinen-Quartetten gespielt wird.

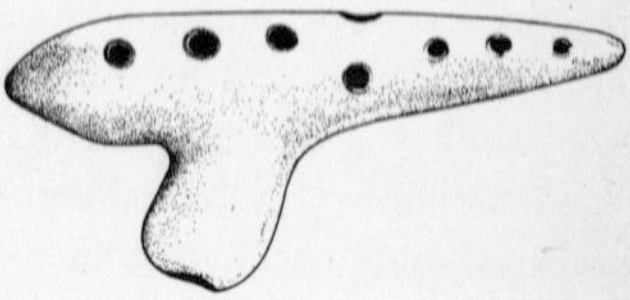

Oktavbereiche

Subkontra-Oktave:	C_2 – H_2	*eingestrichene Oktave:*	c' – h'
Kontra-Oktave:	C_1 – H_1	*zweigestrichene Oktave:*	c" – h"
große Oktave:	C – H	*dreigestrichene Oktave:*	c''' – h'''
kleine Oktave:	c – h	usw.	

Oktave → Intervall

Oktavierungszeichen Spielanweisung, derart bezeichnete Noten eine Oktave höher (*octava alta*, abgek. *8va*) oder tiefer (*octava bassa*, abgek. *8va bassa*) auszuführen. Die Bezeichnung *al loco* [= span. am Ort, abgek. *loco*] markiert das Ende einer Oktavierung.

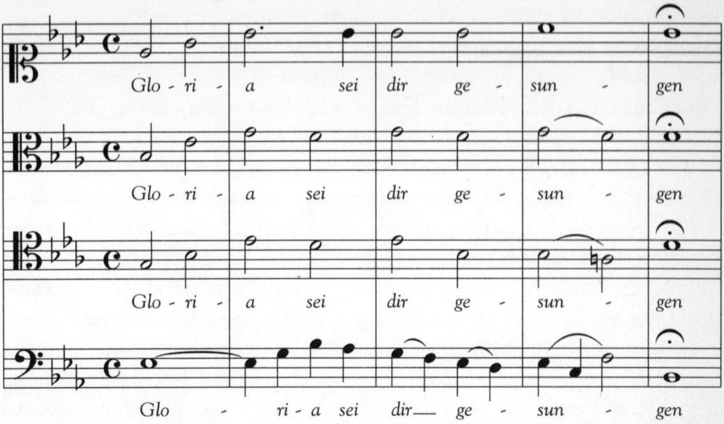

Olifant/Oliphant → Naturhorn

op. → opus

Oper [opera = ital. Werk] Bühnengattung mit weltlichem Text. Die Werkform Oper entwickelte sich Ende des 16. Jahrhunderts im Umfeld der *Florentiner Camerata* (eines Kreises aristokratischer Kunst- und Literaturliebhaber), indem das dort vertretene Prinzip der → Monodie konsequent auch auf die Vertonung von Bühnendichtungen angewendet wurde. Die neu entstandene Gattung wird zunächst *dramma per musica* [= ital. musikalisches Drama], ab 1650 *opera in musica* [= ital. musikalisches Werk] genannt. In der Folge verkürzt sich die Bezeichnung auf *opera* und wird später als *Oper* eingedeutscht. Als erste Oper gilt Jacopo Peris «Dafne» (1597 oder 1598 uraufgeführt), deren Partitur allerdings zum großen Teil verloren ist. Es folgen J. Peris «Euridice» (1600) und Giulio Caccinis «Euridice» (1602). Die Themen einer *Florentiner Oper* entstammen der antiken Mythologie, pastorale Stoffe sind sehr beliebt (z. B. Orpheus-Sage). Die Texte werden in einstimmig-solistischem Sprechgesang (→ Rezitativ) vorgetragen und in → Generalbaßpraxis begleitet. Die Musik ist dem Text untergeordnet, die Wortverständlichkeit hat eindeutige Priorität vor der musikalischen Gestaltung.
Die neue Gattung breitet sich schnell aus, es entstehen noch im ersten Jahrzehnt des 17. Jahrhunderts unterschiedliche Opernschulen. In Rom *(Römische Oper)* wird das florentinische Opernmodell durch mehrstimmig (auch polyphon) gearbeitete Chorsätze erweitert, die Verbindung der Textbezüge zur griechisch-antiken Mythologie zunehmend gelöst (vgl. Stefano Landi: «Il Sant' Alessio», 1632, mit einem Text über das Leben des heiligen Alexius).
Wichtigster Vertreter der *Mantuaner Opernschule* ist Claudio Monteverdi. Bei ihm erhält die musikalische Gestaltung größeren Stellenwert. Die Instrumentierung wird zum Orchester ausgeweitet. Die Rezitative werden durch arienhafte Lieder ergänzt, es treten Ensemblepartien sowie rein instrumentale Abschnitte (u. a. Vorspiel, Zwischenaktmusiken, → Ritornelle) hinzu (vgl. Cl. Monteverdi: «L'Orfeo», 1607, «Arianna», 1608).
Um 1613 übersiedelt Monteverdi nach Venedig und beeinflußt die Entwicklung der dortigen Opernstilistik ganz entscheidend (vgl. Monteverdi: «Il ritorno d'Ulisse in patria», 1641, «L'incoronazione di Poppea», 1642). Die Komponisten der *Venezianischen Oper* (außer Claudio Monteverdi u. a. Francesco Cavalli, Antonio Vivaldi) etablieren die → Arie (üblicherweise in da capo-Form) neben dem Rezitativ (jetzt auch als *recitativo accompagnato*). Beide Formen bilden seither die Grundbausteine einer Opernstruktur. Harmonik und Melodik werden zunehmend chromatisch erweitert (→ Chromatik) und erhalten hierdurch eine größere Farbwirkung und Ausdruckskraft. Für die

Libretti wird auf Themen der antiken Mythologie oder auf Heldenepen zurückgegriffen, deren Handlungen nun allerdings bevorzugt in das höfisch-aristokratische Milieu übertragen sind. Die Inhalte werden hauptsächlich zu *Intrigendramen* verarbeitet, die Bühnenbilder sehr effekt- und prunkvoll gestaltet. Zwischen die Szenen der dramatisch-tragischen Haupthandlung können eigenständige, heitere *Commedia dell'arte*-Episoden zur Überbrückung der Umbau- und Umkleidepausen eingefügt sein.
1637 wird in Venedig das erste Opernhaus der europäischen Musikgeschichte eröffnet. Die neue Bühnengattung ist von nun an kein rein adliges Vergnügen mehr, sondern nach Erwerb einer Eintrittskarte der allgemeinen Öffentlichkeit zugänglich. Die Oper wurde vom Publikum begeistert aufgenommen und *das* gesellschaftliche Ereignis jener Zeit. Um das große Interesse zu befriedigen und sich die damit verbundenen finanziellen Möglichkeiten nicht entgehen zu lassen, wurden ständig neue Opern geschaffen. Schablonenhafte Wiederholungen und Klischeebildungen konnten dabei nicht ausbleiben.
Ab etwa 1700 bis in die zweite Hälfte des 18. Jahrhunderts wird die *Neapolitanische Oper* zur bestimmenden Opernschule Italiens. Die musikalische Gestaltung der solistischen Gesangspartien erhält nun den deutlichen Vorzug vor textlich-dramatischen Aspekten. Die bisherige Formen- und Gestaltungsvielfalt ist auf wenige Grundmodelle reduziert, welche beim Publikum gut ankommen. Die Virtuosität von Sängerinnen und Sängern wird betont (Starkult der → Primadonnen) und führt zu einer starken Gewichtung der Arien (Modell der da capo-Arie). Chöre und Ensembles fehlen weitgehend. Dem Gesang werden gelegentlich konzertierende Begleitinstrumente zur Seite gestellt (zuerst die Trompete, sog. *Trompetenarie*). Rezitative dienen dem Handlungsfortgang, Arien sind Abschnitte zur Nachbesinnung und Kommentierung des Geschehens. Eingangsstück ist (seit Alessandro Scarlatti) üblicherweise eine *Italienische Ouvertüre* (schnell-langsam-schnell, → Ouvertüre). Die Musikstücke bilden in sich geschlossene Einheiten, deren Abfolge der Einfachheit halber durchnumeriert wird. Man spricht von einer *Nummernoper*.
Die beliebtesten Libretti stammen von Pietro Antonio Domenico Bonaventura Trapassi, der sich gräzisiert Metastasio nannte [trapasso = ital. Übergang; metastasia = griech. Übergang]. Die Handlungsstränge seiner Textdichtungen folgen zwar einer nachvollziehbaren Logik, sind aber weitgehend in Stereotypen erstarrt. Handlungsverlauf, Sprachduktus und Besetzung sind an die griechische Tragödie angelehnt, deren charakteristischer *tragischer Schluß* fehlt jedoch zumeist. Typisch ist die Besetzung mit tragischem Held oder Heldenpaar (die weibliche Rolle ist für eine → Primadonna angelegt) und Dienern und Dienerinnen. Das Heldenpaar bzw. der männliche Einzelheld ist in ein moralisch begründetes Beziehungsgeflecht verwoben, dessen Entscheidungs-

möglichkeiten in jedem Fall zu einer unschuldig-schuldhaften Verstrickung führen. Der dramatische Konflikt offenbart im Verlauf der Handlung die wahren Charaktere der Handelnden (vgl. die Texte «La clemenza di Tito», «Il re pastore», «Didone abbandonata»).
In der ersten Hälfte des 18. Jahrhunderts verselbständigen sich die ursprünglich pausenfüllenden Intermezzi zur eigenständigen Opernform der *opera buffa* [buffo = ital. komisch]. Der bisherige Operntypus wird als *opera seria* [= ital. ernste Oper] unterschieden (spätere typische seria-Opern sind u. a. W. A. Mozarts «Idomeneo» und «La clemenza di Tito»). Die opera buffa ist formal recht ungebunden und behandelt bevorzugt volkstümliche Stoffe. Charakteristisch sind einfache Liedmelodik in → parlando und ein durchweg heiterer Grundcharakter (in naher Verwandtschaft zur → Madrigalkomödie). Die gesangstechnischen Anforderungen sind im Vergleich zur opera seria durchweg geringer, die Darsteller *(buffoni)* sind eher singende Schauspieler als Sänger. Die Texte stehen gerne in regionalen Dialekten. Thematisch und besetzungstechnisch löst sich die opera buffa zunehmend vom Vorbild der *Commedia dell'arte* (mit Arlecchino/Harlekin, Pulcinella, Colombina, Dottore, Capitano), die Handlung spielt nun bevorzugt in bürgerlichem oder bäuerlichem Milieu, zumeist mit einem Liebespaar als Hauptdarsteller (vgl. Giovanni Battista Pergolesi: «La serva padrona», 1733, «Il maestro di musica», Niccolò Piccinni: «La buona figliuola», 1760; Domenico Cimarosa: «Il matrimonio segreto», 1792). Die italienische opera buffa wird zum Vorbild des deutschen → Singspiels und beeinflußt auch die französische *opéra comique*.
Die Verknüpfung der Gestaltungsmittel von opera seria und opera buffa führt zur *opera semiseria,* in welcher den überwiegend tragisch agierenden Hauptgestalten komische Nebenrollen (meist Diener, Kammerzofen o. ä.) zur Seite gestellt sind. Im Opernschaffen Gioacchino Rossinis sind alle diese Operntypen beispielhaft vertreten (z. B. opera seria: «Tancredi», 1813, «Armida», 1817, «Semiramide», 1823; opera buffa: «L'Italiana in Algeri», 1813; «Il barbiere di Siviglia», 1816; opera semiseria: «La gazza ladra», 1817).
Zentrum des französischen Opernschaffens ist Paris. Man bezieht sich in der französischen *opéra* stofflich zwar zunächst ebenfalls auf die griechische Antike (oder auch auf mittelalterliche Heldenepen), die Ausarbeitungen der Bühnendichtungen sind jedoch sehr vom Dramenstil Pierre Corneilles und Jean Racines beeinflußt *(tragédie lyrique)*. Die Sprache und deren Versrhythmik hat Vorrang vor der gesanglichen Linie. Neben Wort und Musik wird (insbesondere bei Jean-Baptiste Lully) der Tanz (Ballett) als wichtiges Gestaltungs- und Darstellungsmittel eingebunden. Entsprechend erhält auch das Orchester bzw. die Instrumentalbegleitung einen bedeutenderen Stellenwert als in der damaligen italienischen Oper (vgl. J.-B. Lully: «Alceste», 1672; «Roland», 1685). Als Einleitungsstück dient die *Französische Ouvertüre* (langsam-schnell-

langsam). Die stärkere Betonung der instrumentalen Anteile ermöglicht, aus den Opern rein instrumentale → Suiten zusammenzustellen (ein Verfahren, das in italienischen Opern zumindest größere Schwierigkeiten ergäbe, wenn nicht gänzlich unmöglich wäre).

Als volkstümliche Variante der opéra, die im wesentlichen ein höfisches Vergnügen war, erscheint ab etwa 1716 im Umfeld der Jahrmärkte die *opéra comique* [= frz. komische Oper]. Sie enthält neben Singrollen auch Sprechpartien. Wie in der opera buffa (und im deutschen → Singspiel) dienen die gesprochenen Teile (oft Dialoge) hauptsächlich der Schilderung des Handlungsfortgangs, einer Funktion, die in der opéra bzw. der opera seria das → Rezitativ füllte. Die opéra comique etabliert sich schließlich ab 1762 als anerkannte und äußerst beliebte Werkform des Musiktheaters in Paris. Die Bezeichnung *opéra comique* gibt dabei nun nicht mehr die Grundstimmung des Werkes wieder, sondern verweist auf die Möglichkeit des gesprochenen Dialoges. Anders als in der italienischen Gattung der opera buffa kann eine französische opéra comique sowohl heitere als auch ernste Themen behandeln (als ernste opéra comique vgl. u.a. Luigi Cherubini: «Médée», 1797). Zur opéra comique zählen wegen der gesprochenen Dialoge u. a. auch Georges Bizets «Carmen», 1875, und Jacques Offenbachs «Les contes d'Hoffmann», 1881.

Bereits ab etwa 1830 versuchten in Paris lebende Komponisten, die künstlerischen Mittel und Darstellungsformen aus tragédie lyrique, opéra comique und italienischer opera seria und opera buffa zu verbinden, und entwickelten dabei die *grand opéra*. Wichtige Komponisten der neuen Gattung werden u. a. Giacomo Meyerbeer (z. B. «Robert le diable», 1831, «Les Huguenots», 1836), Daniel François Esprit Auber (z. B. «La Muette de Portici», 1828) sowie der seit 1824 in Paris lebende Gioacchino Rossini (z. B. «Guillaume Tell», 1829).

Die erstarrte Formelhaftigkeit der Neapolitanischen Nummernopern (als schematische Folgen von da capo-Arien und Secco-Rezitativen) hatte mittlerweile eine Reihe von Reformbestrebungen ausgelöst, als deren bedeutendste und konsequenteste die von Christoph Willibald Gluck gilt. Die *Opernreform von Gluck* beabsichtigte eine Rückbesinnung auf die Ursprünge der Operntradition *(Florentiner Oper)* und zeichnete sich durch deutliche Reduktion der Virtuosität und die Vermeidung publikumsorientierter Bühnenwirkung zugunsten der dramatischen Elemente aus. Gluck fordert in der Einführung zu seiner Oper «Alceste» in Anlehnung an Johann Joachim Winckelmann «edle Einfalt und stille Größe». Die Musik soll wieder dem Text dienen, entsprechend gehaltvoll muß die zugrundeliegende Dichtung dann allerdings auch sein (Gluck arbeitete eng mit dem Librettisten Ranieri de Calzabigi zusammen, der auch die Libretti der ersten Reformopern «Orfeo ed Euridice», «Alceste», «Paride ed Elena» schrieb). Bevorzugt wird nun wieder der antike Mythos als Textgrundlage verwendet. Das Repertoire an Formen wird dagegen deutlich ausgeweitet (recitativo secco und accompagnato, chorische, solistische und rein instrumentale Abschnitte), wobei unterschiedliche stilistische Traditionen bemüht werden. Als erste Reformoper von Gluck gilt «Orfeo ed Euridice», welche in Wien entsteht und dort 1762 auch uraufgeführt wird. Später folgen (noch in Wien) «Alceste» (1767) und «Paride ed Elena» (1770). In Paris veröffentlicht Gluck 1774 die Oper «Iphigénie en Aulide», welche eine heftige Kontroverse auslöste. Die sog. *Gluckisten* (u. a. Voltaire, Jean-Jacques Rousseau) sahen in Gluck die lineare Fortsetzung der französischen Opernideale von Jean-Baptiste Lully und Jean-Philippe Rameau, die auf der französischen *tragédie lyrique* von Jean Racine und Pierre Corneille fußt. Die sog. *Piccinnisten* (u. a. Baron Grimm, Jean le Rond d'Alembert) sahen die neapolitanische Operntradition in Gefahr und beriefen sich auf deren Vertreter Niccolò Piccinni, der nach der Veröffentlichung von «Iphigénie en Tauride» (1779) allerdings selbst ein begeisterter Anhänger der Gluckschen Reformopern wurde.

Im 19. Jahrhundert entwickelt sich in Italien die *Große* oder *Romantische Oper*. Gioacchino Rossinis letzte Opern deuten bereits den Übergang an (vgl. «Otello», 1816, insbesondere letzter Akt), bei Gaetano Donizetti scheint dieser Übergang schließlich vollzogen (z. B. «Anna Bolena», 1830, «Lucrezia Borgia», 1837, «Lucia di Lammermoor», 1835). Die Inhalte sind nun nicht mehr aus antiken Quellen entnommen, sondern sind mittelalterlich (Heldenepen) oder stammen aus der Romantik (Walter Scott, Lord Byron). Das Instrumentarium ist ausgeweitet, Harmonik und Rhythmik verfügen über eine große Vielfalt an Möglichkeiten. Der bedeutendste italienische Opernkomponist dieser Zeit ist zweifellos Giuseppe Verdi.

Ende des 19. Jahrhunderts entstehen in Anlehnung an die literarische Strömung des Naturalismus (Gerhart Hauptmann) und nach dem Vorbild von Georges Bizets «Carmen» (1875) in Italien zudem sog. *Veristische Opern* (→ Verismo; vgl. Ruggero Leoncavallo: «Cavalleria rusticana», 1890; Giacomo Puccini: «La Bohème», 1896, «Madama Butterfly», 1904).

Obwohl mit «Dafne» von Heinrich Schütz bereits 1627 eine erste Oper mit deutschem Text entstanden ist und ab 1678 in Hamburg ein erstes deutsches Opernhaus (nach venezianischem Vorbild) seinen Betrieb aufnimmt, hat sich lange Zeit kein eigenständiges deutsches Opernschaffen durchsetzen können. Von wenigen Versuchen im Umfeld des Hamburger Komponisten Reinhard Keiser abgesehen, schreiben deutsche Komponisten überwiegend in italienischem Stil oder übernehmen die französische Tradition (vgl. L. v. Beethovens «Fidelio», an die *Rettungsopern* von Luigi Cherubini angelehnt). Erst das deutschsprachige → Singspiel markiert einen entscheidenden Wendepunkt in der Entwicklung zur *Deutschen Oper* (als erstes Werk dieses Opernstils gilt Ignaz Holzbauers «Günther von Schwarzburg», 1777 in Mannheim uraufgeführt). Die weitere Entwicklung führte im 19. Jahrhundert zur *Romantischen Deutschen Oper*, deren Stoffe aus überlieferter

Geschichte und heimischen Sagen und Märchen stammen. Das romantische Naturerleben wird zentrales Thema (vgl. Carl Maria von Weber: «Der Freischütz», «Oberon», beide mit gesprochenem Dialog, also formal eigentlich Singspiele). Daneben entstehen die *Komische Deutsche Oper* (vgl. Albert Lortzing: «Der Wildschütz», «Zar und Zimmermann»; Richard Strauss: «Der Rosenkavalier»; Carl Orff: «Die Kluge», «Der Mond») und das → Musikdrama.
Das deutsche Opernschaffen des 20. Jahrhunderts ist äußerst vielgestaltig, unterschiedlichste Formen und Satztechniken sind einander gegenübergestellt oder miteinander verschmolzen, gerne werden ältere Formen und Gattungen (z. B. der Barockzeit) zitiert bzw. in neoklassizistischer Manier verwertet (→ Neoklassizismus). Neue Darstellungsformen und instrumentale Möglichkeiten werden integriert.
Insbesondere unter dem Einfluß von Richard Strauss entsteht die sog. *Literaturoper,* in welcher literarische Texte vertont werden (vgl. Rich. Strauss: «Salome» nach dem Text von Oscar Wilde; Alban Berg: «Wozzeck» nach dem Text von Georg Büchner, «Lulu» nach Texten von Frank Wedekind; Paul Hindemith: «Cardillac» nach dem Text von E. T. A. Hoffmanns «Das Fräulein von Scuderi»; Wolfgang Fortner: «Bluthochzeit» nach dem Text von Federico García Lorca).

opera, opéra → Oper

Operette [opérette = frz. kleine Oper] Seit dem 19. Jahrhundert übliche Bezeichnung für eine heitere musikalische Bühnengattung, welche neben Gesangspartien gesprochene Dialoge aufweist und rein instrumentale Intermezzi sowie Tanzszenen enthalten kann.
Formal ist eine Operette einer *Nummernoper* vergleichbar (→ Oper), die Technik des gesprochenen Dialoges sowie die übliche Verwechslungs- und Situationskomik mit ihrer Rollenverteilung und der charakteristischen Finalsteigerung sind den älteren Formen der *heiteren Oper* (*opera buffa*, *opéra comique*, → Singspiel) entlehnt. In der Frühzeit überwiegen zeitkritische Themen; die Operette wurde als unterhaltsame Möglichkeit verstanden, das gesellschaftliche Leben ironisch-heiter zu hinterfragen. Bevorzugt dienten hierzu einfache Strophenlieder mit Refrain (→ Lied). Beliebt war es zudem, jeweils aktuelle Modetänze zu integrieren (u. a. → Walzer, → Galopp, → Cancan, → Csárdás).
Erste Mittelpunkte des Operettenschaffens waren Paris (vgl. Jacques Offenbach mit etwa 100 Operetten, darunter: «Orphée aux enfers» [«Orpheus in der Unterwelt»], 1858, «La belle Hélène» [«Die schöne Helena»], 1864), später Wien (vgl. Joh. Strauß-Sohn: «Die Fledermaus», «Wiener Blut», «Der Zigeunerbaron»; Franz von Suppé: «Die schöne Galathee»; Franz Lehár: «Die lustige Witwe», «Das Land des Lächelns») und Berlin (Paul Lincke «Frau Luna»; Eduard Künnecke: «Der Vetter aus Dingsda»).

Ophikleïde → Klappenhorn

opus [= lat. Werk; abgek. op.] Musikstück, Komposition. Seit dem Barock wird *opus* auch zusammen mit einer Zahl zur Durchnumerierung des veröffentlichten Gesamtwerkes eines Komponisten verwendet.

Oratorium [= lat. Betsaal] Zyklisches, außerliturgisches Vokalwerk mit episch-dramatischer Handlung. Der zugrundeliegende Text ist in frühen Oratorien bevorzugt der Bibel (namentlich dem Alten Testament) entnommen, konnte jedoch auch im weitesten Sinn allegorisch-religiös sein. Ein Oratorium über den biblischen Text der Leidensgeschichte Jesu bezeichnet man gesondert als *Oratorische Passion* (→ Passion).
Erste Oratorien entstehen um 1600 in Italien aus chorisch begleiteten Bibellesungen. Zur anschaulichen Ausdeutung der vorgetragenen Texte dienen neben Vertonungen auch szenische (u. a. pantomimische und tänzerische) Darstellungen. Als ältestes erhaltenes Oratorium gilt Emilio del Cavalieris: «Rappresentazione di anima e di corpo» (1600 in Rom uraufgeführt), das einen religiös-allegorischen Text vertont und neben Solopartien und Chören auch Tänze enthält. Die neue Werkform wurde nach ihrem üblichen Aufführungsort *oratorium* benannt. Als Abgrenzung zur etwa gleichzeitig entstandenen Gattung der *weltlichen* → Oper *(dramma per musica)* benutzte man aber auch die Bezeichnung *melodramma sacro* (gleichsam *geistliche* Oper). Die opernähnliche, *szenische* Darstellungsweise wurde jedoch bald wieder aufgegeben, der Handlungsfortgang nun (meist rezitativisch) von einem Erzähler *(testo, historicus)* vorgetragen (vgl. Giacomo Carissimis Oratorium «Jephte« vor 1650). Diese nichtszenische Ausprägung bzw. die Rolle des Erzählers (vgl. Passion) gilt seither als typisches Unterscheidungsmerkmal zwischen Oratorium und Oper. In der Verwendung der musikalischen bzw. formalen Mittel bestehen allerdings weiterhin große Ähnlichkeiten, und die Entwicklung des Oratoriums vollzieht sich in der Folgezeit stets in auffälliger Anlehnung an die der Oper. Oratorien stehen seit dem Barock zudem nicht selten in deutlicher Nähe zur → Kantate, wenngleich deren Inhalte eher lyrisch-betrachtend vertont sind und kaum einen Handlungsfortgang aufweisen.
Seit seiner Blütezeit im 17. und 18. Jahrhundert weist ein Oratorium in der Regel mehrere Solisten und einen oder mehrere Chöre (oft in handlungskommentierender Funktion) auf. Solistische, chorische und Ensemble-Abschnitte (Duette, Terzette usw.), → Rezitative für die Erzählpartien, → Arien (seit Alessandro Scarlatti da capo-Arien) für die dramatischen und lyrischen Aspekte, unbegleitete und begleitete Abschnitte sowie rein instrumentale Vor- und Zwischenspiele wechseln sich ab. Die Texte haben sich von der früheren Verbindlichkeit der lateinischen Sprache *(oratorio latino)* gelöst (vgl. Georg Fried-

rich Händels «Oratorien»), können geistlich oder weltlich sein (vgl. Joseph Haydn: «Die Jahreszeiten», 1801). Die unterschiedlichsten formalen, satz- und besetzungstechnischen Gestaltungsweisen sind möglich. Insbesondere im 20. Jahrhundert entstehen viele Mischformen zwischen Oratorium, Oper, Kantate, → Messe und → Sinfonie (vgl. u. a. Krzysztof Penderecki: «Dies irae», Oratorium über die Geschehnisse in Auschwitz). Gelegentlich wendet man sich nun auch wieder szenischen Oratorien zu oder plant zumindest die Möglichkeit einer szenischen Aufführung mit ein (vgl. Igor Strawinsky: «Oedipus Rex», 1927, weltliches Oratorium nach einem Text von Jean Cocteau, das szenisch aufführbar ist).

Orchesterlied → Kunstlied

Orff-Instrumentarium Von Carl Orff unter Mithilfe des Instrumentenbauers Karl Maendler entwickeltes Ensemble von Schlaginstrumenten, das hauptsächlich musikpädagogischen Zwecken dient. Die meisten Orff-Instrumente sind bau- und spieltechnisch vereinfachte Ableitungen von Orchesterinstrumenten. Zur Grundausstattung des Orff-Instrumentariums zählen Stabspiele wie → Xylophon und → Metallophon (üblicherweise als Trog-Instrumente, heute auch als Einzel-*Klangbausteine* mit jeweils eigenem Resonanzkorpus). Metall-Stabspiele werden innerhalb des Orff-Instrumentariums in *Metallophone* (mit Klangstäben aus einer Aluminiumlegierung) und → Glockenspiele (mit Klangstäben aus Stahl) unterschieden. Die Stabspiele sind in verschiedenen Stimmlagen vertreten (Baß-, Tenor-, Alt- und Sopraninstrumente). Zudem können je nach Bedarf nahezu alle bekannten Schlaginstrumente (abgewandelt oder in üblicher Orchester-Bauform) im Orff-Instrumentarium vertreten sein (→ Pauke, → Große Trommel, → Kleine Trommel, → Tamburin, → Tom-Tom, → Bongo, → Conga, → Claves, → Holzbocktrommel, → Kastagnetten, → Becken, → Gong, → Tamtam, → Triangel, → Zimbeln).

Organistrum → Drehleier

Organum [organon = griech. Instrument, Werkzeug] Frühes Verfahren vokaler Mehrstimmigkeit, bei welcher einem → Gregorianischen Choral als Kernmelodie *(cantus, vox principalis)* eine begleitende Unterstimme *(vox organalis)* hinzugefügt wird.
Organale Mehrstimmigkeit war zwar theoretisch bereits seit dem 9. Jahrhundert bekannt (vgl. u. a. das Traktat «Musica Enchiriadis» sowie Schriften von Johannes Scotus und von Hucbald von St. Armand), die beschriebenen Verfahren blieben jedoch in der damaligen Aufführungspraxis zunächst ohne wesentliche Bedeutung und wurden erst ab etwa 1000 n. Chr. (zunächst in Frankreich) auch tatsächlich praktisch eingesetzt.

Bei einem *Parallelorganum* entsteht die jeweilige Begleitstimme, indem die Choralmelodie in Oktaven, Quarten oder Quinten verdoppelt und parallel mitgeführt wird.

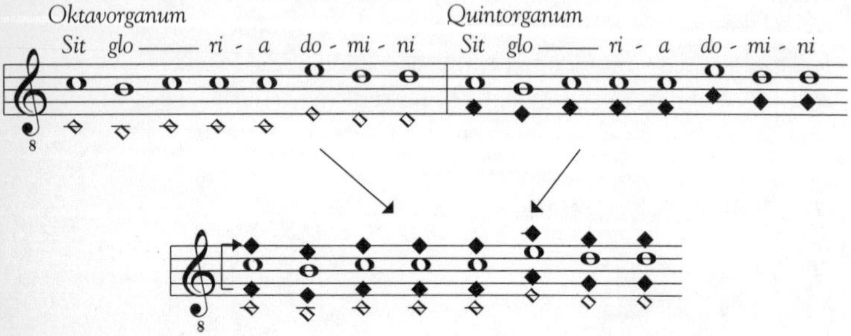

o = *vox principalis*
◆,◇ = *vox organalis*

(Aus: Musica Enchiriadis)

Die einfachste und wahrscheinlich auch ursprünglichste Form stellt hierbei das *Oktavorganum* dar. Es geht vermutlich darauf zurück, daß Männerstimmen und Knabenstimmen gemeinsam und ihren natürlichen Stimmlagen folgend die gleiche Melodie oktaviert sangen. Da auch beim *Quint-* bzw. *Quartorganum* die Begleitstimmen zusätzlich oktaviert geführt werden durften, konnten mit der Parallelorganum-Technik vielstimmige Sätze geschaffen werden. Die Beschränkung der Begleitintervalle auf Quarte, Quinte und Oktave erklärt sich aus der damaligen Einschätzung, daß (neben der Prim) nur diese Tonabstände als *rein* bzw. *konsonant*, alle anderen jedoch als *unrein* bzw. *dissonant* anzusehen sind.
Im Bereich formaler Einschnitte setzte man sich allerdings (insbesondere im Quartorganum) ganz offensichtlich über dieses übliche Konsonanz-Dissonanz-Empfinden hinweg, denn dort wurden gewisse Töne der Kernmelodie für einige Zeit auf ihrer ursprünglichen Ausgangstonhöhe gehalten, während die eigentliche Melodie gleichzeitig weiterführte *(Schweifendes Organum)*. Der entstehende, gleichsam gleitende Übergang konnte nun auch sog. *unreine* Intervalle zwischen Begleitstimme und Kernmelodie entstehen lassen.

(Aus: Musica Enchiriadis)

Melismatisches Organum:

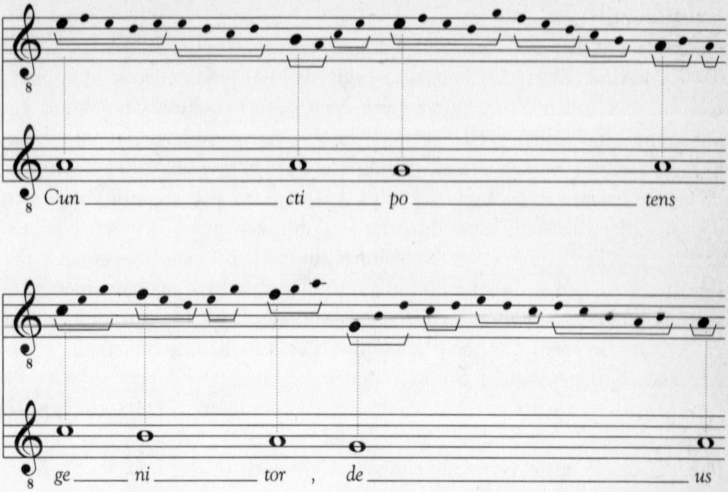

(Aus: Codex Pseudo-Calixtinus)

Stimmkreuzung:

(Johannes Cotto, um 1100)

discantus:

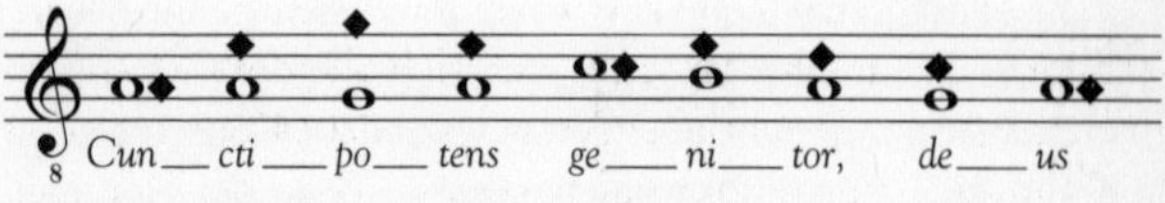

Haupt- und Begleitstimmen bewegen sich in beiden Verfahren stets in gleichen Zeitwerten und gefährden daher nicht die Wortverständlichkeit des zugrundeliegenden Textes. Solche organale Mehrstimmigkeiten klingen allgemein sehr durchsichtig und zeigen in dieser Hinsicht eine auffällige Übereinstimmung mit den architektonischen Konzepten der etwa gleichzeitig entstehenden gotischen Baukunst (vgl. St. Denis, 1144; Notre Dame, 1163–1182, beide Paris).

Mehrstimmige Choräle wurden zunächst nur an besonderen Kirchenfesttagen gesungen, die organalen Begleitstimmen anfänglich improvisiert. Ihre Ausführung blieb bestimmten, entsprechend geschulten Solisten *(Paraphonisten)*

vorbehalten, während der Chor dazu die vorgegebene Gregorianische Choralmelodie sang.
Ausgehend vom Schweifenden Organum, entwickelte die Schola cantorum des Klosters St. Martial (Limoges) bereits ab 1100 eine neue organale Satztechnik, bei welcher die Notenwerte des Gregorianischen Chorals an geeigneten, syllabischen Stellen (→ syllabische Vertonung) verlängert wurden und die Begleitstimmen diesen Freiraum melismenartig ausfüllten (*Melismatisches Organum*, → Melisma). Die langen Haltetöne des cantus hatten in diesem Zusammenhang eine ähnliche Wirkung wie ein → Bor-dun oder ein → Orgelpunkt. In der Folgezeit wurden die melodischen Bewegungen der Begleitstimmen nun zunehmend eigenständiger und oft auch in Gegenbewegung und Überschneidungen *(Stimmkreuzungen)* zur Choralstimme geführt (s. Abb. S. 249). An rhythmischen Schwerpunkten der Choralmelodik sowie an textlich bedeutsamen Stellen (Zeilenabschlüssen) blieben jedoch alle beteiligten Stimmen weiterhin wie bisher als konsonante Klänge (zumeist in Oktaven oder Quinten) direkt aufeinander bezogen.
Die entscheidendste Neuerung entstand vermutlich ebenfalls in St. Martial und bestand in einem grundsätzlichen Austausch der Stimmlagen. Die Gregorianische Choralmelodie wurde zur Unterstimme, die organalen Begleitstimmen waren nun oberhalb des cantus angeordnet (s. Abb. S. 249).
Zur Abgrenzung von der älteren Tradition des Organums bezeichnete man eine derartige Organalstimme als *discantus* [= lat. Gegengesang, Gegenstimme, abgespaltener cantus]. Er wurde jetzt zumeist nicht mehr improvisiert, sondern komponierend vorab ausgearbeitet (→ Notre-Dame-Schule).
Die nachfolgende → Ars antiqua übernahm das Organum-Verfahren, entwickelte es jedoch nicht weiter. In der → Ars nova wird es schließlich gar nicht mehr verwendet.

organum purum → Notre-Dame-Schule

Orgel [organon = griech. Werkzeug, Instrument] Je nach Tonerzeugungsverfahren → Elektronische Orgel oder → Pfeifenorgel.

Orgel-Leier → Drehleier

Orgelprospekt Die Vorderfront einer großen → Pfeifenorgel, deren Aufbau oft weniger nach musikalisch-akustischen oder instrumentenbautechnischen Bedingungen, sondern häufig nach raumarchitektonischen sowie nach rein ästhetischen Gesichtspunkten gestaltet ist. Seit den frühen gotischen Orgeln wird eine symmetrische Anordnung des Orgelprospekts bevorzugt, wobei die

Pfeifenlängen entweder pyramidenartig zur Mitte oder V-förmig zu den Seitenrändern hin ansteigen können.

Orgelpunkt Bevorzugt in der Baßstimme liegender Ton, welcher über einen längeren Zeitabschnitt ausgehalten wird, während sich die anderen beteiligten Stimmen gleichzeitig weiterbewegen. Prinzip und Benennung sind aus dem in der Orgelmusik beliebten Verfahren abgeleitet, am Ende eines Stückes einen langen Pedalton auszuhalten.

Ostinato [obstinatus = lat. hartnäckig] Melodisches, harmonisches oder rhythmisches Motiv, welches gleichbleibend mehrfach wiederholt wird (→ Passacaglia, → Chaconne, → Blues, → Boogie-Woogie).

Ottavino → Spinett

ottu → śahnāī

Ouvertüre [ouvrir = frz. öffnen] Eröffnungsstück von → Kantaten, → Suiten, → Konzerten oder Bühnenwerken (→ Oper, → Operette, → Oratorium). Noch in der ersten Hälfte des 18. Jahrhunderts wurde oft weitgehend gleichbedeutend die Benennung *sinfonia* verwendet. Für Suiten war zudem die Bezeichnung → Präludium bzw. prélude, für Opern die Bezeichnung *intrada* in Gebrauch.
Im Bereich der Bühnenwerke konnte eine Ouvertüre ursprünglich aus nur wenigen, zumeist von Bläsern vorgetragenen Signalmotiven bestehen. Sehr bald wurde diese Form jedoch zu längeren Eingangssätzen erweitert, welche entweder völlig eigenständiges Themenmaterial enthielten oder motivisches Material des Hauptwerkes verarbeiteten.
In der zweiten Hälfte des 19. Jahrhunderts entwickelte sich (nach Ansätzen bei Georg Friedrich Händel und Christoph Willibald Gluck) die Ouvertüre zum *Stimmungsbild*, das auf den Grundcharakter und den dramatischen Kerngedanken des folgenden Hauptwerkes vorbereiten soll. Bei Richard Wagner geht diese Entwicklung einher mit dem Übergang von der Oper zum → Musikdrama, und konsequenterweise nennt er derartig gestaltete Eröffnungsstücke nun auch nicht mehr *Ouvertüren*, sondern *Vorspiele* (vgl. «Lohengrin», «Tristan und Isolde», «Parsifal»). Der Umgang mit der Ouvertüre als einem vorbereitenden Stimmungsbild zeigt eine deutliche Wesensverwandtschaft mit manchen der sinfonischen Werke des französischen → Impressionismus (vgl. Claude Debussy, welcher 1892 mit seinem «Prélude à l'après-midi d'un faune» ein einstimmendes *Vorspiel* für ein Gedicht von Stéphane Mallarmé komponiert).

Als formale Anlagen von Ouvertüren haben sich zum Ende des 17. Jahrhunderts zwei mehr oder weniger verbindliche, jeweils dreiteilige Modelle ausgeprägt.

Die von Jean-Baptiste Lully entwickelte *Französische Ouvertüre* hat die Tempofolge langsam-schnell-langsam. In den Außenteilen herrscht ein punktierter Rhythmus vor, der Mittelteil ist nicht selten in der Art einer → Fuge gearbeitet (vgl. J.-B. Lully: Ouvertüre zu «Armide», 1686). Während J. S. Bach in seinen Französischen Ouvertüren die Dreiteiligkeit zumeist streng beibehält, Jean-Philippe Rameau auf den langsamen Schlußteil gewöhnlich verzichtet, erweitert Georg Friedrich Händel das Lullysche Formmodell häufig um weitere Sätze. Der erste Abschnitt der Französischen Ouvertüre gilt als Urbild der späteren langsamen Einleitungen von klassischen → Sonaten und → Sinfonien.

Die *Italienische* (oder *Neapolitanische*) *Ouvertüre*, deren Entwicklung Alessandro Stradella und Alessandro Scarlatti zugeschrieben wird, hat die Tempofolge schnell-langsam-schnell, wobei zusätzlich eine langsame Einleitung vorangestellt werden kann (vgl. Joseph Haydn: Ouvertüre zu «L'Incontro Improviso»). Die beiden Außenteile können unterschiedliches, verwandtes oder gleiches Motivmaterial verarbeiten. Die Italienische Ouvertüre gilt als wichtige Vorstufe zur Entwicklung der → Sonate sowie der → Sinfonie. Durch die Gestaltung eines Schlußabschnitts als Reprise des jeweiligen Kopfteils rückt diese Formanlage bereits in deutliche Nähe zur → Sonatenhauptsatzform. Ouvertüren in ausgeprägter Sonatenhauptsatzform schreibt u. a. Richard Wagner in manchen seiner Opern (vgl. Ouvertüre zu «Der fliegende Holländer»: ‹Holländermotiv› und ‹Erlösungsmotiv› als kontrastierendes Haupt- bzw. Seitenthema; «Tannhäuser»: ‹Pilgerchor-Motiv› und ‹Venusberg-Motiv› als kontrastierendes Haupt- bzw. Seitenthema).

Unter einer *Potpourri-Ouvertüre* versteht man eine lose Reihung von Themen und Motiven aus dem Melodienvorrat des folgenden Hauptwerkes. Sie sind insbesondere für → Operetten beliebt (vgl. u. a. Johann Strauß: Ouvertüre zu «Die Fledermaus»).

P

Paduan → Pavane

Palestrina-Stil → Römische Schule

pandero → Tamburin

Panflöte (Panpfeife, Syrinx) Rohrbündelflöte, welche heute vornehmlich in Osteuropa verbreitet ist. Mehrere grifflochlose Einzelflöten unterschiedlicher Tonhöhen sind, nach Längen geordnet, parallel gereiht. Der Luftstrom wird direkt und schräg gegen die Rohrkanten gelenkt, in selteneren Fällen ist auch an jedem Einzelrohr ein Schnabel-Mundstück angebracht (vgl. *Schnabel-Panpfeife* von Raffaellino del Garbo, 15. Jahrhundert).
Die Panflöte ist in Griechenland seit dem 8. Jahrhundert v. Chr. belegt (Homer: «Illias», Buch 10, Vers 13; Buch 18, Vers 526). Sie soll nach griechischer Mythologie vom Gott Hermes erfunden worden sein und wurde später dem Gott Pan zugeordnet. In China ist die Bauform seit etwa 300 v. Chr. bekannt. W. A. Mozart verwendete die Panflöte in seiner Oper «Die Zauberflöte» als Bühneninstrument des Papageno.

Pantonalität → Atonale Musik

Parallelklänge Dur- oder Moll-Dreiklänge, die als sog. *Nebendreiklänge* behandelt werden und deren Grundtöne im Kleinterz-Abstand zu den Grundtönen der entsprechenden *Hauptdreiklänge* stehen. Haupt- und Nebendreiklang stimmen in mindestens einem Akkordton überein.
Dieser Akkordton ist der mittlere Ton des Hauptdreiklanges, Parallelklänge werden daher gelegentlich auch als *Medianten* bezeichnet [medians = lat. Mittleres].

Paralleltonarten Kleinterzverwandte → Tonarten, welche bei unterschiedlichem → Tongeschlecht die gleiche Anzahl und Art der Vorzeichen aufweisen und deren Hauptstufen-Dreiklänge (→ Parallelklänge) in mindestens einer Tonstufe übereinstimmen (z. B. C-Dur und a-Moll) (vgl. → Gegenklänge).

Parforcehorn → Jagdhorn

parlando [=ital. sprechend] Vortragsbezeichnung im Vokalbereich, welche eine sprechähnliche Gesangsweise fordert.

Parodieverfahren [parodia = griech. Nebengesang] Ein bereits vorhandenes Musikstück dient als Vorlage für eine neue Komposition oder wird in einen neuen funktionalen Zusammenhang gesetzt. Verbreitet ist vor allem die Umwandlung ursprünglich weltlicher Werke in geistliche, der umgekehrte Weg dieses Verfahrens ist dagegen weitgehend unbekannt (→ Messe, → Motette, → Kantate). Manche protestantische Kirchenlieder waren ursprünglich beliebte (weltliche) → Volkslieder (vgl.: «O Welt ich muß dich lassen» entstand aus «Innsbruck ich muß dich lassen», «O Haupt voll Blut und Wunden» aus «Mein Gmüt ist mir verwirret», «Vom Himmel hoch da komm ich her» aus «Aus fremden Landen komm ich her»). Das reine Umtextierungsverfahren wird als → Kontrafaktur bezeichnet.

Partita [partiri = lat. verteilen] Ursprünglich eine Bezeichnung für die Einzelsätze einer instrumentalen, zyklischen Folge (→ Suite), seit Ende des 17. Jahrhunderts (insbesondere in Italien) zudem als Benennung der gesamten Abfolge verbreitet. Gelegentlich bezeichnet *Partita* auch einen Zyklus von Auszügen aus einer → Oper, dem eine → Ouvertüre vorangestellt wird. J. S. Bach verwendet die Bezeichnung *Partita* u. a. für die «Deutschen Suiten» BWV 825–830.

Partitur → Notation

passa mezzo → Chaconne

Passacaglia [pasar una calle = span. eine Gasse durchschreiten; frz. *passacaille*] Eine seit Anfang des 17. Jahrhunderts bekannte, vermutlich aus Spanien stammende, ruhig bewegte, geradtaktige Tanzweise mit ostinater Baßbegleitung in typischem Rhythmus:

bzw.

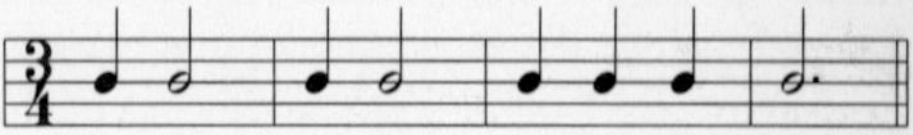

Ob die ostinate Baßfigur (→ Ostinato) tatsächlich von Anbeginn an der Passacaglia zugehörig war oder erst nachträglich hinzugefügt wurde, ist bislang nicht geklärt. Immerhin findet sich das Prinzip Anfang des 17. Jahrhunderts auch in Musizierweisen außerhalb des eigentlichen Passacaglia-Umfeldes. Eine ostinate Baßlinie (hier *ground* genannt) als Grundlage für improvisierte oder komponierte Variationssätze verwendeten um 1600 u. a. die englischen Virginalisten (vgl. William Byrd: «The Bells»), und auch Claudio Monteverdi war diese Praxis offensichtlich nicht unbekannt, als er 1607 seinen Orfeo im Verlauf der gleichnamigen Oper drei unterschiedliche Melodien über eine jeweils identische Baßlinie anstimmen ließ. So bleibt umstritten, ob die Anwendung der ostinaten Baßlinie auf instrumentale bzw. vokale Variationssätze als spätere Stilisierung der Tanz-Passacaglia zu verstehen ist oder das Ostinato-Bauprinzip in der Passacaglia nur einen weiteren Anwendungsbereich gefunden hatte. (vgl. → Chaconne)
Während die Passacaglia in der Barockzeit eine beliebte Werkform darstellt und oft in der → Suite erscheint (vgl. Georg Friedrich Händel: «Suite in g-Moll»: Passacaglia als Schlußsatz), gerät sie in der Klassik etwas in Vergessenheit. Erst in der Romantik (vgl. Johannes Brahms: «Sinfonie Nr. 4», Finalsatz) und im 20. Jahrhundert wenden sich die Komponisten wieder dieser Bauform zu (vgl. Anton Webern: «Passacaglia für Orchester» op. 1; Max Reger: «Passacaglia» op. 96, «Introduktion, Passacaglia und Fuge für Orgel» op. 127).

passacaille → Passacaglia

Passepied [passer = frz. gehen, à pied = frz. zu Fuß] Seit dem 17. Jahrhundert in französischer Hofkultur bekannte Tanzweise, welche sich vermutlich aus einem ehemals bretonischen Volkstanz entwickelt hatte. Der Passepied ist durch $\frac{3}{8}$- bzw. $\frac{6}{8}$-Takt sowie auftaktigen Beginn (Achtel-Auftakt) gekennzeichnet und gilt innerhalb der → Suite als lebhaftere Variante des → Menuetts.

Passion [passio = lat. Leiden; bezogen auf die Leidensgeschichte Jesu nach seinem Einzug in Jerusalem bis zu seiner Kreuzigung] Vokalgattung, die Texte aus den Passionsgeschichten der Evangelien (Matthäus, Markus, Lukas, Johannes) vertont.

Typisch für die Berichte der Evangelisten sind unterschiedliche Verteilungen von Einzelrollen (Evangelist/Erzähler/Chronist, Jesus, Pilatus, Petrus, Judas usw.) und Gruppenrollen (Soldaten, Jünger usw.), welche musikalisch reizvolle Kontrastwirkungen (Soli–Chöre) ermöglichen bzw. geradezu fordern. Texte aus den Passionsgeschichten sind seit dem Mittelalter liturgischer Bestandteil der Gottesdienste während der Karwoche. Anfänglich wurde der lateinische Passionstext von einem einzelnen *Lektor* gelesen. Seit dem 14. Jahrhundert konnten die verschiedenen Rollen auf bis zu drei Lektoren verteilt sein, die ihre Wortbeiträge üblicherweise auf unterschiedlichen Rezitationstönen (oft im Quint- oder Quartabstand) vortrugen.

Erste mehrstimmige Vertonungen erscheinen ab Mitte des 15. Jahrhunderts. In der Folgezeit entstehen vielfältige Passionsformen. Bei *Responsorialen Passionen* wechseln sich ein- und mehrstimmige Chorpartien ab. Die Textanteile des Evangelisten (Erzähler) sind zumeist einstimmig, die der sonstigen Einzelpersonen und der Volksmenge sind mehrstimmig-chorisch gesetzt (vgl. Orlando di Lasso: «Passionen» von 1575 und 1582). In der *Motettenpassion* wurden zunächst die größeren Szenen der Erzählung, später der gesamte Text chorisch mehrstimmig sowie als → Motette durchkomponiert (vgl. Leonhard Lechner: «Johannes-Passion», 1593). Seit dem 17. Jahrhundert näherte sich die Passion oratorischer bzw. kantatischer Form (→ Oratorium, → Kantate). In *Oratorischen Passionen* wechseln sich instrumental begleitete und unbegleitete, solistische und chorische, ein- und mehrstimmige Abschnitte ab. Die Partien der Volksmenge und Soldaten sind gewöhnlich mehrstimmig-chorisch gesetzt, die der Einzelgestalten und des Evangelisten einstimmig und solistisch. Der Fortgang der Passionshandlung wird vom Erzähler in → Rezitativen vorgetragen, die sich mit Chorälen und → Arien meditativ-nachbetrachtenden Charakters abwechseln. Eröffnungs- und Schlußchöre können vorangestellt bzw. angefügt, reine Instrumentalepisoden können eingeschoben sein (vgl. J. S. Bach: «Johannes-Passion», 1723, «Matthäus-Passion», 1729).

Gelegentlich wurden nun auch Episoden eingefügt, deren Texte nicht aus den Passionsberichten stammen, oder die traditionellen Passionstexte wurden nicht mehr wörtlich übernommen, sondern deren Gehalt dichterisch frei behandelt (*Passionsdichtung*; vgl. Georg Friedrich Händels Oratorische Passion über den Text «Der für die Sünden der Welt gemarterte und sterbende Jesus» von Barthold Heinrich Brockes, 1716).

Bedeutende Passionen des 20. Jahrhunderts stammen u. a. von Hugo Distler («Choralpassion», 1933, für Chor und zwei Solisten, a cappella), Ernst Pepping («Passionsbericht des Matthäus», 1951, a cappella), Krzysztof Penderecki («Lukas-Passion», 1966, für Soli, mehrere Chöre und Orchester).

paṭět → laras

pattern → Riff

Pauke Bezeichnung für ein Schlaginstrument mit bauchigem Korpus *(Kessel)*, über welchem eine Membran gespannt ist. Eine Pauke läßt sich auf eine definierte Tonhöhe einstimmen.
Die Ursprünge der Pauke liegen in Arabien und Mittelasien (→ tablā). Nach Europa kam das Instrument im Mittelalter (einerseits während der Islamisierung Spaniens, andererseits mit heimkehrenden Kreuzrittern). Damalige Pauken waren verhältnismäßig kleine und tragbare Instrumente. Größer dimensionierte Instrumente erscheinen in Mitteleuropa erst im 15. Jahrhundert. Die Pauke ist zunächst ein typisches Militärmusikinstrument der Kavallerie und wird in aller Regel paarig (aus Gleichgewichtsgründen zu beiden Seiten des Pferdesattels befestigt) gespielt. Pauker bildeten zusammen mit den Trompetern eine eigene Gilde (vgl. die umgangssprachliche Redewendung «mit Pauken und Trompeten»). Im Unterschied zur → Rührtrommel (welche Landsknechten zugeordnet war) genoß die Pauke ein hohes Ansehen (Reitertruppen waren in aller Regel Angehörige des Adelsstandes). Paukern stand ebenso wie Trompetern Offiziersrang zu.
Europäische Pauken besitzen üblicherweise einen Kessel aus Messing oder Kupfer, an dessen Unterseite sich (bei heutigen Instrumenten) ein etwa 3 cm großes Druckausgleichsloch befindet. Sie werden mit Schlägeln und im Orchestereinsatz zumeist paarig gespielt. Zum Stimmen dienten zunächst einfache, seitlich verlaufende Schnurverspannungen, im 15. Jahrhundert entwickelte man eine Technik mit zwei umlaufenden Ringen. Beide Ringe weisen einen größeren Durchmesser auf als der Kessel selbst. Der *Fellring* trägt die Membran, der darübergelegte *Zugring* ist durch eine Schraubenmechanik mit dem Kessel verbunden und ermöglicht, die Spannung der Membran durch Anziehen oder Lösen der *Spannschrauben (Stimmschrauben)* in der gewünschten Weise zu beeinflussen. Die Stimmschrauben können entweder einzeln per Hand bedient werden, seit Anfang des 19. Jahrhunderts sind zudem unterschiedliche Systeme bekannt, durch welche alle Schrauben gleichzeitig und von einer zentralen Einheit aus steuerbar sind. Dies ermöglicht vor allem ein schnelleres Umstimmen *(Maschinenpauken)*. Die *Hebel-* oder *Kurbelpauke* (Gerhardt Kramer, 1812) nutzt hierzu eine zentrale Stimmspindel, die über eine Hebelmechanik mit dem Zugring verbunden ist. Die *Drehpauke* (J. C. N. Stumpff, 1821) verfügt ebenfalls über eine Hebelmechanik, die jedoch in

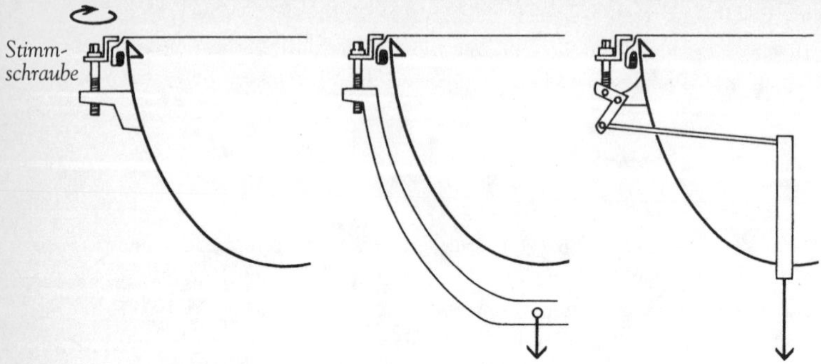

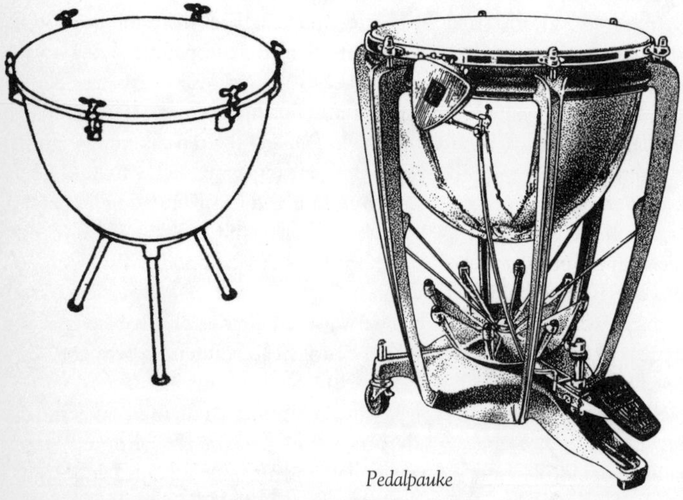

Pedalpauke

diesem Fall durch Drehen der Pauke auf einer senkrechten Achse gesteuert wird. Bei einer *Pedalpauke* (Pierre-Louis Gautrot, 1855; Carl Pittrich, 1881) dient dem gleichen Zweck ein einrastbares Pedal, welches über *Zugstangen* auf den Zugring einwirkt.

Im Orchester ist die Pauke zwar bereits im 17. Jahrhundert vertreten, ihr Einsatz bleibt jedoch zunächst auf wenige Passagen, zumeist in Verbindung mit Trompeten, beschränkt. Sie ist stets paarweise vorhanden, beide Instrumente sind üblicherweise auf die Grundtöne von Tonika und Dominante gestimmt. Erst seit dem 19. Jahrhundert und der Entwicklung der Maschinenpauken wurde das Instrument zunehmend auch mit anspruchsvolleren Aufgaben im sinfonischen Bereich betraut (vgl. Richard Strauss: «Salome»; Gustav Mahler: «Sinfonie Nr. 7») und schließlich auch solistisch verwendet (Elliott Carter: «Recitative and Improvisation» für vier Pauken, 1950; Parris: «Concerto für fünf Pauken und Orchester»; Wüsthoff: «Metrum für fünf Pauken und Klavier»).

Pausenwert → Notation

Pavane [eine Ableitung von der gemächlichen Gangart des Pfaus (= frz. paon; span. = pavo) gilt als wahrscheinlich; se pavaner = frz. sich wie ein Pfau brüsten] Ein ursprünglich spanisch-italienischer zwei- oder dreiteiliger Schreittanz in feierlichem Grundcharakter und entsprechend ruhigem Tempo, welcher in der frühen → Suite eine paarige Form mit der schnelleren → Galliarde bildete (vgl. Paul Peuerls Suite «Newe Paduan/Intrada, Däntz vnnd Galliarda» für Streicher, 1611). In der barocken Suite gehen Funktion und Bedeutung der Pavane an die → Allemande über.

Pedaltöne → Blechblasinstrumente

pelog → laras

Pentatonik [penta = griech. fünf] Die Verwendung eines fünfstufigen Tonsystems. Innerhalb der → Diatonik wird zwischen *hemitonischer* Pentatonik (mit → Halbtonschritten) und *anhemitonischer* Pentatonik (ohne Halbtonschritte) unterschieden. Anhemitonischen Skalen fehlt die im Dur-Moll-System typische Schlußwirkung.

anhemitonische Pentatonik

Blues-Pentatonik

in C: *in F:*

hemitonische Pentatonik

In der Frühzeit galt Pentatonik als musikalische Verkörperung der heiligen Zahl fünf, die Ischtar, Venus, Demeter, Mond und insbesondere die weibliche, dunkle Erdkraft symbolisierte. (Pentatonik ist daher in fast allen ehemaligen Pflanzerkulturen anzutreffen.) In Japan und Indonesien (→ laras) wurde die ältere anhemitonische Pentatonik durch Halbtonschritte ergänzt. Die entstandenen hemitonischen Skalen enthalten → Leittöne, deren zielgerichtete Funktionalität die Überwindung des Naturhaft-Mystischen durch den ebenfalls zielgerichteten Willen des Menschen symbolisieren sollte.

Periode [periodos = griech. Weg um etwas herum] Bedeutendes formbildendes Modell der Klassik, welches idealtypisch acht- oder sechzehntaktig und symmetrisch in zwei Halbsätze (*Vorder-* und *Nachsatz*) untergliedert ist. Der Vordersatz des achttaktigen Modells besteht aus einer zweitaktigen *Phrase* und einer gleichlangen *Gegenphrase*, der Nachsatz aus einer identischen (seltener auch variierten) Wiederholung der Eingangsphrase und einer zweitaktigen *Abschlußphrase*. Die Abschlußphrase kann gelegentlich mit der Gegenphrase des Vordersatzes übereinstimmen. Eine Periode hat (im Unterschied zum musikalischen → Satz) einen *abgeschlossenen* Charakter (vgl. L. v. Beethoven:

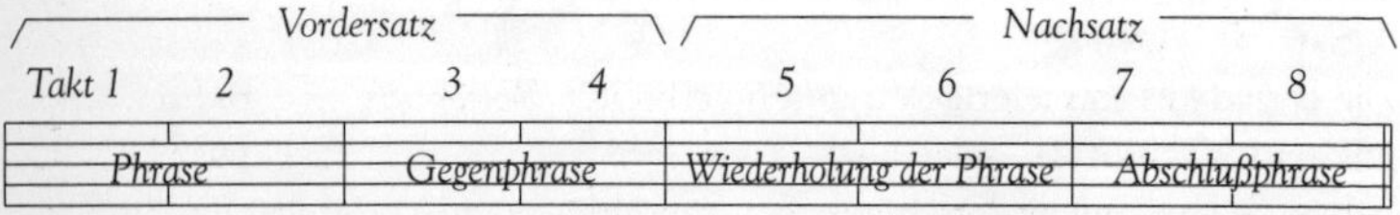

(L. v. Beethoven: Klaviersonate op. 2, Nr. 1, 2. Satz)

«Klaviersonate D-Dur» op. 28, 2. Satz: T. 1–8, «Klaviersonate f-Moll» op. 2, Nr. 1, 2. Satz: T. 1–8, 16taktige Periode: «Klaviersonate D-Dur» op. 10, Nr. 3, 3. Satz: T. 1–16).

Die Periode ist in vielerlei Varianten verbreitet. Beliebt ist es, z. B. für Vordersatz und Nachsatz das gleiche Motivmaterial zu verwenden, beide Halbsätze jedoch jeweils mit unterschiedlichen Abschlüssen zu versehen. So kann der Vordersatz als → Halbschluß (auf der Dominante), der Nachsatz als → Ganzschluß (auf der Tonika) enden (vgl. L. v. Beethoven: «Sinfonie Nr. 9»: ‹Freude, schöner Götterfunken›, T. 1–8; W. A. Mozart: «Klaviersonate» KV 331, 1. Satz: T. 1–8). Ebenso ist die umgekehrte Reihenfolge möglich: Der Vordersatz schließt in der Tonika, der Nachsatz moduliert zur Dominante. Diese zweite Version wirkt *offen* und ermöglicht (durch die dominante Spannung) eine direkte Fortführung zur Verarbeitung.

Symmetrische Perioden können auch vierteilig gegliedert sein (Vordersatz, 1. und 2. Mittelsatz, Nachsatz). Asymmetrische Perioden sind dreiteilig und bestehen aus Vordersatz, Mittel- und Nachsatz oder aus zwei Vordersätzen und einem Nachsatz (vgl. W. A. Mozart: «Trio in B-Dur für Violine, Violoncello und Klavier», KV 502, mit zwei je sechstaktigen Vordersätzen und einem siebentaktigen Nachsatz).

Pfeifenorgel [organon = griech. Werkzeug, Instrument] Tasteninstrument, dessen Tonerzeugung mittels Pfeifen erfolgt (bis 1750 wurde die Pfeifenorgel in Deutschland zumeist unter der Bezeichnung *Clavier* geführt, → Klavierinstrumente).

Hauptbestandteile einer Pfeifenorgel sind *Windanlage*, *Pfeifenwerk* und *Regierwerk*.

Die *Windanlage* erzeugt durch Verdichtung der Luft per Balg *(Schöpfbalg)* den zur Aktivierung der Pfeifen benötigten Winddruck *(Wind)*. Der Wind wird über besondere Kanäle zu den einzelnen Pfeifen geführt, die Druckverhältnisse in diesen Windkanälen müssen dabei ständig verhältnismäßig stabil gehalten werden (→ Wasserorgel). Die Schöpfbälge wurden zunächst als sog. *Trittbälge* durch Menschenkraft (von *Orgelbalgtretern*, *Bälgetretern*, *Kalkanten*) bewegt,

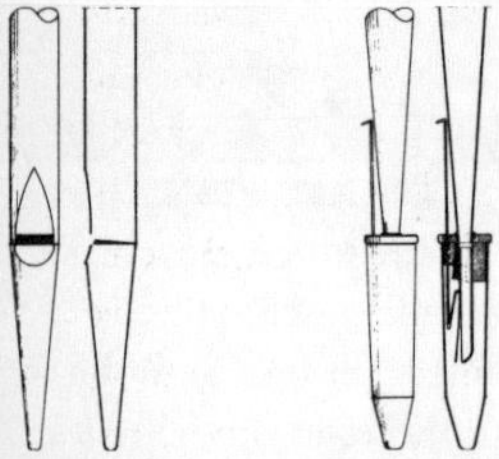

Labialpfeife *Lingualpfeife*

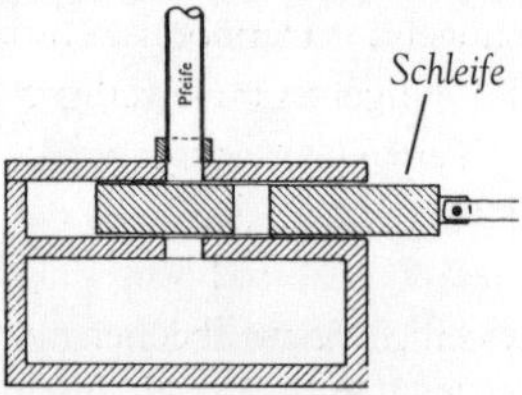

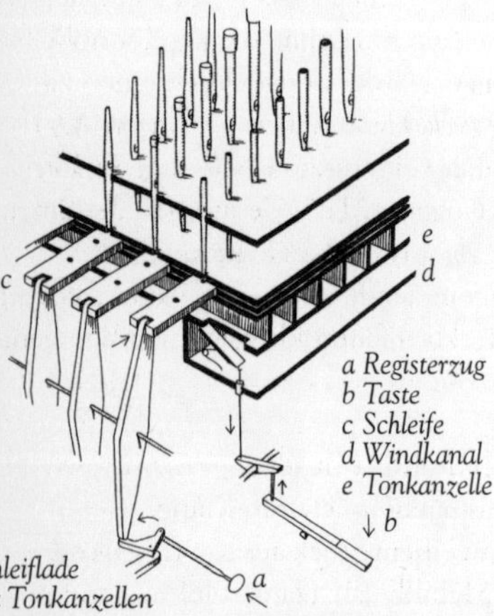

Schleiflade mit Tonkanzellen

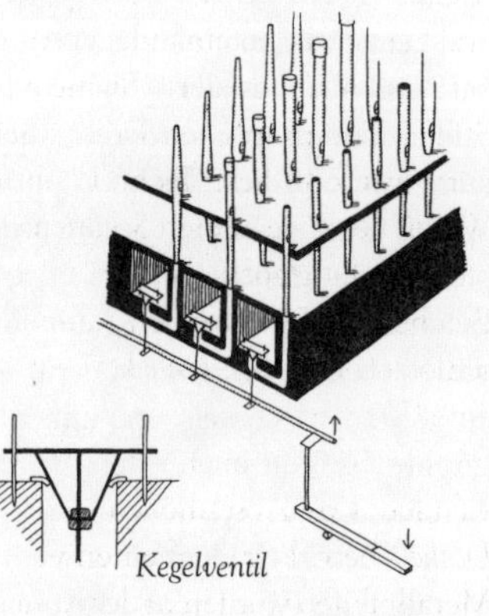

Kegelventil

seit Anfang des 13. Jahrhunderts sind für kleinere Pfeifenorgeln auch *Handbälge* belegt. Zu Beginn des 19. Jahrhunderts kamen dampf- oder gasbetriebene *Balgmaschinen* auf, heute dienen dem gleichen Zweck elektrische Schleudergebläse.

Das *Pfeifenwerk* umfaßt die Gesamtheit aller Pfeifen einer Orgel. Man unterscheidet die Pfeifen nach Art ihrer Tonerzeugung in *Labial-* oder *Lingualpfeifen.*

Bei *Labialpfeifen* wird der Anblasstrom gegen die *Kante (Schneide)* eines festen *Labiums (Lippe)* gelenkt und dort in zwei unterschiedlich gerichtete Luftströme verwirbelt (→ Blockflöte). Zur Lenkung des nach außen verwirbelten Luftstromes können beidseitig der Spaltöffnung kleine Führungsleisten *(Seitenbärte)* verlegt sein. Ein etwa in der Hälfte des Pfeifenkörpers seitlich gebohrtes Loch läßt eine Labialpfeife *überblasen* (d. h. um eine Oktave höher erklingen). Ein breites Labium ergibt einen kräftigen Ton, ein hoher Aufschnitt einen weichen, obertonarmen Klang. Labialpfeifen bestehen aus Metall oder Holz und sind die häufigste Pfeifenart bei Orgeln. Labialpfeifen mit Schallbechern aus Holz lassen sich durch seitliche Holzschieber an den *Stimmschlitzen* oder durch verschiebbare Kopfstücke stimmen. Bei den *Lingualpfeifen* erfolgt die Schwingungserzeugung mittels Metallblättern, die entweder als Aufschlagzungen (→ Klarinette, → Saxophon, → Bassetthorn) oder als durchschlagende Zungen (→ Harmonika-Instrumente) funktionieren. Die Metallzunge [lingua = lat. Zunge] ist im jeweiligen Fußstück *(Stiefel)* der Pfeife untergebracht, an das sich ein aufgesteckter Schallbecher aus Holz oder Metall anschließt. Die Größe des schwingenden Teils der Metallzunge bestimmt dabei die Tonhöhe einer Pfeife. Form und Material der Zunge sowie Form, Material und Mensur des jeweiligen Schallbechers beeinflussen dagegen die Klangfarbe. Metallene Lingualpfeifen lassen sich durch Ein- bzw. Aufrollen eines eingeschnittenen Längsstreifens *(Stimmschlitz)* oder durch ein verschiebbares Kopfstück in Klangfarbe und Lautstärke aufeinander abstimmen. Zum Einstimmen einer Tonhöhe kann bei Lingualpfeifen der schwingungsfähige Teil der Zunge durch einen aus dem Stiefel herausragenden Draht *(Stimmkrücke)* von außen verlängert oder verkürzt werden (diese Technik gibt es auch bei älteren asiatischen *Sackpfeifen*). Wegen der allgemeinen *Schärfe* ihres Klanges wird die Gesamtheit der Lingualpfeifen häufig auch als *Rohrwerk* oder *Schnarrwerk* bezeichnet.

Bei beiden Pfeifentypen kann das Pfeifenende *(Mündung)* offen oder geschlossen *(gedeckt, gedackt)* sein. Gedeckte Pfeifen klingen (ziemlich genau) eine Oktave tiefer als vergleichbare offene Pfeifen und werden daher, sowohl um Material als auch schlicht um Platz zu sparen, gerne für Baßpfeifen verwendet. Das Abschließen einer Pfeifenröhre (mittels *Spund, Stöpsel, Hut, Deckel*) bewirkt zudem einen verhältnismäßig weicheren Klang.

Metallpfeifen wurden in der Romanik in einem Stück aus Kupfer gegossen, seit der Gotik werden sie bevorzugt aus Metallblech (Zinn-Blei-Legierung oder

Kupfer) rund gerollt *(rundiert)*. Das Mischungsverhältnis einer Zinn-Blei-Legierung muß dabei genau beachtet werden. Ein höherer Zinngehalt in der Legierung läßt Pfeifen schärfer klingen, verbessert aber gleichzeitig auch die Festigkeit des Materials. Ein bestimmter Zinnanteil darf daher nicht unterschritten werden, um die Stabilität insbesondere von großen Pfeifen nicht zu gefährden (große Pfeifen aus reinem Blei würden allein durch ihr Gewicht in sich zusammensacken). Holzpfeifen werden bis heute nicht ausgehöhlt, sondern kastenförmig aus vier Leisten (Brettern) in rechteckigem oder quadratischem Grundriß zusammengefügt.

Sind bei einer Orgel Pfeifen mit unterschiedlichen Klangfarben vorhanden, so wird jede Klangfarbengruppe unter der Bezeichnung *Register* zusammengefaßt. Die Pfeifenorgeln der Romanik kannten noch keine Registriermöglichkeiten. Alle vorhandenen Pfeifen bildeten dort ein gemeinsames *Werk* oder *Blockwerk*, entsprechende Instrumente werden daher *Blockwerkorgel* genannt. Blockwerkorgeln wurden noch bis um 1430 gebaut (z. B. Orgel der Kathedrale zu Amiens von 1429). Erste Orgeln mit unterschiedlichen, getrennt ansteuerbaren Registern entstanden ab dem 14. Jahrhundert (z. B. Orgel des Domes zu Halberstadt von 1361).

Die Benennungen der verschiedenen Register sind oft assoziativ gewählt (z. B. *vox coelestis* = lat. die himmlische Stimme, *vox humana* = lat. die menschliche Stimme, *unda maris* = lat. die Meereswelle). Zusätzlich wird zur Bezeichnung des Tonhöhenbereichs in aller Regel die Länge der jeweils tiefsten Pfeife eines Registers in *Fuß* (') angegeben (1 Fuß = 30 cm; ein 16'-Register liegt eine Oktave tiefer als ein 8'-Register). Die Register sind per Hand- oder Fußbedienung (bei modernen Instrumenten meist über elektrische Schalter) zuschaltbar und mittels Registerkoppelungen vielfältig kombinierbar. Große Orgeln besitzen bis zu 100 Register (z. B. Orgel im Dom zu Passau).

Die Gesamtheit der Register wird aus klanglichen, funktionalen, bautechnischen wie auch aus rein optischen Gründen (→ Orgelprospekt) zumeist auf unterschiedlich positionierte *Werke* aufgeteilt. Das *Hauptwerk* enthält in aller Regel den jeweils größten Registersatz, das *Oberwerk* ist oberhalb des Hauptwerkes untergebracht, das *Brustwerk* in der Mitte der Frontseite eingefügt. Das *Rückpositiv* befindet sich hinter dem Rücken des Spielers und ist oft in die Brüstung der Empore eingebaut. Ein *Fernwerk* ist abseits des Hauptinstrumentes, oft sogar in einem abgesonderten Raum, untergebracht und kann für echoartige Effekte eingesetzt werden. Das *Pedalwerk*, in welchem zumeist die längsten Pfeifen zu finden sind, steht in süddeutschen Orgeln traditionellerweise hinter dem gesamten Orgelgehäuse, in norddeutschen Orgeln wird es dagegen bevorzugt beidseitig des Orgelgehäuses in sog. *Pedaltürme* aufgeteilt. Beim *Schwellwerk* sind die Pfeifen in einem Kasten untergebracht, der an einer oder mehreren Seiten mittels beweglicher Jalousien geöffnet oder geschlossen werden kann.

Das Schwellwerk ermöglicht somit an- oder abschwellende Lautstärken (bis zu seiner Einführung war im Orgelspiel nur *Stufendynamik* möglich, → Dynamik).
Alle Pfeifen bzw. Register werden von einem zentralen *Regierwerk* aus bedient und gesteuert. Es besteht aus einem *Spieltisch* mit den Registerschaltern und bis zu fünf (selten mehr) stufenförmig übereinander versetzten Klaviaturen für die Hände (*Manuale*, von manus = lat. Hand) sowie einer Klaviatur für die Füße (*Pedal*, von pes = lat. Fuß). Die frühe → Wasserorgel und die romanische Blockwerkorgel wurden zunächst noch über *Schieber* (nach dem Prinzip der *Schleiflade*, s. u.) bedient. Tastaturen erhielt die Orgel erst seit etwa dem 12. Jahrhundert, zunächst in Form von Druckknöpfen, ab dem 13. Jahrhundert dann in Klaviaturform. Um die (insbesondere zur Aktivierung der großen Baßpfeifen) nötige Kraft aufbringen zu können, wurden die Tasten früher recht plump unter Aufbietung des ganzen Körpergewichtes, mindestens jedoch unter Zuhilfenahme von Unterarmen und Ellenbogen gedrückt (man sprach daher vom *Schlagen der Orgel*). Entsprechend wurden (noch bis ins 16. Jahrhundert) Tasten mit bis zu 10 cm Breite eingebaut. Ob die Pedalklaviatur tatsächlich bereits ab dem 13. Jahrhundert oder erst im 15. Jahrhundert hinzugefügt wurde, ist umstritten, da deren Erfindung sowohl Louis van Valbecke (Brabant, gest. 1318) als auch dem Deutschen Bernhard (der im 15. Jahrhundert mit dem italienisierten Namen Bernardo di Stefanino Murer als Organist an San Marco in Venedig tätig war) zugeschrieben wird.
Je nach Art des Übertragungsvorganges zwischen Tasten und Pfeifen unterscheidet man zwischen Orgeln mit *Tonkanzellenladen* und Orgeln mit *Registerkanzellenladen*.
Bei den Orgeln mit *Tonkanzellenladen* sind alle Pfeifen einer bestimmten Taste, unabhängig von der Klangfarbe, einer jeweils gemeinsamen Wind- bzw. Tonkammer zugeordnet. In eine solche *Tonkanzelle* [cancelli = lat. Gitter, Schranke] kann der Luftstrom (Wind) immer dann einfließen, wenn durch Tastendruck eine Klappe *(Spielventil, Tonventil)* geöffnet wird.
Das erste, ab dem 16. Jahrhundert fertig ausgebildete Steuerungssystem für Tonkanzellenladen ist die *Schleiflade* mit mechanischer Steuerung (*Traktur*; tractare = lat. ziehen), welche zum typischen Bauprinzip von Orgeln der Barockzeit wird. Jede der Tonkanzellen hat zwar über Bohrungen in ihrem Dach *(Fundamentalbrett)* prinzipiell Zugang zu den Pfeifen ihrer Tonhöhe. Verschiebbare Registerbretter *(Schleifen)*, welche ebenfalls an definierten Stellen Durchbohrungen enthalten, dienen jedoch gleichsam als zwischengeschaltete Filter und regeln die Auswahl der gewünschten Klangfarben. Jedem Register ist eine Schleife zugeordnet. Nur diejenigen Register, deren Pfeifenöffnungen mit den Durchbohrungen von Schleife und Kanzellendach in Deckung stehen, werden nach dem Niederdrücken der Taste bzw. dem Öffnen des Spielventils mit Luft aus der Tonkanzelle versorgt. Alle anderen Pfeifen, deren

Pfeifenzugänge versperrt liegen, bleiben dagegen stumm. (Ein ähnliches System mit einer definiert gelochten Schleiflade, hier allerdings zur Tonhöhensteuerung, wurde bereits in der antiken Wasserorgel angewandt.)
Orgeln mit Schleifladen zeichnen sich durch eine gute Klangfarbenmischung aus, da Pfeifen gleicher Tonhöhe von einer gemeinsamen Tonkanzelle aus mit Luft versorgt werden. Außerdem läßt sich bei ihnen durch sensible Tastenführung das Einschwingverhalten der Luftsäulen und damit die Klangfärbung des Tonansatzes steuern. Bei Aktivierung vieler Register sind allerdings große Luftmengen nötig, um alle Pfeifen, insbesondere die Pfeifen der Baßlage, mit ausreichendem Druck anblasen zu können. Zudem können sich bei größeren Orgeln z. T. längere Übertragungswege ergeben, die mitunter sehr komplex verwinkelte Hebelkombinationen erforderlich machen. Gelegentlich wurden daher im 20. Jahrhundert elektromagnetische Relais zur Betätigung der Ventile eingebaut *(Schleiflade mit elektrischer Traktur)*. Das grundsätzliche Bauprinzip blieb jedoch erhalten.
Eine besondere, heute selten gebaute Ausführung der Schleiflade ist die *Springlade*, welche eine variierte Form der Registerbereitstellung nutzt. Die Schleife ist hier nicht als seitlich verschiebbares «Filterbrett» gearbeitet, sondern enthält pro Pfeife einen abwärts bis in die Tonkammer hineinragenden Führungsstift *(Stecher)* mit angesetztem Ventil *(Springventil)*. In Ruhestellung versperren diese Springventile den Zugang zur Pfeife. Bei Aktivierung des gewünschten Registers wird die jeweilige Registerleiste an die Tonkammern gedrückt, und somit werden alle dieser Klangfarbe zugehörigen Springventile geöffnet. Ein Ton erklingt bei diesem Vorgang allerdings noch nicht. Erst wenn zusätzlich, per Tastendruck, auch noch die entsprechenden Tonventile geöffnet werden, kann der Luftstrom zum Pfeifenmund strömen und die Pfeife erklingen lassen. Springladen gibt es ausschließlich mit mechanischer Traktur.
In der ersten Hälfte des 19. Jahrhunderts entwickelte Eberhard Friedrich Walcker (Ludwigsburg) die Springlade zur *Registerkanzellenlade* weiter, die zum typischen Bauprinzip romantischer Orgeln werden sollte. Deren Luftzufuhr wird im Unterschied zur Tonkanzellenlade nicht über die Taste, sondern über den Registerzug gesteuert. Bei Aktivierung eines bestimmten Registers füllt sich dessen zugehörige Kanzelle mit Luft. Öffnet man per Tastenbewegung zusätzlich den Zugang zur gewünschten Pfeife, ist der benötigte Anblasdruck dann bereits in der Kanzelle angestaut. Ob dies vorteilhaft ist, wird jedoch von Organisten unterschiedlich beurteilt. Immerhin muß zum Öffnen eines Spielventils jedesmal der gesamte Luftdruck aller aktivierten Kanzellen überwunden werden. Bei einer umfangreichen Registrierung, bei der viele Ventile gleichzeitig zu aktivieren sind, kann der zu überwindende Luftgegendruck recht hoch, der notwendige Tastenandruck beträchtlich werden. Manche Organisten sind über diesen Umstand weniger glücklich, andere wiederum

schätzen dieses Bezugsverhältnis von Lautstärke und Kraftaufwand als Entsprechung einer Art allgemeingültiger Lebenserfahrung.
In erste Orgeln mit Registerkanzellenladen wurden von Walcker Spielventile in Kegelform eingebaut, man nennt diese Bautypen daher auch *Kegelladen*. Die Kegelventile haben die Aufgabe, den Zugang zur Pfeifenöffnung in Ruhestellung zu versperren.
Bereits 1827 hatte der Engländer Joseph Booth zur Erleichterung der Ventilbedienung kleine Zwischenbälge *(puffs)* in Trakturen eingebaut, ab 1832 optimierte Charles Spackman Barker (England) diese Idee zum *pneumatischen Hebel (Barker-Hebel)* und übertrug diesen auf die gesamte Steuermechanik als *pneumatische Traktur*. Sie ermöglichte es, viele Register zuzuschalten, ohne daß sich hierdurch der Kraftaufwand beim Tastenandruck erhöht.
1841 wurde die pneumatische Steuerung erstmals in eine größere Orgel (in der Kirche von St. Denis/Paris) eingebaut. Diese von Aristide Cavaillé-Coll (1811–1899) erbaute Orgel war nach ihrer Fertigstellung zunächst wegen des erforderlichen hohen Kraftaufwands eigentlich unspielbar. Erst durch den nachträglichen Einbau der pneumatischen Hebel von Barker konnte an dieser Orgel überhaupt ein normaler Spielbetrieb aufgenommen werden.
Die spätere *Röhrenpneumatik* von G. Sanders (1865, Braunschweig) und Henry Willis (1867, England) koppelte die Taste schließlich gänzlich vom kraftaufwendigen Luftdruckbereich ab, indem nun die Taste ein vorgeschaltetes Kleinventil in Gang setzt, welches seinerseits die eigentlichen Spielventile aktiviert. Als Übertragungsmedium fließt hierbei Luft in Steuerungsröhrchen aus Blei oder Messing. Durch das zwischengeschaltete Steuerungsverfahren geht allerdings das bisher übliche Tastenspielgefühl völlig verloren. Je nach Abstand zwischen Pfeifenwerk und Spieltisch und der damit verbundenen Länge der Steuerungsröhren ergeben sich zudem entsprechende Zeitverzögerungen zwischen Tastenauslösung und Toneintritt.
Um dieses Problem zu beseitigen, experimentierte man ab Mitte der 1860er Jahre mit elektromagnetischen Relais zur Übertragung der Tastenauslösung auf das Kanzellenventil. 1867 wurde auf der Weltausstellung in Paris erstmals eine Orgel mit *elektropneumatischer Traktur* vorgestellt, 1868 hat man die Technik in einer einfachen Version in die Orgel des Londoner Opernhauses eingebaut. Im selben Jahr ließ sich Barker diese Entwicklung (der eine Erfindung von Peschard, 1862, Frankreich, zugrunde lag) patentieren. Die elektrische Übertragung ermöglichte eine erweiterte räumliche Unabhängigkeit von Pfeifenwerk und Spieltisch. Im Unterschied zur röhrenpneumatischen Steuerung entsteht durch die elektrische Übertragung der Impulse keine nennenswerte Zeitverzögerung zwischen Tastenauslösung und Toneintritt. Erste ausgereifte elektropneumatische Orgeln bauten ab etwa 1878 Schmoele & Mols (Philadelphia). Auch die *Kino-Orgeln* zur Stummfilmbegleitung waren zumeist nach diesem Bauprinzip konstruiert.

Die Entwicklungen von Röhrenpneumatik und Elektropneumatik verführten dazu, ältere, mechanisch gesteuerte Orgeln nachträglich umzubauen. Zumeist wurden gleichzeitig Register hinzugefügt, vorhandene durch neue Pfeifen erweitert und häufig auch die gesamte Intonation geändert. Der ursprüngliche Klangcharakter der Instrumente ging dabei in aller Regel verloren. Die zu Beginn des 20. Jahrhunderts aufkeimende *Orgelreform*-Bewegung (Albert Schweitzer, ab 1921 auch Wilibald Gurlitt) steuerte dieser Entwicklung bewußt entgegen. Die Orgelreform-Bewegung initiierte (soweit noch möglich) die neuerliche Restaurierung vieler Orgeln in den ursprünglichen Steuerungs- und Registerzustand. Heute werden Pfeifenorgeln wieder bevorzugt mit mechanischen Trakturen konstruiert, wobei die Registrierungssteuerung jedoch oft mittels elektromagnetischer Übertragung erfolgt.
Bereits ab Mitte des 7. Jahrhunderts war die Orgel zwar von Papst Vitalian (Pontifikat 657–672) als gottesdienstliches Instrument zugelassen worden, wegen einer starken Ablehnungsfront gegen Musik bei Gottesdiensten (u. a. Thomas von Aquin, Aelred von Rieval) war das Instrument dennoch lange Zeit im kirchlichen Bereich umstritten. Die Orgel durfte z. B. in vielen Kirchengemeinden während der Advents- und Fastenzeit nicht gespielt werden. Daher besitzen viele gotische Orgeln Flügeltüren (italienische Orgeln auch Vorhänge), um die Instrumente während der Fastenzeit zu verbergen (ähnlich wie auch die Altarbilder).
Außerhalb ihrer gottesdienstlichen Funktion werden Pfeifenorgeln auch als reine Konzertinstrumente behandelt (vgl. Richard Strauss: «Eine Alpensinfonie», «Festliches Präludium») und wurden als solche (insbesondere ab dem 19. Jahrhundert) in entsprechende außerkirchliche Räumlichkeiten (Fest- und Theatersäle) eingebaut. Kirchen- bzw. Konzertorgeln haben den größten Stimmumfang aller bekannten Musikinstrumente. Ihre Notation erfolgt in drei Liniensystemen (zwei für die Hände, eines für das Fußpedal). Kleinere Ausführungen von Pfeifenorgeln werden im allgemeinen gesondert bezeichnet (→ Regal, → Portativ, → Positiv).

Phrasierung Gliederung von Tonfolgen in sinnvolle, melodisch-rhythmische Einheiten (analog den Interpunktionen in Texten).
Ziel der Phrasierung ist es, die Verlaufslogik eines Werkes hörbar zu machen. Als Notationshilfen dienen u. a. → Phrasierungsbogen, Zäsurzeichen (') sowie die Art und Weise, in der Notenwerte miteinander durch Balken verbunden sind (→ Notation). Letztlich bleibt es jedoch Aufgabe des Interpreten, aufgrund seiner Erfahrung Spannungs- und Entspannungsbewegungen aus dem Gesamtablauf eines Werkes abzulesen, um anschauliche Untergliederungen zu erreichen.

Phrasierungsbogen Notationssymbol  zur Darstellung von melodisch-rhythmischen Einheiten (→ Phrasierung).

Pianino → Klavierinstrument mit Hammermechanik und aufrecht stehendem Rahmen, dessen Bezeichnung als verkürzende Ableitung von der Benennung des Cristofori-Instrumentes *gravicembalo col piano e forte* zu verstehen ist (→ Hammerflügel).

Vertikale Rahmen waren bei → Kielinstrumenten (Tasteninstrumente mit Zupfmechanik) bereits seit dem 16. Jahrhundert bekannt (→ Clavicytherium) und wurden ab Mitte des 18. Jahrhunderts auch mit Hammermechanik gebaut. Je nach Formgebung des Gehäuses unterscheidet man *Giraffenklavier*, *Lyraflügel* und *Pyramidenklavier* (Del Mela, 1739, Christian Ernst Friederici, um 1745).

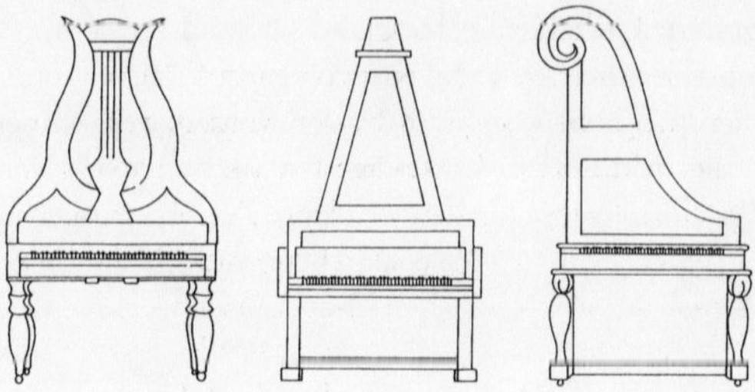

Von links nach rechts: Lyraflügel, Pyramidenklavier, Giraffenklavier

John Landreth (England) gestaltete das Gehäuse schließlich als rechteckigen Kasten, setzte den Rahmen tiefer (so daß sich eine Hammeranschlagstelle etwa in der Saitenmitte ergibt) und ließ sich diesen Entwurf 1787 als *Upright pianoforte* patentieren. In dieser bis heute üblichen Bauweise verbreitet sich das Instrument ab 1800 als *Pianoforte* oder *Pianino*, in Deutschland wird es auch als *Klavier* bezeichnet.

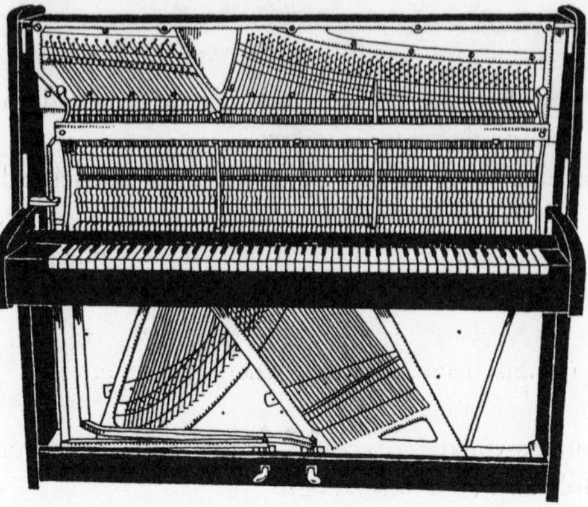

Der Rahmen trägt einen zumeist gekreuzten Saitenbezug (etwa 16 t Gesamtzugspannung) und ist durch seine vertikale Ausrichtung zwar platzsparender als ein liegender Rahmen (→ Hammerflügel, → Flügel, → Tafelklavier), erforderte jedoch eine umfassende Neukonstruktion der Hammermechanik. Viele Bewegungsvorgänge, die bei einem liegenden Rahmen allein auf der Schwerkraft beruhen, lassen sich nun nach dessen Aufrichtung nur durch komplex wirkende Federkräfte in Gang setzen bzw. halten.
Wie ein → Flügel besitzt auch das Pianino gewöhnlich zwei Pedale zur zusätzlichen Klanggestaltung (links die *Verschiebung* mit der Spielanweisung *una corda*, rechts das *Tonhaltepedal*). Dazwischen kann ein einrastbares Dämpfer-Pedal *(Moderator)* eingefügt sein, das bei Aktivierung eine filzbelegte Leiste über den Saitenbezug legt und hierdurch alle Töne stark abdämpft (es ist funktional nicht identisch mit dem mittleren Pedal eines Flügels!).
Seit seiner Entwicklung ist das Pianino ein äußerst beliebtes und, da es im allgemeinen nicht als Konzertinstrument verwendet wird, geradezu *typisches* Hausmusikinstrument.

piano, pianissimo → Dynamik

piano rolls → Ragtime

Pianoforte → Pianino

Pianola Ein → Pianino mit mechanischer Walze

Piccoloflöte, Pikkoloflöte → Querflöte

pipa Chinesische Zupflaute mit birnenförmigem Korpus und flacher, geschlossener Decke. Der kurze Hals läuft in einen Wirbelkasten mit seitenständigen, charakteristisch langen Holzwirbeln aus. Bei manchen Bauformen ist der Wirbelkasten rechtwinklig nach hinten abgeknickt. Die pipa ist viersaitig und besitzt zwölf Bünde, die sich teilweise auf der Decke befinden. Als Saitenhalterung dient ein Querriegel. Der Anschlag erfolgt mit einem Plektrum. Seit dem 8. Jahrhundert sind unterschiedliche Varianten der pipa unter der Bezeichnung *biwa* auch in Japan verbreitet.

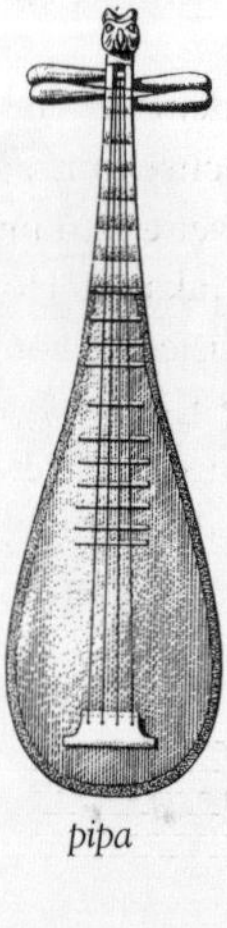
pipa

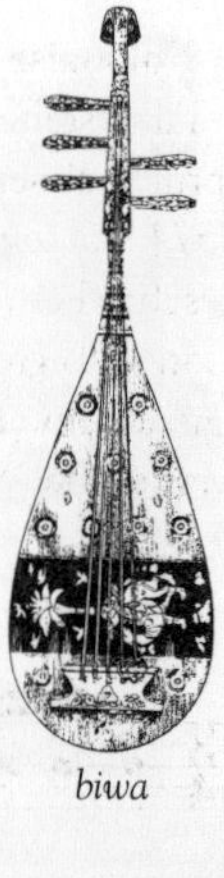
biwa

Die biwa besitzt vier oder fünf Saiten aus Seide, ihre Decke kann mehrere kleine, oft sichelförmige Schallöcher aufweisen. Die Bünde stehen auffallend hoch.

piston → Kornett

pizzicato [= ital. gekniffen, gezwickt; abgek. *pizz.*] Spielanweisung für → Streichinstrumente, die Saiten mit den Fingerkuppen anzuzupfen (Gegensatz: *coll'arco*).

planch → Troubadours

Pleßhorn → Jagdhorn

Polka Im 19. Jahrhundert entstandene, zunächst ruhig-gemächliche Tanzweise im $\frac{2}{4}$-Takt, die heute jedoch zumeist in schnellerem Tempo gespielt wird. Obwohl die Bezeichnung auf Polen verweist, ist der Tanz tatsächlich böhmischer Abstammung [pul = tschech. Halbschritt]. Der typische Rhythmus einer Polka ist:

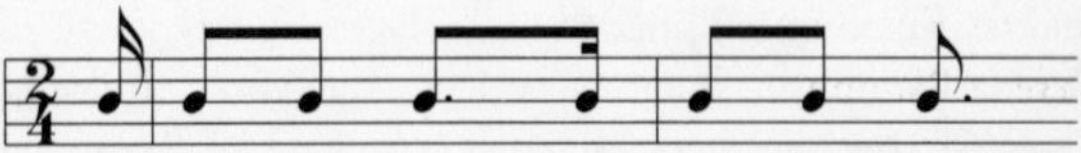

In stilisierter Form ist die Polka häufig in entsprechenden nationalmusikalischen → Suiten der Romantik zu finden (vgl. Anton Dvořák: «Slovanské tance» [«Slawische Tänze»] op. 46 und op. 72).

Polonaise Seit dem 17. Jahrhundert gewöhnlich im Dreiertakt (meist $\frac{3}{4}$-Takt) stehender Schreittanz, der zwei- oder dreiteilig gegliedert ist. Der Ursprung dieser Tanzweise ist umstritten und wird sowohl in Polen (angeblich 1574 auf einem Krakauer Hoffest entstanden) als auch in Spanien festgeschrieben. In stilisierter Form wird die Polonaise in die → Suite, in das Concerto grosso (→ Konzert), später auch in die → Oper aufgenommen (vgl. Gioacchino Rossini: «Il barbiere di Siviglia» [«Der Barbier von Sevilla»]; Carl Maria von Weber: «Der Freischütz»; Peter Tschaikowsky: «Eugen Onegin»). Ihre typischerweise akzentreiche und synkopische Rhythmik diente im 19. Jahrhundert als beliebte Vorlage für virtuose Klavierwerke (vgl. Frédéric Chopin,

bzw.

Franz Liszt, Robert Schumann). Ebenfalls im 19. Jahrhundert wurden Polonaisen, nun allerdings mit einem eher gemächlich-ruhigen Grundcharakter, beliebte Eröffnungstänze gesellschaftlicher Ballabende.

Polsterpfeifen → Blechblasinstrumente

Polymetrik → Metrum

Polymodalität [polys/poly = griech. viel] Bezeichnung von Béla Bartók für die simultan erklingende Überlagerung mehrerer Tonarten, welche zwar einen jeweils gleichen Grundton aufweisen, aber aus unterschiedlichen Kirchentonarten (→ Modus) abgeleitet sind (vgl. Béla Bartók: «Esquisse Nr. 11» für Klavier: rechte Hand spielt C-*lydisch*, linke Hand C-*phrygisch*).

Polyphonie [polyphonos = griech. vielstimmig] Form der Mehrstimmigkeit, bei welcher melodisch und rhythmisch selbständige Stimmen unter Beachtung der Regeln des Kontrapunktes gleichwertig miteinander geführt werden.

Polyrhythmik → Rhythmus

Polytonalität Simultan erklingende Überlagerung mehrerer → Tonarten. Bei Verwendung von zwei Tonarten spricht man von → Bitonalität. (Das Orchesterwerk «In the Night» von Charles Ives enthält z. B. sechs gleichzeitig erklingende Melodien in jeweils unterschiedlichen Tonarten.)

Pommer (Bomhart, Bomhard; bombarde = frz. Donnerbüchse) Etwa seit dem 15. Jahrhundert bekanntes, aus der → Schalmei hervorgegangenes konisch mensuriertes → Holzblasinstrument mit Doppelrohrblatt und sechs bis elf Tonlöchern, von denen die untersten über bis zu vier Klappen bedient werden. Diese Klappen sitzen zumeist unter einer Schutzkapsel (*Fontanelle*, wegen ihrer charakteristischen Durchlochungen umgangssprachlich auch *Streubüchse*). Bei den tiefen Instrumenten wird üblicherweise ein gebogenes Anblasrohr angesetzt.

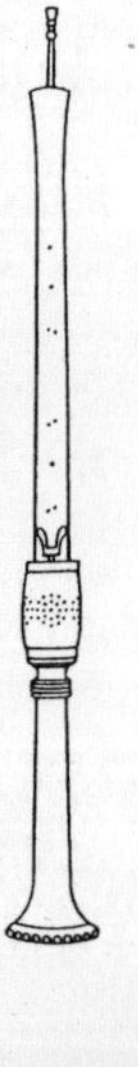

Der Pommer bildete spätestens seit dem 16. Jahrhundert zusammen mit der Schalmei eine Instrumentenfamilie, die nach Michael Praetorius («Syntagma musicum», Bd. II: Organographia, 1618) aus folgenden Größen bestand: *Großbaßpommer (bombardone)* in F, *Baßpommer* in C, *Tenorpommer (Bassetpommer)* in G, *Nicolo* in c, *Altpommer (bombardo piccolo)* in g, *Diskantschalmey (bombardino)* in d' sowie *Kleinschalmey* in h'.

Die heutige historische Aufführungspraxis kennt hiervon noch den *Großbaß-*, *Baß-*, *Tenor-* und *Altpommer* (in f), zu welchen noch ein *Sopranpommer* in c' sowie eine klappenlose Schalmei in c' kommen können.

Popmusik [popular music = engl. populäre, beliebte, weit verbreitete Musik] Hauptsächlich für jugendliche Konsumenten produzierte Form kommerzieller Unterhaltungsmusik, welche (neben Konzerten) hauptsächlich über Rundfunk, Fernsehen, Video-Clip, Schallplatte und CD verbreitet wird.
Ebenso wie → Rockmusik drückt auch Popmusik ein weitgehend jugendliches Lebensgefühl aus und gibt sich betont emotional. Tatsächlich jedoch ist Popmusik sehr rational auf ökonomischen Erfolg hin konzipiert. Sie wird üblicherweise arbeitsteilig von professionellen Textern, Komponisten, Arrangeuren, Produzenten und Vortragenden hergestellt. Die Texte sind in aller Regel sehr schematisch gegliedert, deren Inhalte beschäftigen sich zwar zumeist mit typischen Problemen von Heranwachsenden und suggerieren dabei eine verständnisvolle Haltung, bieten jedoch (ähnlich wie der → Schlager) ausschließlich Scheinlösungen oder Ersatzidyllen an.
Wesentliche musikalische Elemente der Popmusik sind der Rockmusik und damit letztlich der Musiziertradition → Afroamerikanischer Musik entlehnt, werden allerdings in kommerzieller Manier geglättet und verlieren dabei in aller Regel auch ihren ursprünglich gewachsenen Bedeutungsgehalt. Popmusik ist stets in ausgeprägt klarer Rhythmik und Form gestaltet und daher üblicherweise gut tanzbar.
Gleichzeitig ist Popmusik vorwiegend eine *Präsentationsmusik*. Die von den jeweiligen Interpreten dargebotene Vortragsart ist entscheidendes und werkimmanentes Element eines Popstückes. Die spezifische Spiel- bzw. Singweise, die Art der Besetzung sowie die Charakteristik der studiotechnischen Bearbeitung ergeben den für die Vermarktungsstrategie unverzichtbaren *Sound* einer Popgruppe bzw. eines Popinterpreten. Dessen möglichst ausgeprägte Unverwechselbarkeit gegenüber konkurrierenden Musikproduktionen ist notwendige Voraussetzung für eine erfolgreiche Verkaufspolitik. Die Orientierung popmusikalischer Produktionen an ihrem Warenwert (vgl. Schlager) bewirkt allerdings in vielen Fällen einen deutlichen Verlust an künstlerischer und inhaltlicher Substanz. Popstücke sind daher oft nur kurzlebige Modeerscheinungen und unterliegen einem stetigen Erneuerungszwang. Zumeist wird hierbei recht wahllos auf jenes vorhandene Musikmaterial zurückgegriffen, welches von den jeweiligen Produzenten als erfolgsträchtig eingestuft wird.

Portamento Eine musikalische Vortragsweise, bei welcher ein Zielton gleitend (in aller Regel von unten kommend) angesungen bzw. angespielt wird.

Portativ [portare = lat. tragen] Tragbare, zwei- bis vieroktavige → Pfeifenorgel, welche außer bei kirchlichen Prozessionen bis ins 17. Jahrhundert auch für weltliche Musik Verwendung fand. Während eine Hand die Klaviatur spielt, bewegt die andere Hand gleichzeitig den rückseitig befestigten Blasebalg. Romanische Portative verfügten zumeist nur über eine diatonische Skala, erst ab dem 14. Jahrhundert wurden die Pfeifen zur Chromatik ausgeweitet.

portato → Artikulation

Posaune → Blechblasinstrument mit überwiegend zylindrischer Mensur und Kesselmundstück.
Die Posaune ist in ihrer frühen Entwicklungsgeschichte zunächst nicht von der → Trompete zu unterscheiden. Beide Instrumente bildeten als römische *bucina* bzw. nordeuropäische *busîne* (mhdt.) noch einen gemeinsamen Instrumententypus. Erst im 13. Jahrhundert beginnt man, zwischen der tiefer gestimmten *tuba* und der höher gestimmten *tubecta* zu unterscheiden. Während sich letztere zur Trompete weiterentwickelten, entstand aus der *tuba* die Posaune. Im ausgehenden Mittelalter wurde die tuba wieder mit der älteren mhdt. Benennung *busîne* versehen und als *busûne* bzw. neuhdt. *busaune* bezeichnet, woraus sich schließlich der heutige Name *Posaune* ergab.
Bereits im 16. Jahrhundert wurde die Posaune in mehreren Baugrößen gefertigt: *Oktavposaune (Trombone doppio)* in D_1 oder E_1, *Quintposaune (Trombone major)* in A_1, *Quartposaune* in H_1, *Tenorposaune (Trombetta, gemeine* oder *rechte Posaune)* in E, *Altposaune (Trombino)* in A oder H und *Sopran-* bzw. *Diskantposaune (Trombine)* in es oder c'. Spätestens ab 1800 hatte sich diese Vielfalt allgemein auf *Baß-, Tenor-* und *Altposaune* reduziert. Die bisherige Rolle der Oktavposaune übernahm im Sinfonieorchester die → Tuba. Die Baßposaune fand ab 1706 Eingang in die deutsche Militärmusik, ab 1800 in die französische, ab 1840 in die europäische Militärmusik allgemein.
Die heutige Altposaune ist in Es, die Tenor- und die Baßposaune sind in B gestimmt. Die Altposaune wird im Tenorschlüssel, die Baßposaune im Baßschlüssel, die Tenorposaune je nach Lage im Baß- oder Tenorschlüssel notiert. Alle Posaunen werden nicht-transponierend behandelt. Übliche Abkürzungen in Partituren sind *pos.*, *Pos.*, *Tr.bone*, *tb.*, *trb.*
Seit dem 17. Jahrhundert ist die Posaune im Orchester vertreten und wird dort (ähnlich wie die Trompete) gerne als Signalinstrument zur Ankündigung von kommenden, schicksalhaften Ereignissen (vgl. in vielen «Totenmessen» im «Dies irae») wie auch zur Darstellung des Erhabenen eingesetzt (vgl. W. A. Mozart: «Don Giovanni», Finale: Auftritt des Geistes des Komturs, «Die Zauberflöte»: Arie des Sarastro mit Posaunenbegleitung). In den Posaunenchören der protestantischen Kirchenmusik, den militärischen und zivilen

Blasorchestern und in der Big Band der Jazzmusik gehört die Posaune ebenfalls zur Standardbesetzung. Daneben gibt es eine Fülle von Sololiteratur (vgl. u. a. L. v. Beethoven, Nicolaj Rimskij-Korsakow, Darius Milhaud, Paul Hindemith, Cesar Bresgen, Frank Martin, Ernest Bloch, Luciano Berio).
Wie bei → Waldhorn und Trompete wurden auch bei der Posaune im Laufe der Zeit verschiedene Verfahren zur Chromatisierung der → Naturtonreihe entwickelt. Bereits Mitte des 15. Jahrhunderts entsteht die *Zugposaune*, bei der zwei ineinandersteckende Rohrhülsen gegeneinander verschiebbar sind.

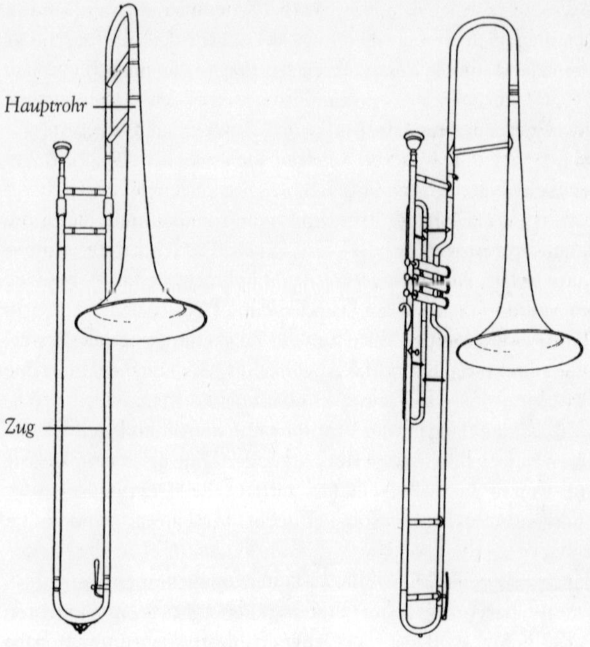

Zugposaune *Ventilposaune*

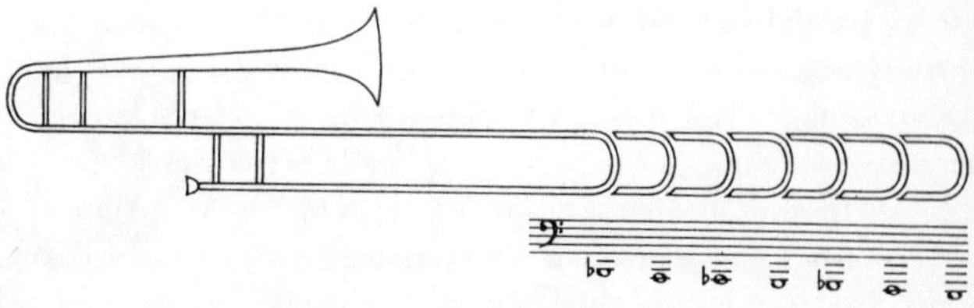

Spätestens seit 1619 ist das *Zugrohr* derart gestaltet, daß es das *Haupt-* bzw. *Leitrohr* als sog. *Außenzug* umschließt. Am Hauptrohr befinden sich Schallrohr und Mundstück, beide Rohrstücke sind U-förmig gebogen und abgesehen vom Schalltrichter zylindrisch mensuriert. Das Zugverfahren ermöglicht es, die Schwingungsröhre zu verlängern, so daß sich von jedem der Naturtöne aus zusätzlich noch sechs weitere Halbtonschritte abwärts spielen lassen. Hierdurch ergeben sich neben der Naturtonreihe der Grundstimmung weitere sechs Naturtonreihen. Da sich diese Naturtonreihen überlagern, ist eine ganze Reihe von Tonhöhen mehrfach verfügbar (2xf, 2xb, 2xc', 3xe', 2xf', 3xd', 2xas'). Die entsprechenden Töne können somit (ähnlich dem *Lagenspiel* bei Saiteninstrumenten) auf verschiedenen *Zügen* angespielt werden. Die Zugwahl obliegt den Ausführenden, welche somit bei jeder Tonfolge durch Anspielen der jeweils nächstliegenden Position günstig auf die geforderte Stimmführung einer Melodie reagieren können. Manche moderne Instrumente sind zusätzlich mit einem *Quartventil* ausgestattet, das bei jeder Zugstellung einen weiteren Ton ermöglicht und bestimmte (wegen großer Zugbewegungen) technisch schwierige Läufe erleichtert.
Ab 1829/1835 übertrug man die Ventiltechnik von Trompete und Waldhorn auch auf die Posaune und entwickelte die *Ventilposaune*. Das vormals bewegliche Zugrohr wurde nun fixiert, die Verlängerung der Schallrohrlänge über drei (seltener auch vier) Ventile (Pump- oder Zylinderventile) gesteuert. Die Ventiltechnik ermöglichte zwar eine (im Verhältnis zur Zugposaune) bessere Beweglichkeit in der Linienführung, die starke Abwinkelung des Luftstromes in den Ventilgängen bewirkte jedoch auch eine Verschärfung des Klangbildes, und so ging der typische Posaunenklang bei der Ventilposaune weitgehend verloren. Da das Ventilverfahren zudem eine genaue Intonation der Töne erschwert, konnte sich das Instrument nicht durchsetzen und ist mittlerweile eigentlich nur noch in alpenländischer (insbesondere in österreichischer) Volksmusik vertreten.

Positiv [ponere = lat. stellen, hinstellen] Kleinere, meist nur einmanualige, aus dem → Portativ hervorgegangene Stand-Pfeifenorgel. Positive dienten im 18. Jahrhundert gerne als häusliche Generalbaßinstrumente; oft wurden sie (auch außerkirchlich) zur Chorbegleitung verwendet. Sie waren zunächst ausschließlich mit Labialpfeifen ausgestattet, allerdings kennt der Orgelbau seit dem 16. Jahrhundert auch Positive mit Lingualpfeifen (→ Regal) sowie mit angehängter Pedalklaviatur. (→ Pfeifenorgel)

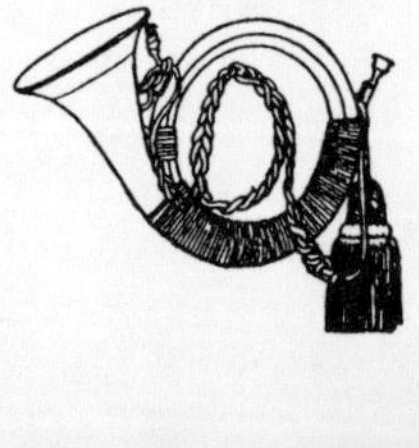

Posthorn → Blechblasinstrument mit kreisrund gebogener Schallröhre und konischer Mensur, welches ab etwa 1500 (*Thurn und Taxis*) bis ins 19. Jahrhundert als typisches Signalinstrument der Postkutscher diente.

Praller → Triller

Präludium [praeludere = lat. vorher spielen; frz. *prélude*, ital. *preludio*] Instrumentales Einleitungsstück zu einer größeren Werkeinheit (z. B. → Suite, → Kantate). Äußere wie innere Gestaltung sind grundsätzlich an keine bestimmte Vorgabe gebunden, wenngleich ein improvisatorisch erscheinender Grundcharakter wie auch vorausgreifende Motivzitate auf das jeweils nachfolgende Hauptstück recht häufig anzutreffen sind. Entsprechend finden sich sowohl polyphon (vgl. J. S. Bach: «Das Wohltemperierte Klavier», Bd. 1, Präludium Nr. 3) als auch eher homophon gearbeitete Präludien (vgl. J. S. Bach: «Das Wohltemperierte Klavier», Bd. 1, Präludium Nr. 1). In der barocken Suite sind sie manchmal auch in Form einer → Sonate gestaltet.
Das Präludium ist zunächst weitgehend wesensgleich mit → Fantasie, → Toccata, → Capriccio sowie → Ricercar und wandelt sich erst im 18. Jahrhundert zu einer eigenständigeren Instrumentalform mit nunmehr bevorzugt lyrischem Grundcharakter. In dieser Form wird das Präludium seit dem 19. Jahrhundert auch als selbständiges Musikstück (also ohne ausgeprägten Einleitungscharakter) behandelt (vgl. Frédéric Chopin: «24 Préludes» op. 28; Sergej Rachmaninoff: «Préludes» op. 23 und op. 32)

Präpariertes Klavier → Neue Musik

prélude, preludio → Präludium

presto → Tempo

prima pratica [= ital. erste (Kompositions-)Praxis] Um 1605/07 von den Brüdern Claudio und Giulio Cesare Monteverdi geschaffene Bezeichnung zur Beschreibung des älteren, *strengen* Kontrapunktstils, wie er u. a. von Gioseffo Zarlino in dessen Traktat «Istitutioni harmoniche» (1558) dargestellt wurde (a cappella, polyphon, die Textdarstellung ist den satztechnischen Regeln untergeordnet).
Eine musikalische Gestaltungsweise, die das satztechnische Regelwerk freier anwendet, um die Empfindungsgehalte *(Affekte)* eines zugrundeliegenden Textes stärker zum Ausdruck zu bringen, wird als *seconda pratica* [= ital. zweite (Kompositions-)Praxis] unterschieden.

prima volta → Wiederholungszeichen

Primadonna [= ital. erste Frau] Etwa im 17. Jahrhundert entstandene Bezeichnung für die Sängerin der bedeutendsten weiblichen Rolle einer → Oper.

Der Sänger der männlichen Hauptrolle wird entsprechend *primo uomo* genannt.

Prime → Intervall

primo uomo → Primadonna

Programmsinfonie Eine sinfonische → Sonate mit außermusikalischem Programm (→ Programmusik, → Sinfonie). Die außermusikalischen Elemente können der Literatur entnommen sein (vgl. Franz Liszt: «Faust-Symphonie», 1854–57, nach Johann Wolfgang von Goethes «Faust», «Dante-Symphonie», 1857, nach Dante Alighieris «Divina Commedia»). Es können aber auch persönliche Begebenheiten (vgl. Hector Berlioz: «Symphonie fantastique», op. 14) oder Naturerlebnisse zugrunde liegen (vgl. Richard Strauss: «Eine Alpensinfonie» op. 64).

Programmusik Musikstück, das sich auf ein außermusikalisches Programm (eine emotionale Gegebenheit, einen Handlungsablauf usw.) bezieht und dessen jeweilige Elemente mit musikalischen Mitteln beschreibt.
Solche außermusikalischen Motive können der Malerei entnommen sein (vgl. Franz Liszt: «Hunnenschlacht», 1857, nach einem Bild von Wilhelm von Kaulbach; Modest Mussorgskij: «Kartinki s vystavki» [«Bilder einer Ausstellung»], 1874, nach Bildern von Viktor Hartmann) oder ein Naturerlebnis (vgl. Alexander Borodin: «Steppenskizze aus Mittelasien»; Antonio Vivaldi: «Le Quattro Stagioni» [«Die vier Jahreszeiten»] op. 8) oder einen sonstigen Handlungsablauf schildern (vgl. Arthur Honegger: «Pacific 231», 1923). Für Werke mit literarischer Vorlage schuf Franz Liszt 1854 die Bezeichnung → Sinfonische Dichtung, die er jedoch bald auf alle programmusikalischen Stücke übertrug.
Der Stellenwert der jeweiligen außermusikalischen Programme für das adäquate Verstehen solcher Werke ist bis heute äußerst umstritten und wurde offensichtlich auch von den Komponisten unterschiedlich eingeschätzt. Manche Tonschöpfer hielten eine genaue Kenntnis der programmatischen Grundlage für unverzichtbar und fügten ihrer Programmusik (zur Verdeutlichung der kompositorischen Absichten) erklärende, den Handlungsablauf skizzierende Anmerkungen (gelegentlich direkt an den entsprechenden Stellen in der Partitur eingetragen) bei. Andere wiederum begnügten sich mit entsprechenden Hinweisen in der Titelbezeichnung. Fragwürdig ist die Relevanz eines Programms insbesondere bei jenen Werken, bei denen es vom Komponisten nachweislich erst *nach* Vollendung der Musik hinzugefügt (vgl. Richard Strauss: «Tod und Verklärung» und das programmatische Gedicht von Alex-

ander Ritter) oder ohne Zustimmung des Komponisten von verkaufstüchtigen Verlegern oder einem naiv-romantisierenden Publikum ersonnen wurde (vgl. die Bezeichnung «Mondscheinsonate» für L. v. Beethovens «Klaviersonate in cis-Moll» op. 27, Nr. 2; Beethovens «Alla ingharese quasi un capriccio» op. 129 ist allgemein bekannt als «Die Wut über den verlorenen Groschen», war jedoch ursprünglich weder an diese noch an irgendeine andere programmatische Vorgabe im Sinne der Programmusik gebunden).

Wenn nicht gerade ein vom Komponisten beigefügtes Programm vorliegt, verläuft die Diskussion, welche Werke dennoch der Programmusik zuzurechnen sind, in vielen Fällen unbefriedigend und ergebnislos. Ebenso wie sich die Programmusik musikalischer Formalismen bedient, ist andererseits der Schaffensprozeß von Musik weitgehend undenkbar ohne Anregungen aus der Gefühlsebene des hierbei schöpferisch tätigen Menschen. Strenggenommen gilt daher das programmusikalische Prinzip für nahezu alle Musik.

Bei der Abgrenzung von Programmusik ist man sich zumindest immer dann einig, wenn außermusikalische akustische Erscheinungen unmittelbar auf Instrumenten imitiert werden (z. B. die Nachahmung von Vogelrufen in: Robert Schumann: «Waldszenen», op. 82, Nr. 7: ‹Vogel als Prophet›; z. B. die Nachahmung eines plätschernden Baches in: Franz Schubert: «Die schöne Müllerin»; die Nachahmung eines Gewitters in: L. v. Beethoven: «Sinfonie Nr. 6» 3. Satz). In solchen Fällen spricht man von *Tonmalerei.* Sie ermöglicht in der Regel ein nahezu unmittelbares Verstehen der kompositorischen Absicht.

Schwierig wird eine Abgrenzung bereits im Bereich *synästhetischer Kompositionsverfahren* (wenn z. B. optische Helligkeit durch helle, d. h. hohe Töne oder durchsichtige Klangfärbungen dargestellt werden, vgl. insbesondere bei Richard Wagner). Gänzlich umstritten ist das Phänomen immer dann, wenn musikalische Elemente als symbolische Platzhalter für an sich nichtmusikalische Gegebenheiten verwendet werden. Die Bedeutung der *idée fixe* als Symbol für die Geliebte in Hector Berlioz' «Symphonie fantastique» kann man sicherlich ebensowenig *intuitiv* erfassen wie die → Leitmotive der → Musikdramen von Richard Wagner. Man muß die Symbolik kennen, ansonsten kann deren Wirkung auf einen Zuhörer sehr von den eigentlichen Zielvorstellungen des Komponisten abweichen.

Sinfonische Programmusik, der eine Sonatenform zugrunde liegt, wird in aller Regel gesondert als → *Programmsinfonie* bezeichnet.

Eine Programmusik neuerer Art ist die *Filmmusik*, welche, ähnlich wie die ebenfalls funktionale Bühnen- und Schauspielmusik, das jeweilige Leinwandgeschehen mit musikalischen Mitteln kommentiert.

Obwohl das programmusikalische Verfahren im Bereich der textierten Vokalmusik (z. B. → Lied, → Oper, → Oratorium, → Kantate, → Messe) geradezu grundsätzliche Bedeutung hat (stets dient ein *außermusikalischer* Text als Vorlage für die *musikalische* Ausarbeitung), werden diese Werkformen (von wenigen Ausnahmen wie z. B. Nicolai Hartmann: «Ästhetik», 1953, abgesehen) nicht zur Programmusik gezählt.

Progressive Style Ab etwa 1945/50 bekannter moderner Big-Band-Stil des → Jazz, in welchem man eine Verschmelzung von *Swing*-Elementen und lateinamerikanischer Rhythmik mit europäischer Sinfonik anstrebte (vgl. Woody Herman, Stan Kenton). Der Progressive Style gilt als bedeutender Wegbereiter des *Cool Jazz* und *West Coast Jazz*.

Proportz → Suite

proposta → Fuge

Psalmodie Frühchristliche vokale Vortragsweise der biblischen Psalmentexte in zumeist zweiteiliger Gliederung. Psalmodie wurde üblicherweise solistisch von einem entsprechend ausgebildeten *Leviten* (*praecentor*) rezitiert, die Kirchengemeinde antwortete an ausgewählten Stellen in responsorischen Halbversen (z. B. *Alleluia*). Ab Mitte des 4. Jahrhunderts wurde zudem → antiphonischer Chorgesang integriert (diese Wechselchörigkeit ist vermutlich syrischen Ursprungs). Die *Leviten-Schulen* waren Vorbild der späteren gregorianischen *Schola cantorum* (→ Gregorianischer Choral).

Psalter [latinisiert *Psalterium*] Griffbrettlose → Zither mit hölzernem Resonanzkasten, der vielfältige Umrißformen aufweisen kann. Ihr oft mehrchöriger Bezug aus Drahtsaiten wird über zwei bis vier schräg aufeinander zulaufende, teils frei positionierbare Stegleisten geführt und an den beiden Randseiten von Eisenstiften gehalten. Zum Spielen liegt der Psalter auf den Knien, mitunter wird er auch schräg vor der Brust gehalten.
Der Psalter wurde vermutlich im 12. Jahrhundert in Spanien vom arabischen → qānūn oder → sanṭūr abgeleitet.
Vor allem aufgrund von Darstellungen am Mittelportal der Kathedrale von Santiago di Compostela (1190) ist zu vermuten, daß die Saiten des Psalters, trotz der von *psallein* [griech. zupfen] bzw. *psallere* [lat. zupfen] abgeleiteten Bezeichnung, zunächst nicht gezupft, sondern mit langstieligen Holzklöppeln geschlagen wurden, das Instrument folglich als → Hackbrett behandelt wurde (eine Ableitung von sanṭūr könnte daher zutreffender sein). Diese Spieltechnik scheint sich jedoch nicht durchgesetzt zu haben, und so wurden die Saiten eines Psalters bald ausschließlich entweder mit den Fingern gezupft oder mit einem Plektrum angeschlagen. (Die inzwischen in Vergessenheit geratene Klöppelspielweise

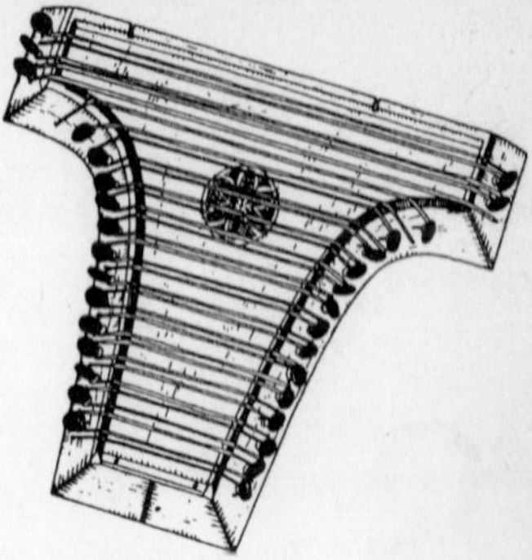

wurde erst wieder um 1350 über die slawisch-ungarische Zigeunermusik nach Mitteleuropa zurückgebracht, das entsprechende Instrument nun jedoch deutlich als *Hackbrett* vom mittlerweile etablierten Psalter unterschieden.)

Der Psalter blieb in der europäischen Musikkultur bis um 1700 sehr verbreitet, wenn auch häufig als minderwertiges Instrument diskriminiert (das «Stuttgarter Inventar» von 1589 ordnet ihn z.B. als «Fastnachtsgerät» ein).

Im 20. Jahrhundert wurde das Psalterspiel in der elementaren Musikerziehung (insbesondere in der Waldorfpädagogik) wiederbelebt. Das Instrument ist in diesem Zusammenhang auch unter der Bezeichnung *Kantele* (eigentlich eine finnische Scheitholtz-Variante) verbreitet.

pullankulal → vaṃśa

pūngī → bīṇ

Punk → Rockmusik

Punktierung → Notation

Punktuelle Musik → Elektronische Musik

Pyramidenklavier → Pianino

Pythagoreisches Komma Schichtet man in *Reiner Stimmung* zwölf Quinten übereinander, so ist deren Gesamtspannweite größer, als wenn sieben Oktaven übereinandergeschichtet werden. Der Unterschied zwischen den erreichten Zieltönen (von C aus über Quinten: his”””, über Oktaven: c””””) entspricht etwa dem Schwingungsverhältnis 74:73 bzw. etwa 23,5 Cent und wird *Pythagoreisches Komma* genannt. Andreas Werckmeister hat um 1691/95 diese (durchaus noch hörbare) Differenz auf alle Tonschritte einer Oktave gleichmäßig verteilt und damit die *Wohltemperierte Stimmung* entwickelt (→ Stimmung).

Q

qānūn Arabische griffbrettlose → Zither mit trapezförmigem oder dreieckigem Resonator aus Holz und 60–80 Drahtsaiten, welche in unterschiedlich große Saitenchöre zusammengefaßt sein können. Vermutlich wurde das Instrument früher (ähnlich wie der → `ūd) auch als Hilfsmittel innerhalb der Musiktheorie verwendet. Darauf deutet zumindest der Name hin, der sich wahrscheinlich von *Kanon* [= griech. Regel, Gesetz] ableitet.
Die qānūn in rechteckiger Korpusform wird auch als *mizaf* oder *nuzha* bezeichnet.
Die in türkischer Kunstmusik gebräuchliche Trapezzither mit dreichöriger Saitenbespanung (3x24 Saiten) heißt *kanun.* Vermutlich um die Klangfülle zu vergrößern, sind bei manchen Instrumenten Teile der Resonanzdecke entfernt und die entsprechenden Öffnungen mit Fell bespannt.

quadruplum → Notre-Dame-Schule, → Motette

Quarte → Intervall

Querflöte → Holzblasinstrument mit einseitig geschlossener Röhre und seitlicher Anblasöffnung. Als Anblaskante *(Schneide)* dient jener Teil des Anblasloches, welcher der Mundöffnung des Bläsers gegenüberliegt.
Die Ursprünge der europäischen Querflöte liegen in China, wo ab dem 9. Jahrhundert v. Chr. erstmals quergeblasene Flöten verbürgt sind. Über Indien und Ägypten kam das Instrument um 1000/1100 nach Byzanz und erschien kurze Zeit später als *pipa, pfife* bzw. *Pfeife* der mittelalterlichen Spielleute und Fahrenden auch in Mitteleuropa. Es wurde unter den Bezeichnungen *Quer-* oder *Zwerchpfeiff* (*zwerch, twerch* = mhdt. quer) in die Besetzungen der Militärmusik aufgenommen und dort, namentlich in enger Verbindung mit der → Rührtrommel, zur typischen Soldatenpfeife der Landsknechte (die charakteristi-

sche Instrumentenpaarung der Kavallerie war dagegen → Pauke und → Trompete).
Die Mensuren dieser frühen Modelle sind stets zylindrisch, es gibt allerdings die verschiedensten Durchmesser, von denen die enger mensurierten deutlich schärfer klingen. Das enger mensurierte Instrument wurde spätestens seit dem 16. Jahrhundert als *Feld-* oder *Schweitzerpfeiff* von der weiter mensurierten *Querpfeiff* auch sprachlich unterschieden. In der Folgezeit entwickelten sich beide Varianten jeweils eigenständig weiter.
Die eng mensurierte Feld- bzw. Schweitzerpfeiff blieb ein typisches Instrument der Marschmusik und ist in militärischen und zivilen Blasorchestern (Spielmannszügen) bis heute verbreitet. Seit dem 19. Jahrhundert gibt es auch eine konisch mensurierte Variante als sog. *Turnerflöte*.
Die Querpfeiff wurde dagegen ab der zweiten Hälfte des 16. Jahrhunderts in die Besetzung von Hoforchestern aufgenommen (1576 verfügte die Württembergische Hofkapelle zu Stuttgart bereits über 35 solcher Instrumente), blieb jedoch wegen ihrer unvermeidlichen Intonationsschwierigkeiten zunächst noch recht umstritten. Erst als in der zweiten Hälfte des 17. Jahrhunderts die bisherige zylindrische durch eine konische, sog. *französische* Mensur ersetzt und (etwa 1660) zusätzlich eine dis-Klappe hinzugefügt worden war, konnte sich das Instrument tatsächlich in der höfischen Musikkultur behaupten. Zur Unterscheidung von der dort bereits etablierten → Blockflöte, welche man bislang (gleichsam aus Mangel an Konkurrenten) schlicht als *Flöte, flauto* oder *flûte* bezeichnet hatte, wurde das jüngere Instrument nun durch entsprechende sprachliche Zusätze kenntlich gemacht (*flauto traverso, flûte traversière, Traversflöte*). Dabei verdeutlicht die bis ins 19. Jahrhundert weit verbreitete Bezeichnung *flûte allemande*, welch lebhafte Aufmerksamkeit das Instrument offensichtlich gerade in der deutschen Musiklandschaft ausgelöst hatte. Ab Mitte des 18. Jahrhunderts verdrängte die Querflöte die Blockflöte vollständig, bezeichnenderweise ging dann auch das Vorrecht der Kurzform *Flöte* an sie über (die Blockflöte gerät für etwa 150 Jahre in Vergessenheit und erscheint erst wieder im 20. Jahrhundert).
Die in d' gestimmte barocke Traversflöte wurde mehrfachen Veränderungen und experimentellen Neuerungen unterworfen. Bereits ab der zweiten Hälfte des 17. Jahrhunderts wurde sie in drei getrennten Bauteilen (*Kopfstück* mit Rohrverschluß und Anblasloch, *Mittel-* und *Fußstück*) gefertigt, um eine bessere Intonation zu erreichen (vgl. Entwicklung der → Blockflöte). Ende des 18. Jahrhunderts entwickelte Johann Georg Tromlitz ein erstes ausgereiftes Klappensystem mit verkoppelten Klappen (wobei ihm mit großer Sicherheit eine Konstruktionsidee von Johann Joachim Quantz von 1726 sowie die Arbeiten des Engländers Richard Potter von 1785 als Vorlagen dienten). Die bedeutendste Umwandlung gelang jedoch Theobald Boehm im Jahr 1847. Er ge-

staltete das Anblasloch oval, vergrößerte die Tonlöcher, setzte eine Federmechanik ein und verwendete ein Kopfstück, das sich parabolisch-konisch Richtung Mundloch verengt; Mittel- und Fußteil beließ Boehm zylindrisch mensuriert. Die *Boehm-Flöte* zeichnet sich durch eine kraftvolle, modulationsfähige und intonationssichere Tongestaltung sowie eine angenehm leichte Tonansprache aus (die bisherige Barock-Traversflöte klingt deutlich weicher und zarter) und wurde in dieser Ausprägung zum Muster der modernen Querflöte. Der vielleicht entscheidendste Vorteil der Boehm-Flöte lag in einer neuen Anordnung der Tonlöcher. Die Klappenmechanik von Boehm ermöglichte es, griffanatomische Probleme bei zu großen Lochabständen mittels Hebeln jederzeit zu überbrücken, und so konnten die Tonlöcher nun nach akustisch-physikalischen Maßstäben auf dem Flötenrohr angelegt werden. Boehm-Flöten wurden zunächst mit Holz- (tropisches Grenadill- oder Kokosholz), später dann zumeist mit Metallröhre (versilbertes oder vergoldetes Metall oder reines Silber bzw. Gold) gebaut. Heutige Instrumente sind als *Große Flöte (Konzertflöte)* in C (seltener in Des oder Es) gestimmt und haben einen Umfang von c' bis etwa e''''. Sie werden (abgesehen von den Des- bzw. Es-Instrumenten) nicht-transponierend im Violinschlüssel notiert und in Partituren mit *fl.*, *Fl.* oder *Fl. gr.* abgekürzt.

Während es noch in der Klassik eine reiche Auswahl an Solo- und Orchesterliteratur gab, reduzierte sich diese Vielfalt in der Romantik eigenartigerweise auf die Verwendung der Querflöte als reines Orchesterinstrument (vgl. u. a. Felix Mendelssohn Bartholdy: «Sommernachtstraum»). Es existiert aus dieser Zeit nur ein einziges Solowerk (Franz Schubert: «Variationen über ‹Trockene Blumen›» für Querflöte und Klavier, D 802). Seit L. v. Beethoven wird die Querflöte im Orchester üblicherweise doppelt besetzt und

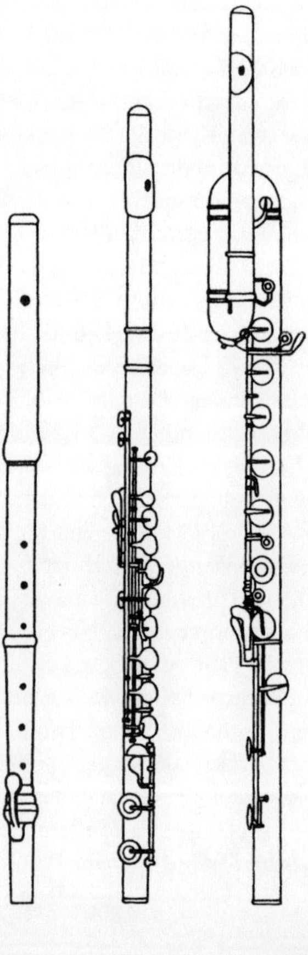

Von links nach rechts: Barock-Querflöte, moderne Große Flöte, moderne Baßflöte

häufig unisono oder oktaviert mit den Violinen geführt. Seit Richard Wagner wird sie mitunter auch dreifach besetzt.
Ende des 19. Jahrhunderts versuchte eine Reformbewegung um Maximilian Schwedler (Leipzig), die klanglichen Gegebenheiten der Barock-Traversflöte unter Verwendung der Klappenmechanik wiederzubeleben. Zusammen mit Eduard Kruspe (Erfurt) entwickelte Schwedler 1884/85 die *Kruspe-Schwedler-Flöte* und 1912 die *Reformflöte* mit geschwungener Mundplatte und (im Vergleich zur Boehm-Flöte) umgekehrten Mensurverhältnissen (zylindrisches Kopfstück, aber konische Mittel- und Fußstücke).
Heute übliche Varianten der *Großen Flöte* in Alt-Tenor-Lage sind *Piccoloflöte* in C (seltener auch in Es oder Des), *Altquerflöte* in Es, F oder G (seltener in As) und *Baßquerflöte* in B oder C. Die Piccoloflöte (*Kleine Flöte* oder kurz *Piccolo*), welche um 1790 aus verschiedenen Modellen *Hoher* bzw. *Kleiner Flöten* des 16. bis 18. Jahrhunderts als Oktavflöte hervorgeht, ist innerhalb des sinfonischen Orchesters das Instrument mit der höchsten Tonlage. Sie wird allerdings wegen ihrer allgemeinen Klangschärfe häufig nur an besonderen Stellen als Effektinstrument eingesetzt (vgl. L. v. Beethoven: «Sinfonie Nr. 6»: Gewitter; R. Wagner: «Fliegender Holländer», 3. Akt) und daher zumeist nicht extra besetzt, sondern von einem der obligaten Flötenspieler alternierend zur Großen Flöte gespielt. Das Kopfstück der seit etwa 1729 bekannten Altquerflöte kann zur besseren Handlichkeit charakteristisch U-förmig gebogen sein (eine ähnliche Technik wird neuerdings auch bei den Großen Flöten im Bereich der Musikerziehung angewandt, um Kindern ein unverkrampfteres Anblasen und Klappenspiel zu ermöglichen). Beide Instrumente entsprechen in Material, grundsätzlichen Bauelementen und deren Formgebung in etwa einer Großen Flöte, allerdings jeweils in verkleinertem oder vergrößertem Maßstab.

Querpfeiff → Querflöte

Quickstep → Foxtrott

Quinte → Intervall

Quintenzirkel Darstellung quintverwandter → Tonarten in Kreisform. Man unterscheidet gewöhnlich nur *Dur-* und *Moll-Quintenzirkel*, allerdings sind auch für alle sonstigen → Tongeschlechter entsprechende Quintenzirkel konstruierbar, zudem gibt es *Quarten-* und *Terzenzirkel* (s. Abb. S. 286 f.).

Quintole → Notation

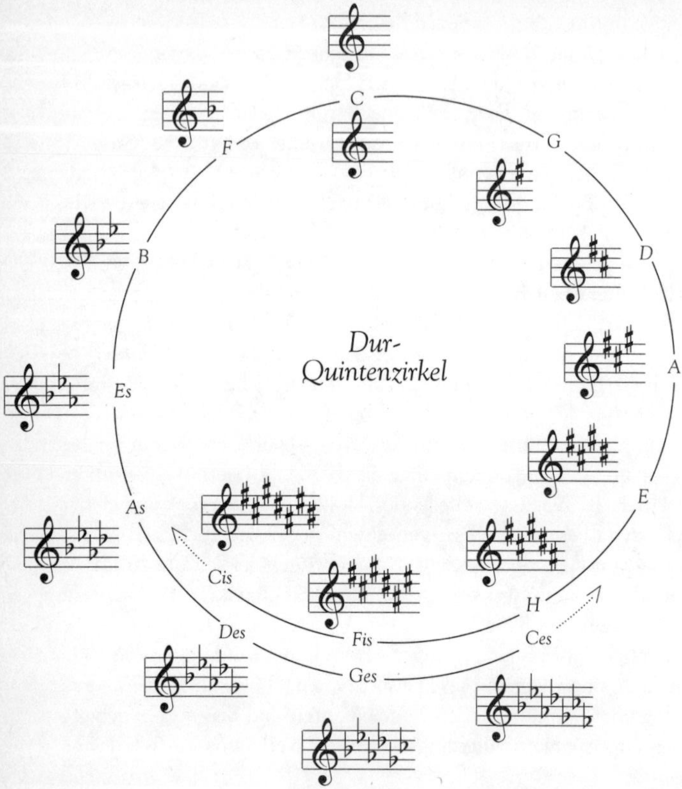

Quodlibet [= lat. was beliebt] Vertikale Schichtung von an sich eigenständigen Melodien oder Liedweisen, wobei mit der Übereinanderlagerung der zugehörigen Texte zumeist eine humoristische Wirkung beabsichtigt ist.
Das Quodlibet-Verfahren läßt sich mit jenen Liedern verwirklichen, deren formale und harmonische Strukturen so deutliche Übereinstimmungen aufweisen, daß sie auch simultan erklingend vorgetragen werden können. Es entsteht eine Mehrstimmigkeit, welche sich satztechnisch als *mehrfacher Kontrapunkt* deuten läßt (z. B. Quodlibet aus «Es tönen die Lieder», «Heut kommt der Hans zu mir» und «C-A-F-F-E-E»; → Kontrapunkt).
Quodlibets werden häufig spontan und spielerisch aus ausgewählten, bereits vorhandenen Liedern oder Kanons zusammengestellt. Gelegentlich gab es je-

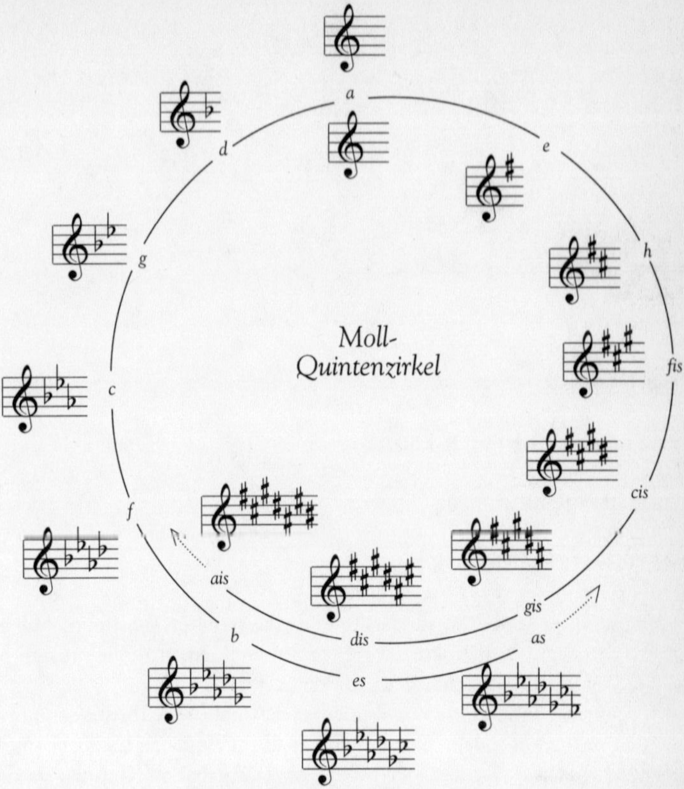

doch auch eigens in diesem Verfahren komponierte vokale oder rein instrumentale Werke (vgl. Wolfgang Schmeltzl: «Guter, seltzamer, und künstreicher teutscher Gesang, sonderlich ettliche künstliche Quodlibets», 1544; Melchior Franck: «Musicalischer Grillenvertreiber», 1622; Valentin Rathgeber: «Augsburger Tafel-Confect», 1733/37; J. S. Bach: «Goldberg-Variationen», BWV 988, 30. Variation als Quodlibet über: «Ich bin so lang nicht bei dir gewest» und «Kraut und Rüben haben mich vertrieben»).

R

rabāb → rebāb

race music → Rhythm & Blues

Rackett → Rankett

Radleier → Drehleier

rāga Indisches Melodiesystem als Reihung bestimmter Tonstufen ohne generell vorgegebene Zeitstruktur, wobei traditionell jedem Reihenmodell bestimmte Gefühlsgehalte *(bhāva)* zugeordnet werden.
Die Tonreihen können eine unterschiedliche Anzahl von Tonstufen aufweisen. Jeder rāga kann zudem mit zahlreichen, ebenfalls genau festgelegten Ornamenten *(gamaka)* verziert, der Melodieverlauf dabei ständig neu variiert werden. Mittels bestimmter Verzierungsarten können u. a. die als wesentlich geltenden Töne bzw. Tongruppen besonders hervorgehoben werden oder kunstvolle Verbindungen zwischen einzelnen Motiven geknüpft werden. Dabei gelten gleitende Tonansätze wie auch gleitende Tonverbindungen als emphatisches Ausdrucksmittel und sind daher besonders beliebt. Die Technik des → Glissando erfordert von Sängern und Instrumentalisten genaueste Kenntnis der definierten Intonationshöhe der Skalentöne, ein fein geschultes Gehör und eine präzise Sing- bzw. Spielpraxis. Entsprechend hochgeachtet sind Musiker, welche diese Kunst beherrschen.
Die Aufführung eines rāga ist stets an genaue tages- und jahreszeitliche Abschnitte gebunden. Außerdem gibt es rāga für nahezu alle Ereignisse, welche im Leben indischer Menschen eine bedeutende Rolle spielen: Geburt, Tod, Monsun, Feuer, Ernte usw.
Die Zuordnung eines rāga zu einer bestimmten Aufführungszeit ist durch die

Auswahl und den Umgang mit bestimmten Tonstufen traditionell festgeschrieben. Kleine Sekunde und kleine Sexte gelten als die zentralen Intervalle für rāga während des Sonnenaufgangs und des Sonnenuntergangs. Kleine Terz und kleine Septe sind die bestimmenden Intervalle der Mittags- und der Mitternachts-rāga. Grundton, Quarte und Quinte gelten als charakteristisch für die Zeiträume vor Sonnenaufgang und vor Anbruch der Abenddämmerung. Nach Morgen- bzw. Abenddämmerung gespielte rāga verwenden in der Regel keine erniedrigten Tonstufen. Sonnenauf- bzw. -untergang, Mittag und Mitternacht werden häufig durch das gleichzeitige Spielen von reiner und übermäßiger Quarte charakterisiert. Den Hauptintervallen des *rāga yaman* große Terz und große Septime wird z. B. ein *heiterer* Charakter zugeordnet, daher ist er am Abend oder in den frühen Nachtstunden des Frühlings zu spielen.

Im Laufe der Zeit wuchs die Anzahl der verschiedenen rāga-Typen in → Indischer Musik auf eine immense Vielfalt an. Je nach Zählweise sind mehrere Tausend verschiedene rāga bekannt. Man entwickelte daher bereits ab dem 14. Jahrhundert (vgl. Vidyāranya) Systeme, bei welchen das Tonmaterial der unterschiedlichen rāga auf bestimmte Grundskalen *(mela)* bezogen wurde. Um 1550 legte der südindische Theoretiker Rāmāmātya im «Svaramelakālanidhi» eine Ordnung mit 20 mela vor. Seine Systematik wurde 1614 von Govinda Dīkṣita und 1620 von dessen Sohn Veṅkaṭamakhin zum *melakarta*-System erweitert, das bis heute in Südindien gültig ist. Auf der Grundlage einer Einteilung der Oktave in zwölf gleichgroße Halbtonschritte werden zwei siebenstufige Stammleitern gebildet, die übereinstimmend mit dem gleichen Grundton *ṣa* beginnen. Die übrigen Intervallgrößen werden durch → Alterationen erreicht. Neun verschiedene Variationstöne stehen zusätzlich zur Verfügung, so daß sich insgesamt ein Vorrat von 16 Skalentönen zur Bildung von 72 melakarta-Reihen ergibt. Durch sie lassen sich nahezu alle rāga der südindischen Kunstmusik katalogisieren. Der Vorteil des melakarta-Systems besteht u. a. in der gemeinsamen Bezugsgröße des gleichbleibenden Grundtones ṣa, wodurch alle Skalen innerhalb des entstandenen Tonraumes die gleiche Lage behalten, was ihre Systematisierung deutlich vereinfacht. Problematisch ist die Katalogisierung in mela nur für solche rāga, welche aufsteigend andere Skalentöne benutzen als absteigend und somit im melakarta-System zwei verschiedenen Gattungen angehören. So lautet z. B. die aufsteigende Skala des *rāga bhairavī* c-d-es-f-g-*a*-b-c, die absteigende jedoch c-b-*as*-g-f-es-d-c. Dadurch hat dieser rāga zwei verschiedene Zuordnungen im melakarta-System (Nr. 20 und Nr. 22). Die Intonationshöhe des Grundtones ṣa wird von den beteiligten Musikern aus der Kenntnis um den günstigsten Tonumfang des Sängers und den klanglich optimalen Eigenheiten der Instrumente bei jeder Aufführung neu festgelegt.

Beeinflußt durch die südindische melakarta-Katalogisierung, entwickelte der nordindische Musiktheoretiker Viṣṇu Narayana Bhatkahaṇḍe 1915 in seiner Schrift «Abhinavaragamanjari» das *ṭhāṭ*-System. Als *ṭhāṭ* [von ṭhāṭa = Prakrit; Modell, Prototyp, Ordnung] werden zehn bestimmte rāga-Grundstrukturen bezeichnet, welche allen gebräuchlichen rāga der nordindischen Kunstmusik zugrunde liegen (ursprünglich war mit *ṭhāṭ* das Justieren der verschiebbaren Bünde auf der → sitār gemeint). Wie die mela beziehen sich auch die zehn ṭhāṭ alle auf einen gleichbleibenden Grundton ṣa.

Die ṭhāṭ und mela sind in Grundstruktur und Idee nahe mit den arabischen → maqām und den persischen *dastgāh* verwandt, manche entsprechen in ihrer Tonauswahl den europäischen Kirchentonarten (→ Modus):

Skalentöne	europäischer Kirchenmodus	ṭhāṭ	melakarta
c–d–e–f–g–a–h–c	ionisch	bilāval	dhīraśaṅkarābharaṇa
c–d–es–f–g–a–b–c	dorisch	kāfī	kharaharapriya
c–des–es–f–g–as–b–c	phrygisch	bhairavī	hanumattoḍī
c–d–e–fis–g–a–h–c	lydisch	kalyāna	mecakalyāṇī
c–d–e–f–g–a–b–c	mixolydisch	khamāj	harikhāmbojī
c–d–es–f–g–as–b–c	äolisch	āsāvarī	naṭhabhairavī

Der Ablauf einer rāga-Ausführung erfolgt nach einem festgelegten Modell, das mit einer rhythmisch freien, zumeist in langsamem Tempo vorgetragenen Einstimmung *(ālāp)* beginnt. In ihr werden die charakteristischen Intervalle des rāga und deren klangfarbliche Wirkung und Eigenheiten vorgestellt. In einem gut aufgebauten ālāp wird nach und nach jeder Skalenton systematisch und schrittweise zum Grundton des rāga in Beziehung gesetzt. Das jeweilige Verhältnis eines Skalentones zu seinem Grundton verleiht jeder Tonstufe seine charakteristische Bedeutung und in seiner Gesamtheit jedem rāga seine Farbe, sein Wesen und seine Wirkung. Der vortragende Musiker kann hier sowohl sein Wissen um die Tradition darstellen als auch mit seiner technisch-virtuosen Präzision und seinem spielerisch-kreativen Können hervortreten. Entsprechend lang, manchmal bis zu einer Stunde und mehr, kann solch eine Darbietung dauern. Dem ālāp folgt ein rhythmisch pulsierendes Zwischenspiel *(jor)* und schließlich das komponierte Thema (*gat* oder *tān*), das nach seinem ersten Erklingen vielfältig variiert wird. Ein zumeist virtuos gestalteter Schlußteil *(jhāla)* beendet das Stück.

Ragtime In der zweiten Hälfte des 19. Jahrhunderts entstandene europäisch beeinflußte Stilform → Afroamerikanischer Musik. Die Bezeichnung wurde

mit einiger Sicherheit von *ragged time* [to rag = engl. zerreißen, ragged time = (etwa) zerrissene Zeiteinteilung] abgeleitet, was als Hinweis auf die charakteristische, synkopisch geprägte Rhythmik (→ Synkope) zu verstehen ist.
Die ersten Ragtimes entstanden als solistische Klavierstücke. Vermutlich sah man das Klavier mit seinem breiten Spektrum an Anschlagsmöglichkeiten als besonders geeignetes Instrument an, um die erwünschten Synkopen prägnant umzusetzen. Unter *ragging a tune* verstand man das synkopierte Spielen einer Melodie. Hierzu gab es seinerzeit detaillierte Anleitungen (vgl. Ben Harney: «Rag Time Instructor», 1897). Eine einheitliche Ragtime-Synkope läßt sich dabei allerdings nicht feststellen. Zumeist wird daher auf den *cakewalk* und dessen Rhythmik verwiesen:

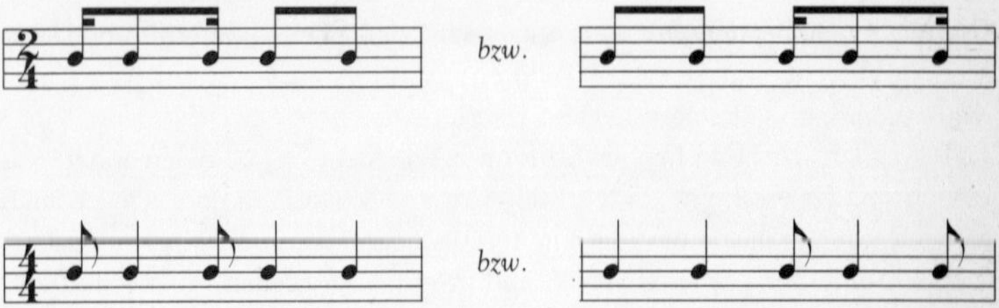

Cakewalks waren ursprünglich Tanzwettbewerbe der Afroamerikaner. Der Name ergab sich, da als Gewinn ein Kuchen [engl. *cake*] angeboten wurde. Die Tanzpaare mußten hierbei zu einer schnellen, sehr lebendigen Musik tanzen. Das Paar mit dem interessantesten und kreativsten Tanzstil gewann gewöhnlich den Kuchen.
Ragtimes sind in der Regel in zwei bis vier 16- oder 32taktige Formabschnitte untergliedert, welche verschiedene → Themen aufweisen können. Oft ist eine achttaktige Einleitung vorangestellt, manchmal schließen die Stücke mit einer → Coda.
Wichtige Zentren der Entwicklung waren Sedalia (Missouri), später St. Louis und Chicago. Bei den Ragtimes des *Sedalia-Stils* überwogen gerade Taktarten (zumeist $\frac{2}{4}$-Takt), sie hatten ausgeprägten Marschcharakter *(Two Step)*. Dabei wurde auf die Zählzeit 1 ein teilweise oktavierter Baßton gespielt, auf die Zählzeit 2 folgte in aller Regel ein Akkordnachschlag (vgl. Scott Joplin: «Maple Leaf Rag»). Ragtimes mit ungeraden Taktarten waren eher selten.
Durch die große Popularität des Klavier-Ragtime (die Blütezeit lag zwischen 1890 und 1917) entstand auch eine verstärkte Nachfrage nach Ragtimes für andere Besetzungen. Die beliebtesten Ragtimes wurden für andere Instrumente und ebenso für größere Besetzungen, vor allem für Tanzorchester, arrangiert

und instrumentiert. Ragtimes waren fester Bestandteil der Unterhaltungsmusik in Restaurants, Bars und Kabaretts. Nicht immer beschäftigte man hierzu auch tatsächlich Musiker. Oft bespielten die Pianisten nur einmalig sog. *piano rolls*, also Walzen für mechanische Klaviere. Diese Klaviere standen zu Tausenden in Amüsiertheatern und Bordellen und reproduzierten die neuesten Ragtimes beliebig oft, ohne daß man jedesmal einen Pianisten bezahlen mußte. Solche piano rolls (auch *player's rolls*) sind vielfältig erhalten geblieben, und so ist es heute noch möglich, Originaleinspielungen berühmter Ragtime-Pianisten mitzuerleben.

Auch die europäische Kunstmusik beschäftigte sich mit dem Ragtime. 1918 schrieb Igor Strawinsky einen «Rag-Time für 11 Instrumente» und in «L'histoire du soldat» einen Ragtime für sieben Soloinstrumente. 1919 folgte die «Piano-Rag-Music». Claude Debussy umging das Problem der Rhythmus-Definition und bezeichnete seine entsprechenden Klavierkompositionen konsequent als «cakewalks» (vgl. «Children's Corner», Nr. 6: ‹Golliwogg's Cake-Walk›, 1908, und «Le petit nègre», 1909).

Gelegentlich wird Ragtime als Stilform bereits dem → Jazz zugerechnet, was jedoch gewagt erscheint. Seine Melodien wurden zwar immer wieder auch als Vorlagen für Jazzimprovisationen verwendet, Ragtime ist jedoch hauptsächlich eine komponierte Musik, und in seinem formalen Ablauf sind keine Abschnitte für Improvisationen reserviert. Obwohl es zunächst schwarze Musiker waren, welche Ragtime komponierten und spielten, fehlen einige wichtige Elemente typischer → Afroamerikanischer Musik. So ist die Melodik deutlich instrumental, nicht vokal geprägt, und es findet sich auch kein → call & response. → Off-beat-Phrasierungen sind nur ansatzweise oder als europäische Synkopen stilisiert erkennbar. Zumindest im frühen Ragtime kommen zudem keine *blue notes* (→ Blues) vor. Dagegen überwiegen im Ragtime musikalische Elemente, die ursprünglich europäischer Musiktradition (vor allem sog. → Salonmusik) zuzuordnen sind (vgl. u. a. → Synkope und formale Anlage). Auch die pianistische Interpretation folgte eher europäischer Klangästhetik. Allerdings führten um 1900 (und noch bis etwa 1925) viele Bands das Wort *Ragtime* in ihren Namen (z. B. Buddy Bolden's Ragtime Band), obwohl sie Jazzmusik (vorwiegend *New Orleans Jazz*) und nicht, oder zumindest nicht ausschließlich, Ragtime spielten. Man verwendete damals die Bezeichnung *Ragtime* in Ermangelung eines geeigneteren Begriffes auch als Sammelbegriff für Jazz. Die Vokabel *Jazz* wurde als musikalische Bezeichnung erst um etwa 1916 gebräuchlich.

Rahmentrommel → Tamburin

rallentando → Tempo

Rankett (Rackett, Ranket; von rank = oberdeutsch Krümmung) Seit Beginn des 16. Jahrhunderts bekanntes → Holzblasinstrument mit Doppelrohrblatt. Sein zylindrisch mensurierter Tonkanal ist neunfach geknickt und verläuft innerhalb einer Holz- oder Elfenbeinbüchse mit elf Grifflöchern, an welcher ein metallenes Anblasrohr angesetzt ist. Die von der französischen Bezeichnung *cervelas* abgeleitete umgangssprachliche Benennung *Wurst-Fagott* ist mißverständlich, da das eigentliche → Fagott konisch mensuriert ist.

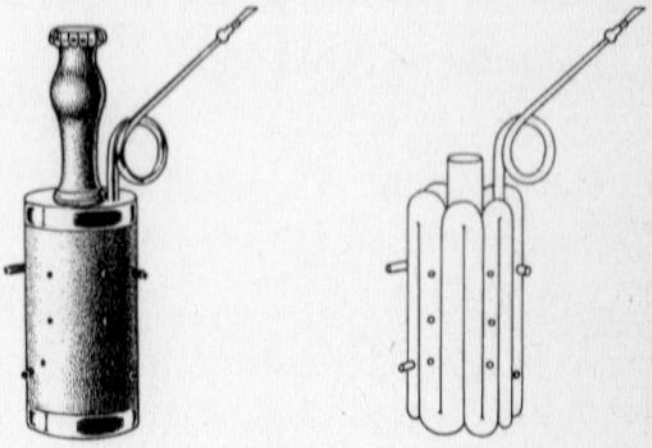

Rap [to rap = amerik.-umgangssprachlich schnell reden, quasseln] Seit 1979 bekannte Stilistik der → Popmusik. Rap entwickelte sich Mitte 1979 in Diskotheken in New York als rhythmisch akzentuierter, äußerst schneller Sprechgesang von Discjockeys zu Musik. Üblicherweise wurden während des Rap mehrere Platten gleichzeitig abgespielt, jedoch abwechselnd immer wieder kurz angehalten und bei aufgelegtem Tonarm rasch vor- und zurückgedreht *(scratching)*. Dabei entstanden impulsartige Geräuschmuster, die zusammen mit der jeweiligen Hintergrundmusik und dem Sprechgesang der Discjockeys eine dichte Collage ergaben. In der Folgezeit wurde diese ursprünglich spontane Aktionsform auch in Plattenproduktionen umgesetzt. Als erste Rap-Platte gilt die Aufnahme «Rapper's Delight» der Sugar Hill Gang von 1979.

rebāb (rabāb, rubāb) Ein- oder zweisaitige, meist bundlose Langhalsstreich- oder -zupffidel arabisch-persischen Ursprungs, welche heute in vielen Musikkulturen und in unterschiedlichen Varianten (oft als Stachel- oder Dornfidel) verbreitet ist (→ gamĕlan). Der Korpus einer rebāb kann eckig, kreisrund oder birnenförmig, gelegentlich auch eingebugt gestaltet sein. Die Decke ist häufig eine Membran aus Pergament oder Tierfell. Die maurische *rabāb* des späten 14. Jahrhunderts ist dagegen eine Kurzhalsfidel mit drei Doppelchören und charakteristisch nach hinten abgeknicktem Hals.

Rebec (rubebe, rubeba) Vermutlich aus der maurischen *rabāb* (→ rebāb) hervorgegangenes, bundloses → Streichinstrument mit rückwärts geschweiftem Wirbelkasten und seitenständigen Wirbeln. Sein Korpus hat Birnenform. Die Bespannung besteht aus zwei oder drei

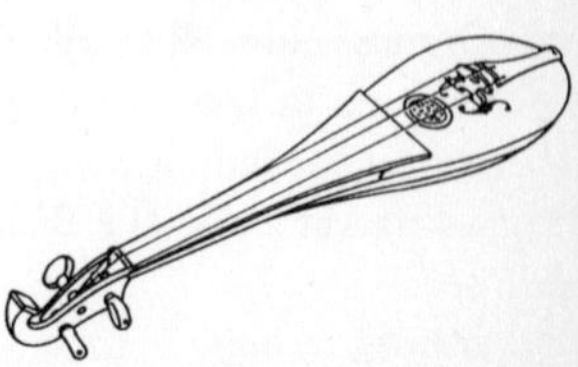

Saiten, die in Quinten gestimmt sind. Das Instrument wurde traditionell in Kniehaltung gespielt und gilt als einer der Vorläufer von Viola bzw. Violine (die Sopran-Rubebe *Rebecchino* wurde auch unter der Bezeichnung *Violino* geführt).

recorder → Blockflöte

Reformflöte → Querflöte

Refrain Gleichbleibend wiederkehrender Abschnitt innerhalb eines musikalischen Ablaufes. (→ Ritornell)

Refrainlied → Lied

Regal Seit dem späten Mittelalter bekannte, ausschließlich mit Lingualpfeifen bestückte, tragbare → Pfeifenorgel (→ Portativ), welche insbesondere mit einem geteilten Doppelbalg in der Form eines zusammengeklappten Buches *(Bibelregal)* verbreitet war. Die Bezeichnung ist vermutlich von *rigole* [= frz. Furche, Rinne], der bautechnischen Vokabel für die Kehle der Lingualpfeifen, abgeleitet (Lingualpfeifen mit sehr kurzer Mensur werden auch als *Regale* bzw. *Regalstimmen* bezeichnet). Das Regal blieb bis ins 18. Jahrhundert ein beliebtes Generalbaßinstrument (→ Generalbaßpraxis).

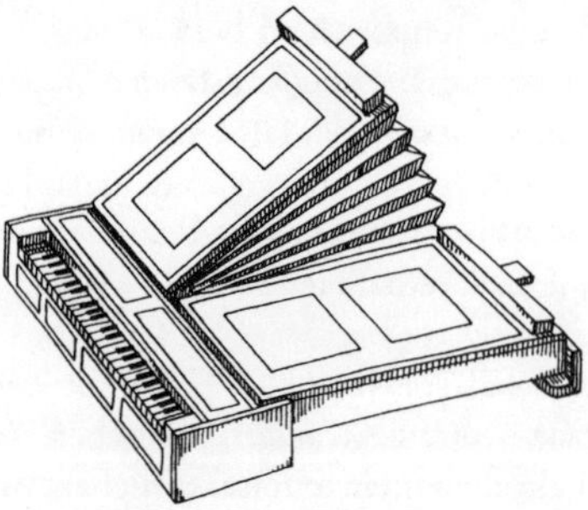

Reggae Ab etwa 1965 auf Jamaika entstandener Musikstil, der afrikanische und karibische Musikelemente mit → Rhythm & Blues verschmolz. Die Texte sind zumeist eng an die Ideologie der jamaikanischen Befreiungsbewegung *Rastafari* angelehnt (die meisten Reggae-Musiker sind Mitglieder dieser religiös-politischen Gruppierung).
Typisch für Reggae ist eine differenziert verzahnte Komplementärrhythmik (→ Rhythmus) mit scharf artikulierten Akzenten auf den Zählzeiten 2 und 4. Die Texte sind in kurze Abschnitte untergliedert, welche jeweils mehrfach nacheinander wiederholt werden und dadurch sehr eindringlich wirken (vgl. Maytals, Bob Marley & The Wailers, Peter Tosh, Black Uhuru).

Reharmonisierung → Jazz

Reihentechnik Verfahren zur Ordnung der Beziehungen zwischen den Tonstufen einer *atonalen* Komposition (→ Atonale Musik). Bei Verwendung der zwölf chromatischen Tonstufen spricht man von *Zwölftontechnik* bzw. → Dodekaphonie.

Renaissance [=frz. Wiedergeburt, bezogen auf eine Wiederbelebung griechisch-antiker Kultur] Europäische Kulturepoche Mitte des 15. bis Ende des 16. Jahrhunderts. Die Renaissance ist geprägt durch eine Orientierung zum Menschen hin. In der Malerei wird die Zentralperspektive entwickelt. Man bildet Objekte nun so ab, wie ein einzelner Betrachter sie in einem bestimmten Augenblick und von einem bestimmten Standpunkt aus sehen würde.
In der Musik vollziehen sich ähnliche Wandlungen. Die melodische Linienführung der Renaissance-Musik orientiert sich in ihrer Grundgliederung nicht mehr so sehr am Wort (als gleichsam objektivem Maßstab), sondern an den menschlichen Atemphasen. Die Abschnittsgliederungen werden kürzer und überschaubarer.
Ein musikalisches Werk wird nun *simultan* komponiert, d. h., die einzelnen Stimmen und ihr Verlauf werden als Ganzes und auf einmal konzipiert. Bis dahin hatte man Stimmen stets *nacheinander* gesetzt (→ Organum). Die neue Kompositionstechnik hatte zur Folge, daß musterhaft normiertes, schulhaftes *Tonsetzen* überwunden wurde und die Individualität des Schaffenden wie auch des Kunstwerkes weiter in den Vordergrund trat. Das bis heute gültige Verständnis von *Komponieren* als einem unabhängigen Schöpfungsprozeß ist hiermit weitgehend ausgeprägt. Aus den gleichen Gründen wurden nun auch die Grenzen zwischen den gültigen Werkgattungen fließender und ließen (durch gegenseitige Beeinflussung) die vielfältigsten Varianten entstehen (insbesondere bei → Motette, → Madrigal). Erstrebenswertes Ziel der Kompositionsarbeit ist nicht mehr die Erfüllung von überlieferten Formvorgaben, sondern ein ausgeglichenes, ebenmäßiges, *schönes* Klangbild. Um den gesamten Klangraum auch tatsächlich ausnutzen zu können, wird die Dreistimmigkeit (durch das Baßregister) zur Vierstimmigkeit und die bislang übliche → Diatonik zur → Chromatik erweitert. Vielleicht war diese Einbindung der Chromatik, also die Nutzung aller zwölf Halbtonschritte, überhaupt die revolutionärste Neuentwicklung der Renaissance-Zeit auf musikalischem Gebiet. Abgesehen von sog. *Mikro-Intervallen* (→ Mikrotonalität), welche in der Antike und dann erst wieder in der Musik des 20. Jahrhunderts (→ Neue Musik) eine Rolle spielten, ist hierdurch der Tonraum der Oktave erstmals vollständig für die Tonauswahl verfügbar. Gleichzeitig entsteht auch das moderne Akzenttakt-Empfinden (→ Takt). Durch Vereinfachung der älteren → Mensuralnotation bilden sich die Grundlagen heutiger Notenschrift aus (→ Notation). Teilweise entstehen daneben auch neuartige Griffschriften (→ Tabulaturen u. a. für die Laute). Die verwandtschaftlichen Beziehungen der Töne und Tonarten werden im

→ Quintenzirkel systematisiert (vgl. Adrian Willaert, 1519). Vokalmusik ist nach wie vor bestimmend, Instrumentalmusik löst sich jedoch zunehmend von ihrer bisherigen Begleitfunktion innerhalb der Vokalmusik und verselbständigt sich zu eigenständigen Werkformen. Der Schwerpunkt der Vokalkompositionen liegt zunächst noch auf geistlichem Gebiet (→ Messe, → Motette), erst das italienische → Madrigal kann ab dem 16. Jahrhundert diese Vorrangstellung aufbrechen. *Durchimitation* wird eine beliebte Gestaltungsweise, → Kontrafaktur und → Parodie sind häufig zu finden.
Zur Vertonung von Texten wird die Wort-Ton-Beziehung neu *idealisiert*. Bis zu diesem Zeitpunkt orientierten sich Komponisten in aller Regel primär am späteren Verwendungszweck eines Werkes. Wort und Ton wurden dabei gelegentlich etwas beziehungslos aneinandergeknüpft, die Musik blieb letztlich daher ohne großen Verlust an substantieller Kraft austauschbar. In der Renaissance wird die Musik nun direkt auf den zugrundeliegenden Text bezogen. Die Worte werden auf ihren Gefühls- und Sinngehalt hin untersucht und diese vorgefundenen *Affekte* in Musik übersetzt. Die Töne werden zu musikalischen Gefühlsträgern der Worte (insbesondere bei Josquin Desprez). Umgekehrt erhöhten sich in gleichem Maße allerdings auch die Qualitätsanforderungen an die zu vertonenden Texte. Als Folge hiervon werden in weltlicher Renaissance-Musik (die geistlichen Werke bleiben weiterhin üblicherweise an Bibeltexte gebunden) literarisch anspruchsvolle Werke (u. a. von Petrarca, Vergil, Tasso) vertont.
Im harmonischen Bereich verdrängt das Dur-Moll-System zunehmend die älteren Kirchenmodi (→ Modus). Dreiklangsbildungen sowie einfache und doppelte Leittönigkeit verbreiten sich und führen schließlich zur Ausbildung der typischen → Kadenz (auch hier läßt sich ein enger Zusammenhang zur allgemeinen Lebenshaltung der Renaissance und ihrer Konzentration auf den Menschen erkennen, mag doch die Kadenz damals nicht nur als musikalisches Gestaltungselement gegolten haben, sondern durchaus auch als Symbol *menschlicher* Endlichkeit im Unterschied zu *göttlicher* Unendlichkeit).
Vollzogen sich die bisherigen musikalischen Entwicklungen hauptsächlich im Bereich der Kirchen und Klöster (→ Notre-Dame-Schule, → Ars antiqua, → Ars nova), so nimmt nun der Einfluß des Hofes und des städtischen Patriziertums zu. Allerorten entstehen musikalische Zentren, die untereinander einen regen Austausch pflegen. Die bedeutendsten Zentren liegen zwar in Italien (Florenz, Verona, Mantua, Venedig, Rom), die führenden Einflüsse gehen jedoch für rund 150 Jahre von neuburgundischen Komponisten aus (→ Niederländische Vokalpolyphonie, → Venezianische Schule).
Das Todesjahr von Orlando di Lasso und Giovanni Pierluigi da Palestrina (1594) markiert sowohl das Ende der Renaissance-Epoche wie auch den Wendepunkt zum → Barock. In der Folgezeit wurden manche musikalische Elemente und Kompositionsweisen der Renaissance in barocke Strukturen umge-

wandelt, viele gerieten jedoch auch in Vergessenheit. Erst im 19. Jahrhundert erinnerte man sich wieder dieser älteren Musik und belebte sie neu (vgl. die sog. *Cäcilienbewegung*, → Römische Schule).

rent parties → Boogie-Woogie

Reprise → Sonatenhauptsatzform

Reprisenform → Liedform

Requiem → Messe

responsorischer Gesang Wechselgesang zwischen einem Solisten (Vorsänger) und einem Chor. Ein Wechselgesang zwischen zwei Chören oder Halbchören wird als → antiphonischer Chorgesang bezeichnet.

restrictio → Fuge, → Imitation

Rezitativ [recitare = ital. vortragen] Solistisches Vokalstück, dessen Tonbewegungen vorwiegend sprachmelodisch bestimmt sind *(Sprechgesang)*. Rezitative sind in aller Regel einstimmig besetzt, es sind jedoch auch mehrstimmige Formen bekannt (vgl. J. S. Bachs Kantate «Nun komm, der Heiden Heiland», BWV 62, Nr. 5: als zweistimmiges Rezitativ). Charakteristisch ist eine Aufführungspraxis, die zwischen sprachlicher und gesanglicher Deklamation pendelt und die notierten Zeitwerte recht frei *(rubato)* interpretiert.
Das Rezitativ verdankt seine Entstehung einem Kreis aristokratischer Kunst- und Literaturliebhaber in Florenz *(Florentiner Camerata)*. In dem Bemühen, die Wortverständlichkeit bei Textvertonungen zu verbessern, entwickelte man dort gegen Ende des 16. Jahrhunderts die → Monodie und damit die Grundstruktur eines Rezitativs.
Ein Rezitativ ist typischerweise instrumental begleitet (unbegleitete Rezitative sind weniger verbreitet). Man unterscheidet zwei prinzipielle Ausprägungen. Ein *recitativo secco* [secco = ital. trocken] beschränkt sich im wesentlichen auf Stützakkordik (→ Generalbaßpraxis), die im 18. Jahrhundert zumeist von einem Cembalo, mitunter in Begleitung eines tiefen Streich- oder Blasinstrumentes, ausgeführt wurde (vgl. W. A. Mozart: «Don Giovanni», 1. Akt: Rezitativ vor Nr. 3). Ein *recitativo accompagnato* [accompagnato = ital. begleitet] ist dagegen ausführlicher ornamentiert und wird vom Orchester-Tutti ausgeführt. In rein instrumentalen Zwischenspielen kann die Musik für kurze Zeit eine gewisse, vom Gesangspart unabhängige Eigenständigkeit entwickeln (vgl. W. A. Mozart: «Don Giovanni», 1. Akt, Nr. 2: Rezitativ).

In der italienischen *opera seria* und der französischen *opéra* (→ Oper) hat das Rezitativ (namentlich als *recitativo secco*) in aller Regel die Aufgabe, den jeweiligen Handlungsfortgang zu schildern. → Arien stellen dagegen eher die Seelenzustände der Protagonisten dar. In der italienischen *opera buffa*, der französischen *opéra comique*, dem deutschen → Singspiel und der → Operette ist diese Funktion zumeist gesprochenen Dialogen übertragen.

Rhapsodie [rhaptein = griech. zusammennähen, ode = griech. Lied, Weise] Ursprünglich eine Gattung der Dichtkunst, deren Geschichte bis in die griechische Antike zurückreicht. Dort verstand man (im 7./6. Jahrhundert v. Chr.) unter einer *rhapsodia* eine aus fragmentarischen Teilen unterschiedlicher epischer Quellen (collagenartig) zusammengefügte Dichtung in episch-erzählendem Stil (zumeist über Götter- und Heldenschicksale, vgl. Homer: «Ilias», «Odyssee»). Solche Rhapsodien wurden von einem fahrenden Sänger *(Rhapsode)* vorgetragen, der sich zumeist auf einem Saiteninstrument (→ kithara) selbst begleitete.
Im 18. Jahrhundert wurde die Bezeichnung auf vokale oder instrumentale Musikstücke übertragen, die einen ausgeprägt improvisatorischen Grundcharakter aufwiesen und deren Gestaltung an keine Formvorgaben gebunden war. Lag eine Textvorlage zugrunde, so wurde diese typischerweise nur fragmentarisch vertont (vgl. Johannes Brahms: «Rhapsodie für Altstimme, Männerchor und Orchester» op. 53, nach einem Textausschnitt aus Goethes «Harzreise im Winter», 1777; Hanns Eisler: «Rhapsodie für großes Orchester mit Sopran-Solo» nach Worten aus Goethes «Faust II»). Als erste rein instrumentale Rhapsodie gilt das «Klavierstück» op. 3 (1802) von Wenzel Robert Graf von Gallenberg.
Komponisten des 19. Jahrhunderts banden in ihre Rhapsodien häufig (und ebenfalls bruchstückhaft) national-folkloristische Tanz- und Volksmusikelemente ein (vgl. Franz Liszt: «Ungarische Rhapsodien» unter Verwendung des → Csárdás; George Gershwin: «Rhapsody in Blue» unter Verwendung von Elementen des → Jazz).

Rhythm & Blues Im Juni 1949 von der Musikzeitschrift «Billboard» geschaffene Bezeichnung für afroamerikanische Tanz- und Unterhaltungsmusik. Die neue Benennung sollte die bislang verbreitete, diskriminierende Bezeichnung *racemusic* ablösen und konnte stilistisch sehr verschiedenartige, mehr oder weniger deutlich an der Tradition des → Blues orientierte Formen repräsentieren (→ Afroamerikanische Musik).
Die übliche Besetzung eines Rhythm-&-Blues-Ensembles bestand aus Gesangsstimme mit Rhythmusgruppe (Klavier, elektrisch verstärkter Gitarre, Baß, Schlagzeug) und einem aus der Tradition der Big Bands des → Jazz über-

nommenen Bläsersatz, der allerdings auf Saxophon und Trompete reduziert war. Das für die Big Bands des *Swing Jazz* charakteristische Riff-Verfahren wurde ebenfalls verwendet, meist jedoch stark vereinfacht (→ Riff).
Die Rhythmik ist in aller Regel klar und durchsichtig, vermeidet komplexere → off-beat-Phrasierungen und ist daher stets gut tanzbar. Gerade Taktarten (zumeist $\frac{4}{4}$-Takt) werden bevorzugt, wobei die Zählzeiten 2 und 4 stark überbetont gespielt werden. Beliebt ist die Variante, den $\frac{4}{4}$-Takt in eine vom → Boogie-Woogie entlehnte $\frac{8}{8}$-Rhythmik oder in einer späteren Phase auch in zwölf triolischen Achtelnoten zu untergliedern. Vom Boogie-Woogie werden oft auch dessen typische Baßbewegungen übernommen. Die Melodik ist häufig von Blues-Tonalität geprägt. Als typische Vertreter des Rhythm & Blues gelten u. a. Johnny Otis, Illinois Jacquet, Louis Jordan & The Tympany Five. Durch die zeitliche und stilistische Nähe des Rhythm & Blues zum *Chicago Blues* bzw. *West Coast Blues* konnte es nicht ausbleiben, daß manche Musiker in beiden Genres arbeiteten (u. a. John Lee Hooker, Muddy Waters, Aaron ‹T-Bone› Walker, B. B. King).
Eine mehr dem → Gospelsong zugewandte Spielart des Rhythm & Blues, welche ab 1969 (ebenfalls von den Redakteuren des «Billboard») mit dem Etikett → Soul belegt wurde, vertraten Vokalgruppen wie The Pilgrim Travellers, The Drifters, The Dominoes, The Platters und Interpreten wie Ray Charles, Aretha Franklin, Wilson Pickett, Otis Redding. In dieser Tradition stehen u. a. auch Diana Ross & The Supremes und später Stevie Wonder.

Rhythmus Das jeweilige zeitliche und metrische Verhältnis (→ Metrik) aufeinanderfolgender Impulse in einem musikalischen Ablauf.

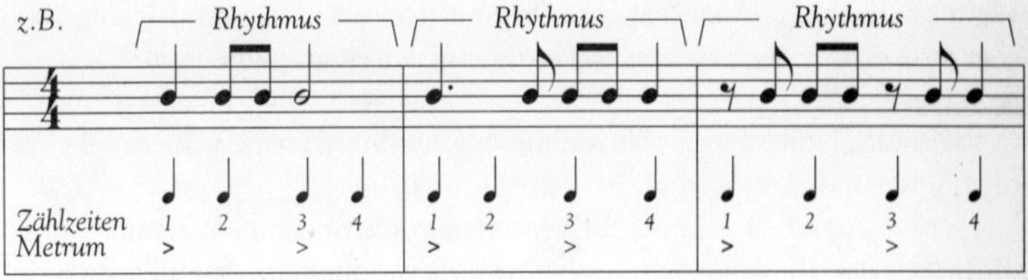

Werden zwei oder mehr unterschiedliche Rhythmen simultan verlaufend übereinandergeschichtet, so spricht man von *Polyrhythmik*. Je nach Grad der Unterschiedlichkeit bzw. Übereinstimmung und Art der Akzentverteilungen können sich die beteiligten Rhythmen ergänzen *(Komplementärrhythmen)* oder mehr oder weniger stark miteinander konkurrieren *(Konfliktrhythmen)*.

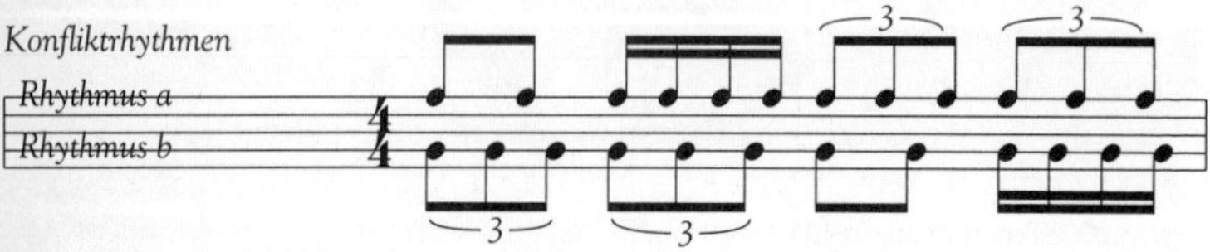

Ricercar Instrumentalgattung, welche Anfang des 16. Jahrhunderts in Italien für Laute (ab 1523 auch für Orgel) entsteht, ausgeprägte Improvisationszüge *(Improvisationsricercar)* trägt und daher zunächst nahezu wesensgleich mit einer → Fantasie ist. Ricercare dienen zur Einstimmung auf ein nachfolgendes Musikstück *(Intonationsricercar)*, man intoniert bzw. *sucht* die Tonhöhe des Folgewerkes [ricercare = ital. suchen]. Etwa 1540/50 überträgt Girolamo Cavazzoni das Satzverfahren der Durchimitierten → Motette auf reine Instrumentalkompositionen (ebenfalls zunächst für Laute oder Orgel) und entwickelt hierdurch das *Imitationsricercar* als *instrumentale* Motette. Im 17. Jahrhundert wird das Ricercar zunehmend monothematisch und zunächst noch mit mehreren, sich abwechselnden → Kontrapunkten *(Variationsricercar)*, schließlich auch mit einem einzigen Kontrapunkt pro Thema *(soggetto)* behandelt (vgl. Girolamo Frescobaldi: «Fiori musicali», 1635). Diese Entwicklung führte auf ihrem weiteren Weg direkt zur → Fuge, und als Folge hiervon wurde die Bezeichnung *Ricercar* alternativ nun auch auf *Fugen* angewendet (vgl. J. S. Bach: «Musikalisches Opfer» mit ‹Ricercar à 3› und ‹Ricercar à 6›, welche durchaus als drei- bzw. sechsstimmige Fugen anzusehen sind).

Riff Motivbildung in → Afroamerikanischer Musik, welche mehr oder weniger unverändert wiederholt wird (→ Ostinato).
Der Riff entstand aus ursprünglich spontanen instrumentalen Kommentaren zu Texten des → Blues. Aus solchen zunächst stets improvisierten Zusätzen gingen mit der Zeit mehr oder weniger stereotype motivische Floskeln hervor, die man nun als *Riffs* bezeichnete. Sie finden sich in allen später aus dem Blues hervorgegangenen Musikformen (→ Rhythm & Blues, → Rockabilly, → Rock 'n' Roll, → Rockmusik). Die Formelhaftigkeit des Riffs kam u. a. dem häufigen Tanzmusikcharakter dieser Stile deutlich entgegen. In der Rockmusik wird eine ostinate Wendung auch als *pattern* oder *lick* bezeichnet. Dabei spielt vor allem das sog. *bass-pattern* eine wichtige Rolle, aber auch in den Harmonie-Instrumenten sind Ostinato-Formen sehr häufig zu finden (vgl. The

Rolling Stones: «Jumpin' Jack Flash»; Deep Purple: «Smoke on the Water», Lynyrd Skynyrd: «Sweet Home Alabama»).
Im → Jazz wird die einfach gehaltene, gleichbleibende Motivik eines Riffs als Kontrastmittel gegenüber den sich ständig verändernden Flächen einer fortschreitenden harmonischen Basis verwendet. Dieses Riff-Verfahren wurde insbesondere in den Bläsersätzen der Swing-Big-Bands verwirklicht (vgl. Big Bands von Don Redman, Fletcher Henderson, *Kansas-City-Stil* der Big Bands von Benny Moten und Count Basie). Deren Riffs waren vorwiegend zweitaktige, gelegentlich auch komplexere viertaktige Strukturen und wurden meist unisono oder auch in spontan entstehenden Harmoniesätzen geblasen. Nach der Swing-Zeit verlor der Riff allmählich an Bedeutung, da die nun üblichen komplizierten harmonischen Strukturen seiner Einfachheit zuwiderliefen.

Rigaudon Seit etwa 1650 bekannte, ursprünglich vermutlich aus der französischen Provence stammende schnelle Tanzweise, welche geradtaktig (zumeist $\frac{2}{2}$-Takt) sowie zwei- oder dreiteilig gegliedert ist und bevorzugt auftaktig beginnt. Abgesehen von seiner typischen Auftaktstruktur (mit einer Viertelnote) ist der Rigaudon in seinem Grundcharakter nah mit → Bourrée und → Gavotte verwandt. In stilisierter Form wurde der Rigaudon in die → Suite aufgenommen.

rinf., rinforzando, rinforzato → Akzent

riposta → Fuge

riqq → tacht

ristringendo → Tempo

ritardando → Tempo

Ritornell [ritornello = ital. Wiederkehr] Die italienische Bezeichnung für → Refrain wurde im Laufe der Musikgeschichte mit unterschiedlichen Bedeutungsgehalten belegt. *Ritornell* bezeichnet im → Trecento zunächst den (vokalen) Kehrreim bei mehrstimmigen Vokalwerken (→ Madrigal, → Ballade) und ist zudem für eine italienische Volksliedform verbreitet, deren Strophen dreizeilig sind und dessen Anfangs- und Schlußzeile den gleichen Endreim aufweisen. Seit dem 17. Jahrhundert versteht man unter Ritornell auch einen instrumentalen Abschnitt im Verlauf eines Vokalwerkes, der gleichbleibend oder variiert mehrmals wiederholt wird (→ Kantate). Im 18. Jahrhundert wird die gleiche Bezeichnung zusätzlich im Instrumentalkonzert (→ Konzert) verwendet und dort auf die Abschnitte mit Gesamtorchester *(tutti)* bezogen, die zwischen den Episoden für Concertino oder Soloinstrument liegen.

Rock 'n' Roll Ab etwa 1955 aus → Rhythm & Blues und → Rockabilly weiterentwickelter Musikstil.
Dabei glich sich zwischen 1954 und 1956 einerseits (schwarzer) Rhythm & Blues mehr und mehr dem wirtschaftlich erfolgreicheren (weißen) Rockabilly an (u. a. wurden nun auch hier die Texte von erotischen Anspielungen gereinigt), und so entstand ab etwa 1955 schließlich ein für den weißen Markt geglätteter schwarzer Rock 'n' Roll (als erstes erfolgreiches Stück dieser Stilistik gilt Chuck Berrys «Mabellene», 1955). Andererseits versuchten manche weiße Rockabilly-Interpreten (insbesondere Elvis Presley, Jerry Lee Lewis, Roy Orbison, Buddy Holly), sich ernsthafter dem schwarzen Rhythm-&-Blues-Idiom und der für den → Blues typischen Artikulation anzunähern, und schufen damit eine weiße Variante des Rock 'n' Roll.
Die Bezeichnung *Rock 'n' Roll* war in Texten des Blues und Rhythm & Blues zunächst eine übliche Chiffre zur Beschreibung von Geschlechtsverkehr gewesen (vgl. Roy Brown: «Good Rockin' Tonight», 1947), bevor sie der Discjockey Alan Freed (Radiostation WJW, Cleveland) nach eigenen Aussagen bereits 1951 auf den Rockabilly übertrug, von wo sie schließlich auch auf dessen weiterentwickelte Variante überging.
Im Laufe der Zeit prägten sich unterschiedliche schwarze Rock-'n'-Roll-Stile aus. Fats Domino und Little Richard gelten als Vertreter des sehr am Blues und → Boogie-Woogie orientierten *Südstaaten-Rock 'n' Roll*. Dem → Gospelsong nahestehender Rock 'n' Roll wurde insbesondere von Vokalgruppen dargeboten (u. a. von The Drifters). Chuck Berry sowie Bo Diddley spielten eine Rock-'n'-Roll-Stilistik, die dem *Chicago Blues* verwandt war, Freddie Bell orientierte sich mehr am *Swing Jazz*.

Rockabilly Anfang der 1950er Jahre im Umkreis von Memphis (Tennessee) entstandene, weitgehend kommerziell orientierte weiße Nachahmung des schwarzen → Rhythm & Blues. Dessen formale Strukturen wurden stark schematisiert, seine musikalischen Ausdrucksmittel vereinfacht und geglättet. Die üblichen erotischen Anspielungen der Rhythm-&-Blues-Texte wurden (für den weißen Plattenmarkt) entschärft oder durch unverbindliche, bevorzugt jugendliche Slang-Redewendungen (vgl. *see you later Alligator, crazy man crazy, shake rattle and roll*) oder Nonsens-Silben ersetzt. Singweise und instrumentale Besetzung wurden der kommerziell erfolgreichen → Country-&-Western-Musik angelehnt (z. B. elektrisch verstärkte Gitarren, Saxophon, Akkordeon, Kontrabaß, Schlagzeug, Klavier). In der Mehrzahl aller Fälle wurden auch keine neuen Titel geschrieben, sondern nach dem bewährten

Muster schwarze Rhythm-&-Blues-Titel zu *Cover*-Versionen umgeformt. So ist «Rock Around the Clock» von Bill Haley & The Comets (1954) eigentlich ein Rhythm-&-Blues-Titel von Johnny Dae. Pat Boones «Ain't It a Shame» (1955) stammt ursprünglich von Fats Domino, sein «Tutti Frutti» (1955) von Little Richard. Bill Haley coverte 1954 «Shake, Rattle and Roll» von Joe Turner, Elvis Presley 1956 sein «Hound Dog» von Willie Mae Thornton.

Die ursprünglichen Originalversionen waren auf dem weißen Plattenmarkt zu jener Zeit kaum verkäuflich. Wenn überhaupt, dann waren sie zumeist erst in einer Art zweitem Anlauf interessant. Die Initiative zum Covern von schwarzen Rhythm-&-Blues-Titeln ging dabei vermutlich weniger von den Musikern selbst als eher von deren Plattenfirmen aus, die damit die jugendlichen Hörer als Käufer gewinnen wollten.

Rockjazz → Jazz

Rockmusik Ende der 1950er Jahre in England entstandene Musikkultur, die europäische und afroamerikanische Musikelemente zu einer neuen Stilistik verschmolz und unter vielfältigen Wandlungen bis heute aktuell ist.

Das neue Genre wurde in seinem Ursprungsland zunächst als *Beatmusic* (abgek. *Beat*) bezeichnet. Die Benennung *Rockmusic* entsteht erst ab etwa 1965 in den USA zur Beschreibung der britischen Beatmusik, die man in Nordamerika als Variante des → Rock 'n' Roll verstand. Heute bezeichnet der Terminus Rockmusik sehr verallgemeinernd eine Vielzahl musikalischer Formen, die sich aus dem → Rock 'n' Roll und → Rhythm & Blues der 1950er Jahre weiterentwickelt haben, und ist oft nur schwierig von dem Begriff → Popmusik zu unterscheiden. Gelegentlich werden beide Bezeichnungen auch gleichbedeutend verwendet. Die allgemein zutreffendste Unterscheidung zwischen Popmusik und Rockmusik gelingt zumeist über die Funktion der am Produktionsprozeß beteiligten Personen: Popmusik wird arbeitsteilig produziert, Rockmusik dagegen zumeist von Komponisten und Textern, die gleichzeitig auch die Interpreten der Stücke sind. Allerdings sind die Übergänge oft fließend und die Entstehung eines Stückes auch nicht immer genau nachvollziehbar.

Zumindest in ihrer Entstehungszeit war Rockmusik (bzw. Beatmusik) größtenteils ein musiksoziologisches Phänomen. Die Texte artikulierten typische Jugendkonflikte (vgl. The Beatles: «She's Leaving Home») und nutzten hierbei eine bewußt jugendnahe Sprache. Erstmals wurden die Bedürfnisse der jüngeren Generation nach Geborgenheit und Verständnis, ihre Einsamkeitsgefühle und Lebensängste in Musiktexten mitgeteilt (vgl. The Beatles: «Please Please Me», «A Hard Day's Night»). Die damalige Scheinwelt der → Schlager

war längst als falsch, unwirklich und verlogen demaskiert und konnte diese Bedürfnisse nicht befriedigen. Rock- bzw. Beatmusik sprach diese Themen dagegen direkt, unverkrampft und ungeschminkt an. Sie war Ausdruck einer jugendlichen, subkulturellen Bewegung, welche die eigenen Erziehungsinstanzen und deren Leistungsorientierung mehr oder weniger aggressiv ablehnte und eine bis dahin kaum gekannte, wenngleich häufig rein fiktive Solidarität unter den Heranwachsenden schuf (vgl. The Who: «My Generation», 1965). Die etwa gleiche Altersschicht zwischen Vortragenden und Hörern erleichterte die Identifikation. Die jugendlichen Interpreten galten schlicht als glaubwürdig, hatten doch letztlich alle die gleichen Probleme.
Rockmusik entwickelte sich (unter der Bezeichnung *Beatmusic*) ab etwa 1958 aus dem spielerischen, jedoch sehr engagierten und zunächst völlig unkommerziell ausgerichteten Umgang jugendlicher Amateure mit Rock 'n' Roll und Rhythm & Blues in englischen Großstädten. Zentren der Entwicklung waren Liverpool (*Liverpool* oder *Mersey Beat*, benannt nach dem Mersey River; um 1960 gab es dort etwa 400 Beat-Bands, darunter The Beatles und Gerry and the Pacemakers) und London (u. a. The Rolling Stones, The Who, The Kinks). Die typische Besetzung bestand aus Elektrobaß, ein bis zwei Elektrogitarren und Schlagzeug und war von den damals in England äußerst beliebten Gitarrengruppierungen wie u. a. The Shadows oder der Gruppe um Duane Eddy *(Twangy Sound)* entlehnt. Die Stimme wurde über Mikrophone und Verstärker übertragen, Instrumente und Stimme zudem über elektronische Effektgeräte klanglich beeinflußt. Die Tongebung war stets sehr persönlich gefärbt, der Gesang vorwiegend sprachorientiert. → Glissando und → Falsett waren sehr beliebt. Die afroamerikanische → off-beat-Phrasierung hatte man zu einer relativ durchgängigen Vorwegnahme von Hauptbetonungen schematisiert. Formal wurden einfache Strophenlieder mit Refrain in geradtaktigen Gliederungen und $\frac{8}{8}$- oder in $\frac{12}{8}$-Rhythmik bevorzugt (vgl. The Beatles: «Oh Darling»). Die Zählzeiten 2 und 4 spielte man stark betont.
Ab Mitte der 1960er Jahre begann ein radikales Experimentieren, das zu sehr unterschiedlichen Stilausprägungen führte. Die Bezeichnung *Rockmusic* setzte sich nun (auch in England) weitgehend durch. Die heute üblichen Benennungen für verschiedene Rockstile spiegeln die stilistischen Eigenarten mehr oder weniger deutlich wider. Fast alle Rockstile wurden nach und nach kommerzialisiert und entfernten sich damit von ihren eigentlichen Idealen. Jede Verflachung des ursprünglichen subkulturellen Protestideals löste jedoch stets auch wieder eine entsprechende Erneuerungsbewegung aus.
Durch die Verzahnung traditioneller oder moderner angloamerikanischer und britischer → Folkmusic mit rockmusikalischen Elementen entstand ab 1965 *Folk Rock* (The Byrds, Fairport Convention, The Lovin' Spoonful, Steeleye Span). Zwei grundsätzlich verschiedene Anfangsentwicklungen sind festzu-

stellen: in den USA wird Folkmusic mit elektronischen Mitteln verstärkt (als entscheidender Impuls in Nordamerika gilt die Verwendung einer elektrisch verstärkten Gitarre des Folksängers Bob Dylan beim Newport Folk Festival 1965), in Großbritannien dagegen wenden sich Rockmusiker dem → Folksong zu.

Country Rock ist eine Verschmelzung von Rockmusik mit → Country-&-Western-Musik, deren typisches Instrumentarium (Steel Guitar, Banjo, Akkordeon, Geige, Mandoline) eingebunden wird (vgl. Buffalo Springfield, The Eagles, The Band). Als erste Platte des Country Rock gilt «Safe at Home» der International Submarine Band (1967). Die Bezeichnung *Country Rock* wurde später durch das Etikett *Southern Rock* weitgehend ersetzt (vgl. Allmann-Brothers, Lynyrd Skynyrd, ZZ Top).

Psychedelic Rock (Acid Rock) war eine eng mit der kalifornischen Hippie-Bewegung verbundene Variante der Rockmusik, die 1967–1969 populär wurde und deren Vertreter sich mehr oder weniger offen zu Drogenkonsum (insbesondere zu der damaligen Modedroge LSD) bekannten. Umstritten ist von Fall zu Fall, inwieweit sich der musikalische Schöpfungsprozeß tatsächlich direkt unter Drogeneinfluß vollzog oder nur die Wirkung von Drogen mit musikalischen Mitteln darzustellen versuchte. Charakteristisch sind ausgedehnte Klangcollagen unter Verzicht auf klare Formgliederungen (wobei auch mit elektronischem Instrumentarium experimentiert wurde) und Texte, deren Vokabular der (verschlüsselten) Drogensprache entstammen (vgl. Pink Floyd: «The Piper at the Gates of Dawn», 1967, «A Saucerful of Secrets», 1968; The Doors, Vanilla Fudge). Als erstes Beispiel für Psychedelic Rock gilt Jefferson Airplanes «Surrealistic Pillow» (1967).

Baroque Rock (Classic Rock, Art Rock) prägte sich ab etwa 1967 aus und verarbeitete Elemente europäischer Kunstmusik rockmusikalisch. Es kann sich dabei um kurze Stilzitate, die Übernahme von kunstmusikalischen Formvorlagen (→ Suite, → Rondo o. ä.), die rockmusikalische Interpretation vollständiger kunstmusikalischer Werke oder die Einbindung typischer kunstmusikalischer Besetzungen (→ Streichquartett, Sinfonieorchester) handeln (vgl. Procol Harum: «A Whiter Shade of Pale», 1967, als Vorlage der Baßbewegung diente die Arie Nr. 1 aus J. S. Bachs Kantate «Vergnügte Ruh, beliebte Seelenlust», BWV 170; Ekseption: «The 5th», nach L. v. Beethovens «Sinfonie Nr. 5»; «A La Turk», nach W. A. Mozarts «Alla Turka» aus der Klaviersonate KV 331; The Nice: «Ars Longa Vita Brevis», 1969; Jon Lord & Deep Purple: «Concerto for Group and Orchestra», 1969; Emerson, Lake & Palmer: «Pictures At An Exhibition», 1971, nach Modest Mussorgskijs «Bilder einer Ausstellung»).

Raga Rock verband Rockmusik mit Elementen indischer Musik (vgl. The Beatles: «Norwegian Wood», 1965, «Within You, Without You», 1967; The

Yardbirds: «Eight Miles High», 1966); *Latin Rock* verwendete lateinamerikanische Rhythmik und Schlaginstrumente (vgl. Santana: «Abraxas»). In der Stilistik des seit etwa 1975 bekannten *Electronic Rock* war das bisher typische Instrumentarium teilweise oder vollständig durch elektronische Klangerzeuger (Synthesizer) ersetzt worden (vgl. Tangerine Dream, Pink Floyd, Emerson, Lake & Palmer, Kraftwerk). Das Kennzeichen des *Glamour Rock*, einer Variante zu Beginn der 1970er Jahre, war eine zum gigantischen Bühnenspektakel entartete Aufführungspraxis. Die Bedeutung der Bühnenshow (Kostümierung, szenische Darstellungen, Nebelmaschinen, Filmeinblendungen usw.) überlagerte nicht selten die eigentlichen musikalischen Anteile (vgl. Gary Glitter, Suzi Quatro, Mud, Slade, T. Rex, Kiss, Alice Cooper, The Sweet, David Bowie, Roxy Music).

Hard Rock entstand ab etwa 1970 insbesondere als Gegenbewegung zu Baroque Rock und Psychedelic Rock, die man als Entartung der eigentlichen rockmusikalischen Ideale ansah. Die Vertreter des Hard Rock strebten eine Rückkehr zu einfachen Gestaltungselementen an und lehnten bewußt jede Form von künstlerischer Stilisierung innerhalb von Rockmusik ab. Charakteristisches Merkmal des Hard Rock war neben einer verhältnismäßig starren $\frac{4}{4}$-Akzentuierung eine gelegentlich bis an die Schmerzgrenze übersteigerte Lautstärke mit stark verzerrtem Klangbild (vgl. Black Sabbath, Uriah Heep, Led Zeppelin). Die Interpreten (es handelte sich ausschließlich um männliche Musiker) gaben sich auf der Bühne oft betont wild, provozierend aggressiv, ungezügelt und latent gewaltbereit (wobei umstritten ist, inwieweit diese Haltung reine Bühnenattitüde war oder ein tatsächlich vorhandenes Gewaltpotential widerspiegelte). Die Stilform des Hard Rock hat sich unter dem Etikett *Heavy Metal Rock* bis heute weitgehend erhalten, wobei die bisherigen Grundelemente (gigantische Lautstärke, verzerrtes Klangbild, aggressive Texte) allerdings weiter gesteigert wurden (vgl. Kiss, Thin Lizzy, Motörhead, Judas Priest, Iron Maiden). Die Texte drücken nicht selten offen Brutalität und Gewalt aus, die Musiker umgeben sich mit einer Vielzahl von Aggressionsfetischen (Eisenketten, nationalsozialistische Abzeichen auf schwarzer Lederkleidung usw.) und zeigen gelegentlich eine Aufführungspraxis mit pseudookkultem Gehabe (sog. *Black Metal*, vgl. Slayer).

Punk Rock [punk = engl. Müll, Abfall] entwickelte sich ab etwa 1977 in England (insbesondere in London). Seine Vertreter lehnen sowohl die musikalische als auch die vermarktungstechnische Professionalisierung der Rockmusik ab und idealisieren das Amateurhafte der frühen Beat- bzw. Rockmusik. Entsprechend ist die musikalische Gestaltung zumeist betont dilettantisch gehalten. Als erstes Beispiel einer Punk-Rock-Gruppe gelten die Sex Pistols («Anarchy in UK», 1977). Um sich nicht in die Abhängigkeit großer Schallplattenkonzerne begeben zu müssen, wird Punk Rock in aller Regel über kleine,

unabhängige Labels verbreitet, die zudem oft von den Musikern selbst betrieben werden.
Etwa gleichzeitig mit dem britischen Punk Rock entstand in den USA (insbesondere von New York ausgehend) mit der *New Wave* eine musikalische Richtung, die ebenfalls die Beschränkung der musikalischen wie spieltechnischen Mittel vertritt. Allerdings ist New Wave weniger eine jugendliche Protestbewegung gegen die Entfremdung der Rockmusik von ihren ursprünglichen Idealen als vielmehr eine von Intellektuellen getragene Strömung, welche die Reduktion als künstlerisches Mittel versteht, um die allgemeine zwischenmenschliche Gefühlskälte darzustellen (vgl. Blondie, Talking Heads).
Die amerikanische New Wave und der britische Punk Rock initiierten zwischen 1980 und 1983 eine ähnliche musikalische Variante in Deutschland, die als *Neue Deutsche Welle* bezeichnet wurde (u.a. Einstürzende Neubauten, Fehlfarben, Extrabreit, Deutsch-Amerikanische Freundschaft). Im Unterschied zu Punk Rock und New Wave verschlossen sich deren Vertreter allerdings keineswegs konsequent einer Vermarktung durch die etablierte Plattenindustrie, was nach kurzer Zeit zu einer weitgehenden Auflösung dieser Bewegung führte.

Rockoper Ein längeres, mehrsätziges Werk der → Rockmusik mit einer erzählenden Gesamtkonzeption. Trotz des sprachlichen Bezugs zur Bühnengattung → Oper wird eine szenische Umsetzung, von wenigen Ausnahmen abgesehen (vgl. The Who: «Tommy», 1967) und im Unterschied zum Rockmusical, nicht angestrebt. Der Begriff Rockoper deckt sich dagegen weitgehend mit der schallplattentechnischen Bezeichnung *Konzept-Album* (The Who: «Quadrophenia», 1973; The Kinks: «Arthur or The Decline and Fall of the British Empire», 1969; The Beatles: «St. Pepper's Lonely Hearts Club Band», 1967; Genesis: «The Lamb Lies Down On Broadway», 1974; Eagles: «Desperado», 1973). Als erste Rockoper gilt: «The Story of Simon Simopath. A Science Fiction Pantomime» von Nirvana (1967).

Rohrblattinstrumente → Holzblasinstrumente, welche zur Tonerzeugung ein einfaches oder doppeltes Rohrblatt aus einer speziellen, südeuropäischen Riesengrasart (lat. *arundo donax*) benutzen. Ein *Einfachrohrblatt* wirkt als *Aufschlagzunge* (das Rohrblatt schlägt auf die Führungsbahn des Mundstücks auf: → Klarinette, → Saxophon, → Bassetthorn). Beim *Doppelrohrblatt* schlagen zwei schmale Rohrgrasblättchen als Zungen gegeneinander (*Gegenschlagzunge:* → Oboe, → Fagott, → Krummhorn, → Cornamuse, → Kortholt, → Rankett, → Schreierpfeife, → Schalmei, → Pommer, → mizmār, → mey, → śahnāī, → nāgasvaram). Beide Instrumententypen zählen instrumentenkundlich zur Gattung der *Lingualpfeifen* [lingua = lat. Zunge; → Pfeifenorgel). Ein Doppel-

rohrblatt kann entweder direkt am Mund geführt werden, oder es sitzt innerhalb einer gesonderten → Windkapsel (→ Schreierpfeife, → Kortholt, → Krummhorn).
Bei den Einfachrohrblattinstrumenten unterscheidet man *heteroglotte* Typen, bei welchen am Schallrohr ein gesondertes Rohrblatt befestigt ist, von *idioglotten* Instrumenten. Deren Zungen sind durch Einschnitte direkt aus der Wandung der Schallröhre herausgearbeitet, so daß Schallröhre und Zunge eine gewachsene Einheit bilden (z. B. walisische *Pibcorn*, baskische *Alboquea*, sardinische *Launedda*, russische *Brelka*, polnische *Duda*, litauische *Birbine*).
Erste einfache Rohrblattinstrumente wurden vermutlich im Kreis von Hirten (wahrscheinlich im vorderasiatisch-ägyptischen Bereich) durch längsseitiges Einschlitzen eines Naturrohres (Weide, Schilf) hergestellt. Die entstandene Lamelle gibt beim Anblasen einen schnarrend-näselnden Ton ab, das anhängende Rohr nimmt die Schwingungen auf und bestimmt durch seine Länge und Weite die Klangfarbe. Später wurden die einfachen Weiden- bzw. Schilfröhren durch gebohrte Holztuben ersetzt (vgl. den griechischen → aulos).
Das akustische Prinzip der Aufschlag- bzw. Gegenschlagzunge bewirkt bei konischer Bohrung (→ Oboe, → Fagott, → Schalmei, → Pommer, → Schreierpfeife) keine wesentliche Einschränkung des Obertonspektrums, läßt bei Rohrblattinstrumenten mit zylindrischer Bohrung (→ Klarinette, → Rankett, → Kortholt) allerdings nur die ungeradzahligen Partialtöne einer Naturtonreihe erklingen. Als erster Überblaston einer Naturtonreihe erscheint somit nicht die Oktave, sondern die Duodezime (= 3. Partialton). Um die zwischen Oktave und Duodezime liegenden Töne anspielen zu können, sind daher zusätzliche Tonlöcher mit häufig recht komplizierter Klappenmechanik erforderlich.
Der → Dudelsack kann sowohl Einfach- als auch Doppelrohrblattpfeifen aufweisen, er wird daher zumeist getrennt als *Sackpfeife* systematisiert.

Romantik Musikgeschichtliche Epoche mit einer Frühphase zwischen 1800 und 1830, einer sich anschließenden Blütezeit bis etwa 1850/60 und einer Spätphase *(Spätromantik)* bis etwa 1914.
Die Bezeichnung *Romantik* ist gegen Ende des 18. Jahrhunderts zunächst ein literarischer Begriff für romanhafte Erzählungen [romance = frz. Romanze]. In gleicher Weise wird sie (allerdings zunächst bevorzugt adjektivisch) seit Ernst Theodor Amadeus Hoffmanns Beethoven-Rezension (1810) auch im musikalischen Bereich angewendet, um damit einen erzählenden, phantastischen Werkcharakter anzuzeigen (vgl. Carl Maria v. Weber: «Der Freischütz» als *romantische* Oper).
Zur Abgrenzung der Romantik als Musikepoche scheint es günstig, diese Unterscheidung zwischen substantivischer und adjektivischer Wortform bei-

zubehalten. Beide Benennungen müssen sich nämlich zeitlich nicht decken. So gibt es durchaus *romantische* (d. h. erzählende, schwärmerische) Musik außerhalb der Romantik (vgl. späte Kompositionen von W. A. Mozart; Johann Schobert wie Carl Phil. Emanuel Bach schreiben in ihren Klavierwerken um 1760 typisch romantische Spielanweisungen vor, → Empfindsamer Stil; E. T. A. Hoffmann findet romantische Züge selbst bei Palestrina und J. S. Bach). Andererseits entstanden in der Romantik auch unromantische Werke (vgl. Gioacchino Rossini, Jacques Offenbach). Es ist nicht unüblich, die Bezeichnung *romantisch* dabei als Unterscheidungshilfe gegenüber *klassisch* zu verwenden. Beide Strömungen durchdringen einander bereits erkennbar während → Vorklassik und → Klassik, wobei eben nur einmal diese, ein andermal die andere Richtung deutlicher hervortritt. Insbesondere bei L. v. Beethoven ist eine allgemeine Zuordnung seines Schaffens entweder zu Klassik oder Romantik oft recht schwierig.

Typisches Symptom einer *romantischen* Ausrichtung in Kunst, Literatur und Musik des 19. Jahrhunderts ist die Betonung der Gefühlsebene. Für den romantisch empfindenden Künstler kann nur das Gefühl (nicht aber die Vernunft) die hinter den Dingen verborgenen, *eigentlichen* Wahrheiten tatsächlich erkennen. Um diese in die für jedermann erfahrbare Wirklichkeit transzendieren zu können, bedarf es Medien, welche den Gefühlen grundsätzlich wesensverwandt sind. Von allen bekannten Kunstäußerungen wurde (vor allem durch die Schriften Wilhelm Heinrich Wackenroders, Ludwig Tiecks und E. T. A. Hoffmanns) nur die Musik für diese Aufgabe als geeignet angesehen. Insbesondere die Instrumentalmusik galt wegen ihrer *Nichtstofflichkeit* als ideale Erscheinung in diesem Zusammenhang. Komponieren wurde zur gleichsam pseudoreligiösen Handlung stilisiert. Die Aufgabe des Künstlers bestand darin, kraft seiner schöpferischen Fähigkeiten (handwerkliche Fertigkeiten galten als selbstverständliche Grundlage) das an sich Unbegreifliche und *«Unaussprechliche»* (E. T. A. Hoffmann, 1810) in musikalische Gegebenheiten zu übersetzen, wobei nach idealisierter Vorstellung alle persönlichen Hinzufügungen (Effekte usw.) zu vermeiden waren.

Verbunden war diese romantische Grundhaltung mit einem erstarkten Interesse am Ursprünglichen und Ungekünstelten. Man beschäftigte sich mit den Wurzeln der menschlichen Seele und entdeckte die Natur als elementare Quelle allen Seins (vgl. der *Wald* als *Seele* der Natur in der *Romantischen Oper*). Das volkstümliche Brauchtum, von den Kunstschaffenden bislang eher mißachtet, erhielt in diesem Zusammenhang einen völlig neuen Stellenwert. Das → Volkslied wurde als unverfälscht und grundsätzlich *natürlich* idealisiert und in nunmehr allerorten entstehenden *Liederkränzen* und *Liedertafeln* gepflegt (Carl Friedrich Zelter gründete 1809 die 1. Berliner Liedertafel als Männerchor). Alte Sagen und Märchen wurden gesammelt und galten nun

als unverzichtbares Kulturgut (Jacob und Wilhelm Grimm: «Kinder- und Hausmärchen», 1812, «Deutsche Sagen», 1816–18).
Gleichzeitig befriedigten gerade die Volkssagen und -märchen das Interesse der Zeit an allem Unerklärbaren, handeln sie doch zumeist von mystischen, phantastischen Vorgängen bis hin zum Schauerlichen und Unheimlichen. Die Märchen- und Sagenfiguren personifizieren in geradezu idealer Weise all jene Sehnsüchte, aber auch Lebensängste, welche die romantischen Künstler zu allen Zeiten beschäftigten (vgl. in der Spätromantik den *Erlösungsgedanken* in «Der Fliegende Holländer» sowie die Symboliken des *Heiligen Grals* und des *Liebestranks* bei Richard Wagner). Entsprechend griff man in → Oper und → Kunstlied bevorzugt auf die Themen und Figuren solcher Volksliteratur zurück.
Die aus der Klassik bekannten Formbildungen und Werkgattungen (u. a. → Sinfonie, → Sonate, → Konzert, → Streichquartett, → Messe, → Oratorium) wie die tonalen, harmonischen und rhythmischen Grundlagen behielten auch in der musikalischen Romantik weiterhin ihre Gültigkeit. Allerdings wurden alle klassischen Vorgaben in ihren Grenzen neu ausgelotet und bezüglich Substanz befragt. Die → Themen sind oft zu größeren Komplexen zusammengesetzt. → Thematisch-motivische Arbeit ist gelegentlich auf die Schilderung von Stimmungslagen, musikalisch auf die Darstellung unterschiedlicher klanglicher Ebenen reduziert. Rhythmische und harmonische Gegensätze sind jedoch verschärft. Die Rhythmik ist durch vielschichtige Akzentüberlagerungen stark verdichtet, die Melodik durch kühnste Chromatisierungen ausgeweitet (→ Chromatik). Neuartiges Skalenmaterial wurde integriert (→ Nationalstile). → Ausweichungen und vielfältigste → Modulationen auch in entfernte Tonarten sind wichtiges Mittel der Klanggestaltung und mitunter in dichtesten Folgen so ineinander verzahnt, daß der Eindruck eines beständigen Fließens entsteht. Gelegentlich stehen verschiedene Tonarten allerdings auch schroff und ohne modulierenden Übergang nebeneinander. Insgesamt wurden terzverwandte Klänge und Tonarten nun bestimmender (→ Gegenklänge, → Parallelklänge). Die → Kadenz verlor in vielen Fällen (nicht jedoch bei Anton Bruckner) ihre bisherige interpunktierende und damit formbildende Funktion. Dissonanzen bleiben nun oft unaufgelöst und verstärken ebenfalls den vorwärtsdrängenden Charakter. Die Harmonik näherte sich schließlich in polytonalen Schichtungen der Atonalität (vgl. Richard Wagner: «Tristan und Isolde»; Richard Strauss: «Salome»).
Die Besetzung des sinfonischen Orchesters wurde in der Romantik auf durchschnittlich etwa 70 bis 80 Instrumentalisten erweitert. Allerdings kannte insbesondere die Spätromantik auch noch größere Orchester (z. B. Rich. Strauss: «Eine Alpensinfonie» mit etwa 140 Spielern). Die größer werdenden Orchester und deren mächtige Klangfülle erforderten größere Veranstaltungsräume.

Andererseits waren die Besetzungserweiterungen das Ergebnis eines gewachsenen öffentlichen Interesses, das größere Konzertsäle und damit in der Folge auch größere Klangkörper bedingte. Gleichzeitig blieb die höfisch-intime Tradition des Musizierens vor einem begrenzten Kreis von Zuhörern als sog. *Kammermusik* erhalten (→ Streichquartett). Größere Bedeutung erhielten in diesem Zusammenhang die Gattungen → Charakterstück und → Kunstlied (vgl. Franz Schubert, Robert Schumann, Johannes Brahms, Felix Mendelssohn Bartholdy, Hugo Wolf).

In der Romantik professionalisierte sich das Konzertwesen. Konzertagenturen entstanden und veranstalteten sog. *Sinfoniekonzerte* (vgl. u. a. *Leipziger Gewandhauskonzerte*) sowie Konzertreisen für Künstler (die Erfindung der Eisenbahn, um 1834, unterstützte diese Entwicklung entscheidend). Hierbei standen nicht nur das Werk, sondern auch die Interpretationskunst und der praktizierende Künstler im Mittelpunkt des öffentlichen Interesses. Virtuosen reisten mit eigenen oder fremden Kompositionen von Stadt zu Stadt (z. B. Franz Liszt, Niccolò Paganini, Friedrich Kalkbrenner). Das überregionale Pressewesen trug ihren Ruhm weiter und weckte neuerliche Hörerwünsche, die es wiederum zu befriedigen galt. Bis zu diesem Zeitpunkt war die Kenntnis von Komponisten, deren Werke und deren Interpreten in vielen Fällen auf einen kleinen, auserwählten Kreis von Eingeweihten beschränkt gewesen.

Als Wendepunkt und Beginn der sog. *Spätromantik* gilt der Zeitraum 1848–50 (vgl. die Todesdaten von Felix Mendelssohn Bartholdy 1847, Frédéric Chopin 1849; die erste → Sinfonische Dichtung von Franz Liszt 1849; erste → Musikdramen von Richard Wagner).

Die Idealisierung des Künstlers führte zu einer unbegrenzt scheinenden Eigenständigkeit, gelegentlich auch zu einer launenhaften und übersteigerten Selbstherrlichkeit. Künstler und Werk bilden gleichsam eine autonome, nur sich selbst verpflichtete Genie-Gemeinschaft, die sich ihre ästhetischen Maßstäbe selbst setzt und den Ansprüchen der Öffentlichkeit weitestgehend entzogen hat (wenngleich eine gelegentliche devote Bewunderung durchaus gerne hingenommen wird, vgl. Rich. Wagner).

Die zunehmende Ausweitung der harmonischen Bezüge führte manchmal zur völligen Verschleierung der Tonalität und in einigen Fällen bereits zu scheinbarer Atonalität (vgl. Rich. Wagner, Gustav Mahler, Rich. Strauss; → Atonale Musik). Daneben sind auch Strömungen zu beobachten, die sich auf barocke Formen und deren Satztechniken beziehen (vgl. Max Reger, Ferruccio Busoni). Die Sätze der Sinfonien erreichten gelegentlich riesige zeitliche Ausmaße, die zuvor unbekannt waren (vgl. Gustav Mahler, Anton Bruckner). Einbindung vokaler Anteile in Sinfonien (bereits seit L. v. Beethovens «Sinfonie Nr. 9» bekannt) ist besonders für Mahler typisch. Die Instrumentierungen sind zumeist äußerst farbenreich und voller Leuchtkraft (großes Orchester mit bis

zu acht Hörnern, vier Posaunen, fünf Klarinetten). Franz Liszt entwickelt die → Sinfonische Dichtung. Im Opernschaffen geht Rich. Strauss den Weg zur *Literaturoper* (→ Oper), Rich. Wagner zum → Musikdrama. Eine eigene, genau besehen *unromantische* Strömung bildete das ab etwa 1830 aufkommende *Virtuosentum* (vgl. Fr. Liszt, N. Paganini, Fr. Kalkbrenner), welches gelegentlich Überschneidungen mit der → Salonmusik aufwies.
Die humanistische Grundhaltung der Anfangszeit (vgl. L. v. Beethoven) wandelte sich schließlich in manchen Ländern zu regional begrenzten Nationalempfindungen (→ Nationalschulen).

Römische Schule Bedeutender Kompositionsstil der → Renaissance, als dessen wichtigster Vertreter Giovanni Pierluigi da Palestrina (1521/25–1594) gilt.
Palestrina schrieb hauptsächlich geistliche Vokalmusik (→ Messe, → Motette) und arbeitete dabei (zumindest in seiner frühen Schaffensperiode) bevorzugt mit dem → Gregorianischen Choral als → cantus firmus. Seine Rhythmik ist klar und durchsichtig, die Textverständlichkeit steht im Vordergrund. Vielsilbige Textpassagen in Messen werden von ihm oft homophon gesetzt, polyphone Satztechnik dagegen auf *Sanctus* und *Amen* beschränkt. Seine Melodiefortschreitungen sind stets diatonisch und erfolgen häufig in Sekundschritten. Insbesondere vertikale Dissonanzen werden fast ausnahmslos über Sekundschritte angestrebt bzw. durch solche wieder verlassen. Auf rhythmischen Schwerpunkten werden Dissonanzen vermieden. Dur-Moll-Kontraste (vgl. Marienmotette «Nativitas tua Dei genitrix») sowie kadenzierende Abschlüsse sind häufig zu finden (→ Kadenz). In der Regel sind seine Werke → a cappella besetzt (heute bekannte Ausgaben mit Generalbaßbezifferungen sind durchweg als nachträgliche Instrumentalumarbeitungen nach Palestrinas Tod entstanden).
Insbesondere wegen ihrer stets guten Textverständlichkeit fanden Palestrinas Messen bald auch das Wohlgefallen der klerikalen Kreise der *Gegenreformation*. Deren Ziel war eine Erneuerung und Konsolidierung der Kirchenmusik u. a. unter Verzicht auf profane Elemente (z. B. *Parodie-* bzw. *Chansonmesse*; → Messe) und übermäßig virtuose Kontrapunktik. Der *Palestrina-Stil* (ganz im Unterschied zur Arbeitsweise der → Venezianischen Schule) galt den Kirchenoberen in diesem Zusammenhang als geradezu ideales Vorbild einer *musica sacra*, und so wurde diese Kompositionsweise schließlich auf dem Konzil von Trient (1545–63) zur verbindlichen Satztechnik für Kirchenmusik erklärt. Seit dieser Zeit gilt Palestrina gemeinhin als Bewahrer der Traditionen, sein Schaffen wurde als *stile ecclesiastico* bezeichnet (als typischstes Beispiel dafür gilt die «Missa papae Marcelli» von 1567). Ob man damit dem Komponisten Palestrina letztlich gerecht wird, muß allerdings bezweifelt werden. Tatsächlich war sein Schaffen in seiner Gesamtheit (immerhin etwa 90 Messen,

500 Motetten, 100 Madrigale) stilistisch längst nicht so puristisch-starr, wie es noch und besonders im 19. Jahrhundert gerne dargestellt wurde (vgl. u. a. Palestrina-Biograph Carl von Winterfeldt, 1832). So schreibt Palestrina (noch nach dem Konzil von Trient) sehr wohl auch die von kirchlicher Seite diskriminierten *Chanson-Messen*. Er veröffentlicht diese jedoch dann zumeist als «Missae sine nomine», verschweigt also (vermutlich um einem möglichen Verbot vorzubeugen und sich selbst bzw. seiner kirchenmusikalischen Karriere nicht zu schaden) den weltlichen Ursprung der cantus-Vorlagen (vgl. «Missa sine nomine» von 1567 mit dem weltlichen cantus «Je suis dishérité» sowie «Missa sine nomine» des 4. Messenbuchs von 1582 über den weltlichen cantus «L'homme armé»).
Im 19. Jahrhundert wurde der *Palestrina-Stil* in Deutschland insbesondere durch den Heidelberger Anton Friedrich Justus Thibaut neu belebt (vgl. «Über Reinheit der Tonkunst», 1825) und ab 1886 in der sog. *Cäcilienbewegung* (*Allgemeiner Cäcilienverein für die Länder deutscher Zunge*, Bamberg) weitergetragen.

Rondeau → Rondo

Rondo [rotundus = lat. rund; frz. *rondeau*] Musikstück bzw. dessen Formmodell, bei welchem sich ein gleichbleibend wiederkehrender Abschnitt *(Refrain, Kehrreim, Rondothema)* mit kontrastierenden Episoden *(Couplets)* abwechselt. Regelmäßig alternierende Folgen von Refrain (A) und Couplets (B, C, D) werden als *Kettenrondo* bezeichnet (z. B. A–B–A–C–A–D–A).
Reihungsformale Anlage und Bezeichnung sind mittelalterlichen Rundgesängen und Reigentänzen entlehnt. (Rundgesänge sind Wechselgesänge, in denen ein den Refrain singender Chor und Couplets singende Solisten alternierend aufeinanderfolgen; bei Reigentänzen wechseln sich Einzelpaare, sog. *Couplets*, und Gesamtgruppe ab.)
Ein Rondo beginnt zumeist mit seinem Refrain, wobei dieser bevorzugt als thematisch geschlossene, im Barock oft acht- oder sechzehntaktige Einheit angelegt ist. Die Couplets barocker Rondos bezogen ihr motivisches Material noch weitgehend aus dem Themenbereich des zugehörigen Refrains. In der Klassik wurden Couplets dagegen oft thematisch und tonartlich eigenständiger behandelt. Insbesondere der letzte Couplet (bei einer Folge von A–B–A–C–A–D–A also D) konnte in seiner Länge stark ausgeweitet vorkommen. Beliebt wurde zudem (als Spannungsverstärkung) die Verzögerung der direkten Wiederaufnahme des Rondothemas nach dem letzten Couplet durch Einfügen einer Überleitung (vgl. L. v. Beethoven: «Rondo für Klavier» op. 51, Nr. 2).
Rondoformen finden sich in Instrumental- und Vokalmusik, in weltlicher und geistlicher Musik. Trotz ihres Reichtums an Kontrasten wirken sie selten kon-

fliktbeladen. Sie sind oft ausgesprochen tänzerisch, verspielt und munter und erscheinen (vorwiegend wohl durch den übersichtlichen Formablauf) in aller Regel schlicht.

Als beliebte Werkform wurden Rondos immer wieder auch in größere Formabläufe eingegliedert. Zahlreichen Sätzen, vor allem den Schlußsätzen von → Sonaten, → Sinfonien, Instrumentalkonzerten (→ Konzert) liegen Rondoformen zugrunde. Während die Barockzeit dabei das *Kettenrondo* deutlich bevorzugte, ist ab der Klassik häufig das *Erweiterte* oder *Große Rondo* zu finden. Dessen Reihung von Refrain und Couplets kann unregelmäßig sein oder (als sog. *Bogenrondo*) durch eine reprisenartige Wiederaufnahme bereits erklungener Couplets einen symmetrischen Aufbau zeigen (vgl. Frédéric Chopin: «Mazurka» op. 41, Nr. 2e mit der Folge A–B–A–C–A–B–A).

Das *Sonatenrondo*, das den Schlußsätzen vieler klassischer und romantischer Sonaten und Sinfonien zugrunde liegt, verknüpft den Rondo-Gedanken mit der → Sonatenhauptsatzform. Deren Kopfthema wird als Refrain (A), das Seitenthema als Couplet 1 (B) behandelt. Eine Wiederholung des Kopfthemas (A) beschließt die Exposition. Die nun folgende Durchführung entspricht dem Couplet 2 (C). Die Reprise beginnt mit der Wiederaufnahme des Kopfthemas (A), die Wiederkehr des Seitenthemas (B) (jetzt auf der Tonika) wird als Couplet 3 aufgefaßt, den Abschluß der Reprise bildet das nochmalige Erscheinen des Kopfthemas. (Ein Sonatenrondo verfügt also nur über drei Couplets.)

Sonatenhauptsatzform	*Sonatenrondo*	Ablauf
Exposition		
1. Thema (Kopfthema)	Refrain	A
2. Thema (Seitenthema)	Couplet 1	B
Wiederholung des Kopfthemas	Refrain	A
Durchführung	Couplet 2	C
Reprise		
Kopfthema	Refrain	A
Seitenthema	Couplet 3 (bzw. tonartlich variierter Couplet 1)	B
Wiederholung des Kopfthemas (auf der Tonika)	Refrain	A

(Vgl. W. A. Mozart: «Klaviersonaten» D-Dur, KV 311 und D-Dur, KV 576; L. v. Beethoven: «Klaviersonaten» Es-Dur op. 7, B-Dur op. 22, As-Dur op. 26, jeweils die Schlußsätze)

rubāb → rebāb

rubato → Tempo

rubeba, rubebe → Rebec

Rückung Direkter, unvermittelter Übergang in eine neue Tonart. Ein vermittelter Übergang heißt dagegen → Modulation.

Rührtrommel (Wirbeltrommel) Zweifelliges Schlaginstrument mit hohem (60–100 cm), zylindrischem Holzkorpus. Die Membranspannung wird traditionellerweise über seitliche Spannleinen beeinflußt, neuere Rührtrommeln können auch eine Schraubenmechanik (→ Pauke; zur Stimmfähigkeit: → Trommel) besitzen. Die Rührtrommel wird mit paarigen Holzstöcken oder befilzten Paukenschlägen gespielt. Das dem Schlagfell gegenüberliegende Resonanzfell kann Schnarrsaiten besitzen. Der Klang einer Rührtrommel ist allgemein dunkel. Sie war in älterer Militärmusik das traditionelle Schlaginstrument der Landsknechte und wurde dort zumeist in schnellen Schlagfolgen (*Wirbeln*) gespielt. Spielweise und Klang verbreiteten eine düster-bedrohliche Atmosphäre und galten als probates Mittel, feindliche Truppen einzuschüchtern. Diese Rolle der Verkünderin von Unheil (die Rührtrommel wurde zudem üblicherweise zur Begleitung von Hinrichtungen eingesetzt) behielt das Instrument auch weitgehend bei seiner späteren Übernahme in das Opern- und Sinfonieorchester (vgl. u. a. Christoph Willibald Gluck: «Iphigénie en Tauride»; Richard Wagner: «Der Ring des Nibelungen»).

Rumbakugeln → Maraca

Rumbastäbchen → Claves

S

Sackpfeife → Dudelsack

śahnāī [shanāī, schanai] Nordindisches, konisch mensuriertes Holzblasinstrument mit Doppelrohrblatt. Die zwischen 30 und 50 cm lange Holzröhre weist sieben oder acht äquidistante Grifflöcher auf und läuft in einen metallenen Schallbecher aus. Der Tonumfang beträgt etwa zwei Oktaven. Wegen der stark konischen Bohrung ihres Spielrohres zählt die śahnāī instrumentenkundlich zu den *Kegeloboen*.

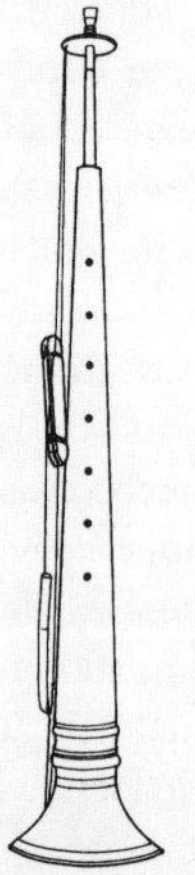

Auffällig ist eine unterhalb des Doppelrohrblattes angebrachte, zumeist aus Kupfer oder Silber getriebene *Lippenscheibe*. Sie dient in volksmusikalischer Aufführungspraxis als Auflage und Stütze für die Lippen, während sich das Doppelrohrblatt beim Spielen vollständig in der Mundhöhle befindet. In nordindischer Kunstmusik benutzt man in der Regel eine andere Anblastechnik, bei welcher die Lippen direkt auf dem Doppelrohrblatt aufliegen. Die Lippenscheibe hat dort ihre Funktion verloren.
Der Ursprung der śahnāī wie auch der Zeitpunkt, seit dem sie in → Indischer Musik bekannt ist, sind umstritten. Die śahnāī könnte aus dem Vorderen Orient stammen (vgl. u. a. arabische → mizmār und türkische *zurna*), Blasinstrumente ähnlich klingenden Namens finden sich jedoch ebenso in Ostasien: *so na* in China, *pī nai* in Thailand, *sarunai datek* (eine Bambusklarinette) in Westsumatra. Gesichert ist die śahnāī seit der *Mogul-Zeit* (1526–1858) in Indien nachweisbar. So sind z. B. Ende der zweiten Hälfte des 16. Jahrhunderts in einem Militärorchester des Moguls Akbar neben 42 Trommeln, drei Paar Becken, acht Trompeten auch neun śahnāī vertreten. Nach der Mogul-

Zeit geriet das Instrument zunächst nahezu in Vergessenheit und wurde erst Anfang des 20. Jahrhunderts, insbesondere durch Bismillah Khān, wiederbelebt. Seither gelangte die śahnāī zu hohem Ansehen und gilt heute als edelstes Blasinstrument der nordindischen Kunstmusik.
Ein heutiges nordindisches śahnāī-Ensemble besteht zumeist aus einer solistischen und einer oder zwei begleitenden śahnāī, einer *ottu* (einem Doppelrohrblattinstrument) als Bordunstütze und ein oder zwei *thavil* (Faßtrommeln, welche mit einem Stock geschlagen werden) zur rhythmischen Begleitung. Wegen ihrer großen Klangfülle wird die śahnāī außer im Konzertsaal auch häufig als Freiluftinstrument bei Hochzeiten, Tempelfesten und Festumzügen gespielt. Auch bei solchen Gelegenheiten wird die śahnāī oft paarweise besetzt, wobei ein Instrument die Melodie, das andere den jeweiligen Grundton als → Bordun spielt.
Als südindisches Gegenstück der śahnāī gilt die → nāgasvaram.

saih lima/saih pitu → laras

Saiteninstrumente (Chordophone) Musikinstrumente, deren Tonerzeugung durch Zupfen, Schlagen (→ Klavierinstrumente, → Hackbrett) oder Reiben (→ Streichinstrumente) von *Saiten* erfolgt. Als Saiten dienen gespannte, elastische Schnüre, welche aus unterschiedlichstem Material (Darm, Seide, Metall, Kunststoff usw.) bestehen können. Typische *Zupfinstrumente* sind u. a. → Laute, → Mandoline, → Gitarre, → Banjo, → Zither, → Harfe.

Salonmusik Im 19. Jahrhundert wird neben dem Konzertsaal auch der großbürgerliche *Salon* zur Aufführungsstätte romantischer Musik. Beliebt ist vor allem Klaviermusik. Viele Komponisten schreiben direkt für solche Veranstaltungen und führen ihre neuen Werke, die man nun als *Salonmusik* bezeichnet, dort auch selbst auf (Frédéric Chopin, Franz Liszt).
Bald jedoch werden derartige *Hauskonzerte* zu einer allgemeinen Mode-Erscheinung. Die anfänglich hohe kompositorische Qualität der Salonmusik verliert sich, und es entsteht in der Folgezeit eine Vielzahl von rein dekorativen, gelegentlich auch kitschigen Unterhaltungswerken. Man fertigt aus Konzertstücken leichter spielbare Arrangements *(Salonbearbeitungen)* und stellt Suiten aus beliebten Opernmelodien für kleine Ensembles zusammen. Mindestens seit Mitte des 19. Jahrhunderts haftet daher der Salonmusik ein etwas zweifelhafter Ruf an. Das entsprechende Repertoire wird schließlich auch von sog. *Salonorchestern* übernommen und in öffentlichen Kaffeehäusern und bei Parkkonzerten zur allgemeinen Unterhaltung gespielt.

Samba Geradtaktiger, rascher brasilianischer Tanz, der afrikanische Elemente enthält. Die Samba wurde nach 1918 beliebter Mode- und Gesellschaftstanz auch in Europa. Die charakteristische Rhythmik der brasilianischen Samba (meist auf → Becken oder → Congas gespielt) ist:

sansa → mbira

sanṭūr (sanṭīr) Ursprünglich aus Persien stammendes → Hackbrett mit trapezförmigem Resonanzkasten aus Nußbaumholz. Seine etwa 90 Drahtsaiten sind in 20 bis 25 Chören geordnet und werden mit Hilfe zweier Holzstäbchen (Klöppel) angeschlagen. Der sanṭūr wurde im 18. Jahrhundert bis nach China verbreitet.

sanxian (San Hsien) Chinesisches dreisaitiges Zupfinstrument mit sehr langem, schmalem Hals, der ein bundloses Griffbrett trägt und in einen Wirbelkasten mit langen, seitenständigen Wirbeln übergeht. Als Korpus dient ein runder bis ovaler Zargenkranz, der in der Art einer Doppelfelltrommel mit zwei Membranen aus Schlangenleder überzogen ist, welche Boden bzw. Decke bilden. Die Tonerzeugung erfolgt mit einem Plektrum.

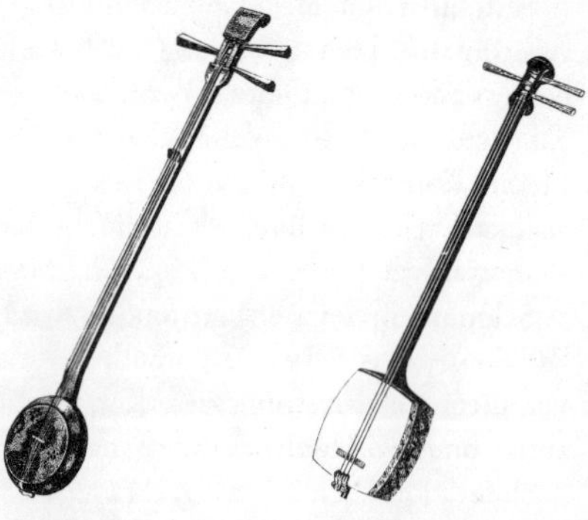

sanxian *shamisen*

Seit dem 16. Jahrhundert ist das Instrument in Japan als *shamisen* bekannt. Deren Membran ist traditionell ein gegerbtes Katzenfell.

sanza → mbira

Sarabande Seit dem 16. Jahrhundert in Mexiko als lebhaft-ekstatischer Tanz bekannt, galt die *Zarabanda* in der europäischen Tanzkultur zunächst als unanständig und verpönt; 1583 war sie sogar verboten worden. Erst im 17. Jahrhundert und mittlerweile in Tempo und Charakter stark gemäßigt, verbreitete sie sich an spanischen und später französischen Höfen.

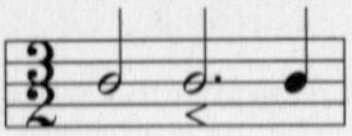 *bzw.* 

Die barocke Sarabande steht zumeist im $\frac{3}{2}$- oder $\frac{3}{4}$-Takt und beginnt volltaktig. Sie ist zwei- oder dreiteilig gegliedert und mit ruhig-schreitendem Tempo gestaltet. Ihr rhythmisches Grundmotiv wird in der Regel auf der zweiten, verlängerten Note (je nach Taktart eine punktierte Viertel- oder halbe Note) betont. In stilisierter Form findet die Sarabande Eingang in die → Suite. In L. v. Beethovens «Egmont-Ouvertüre» dient der Sarabanden-Rhythmus zur leitmotivischen Darstellung des Spaniers Alba.

sāraṅgī Nordindische Kurzhals-Streichfidel, die zumeist bundlos ist.
Die Gesamtlänge des Instruments beträgt etwa 69 cm. Korpus, Hals und Wirbelkasten sind in der Regel aus einem einzigen Holzstück gearbeitet. Der Korpus und der fast ebenso breite Hals sind rückseitig offen. Der Korpus ist seitlich eingebuchtet, als Decke ist eine Tierhaut gespannt. Drei oder vier Melodiesaiten (eine Kupfersaite und mehrere Darmsaiten) werden über zwei bis vier aus Knochen geschnitzte Stege geführt und von seiten- und oberständigen Holzwirbeln gehalten. Die Darmsaiten sind über zwei Oktaven jeweils auf Grundton und Quinte, die Kupfersaite ist zusätzlich in einer Quarte oder Terz gestimmt. Unterhalb der Melodiesaiten liegen bis zu 40 Resonanzsaiten aus Metall (Stahl, Messing, Kupfer), welche seitenständige Wirbel im Halsbereich besitzen. Die Melodiesaiten werden mit einem Rundbogen gestrichen, der mit Pferdehaar bezogen ist. Das Instrument wird dazu senkrecht und zwischen oder auf den Knien gehalten.

Die sāraṅgī dient von alters her zur Begleitung von Gesang und Tanz, seltener wird sie auch als Solo-Instrument eingesetzt. Sie war ursprünglich ein reines Volksmusikinstrument und wurde erst im 18. Jahrhundert als Begleitinstrument für Gesang in die Kunstmusik (→ rāga) übernommen. Da die sāraṅgī früher gerne von Tanzmädchen und Liebesdienerinnen gespielt wurde, haftet sowohl dem Instrument als auch den entsprechenden Instrumentalisten bis heute ein etwas zweifelhafter Ruf an.

sarod Nordindische bundlose Laute, welche typischerweise als Begleitinstrument für Gesang dient. Die Bezeichnung wurde vermutlich von sarodan [= pers. singen] abgeleitet.
Der sarod besitzt einen halbkugelförmigen Korpus aus Holz, über den eine Tierhaut als Decke gespannt ist. Oft findet man (ähnlich wie bei → vīṇā und → sitār) noch einen zusätzlichen, kürbisförmigen Resonator (Kalebasse) am oberen Ende des Halses. Der Hals ist verhältnismäßig breit und trägt eine gewölbte, polierte Metallplatte, die als bundloses Griffbrett dient. Der ältere sarod des 19. Jahrhunderts verfügte zumeist über fünf Melodiesaiten aus Darm (davon eine einzeln gespannt und zwei zu Doppelchören zusammengefaßt), die in Quarten abwärts gestimmt waren. Gelegentlich konnte eine Resonanzsaite hinzugefügt sein. Beim heutigen sarod sind vier bis sechs Melodiesaiten und bis zu 16 Resonanzsaiten, jeweils aus Metall, üblich. Deren Stimmungen können sehr unterschiedlich sein. Die Melodiesaiten werden in der Regel mit einem Stahldrahtplektrum (im 19. Jahrhundert mit einem Holz- oder Hornplektrum) gezupft. Gelegentlich, allerdings sehr selten, wird der sarod auch mit einem Bogen gestrichen.

saron → gamĕlan

Satz In der Musiksprache mehrdeutige Bezeichnung für
1. die Art der kompositorischen Struktur eines Werkes (z. B. *homophoner, polyphoner Satz* usw.),
2. einen größeren Formabschnitt innerhalb eines Werkes (z. B. innerhalb einer → Suite, → Sonate usw.),
3. eine abgegrenzte Instrumentalgruppe innerhalb eines Orchesters (z. B. *Bläsersatz, Streichersatz* usw.),
4. ein bedeutendes formbildendes Modell der Klassik, welches idealtypisch achttaktig (seltener auch vier- oder sechzehntaktig) und dabei symmetrisch in zwei Halbsätze (*Vorder-* und *Nachsatz*) untergliedert ist. Der Vordersatz des achttaktigen Modells besteht aus einer zweitaktigen *Phrase* und deren Wiederholung. Der Nachsatz weist eine Entwicklung eines der Motive der Eingangsphrase auf. Der musikalische Satz hat (im Unterschied zur → Periode) einen sich *öffnenden* Charakter, der eine Weiterentwicklung des motivischen Materials anstrebt und ermöglicht (vgl. L. v. Beethoven: «Klaviersonate» op. 14, Nr. 2, 1. Satz: T. 1–8, «Klaviersonate» op. 2, Nr. 1, 1. Satz: T. 1–8).

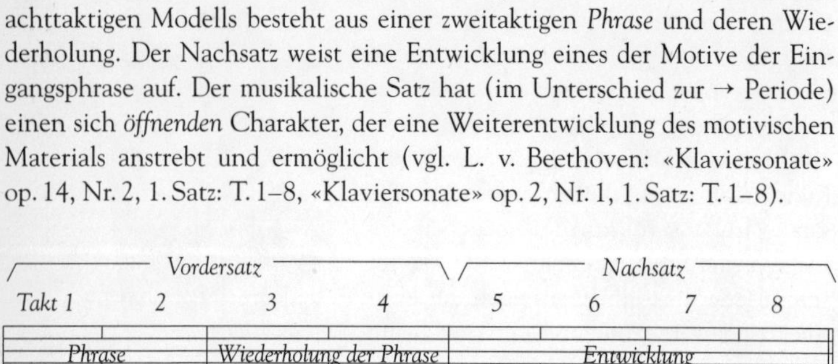

(L. v. Beethoven: Klaviersonate op. 2, Nr. 1, 1. Satz)

Saxophon Konisch mensuriertes Holzblasinstrument mit Einfachrohrblatt und Klappensystem.

Seine Entstehung verdankt das Saxophon der gezielten Suche nach einem → Rohrblattinstrument, welches zwar die dynamische Ausdruckskraft einer → Klarinette besitzen, beim Überblasen jedoch direkt in die Oktave und nicht (wie bei zylindrischer Mensur und Aufschlagzunge unumgänglich) in die ungünstigere Duodezime springen sollte. Bereits 1807 hatte Desfontenelles (Frankreich) eine Klarinette mit S-förmig gebogenem Rohr entwickelt.

Als weiterer Vorläufer gilt das *Tenoroon*, mit welchem Henry Lazarus (London 1820) versuchte, ein → Fagott mit Klarinettenmundstück zu bauen. Das erfolgreichste dieser Experimente gelang jedoch dem Belgier Antoine-Joseph ‹Adolphe› Sax, der Mitte des 19. Jahrhunderts in Paris eine Mischkonstruktion aus → Oboe und Klarinette als *Saxophon* präsentierte. Einem üblichen konischen, jedoch im Durchmesser stark geweiteten und zudem S-förmig geschwungenen Oboenrohr hatte er ein verkürztes und verbreitertes Klarinettenmundstück mit Einfachrohrblatt hinzugefügt. Das Klappensystem war ebenfalls von der Oboentechnik abgeleitet, als Rohrmaterial diente Metall (Messingblech). Wahrscheinlich hatte Sax die grundsätzlichen Entwicklungsarbeiten bereits zu einem erfolgreichen Abschluß gebracht, bevor er 1842 von Brüssel nach Paris übersiedelte. Die eigentliche Geburtsstunde des Saxophons ist jedoch unbekannt. Sicher belegt ist nur, daß Sax das neue Instrument ab etwa 1845 in französischen Infanteriekapellen erproben ließ. Er erhielt 1846 für seine Entwicklung ein französisches Patent, aber sie brachte ihm weder Glück noch Wohlstand. Andere Instrumentenbauer glaubten, bereits ähnliche Lösungsversuche vorgestellt zu haben. Sie verstrickten ihn in unzählige Urheberrechtsprozesse, die ihn mehrfach zum Konkurs zwangen. Sax starb verarmt und gesundheitlich völlig ruiniert im Jahre 1894.

Noch im 19. Jahrhundert begannen die französischen Instrumentenbauer Millereau, P. Goumas, Lecomte & M. Fontaine-Besson, das Saxsche Instrument u. a. bezüglich des Tonumfanges weiterzuentwickeln. Zu Beginn des 20. Jahrhunderts setzten A. Couesnon, H. Selmer und der Amerikaner G. C. Conn diese Arbeiten fort und verhalfen so dem Saxophon schließlich zu seiner modernen Gestalt.

Das heutige Saxophon besitzt ein weit mensuriertes, stark konisch (1:9) verlaufendes Rohr. Diese Bauweise bewirkt ein weiches Klangbild und ermöglicht geschmeidige Tonverbindungen. Das Saxophonrohr ist zumeist aus (lackiertem, vernickeltem, versilbertem oder vergoldetem) Messingblech (seltener auch aus Kunststoff) gefertigt, dennoch ist das Instrument kein → Blechblasinstrument, sondern ein → Holzblasinstrument. Etwa 18–21 relativ große Tonlöcher lassen sich mittels eines Klappensystems aus direkten Hebeln und indirekten Doppelhebeln bedienen. Da die Anordnung der Tonlöcher wie auch die dazugehörige Klappenmechanik von der Oboe abgeleitet sind, ist die Grifftechnik dieser beiden Instrumente recht ähnlich. Auf dem Mundstück (früher aus Holz, heute zumeist aus Kunststoff, Hartgummi, Kautschuk, gelegentlich auch aus Glas oder Metall) liegt ein Einfachrohrblatt. Die Anblastechnik entspricht der älteren Spielweise der → Klarinetten, ermöglicht wegen der konischen Mensur jedoch ein Überblasen in die Oktave. Der Tonumfang beträgt (ohne die Flageolettöne) etwa zweieinhalb Oktaven. (Selmer experimentierte um 1920 mit einem Saxophon von vier Oktaven, konnte sich damit jedoch nicht durchsetzen.) Die Baumerkmale ermöglichen es, auf dem Saxophon einen tragfähigen (in der Musikersprache gerne als *satt* bezeichneten) Ton zu entwickeln, der zudem in allen dynamischen Schattierungen, von geschmeidig-weich bis zu perkussiv-scharf-grell, gestaltbar ist.

Bereits Sax baute seine Instrumente ab etwa 1844 in verschiedenen Größen und Rohrformen. Heute sind folgende Bauweisen verbreitet:

Sopraninosaxophon (gerade Rohrform), *Sopransaxophon* (S-förmig gebogen oder gerade), *Alt-*, *Tenor-*, *Bariton-*, *Baß-*, *Kontrabaß-* und *Subkontrabaßsaxophon* (alle ein- oder mehrfach S-förmig gebogen). Die Rohrlänge eines Sopransaxophons mißt 64,8 cm, die eines Baßsaxophons dagegen stattliche 293 cm. Der Durchmesser am Rand des Schallbechers *(Stürze)* beträgt 9,6 cm beim Sopransaxophon, bis zu 25,1 cm bei einem Baßsaxophon. Saxophone sind in B und Es (seltener und nur auf den sinfonischen Bereich beschränkt, auch in F oder C) gestimmt. Sie werden, abgesehen vom Sopransaxophon in C, transponierend im Violinschlüssel notiert. Die tieferen Instrumente sind für schnellere Tonbewegungen weniger gut geeignet.

Als Sax sein neuentwickeltes Instrument Mitte des 19. Jahrhunderts erstmals der Pariser Öffentlichkeit vorstellte, wurde es zwar sogleich mit überschwenglichem Beifall aufgenommen, doch diese anfängliche Begeisterung war nur von kurzer Dauer. Obwohl in der Folgezeit namhafte (vorwiegend französische) Komponisten das Saxophon immer wieder in Orchesterwerken oder Kammermusik verwendeten (vgl. Georges Bizet: «L'Arlésienne», 1872; Maurice Ravel: «Boléro», 1920, Orchestrierung der «Bilder einer Ausstellung» von Modest Mussorgskij), konnte sich das neue Instrument in sinfonischer Musik bis heute nicht wirklich durchsetzen. Einerseits hielt man das Instrument lange Zeit für ungeeignet innerhalb eines homogenen sinfonischen Gesamtklanges; andererseits standen zu Beginn der Saxophongeschichte vermutlich auch nicht genügend versierte, auf das Instrument spezialisierte Spieler zur Verfügung, um dem Saxophon überhaupt Geltung verschaffen zu können. Da der sinfonische Einsatz des Saxophons selten blieb, wurde das Instrument schließlich häufig im Quartett als reine Saxophonfamilie gespielt. Ein solch *klassisches* Saxophonquartett besteht in der Regel aus Sopran-, Alt-, Tenor- und Baritoninstrument.

Schnell und erfolgreich hielt das Saxophon dagegen Einzug in französische (und belgische) Militärkapellen. Auf diesem Weg gelangte es schließlich auch in den Süden der USA und wurde dort seit der Jahrhundertwende ein beliebtes Instrument in Tanzorchestern. Im New-Orleans-Jazz, der ersten Stilepoche des → Jazz, wurde das Saxophon, obwohl dies immer wieder behauptet wird, allerdings nicht oder nur in seltenen Ausnahmefällen gespielt. Das klassische Rohrblattinstrument (*reed*-Instrument) des New-Orleans-Stils war die Kla-

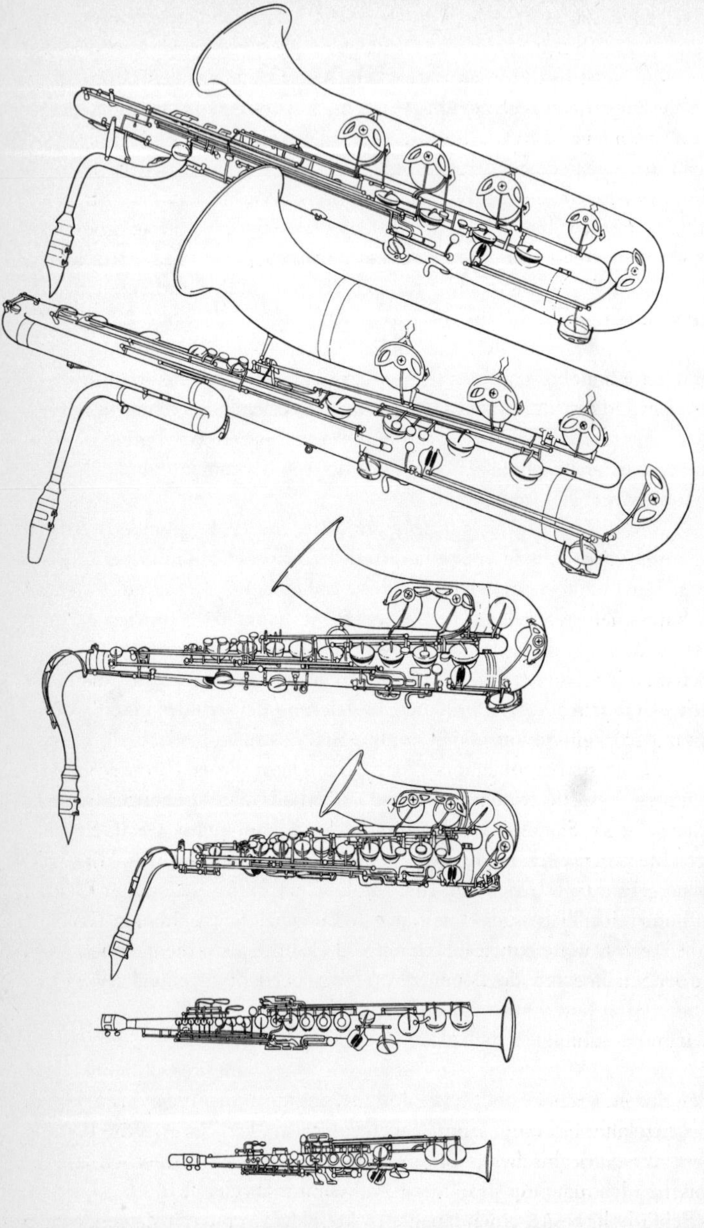

Sopranino- (Es) Sopran- (B) Altsaxophon (Es) Tenorsaxophon (B) Baßsaxophon (B) Baritonsaxophon (Es)

rinette, nicht das Saxophon. Erst ab 1919/20 kann sich das Instrument in Jazzensembles (hauptsächlich in Chicago) etablieren, wurde zunächst aber noch ganz im Stil einer Jazzklarinette gespielt. Einen eigenständigen stilistischen und spieltechnischen Weg ging das Saxophon ab den frühen 1940er Jahren, vor allem durch Charlie Parker initiiert, und wurde in der Folgezeit zu einem der bedeutendsten Instrumente der Jazzgeschichte. Als die Jazzmusik der Swingorchester ab etwa 1940 nach Europa kam, kehrte das Saxophon auch wieder in das Bewußtsein des europäischen Publikums zurück und begann so seinen verspäteten, eigentlichen Siegeszug in der Alten Welt.

saz → bağlama

scat Eine improvisierende Singweise auf sinnlosen Silben und mit instrumentalem Gestus in → Afroamerikanischer Musik. Scat-Gesang wurde seit den 1920er Jahren im → Jazz populär (vgl. Louis ‹Satchmo› Armstrong, Ella Fitzgerald, Sarah Vaughan) und später auch in → Rockabilly und → Rock 'n' Roll verwendet.

Schäferpfeife → Dudelsack

Schäferspiel → Dudelsack, → Drehleier

Schalmei (Schalmey, Schalmay, ital. *scialmò*, frz. *chalumeau;* kalamos = griech. Rohrpfeife) Mittelalterliches, konisch mensuriertes → Holzblasinstrument mit Doppelrohrblatt und Lippenstütze *(Pirouette)*.
Die Schalmei ist vermutlich eine Weiterentwicklung der arabischen *Kegeloboe* (→ mizmār), welche zwischen 800 und 1100/1200 n. Chr. über Sizilien nach Europa gelangte. Spätestens seit Mitte des 15. Jahrhunderts wurde die Schalmei durch Mensurerweiterung und Rohrverlängerung auch in tieferklingenden Größen gebaut (vgl. Ulrich von Richental: «Chronik des Konstanzer Konzils», 1440) und schließlich unter Hinzufügen von Klappen für die unteren Tonlöcher zum → Pommer weiterentwickelt. Ende des 17. Jahrhunderts dienten viele Merkmale der Schalmei bzw. des Pommer als Vorlage bei der Entstehung der → Oboe.

schanai → śahnāī

Scheitholtz (Scheitholz, Scheitholt, alpenländisch auch Hexenscheit) Seit dem Mittelalter bekannte schmale Griffbrettzither (→ Zither). Ihre Form erinnert an ein griechisches → Monochord, wurde jedoch vermutlich von den arabischen Instrumenten → qānūn bzw. → sanṭūr abgeleitet.
Das Scheitholtz besitzt einen langgestreckten Holzkorpus mit Zargen, auf den

in etwa gleicher Länge ein Griffbrett mit Bünden aufgesetzt ist. Bei manchen Instrumenten ist der Korpus seitlich eingebuchtet. Das Griffbrett geht in eine Wirbelplatte mit unterständigen Wirbeln oder in einen Wirbelkasten mit seitenständigen Wirbeln über. Oft findet sich eine Schnecke oder ein Wirbelkopf als Abschluß. Beidseitig vom Griffbrett sind Schallöcher in die Decke geschnitten. Die Bespannung besteht aus ein bis vier unisono oder in Quarten oder Quinten gestimmten Melodiesaiten sowie bis zu acht stets in Quinten gestimmten Bordunsaiten (→ Bordun). Wegen seiner Bordunsaiten wird das Scheitholtz auch zu den *Borduninstrumenten* gezählt (→ Drehleier, → Dudelsack). Die Saiten werden mit einem Plektrum angeschlagen; das Instrument liegt dabei quer vor dem Spieler auf dessen Knien oder auf einem Tisch. Die Melodietöne werden typischerweise nicht mit den Fingern, sondern mit einem Holzstöckchen *(Spielholz)* abgegriffen, das über die Melodiesaiten gleitend verschoben wird (→ Hawaiigitarre, vicitrā → vīṇā).

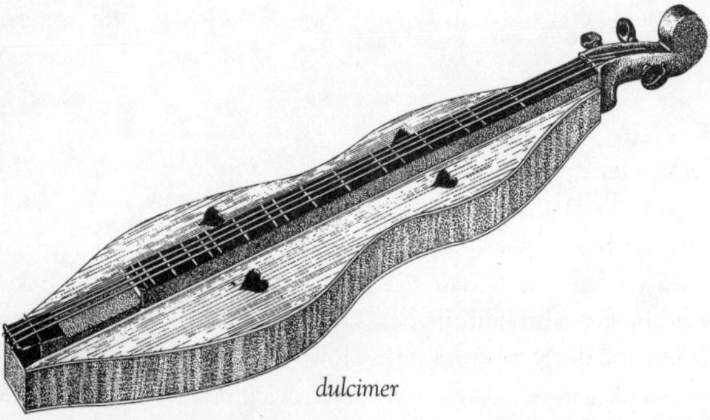

dulcimer

Nah mit dem Scheitholtz verwandt sind die schwedische *Hummel* und die französische *épinette*. Der insbesondere im Gebiet der südlichen Appalachen verbreitete nordamerikanische *dulcimer* [*dulce melos* = lat./griech. lieblicher Gesang] wurde aus europäischen Instrumenten weiterentwickelt, welche von Auswanderern mitgebracht worden waren. Er ist dort bis heute ein beliebtes Instrument der Volksmusik. Ein neuerliches Interesse an diesen Zitherinstrumenten entstand in Europa ab etwa 1970, ausgelöst durch die Bewegung der → Folkmusic. Als sog. *Schmalzither* ist das Scheitholtz heute zudem häufig in die Elementare Musikerziehung (vgl. u. a. Waldemar Woehl) eingebunden.

Schellenreif → Tamburin

Schellentrommel → Tamburin

Scherzo Lebhaftes, oft äußerst schnell zu spielendes Musikstück mit lustvoll-ausgelassenem bis trotzig-aufmüpfigem Grundcharakter, der an das → Capriccio erinnert und bei L.v. Beethoven bzw. Frédéric Chopin gelegentlich bis ins *Dämonische* gesteigert sein kann (vgl. L.v. Beethoven: «Sinfonie Nr. 5»).

Aus dem → Menuett hervorgegangen, ist das Scherzo ebenfalls zumeist ungeradtaktig ($\frac{3}{4}$-Takt, seltener $\frac{2}{4}$- oder $\frac{6}{8}$-Takt) und dreiteilig in da capo-Form mit kontrastierendem → Trio. Unter Einbindung mehrerer Trio-Teile kann es auch mehrteilig gegliedert sein (vgl. Robert Schumann: «Sinfonien» Nr. 1 bzw. Nr. 2, jeweils mit zwei Trios). Teilweise sind an die → Sonatenhauptsatzform angelehnte Kontrastthemen zu finden.

Seit Joseph Haydn (vgl. «Russische Streichquartette» op. 33, 1781), namentlich jedoch seit L.v. Beethoven (ab «Sinfonie Nr. 2», 1802), kann das Scherzo in Mittelsätzen von Sonaten die Stelle des Menuetts einnehmen. Mehr oder weniger aus Traditionsgründen werden solche Sätze bisweilen auch dann noch als Menuett bezeichnet, wenn sie bereits deutlichen Scherzo-Charakter aufweisen (vgl. L.v. Beethoven: «Sinfonie Nr. 4»; Franz Schubert: «Sinfonie Nr. 4»).

Schifferklavier → Harmonika-Instrumente

Schlagbaß → Kontrabaß

Schlager Die Bezeichnung erscheint in der zweiten Hälfte des 19. Jahrhunderts in Wien und dient zunächst zur Beschreibung der erfolgreichen Wirkung eines Musikstückes (eine vergleichbare Bedeutung hat heute die aus dem Englischen entlehnte Bezeichnung *Hit*).

Seit Beginn des 20. Jahrhunderts wird Schlager zum Begriff für textierte Vokalmusik, deren Gestaltung primär am Verkaufserfolg orientiert ist. Ein Schlager stellt im wesentlichen einen *Warenwert* dar. Entsprechend ist sein ästhetisches Erscheinungsbild weniger künstlerischen als vielmehr ökonomischen Bedingungen unterworfen, seine *Qualität* wird in der Hauptsache am Verkaufserfolg gemessen.

Schlagertexte handeln bevorzugt von zwischenmenschlichen Beziehungen. Die Inhalte werden in aller Regel unkritisch und illusionistisch dargestellt, als Vokabular dienen eingängige Chiffren mit weitgehend unverbindlichem Charakter. Einfachste Reimschemen sind dabei üblich. Die formalen Strukturen von Schlagermusik sind schlicht und auf Anhieb durchschaubar, um eine schnelle Akzeptanz nicht zu gefährden. Bevorzugt ist der Schlager als einfaches Refrainlied mit symmetrischen und geradzahligen Taktstrukturen aufgebaut. Die Rhythmik ist oft an aktuellen Modetänzen orientiert. Typisch für

die Schlagermelodik sind Akkordbrechungen und Wiederholungen bzw. Sequenzierungen von Melodieteilen. Die → Harmonik bewegt sich zumeist im Bereich der Hauptfunktionen. Die Gesamtlänge eines Schlagers ist nicht primär durch eine künstlerische Absicht bestimmt, sondern gehorcht den Anforderungen der *Single*-Schallplatte und ist daher auf ziemlich genau drei Minuten begrenzt.
Für die Entstehung eines Schlagers ist ein arbeitsteiliger Schaffensprozeß von professionellen Textern, Komponisten, Arrangeuren, Produzenten und Vortragenden charakteristisch. Dabei ist ein Schlager, zumindest während seiner Erstveröffentlichungszeit, stets an einen bestimmten Interpreten gebunden. Ein längerfristig erfolgreicher Schlager wird gerne als *Evergreen* bezeichnet, er kann dann auch unterschiedlich interpretiert werden.

Schlagzeug [engl. *drum set;* drum = engl. Trommel] Heute übliche Bezeichnung für eine Gruppierung ausgewählter Schlaginstrumente in Pop-, Schlager-, Tanz-, Unterhaltungs-, Rock- und Jazzmusik, welche von einem einzelnen Musiker *(Schlagzeuger)* gespielt werden. Zur üblichen Grundausstattung eines Schlagzeuges gehören → Große Trommel (*bass drum*, mit *Fußmaschine*), → Kleine Trommel *(snare drum)*, → Tom-Tom (als Stand- und Hänge-Tom-Tom) und verschiedene → Becken (u. a. *Hi[gh]-Hat*).

Schleifer Bevorzugt in Instrumentalmusik verbreitetes Verzierungsmuster (→ Manieren), bei welchem zwei oder mehr Ornamenttöne (zumeist in Aufwärtsbewegung) zu einem Melodieton (Bezugston) hinleiten.

Schlitztrommel Membranlose Holztrommel, die in vielen Musikkulturen Afrikas, Asiens und Südamerikas in den unterschiedlichsten Größen und Formgestaltungen verbreitet ist. Allgemeines Kennzeichen ist ein ausgehöhltes Hartholzstück (gelegentlich ein ganzer Baumstamm), das an seiner Anschlagstelle mit Schlitzen versehen ist. Die Schlitzumrandungen weisen zumeist unterschiedlich dicke Wandungen auf, so daß je nach Anschlagstelle eine andere Klangfarbe gespielt werden kann. Nah verwandt mit dieser Instrumentengattung sind die → Holzblocktrommeln. Afrikanische Schlitztrommeln wurden früher, außer in ritueller Musik, auch zur Übermittlung von Nachrichten über größere Entfernungen eingesetzt.

Schlüssel → Notenschlüssel

Schlüsselfidel Mittelalterliche, insbesondere in Deutschland verbreitete fünf- oder sechssaitige Streichfidel mit Tastenmechanik (→ Fidel, → Drehleier).

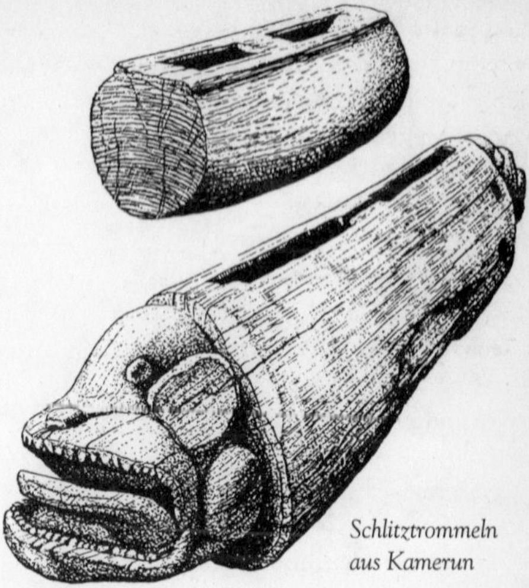

Schlitztrommeln aus Kamerun

Schmalzither → Scheitholtz

Schola cantorum → Gregorianischer Choral

Schreierpfeife (Schryari) Seit dem 16. Jahrhundert bekanntes konisch mensuriertes → Holzblasinstrument mit Doppelrohrblatt und → Windkapsel.

schruti → svara

Schryari → Schreierpfeife

Schwegel [swegel, schwägle, schwigel; swegal = ahdt. laut und schrill tönend] Zunächst eine Bezeichnung für Flöten im allgemeinen, ab etwa 1000 n. Chr. für eine dreilochige Einhandflöte mit enger, zylindrischer Mensur. Der Schwegel (in Frankreich *galoubet* genannt) war im Mittelalter ein typisches Instrument der Spielleute und Fahrenden sowie der Soldaten. Zumeist wurde gleichzeitig mit einem Stock eine umgehängte Trommel gespielt. Diese Tradition ist bis heute u. a. in der Spielweise provenzalischer Volksmusik (in der Paarung *galoubet* mit → Tambourin) erhalten geblieben.
Obwohl der Schwegel wegen Bauart und Anblashaltung eher zu den → Blockflöten zu rechnen ist, wurden bereits in der zweiten Hälfte des 12. Jahrhunderts auch → Querflöten als *swegel* bezeichnet (vgl. Herrad von Landsberg: «Hortus deliciarum»). Auch der Schwegel in der heutigen bayerischen Volks- und Blasmusik ist keine Blockflöte, sondern eine kurze Querpfeife.

Schweitzerpfeiff → Querflöte

scordatura (Skordatur) [scordare = ital. verstimmen] Spielanweisung für Saiteninstrumente zum Umstimmen der Saiten, wodurch bestimmte, sonst nicht zu spielende Akkorde greifbar werden (vgl. Heinrich Ignaz Franz Biber: «Violinsonaten»).

scratching → Rap

seconda pratica → prima pratica

seconda volta → Wiederholungszeichen

Sekunde → Intervall

semibrevis → Mensuralnotation

semifusa → Mensuralnotation

semiminima → Mensuralnotation

Septime → Intervall

Septole → Notation

Sequenz [sequentia = lat. Folge] 1. seit dem 9. Jahrhundert bekannte Vokalform der katholischen Meßliturgie, welche traditionell an das Ende des *Alleluia* angehängt wurde. Es handelt sich dabei um einen textierten → tropus über das letzte *a* des Alleluia. Als einer der bedeutendsten Vertreter dieser Technik gilt im 9. und 10. Jahrhundert Notker Balbulus (Kloster St. Gallen). In der Folgezeit verselbständigten sich die Sequenzen und wurden als eigenständige Werkformen behandelt.
2. die ein- oder mehrmalige Wiederholung einer Tongestalt in gleicher Stimmlage, jedoch auf jeweils unterschiedlichen Tonstufen beginnend.

serena → Troubadours

Serenade [sera = ital. Abend] Bevorzugt für kleinere Besetzungen konzipierte Musikstücke, die eine abendliche Stimmung wiedergeben. Formanlage und Art der Instrumentierung können sehr unterschiedlich gestaltet sein (vgl. L. v. Beethoven: «Serenaden» op. 8 und op. 25; Johannes Brahms: «Orchesterserenaden» op. 11 und op. 16; Hugo Wolf: «Italienische Serenade»; Richard Strauss: «Bläserserenade» op. 7; Arnold Schönberg: «Serenade» op. 24; Igor Strawinsky: «Serenade en la»). In der Klassik und auch wieder in heutiger Konzertpraxis werden Serenaden gerne am Abend, oft unter freiem Himmel, aufgeführt. Wegen ihres unterhaltsamen Charakters zählt man sie auch zu den Divertimenti (→ Divertimento).

Serielle Musik [series = lat. Reihe] Seit etwa 1951 bekannte Musik, bei der die → Reihentechnik (als konsequente Weiterführung der → Dodekaphonie von Anton Webern) auf alle musikalischen Parameter ausgedehnt ist. Als Kompositionsmaterial dienen verschiedene Grundreihen für Tonstufen, Zeitwerte, Tonstärken (→ Dynamik), Klangfarben, → Artikulation usw. Analog der dodekaphonischen Technik können alle Grundreihen zu einer Vielzahl von Varianten verarbeitet werden.
Bedeutende Vertreter der Seriellen Musik sind u. a. Pierre Boulez , Luigi Nono, Henri Pousseur, Karlheinz Stockhausen. Als wichtige Vorstufe des seriellen Verfahrens gilt «Mode de valeurs et d'intensités» (1949) von Olivier Messiaen. Diese *Klavieretüde* enthält noch keine Reihentechnik; jedem Ton sind jedoch eine bestimmte Tonhöhe, Zeitdauer, Tonintensität und Artikulation zugewiesen. Messiaen hat das Werk nur als ein *Experiment* betrachtet, die eigentliche serielle Technik danach nicht angewendet.
Das serielle Verfahren führte zu einer nahezu totalen Determination aller beteiligten Elemente einer Komposition. Serielle Musik ist daher durch *menschliches* Musizieren (auf traditionell üblichen Instrumenten bzw. mit der Stimme) nur noch annäherungsweise zu verwirklichen. Diese Problematik führte in den folgenden Jahren zu zwei sehr gegensätzlichen Reaktionen in Komponistenkreisen. Einerseits entwickelte man die → Elektronische Musik, welche die seriellen Vorgaben durch kontrolliert synthetische Produktion in vollkommener Konsequenz realisierbar machte. Andererseits entstand die → Aleatorik als bewußte Abkehr von Vorherbestimmung und Erstarrung der Seriellen Musik.

Serpent → Zink

Sexte → Intervall

sf, sforzando, sforzato, sfz → Akzent

shahnāī → śahnāī

shakuhachi Japanische Längsflöte aus Bambus mit vier oberseitigen und einem unterseitigen Griffloch. Eine shakuhachi ist üblicherweise 54,5 cm lang. Diese Standardgröße ergibt eine Grundskala von d, f, g, a, c', d', welche jedoch durch bestimmte Spieltechniken erweiterbar ist. Seit dem 17. Jahrhundert wird die shakuhachi oft in Verbindung mit der → koto gespielt; sie ist insbesondere seit dem 19. Jahrhundert in Japan sehr populär geworden.

shamisen → sanxian

Shanty → Arbeitslied von Seeleuten zur rhythmischen Koordinierung jener Arbeitsvorgänge, bei denen eine gemeinsame Tätigkeit im gleichen Bewegungsrhythmus ausgeübt wird (z. B. Ankerhieven, Segelheißen, Wasserpumpen). Ein bekannter Spruch unter englischen Seeleuten lautet: «*A shanty is another hand on the rope*» (vgl. «What Shall We Do With the Drunken Sailor»).

sheng Chinesische Mundorgel. Sie besteht aus einer Windkammer mit seitlichem Anblasrohr, auf welche 17 unterschiedlich lange Bambusrohre (Pfeifen) senkrecht aufgesetzt sind. In 13 dieser Pfeifen (die anderen sind üblicherweise reine Dekoration) ist jeweils eine durchschlagende Metallzunge eingesetzt (→ Harmonika-Instrumente), die über Grifflöcher aktiviert werden kann. Sie sitzt jeweils zwischen Zunge und Rohrgrund. Bei offenem Griffloch fließt die Anblasluft direkt nach außen, die entsprechende Zunge bleibt stumm. Wird das Griffloch mit dem Finger geschlossen, strömt die Anblasluft gegen die Zunge und läßt diese erklingen.
Die Bauform des sheng ist seit dem 9. Jahrhundert auch in Japan verbreitet und wird dort *shô* genannt.

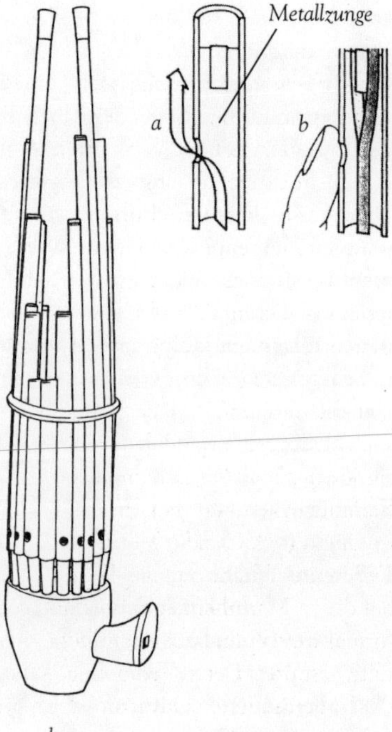

sheng

Shimmy Langsamer → Foxtrott (vgl. Paul Hindemith: «Suite 1922» op. 26).

shô → sheng

shruti → svara

Siciliano In Sizilien entstandene ruhige und ungeradtaktige ($\frac{6}{8}$- oder $\frac{12}{8}$-Takt) Tanzweise mit bevorzugt punktierter Achtelrhythmik.
Das Siciliano gilt als Inbegriff eines pastoralen Charakters und wird unter diesem Aspekt im 19. Jahrhundert beliebte Vorlage für entsprechende → Charakterstücke der Klavierliteratur (vgl. Robert Schumann: «Album für die Jugend»).

sinfonia → Ouvertüre, → Sinfonie

Sinfonie (Symphonie, sinfonia) Musikalische Bezeichnung, deren Bedeutung sich mehrfach wandelte.
In der griechischen Antike ist *symphonia* [= griech. Zusammenklang, Übereinstimmung] eine Bezeichnung für bestimmte Intervalle (Oktave, Quarte und Quinte) wie auch für Instrumente und deren Zusammenklang. Das Mittelalter übernimmt diesen Bedeutungsgehalt, erweitert ihn jedoch und verwendet *symphonia* zudem als Synonym für *Musik* im allgemeinen (sowohl für instrumentale als auch vokale Musik). Bis Ende des 16. Jahrhunderts konnten vielerlei instrumentale, vokale oder gemischt besetzte Musikstücke entsprechend benannt werden; symphonia ist dabei oft bedeutungsgleich mit der Bezeichnung *concerto* (→ Konzert).
Mit der zunehmenden Loslösung der Instrumentalmusik von Begleitaufgaben im Vokalbereich wandelt sich ab etwa 1600 auch die Bedeutung der Bezeichnung *symphonia/sinfonia* und findet sich nun in der Regel nur noch bei Instrumentalstücken, oft bei Eröffnungssätzen zu → Suiten, → Oratorien und → Opern (vgl. Claudio Monteverdi: «L'Orfeo», 1607, Anfang des 2. Aktes).
Der heute übliche *Sinfonie*-Begriff geht auf die Epoche der → Vorklassik, u. a. auf die → Mannheimer Schule und die → Berliner Schule, zurück. Die bisher formal weitgehend unverbindliche, instrumentale *sinfonia* wird nun als → Sonate gestaltet. Deren Tempofolge schnell-langsam-schnell ist vermutlich von der Italienischen → Ouvertüre abgeleitet, wird jedoch durch Einbindung eines → Menuetts bald zur Viersätzigkeit erweitert. Seit dieser Zeit bezeichnet *Sinfonie* üblicherweise eine Sonate für Orchester. Durch die Bindung der Sinfonie an die Sonate haben Weiterentwicklungen eines der beiden Elemente immer auch entsprechende Konsequenzen in der Struktur des jeweiligen anderen Bereiches bewirkt.
Überragende Bedeutung für die Geschichte der Gattung hatte das sinfonische

Schaffen von L. v. Beethoven. Er verlagert (erstmals in seiner «Sinfonie Nr. 5» erkennbar) das dramatische Kerngeschehen zunehmend auf den Finalsatz, der nicht mehr nur rasant-beschwingter Kehraus ist, sondern zum grandiosen, alle Kräfte nochmals konzentrierenden Höhepunkt wird. In seiner «Sinfonie Nr. 9» bindet Beethoven zudem vokale Anteile ein und eröffnet den nachfolgenden Komponisten damit eine Fülle neuer gestalterischer Möglichkeiten (vgl. Gustav Mahler: «Sinfonie Nr. 8», «Das Lied von der Erde»; Igor Strawinsky: «Psalmensinfonie»; Dimitrij Schostakowitsch: «Sinfonien» Nr. 2 und Nr. 3; Hanns Eisler: «Deutsche Sinfonie»). Manche dieser Werke lassen sich je nach Gewichtung der instrumentalen bzw. vokalen Partien als *Vokalsinfonie*, *Chorsinfonie*, *kantatische Sinfonie* oder als *sinfonische Kantate* bezeichnen (vgl. Felix Mendelssohn Bartholdys «Sinfonie Nr. 2», in der eine → Kantate neben drei rein instrumentale Sätze gestellt ist).

Die Anerkennung der Sinfonie als eine musikalische Gattung allererster Wichtigkeit und Bedeutung vollzog sich in enger Abhängigkeit von dem sich im 18. Jahrhundert entwickelnden öffentlichen Konzertwesen (→ Konzert). Der hohe Stellenwert der Sinfonie hat die Musikschaffenden nicht gehindert, die Grenzen der Gattung jeweils neu auszuloten, teilweise auch bewußt zu überschreiten oder in Frage zu stellen (u. a. → Programmsinfonie). Insbesondere die Sinfonik des späten 19. wie des 20. Jahrhunderts ist durch einen sehr freien, gelegentlich etwas eigenwilligen Umgang mit musikalischen Mitteln gekennzeichnet (Darius Milhauds «Sinfonie Nr. 1» von 1917 hat z. B. eine Gesamtdauer von etwa drei bis vier Minuten). Während manche Komponisten (u. a. Johannes Brahms) nach objektiver formaler Verbindlichkeit strebten, ist andererseits eine teilweise monumentale Ausweitung der formalen wie auch der Instrumentierungsdimensionen zu beobachten (vgl. Gustav Mahler: «Sinfonie Nr. 8 ‹*Sinfonie der Tausend*›» mit u. a. 50 Streichinstrumenten, 40 Blasinstrumenten, fünf Harfen, drei Chören und sieben Vokalsolisten).

Die insbesondere im ost- und südosteuropäischen Raum gleichzeitig aufkeimende Rückbesinnung auf die Musiktraditionen des jeweils eigenen nationalen Kulturerbes (→ Nationalschulen) bereicherte die Sinfonie zudem mit einer Fülle fruchtbarster Impulse (vgl. Peter Tschaikowsky, Nicolaj Rimskij-Korsakow, Anton Dvořák, Leoš Janáček, Friedrich Smetana, Jean Sibelius). Eine vergleichbare nationalmusikalische Haltung zeigen auch die sinfonischen Werke nordamerikanischer Komponisten (vgl. u. a. George Gershwin). Hier handelt es sich allerdings weniger um die Idee einer Rückbesinnung als vielmehr um die ganz grundsätzliche Schaffung einer charakteristischen Nationalmusik (die eigentlich nordamerikanische Kultur, nämlich die der indianischen wie auch der eskimoischen Urbevölkerung und deren traditionelles Erbe, wird in diesem Zusammenhang aber auffälligerweise nie in Betracht gezogen).

Sinfonia concertante → Konzert

Sinfonische Dichtung (Symphonische Dichtung) Von Franz Liszt geschaffene Bezeichnung für → Programmusik, die eine literarische Vorlage (fragmentarisch oder vollständig) rein instrumental vertont. Später wendete Liszt die Bezeichnung auch bei Werken an, denen ein Bild oder ein persönliches Erlebnis zugrunde lag.
In erster Linie nur der Logik der jeweiligen Vorlage verpflichtet, sind Sinfonische Dichtungen dennoch keineswegs *formfreie* Gebilde im musikalischen Sinne (Richard Strauss: «Till Eulenspiegels lustige Streiche» op. 28, in Rondoform, «Don Quixote» op. 35, in Variationsform). Allerdings gestattete man sich bei ihrer Gestaltung einen verhältnismäßig phantasievollen Umgang mit den gültigen musikalischen Formmodellen, wobei häufig Einsätzigkeit zu finden ist. Liegt die Form einer → Sonate zugrunde, so spricht man von einer → Programmsinfonie.
Als früheste Erscheinung der Gattung gilt die Ouvertüre «Tasso» (1849), die Franz Liszt 1854 zur *Sinfonischen Dichtung* erklärte. Liszt proklamierte 1860 für diesen Zusammenhang die «Notwendigkeit eines näheren Anschlusses ... der reinen Instrumental-Musik ... an Poesie und Literatur» als vordringlichste Aufgabe des Musikschaffens seiner Zeit.

Singer-Songwriter → Folkmusic

Singspiel Deutsche Bühnengattung, welche etwa 1750 in Anlehnung an die englische → *beggar's opera*, die italienische *opera buffa* und die französische, heitere *opéra comique* (→ Oper) entsteht.
Charakteristisch sind ein deutscher Text, eine liedhafte Melodik und insbesondere gesprochene Dialoge in Prosa, die der Schilderung des Handlungsfortgangs dienen. Die Dialoge konnten sich in frühen Singspielen über längere Passagen erstrecken (die Darsteller waren üblicherweise singende Schauspieler, weniger tatsächlich ausgebildete Sänger). Als erste Singspiele gelten Johann Standfuß: «Der Teufel ist los oder Die verwandelten Weiber» (1752, mit einem Text von Christian Felix Weiße nach der englischen beggar's opera «The Devil to Pay» von Charles Coffey); Johann Adam Hiller: «Lisuart und Dariolette» (1766/67); W. A. Mozart: «Bastien und Bastienne» (1768); Christian Gottlob Neefe: «Die Apotheke» (1771); Georg Benda: «Der Dorfjahrmarkt» (1775).
Die dreiteilige Arie der *opera seria* (→ Oper) ist zumeist durch zweiteilige Arien oder einfache Liedweisen ersetzt. Die Themen entstammen dem alltäglichen Leben; beliebt ist die Betonung von Kontrasten zwischen ländlicher und städtischer, höfisch-adeliger und bürgerlicher bzw. bäuerlicher Lebens-

weise. Die Personen handeln zumeist direkt, Stilisierungen sind selten. Typisch ist die dramatische Zuspitzung auf das Finale hin; sie wird als Gestaltungsmittel später auch in die opera seria übernommen. Das deutsche Singspiel entwickelt sich einerseits zur *Deutschen Oper*, andererseits zur → Operette weiter.

sitār Indische Langhalslaute mit Bünden.
Die sitār wird heute als *tritantrika vīnā* [= skt. dreisaitige vīṇā] häufig zu den → vīnā-Instrumenten gezählt. Ihre Herkunft ist jedoch umstritten. Die Vokabel *sitār* ist vermutlich eine urdu-Ableitung des persischen Wortes *sih-tār* [= pers. Dreisaiter] (die indische sitār ist allerdings nicht baugleich mit der persischen *sehtār*). Die Entwicklung der sitār wird gelegentlich auch dem indo-türkischen Dichter Amir Kushrav (ca. 1253–1325) zugeschrieben; diese Annahme ist jedoch nicht belegbar.

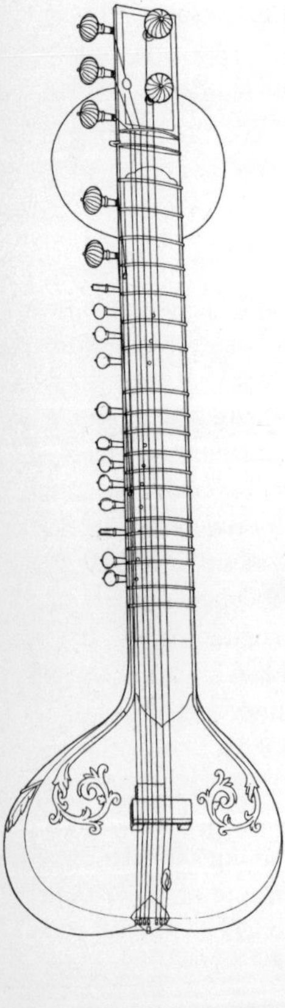

sitār

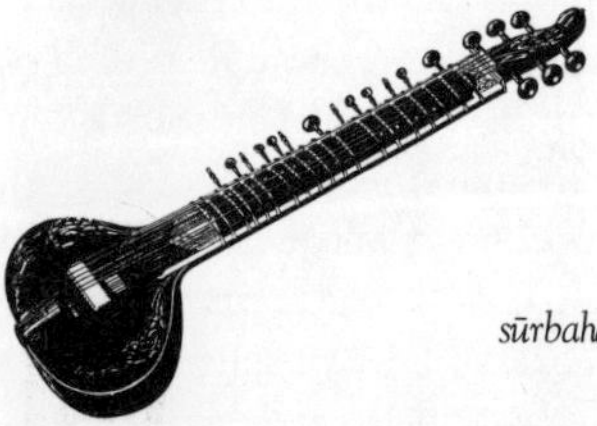

sūrbahār

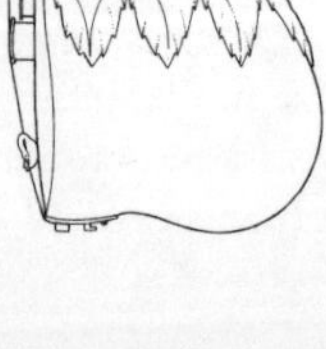

Drahtplektrum (mizrāb)

sitār

Im Verbreitungsgebiet der indoarischen Kultur war die sitār zunächst ein höfisches Instrument (an Hindu- bzw. Mogul-Palästen). Seit dem 17./18. Jahrhundert wurde sie zum bedeutendsten Instrument der indoislamischen Musikkultur. Heute dient die sitār hauptsächlich als Konzertinstrument für → rāga-Musik.
Die moderne sitār ist etwa 122 cm lang und besitzt einen birnenförmigen Resonanzkörper aus Jackholz. Zur Klangverstärkung befinden sich am oberen Ende des Halses ein oder zwei kleinere Kalebassen. Auf dem flachen, langen Hals (heute zumeist aus Teakholz) sind bis zu 20 bewegliche, leicht aufwärts gewölbte Metallbügel als Bünde angebracht. Man benutzt pro Oktave neun Bünde, die für jeden rāga neu eingestellt werden können. Vier bis sieben Melodiesaiten fuhren über zwei Stege zu seiten- und oberständigen Wirbeln am Halsende. Zusätzlich verlaufen unter den aufgewölbten Bünden noch etwa 20 Resonanzsaiten zu Wirbeln an der Längsseite des Halses. Alle Saiten sind aus Metall (Stahl, Kupfer, Bronze, Messing) und werden je nach rāga unterschiedlich eingestimmt. Beim Musizieren wird die sitār schräg vor der Brust gehalten. Üblicherweise werden die Melodiesaiten mit einem oder mehreren auf die Finger aufgesteckten Drahtplektren angezupft.
Nah verwandt mit der sitār ist die *sūrbahār*, welche sich von ihr nur durch einen Wirbelkasten und die fehlende Hals-Kalebasse unterscheidet.

sixte ajoutée → Subdominante

Skala → Tonleiter

Skiffle Die Bezeichnung verbreitete sich in den 1920er Jahren in Chicago zur Beschreibung von Musik, die volksmusikalische Elemente des → Blues und des → Jazz vermischte. Skiffle wurde typischerweise auf selbstgebauten oder dem Alltag entnommenen Instrumenten (Kistenbaß, Waschbrett, Papierkamm *[Kazoo]*, Tonkrug *[Jug]*) vorgetragen. Dazu konnte Gitarre oder Banjo kommen.

Skordatur → scordatura

slap bass → Kontrabaß

slendro → laras

slentando → Tempo

slĕnṭĕm → gamĕlan

slide → bottleneck-Technik

Slowfox → Foxtrott

snare drum → Kleine Trommel, → Schlagzeug

Solokonzert → Konzert

Sonate [suonare = ital. klingen] Die Bezeichnung war seit Beginn des 17. Jahrhunderts Ausdruck der Verselbständigung der Instrumentalmusik von der Vokalmusik und diente zunächst (bis etwa Mitte des 17. Jahrhunderts) zur Unterscheidung zwischen Instrumentalwerken als *Klingstücken* (*canzona da sonar* bzw. *canzon sonata*) und *Singstücken* (*canzona da cantar;* cantare = ital. singen). Ab Mitte des 17. Jahrhunderts wurde die Bezeichnung auf mehrsätzige, zyklische Werkformen mit bestimmten modellhaften Ablaufgestaltungen eingeschränkt. In der Folgezeit konnte deren Formanlage in unterschiedlichsten Besetzungen verwirklicht werden: als Sonaten für unbegleitetes oder generalbaßbegleitetes Soloinstrument (Klaviersonaten, Violinsonaten, Flötensonaten usw.) oder für zwei solistische Melodieinstrumente (→ Triosonate). Sonaten konnten aber auch kammermusikalisch oder großorchestral besetzt sein (→ Streichquartett, → Konzert, → Sinfonie).
Barocksonaten kennen zwei grundsätzliche Formmodelle:
In höfischem Umfeld entwickelte sich die *Kammersonate (sonata da camera).* Sie diente vorwiegend als Tanz- und Tafelmusik und zeigt eine suitenhafte Formanlage als Reihung von Sätzen unterschiedlichen Charakters (→ Suite). Langsame Sätze sind bevorzugt homophon, schnellere Sätze dagegen polyphon sowie nicht selten auch fugiert gestaltet (→ Fuge). Alle Sätze einer Kammersonate stehen zumeist in der gleichen Tonart, die Taktarten werden jedoch häufig von Satz zu Satz (bevorzugt jeweils zwischen geraden und ungeraden Taktarten alternierend) gewechselt. Erste Kammersonaten entstanden für die Violine, seit Johann Kuhnau auch für Klavier (vgl. «Frische Clavier-Früchte oder Sieben Suonaten von guter Invention und Manier», 1696). Bezeichnungen und Charaktere der einzelnen Sätze sind oft noch eng an die Suite angelehnt; Kammersonate und Suite sind daher nicht immer deutlich voneinander unterscheidbar.
Innerhalb des kirchlichen Bereichs bevorzugte man eine viersätzige Form mit der Tempofolge langsam-schnell-langsam-schnell, die als *Kirchensonate (sonata da chiesa)* bezeichnet wurde. Ihr erster Satz hat zumeist typischen Einleitungscharakter. Der zweite Satz ist bevorzugt fugiert, der dritte Satz als arioses *Lento* in einem Dreier-Metrum gearbeitet, der vierte Satz kann polyphon oder homophon gestaltet sein. Die Tempofolge der ersten drei Sätze ist vermutlich

der Französischen → Ouvertüre nachempfunden (vgl. J. S. Bach: «Sonate für Violine Solo», BWV 1003).
Beide Formmodelle wurden in der Barockzeit u. a. für die → Triosonate (zwei solistische Melodiestimmen und Generalbaßbegleitung) eingesetzt, wobei man die Viersätzigkeit der Kirchensonatenform gelegentlich auch auf drei Sätze im Stil der Französischen Ouvertüre reduzierte (vgl. Christoph Willibald Gluck: «Sechs Triosonaten», 1746). Daneben gab es auch einsätzige Sonaten (vgl. Domenico Scarlatti: «Esercisi per Clavicembalo», mit zwei Themen, von denen das Seitenthema mitunter bereits in der Dominanttonart steht, die Durchführung ist jedoch meist nur angedeutet).
Seit der Klassik sind Sonaten meist drei- bis viersätzig. Die übliche Tempofolge der dreisätzigen Form ist schnell-langsam-schnell und erinnert an die Italienische Ouvertüre. Die viersätzige Sonatenform entsteht durch das Einschieben eines → Menuetts (als sog. *Tanzsatz*) an dritter Stelle oder durch Erweiterung um einen üblicherweise schnellen Finalsatz. Zweisätzige Formen sind in der Klassik weniger verbreitet (vgl. L. v. Beethoven: «Klaviersonaten op. 49», Nr. 1 und Nr. 2) und werden dann oft als → Sonatine behandelt.
Der erste Satz (Kopfsatz) einer klassischen Sonate steht bevorzugt in → Sonatenhauptsatzform. Er ist zumeist sehr kunstvoll gestaltet auf die Verstandes- und Urteilskräfte der Zuhörer. Ihm folgen ein oder zwei Mittelsätze, welche entweder die seelischen Empfindungen und Regungen ansprechen oder als vergnügliche, heiter-unbeschwerte Tanzsätze (als Menuett sowie insbesondere seit L. v. Beethoven als → Scherzo) angelegt sind. Mittelsätzen können → Liedformen, Variationsformen oder → Rondos zugrunde liegen. Den Abschluß bildet ein zumeist lebhaft-beschwingter bis rasant-virtuoser *Finalsatz*, der in Sonatenhauptsatz-, Variations-, Rondo- oder Sonatenrondoform, seltener auch in Form einer → Fuge (vgl. L. v. Beethoven: «Klaviersonaten» op. 106 und op. 110) gearbeitet sein kann. Kopfsatz und Finalsatz stehen oft in der gleichen Tonart, um die zyklisch und dramaturgisch abgerundete Struktur einer Sonate auch auf Tonalitätsebene zu verdeutlichen.
Alle genannten Abschnitte können in Form, Ablauf, Tempo und Charakter mannigfaltig variiert vorkommen (vgl. L. v. Beethovens «Klaviersonaten»: op. 27, Nr. 2 beginnt mit einem Adagio, op. 26 mit einem Variationssatz, op. 54 mit einem Menuett). Zudem können auch weitere Formen in den Sonatenzyklus Eingang finden (vgl.: L. v. Beethovens «Klaviersonate» op. 26 weist als dritten Satz einen *Trauermarsch* auf, Johannes Brahms' «Sinfonie Nr. 4» als letzten Satz eine → Passacaglia).
Seit Ende der Klassik können Sonaten auch mehr als vier Sätze umfassen (vgl. siebensätzig: L. v. Beethoven: «Streichquartett» op. 131). Zur Verdeutlichung der prinzipiellen Einheit des zyklischen Sonatengeschehens können ein rhythmisches oder melodisches → Motiv oder ein ganzes → Thema in mehreren

Sätzen verarbeitet werden (vgl. L. v. Beethoven: «Sinfonie Nr. 9»; Robert Schumann: «Sinfonien» Nr. 2 bzw. Nr. 4). Bisweilen sind Themen zu satzübergreifenden, größeren Komplexen verknüpft (vgl. Sinfonien von Gustav Mahler). Durch die zeitweilige oder vollständige Verschmelzung der Formbestandteile wurde die Gattung wieder an die alte Idee der vorklassischen *Sonata* als *Klingstück* angenähert. Das Verfahren erinnert zudem an die Kompositionstechniken der → Toccata, des → Ricercara und der → Canzona, deren Themen ebenfalls aus einem Grundgedanken formuliert sind. Die Verwendung eines zentralen Kernthemas als Ausgangspunkt aller → thematisch-motivischen Arbeit (vgl. Franz Liszt: «Klaviersonate h-Moll», «Klavierkonzerte» in Es-Dur und A-Dur), welches Hector Berlioz als *idée fixe* bezeichnete (vgl. «Symphonie fantastique», Sinfonie «Harold en Italie») hat unter der Bezeichnung → Leitmotiv bei Richard Wagner in dessen → Musikdramen eine wesentliche Bedeutung erlangt.

Sonatenhauptsatzform Dreigliedriges Formmodell eines instrumentalen Satzes, dessen einzelne Abschnitte *(Exposition, Durchführung, Reprise)* prinzipiell an bestimmte dramaturgische Aufgaben gebunden sind.

Die *Exposition* [exponere = lat. ausstellen] dient der Vorstellung des thematischen Materials. Es handelt sich dabei um mindestens zwei → Themen, ein *Haupt-* bzw. *Kopfthema* und ein *Seitenthema*, welche eine gegensätzliche oder zumindest voneinander abweichende Charakteristik (bezüglich Melodieverlauf, Rhythmik, Dichte, Dynamik, Tonart usw.) aufweisen sollten. Das Seitenthema kann motivisch eigenständig sein oder durch sog. *kontrastierende Ableitung* aus dem Materialvorrat des Hauptthemas entwickelt sein (vgl. L. v. Beethoven: «Klaviersonate» op. 2, Nr. 1, 1. Satz). Handelt es sich beim Seitenthema nur um eine Wiederholung des Hauptthemas auf der dominantischen Tonstufe, so spricht man von einer *monothematischen Exposition* (vgl. Joseph Haydn: «Sinfonie Nr. 104», 1. Satz). Kopf- und Seitenthema können unmittelbar aufeinanderfolgen, es kann jedoch auch eine Überleitung vermittelnd dazwischengefügt sein.

In der Wiener Klassik wurde das Hauptthema bevorzugt mit kraftvoller Motorik, zumeist auch im *forte* (→ Dynamik), das Seitenthema eher lyrisch-gesanglich und dynamisch zurückhaltender gestaltet. Für das Verhältnis der → Tonarten zwischen Haupt- und Seitenthema gab es mehr oder weniger streng befolgte Gewohnheiten. Stand das Hauptthema in Dur, so wurde das Seitenthema ebenfalls in Dur belassen, jedoch auf der dominantischen Tonstufe (einem Hauptthema in C-Dur folgte z. B. ein Seitenthema in G-Dur), seltener auch in einer terzverwandten Tonart angesiedelt (→ Parallelklänge, → Gegenklänge). Bei einem Hauptthema in Moll erschien das Seitenthema üblicherweise in der zugeordneten parallelen Dur-Tonart (einem Hauptthema

in c-Moll folgte z. B. ein Seitenthema in Es-Dur). Expositionen wurden gerne mit Wiederholung gespielt. Diese Praxis sollte ermöglichen, die Themen *vor* ihrer Verarbeitung klar und eindringlich in das Bewußtsein der Hörer einzulesen.
In der nachfolgenden *Durchführung* wird das vorgestellte thematische Material auf vielfältige Art und Weise (melodisch, harmonisch, rhythmisch, dynamisch usw.) umgestaltet und verarbeitet (→ thematisch-motivische Arbeit). Einzelne Motive können abgespalten und in abgewandelter Form neu kombiniert werden. In Kammermusik und sinfonischen Werken werden Themenabschnitte zumeist auch neu instrumentiert. Insbesondere wird das thematische Material in neue, teils sehr entfernte Tonarten geführt *(durchgeführt)*, wobei die bereits in der Exposition berührten Tonarten zumeist vermieden werden. Der Durchführungsabschnitt einer Sonatenhauptsatzform der Klassik spiegelt eine entscheidende Neuerung im Umgang mit musikalischen Elementen wider und hat eine gänzlich andere funktionale Bedeutung als die Durchführung einer → Fuge. Motivisches Material einzelner Teile wird nicht mehr nur nebeneinandergestellt, sondern kritisch auf seine Aussagekraft hin durchleuchtet. Die antagonistischen Charaktere der beiden Themen werden hierbei konfliktreich gegeneinander ausgespielt. Dieses andersartige kompositionstechnische Verfahren entspricht in seinem Wesen durchaus dem gleichfalls neuen, optimistischen Welt- und Menschenbild der Zeit kurz vor und während der Französischen Revolution (vgl. u. a. Jean-Jacques Rousseau). Die musikalischen Themen sind zu *Individuen* geworden, die innerhalb der Durchführung in einen lebendigen «Dialog» (L. v. Beethoven) treten.
Den Abschluß der dreiteiligen Sonatenhauptsatzform bildet die *Reprise* [= frz. Wiederaufnahme]. Durch die Wiederkehr der Themen in ihrer Expositionsgestalt löst sich die konfliktreiche dialektische Spannung des Durchführungsabschnitts, wobei nun auch das Seitenthema üblicherweise in der Tonart des Hauptthemas erscheint (andernfalls könnte der ganze Satz nicht in der Grundtonart enden). Dem durch die Dramatisierung gleichsam *geläuterten* Hörer werden die Themen noch einmal in Erinnerung gerufen. Zumeist werden sie allerdings nicht wörtlich zitiert, sondern variantenreich ausgeziert, in Kammermusik- und Orchesterwerken gerne (im Vergleich zur Exposition) verändert instrumentiert. Die Reprise dient gleichzeitig als probates formales Mittel, den Ablauf schlüssig abzurunden; dies wird auf tonaler Ebene durch die Rückführung in die Ausgangstonart bewirkt. Eine Reprise kann plötzlich und unvermittelt oder durch einen dominantischen Akkord bzw. eine längere Überleitung vorbereitet einsetzen (vgl. L. v. Beethoven: «Sinfonie Nr. 2», 1. Satz). Seitenthemen, welche in der Reprise nicht in der Tonart des Hauptthemas stehen, sind seltener zu finden (vgl. Johannes Brahms: «Sinfonie Nr. 3», das Seitenthema wird in der Reprise in d-Moll geführt; Brahms löst

dieses Problem, indem er eine → Coda anfügt, welche schließlich in die Grundtonart F-Dur zurückmoduliert).

Eine *Scheinreprise* liegt vor, wenn der Beginn einer Reprise zwar kunstvoll *vorgetäuscht* wird, tatsächlich jedoch noch gar nicht erfolgt. Ein beliebtes Verfahren für Scheinreprisen ist es z. B., das Hauptthema zunächst auf einer nichttonikalen Stufe erscheinen zu lassen, sodann den begonnenen Ablauf zu unterbrechen, um schließlich, nach weiteren harmonischen Wendungen, die Tonika und den wirklichen Reprisenanfang zu erreichen (vgl. L. v. Beethoven: «Klaviersonate» op. 10, Nr. 2, 1. Satz: T. 119–137).

Die dreiteilige Grundgestalt einer Sonatenhauptsatzform kann durch eine angehängte *Coda* erweitert sein. Eine Coda kann sehr kurz sein und als bloße nochmalige Bestätigung der schließenden → Kadenz wirken. Es sind aber auch längere Codaformen bekannt, welche dann zudem zur neuerlichen Verarbeitung thematischen Materials (im Sinne einer weiteren Durchführung) verwendet werden können (vgl. L. v. Beethoven: «Klaviersonaten» op. 2, Nr. 3, op. 7, op. 53, op. 54, op. 57, op. 81, op. 106). Ebenso kann den drei Hauptabschnitten eine *Einleitung* vorangestellt sein, welche entweder eine eigenständige Motivik aufweist oder bereits den Grundcharakter des folgenden Hauptthemas skizziert bzw. dessen motivisches Material anspielt. Einleitungen sind bevorzugt in langsamem Tempo gehalten, was an die Französische → Ouvertüre bzw. an den ersten Satz der *Kirchensonate* (→ Sonate) erinnert (vgl. L. v. Beethoven: «Klaviersonate» op. 13 ‹Pathétique›).

Die Sonatenhauptsatzform entwickelte sich insbesondere unter dem Einfluß Joseph Haydns. Als Ursprung können die paarigen Tanzsätze der → Suite angesehen werden, deren beide Sätze sich durch zunehmende Kontrastierung zu Kopf- bzw. Seitenthema entwickelt haben und deren gelegentlich zwischengefügte Überleitung sich zur Durchführung ausgeweitet hat. Vorstufen der Sonatenhauptsatzform finden sich bereits bei Domenico Scarlatti («Esercisi per Clavicembalo» als einsätzige Sonaten mit zwei Themen, dabei das Seitenthema mitunter bereits in der Dominanttonart, Durchführungen jedoch meist nur angedeutet), in manchen Sonatensätzen der → Mannheimer Schule (wo Seitenthemen auf der dominantischen oder parallelen Tonstufe geführt wurden) und in den Sonaten Carl Phil. Emanuel Bachs (z. B. in der «Sonate c-Moll für zwei Violinen», 1749, wo erstmals eine ausführliche Durchführung der beiden Themen stattfindet). Aber erst Joseph Haydn formt die Dreiteiligkeit der Sonatenhauptsatzform zum gültigen Modell aus; er prägt die Idee der thematisch-motivischen Arbeit als eigentliche Kompositionsarbeit und wertet hiermit die Durchführung von einer bloßen Überleitung zum Zentrum des musikalisch-dramatischen Geschehens auf (erstmals in: «Sechs Russische Streichquartette» op. 33, 1781). Beim Entwurf von Sonatenthemen werden nun nicht mehr nur ihre Kontrastwirkungen, sondern zunehmend ihr Potential an späteren Verarbeitungsmöglichkeiten berücksichtigt. Diese Konzentration auf die thematisch-motivische Kompositionsarbeit war eine der wichtigsten Voraussetzungen für die Anwendung der Sonatenhauptsatzform in → Sinfonie, → Konzert und → Streichquartett. Sie findet sich dort vorwiegend in den Kopfsätzen, bei dreisätzigen Sinfonien gelegentlich in den Schlußsätzen, sie kann jedoch auch Einzelwerken sowie u. a. → Ouvertüren von → Opern zugrunde liegen (vgl. W. A. Mozart: «Don Giovanni»; Felix Mendelssohn Bartholdy: «Ein Sommernachtstraum»; Richard Wagner: «Die Meistersinger von Nürnberg»).

Mit den modellhaften Vorgaben der klassischen Sonatenhauptsatzform haben sich nahezu alle Komponisten der nachklassischen Zeit immer wieder ernsthaft, fantasievoll und empfindungsreich auseinandergesetzt. Die allgemein als *ideal* empfundenen Kompositionsvorgaben von L. v. Beethoven haben hierbei nachfolgenden Komponisten mitunter größte Ansatzschwierigkeiten bereitet (vgl. Franz Schubert, Johannes Brahms, Anton Bruckner). Gerade der in der → Romantik stets präsente Dialog zwischen dem Anspruch nach objektiver, klarer Gesetzmäßigkeit und der Freiheit zu subjektiver, leidenschaftlicher, seelischer Empfindung und Fantasie hat zu einer Fülle unterschiedlicher Kompositionsansätze geführt. Die strukturellen Elemente der Sonatenhauptsatzform blieben dabei weitgehend erhalten. Die Bedeutung der einzelnen Abschnitte wurde jedoch teilweise recht unterschiedlich gewichtet (vgl. Franz Schuberts «Klaviersonaten» mit äußerst langen Expositionen und Durchführungen, mitunter jedoch ohne Reprisen); ihre traditionelle Funktion wurde erweitert (Robert Schumann fügte in der Durchführung häufig ein drittes Thema ein, vgl. «Klaviersonate» op. 22, «Sinfonie Nr. 1»), ihre regelmäßige Abfolge hinterfragt bzw. durch episodenhafte Einschübe unterbrochen (vgl. Robert Schumann: «Klaviersonate» op. 11; Felix Mendelssohn Bartholdy: «Streichquartett» op. 13, Finalsatz). Gelegentlich wurde die thematisch-motivische Arbeit auch auf Abschnitte außerhalb der Durchführung (insbesondere auf die Coda) ausgedehnt.

Da die Konstruktion tonartlicher Gegensätze in → Atonaler Musik kaum zu erkennbaren Hörergebnissen führt, wurde die Kontrastfunktion bezüglich der Sonatenthemen dort häufig auf die Gestaltung der Rhythmik verlagert (vgl. Arnold Schönberg: «Streichquartett fis-Moll»). Alban Berg nutzte die Sonatenhauptsatzform als musikdramatisches Gestaltungsmittel in seiner Oper «Wozzeck». Zu Anfang des 2. Aktes behandelt er die drei Personen Marie, Maries Kind und Wozzeck sowie die ihnen zugeordneten musikalischen Themen als Kopfthema bzw. erstes und zweites Seitenthema einer Sonatenhauptsatzform, welche im Sinne des klassischen Sonatenverständnisses dramatisch und konfliktreich miteinander verzahnt und verarbeitet werden.

Sonatenrondo → Rondo

Sonatine [sonatina = ital. kleine Sonate] Kurze, spieltechnisch jedoch keineswegs immer leichte → Sonate (vgl. u.a. Sonatinen von Ferruccio Busoni) mit selten mehr als drei Sätzen. Der erste Satz steht bevorzugt in klar gegliederter → Sonatenhauptsatzform. Sonatinen folgen der Sonatenhauptsatzform oft strenger als die eigentlichen *Sonaten* (vgl. Friedrich Kuhlau: «Sonatinen» op. 20, Nr. 1, op. 55, Nr. 1 und op. 55, Nr. 2). Die Durchführungen sind allerdings in der Regel recht kurz und einfach gehalten, gelegentlich werden sie nur skizzenhaft angedeutet. Der zweite Satz ist häufig in Form eines → Rondos gestaltet.

Sonorismus → Klangkomposition

Sopran → Gesangsregister

Sordine (Sordino) Dämpfer. Bei → Streichinstrumenten ein Holz-, Metall- oder Kunststoffkamm, der auf den Steg gesetzt wird und dessen Masse und damit dessen Schwingungsfähigkeit ändert. Der Klang eines Instrumentes wird leiser und leicht nasal (Spielanweisung: *con sordino, con sord.*). Bei → Blechblasinstrumenten erfolgt die Klangdämpfung durch Verschließen der Schallstürze (*Stopfen* per Hand oder mit unterschiedlichen Einsätzen).

Soul Am → Gospelsong ausgerichtete Variante des → Rhythm & Blues. Erste Ansätze zur Verzahnung von Gospelsong und Rhythm & Blues vollziehen Ray Charles und Sam Cooke bereits um 1955. 1966/67 wird Soul auch auf dem weißen Plattenmarkt äußerst populär (vgl. Aretha Franklin, Wilson Pickett, James Brown, Sam & Dave, Otis Redding, Diana Ross & The Supremes). 1969 etikettierten Redakteure der führenden amerikanischen Musikzeitschrift «Billboard» mit der Bezeichnung Soul die Rhythm-&-Blues-Musik ganz allgemein.

Sousaphon → Tuba in Rundform, deren Schallstürze nach vorne gerichtet ist und die hauptsächlich in Marschmusik Verwendung findet. Um ein günstigeres Gewicht zu erreichen, wird das Instrument heute gelegentlich aus Fiberglas hergestellt.

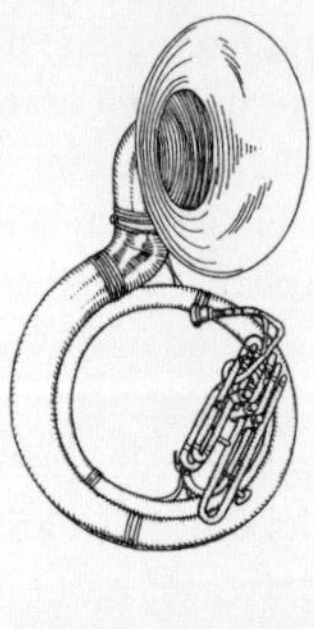

Spätromantik → Romantik

Spiegelung → Imitation

Spielmannsmusik → Troubadours

Spinett [spina = lat. Dorn, Stachel] Einmanualiges Tasteninstrument mit Zupfmechanik (→ Cembalo), dessen Saitenbezug in der Regel schräg zur Richtung der Tastenhebelarme verläuft. Die Gehäuseform spiegelt diese Anordnung der Saiten als unregelmäßiges Vieleck (Dreieck, Trapez, Fünf- oder Sechseck) wider. Der übliche Tonumfang beträgt etwa vier bis fünf Oktaven. Spinette sind oft als Tischmodelle, d. h. ohne eigene Füße, gearbeitet. Sie fanden vielfältige Verwendung in häuslicher Musik.
Ein *Spinettino (Oktavspinett, Ottavino)* ist ein Spinett, dessen Saiten eine Oktave höher klingen, als sie notiert sind (sog. *4'-Spinett*). Seit 1547 sind in England zudem *Doppelspinette* als Kombination von Spinett und Spinettino bekannt. Beide Instrumente wurden entweder in ein gemeinsames Gehäuse integriert, teilweise wurden auch zwei einzelne Spinette direkt übereinandergesetzt. Durch dieses Verfahren ließ sich (ähnlich wie bei einem *Doppelvirginal*) neben dem Tonumfang gleich auch das Klangspektrum erweitern. Ein *clavecin brisé* ist ein zusammenklappbares, kleines Reisespinett.
Das Spinett ist (ebenso wie das → Virginal) etwa gleichzeitig mit dem *Cembalo* entstanden, also keineswegs ein Vorläufer des Cembalos. Das älteste noch erhaltene Spinett soll von Alexander Pasi 1493 in Modena gebaut worden sein.

Spiritual [= engl. geistlich] Liedgattung → Afroamerikanischer Musik, welche im Umfeld der christlichen Kultur schwarzer Sklaven in Nordamerika entstand. Bedeutende Zentren dieser Entwicklung waren unabhängige schwarze Kirchen, deren erste 1773 als baptistische Gemeinde in South Carolina gegründet wurde.
Spirituals gehören mit zu den frühesten Quellen afroamerikanischer Kultur und waren neben → Worksong und → Holler für lange Zeit die einzige den schwarzen Sklaven erlaubte Form musikalischer Betätigung. Erste schriftliche Fixierungen von Spirituals stammen aus der Zeit des amerikanischen Bürgerkrieges (1861–1865). Die meisten Spirituals unterlagen allerdings im Laufe ihrer Geschichte vielfältigen Umformungen hinsichtlich Form, Melodik, Textgestaltung usw. (*Umsingen*, → Volkslied), so daß Datierungen zumeist nur indirekt rekonstruiert werden können und im großen und ganzen eher spekulativ bleiben. Neben einer einfachen Kadenzharmonik, die als eindeutiger Beleg eines europäischen Einflusses gewertet werden kann, finden sich vielerlei Merkmale afrikanischen Musizierens. Insbesondere die Aufführungspraxis der Spirituals als stets kollektives musikalisches Ereignis ist noch eng an die afrikanische Tradition der sozial integrativen Stammeszeremonien geknüpft. Charakteristische Überbleibsel der afrikanischen Beschwörungsriten sind insbesondere die spontanen, ekstatischen Zwischenrufe der Gemeindemitglieder,

die letztlich nichts anderes sind als versprachlichte Schlagformeln (in afrikanischer Musik: *nommo*), mit denen ehemals die Stammesgötter auf rituellen Trommeln herbeibeschworen wurden. Die Formelhaftigkeit der Anrufung hat sich hierbei weitgehend erhalten (z.B. die Textzeile «Come down, come down, my Lord!» aus dem Spiritual «My Lord's A-Writin' All de Time»). Durch das Spiritual entstand in Nordamerika ein neuartiger Ritus der Gottesbeschwörung ohne Trommeln. Der afroamerikanische christliche Gottesdienst wurde zum Ersatz für die verlorenen Stammesriten, die christliche Gemeinde gleichsam zur neuen Stammesgemeinschaft.
In der Entwicklung der Spirituals geht man derzeit von zwei verschiedenen Akkulturationsprozessen aus. Während in den nördlicheren Gebieten ein Typus vorherrschte, der christliche Hymnen und Psalmengesänge als Vorbilder benutzte und diese mit Afrikanismen durchsetzte, behielten die schwarzen Sklaven der südlichen Kolonien ihre afrikanischen Musizierweisen bei und integrierten christliche Inhalte.
Spirituals verwenden Reimformen und beziehen sich textlich im allgemeinen auf biblische Erzählungen und Geschichten. Gelegentlich wurden Bibelstellen wörtlich oder fast wörtlich in die Spiritualtexte übernommen. Auch das Allegorieverfahren biblischer Gleichnisse ist in vielen Spirituals erhalten geblieben.
Der Textbezug zur Bibel hat immer wieder dazu geführt, das Spiritual ausschließlich als geistliches Lied, als gleichsam christliches Glaubensbekenntnis schwarzer Sklaven, einzuordnen. Obwohl eine religiöse Ausrichtung der Spiritualtexte unbestritten ist, artikuliert sich in ihnen in vielen Fällen auch ein konkreter Freiheitswille. Spirituals wie «No More Auction Bloc for Me» sprechen ganz reale Bedürfnisse des diesseitigen Lebens an und kritisieren offen die bestehenden sozialpolitischen Mißstände. Auffällig ist zudem, daß in einer großen Zahl von Spiritualtexten gerade jene biblischen Geschichten verarbeitet wurden, welche von aktivem oder passivem Widerstand gegen Unterdrückung und Zwangsherrschaft erzählen (u. a. Erzählungen von Moses und die Flucht aus Ägypten, David und Goliath usw.). Insbesondere die Situation des Volkes Israel scheint von den schwarzen Sklaven der Südstaaten als Parallele zum eigenen Schicksal verstanden worden zu sein (Ägypten, das Land der Sklaverei, lag ebenso im Süden wie die Konföderierten Staaten, das *Gelobte Land* Israel befand sich, wie die gleichfalls *freien* Unionsstaaten und Kanada, dagegen im Norden). Die erfolgreiche Auflehnung der Israeliten gegen ihre Gefangenschaft barg augenscheinlich viel Hoffnung für die Schwarzen, am Ende ein ähnlich freies Leben führen zu können.
Aussagen von ehemaligen Sklaven (u.a. Harriet Tubman; Frederick Douglass: «My Bondage and My Freedom», 1855) bestätigten, daß viele Spirituals

keineswegs nur religiöse Bedeutung hatten. Worte wie *heaven* [engl. Himmel] oder *Promised Land* [engl. Gelobtes Land] waren in Spiritualtexten Chiffren für das Gebiet der freien Nordstaaten bzw. Kanadas. Die Bezeichnungen *river* [engl. Fluß] und *Jordan* standen nicht nur als archetypische Symbole für die Grenze zwischen Leben und Tod (ähnlich dem Unterweltfluß Styx der griechischen Mythologie), sondern auch als Symbol für die politische Grenze zwischen den Süd- und den Nordstaaten und damit die geographische Trennlinie zwischen Sklaverei und Freiheit (hatte ein entlaufener Sklave diese Grenze erreicht, so war er gerettet). Die Bezeichnung *chariot* [engl. Wagen], die in auffallend vielen Spirituals verwendet wurde (vgl. «Swing Low, Sweet Chariot», «Going to Ride up in the Chariot», «Roll de Ol'Chariot Along» u. v. m.), bezog sich nicht nur auf den Feuerwagen, der die Verstorbenen in den Himmel fährt (vgl. 2. Könige, 2, 11), sondern auch auf die Pferdewagen der Fluchthilfeorganisation *Underground Railroad*, mit denen geflohene Sklaven in den freien Norden transportiert wurden. Die Underground Railroad ermöglichte zwischen 1810 und 1860 etwa 15 000 bis 17 000 Sklaven die Flucht in die Nordstaaten bzw. nach Kanada. Insbesondere im Umfeld der Underground Railroad hatte sich das Spiritual gänzlich von einer religiösen Bedeutung gelöst. Bestimmte Spirituals wurden wie Erkennungszeichen im Sinne einer Losung unter Sklaven und deren Fluchthelfern genutzt. Als derartige *Signal-Lieder* dienten u. a. «When That Old Chariot Comes» oder «Swing Low, Sweet Chariot». Wurden sie angesungen oder angesummt, so war dies für die Sklaven in einem Lager unmißverständliches Zeichen, daß ihre Flucht vorbereitet war und unmittelbar bevorstand. Das plötzliche Ansingen des Spirituals «Go Down, Moses» galt in diesem Zusammenhang dagegen als warnendes Signal bei Gefahr.

Es sind mancherlei Umdichtungen von Spirituals bekannt, die diesen Sachverhalt auch textlich verdeutlichen. So war das Singen des Spirituals «Go Down, Moses» in den Südstaaten zeitweise verboten, denn schwarze Soldaten hatten es zu «Go down, Abraham, the way to Dixie, and tell ol' Jeff Davis to let my people go!» umtextiert (gemeint sind der damalige Präsident der Nordstaaten Abraham Lincoln und der Präsident der Konföderierten Südstaaten Jefferson Davis; *Dixie* bedeutet in der amerikanischen Umgangssprache Südstaaten). Auch das Spiritual «Yes, We All Shall Be Free» war in einer Version als Befreiungslied in Umlauf. Aus «We all shall be free, when the Lord shall appear» war «We all shall be free, when the Yankee shall appear» geworden (Yankee war während des amerikanischen Bürgerkriegs eine umgangssprachliche Bezeichnung für Soldaten der Nordstaaten).

śruti → svara

staccato → Artikulation

Ständelied → Arbeitslied

stile concertato → Barock

Stimmung Ordnung der absoluten (→ Kammerton) oder relativen Tonhöhen als musikalisches Bezugssystem.
Bei der *Reinen Stimmung* sind die Abstandsverhältnisse zwischen den Tonstufen aus der naturgesetzlichen Obertonreihe und den dortigen Schwingungsverhältnissen abgeleitet (→ Ton). Durch Schichtung von Quinten und Oktavversetzung ermittelte Pythagoras eine → chromatische Tonleiter, die jedoch unterschiedlich große → Halbtonschritte aufwies und daher nur in der jeweiligen Grundtonart zu befriedigenden harmonischen Ergebnissen führte (→ Pytagoreisches Komma). Die Unterteilung der Oktave nach harmonischen Schwingungsverhältnissen (Oktave 1:2, Quinte 2:3 usw.) ließ unterschiedlich große → Ganztonschritte entstehen (*kleiner* und *großer Ganztonschritt*; deren Differenz wird als *Syntonisches* oder *Didymisches Komma* bezeichnet). Alle → Intervalle der Reinen Stimmung haben daher bestimmte Klangcharakteristiken, welche sich nur in der jeweiligen Grundtonart erzielen lassen. → Modulationen in die → Tonarten der Unter- oder Oberquinte ergeben bereits hörbare Intervallverschiebungen. Weitergehende Modulationen führen zu unerwünschten, stark abweichenden Ergebnissen. Dieses Phänomen ist z. B. auf bundlosen → Saiteninstrumenten durch Versetzen der Greiffinger ausgleichbar, stellt aber auf Saiteninstrumenten mit festen Bünden sowie auf → Tasteninstrumenten ein grundsätzliches Problem dar. Im Lauf der Zeit hat man hierfür unterschiedliche Lösungsansätze entwickelt, welche *Temperaturen* [temperatus = lat. gemäßigt, mild] genannt werden.
Die *Mitteltönige Stimmung* gleicht das Syntonische Komma aus und ergibt dabei reine Terzen.
Die *Wohltemperierte Stimmung* (um 1700 von Andreas Werckmeister entwickelt) unterteilt die Oktave in zwölf gleichgroße Tonschritte. Im Vergleich zur Reinen Stimmung ergibt sich eine gewisse Unreinheit, es kann jedoch nun in alle Tonarten moduliert werden (→ Enharmonik). Das zeitaufwendige Umstimmen der Instrumente bei aufeinanderfolgenden Stücken mit wechselnden Tonarten entfällt (was um 1700 allerdings noch keine entscheidende Rolle spielte, da ein Konzertbetrieb im heutigen Sinn damals unbekannt war). Die Wohltemperierte Stimmung ist seither in europäischer Musik das allgemein gültige Stimmverfahren.

Stollen → Liedform

street cries → Holler

Streichinstrumente Saiteninstrumente *(Chordophone)*, deren Tonerzeugung mittels *Streichrad* (→ Drehleier) oder *Streichbogen* (bei archaischen Instrumenten auch durch einen *Reibstab*) erfolgt (→ Violine, → Viola da braccio, → Viola da gamba, →Viola d'amore, → Viola di bordone, → Violoncello, → Kontrabaß, → Fidel, → Rebec, → kamānğah, → rebāb, → sāraṅgī).
Streichinstrumente werden in Armhaltung (u. a. Violine, Viola da braccio) oder Bein- bzw. Kniehaltung gespielt (u. a. Viola da gamba, Violoncello). Beide Spielweisen erfordern und ermöglichen grundsätzlich unterschiedliche Fingertechniken (vgl. u. a. mit oder ohne Daumenaufsatz).
Als Baumaterial für die klassischen europäischen Streichinstrumente (Violine, Viola, Kontrabaß) ist insbesondere das Holz aus Wäldern um etwa 1000 m Höhe geeignet. Nicht ohne Absicht haben sich Streichinstrumentenbauer daher häufig in der Nähe von Mittelgebirgen angesiedelt (vgl. Jacob Stainer bei Hall in Tirol, Matthias Klotz in Mittenwald, die Familien Amati und Guarneri sowie Antonio Stradivari in Cremona, Giovanni Paolo Maggini und Gasparo da Salò in Brescia). Für eine Niederlassung in der italienischen Lombardei sprach zudem die Nähe zur Hafenstadt Venedig, welche sich als Handelsplatz für orientalische Harze und afrikanisches Ebenholz anbot. Auch der Standort Mittenwald war klug gewählt: Die umliegenden Mittelgebirgswälder boten eine reiche Auswahl an geeigneten Hölzern; zudem führte die wichtigste Nord-Süd-Handelsroute von Venedig zum Finanzplatz Augsburg direkt über Mittenwald.
Gutes Instrumentenholz *(Tonholz)* sollte harzarm sowie gleichmäßig und vor allem langsam gewachsen sein. Tonholz wird stets im Winter gefällt, die Bäume führen zu dieser Zeit weniger Saft und benötigen daher auch weniger Trocknungszeit. Nach dem Fällen wird das Tonholz über mehrere Jahre gelagert und dabei entweder auf natürliche Weise (Fichte: mindestens sechs bis acht Jahre; Ahorn: zehn bis fünfzehn Jahre) oder in künstlichen, zeitlich weniger aufwendigen Verfahren getrocknet.
Ein *Streichbogen* besteht aus einem elastischen, konvex oder konkav gebogenen Stab *(Stange)*, zwischen dessen Enden ein Bezug aus Roßhaar gespannt ist. Stangen werden aus Fernambuk-/Pernambukholz (benannt nach der brasilianischen Provinz Pernambuco), in einfacheren Ausführungen aus Rotbuche oder afrikanischem Schlangenbaumholz, heute gelegentlich auch aus Aluminium oder Glasfiber gefertigt. Bis etwa 1780 waren Violinbogen-Stangen zumeist konvex geformt. Die Entwicklung der konkaven Stange geht auf Versuche von François Tourte (1747–1835) zurück, der durch diese Formgebung die Elastizität der Bogenstangen deutlich verbessern konnte. Ein Violinbogen hat

ein Gewicht von etwa 55–62 g und wird (seit Tourte, 1780) in einer Länge von 74–75 cm hergestellt. Ein Violabogen ist etwa 74–75 cm lang und wiegt 63–70 g; ein Violoncellobogen ist 71–72 cm lang und wiegt etwa 70–80 g.
Das Einstellen der Zugkraft des Roßhaarbezugs wird (seit etwa 1700) mittels einer Spannvorrichtung *(Frosch)* erleichtert. Der Streichbogen wird bei Violine, Viola da braccio und Violoncello im Obergriff, bei Viola da gamba im Untergriff geführt. Um die Saiten zum Klingen zu bringen, müssen die Roßhaare vor dem Spielen mit *Kolophoniumharz* bestrichen werden.
Bogenmacher und Geigenbauer sind zumeist voneinander unabhängige Handwerksbetriebe.

Streichquartett Sowohl Bezeichnung für ein mehrsätziges Musikstück für vier Streichinstrumente (traditionell zwei Violinen, Viola da braccio, Violoncello) als auch für die entsprechende Besetzung, welche sich aus den Stamminstrumenten des Streichorchesters ableitet.
Als wichtige Schritte zur Entwicklung der Gattung gelten die Streichquartette von Joseph Haydn und Luigi Boccherini. Erste Vorformen entstehen in der → Vorklassik, u. a. durch Umwandlungen der in → Generalbaßpraxis begleiteten → Triosonate zu einer solistischen Satz- und Spielweise. Dieser Wandel läßt sich insbesondere an Haydns Streichquartetten ablesen, in denen Baßstimmen noch bis 1783 die ältere Generalbaßbezifferung aufweisen. Seit der Klassik entsprechen die Satzgliederungen denen einer → Sonate, der erste Satz steht üblicherweise in → Sonatenhauptsatzform. Das Streichquartett ist seither als eine Sonate für vier solistische Streichinstrumente anzusehen. Die Verknüpfung des Streichquartetts mit der Sonate hat dazu geführt, daß Weiterentwicklungen an einem der beiden Elemente stets auch entsprechende Konsequenzen in der Struktur des jeweils anderen Bereiches bewirkten (u. a. → Satz-Folgen, Prinzip der → thematisch-motivischen Arbeit usw.).

stringendo → Tempo

Strohfidel → Xylophon

Strophenlied → Lied

Stufenbezeichnung Seit 1771 (Johann Philipp Kirnberger) bekannte, später von Abbé Vogler verfeinerte Systematik zur Chiffrierung von → Akkorden innerhalb eines tonalitätsgebundenen Werkes oder Werkabschnittes. Alle Akkorde werden auf die jeweils zugrundeliegende diatonische Ausgangsskala bezogen und mit römischen Ziffern durchnumeriert.

Im Unterschied zur späteren → Funktionsbezeichnung lassen sich mit Hilfe der Stufenbezeichnung noch keine harmonischen bzw. funktionalen Bezüge zwischen den Akkorden darstellen.

Subdominante [dominari = lat. beherrschen; sub = lat. unterhalb] Funktion des Dreiklanges, der auf der IV. Stufe einer Dur- oder Moll-Tonleiter gebildet ist (→ Funktionsbezeichnung).
Die bevorzugte Erweiterung eines subdominantischen Dur-Dreiklanges erfolgt durch Hinzufügen einer großen Sexte *(Accorde de la sixte ajoutée).*

(→ Harmonik, → Dominante, → Tonika)

Suite [suivre = frz. folgen] Instrumentale Reihungsform, welche zunächst der Tanzbegleitung diente. Die einzelnen Suitensätze konnten hierbei motivisch bzw. thematisch gleich, ähnlich oder völlig verschieden sein. Ihre Rhythmik war vorwiegend nach den Bedingungen der Tanzschritte gestaltet. Als formale Gliederungen finden sich zumeist → Liedformen, die vermutlich aus den älteren Tanzliedern abgeleitet sind. Charakteristisch sind Paarbildungen, entweder als Aufeinanderfolge zweier eigenständiger Tanzsätze unterschiedlichen Charakters oder in Form einer mehr oder weniger ausgezierten Wiederholung *(Double bzw. Agrément)* des jeweils direkt vorangestellten Tanzsatzes.
Die Auswahl der Satzcharaktere einer Suite war im Laufe ihrer Geschichte stets durch den vorherrschenden gesellschaftlichen Zeitgeschmack bestimmt. Im 15. und 16. Jahrhundert bestand eine Suite, angelehnt an die üblicherweise zweigliedrigen Tanzfolgen des Mittelalters (*Dantz* und *Nachdantz* bzw. *Proportz*), bevorzugt aus einer Folge von langsamem, geradtaktigem *Schreittanz* (→ Pavane) und schnellerem, lebhafterem, ungeradtaktigem *Springtanz* (→ Galliarde). Beide Musikstücke stehen im Regelfall in gleicher → Tonart und zeigen gleiche oder zumindest verwandte Melodik.
Im 17. Jahrhundert lockerte sich die bisherige funktionale Bindung der Suite als Tanzbegleitung, und die einzelnen Tanzsätze wurden zunehmend stilisiert.

Ihre ehemals bewegungsfunktional gebundenen Rhythmus- und Tempocharaktere blieben zunächst noch weitgehend erhalten. Während im französischen Suitenschaffen Anzahl und Reihenfolge der Tanzsätze weitgehend frei gehandhabt werden konnten (vgl. Suiten von François Couperin, Jean-Philippe Rameau), kristallisierte sich bei deutschen Komponisten (insbesondere unter dem Einfluß von Johann Jakob Froberger) aus der Vielzahl der Reihungsmöglichkeiten die Standardfolge *Allemande-Courante-Sarabande-Gigue* als sog. *Barocksuite* heraus. Interessanterweise entpuppt sich diese Auswahl bei genauerer Betrachtung als Folge von Tänzen unterschiedlicher nationaler Herkunft: Einem deutschen Eingangstanz (→ Allemande) folgen je ein französischer (→ Courante), ein spanischer (→ Sarabande) und schließlich ein englischer Tanz (→ Gigue). Namentlich zwischen Sarabande und Gigue konnten aktuelle Modetänze oder auch tanzunabhängige Instrumentalstücke als Zwischenspiele eingefügt werden. Zumeist stehen alle Tanzsätze in einer gemeinsamen Tonart. Es entstehen Suiten für unterschiedlichste Ensemble-Besetzungen oder für Solo-Instrumente (z. B. Lautensuiten, Klaviersuiten). In Italien wurde die Suite mit der Bezeichnung → Partita betitelt. Das Suitenschaffen J. S. Bachs weist sowohl Merkmale der barocken Normsuite als auch Einflüsse Couperins und Rameaus auf. Allerdings sind gerade die sog. «Französischen Suiten» (BWV 812–817) von J. S. Bach formal nach dem strengeren deutschen Suitenaufbau im Stile Frobergers gestaltet.
Im 18. Jahrhundert wurde die Klaviersuite von der Klaviersonate (→ Sonate), die Orchestersuite (ebenso wie das Concerto grosso) von der → Sinfonie weitgehend verdrängt. Ab Mitte des 18. Jahrhunderts wurden zunächst kaum noch Suiten geschrieben (W. A. Mozarts einzige Suite ist die «Klaviersuite in C-Dur», KV 399). Die bisherige Funktion einer Suite als unterhaltsame Musik ging auf → Divertimento und → Serenade über. Dort überlebte auch die Eigenart der älteren Suite, alle Sätze in einer gemeinsamen Tonart zu führen, ein Verfahren, welches in der (durch das polarisierende Spiel mit thematischen und tonalen Gegensätzen geprägten) Sonate kaum noch verwirklicht werden konnte.
Erst ab Mitte des 19. Jahrhunderts wenden sich die Komponisten wieder der Gattung Suite zu. Nationalmusikalisch orientierte Komponisten (→ Nationalschulen) verbinden traditionelle Tanzcharaktere zu Suiten (vgl. Edvard Grieg: «25 Norske folkeviser og dandse» op. 17; Zoltán Kodály: «Marosszéki táncok» [Tänze aus Marosszék], 1930, «Galántai táncok» [Tänze aus Galánta], 1933; Anton Dvořák: «Slovanské tance» [Slawische Tänze] op. 46 und op. 72). Formal wird die Suite nun häufig als freie *Folge* von Musikstücken (mit oder ohne Tanzcharakter) verstanden, und so zeigt sich weder eine Verbindlichkeit der Satzauswahl noch der damit verknüpften Reihenfolge. Ebenfalls im 19. Jahrhundert verbreitet sich zudem ein Suitenverfahren, welches auf Jean-

Baptiste Lully zurückgeht. Dabei werden als besonders erfolgreich erachtete Teile aus größeren Werkzusammenhängen (vorwiegend aus Bühnenmusiken) herausgelöst und im Sinne eines Nummern-Potpourris neu zusammengestellt (vgl. Sergej Prokofjews Suite «Die Liebe zu den drei Orangen» aus dessen gleichnamiger Oper; Edvard Griegs «Peer-Gynt-Suite» als Auszug aus der Bühnenmusik zum gleichnamigen Ibsen-Drama; Peter Tschaikowskys «Nußknackersuite» als Auszug aus der Bühnenmusik zum gleichnamigen Ballett). Eine interessante Variante dieses Suitenverfahrens wählt Paul Hindemith, indem er eine Auswahl von drei Stücken aus seiner Oper «Mathis der Maler» zu den drei Sätzen einer gleichnamigen Sinfonie verarbeitet (1934).
Nachfolgend eine Auswahl von Tanzstücken, welche Eingang in die Suite fanden: → Air, → Allemande, → Bourrée, → Chaconne, → Courante, → Galliarde, → Galopp, → Gavotte, → Gigue, → Ländler, → Mazurka, → Menuett, → Musette, → Passacaglia, → Passepied, → Pavane, → Polka, → Polonaise, → Rigaudon, → Sarabande, → Siciliano, → Tarantella, → Walzer.

suling → gamĕlan

sūrbahār → sitar

surnay → mizmār

svara Tonstufe bzw. Abstand zwischen zwei Tonstufen in klassischer → Indischer Musik.
Grundlage ist die Einteilung der Oktave in 66 Mikro-Intervalle, von denen jedoch nur 22, die sog. *śruti* [*shruti;* von śru = skt. hören], auch tatsächlich gebräuchlich sind. śruti sind unterschiedlich groß und kommen in der praktischen Anwendung mindestens paarweise vor. Ein Bündel aus zwei bis vier śruti bildet ein *svara*. Das «nāṭyaśāstra» des Bharata, das etwa zwischen 200 v. Chr. und 100 n. Chr. entstand und dessen Kapitel 28–33 die ältesten Darstellungen des indischen Tonsystems enthalten, nennt sieben Haupt-svara (*ṣaḍya*, *ṛṣabha*, *gāndhāra*, *madhyama*, *pañcama*, *dhaivata*, *niṣāda*). Dazu können noch *antara gāndhāra* [antara = skt. zwischen, innerhalb] zwischen gāndhāra und madhyama sowie *kākalī niṣāda* [kākalī = skt. süß] zwischen niṣāda und ṣaḍya vorkommen. Die Neben-svara gelten als Abwandlungen der Hauptstufen und dürfen daher nur für kurze Dauer, selten und nur bei aufsteigenden Motiven eingesetzt werden.
Bharata stellte aus der Stufenfolge der Haupt-svara zwei verbindliche, jeweils siebenstufige Materialtonleitern *ṣaḍya-grāma* und *madhyama-grāma* zusammen [grāma = skt. Dorf, Gemeinschaft]. Sie sind nach ihren jeweiligen Anfangstönen benannt und enthalten verschiedene Stufengrößen (Halbtonschritte = 2

śruti, kleine Ganztöne = 3 śruti, große Ganztöne = 4 śruti). Die Stufenbezeichnungen sind jedoch in beiden grāma gleich: *ṣaḍya-grāma* (zwischen den Tonnamen die jeweilige Intervallgröße in śruti): ṣaḍya -3- ṛṣabha -2- gāndhāra -4- madhyama -4- pañcama -3- dhaivata -2- niṣāda -4- ṣaḍya; *madhyama-grāma*: madhyama -3- pañcama -4- dhaivata -2- niṣāda -4- ṣaḍya -3- ṛṣabha -2- gāndhāra -4- madhyama. (Die jeweils abschließende Tonstufe wird dabei als Oktavierung des Anfangstones verstanden.) Auf jeder Tonstufe der beiden grāma kann ein Modus *(mūrchanā)* eingerichtet werden. Die Vielzahl theoretisch möglicher Modi (fünf-, sechs-, siebenstufige Formen usw.) wurde von Bharata für die Praxis auf 18 besonders charakteristische Typen *(jāti)* beschränkt, denen er zudem bestimmte Gefühlswerte zuordnete.
Anfang der ersten Hälfte des 13. Jahrhunderts kürzte der Musiktheoretiker Śārṅgadeva in seiner Abhandlung «saṃgītaratnākara» [saṃgīta = skt. Musik; akara = skt. Sammlung, reiche Quelle; ratnā = skt. Juwel] die svara-Bezeichnungen zu den bis heute gültigen Tonnamen *ṣa*, *ṛ/ri*, *ga*, *ma*, *pa*, *dha*, *ni* ab und fügte der bisherigen Ordnung eine weitere Materialtonleiter *(ga-grāma)* hinzu: ga -4- ma -3- pa -3- dha -3- ni -3- ṣa -3- ṛ/ri -2- ga.

Swegel → Schwegel

swing Wichtiges rhythmisches Gestaltungsmittel im → Jazz (insbesondere während des *Swing*-Stils; das Gestaltungsmittel wird hierbei üblicherweise mit kleinem, die Stilepoche mit großem Anfangsbuchstaben geschrieben). Die tatsächlich wirksamen Elemente, die eine Rhythmik *swingend* erscheinen lassen, beschäftigten Musiker, Musikwissenschaftler und Jazzkritiker immer wieder, wobei bislang keine schlüssigen Erklärungen, sondern im allgemeinen nur Annäherungen feststellbar sind.
Es handelt sich beim swing um ein nuanciertes, ständig in sich flexibel verschiebbares Verhältnis von Akzenten, welche um einen konstanten, nicht real artikulierten, sondern weitgehend nur empfundenen rhythmischen Fixpunkt pulsieren.
Das hierbei entstehende, stets sehr bewegliche Spannungsverhältnis wird als *swingend*, also als federnd bzw. schwebend empfunden. Durch eine Folge von vorgezogenen Akzenten erhält swing eine vorwärtstreibende Komponente, die gelegentlich als *drive* bezeichnet wird. Ein Spiel mit eher retardierenden Akzenten wird dagegen als *laid back*-Spiel bezeichnet. In beiden Fällen werden der eigentliche Grundpuls und dessen Tempo *(time)* zwar unablässig und spannungsreich in Frage gestellt, tatsächlich jedoch nicht verlassen (man spielt stets *in time*). Eine souveräne Beherrschung dieses ständigen Konflikts zwischen Grundpuls und den variablen Akzentverschiebungen gilt gemeinhin als wichtigstes und unverzichtbares Rüstzeug eines guten Jazzmusikers.

Swing-Stil → Jazz

syllabische Vertonung Verfahren zur Vertonung von Texten, bei welchem jeder Wortsilbe ein Melodieton zugeordnet wird (Gegensatz: → Melisma). Die syllabische Vertonung geht auf die griechisch-antike Rezitation zurück, unterschiedliche Tonhöhen entstehen zunächst aus der unterschiedlichen Silbenbetonung.

Symphonie/symphonia → Sinfonie

Synkope Akzentverlagerung innerhalb des Betonungsgefüges einer Taktart (→ Takt). Eine üblicherweise unbetonte Zählzeit erhält eine Betonung, indem ihr zugeordneter Notenwert in die nachfolgende betonte Zählzeit verlängert *(übergebunden)* ist.

Syntonisches Komma → Stimmung

Syrinx → Panflöte

T

tablā Nordindisches Paukenpaar aus zwei Instrumenten, das sich in Größe, Form und Material unterscheidet.
Die *danya* ist eine hell klingende Handpauke mit schlankem Korpus aus Holz. Sie wird traditionellerweise mit der rechten Hand gespielt. Die bauchige *bayan* (etwa 22 cm ø) hat einen Kessel aus Metall (Stahl, Messing, Kupfer; historische Instrumente wurden zuweilen aus Ton gebrannt, seltener auch aus Holz gefertigt). Sie klingt tiefer, gibt im Zusammenspiel beider Trommeln das Tempo an und wird im allgemeinen mit der linken Hand gespielt.

Beide Instrumente sind durch Anspannen seitlicher Zugschnüre bzw. Lederriemen stimmbar. Auf ihre Felle sind jeweils scheibenförmige Platten (*syahi*; aus Eisenpulver, vermischt mit Reismehlpaste) aufgeklebt, welche einerseits die Tonhöhe stabilisieren, andererseits die Klangfarbe bereichern sollen (→ mṛdaṅga). Viele verschiedene Anschlagsarten sind möglich. Die drei

Hauptklänge entstehen durch Schläge auf die Schlagpaste, auf das Fell oder auf den Rand.

Die tablā ist in Nordindien seit Ende des 18. Jahrhunderts belegt und gilt heute als beliebtes Schlaginstrument dortiger Kunstmusik (→ tāla).

Tabulatur [tabula = lat. Tafel, Brett, Dokument] Instrumentenspezifische Griffschrift, bei welcher Buchstaben und Ziffern mit (seltener ohne) Bezugslinien die Tonhöhen, gelegentlich auch die Tondauern darstellen (→ Notation).

Tabulaturen waren im 14. bis 18. Jahrhundert für mehrstimmige Instrumentalmusik sehr verbreitet. Es gab u. a. spezielle Tabulaturen für Laute, für Gitarre und für Tasteninstrumente, deren jeweilige Symbole jedoch sehr unterschiedlich behandelt wurden.

(Pavane de la gambe, anonym, vor 1570)

Heute sind Tabulaturen wieder häufiger zu finden, beschränken sich jedoch zumeist auf den Bereich der Laienmusik (vgl. Tabulatoren u. a. für Gitarre, Mandoline, Banjo, Ukulele, Zither, Okarina, Harmonika-Instrumente, auch für Blockflöte sowie mittels Farbsymbolen für einfache Keyboard-Synthesizer).

tacet [= lat. schweigt; abgek. *tac.*] Spielanweisung für längeres Pausieren der entsprechenden Stimme, insbesondere in Orchesterpartituren.

tacht [= arab. Thron, Sitz, Podium] Traditionelles arabisches Musikensemble in der Standardbesetzung: → 'ud, → qānūn, ein oder zwei → kamānğah, → nāy, → darābukka, riqq (Schellentrommel) sowie ein/e Sänger/in und vier bis sechs Refrainsänger. Tacht-Ensembles sind insbesondere in Ägypten, Syrien, Libanon und Jordanien verbreitet. Ihr Repertoire besteht aus besonderen Vokal- und Instrumentalformen (u. a. mūwaššaḥ, layālī, mawwāl, samā'ī, ṭahmīla).

tactus [= lat. Schlag] Bis etwa 1600 gültige Unterteilung musikalischer Zeitabläufe als Schlagzeit mittels Auf- bzw. Abbewegungen der dirigierenden Hand. Eine Auf- und Abbewegung wurde dabei als Einheit, der tactus als eine Art musikalischer Pulsschlag verstanden. Ein tactus symbolisierte Ende des 16. Jahrhunderts üblicherweise die Zeitdauer einer *semibrevis* (→ Mensuralnotation), konnte zur Tempoverdoppelung aber auch an eine *brevis* gebunden sein. Um 1600 entwickelte sich durch Hinzufügen bestimmter Akzentqualitäten der → Takt.

Tafelklavier Variante des → Hammerflügels mit rechteckigem, querformatigem Gehäuse und Klaviatur an der Längsseite (vgl. → Virginal, → Clavichord). Die Gehäuseform hat Ähnlichkeit mit einer Tischplatte bzw. Eßtafel, das Instrument wurde vermutlich aus diesem Grund entsprechend benannt. Das älteste Tafelklavier stammt von 1742 (Johann Socher, Sonthofen, heute im Germanischen Nationalmuseum, Nürnberg). Tafelklaviere waren insbesondere im England des 18./19. Jahrhunderts sehr beliebt und verbreitet.

taille → Viola da gamba

Takt [tactus = lat. Schlag] Ordnungsgröße musikalischer Abläufe als jeweils gleichbleibende Summe bestimmter Zeitwerte. Im Unterschied zum älteren → tactus enthält ein Takt bestimmte, periodisch wiederkehrende Akzente, deren Gewichtungen je nach Taktart unterschiedlich auf die Zählzeiten verteilt sind (*Haupt-* und *Nebenbetonungen* bzw. *schwere* und *leichte* Zählzeiten; → Metrik). Allen Taktarten gemeinsam ist eine Hauptbetonung zu Taktbeginn. Anfang und Ende eines Taktes werden im Notenbild jeweils durch einen *Taktstrich* angezeigt. Zur Verdeutlichung von musikalischen Abschnitten sind zudem *Doppelstriche* möglich, der Schlußstrich am Ende einer Komposition ist ebenfalls ein Doppelstrich.

Die in einem Werk oder Werkabschnitt jeweils gültige *Taktart* wird durch einen mathematischen Bruch dargestellt. Dessen Wert bestimmt die Gesamtsumme der Noten- bzw. Pausenwerte innerhalb eines Taktes der entsprechenden Taktart. Man unterscheidet grundsätzlich zweiteilig gegliederte *(gerade)* Taktarten (z. B. $\frac{2}{4}$, $\frac{4}{4}$) und dreiteilig gegliederte *(ungerade)* Taktarten (z. B. $\frac{3}{4}$, $\frac{9}{8}$).

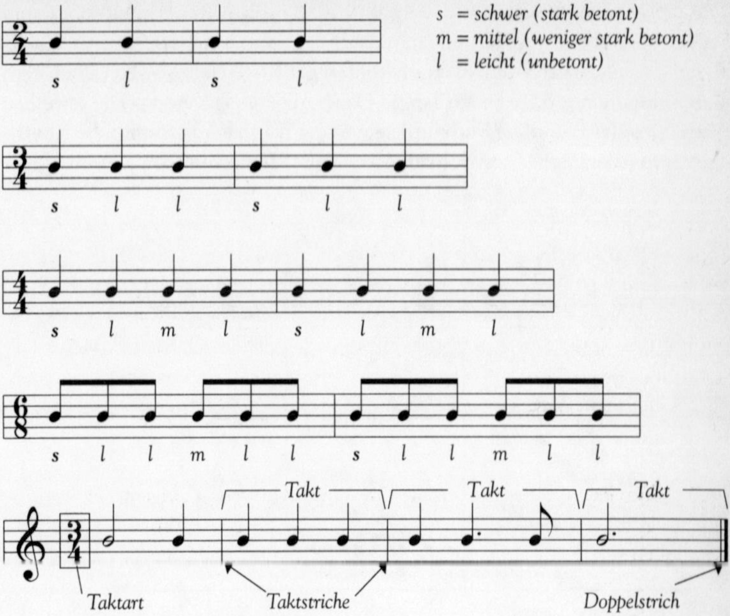

Kombinierte Taktarten verbinden beide Grundgliederungen und deren Akzentverteilungen (z. B. $\frac{2}{8}$ und $\frac{3}{8}$ ergeben $\frac{5}{8}$). Taktangaben stehen jeweils zu Beginn eines entsprechenden Geltungsbereiches.
Die Entwicklung des Taktes als Ordnungssystem von Betonungsfolgen war eine entscheidende Voraussetzung zur Ausbildung des Formenkanons von Barock, Klassik und Romantik. Die geregelte und im Hörprozeß erfaßbare Aufeinanderfolge bestimmter Betonungsgruppen ermöglicht (in Verbindung mit melodisch bzw. harmonisch wirksamen Elementen) die Formung von größeren Ordnungseinheiten (u. a. → Periode, → Satz). Die Belegung der Zählzeiten mit bestimmten Grundakzenten ermöglicht zudem, Betonungen zu verschieben und hierdurch rhythmische Spannung hervorzurufen (→ Synkope).

tāla [taḍ = skt. schlagen] Ordnungsmodell für den zeitlichen Ablauf eines indischen Musikstückes sowie ein Muster von definierten Schlagfolgen indischer Rhythmusinstrumente.
Bezugsgröße aller tāla ist der Zeitwert einer *mātrā*, die bei Übertragung in europäische → Notation üblicherweise als Viertelnotenwert dargestellt wird. Als tāla gilt eine Abfolge, die mindestens die Dauer von drei mātrā umfaßt.

Die meisten tāla beschränken sich auf bis zu zwölf mātrā-Einheiten, es sind jedoch auch solche mit 30 und mehr mātrā bekannt. Innerhalb einer tāla können die mātrā zu betonten oder unbetonten Zählzeiten [*aṅga* = skt. Glied, Teil] unterschiedlicher oder gleich langer Dauer gebündelt werden. Die jeweilige Verteilung der Betonungsverhältnisse und der Zeitdauer bestimmt die Rhythmik und Klangfarbe der Schlagfolgen von Rhythmusinstrumenten. Jeder

chau-tāla (nordindisch)

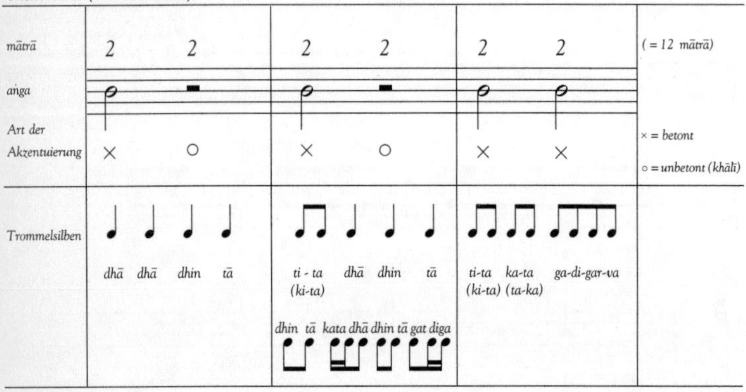

Anschlagsart ist eine onomatopoetische Silbe zugeordnet (u. a. *dhin*, *dhā*, *tā*, *dikki*), durch welche sich die erwünschte Schlagfolge verbal exakt beschreiben läßt.

Nach traditionellem indischem Musikverständnis drückt jede tāla einen bestimmten Gefühlswert *(bhāva)* aus, der mit dem Affektgehalt der Melodik einer Komposition korrespondiert (→ rāga). Im Ablauf eines Musikstückes wird die entsprechende tāla beständig wiederholt. Da sowohl die Anfänge der Wiederholungen als auch die jeweiligen tāla selbst in aller Regel kunstvoll-virtuos ausgeschmückt und nur selten in der eigentlichen Ausgangsform gespielt werden, gelegentlich auch kurze Zwischenspiele eingeschoben werden, sind die wirksamen Grundstrukturen für einen *ungeübten* Zuhörer oftmals nur schwer erkennbar.

talea → Motette

tambour de Provence → Tambourin

Tambourin (frz. *tambourin de Provence*) Zweifelliges Schlaginstrument mit hohem (60–100 cm) zylindrischem Holzkorpus. Das Tambourin gilt als eine kürzere Variante der → Rührtrommel, wird jedoch in traditioneller provençalischer Volksmusik nur als *Einhandtrommel* gespielt. Mit der anderen Hand spielt der Instrumentalist gleichzeitig eine *Einhandflöte* (*galoubet*, → Schwegel). Das Schlagfell des Tambourin (zur Stimmfähigkeit: → Trommel) besitzt eine einzelne, quergespannte *Schnarrsaite*. Das Instrument wurde u. a. von Georges Bizet in sinfonischer Musik verwendet (vgl. «L'Arlésienne-Suite Nr. 2», 1872), wird bei Aufführungen jedoch gelegentlich fälschlicherweise durch ein → Tamburin ersetzt.

Tamburin (frz. *tambour de basque*, span. *pandero*) Einfellige kleine Handtrommel mit zylindrischem Rahmen *(Rahmentrommel)*, der eine sehr niedrige Zargenhöhe (etwa 6 cm) aufweist. In den Rahmen können kleine Metallscheiben (*Schellen*) eingearbeitet sein (*Schellentamburin* oder *Schellentrommel*). Die Spielpraxis kennt beim Schellentamburin sowohl das Schlagen auf Fell oder Rahmen als auch das Schütteln (seltener auch das Reiben des Fells). Zunächst ein typisches Instrument zur Tanzbegleitung (insbesondere im Mittelmeerraum, u. a. beim *Flamenco*), wurde das Schellentamburin ab dem 18. Jahrhundert auch in die Militärmusik und seit dem 19. Jahrhundert in das Opernorchester übernommen (vgl. Carl Maria v. Weber: «Oberon»). Eine Variante des Schellentamburins ist der *Schellenreif*, der membranlos ist. (Die Bezeichnung *Tamburin* wird fälschlicherweise oft mit → Tambourin gleichgesetzt.)

Tamtam Schlaginstrument aus einer kreisrunden und flach gewölbten Metallplatte, deren Rand abgerundet umgebogen ist. Tamtams werden aus gegossener und anschließend gehämmerter Bronze gefertigt. Sie sind im Bereich ihrer Randbiegungen durchbohrt und an einer Schnur aufgehängt. Der Anschlag erfolgt mittels eines Schlägels und kann, je nach Schlägelmaterial und Anschlagstelle, eine Fülle verschiedener Klangfarben ergeben. Im Unterschied zum (abgesehen vom Schlagbuckel) ähnlich aussehenden → Gong erklingt das Tamtam nicht in einer definierbaren Tonhöhe.

ṭanbūr → ṭunbūr

tānbūrā [tāna = skt. Ton; tāmbūrā] indische, bundlose Bordun-Langhalslaute. Die tānbūrā hat einen bauchigen Korpus von etwa 25–40 cm ø, an den sich ein langer, halbrunder Hals anschließt. Der Korpus besteht zu zwei Dritteln aus einer Kalebasse und zu einem Drittel aus Holz; der Hals ist vollständig aus Holz gearbeitet. Das Instrument ist in sehr unterschiedlichen Längen- und Größenverhältnissen (gelegentlich mit bis zu 130 cm Gesamtlänge) verbreitet. Die üblicherweise vier Saiten (Kupfer, Messing, Bronze, Stahl) werden über einen rund aufgewölbten Steg geführt und am Ende des Halses von zwei vorderständigen und zwei seitenständigen Wirbeln gehalten. Die Saiten sind auf Grundton, Quinte, Oktave und Duodezime gestimmt. Wegen ihres charakteristisch obertonreichen Klanges gilt die tānbūrā in → Indischer Musik als ideales Begleitinstrument. Es wird auf ihr ausschließlich der eingestimmte Grundakkord (→ Bordun) gespielt, ein Griffbrett ist daher nicht vorhanden. Das Instrument wird beim Spielen diagonal vor der Brust gehalten oder (ähnlich wie eine *vicitrā* → *vīṇā*) auch waagerecht und quer auf den Boden gelegt.

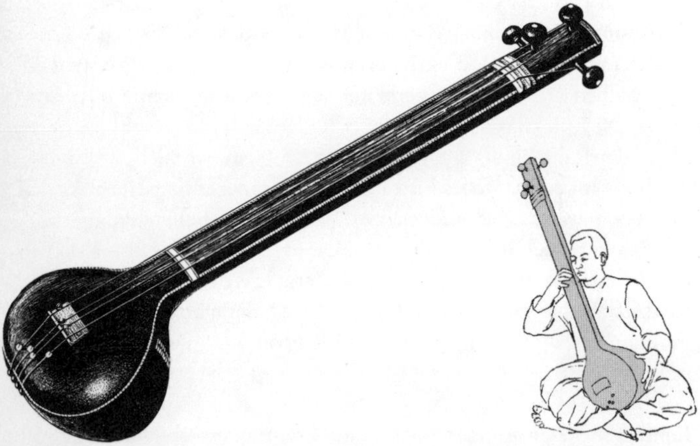

Tangentenflügel Tasteninstrument mit Springertechnik (→ Cembalo), welche einen Anschlag auslöst. Statt eines hervorstehenden Dorns bzw. Kiels (wie die → Kielinstrumente) verwendet der Tangentenflügel Springer mit Lederkopf, die bei Tastenbetätigung von unten an die Saite geschleudert werden. Trotz des Springerverfahrens handelt es sich daher um keine Zupfmechanik. Die Entstehung der Tangentenflügel-Technik ist ungeklärt, dürfte aber in der Mitte des 18. Jahrhunderts ausgereift gewesen sein.

Tango Vermutlich in Mexiko aus der → Habanera weiterentwickelte, recht langsame und zweiteilig gegliederte Tanzweise im $\frac{2}{4}$- oder $\frac{4}{8}$-Takt mit typischer Rhythmik:

bzw.

bzw.

Tarantella In Süditalien entstandene, schnelle, dreiteilige Tanzweise im $\frac{3}{8}$- oder $\frac{6}{8}$-Takt mit wild-ekstatischem Charakter. Zum Ursprung der Bezeichnung sind mehrere Deutungen bekannt. Zum einen soll sie von der Wolfsspinnenart *Tarantel (Lycosa tarentula)* herrühren, deren Bißfolgen laut Volksglauben nur durch entsprechend hemmungsloses Tanzen heilbar seien (eine andere Auslegung besagt allerdings, daß der Tarantelbiß selbst die wilden, tanzähnlichen Bewegungen auslöse). Zum anderen soll sich die Bezeichnung auf die Herkunft aus dem Gebiet um die süditalienische Hafenstadt Tarent/ Taranto beziehen.
In stilisierter Form findet die Tarantella häufig Verwendung u. a. in → Suite, → Oper und virtuoser Klaviermusik des 19. Jahrhunderts (vgl. Frédéric Chopin: «Tarantella» op. 43; Franz Liszt: «Venezia e Napoli», Nr. 3: Tarantella).

tasto solo → Generalbaßpraxis

Temperaturen → Stimmung

Tempo Geschwindigkeit eines musikalischen Ablaufs. Die wichtigsten (üblicherweise italienischsprachigen) Tempobezeichnungen sind:

presto	sehr schnell
allegro	schnell
moderato	mäßig schnell
andante	(ruhig) gehend
adagio	langsam
largo	sehr langsam

Steigerungen wie z. B. *prestissimo* oder *larghissimo* sind ebenso möglich wie Zwischenstufen, z. B. *andantino* (etwas schneller als andante), *allegretto* (etwas langsamer als allegro), *larghetto* (etwas schneller als largo). Gleitende Tempobeschleunigungen werden zumeist mit *accelerando* (abgek. *accel.*), *stringendo* (abgek. *string.*) oder auch *ristringendo*, allmähliche Verlangsamungen mit *ritardando* (abgek. *ritard.* oder *rit.*), *slentando*, *rallentando* oder *allargando* (abgek. *allarg.*) gekennzeichnet. Eine Fülle von Zusatzbezeichnungen ermöglicht bei Bedarf genaueste Abstufungen zwischen den Tempoangaben, z. B. *meno* [=ital. weniger], *più* [= ital. mehr], *molto* [=ital. viel, sehr], *poco/un poco* [= ital. wenig/ein wenig], *poco a poco* [= ital. nach und nach], *ma non troppo* [= ital. aber nicht zu viel], *non tanto* [= ital. nicht so viel], *assai* [= ital. viel], *con moto* [= ital. mit Bewegung], *mosso* [= ital. bewegt], *con brio* [= span. feurig, mit Feuer], *vivace* [= ital. lebhaft]. *Tempo rubato* [= ital. geraubtes Tempo] bedeutet (seit dem 19. Jahrhundert) die Aufhebung eines bis dahin zugrundeliegenden Tempos. Dessen Wiederaufnahme wird durch *a tempo* gekennzeichnet.

Einige der heute üblichen Tempobezeichnungen wurden aus Gefühlsbeschreibungen abgeleitet und bezogen sich ehemals auf den gewünschten Vortragscharakter von Musikstücken (*allegro* = ital. heiter; *vivace* = ital. lebhaft; *moderato* = ital. gemäßigt; *grave* = ital. feierlich, ernst, schwer). Wohl u. a. aus dieser Tradition stammt der Brauch, auch heute noch Tempobezeichnungen gerne mit Ausdrucksanweisungen zu kombinieren (z. B. *moderato cantabile*).

Die praktische Umsetzung der Tempobezeichnungen war lange Zeit ausschließlich eine Frage der Interpretation und unterlag großen Schwankungen in der Auslegung der Wertvorgaben. Seit der Erfindung des → Metronoms sind objektivere Tempoangaben möglich.

Tenor → Gesangsregister

Tenorhorn → Blechblasinstrument der Tenorlage mit konisch mensurierter Schallröhre und Ventiltechnik. Von vier unterschiedlichen Bauformen (Trompeten-, Tuba-, Waldhorn- und Ovalform) ist in deutschen Blasorchestern die Ovalform, in deutschen Sinfonieorchestern bevorzugt die Tubaform vertreten.

Tenorlied Mehrstimmiger Liedsatz, bei welchem die Melodie in der hohen Männerstimme *(Tenor)* liegt.

Tenoroon → Saxophon

tenuto → Artikulation

ternäre Spielweise → Jazz

Terz → Intervall

testo → Passion

thāṭ → rāga

thavil → śahnāī

Thema [= griech. das Hingestellte, das Gesetzte] Tonfolge, welche den zentralen Grundgedanken eines Werkes widerspiegelt.
Ein Thema besteht aus mindestens einem → Motiv, ist zumeist jedoch aus mehreren gleichen, ähnlichen oder auch kontrastierenden Motiven zusammengesetzt. Es erstreckt sich oft über mehrere Takte. Ein Thema kann als → Satz, als → Periode oder frei gegliedert sein. Viele Themen beschränken sich auf jeweils eine einzige → Tonart, ein *modulierendes Thema* weist dagegen mehrere Tonarten auf.
Je nach Gestaltung unterscheidet man zwischen *geschlossenen Themen* (deutlich begrenzte Gestalt, oft symmetrisch geformt, meist unter Verwendung von *Entwicklungsmotiven*) und *offenen Themen* (häufig asymmetrisch gegliedert, nicht selten übergangslos in ihre Verarbeitung übergehend, unter Verwendung von *Fortspinnungsmotiven*).
Eine Komposition *kann*, manche Gattungen *müssen* typischerweise mehrere Themen enthalten (z. B. die → Sonate mit → Sonatenhauptsatzform).

thematisch-motivische Arbeit Bezeichnung für eine Kompositionstechnik, welche sich auf das Motivmaterial eines einzelnen Themas oder einiger weniger → Themen beschränkt und dabei versucht, dessen/deren Entwicklungsfähigkeiten zu entfalten und kompositorisch auszuschöpfen. Hierzu werden die → Motive auf vielfältigste Weise umgestaltet und neu verknüpft, gleichartige oder kontrastierende Elemente werden einander gegenübergestellt usw. Dabei ist das technische Verfahren als solches eher sekundär; denn eigentliches Ziel aller thematisch-motivischen Arbeit ist es, das vorliegende Motivmaterial beständig auf seine Ausdrucksmöglichkeiten hin zu untersuchen und damit die jeweiligen charakteristischen Eigenschaften eines Themas zu beleuchten.
Wichtige Ansätze dieser Kompositionstechnik finden sich (abgesehen von gewissen Vorstufen in Zwischenspielen von → Fugen) in Werken von Carl Philipp Emanuel Bach (→ Berliner Schule). In vollkommener Konsequenz erscheint das Verfahren erstmals in Joseph Haydns «Streichquartetten» op. 33 (1781). In der Folgezeit wird thematisch-motivische Arbeit zu einem der bedeutendsten Kompositionsverfahren (→ Sonatenhauptsatzform).

Theorbe Große → Laute (sog. *Erzlaute*) mit sechs Spielsaiten und einer unterschiedlichen Anzahl parallel verlaufender Bordunsaiten, welche einen gesonderten Wirbelkasten besitzen. (→ Chitarrone)

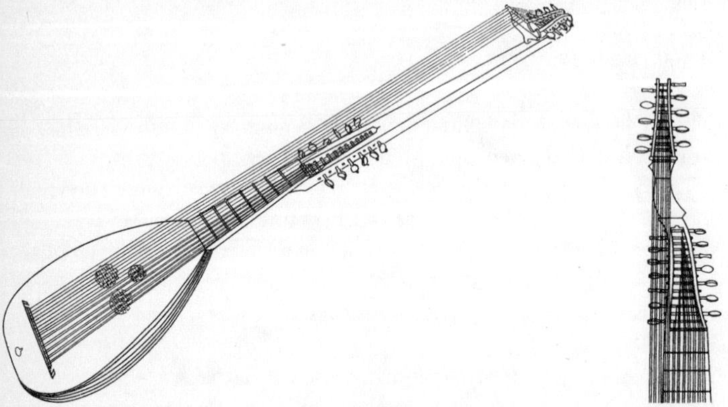

Theorbierungstechnik → Laute

Thurner Horn, Thürner Horn → Trompete

Toccata [toccare = ital. berühren, auch übertragen auf die allmähliche Annäherung des Spielers an die Möglichkeiten des Instruments] Im 16. Jahrhundert entstandene Bezeichnung für Instrumentalwerke, in welchen mittels häufig wechselnder Satztechnik die jeweiligen spieltechnischen Möglichkeiten eines Instrumentes nicht nur berücksichtigt, sondern zumeist virtuos in Szene gesetzt werden. Erste Toccaten entstehen für Laute (vgl. Francesco da Milano: «Intavolatura di liuto», 1536). Noch im 16. Jahrhundert erhielt die Bezeichnung eine zusätzliche Bedeutung und konnte nun auch auf instrumentale Vorspiele zur Einstimmung auf Tonhöhe und Charakter eines nachfolgenden Vokalstückes innerhalb des Gottesdienstes bezogen sein. Derartige weitgehend homophon gestaltete Toccaten wurden in aller Regel auf einem Tasteninstrument (→ Orgel) ausgeführt und weitgehend wesensgleich mit → Präludium bzw. → Fantasie behandelt. Sie waren anfänglich stets improvisiert, wurden bisweilen nachträglich auch ausnotiert. Seit Ende des 16. Jahrhunderts verbreiteten sich zunehmend auch komponierte Toccaten, welche das bisherige improvisatorische Erscheinungsbild jedoch typischerweise beibehielten (vgl. Andrea Gabrieli/Giovanni Gabrieli: «Intonazioni», 1593; Claudio Monteverdi: «L 'Orfeo», 1607, Einleitung als Toccata für Blasinstrumente). Spätestens seit Anfang des 17. Jahrhunderts enthält eine Orgel- bzw. Klaviertoccata in aller Regel fugierte Teile (→ Fuge), welche sich mit homophonen, durch bewegte Motorik der akkordischen Figurationen geprägten Abschnitten abwechseln (vgl. Claudio Merulo: «Toccate d'intavolatura d'org.», 1598–1604; Girolamo Frescobaldi: zwei Bücher mit Toccaten, 1615 und 1627). Die norddeutschen Orgelmeister (u. a. Dietrich Buxtehude und Vincent Lübeck) erweiterten in der Folgezeit die Ausmaße der fugierten Partien. J. S. Bach verstärkte schließlich die Gegensätze von homophon-improvisatorischen und fugierten Bereichen so weit, daß toccatenartige bzw. fugenartige Abschnitte nunmehr als zyklisch verkoppelte, aber im Wesen eigenständige Satzteile erscheinen.

Tom-Tom Ein- oder zweifellige → Trommel mit zylindrischem Korpus, die mit paarigen Holzstöcken gespielt wird. Seit etwa 1920 werden Tom-Toms üblicherweise mit Schraubenmechanik (→ Pauke) gebaut. Im modernen → Schlagzeug unterscheidet man sie als *Hänge-Tom(-Tom)* und *Stand-Tom(-Tom)*.

Ton Grundelement musikalischer Betätigung.
Ein Ton ist eine Luftdruckveränderung, hervorgerufen durch einen Schwingungserzeuger (Instrument oder Stimme). Sie wird über das Medium Luft übertragen (in luftleerem Raum würde man keine Töne hören) und im menschlichen Ohr als Nervenimpuls wirksam. Die Tonhöhe ist abhängig von der Schwingungsgeschwindigkeit (*Frequenz;* physikalisches Maß: Schwingung pro Sekunde = *Hertz/Hz*), die Lautstärke von der Schwingungsamplitude (physikalisches Maß: *Phon* bzw. *Dezibel/dB*).
Als Schwingungserzeuger dienen elastische, feste oder gasförmige Körper (Saiten, Metallzungen, Luftsäulen usw.), welche unter natürlichen Gegebenheiten sowohl in ihrer Gesamtausdehnung (*Grundton* oder *Grundschwingung*) als auch in definierten Teilabschnitten schwingen *(Obertöne)*. In der Physik *(Akustik)* werden Grundton und seine jeweils beteiligten Obertöne als *Klang* bezeichnet. Grundschwingungen sind aus gegebenen naturgesetzlichen Gründen aus-

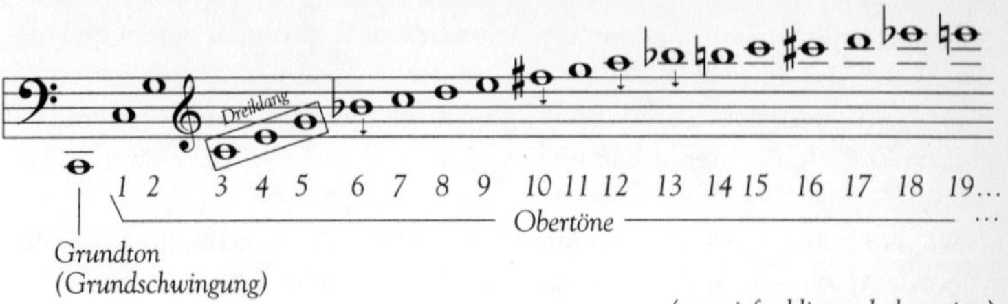

(↓ = *tiefer klingend als notiert*)

schließlich synthetisch-technisch darstellbar *(Oszillograph)*. Die Musik nutzt daher (in physikalischem Sinne) ausschließlich den *Klang*, welcher allerdings

in der musikalischen Sprachregelung (nicht jedoch im Bereich der → Elektronischen Musik) üblicherweise vereinfachend als *Ton* bezeichnet wird.
Das Spektrum der jeweiligen Obertöne ist von Bauweise und Material eines Instrumentes sowie von der jeweils angewendeten Spieltechnik abhängig und für die Klangfarbe eines Musikinstrumentes (bzw. einer Stimme) ausschlaggebend.
Eine Reihe von Obertönen läßt sich durch besondere Spieltechniken (auf Blasinstrumenten durch *Überblasen*, auf Saiteninstrumenten durch Flageolett-technik) direkt anspielen, wobei die jeweils tiefer liegenden Tonstufen übersprungen *(überblasen)* bzw. beim Flageolettverfahren lautstärkemäßig überdeckt werden (→ Flageolett-Ton).
Die Grundschwingung und ihre zugehörigen Obertöne werden (hauptsächlich im Bereich der → Blasinstrumente) auch als *Naturtöne*, eine stufenweise Darstellung der gesamten Tonauswahl auch als *Naturtonreihe* bezeichnet.
Der 3., 4. und 5. Oberton bilden einen Dur-Dreiklang. Dieses Phänomen wurde immer wieder von Gegnern der → Atonalen Musik als Beleg herangezogen, um ihre These zu untermauern, daß → Tonalität bereits naturgegeben sei, *Atonalität* hingegen der Natur widerspreche und deshalb widersinnig sei. (Das Obertonspektrum bildet allerdings keinen Moll-Dreiklang aus.)

Tonalität Die funktionale Bezogenheit von Tonstufen untereinander und auf einen gemeinsamen Zentralton *(Grundton)*.

Tonart Das Beziehungsgeflecht von Tonschritten (bei → Diatonik: Ganz- und Halbtonschritte), das sich aus ihrer charakteristischen Verteilung innerhalb einer Oktave und dem Bezug auf einen gemeinsamen *Grundton* mit relativer Tonhöhe (z. B. C, D usw.) ergibt (z. B. C-Dur, d-Moll usw.). Das Wesen einer Tonart wird als → Tongeschlecht, die lineare Anordnung der jeweiligen Tonstufen als → Tonleiter bezeichnet.

Tongeschlecht Das Wesen einer → Tonart, das traditionell durch die Folge der ersten vier Tonschritte *(Tetrachord)* einer → Tonleiter charakterisiert ist. Man beschränkt sich hierbei traditionellerweise auf die Unterscheidung der beiden Tongeschlechter → Dur und → Moll.

Tonika [tonos = griech. Spannung] Funktion des Dreiklanges, der auf Stufe I *(Grundton)* einer diatonischen Ausgangsskala gebildet ist (→ Funktionsbezeichnung). In traditioneller Harmonielehre hat eine Tonika eine *schließende* Wirkung. Sie bildet daher u. a. sowohl Ausgangs- als auch Schlußpunkt des harmonischen Verlaufes eines Werkes oder Werkabschnittes (→ Harmonik).

Tonleiter (Skala) Lineare, auf- oder absteigende Anordnung der verfügbaren Tonstufen einer → Tonart. Zur besseren Übersichtlichkeit erscheint üblicherweise die unterste bzw. oberste Tonstufe am jeweiligen Ende einer Skala nochmals in oktavierter Form. Tonleitern sind geordnete Materialübersichten und haben daher vorwiegend abstrakt-theoretischen Charakter. Sie können jedoch ausschnittsweise oder vollständig auch in Kompositionen vorkommen. Anhäufungen von Tonleitern sind allerdings musikalisch zumeist von geringer Ausdruckskraft. (→ chromatische Tonleiter, → Ganztonleiter, → Zigeunertonleiter)

Tonmalerei → Programmusik, → Musikalisch-rhetorische Figurenlehre

Transponieren [transponere = lat. versetzen] Das Versetzen einer gegebenen Tonfolge auf eine andere Tonstufe, wobei alle sonstigen musikalischen Elemente und deren Bezüge ihre Ausgangsgestalt beibehalten.

Transponierende Instrumente [transponere = lat. versetzen] Instrumente, deren notierte Tonhöhe nicht mit der klingenden Tonhöhe übereinstimmt. Die Praxis des Transponierens ermöglicht es u. a., einem Instrument mit besonders hohem oder tiefem Spielregister eine günstigere Lage innerhalb des üblichen Notensystems zuzuordnen. Man kann auf diese Weise unnötig viele Hilfslinien vermeiden (z. B. Piccoloflöte, Kontrafagott, Kontrabaß).

Bei manchen Blasinstrumenten geht das Verfahren des Transponierens allerdings auch auf ältere, bautechnische Einschränkungen zurück, die zwar mittlerweile durch technische Neuerungen überwunden sind, deren Tradition jedoch bis heute nachwirkt.

Auf *Naturinstrumenten* (z. B. auf frühen → Trompeten und → Waldhörnern) konnten nur die einer jeweiligen Rohrlänge und -weite zugeordneten → Naturtonreihen gespielt werden. Um dennoch in einem Musikstück auch die dazwischenliegenden Tonstufen erreichen zu können, mußten mehrere Instrumente mit unterschiedlichen Mensuren parallel eingesetzt werden. Zur Erleichterung für die ausführenden Instrumentalisten wurden alle in Frage kommenden Baugrößen jedoch gleich notiert. Eine d'-Trompete erklang dann bei einem notierten c' auf d', eine f-Trompete entsprechend auf f. Die notwendige *Transposition* mußte bereits vom Komponisten mit eingeplant werden, die Spieler konnten jedoch auf diese Weise zügig von Instrument zu Instrument wechseln, ohne dabei jedesmal eine andere Notationsweise beachten zu müssen.

Traversflöte → Querflöte

Trecento Italienische Musikepoche zwischen etwa 1330 und 1390, in der ein mehrstimmiger, oft instrumental begleiteter Vokalstil vorherrschend war.
Der Trecento-Stil entwickelte sich zunächst völlig eigenständig, als Gattungen dienten u. a. *ballata* (→ Ballade) und → Kanon. Insbesondere die ballata galt als offenes Experimentierfeld, in welchem man verschiedene Gestaltungsideen erprobte (Isorhythmik u. a.). Die oft sehr virtuosen Werke des Trecento dienten überwiegend der geselligen Unterhaltung. Textinhalte sind bevorzugt gesellschaftskritischer oder auch erotischer Natur, die Themen werden jedoch in aller Regel sehr kunstvoll allegorisch umschrieben. Viele Texte enthalten auch Lobpreisungen der *Musik* selbst, die man als *seelenheilende Kraft* verstand. Die Melodie wird zumeist im → Diskant geführt, darunter können eine oder mehrere instrumentale Begleitstimmen liegen. Beliebt war insbesondere eine Setzweise mit zwei solistischen hohen Männerstimmen und einstimmiger Instrumentalbegleitung. Als Begleitinstrumente dienten u. a. Psalter, Fidel, Laute, Trompete, Horn, Pauke, Flöte und Dudelsack.
Ab der zweiten Hälfte des 14. Jahrhunderts wurde der Trecento-Stil zwar erkennbar von der französischen → Ars nova beeinflußt (u. a. wurden Isorhythmische → Motette, → Chanson und → Messe von dort übernommen), behielt jedoch stets eine starke Unabhängigkeit (Trecento-Musik nutzte u. a. eine eigene Notationsweise, erkennbar an den sechs statt der ansonsten üblichen französischen fünf Notenlinien). Diese Eigenständigkeit des Trecento muß deshalb betont werden, da innerhalb der Kunstmusik ansonsten (und noch bis in den Barock) keine national unterschiedlichen Stile üblich waren. Stets wurde *eine* Komponierweise gleichsam gesamteuropäisch als führend betrachtet und soweit als möglich übernommen (zur Zeit des Trecento war dies die französische Ars nova).
Als bedeutende Komponisten des Trecento (in welchem zudem die ersten → Madrigale entstanden) gelten Giovanni di/da Cascia (1270–1315) und Francesco Landini (1325/35–1397). Insbesondere Landini (Florenz) galt als Meister der Verbindung von Text und Musik. Er verwendete an Textschwerpunkten bereits häufiger echte → Dreiklangsstrukturen. Mit dem Trecento-Stil löst sich die Musik erstmals bedeutsam aus ihren bisherigen funktionalen Bindungen innerhalb der Kirchenmusik und wird zur eigenständigen Ausdruckskunst.

Tremolo [tremolare = ital. zittern; abgek. *trem.*] Eine rasch auszuführende Folge von Tonrepetitionen. Bei Schlaginstrumenten wird ein Tremolo zumeist *Wirbel* genannt. Ein rascher Wechsel zwischen zwei Tonstufen, welche mindestens im Terzabstand stehen, wird gelegentlich als *wogendes Tremolo* bezeichnet. Ein wogendes Tremolo im Sekundabstand wird als → Triller behandelt.

Triangel [triangulum = lat. Dreieck] Schlaginstrument, das aus einem Stahlrundstab besteht, der in Form eines offenen Dreiecks gebogen ist und mit einem dünnen, ebenfalls metallenen Stab zum Klingen gebracht wird. Die Tonhöhe eines Triangel gilt als weitgehend unbestimmbar (der Stahlstab schwingt sowohl als Longitudinal- als auch als Transversalwelle; beide Frequenzen überlagern sich).

Triller Musikalisches Verzierungsmuster (→ Manieren) als schneller, mehrfacher Wechsel zwischen zwei benachbarten Tonstufen *(Hauptton* und *Nebenton).* Die Ausführungsdauer eines Trillers ist durch den Zeitwert der jeweiligen Bezugsnote *(Hauptnote)* fixiert, wird jedoch aus stilistischen Gründen gelegentlich auch verkürzt gespielt. Als Nebenton wird (außer beim *Mordent*) üblicherweise die jeweils höhere Tonstufe behandelt. Sie kann tonleitereigen oder tonleiterfremd sein, muß im zweiten Fall dann jedoch in der Notation durch ein Versetzungszeichen (→ Alterierung) gekennzeichnet werden.
Ein Triller kann mit dem Haupt- oder mit dem Nebenton beginnen. Die erste Variante war während des 17. und 18. Jahrhunderts insbesondere in italienischer Musik sehr verbreitet. Die zweite Variante ergibt eine Vorhaltswirkung. Dem eigentlichen Triller *(battement)* kann ein sog. *Anlauf* vorangestellt sein, der von oben oder von unten kommend beginnen kann.
Zudem ist eine Abschlußwendung *(Nachschlag)* möglich. *Doppeltriller* beziehen sich auf zwei Haupttöne (zumeist im Terz- oder Sextabstand) und zwei entsprechende Nebentöne. Ein *Pralltriller (Praller)* besteht aus einem Wechsel Hauptton – oberer Nebenton – Hauptton. Ein Wechsel Hauptton – unterer Nebenton – Hauptton heißt *Mordent* [mordere = lat. beißen].

Trio Im 17. Jahrhundert zunächst eine (vermutlich auf Jean-Baptiste Lully zurückgehende) Bezeichnung für ein kontrastierendes, dreistimmig besetztes Zwischenstück innerhalb einer größeren Werkeinheit. Dabei bezeichnet Trio sowohl den entsprechenden Abschnitt als auch die ausführende Instrumentalgruppe (bei Lully in dessen → Opern und → Suiten zumeist ein Ensemble von drei → Holzblasinstrumenten, oft zwei Oboen und Fagott).
Im dreiteiligen → Menuett und → Scherzo der Klassik bildet das Trio üblicherweise den Mittelteil. Dessen Kontrastwirkung zu den Außenteilen kann sowohl durch eine neue → Tonart, durch eine abgeänderte Besetzung als auch durch einen Tempo- bzw. grundsätzlichen Charakterwechsel hervorgerufen werden. Solche Trios sind nicht selten als dreiteilige → Liedform gearbeitet.

Bereits seit Mitte des 17. Jahrhunderts ist das Trio auch als Mittelteil beim → Marsch verbreitet.
Im heutigen Sprachgebrauch bezeichnet man mit *Trio* zumeist ganz allgemein ein Musikstück für drei Ausführende (vokal, instrumental oder gemischt).

Triole → Notation

Triosonate Eine der beliebtesten Besetzungsweisen und Werkgattungen der barocken Instrumentalmusik in Form einer → Sonate, bei welcher zwei solistische Melodiestimmen (bevorzugt Violinen, Flöten) in → Generalbaßpraxis begleitet werden (vgl. Arcangello Corelli: «Triosonaten» op. 1 bis 4). Oberstimmen und Generalbaß konnten bei einem Tasteninstrument auch simultan ausgeführt werden (vgl. J. S. Bach: «Sechs Triosonaten für Orgel», BWV 525–530).
Je nach Bedarf und Möglichkeiten wurde die Grundbesetzung einer Triosonate gelegentlich auch chorisch, d. h. mehrfach besetzt, und eine Triosonate konnte somit zusätzlich auch als Instrumentalkonzert gespielt werden. Vermutlich bedeutete daher die Bezeichnung *concerto* (→ Konzert) zunächst oft nichts anderes als eine besondere, nämlich *orchestrale* Ausführung einer Triosonate.
Die Triosonate gilt u. a. als Ausgangspunkt für die Entwicklung des → Streichquartetts (auf das jeweilige Tasteninstrument wird verzichtet, die Baßstimme wird von einem Violoncello ausgeführt, die Oberstimme von einer Violine. Hierzu treten eine zweite Violine und eine Viola da braccio, welche die nunmehr ausnotierten Mittelstimmen übernehmen).

triplum → Notre-Dame-Schule, → Motette

tritantrika vīṇā → sitār

Tritonus [=lat./griech. Dreitonschritt] → Intervall von drei → Ganztonschritten bzw. einer übermäßigen Quarte, das im traditionellen Harmonie-Empfinden als äußerst dissonant verstanden wird.
Der Tritonus gilt als schwierig zu singendes Intervall, seine Verwendung in linearen Tonfortschreitungen wurde daher in früher Vokalmusik als Regelwidrigkeit angesehen und als *diabolus in musica* [= lat. Teufel in der Musik] bezeichnet.

Trommel Sammelbezeichnung für Schlaginstrumente, welche membranlos (→ Schlitztrommel, → Holzblocktrommel) oder fellbespannt sein können. Bei fellbespannten Trommeln unterscheidet man je nach Bauweise des Reso-

nators u. a. zwischen *Röhrentrommeln* (→ Kleine Trommel, → Große Trommel, → Rührtrommel, → Tambourin, → Tom-Tom), *Rahmentrommeln* (→ Tamburin) und *Kesseltrommeln* (→ Pauke), je nach Anzahl der Membranen zwischen *Einfell-* und *Zweifelltrommeln*. Bei einer Spielweise mit der Hand (ohne Schlägel o. ä.) spricht man von *Handtrommeln* (→ Bongo, → Conga, → Tamburin).
Die zylindrische Korpusform der Röhrentrommeln bewirkt zusammen mit einer Doppelmembran zumeist eine starke Überlagerung von Schwingungen bei einem Schlagimpuls. Derartige Trommeln (→ Kleine Trommel, → Große Trommel, → Rührtrommel, → Tambourin) klingen daher vorwiegend geräuschhaft und lassen sich nur bedingt auf eine definierbare Tonhöhe einstimmen. Man unterscheidet in diesem Fall üblicherweise nur zwischen höheren bzw. tieferen Spiellagen.
Eine Sonderform bilden die *Reibetrommeln*, welche keine Schlaginstrumente sind, wegen ihrer Bauweise aber dennoch zu den Trommeln gezählt werden. Die Tonerzeugung kennt mehrere Varianten. Ein Holzstock kann über das Trommelfell gerieben werden oder, senkrecht die Membran durchstoßend, in dieser gedreht werden. Ebenso kann am Trommelfell eine Schnur verknotet sein, die mit den Fingern verzwirbelt wird und dabei die Membran in Schwingung versetzt. Das ganze Instrument kann auch, an einer solchen Schnur hängend, durch die Luft geschleudert werden (sog. *Waldteufel*).

Trompete → Blechblasinstrument mit enger Mensur, welche (abgesehen vom Bereich der Stürze) vorwiegend zylindrisch verläuft.
Als Ursprung der heutigen Trompete gelten gerade Rohrinstrumente aus Bambus oder aus zylindrisch ausgehöhlten Holzstäben oder Knochen sowie aus gerollter Rinde oder gerolltem Metallblech. Solche einfachen Trompeteninstrumente sind bis heute weltweit in vielen Musikkulturen verbreitet.
Als direkte Vorfahren der europäischen Trompete gelten die aus der arabischen *al nafīr (annafīr)* hervorgegangene römische *bucina* (mit langem, geradem Rohr und zylindrischer Bohrung) sowie deren nordeuropäisches Folge-Instrument, die mittelalterliche *busîne* (mhdt.). (Der römische bucina-Typus mit konischer Bohrung gilt als entscheidende Entwicklungsstufe zum späteren → Jagdhorn bzw. → Waldhorn.)
Ein Befehl Kaiser Friedrichs II. von 1240 (aus Arezzo) nennt erstmals eine Unterscheidung von zylindrischen Blechinstrumenten in die tiefer gestimmten *tubae* und die höher gestimmten *tubectae*. Im ausgehenden Mittelalter wurden letztere zunächst in mhdt. *trumme/trumbe*, sodann in *trummete/drommete* und schließlich in *trompette* umbenannt (die tieferen *tubae* erhielten dagegen die Bezeichnungen *busûne* bzw. *busaune*, in denen sich bereits unschwer der sprachliche Ursprung der späteren *Posaune* erkennen läßt).
Im Mittelalter ist die Trompete (im Unterschied zum Horn) hoch angesehen.

Die Bezeichnung *Feldtrompeter* war eine ehrenvolle Auszeichnung. Militärtrompetern stand Offiziersrang zu. Trompeter bildeten eine eigene Zunft und zusammen mit Paukern eine eigene Gilde (vgl. die umgangssprachliche Redewendung *mit Pauken und Trompeten*). Bis ins 18. Jahrhundert war es nur den Zunftangehörigen der *Kameradschaft der gelernten Trompeter* gestattet, öffentlich Trompete zu blasen (noch aus dem Jahr 1727 ist ein Gerichtsprozeß bekannt, in welchem ein Musiker wegen nicht autorisierten öffentlichen Trompeteblasens verurteilt wurde; → Zink, → Bach-Trompete).

Als Baumaterial wird bis ins 14. Jahrhundert häufig noch Holz verwendet (vgl. *Holztrompete* von Giotto, Santa Croce, Florenz, heute im Germanischen Nationalmuseum Nürnberg. Das → Alphorn, wenngleich zumeist konisch gebohrt, entstammt ebenfalls noch dieser Bautradition). Schließlich setzt sich jedoch Messing (teils vernickelt oder versilbert) oder Silber als Grundmaterial durch. Um eine bessere Handlichkeit zu erreichen, wurde bald mit gebogenen Schallrohren experimentiert. Bereits ab dem 14. Jahrhundert sind erste S-förmig gebogene Rohre *(Clareta)*, ab der ersten Hälfte des 15. Jahrhunderts bügelförmig gebogene Rohre bekannt.

Auf frühen Trompeten waren nur Töne der → Naturtonreihe verfügbar *(Naturtrompete)*, je nach Fertigkeit der Bläser beschränkte sich diese Auswahl sogar nur auf die untersten Naturtöne. Um dennoch alle Tonhöhen bequem erreichen zu können, wurden die Instrumente mit bis zu elf verschiedenen Rohrlängen und entsprechend unterschiedlichen Grundstimmungen gefertigt. Je nach gewünschter Tonhöhe mußten die Instrumentalisten dann allerdings innerhalb eines Musikstückes ständig zwischen den verschiedenen Trompeten wechseln. Der benötigte Zeitaufwand für das Wechseln der Instrumente mußte vom Komponisten in den Ablauf eines Werkes entsprechend eingeplant werden.

Als mögliche Abhilfe entwickelte man bereits ab etwa 1400 die *Zugtrompete* (*tromba da/di tirarsi*, *Thurner* oder *Thürner Horn*), deren Mundstückrohr verlängert ist und bei Bedarf unterschiedlich weit in das Schallrohr eingeschoben werden kann. Dieses Verfahren ermöglichte, die Gesamtlänge einer Schwingungsröhre und damit die Grundstimmung zu verändern. Von jedem der Naturtöne aus ließen sich zusätzlich noch die drei nächsten, abwärts liegenden Halbtonschritte erreichen. Auf einem einzigen Instrument konnten nun gleichzeitig vier Naturtonreihen realisiert werden. Die Zugtrompete wurde zwischen 1500 und 1800 das typische Instrument der sog. *Stadtpfeifer*, konnte sich jedoch nach Aufkommen der Ventiltrompete nicht weiter behaupten.

Eine andere Technik zur Erweiterung der Tonauswahl arbeitete ab Mitte des 18. Jahrhunderts mit aufsteckbaren Zwischenrohrstücken *(Inventionsbögen, Setzstücke)*, welche ebenfalls die Grundrohrlänge erweiterten (vgl. *Inventionstrompete* von Michael Wöggel, Karlsruhe 1780). Die Grundidee dieses Prinzips

war 1750/53 von Anton Joseph Hampel (Dresden) für das → Horn (vgl. *Inventionshorn*) erfunden worden. Allerdings erforderte auch das Inventionsverfahren einen gewissen Zeitaufwand beim Umstecken und mußte im Spielablauf berücksichtigt werden.
Versuche, zur Verkürzung der schwingenden Luftsäule in die Schallröhre einer Trompete Tonlöcher zu bohren und diese (nach dem Prinzip der → Holzblasinstrumente) über Klappen zu bedienen, entpuppten sich in der Praxis als wenig intonationssicher und konnten sich (ebensowenig wie entsprechende → Klappenhörner) letztlich nicht durchsetzen (vgl. *Klappentrompete* von Kölbel, 1770).
Die entscheidende Neuerung gelang erst, als die von der Inventionstrompete bekannten Zwischenstücke verkleinert sowie festinstalliert und über Ventile wahlweise zuschaltbar wurden *(Ventiltrompete)*. Auch das Ventilprinzip war zunächst für das Horn erfunden worden (1813/14 als *Kasten-* bzw. *Scheibenventil* von Friedrich Blühmel, Schlesien). Die praktische Übertragung auf eine Trompete gelang anfänglich nur recht umständlich (u. a. entwickelte man eine Trompete mit einem Anblasteil und sieben unterschiedlich gestimmten Schallröhren, zwischen denen mittels der Ventile gewechselt werden konnte). Erst als 1839 Etienne-François Périnet (Paris) die Ventiltechnik verfeinert und seine bis heute verbreiteten *Pumpventile (Périnetventile)* entwickelt hatte, war hiermit auch die eigentliche moderne Ventiltrompete entstanden. Heute sind (insbesondere bei Trompeten deutscher Bauart) zudem sog. *Zylinder-* oder *Drehventile* (mit Hebeltechnik) verbreitet.
Die Ventiltrompete besitzt in aller Regel drei Ventile, welche kleine Zusatzrohrstücke *(Ventilzüge)* aktivieren und hierdurch die Tiefalterierung eines Naturtones um jeweils einen Halbtonschritt, Ganztonschritt oder Eineinhalbtonschritt ermöglichen.

1. Ventil:	Tiefalterierung um 1 Ganztonschritt
2. Ventil:	Tiefalterierung um 1 Halbtonschritt
3. Ventil:	Tiefalterierung um 1 Eineinhalbtonschritt

Alle Ventile sind untereinander kombinierbar:

1. und 2. Ventil:	Tiefalterierung um 3 Halbtonschritte
2. und 3. Ventil:	Tiefalterierung um 2 Ganztonschritte
1. und 3. Ventil:	Tiefalterierung um 5 Halbtonschritte
1. und 2. und 3. Ventil:	Tiefalterierung um 3 Ganztonschritte

Auch die Ventiltrompete wurde zunächst in verschiedenen Grundstimmungen gebaut (in B, C, D, Es, F, G, A sowie hoch Es, hoch F, hoch G und hoch B), von denen sich heute jedoch die B-Stimmung als allgemeiner Standard

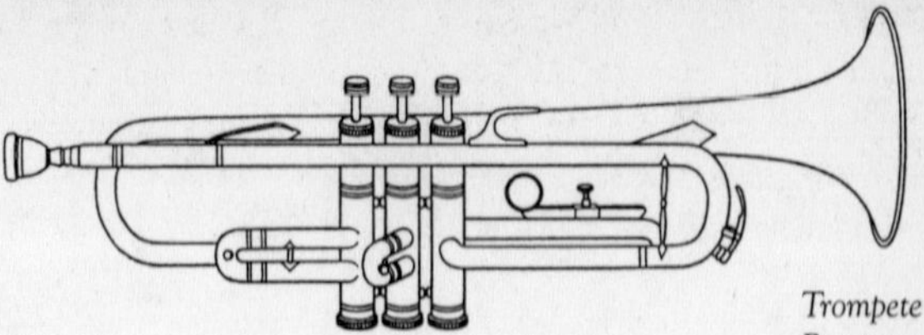

Trompete mit Pumpventilen

Wirkungsweise eines Pumpventils

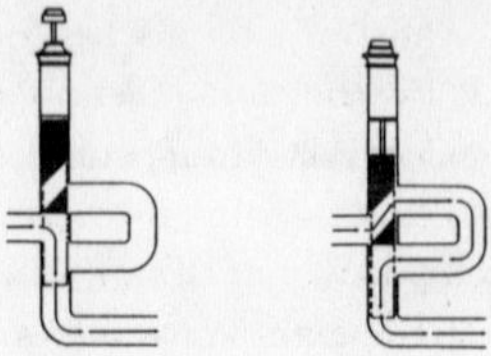

geschlossen *geöffnet*

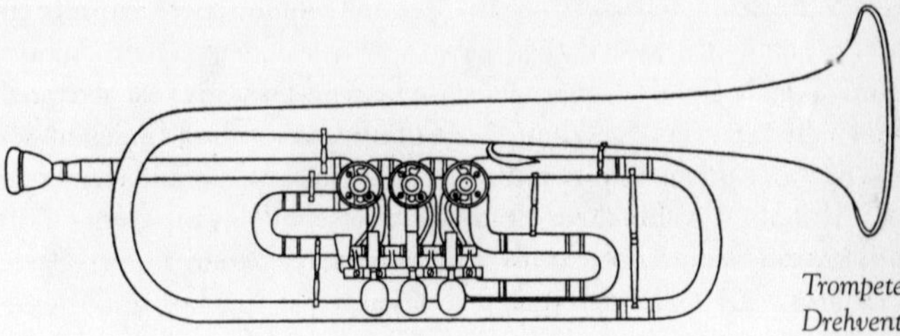

Trompete mit Drehventilen

Wirkungsweise eines Drehventils

geschlossen *geöffnet*

durchgesetzt hat. Um bestimmte, im wohltemperierten System nicht stimmgenaue Naturtöne auszugleichen, gibt es bei Ventiltrompeten eine zusätzliche mechanische Intonationshilfe (*Glissando-* bzw. *Stimmzug*, hauptsächlich für das 3. Ventil). Die moderne Ventiltrompete in B wird transponierend (einen Ganzton höher als klingend) im Violinschlüssel notiert, die üblichen Abkürzungen in Partituren sind *tp.*, *trp.*, *Tr.*, *Trp.*

Vom Anbeginn ihrer Geschichte ist die Trompete ein typisches Signalinstrument, das ein Ereignis ankündigt (vgl. Ritterturniere, Turmsignale, Festbläser, Turmbläser). Bis heute wird sie auch in sinfonischer Musik bzw. Oper noch in dieser Art eingesetzt (vgl. L. v. Beethoven: «Fidelio»: Ankunft des Ministers; Richard Wagner: «Lohengrin», II. Akt, Trompetensignal verkündet den nahenden Tagesanbruch; Georges Bizet: «Carmen», Vorspiel: Trompeten künden vom düsteren Geschehen; Richard Wagner läßt im «Ring des Nibelungen» bei drohendem Unheil stets eine tiefe, extra konstruierte *Baßtrompete* erklingen; Claudio Monteverdi: «L'Orfeo»: Einleitung mit vier Trompeten). Im Orchesterbereich der Klassik wurde das Instrument meist doppelt besetzt, seit der Romantik auf drei Stimmen erweitert. In Oper und Sinfonischer Dichtung gilt die Trompete häufig als Symbol des Helden sowie der kriegerischen Auseinandersetzung (vgl. Richard Wagner: «Siegfried»: Schwertmotiv), ist aber auch Träger des Feierlichen (vgl. R. Wagner: «Parsifal»: Gralsmotiv). Daneben gibt es eine reiche Auswahl an Sololiteratur (vgl. u. a. Giuseppe Torelli, Domenico Gabrielli, Antonio Vivaldi, Leopold Mozart, Joseph Haydn, Georg Phil. Telemann, Johann Nepomuk Hummel, Paul Hindemith, André Jolivet, Bernd Alois Zimmermann, Harald Genzmer, Jean Françaix).

Trompetengeige → Trumscheit

trompong → gamĕlan

Tropentechnik (Joseph Matthias Hauer) → Dodekaphonie

tropus [tropos = griech. Weise, Wendung] Melismatische Ergänzung eines → Gregorianischen Chorals, welche in mehreren Erscheinungsbildern mit unterschiedlichen Entstehungsverfahren vorkommen kann.
Ein tropus ist entweder eine melodische (textierte oder untextierte) Erweiterung eines bereits vorhandenen → Melismas oder eine Episode, welche durch nachträgliche Neutextierung eines vorliegenden Melismas entstand *(Textierungstropus)*, oder eine Neuvertonung eines tropus-Textes.
Bei einer Neutextierung ist (nach dem Prinzip der → syllabischen Vertonung) jeder Note des Melismas eine Textsilbe zugeordnet. Der neue Text wurde an-

fänglich zumeist so ausgewählt, daß er zum bereits vorhandenen Choraltext kommentierend wirkte. Zum Beispiel konnte über das *e* des *Kyrie* im *Kyrie eleison* der Tropierungstext *Kyrie, fons bonitatis, pater ingenite, a quo bona cuncta procedunt, eleison* gesetzt werden. Derartig eingeschobene Kommentare, welche mit dem jeweiligen Originaltext zu einer neuen Einheit verschmelzen, sind auch aus der damaligen Literatur bekannt (vgl. die frz. Literaturgattung der *Epîtres farcies*).
Tropen wurden zumeist als eigenständige musikalische bzw. textliche Formeln behandelt und in gesonderten Büchern *(Troparen)* gesammelt. Bestimmte Tropen, welche am Ende eines *Alleluia* erklangen, wurden als → Sequenzen bezeichnet. Als bedeutender Vertreter des Tropierungsverfahrens gilt Tutilo (auch: Tuotilo; gest. 915), der der Schola cantorum des Klosters St. Gallen angehörte.
Nicht immer wurden die melismatischen Melodiebewegungen der Tropen neu erfunden. Im späten Mittelalter war es durchaus üblich, beliebte geistliche wie auch weltliche Melodien bzw. Melodieabschnitte als Tropenmelismen in Choräle einzufügen. Andererseits haben sich aus manchen Tropen auch einige der populären mittelalterlichen geistlichen Lieder entwickelt. Textierungstropen sind zudem eine bedeutende Vorstufe der → Motette und blieben bis ins 20. Jahrhundert ein beliebtes kompositorisches Element der Kirchenmusik.

Troubadours [trobar = provenzalisch finden] Provenzalische, meist adlige Dichter-Sänger des 11.–13. Jahrhunderts.
Erste Troubadour-Lieder entstehen ab etwa 1080 in Aquitanien und der Provence. Sie wurden in ihrer Zeit ausschließlich mündlich tradiert. Die heute noch erhaltenen Texte und Melodien wurden nahezu ausnahmslos erst Anfang des 14. Jahrhunderts gesammelt und schriftlich festgehalten. Als Quellen sind sie daher nur bedingt tauglich.
Dennoch gilt als weitgehend gesichert, daß Melodiengut wie auch die besungenen Themen der frühen Troubadour-Lieder noch eng an die damalige geistliche Musik angelehnt waren. Mit einiger Sicherheit wurden → Gregorianische Choräle vollständig oder abschnittsweise als Melodien verwendet. (Zumindest für diese frühe Phase des Troubadour-Gesangs ist daher *trobar*, das provenzalische Ausgangswort der Bezeichnung *Troubadour*, im Deutschen tatsächlich besser mit *finden* als mit *erfinden* zu übersetzen. Es sollte zunächst nämlich keineswegs etwas Neues *erfunden* werden, son-dern das bereits Vorhandene, welches man als *vollkommene Schöpfung* ansah, nur neu geordnet werden.)
Es ist zu vermuten, daß diese enge Bindung der frühen Troubadour-Lieder an den Gregorianischen Choral auch mit der geographischen Nähe ihres Entstehungsumfeldes zum Kloster St. Martial (Limoges) zusammenhing. Der entscheidende Unterschied zwischen Gregorianischem Choral und Troubadour-Lied lag daher zunächst wohl weniger im musikalischen Bereich als hauptsächlich in der Aufführungspraxis. Zum einen wurden die Melodien jetzt auch außerhalb der Kir-

che, nämlich im höfischen Umfeld, zum anderen mit instrumentaler Begleitung vorgetragen (Gregorianischer Gesang ist dagegen traditionell unbegleitet).
Wann sich die Troubadours in ihren Textdichtungen auch weltlichen Themen zuwandten, ist ungeklärt. Ihre Lieder wandelten sich damit jedoch zu einer Kunstform, die man heute als erste bedeutende weltliche Gattung, nicht selten auch als früheste → Kunstlieder der europäischen Musikkultur betrachtet. Die Melodien wurden nun in den unterschiedlichsten Form- und Rhythmusstrukturen gestaltet, blieben in ihrer Tonalität jedoch zumeist innerhalb der Kirchenmodi (→ Modus). Die Texte waren gereimt, ihre Sprache oft recht derb. Die sog. *Liebeslieder* orientierten sich inhaltlich mehr oder weniger offen an rein physischen Lüsten. Daneben kannte man u. a. das Klagelied *(lamentation, planch)*, Taglied *(alba, aube)*, Abendlied *(serena)* und das Heldenlied (das allerdings nicht selten nur der Selbstdarstellung eines Dichters diente). Berühmte Troubadours dieser Zeit waren u. a. Wilhelm (Guillaume) IX. von Aquitanien, Jaufré Rudel und Bernart de Ventadorn.
Von Südfrankreich ausgehend, breitete sich diese höfisch-ritterliche Lied- bzw. Dichtkunst im 12. Jahrhundert über Nordfrankreich (nördlich der Loire nannten sich die Dichter-Sänger *trouvères*), schließlich in ganz Mittel- und Nordeuropa aus (in Deutschland als → Minnesang). Dabei wurden häufig ältere Troubadours- bzw. Trouvère-Melodien übernommen und in der jeweiligen Landessprache neu textiert (→ Kontrafaktur). Die Sprache der Trouvère-Lieder ist nicht mehr provenzalisch, sondern französisch, ihre Form folgt oft dem

Refrainlied (→ Lied). Einstimmigkeit bleibt charakteristisch, erst der Trouvère Adam de la Halle schreibt im 13. Jahrhundert auch mehrstimmig.
Die adligen Troubadours und Trouvères ließen sich bei ihren Gesängen üblicherweise von einem Spielmann auf einem Saiteninstrument (Fidel, Psalter, Drehleier, Leier oder Harfe) begleiten. Die Begleitmusiker nannte man *ménestrels* (vgl. später die nordamerikanischen → Minstrel-Shows). Da sie zudem auch für akrobatische Unterhaltungskunststückchen zuständig waren (sie erfüllten durchaus eine ähnliche Funktion wie *Hofnarren*), wurden sie oft auch als *jongleurs* oder *joglars* bezeichnet. Die Bedeutung der ménestrels wird vermutlich sehr unterschätzt, waren sie doch in vielen, wenn nicht gar in den meisten Fällen (zumindest in der mittleren und späten Phase des Troubadour-Lieds) wohl nicht nur für die Gestaltung, sondern auch für die Entstehung der Musik zu den Dichtungen der Adligen verantwortlich. Sie und nicht die adligen Troubadours bzw. Trouvères waren wahrscheinlich die eigentlichen Komponisten vieler Lieder.
Ab etwa 1250 verliert sich der Einfluß der adligen Troubadours/Trouvères weitgehend, und deren Kunstgattung mit all ihren musikalischen Formen wird nun gänzlich von den Spielleuten übernommen *(Spielmannsmusik)*.

Trouvères → Troubadours

Trugschluß Kadenzvariante (→ Kadenz), welche nach einer → Dominante (D) nicht in die erwartete → Tonika (T bzw. t) zurückführt.

Trumscheit [trumme bzw. trumbe = mhdt. Trompete; Trompetengeige, Nonnengeige, Marientrompete] Seit dem 12. Jahrhundert bekanntes griffbrettloses → Streichinstrument mit einer einzelnen Spielsaite aus Darm (im 17. Jahrhundert kommen auch Instrumente mit zwei Spielsaiten und mehreren Resonanzsaiten auf). Als Resonanzkorpus dient ein bis zu 2 m langer, zum Fuß hin sich verbreiternder Holzkasten, der unten offen sein konnte. Auf einem Trumscheit wurden traditionell ausschließlich → Flageolettöne gespielt. Die Spielsaite verläuft über einen Steg, der nur auf einer Seite direkt auf der Decke aufsitzt. Beim Erklingen der Saite wird

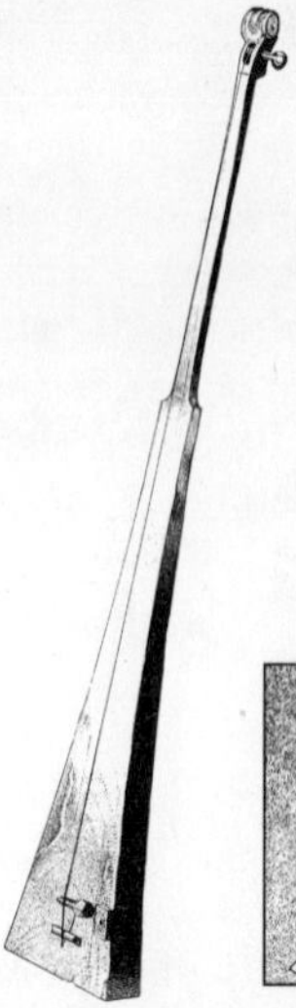

der Steg mit in Schwingung versetzt und schlägt mit seinem freien Fußbereich periodisch auf die Decke. Es entsteht ein knatterndes Zusatzgeräusch, das zusammen mit dem Flageolett ein trompetenartiges Klangbild ergibt. Tatsächlich wurde das Trumscheit (ebenso wie der → Zink) häufig als Ersatzinstrument für die → Trompete verwendet, so u. a. noch bis ins 18. Jahrhundert in Nonnenklöstern, wo das eigentliche Trompetenspiel nicht erlaubt war (vgl. die Bezeichnungen *Nonnengeige*, *Marientrompete*).

Tuba → Blechblasinstrument der Baßlage mit konisch mensurierter Schallröhre und drei bis sechs Ventilen, welches als Instrument des sinfonischen Orchesters meist in den Ausführungen als F-, Es-, B- oder C-Tuba gespielt wird. Tiefere Tuben werden als *Baßtuba* und *Kontrabaßtuba* unterschieden. Bei allen Tuben (abgesehen vom → Sousaphon) ist der Schalltrichter *(Stürze)* beim Spielen aufwärts gerichtet.

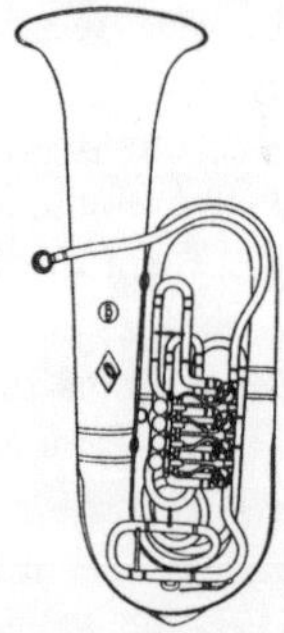

tubular bells → Glockenspiel

ṭunbūr Ursprünglich aus Persien stammende Langhalslaute (→ Laute) mit bauchigem, oft eiförmig gerundetem Korpus und einer Holzdecke. Der charakteristisch lange, dünne Hals besitzt Bünde aus Darmschnüren und endet zumeist in einer Wirbelplatte mit oberständigen Wirbeln. Die Bespannung besteht aus drei oder vier Metallsaiten, welche mit einem Plektrum angezupft werden. Der ṭunbūr ist heute im Vorderen Orient und auf dem Balkan als Volksinstrument weit verbreitet und wird vorwiegend solistisch gespielt.
Als *tanbur* wird das Instrument in türkischer Kunstmusik verwendet und ist dort mit vier Doppelchören bespannt, welche auf a–a, c–c, d–d, d–d gestimmt sind. Die beiden tiefsten Saiten sind aus Messing, alle anderen Saiten aus Stahl gefertigt. Beliebt ist eine Spieltechnik, bei welcher der Hals des Instrumentes, noch während die Saiten erklingen, periodisch seitlich verzogen wird, wodurch ein Vibrato-Effekt entsteht.

Turnerflöte → Querflöte

tutti [= ital. alle] Bezeichnung für die Gesamtheit aller beteiligten Stimmen eines Musikstückes, gelegentlich auch für das Orchester im Gegensatz zu einem Solo-Instrument oder solistischen Ensemble.

Tyrolienne → Ländler

U

Überbindung → Notation

Überblasen → Blechblasinstrumente, → Ton

**`ūd** [al-`ūd = arab. das Holz] Arabische Kurzhalslaute (→ Laute). Der `ūd besitzt einen halbbirnenförmigen Korpus *(Muschel)*, an welchen ein breiter, unterseitig gerundeter Hals mit Griffbrett angesetzt ist. Das Griffbrett ist heute zumeist bundlos. Korpus und Hals sind aus Holz gefertigt. Die Decke ist flach oder leicht nach oben gewölbt und weist eine oder mehrere Schallrosetten auf. An den Hals ist, nahezu rechtwinklig nach hinten abgeknickt, ein häufig geschweift gestalteter Wirbelkasten mit seitenständigen Wirbeln angesetzt.

Bis ins 9. Jahrhundert war der `ūd viersaitig und mit Bünden versehen. Diese ältere Form wird heute zumeist als *`ūd-quadim* [= arab. alter `ūd] bezeichnet. Die vier Saiten waren in Quarten gestimmt und verkörperten nach arabischer Vorstellung die vier menschlichen Temperamente. Sie wurden entsprechend den vier Körpersäften der antiken Medizin als *zīr* (Galle), *maṯna* (Blut), *maṯlaṯ* (Phlegma) und *bam(m)* (schwarze Galle bzw. Melancholie) bezeichnet (zīr ist die höchste, bam die tiefste Saite). Im 9. Jahrhundert färbte Abū'l Ḥasan `Alī Ibn Nāfi' (genannt Ziryāb) die Saiten nach ihren symbolischen Bedeutungsgehalten gelb (zīr), rot (maṯna), weiß (maṯlaṯ) und schwarz (bam). Zudem fügte Ziryāb eine fünfte, ebenfalls rot gefärbte Saite hinzu und schuf damit den *`ūd-kamil* [= arab. vollständiger, vollkommener `ūd]. Die Erweiterung erfolgte dabei nicht, um den Tonumfang zu vergrößern, sondern weil Ziryāb die Meinung vertrat, daß die vier Temperamente für sich allein nicht lebensfähig seien und man bei der bisherigen Zusammenstellung das wichtige Element der *Seele* vergessen habe. Beide `ūd-Formen waren bis ins 15. Jahrhundert verbreitet; gelegentlich wurden die Saiten zu Doppelchören erweitert.

Der heutige `ūd ist in der Regel zehn- oder zwölfsaitig bespannt, wobei jeweils zwei Saiten einen gleich gestimmten Doppelchor bilden. Die höher gestimmten Saiten sind aus Darm oder Nylon, die tiefer gestimmten aus kupferumwickelter Seide gefertigt. Im *Mağrib*, der westarabischen Kultur Nordafrikas, bevorzugt man den zwölfsaitigen `ūd, der heute oft auf G, A, d, h, e, a oder in der Variante A, d, g, c, e, a gestimmt wird. Im *Mašriq* (ostarabische Kultur) ist dagegen der zehnsaitige `ūd in der Stimmung G, A, d, g, c' verbreiteter. In der türkischen Musik verwendet man zumeist einen zwölfsaitigen `ūd, der auf d, e, a, d', g', a oder g gestimmt ist.
Die Entstehungsgeschichte des `ūd ist ungeklärt, Eine Ableitung aus der viersaitigen, persischen Laute *barbat* gilt als wahrscheinlich (darauf deuten u. a. die persischen Saitennamen *bam* und *zīr* hin; *maṯna* bzw. *maṯlaṯ* sind dagegen arabische Bezeichnungen). Seit Ende des 6. Jahrhunderts ist der `ūd in der arabischen Musikkultur bekannt und wird dort als das bedeutendste Saiteninstrument angesehen (die Beherrschung des `ūd galt lange Zeit als Teil einer gehobenen Bildung). Er wurde in früheren Zeiten zudem nicht nur als Musikinstrument im eigentlichen Sinn verstanden, sondern diente (ähnlich wie das griechische → Monochord) auch als Hilfsmittel zur Berechnung von Tonstufen bzw. Intervallverhältnissen in der arabischen Musiktheorie.

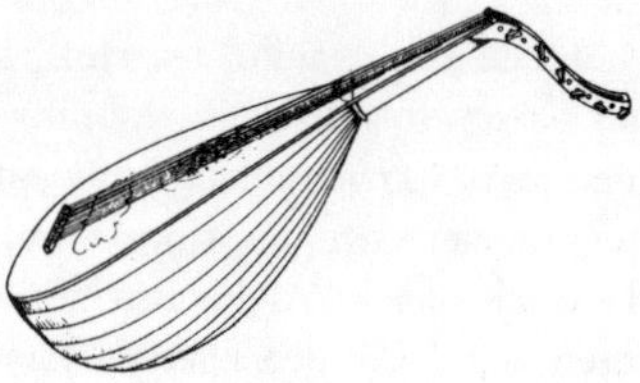

uillean/uilleann pipes → Dudelsack

Ukulele Viersaitige, auf a', d', fis', h' gestimmte hawaiische Kleingitarre. Als Ursprung gilt einerseits die spanische → Gitarre, insbesondere jedoch die portugiesische Kleingitarre *Machete (Cavaco)*, welche mit portugiesischen Seefahrern nach Hawaii kam.

Umkehrung → Akkord, → Imitation

Umsingen → Volkslied

unisono [= ital. Einklang; abgek. *unis.*] Parallele Führung von Stimmen auf gleicher Tonhöhe oder im Oktavabstand.

V

Valse → Walzer

vaṃśa Bezeichnung für indische Flöten, u. a. die indische Bambus-Querflöte, welche bereits im zwischen 200 v. Chr. und 100 n. Chr. entstandenen «nāṭyaśāstra» des Bharata als Melodieinstrument von Bühnenorchestern beschrieben wird und seit der klassischen indischen Epoche in Zusammenhang mit kṛṣṇa auch als *muralī (murlā, murlī)* bekannt ist. Nach der Legende soll die muralī von kṛṣṇa (Krishna) gespielt worden sein, um Hirtinnen *(gopī)* und besonders seine Favoritin rādhā zu umgarnen. (In bestimmten Gebieten Nordindiens, u. a. in Rajasthan und im Gujarat, versteht man unter einer muralī oder murlā jedoch keine Flöte, sondern ein Doppelrohrblattinstrument mit Windkapsel, → bīṇ.)
In der heutigen Musizierpraxis unterscheidet man die kurze, hauptsächlich in Südindien verbreitete Querflöte mit acht Grifflöchern als *pullāṅkuḻal* oder *veṇu* [= skt. Bambus] von der längeren *bāsrī* oder *bāsurī* mit sieben Grifflöchern. Die bāsrī/bāsurī wird vorwiegend in Nordindien gespielt und ist dort vor allem wegen ihres meditativen, transzendenten Klangpotentials beliebt. Sie wird heute gerne auch als Konzertflöte in → Indischer Musik eingesetzt.

Varianten Seit Hugo Riemann in der → Harmonik gebräuchliche Bezeichnung für verwandte → Dreiklänge, später auch für verwandte → Tonarten, welche bei gleichem Grundton unterschiedliches → Tongeschlecht aufweisen (vgl. C-Dur und c-Moll).

Variationsform [variatio = lat. Verschiedenheit] Reihung von Thema und dessen Variationen.

Vaudeville Theater → Blues

Venezianische Schule Bedeutendes musikalisches Zentrum der → Renaissance, dessen Kompositionsstil von Adrian Willaert (um 1480–1562), einem Enkelschüler von Josquin Desprez (→ Niederländische Vokalpolyphonie) begründet wurde. Willaert war seit 1527 als Kapellmeister von San Marco (Venedig) tätig und schrieb dort glanzvolle, festliche Kirchenwerke mit großer dynamischer Spannweite. Durch das Ausloten der Kontrastwirkungen zwischen unterschiedlich besetzten Vokalgruppen (→ antiphonischer Chorgesang) markiert er den Beginn des konzertanten Stils, der schließlich im → Barock zur bestimmenden Form werden sollte. Die Architektonik der Kirche von San Marco, welche als Besonderheit zwei einander gegenüberliegende Emporen (mit je einer Orgel) aufweist, kam Willaert bei dieser Kompositionspraxis nicht nur deutlich entgegen, sondern könnte ihm vermutlich sogar den entscheidenden Impuls zu ihrer Anwendung geliefert haben. (Allerdings war Willaert keinesfalls der Urheber dieser Technik, wie oft behauptet wird. Antiphonischer Wechselgesang war schon in frühchristlicher → Psalmodie und dann auch beim → Gregorianischen Choral bekannt und übliche Praxis.) Als Gattungen dienen hauptsächlich → Motette, → Madrigal und → Messe (insbesondere als *Parodiemesse*).

Willaerts Schüler Andrea Gabrieli (1510–1586) integriert Instrumente in die Chor- bzw. Doppelchorsätze, läßt u. a. die tiefen Singstimmen von tiefen Streichinstrumenten, die hohen Singstimmen von Blasinstrumenten (Zink, Trompete) mitspielen, den gesamten Vokalsatz noch zusätzlich von der Orgel stützen. Die vielleicht bedeutendste Neuerung vollzog A. Gabrieli jedoch im → Kanon (genauer im *Quintkanon*), in welchem er die *tonale Beantwortung* einführte (→ Imitation); dadurch zeichnete sich bereits eines der entscheidenden Gestaltungselemente der → Fuge ab.

Giovanni Gabrieli (Neffe und Schüler von Andrea Gabrieli) übernimmt diese instrumentale Begleittechnik, erweitert die Besetzung durch zusätzliche Streich- und Blasinstrumente und läßt diese nun auch als Oktavverdopplung mitspielen. Die Wort-Ton-Beziehungen sind in seinen Werken eng an die Tonmalerei des Madrigals angelehnt. Zur Darstellung der gewünschten Ausdrucksempfindungen *(Affekte)*, aber auch um die Stimmführungen eleganter zu gestalten, wird die reine → Diatonik häufig mit Halbtonschritten durchsetzt (→ Chromatik). → Dur und → Moll werden die bestimmenden Tonordnungen (vgl. Gioseffo Zarlino: «Istitutioni harmoniche», 1558). Andererseits löst G. Gabrieli die Instrumente zunehmend aus ihrer bislang üblichen Stützfunktion als Begleiter von Gesang und stärkt damit ihre Eigenständigkeit als unabhängige Klangkörper. Er überträgt schließlich die bisherigen Techniken der Vokalmusik konsequent auch auf reine Instrumentalensembles (→ Ricercar, als *instrumentale* Motette) und wird damit zu einem der entscheidenden Wegbereiter der verselbständigten Instrumentalmusik. Es entstehen die ersten

reinen Orchesterwerke (vgl. u. a. G. Gabrieli: «Sonata pian e forte», «Concerti ecclesiastici», 1586). Die vorerst wichtigsten Solo-Instrumente sind Orgel und Laute, bedeutende Gattung wird die → Toccata.
Die Venezianische Schule beeinflußte u. a. Jan Pieterszoon Sweelinck, Michael Praetorius, Heinrich Schütz, Hans Leo Hassler. Die späte Venezianische Schule vertritt Claudio Monteverdi.

Verismo [vero = ital. wahr] Ende des 19. Jahrhunderts als Gegenpol zur Romantischen → Oper und zum → Musikdrama Richard Wagners entstandener Opernstil, welcher sich um naturalistische Darstellung und Gestaltung der behandelten Stoffe bemüht. Als Themen dienen volksnahe, durchaus auch sozialkritische Milieuschilderungen, die allerdings gelegentlich ins rein Plakative abgleiten. Der musikalische Verismo entstand in enger Anlehnung an eine wesensgleiche Strömung des *Naturalismus* innerhalb der Literatur (Henrik Ibsen, Leo Tolstoi, Gerhart Hauptmann), die auch großen Einfluß auf den musikalischen → Expressionismus hatte.
Typische Beispiele für Verismo sind Ruggero Leoncavallo: «Der Bajazzo» (1892); Pietro Mascagni: «Cavalleria rusticana» (1896, Kurzoper); Giacomo Puccini: «Manon Lescaut» (1893), «La Bohème» (1896), «Tosca» (1900), «Madama Butterfly» (1904); Umberto Giordano: «André Chénier» (1896); Eugen d'Albert: «Tiefland» (1903); Ermanno Wolf-Ferrari: «Der Schmuck der Madonna» (1933). Als Vorform der Gattung gilt Georges Bizets «Carmen» (1875).

Versetzungszeichen → Alterierung

Verzierungen → Manieren

Vibraphon [vibrare = lat. schwingen] Zwischen 1907 und 1924 in Nordamerika (von Winterhoff) entwickeltes Stabspiel mit gestimmten Metallplatten (Umfang f-f'''), welche mit Schlägeln zum Klingen gebracht werden. Die Klangstäbe sind klaviaturartig angeordnet (→ Xylophon), das Instrument besitzt ein Dämpferpedal. Zur Klangverstärkung sind unter den Metallplatten Röhrenresonatoren angefügt, die mittels drehbarer, auf zwei Querachsen gelagerter Scheiben geschlossen oder geöffnet werden können. Die Drehbewegung der Scheiben läßt sich über einen Elektromotor in unterschied-

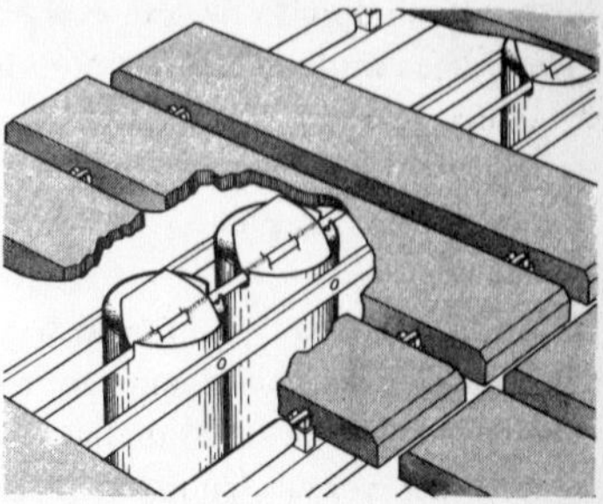

lichen Geschwindigkeiten ausführen. Das Öffnen und Schließen der Röhrenresonatoren bewirkt eine periodisch pulsierende Schwankung der jeweiligen Resonanztonhöhen und damit einen vibratoartigen Effekt (→ Vibrato).

Vibrato [vibrare = lat. schwingen; abgek. *vibr.*] Rasch pulsierende, leichte Tonhöhenschwankungen (→ Bebung).

Vierteltonklavier → Vierteltonmusik

Vierteltonmusik Musik, deren Materialleiter aus 24 gleichgroßen Tonschritten *(Vierteltonschritte)* innerhalb einer Oktave besteht.
In abendländischer Musik teilte bereits Aristoxenos von Tarent (um 350 v. Chr.) die None (→ Intervall) in 28 Vierteltöne. Aber erst gegen Ende des 19. Jahrhunderts begann man, Vierteltonschritte häufiger und gezielt auch in Kompositionen zu erproben. Als frühestes dieser Vierteltonwerke gilt ein Streichquartett (1898) von John Herbert Foulds. 1907 formuliert Ferruccio B. Busoni die Forderung nach neuen Skalen mit Mikro-Intervallen. 1923 wird in Leningrad auf Initiative von Georgij Rimskij-Korsakow die *Gesellschaft für Vierteltonmusik* gegründet. Ein erstes *Vierteltonklavier* wurde bereits 1864 in Moskau gebaut, 1917 entwickelte Willi von Moellendorf ein vierteltöniges → Harmonium. Zudem entstehen *Vierteltontrompeten* und *Vierteltonklarinetten* (vgl. Alois Hábas Oper «Die Mutter», 1929, für ein entsprechend besetztes Orchester).
Werke der Vierteltonmusik sind u. a. Pierre Boulez' «Le visage nuptial» für zwei Solostimmen, Frauenchor und Orchester (1958, mit Vierteltonschritten in Streicher- und Chorstimmen) sowie Luigi Nonos «Canti di vita e d'amore» (1962, Teil 1: ‹Sul ponte di Hiroshima› mit Vierteltonakkordik für Bläser und Streicher).

Vihuela → Viola da gamba, → Gitarre

vīṇā [vermutlich von veṇū = skt. Bambus] Seit etwa dem 6./7. Jahrhundert eine Bezeichnung für bestimmte südasiatische, vorwiegend indische Stock- und Röhrenzithern sowie Lauten.
Die in ikonographischer Verbindung mit śiva als *rudra vīṇā*, ansonsten als *mahatī vīṇā* [= skt. große vīṇā] oder *bīṇ* [=skt. Klang] bezeichnete Form geht vermutlich auf einsaitige Stockzithern der indischen Volksmusik zurück, welche bereits im 5. Jahrhundert eine Kalebasse als Resonator aufwiesen. Diese Bauart wurde während der mittleren hinduistischen Periode (bis etwa 1200 n. Chr.) als Begleitinstrument des *dhrupad*-Gesanges in die höfische Kunstmusik übernommen. Die heutige Form der bīṇ ist seit Ende des 15. Jahr-

hunderts an islamischen Fürstenhöfen nachweisbar. Ein etwa 122 cm langer Hals aus Bambusrohr trägt unterhalb seiner beiden Enden jeweils eine getrocknete Kalebasse als Resonanzkörper (einzelne Kalebassen nur am unteren Ende sind recht selten). Durch seinen Hohlraum wirkt der Hals als zusätzlicher Resonanzkörper, weshalb die bīṇ instrumentenkundlich zu den *Röhrenzithern* zählt. Am Hals sind 22 bis 24 verschiebbare Bünde angebracht. Sie können für unterschiedliche Skalen jeweils neu mit Wachs auf dem Hals positioniert werden. Üblicherweise vier Melodiesaiten und drei Bordunsaiten (aus Kupfer und Stahl) führen über zwei Stege zu seitenständigen Wirbeln am oberen Ende des Halses. Die Melodiesaiten werden seit dem frühen 19. Jahrhundert auf Grundton und Quinte der unteren Oktave sowie Grundton und Quarte der mittleren Oktave eingestimmt und mit Fingern oder einem Metallplättchen gezupft. Der kleine Finger der Zupfhand spielt gleichzeitig die in Oktaven gestimmten Bordunsaiten. Der Tonumfang beträgt etwa dreieinhalb Oktaven. Beim Musizieren wird die bīṇ schräg vor der Brust gehalten, so daß eine der Kalebassen auf der Schulter, die andere auf einem Knie zu liegen kommt (üblicherweise werden die Melodiesaiten mit der linken Hand gegriffen und mit der rechten Hand gezupft).

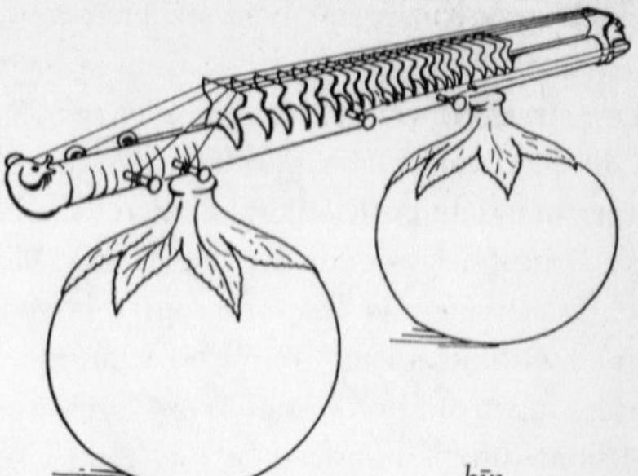

bīṇ

Die *sarasvatī vīṇā* ist entwicklungsgeschichtlich jünger als die bīṇ einzuordnen. Der Göttin *sarasvatī* (Musik und Weisheit) geweiht, gilt sie in der südindischen (karnatischen) Musik als edelstes der Saiteninstrumente und durfte daher bis ins 9. Jahrhundert ausschließlich von männlichen Musikern, zumeist von Brahmanen, gespielt werden. Ihr Hals und ihr bauchiger Korpus sind zumeist in einem Stück aus Jackholz gearbeitet und typisieren die sarasvatī vīṇā als *Langhalslaute*. Am oberen Ende des sehr breiten Halses befindet sich

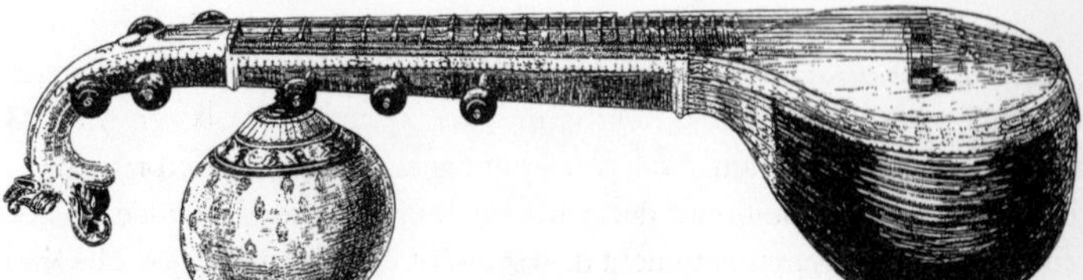

sarasvatī vīṇā

eine kleinere Kalebasse als zusätzlicher Resonator. Der Hals ist in aller Regel innen ausgehöhlt, weshalb die sarasvatī vīṇā gleichzeitig auch als Röhrenzither eingeordnet werden muß. Die 24 geraden Messingbünde sind (wie bei der bīṇ) verschiebbar und können mittels einer Paste aus Wachs und Ruß unterschiedlich positioniert werden. Die sarasvatī vīṇā verfügt über vier Melodiesaiten (zwei aus Stahl, zwei aus Messing) und drei seitlich am Hals entlang verlaufende Bordunsaiten (ebenfalls aus Stahl und Messing). Die Melodiesaiten sind auf Grundton, Unterquarte, Unteroktave und Oktave der Unterquarte, die Bordunsaiten auf Grundton, Unterquinte und Unteroktave gestimmt. Der Tonumfang beträgt etwa zwei Oktaven. Saiten, Stege, Spieltechnik (in der Regel wird das Instrument diagonal vor der Brust gehalten), Bünde und Kalebassenresonator sind von der nordindischen bīṇ abgeleitet. Die seitenständigen Wirbel älterer Instrumente sind bei heutigen Modellen zumeist durch einen Wirbelkasten ersetzt, der mit einem Drachenkopf verziert sein kann. Man unterscheidet heute einen *Tanjore-Typ* von einem *Mysore-Typ*.

Die *vicitrā vīṇā* [bicitrā vīṇā; vicitrā = skt. farbenreich] ist eine seit dem 19. Jahrhundert bekannte, bundlose Laute aus Nordindien, welche querliegend gespielt wird. Bautechnisch handelt es sich um eine Hybridform aus bīṇ und → sitār. Die vicitrā vīṇā weist einen breiten Hals mit einem Holzkorpus auf. Zwei Kalebassen dienen als zusätzliche Resonatoren. Die Saiten werden mit zwei Drahtplektren *(mizrāb)* angezupft, die im allgemeinen auf Zeige- und Mittelfinger der rechten Hand aufgesetzt sind. Gleichzeitig wird mit der anderen Hand ein Glas- oder Steinei *(baṭṭā)* auf den Saiten verschoben, um die Tonhöhe zu verändern. Es entsteht ein charakteristischer → Glissando-Effekt (→ bottleneck-Technik, → Scheitholtz, → Hawaiigitarre).

Hauptsächlich in Südindien verbreitet ist die bundlose Laute *goṭṭuvādyam* (koṭṭuvāttiyam, mahānāṭaka vīṇā), welche einen nur angedeuteten Korpus aufweist und als Ausgleich zwei große Kalebassen als Resonanzkörper nutzt. Das Instrument besitzt etwa 21 Saiten, wovon 7 bis 13 als Resonanzsaiten dienen. Die goṭṭuvādyam wird (ähnlich wie die vicitrā vīṇā) querliegend gespielt, allerdings wird zur Tonerzeugung ein hölzerner Zylinder auf den Saiten bewegt. Alle vīṇā-Instrumente sind in der → Indischen Musik hoch angesehen und werden bis heute ausschließlich solistisch verwendet. Eine Sonderstellung nimmt dabei die → sitār ein.

Viola d'amore Vermutlich um 1650 in England entstandenes → Streichinstrument mit Melodie- und Resonanzsaiten.

Der Ursprung des Attributs *d'amore* ist nicht geklärt, wird sich jedoch wohl auf das silbrig flimmernde (und gerne als lieblich oder zärtlich beschriebene) Klangbild des Instruments beziehen, das durch den Nachhall der Resonanzsaiten entsteht.

Der Korpusumriß einer Viola d'amore kann auf vielfältigste Weise phantasievoll geschwungen, gelegentlich aber auch deutlich an die Formgebung einer → Viola da gamba oder einer → Violine angelehnt sein. Der Boden ist stets flach (hauptsächlich dieser Bodenform verdankt das Instrument seinen typisch *weichen* Klang) und besitzt im Bereich des Oberbügels eine gambenartige Abdachung (*Bruch*; → Viola da gamba). Die Decke ist in der Regel gewölbt und trägt C- oder F-förmige, schlangen- oder flammenzungenförmige Schallöcher und eine häufig reich ausgezierte Schallrosette. Ein umlaufender Zargenkranz schließt mit Decke und Boden bündig. Der flache, verhältnismäßig breite Hals trägt ein bundloses Griffbrett. An seinem oberen Ende ist ein Wirbelkasten mit seitenständigen Wirbeln angesetzt, welcher in einem geschnitzten Wirbelkopf (oft mit Menschenkopf-Darstellung) endet. Vier bis sieben Melodiesaiten aus Darm (die tieferen Saiten zumeist umsponnen) werden über einen flach gerundeten Steg geführt. Zusätzlich weist die Viola d'amore bis zu 14 metallene Resonanzsaiten (*Aliquotsaiten*) auf, welche gelegentlich zu Doppelchören zusammengefaßt sind (eine derartige Variante wird auch als *Englisches Violett* bezeichnet). Die Aliquotsaiten verlaufen parallel zu den Melodiesaiten in einer unterhalb des Griffbrettes ausgehöhlten Halsrinne.

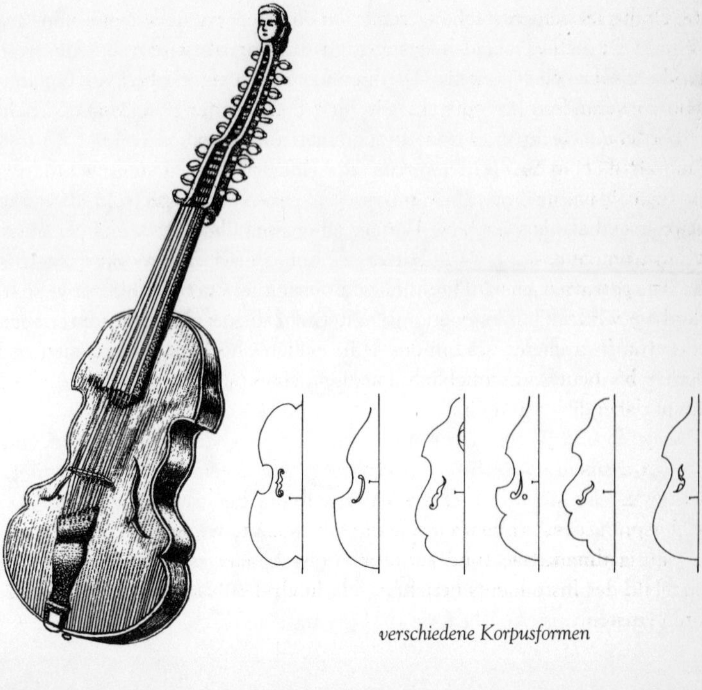

verschiedene Korpusformen

Sie besitzen eigene Wirbel im rückwärtigen Wirbelkastenteil, zu welchem sie über einen Elfenbeinsattel umgelenkt werden. Im Steg sind für ihren Durchlaß gesonderte Löcher gebohrt.
Die Bespannung kennt recht unterschiedliche Stimmungen (u. a. 1870 bei Kràl: A, d, a, d', fis', a', d"; das sechssaitige Instrument um 1800 auch auf d, fis, a, d', a', d"). Bei den meisten Verfahren haben Melodie- und Resonanzsaiten gleiche Tonlagen. Heute ist eine Stimmung mit d, fis, a, d', fis', a', d" üblich. Der Umfang beträgt d bis etwa a'". Die Notation erfolgt nicht-transponierend in Alt- oder Violinschlüssel. Die übliche Abkürzung in Partituren ist *Vla d'am*.
Die Viola d'amore wird gewöhnlich in Armhaltung, seltener in Kniehaltung gespielt. Die Spielanweisungen entsprechen in etwa denen der Violine, dabei jedoch immer unter besonderer Beachtung der Nachklangwirkung der mitschwingenden Resonanzsaiten. Der Viola-d'amore-Bogen ist konvex gebogen und weist eine schwache Bezugspannung auf.
Die Viola d'amore war im 17. und 18. Jahrhundert vorwiegend in Süddeutschland und Österreich sehr beliebt. Als Virtuose auf diesem Instrument galt u. a. Carl Stamitz (→ Mannheimer Schule). In den Orchestern des 18. und 19. Jahrhunderts wurde die Viola d'amore gern für solistische Aufgaben eingesetzt (vgl. J. S. Bach: «Kantaten», BWV 36c, BWV 152, BWV 205, «Johannes-Passion»; Giacomo Meyerbeer: «Les Huguenots», 1836: Doux comme Hermine). Heute werden solche Stimmen in einem Orchesterpart meistens von einer → Viola da braccio ausgeführt. In der Kammermusik wird die Viola d'amore gelegentlich auch im Duo mit anderen Violen gespielt (vgl. Ermanno Wolf-Ferrari: «Duo für Viola d'amore und Basso d'amore» op. 33). Konzerte und Sololiteratur für Viola d'amore schrieben u. a. Antonio Vivaldi, Christoph Graupner, Georg Philipp Telemann, Carl Stamitz, Paul Hindemith («Sonate für Viola d'amore» op. 25,2, «Kammermusik Nr. 6» op. 46,1), Bohuslav Martinů («Sonata da chiesa für Viola d'amore und Orgel»).
Eine größer dimensionierte und tiefer gestimmte Variante der Viola d'amore ist der *Basso di viola d'amore* (abgek. *Basso d'amore*), welcher fälschlicherweise oft mit der → Viola di bordone gleichgesetzt wird. Der entscheidende Unterschied liegt im Gebrauch der Aliquotsaiten, die bei einer Viola di bordone angezupft werden können, bei einem Basso d'amore nicht.

Viola da braccio [braccio = ital. Arm] Seit der ersten Hälfte des 16. Jahrhunderts bekanntes → Streichinstrument, das als einer der entwicklungsgeschichtlichen Ursprünge der → Violine gilt und heute als Altinstrument der Violinfamilie eingeordnet wird. Im Mittelalter war *Viola* zunächst eine verbreitete Sammelbezeichnung für allerlei gestrichene Saiteninstrumente. Seit dem 18. Jahrhundert ist für die Viola da braccio im deutschen Sprachgebiet auch die germanisierte Kurzform *Bratsche* verbreitet.

Ihre Bauteile (Boden, Decke, Zargenkranz, Hals, Griffbrett, Wirbelkasten, Schnecke usw.) entsprechen in Formgebung und Material im wesentlichen einer → Violine, die meisten Teile sind jedoch aufgrund der tieferen Stimmlage etwas größer bemessen (Korpuslänge etwa 39–42 cm, Zargenhöhe: 3,2–4,2 cm). Die Bespannung besteht (spätestens seit 1535) aus vier auf c, g, d', a' gestimmten Darmsaiten, von denen die beiden tieferen zumeist silberumsponnen sind. Der Tonumfang deckt (ohne Flageolettöne) c bis etwa c''' (in seltenen Fällen auch bis a''') ab. Die Viola da braccio wird nicht-transponierend für höhere Lagen im Violinschlüssel, für tiefere Lagen im Altschlüssel (sog. *Bratschenschlüssel*) notiert. Die üblichen Abkürzungen in Partituren sind *Va.*, *Vla.*, *Br.*
Spieltechniken (Armhaltung) und Spielanweisungen entsprechen weitgehend denen der Violine (allerdings ist → scordatura im Unterschied zur Violinspieltechnik bei der Viola da braccio nicht üblich; das Spiel mit → Sordine ist jedoch verbreitet).
Bedeutende Werke für Viola da braccio stammen von W. A. Mozart, L. v. Beethoven und Paul Hindemith, welche selbst Bratschisten waren (vgl. W. A. Mozart: «Sinfonia concertante für Violine, Bratsche und Orchester», KV 364; P. Hindemith: «Sonate» op. 11,5; «Sonate» op. 25,1; «Der Schwanendreher» als Konzertstück mit Orchesterbegleitung). Weitere Konzerte für Viola da braccio stammen von Georg Philipp Telemann, Carl Stamitz, Michael Haydn, Ignaz Holzbauer, Carl Ditters von Dittersdorf, Johann Christian Bach, Ignaz Pleyel, Darius Milhaud, Zoltán Kodály, Bohuslav Martinů und Boris Blacher. Auch J. S. Bach beherrschte das Instrument; er leitete die Hofkapelle des Fürsten Leopold in Köthen häufig von der Viola da braccio aus. Wegen ihrer im Vergleich zur Violine dunkleren Klangfärbung wird die Viola da braccio in Sinfonischen Dichtungen, Opern und Programmusik gerne zur tonsymbolischen Darstellung von wehmütigem, melancholischem Träumen (vgl. Carl Maria von Weber: «Der Freischütz»: Begleitung der Ännchen-Arie ‹Einst träumte›) und von romantischer Schwärmerei verwendet (vgl. Hector Berlioz: «Harold en Italie»; Richard Wagner: «Tannhäuser», 2. Akt: Wolfram von Eschenbachs Lob der Frauen; Richard Strauss: «Don Quixote»).

Viola da gamba [gamba = ital. Bein; im deutschen Sprachgebiet auch in der germanisierten Kurzbezeichnung *Gambe* verbreitet] → Streichinstrument mit schlankem, birnenförmigem Resonanzkorpus und sieben Bünden. Die (im Unterschied zu Violininstrumenten, → Violine) charakteristisch abfallenden Schultern ergeben sich durch eine Verjüngung des Oberbügels in Richtung Hals. Der Unterbügel ist dagegen eher bauchig ausladend gestaltet. Decke und Boden schließen bündig auf einen hohen Zargenkranz, welcher innenseitig durch Stäbe versteift ist. Seitliche, flach geschwungene Einbuchtungen erleichtern die Bogenführung. Die Decke ist gewöhnlich schwach nach außen gewölbt und trägt zwei C-förmige, gelegentlich auch schlangen-, flammen- oder sichelartig geschnittene Schallöcher, mitunter auch eine Schallrosette. C-Schallöcher gelten als älter, da sie der Form der seitlichen Korpus-Einbuchtungen auf natürliche Weise folgen. Der meist flache Boden weist im Bereich des Oberbügels eine charakteristische Abschrägung *(Bruch)* auf (beim späteren → Kontrabaß gilt diese Abdachung als typisches Merkmal für dessen Abstammung von der Gambenfamilie). Der unterseitig leicht gerundete Hals trägt ein breites Griffbrett mit Bünden, welche traditionell aus quer um den Hals gebundenen Darmschnüren bestehen (→ Laute). Am oberen Halsende ist, leicht rückwärts geneigt, ein Wirbelkasten mit seitenständigen Wirbeln angesetzt, der typischerweise einen geschnitzten Wirbelkopf (Tier- oder Menschenkopf) als Abschluß trägt.

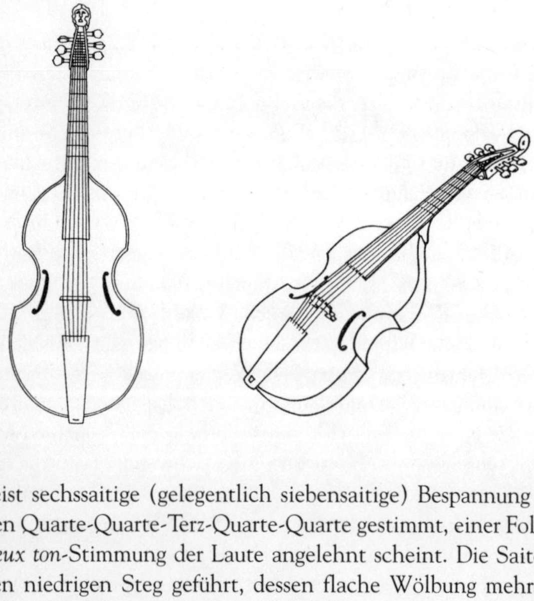

Die zumeist sechssaitige (gelegentlich siebensaitige) Bespannung ist in den Intervallen Quarte-Quarte-Terz-Quarte-Quarte gestimmt, einer Folge, welche an die *vieux ton*-Stimmung der Laute angelehnt scheint. Die Saiten werden über einen niedrigen Steg geführt, dessen flache Wölbung mehrstimmiges, akkordisches Spiel begünstigt. Die üblicherweise geringe Saitenspannung und die Verwendung von Darmsaiten ermöglichen ein obertonreiches Klangspektrum und eine gute Tonansprache.
Erste Gamben entstehen Ende des 15. Jahrhunderts in Spanien, wobei umstritten ist, in welchem Ausmaß → Fidel bzw. → Rubebe (Rebec) als direkte Vorbilder gedient haben (seinerzeit wurde die Fidel in Spanien auch als *Vihuela da arco* bezeichnet; → Gitarre). Bereits früh (vermutlich schon seit dem 16. Jahr-

hundert, mindestens jedoch seit 1630 belegbar) wird das Instrument in mehreren Registern und entsprechenden Größen als *Gambenconsort* gebaut. Als Stamminstrument (und vermutlich auch ursprünglichste Baugröße) gilt die Viola da gamba in Tenorlage, welche jedoch in der Gambenfamilie zunächst das tiefe Register vertrat und daher bis etwa 1600 entsprechend auch als *Baßgambe (Violone)* bezeichnet wurde. Mit einer Korpuslänge von etwa 74–75 cm und auf D, G, c, e, a, c' oder d' gestimmt, blieb diese Ausführung bis Mitte des 18. Jahrhunderts bestimmendes, meist mit solistischen Aufgaben betrautes Tenorinstrument in Streicherbesetzungen, wurde dann jedoch zunehmend vom → Violoncello abgelöst. Das hohe Register der Gambenfamilie deckt die *Diskantgambe (Violetto, dessus)* ab, welche auf d, g, c', e', a', d" gestimmt ist. Als Sopraninstrument wurde sie allerdings bereits ab Anfang des 17. Jahrhunderts in vielen Ensembles durch die → Violine ersetzt. Die mittlere Lage im Gambenconsort vertritt die *Alt-Tenorgambe (taille)*. Deren Stimmung wird bis heute sehr uneinheitlich gehandhabt, am verbreitetsten sind G, c, f, a, d', g' bzw. A, d, g, h, e', a'.

Seit etwa 1550 wird der Tonumfang in die tiefere Lage ausgeweitet, und es entstehen in der Folgezeit die auf G_1, C, F oder G, A, d, g gestimmte *Kleinbaßgambe* (welche als sog. *Kleinbaß* auch nur dreisaitig sein konnte), die bis 200 cm lange, auf D_1, G_1, C, E, A, d oder auf E_1, A_1, D, G, c, f gestimmte *Großbaßgambe* und die fünfsaitige, über 200 cm lange *Subbaßgambe* mit der Stimmung C_1 oder D_1, F_1 oder E_1, A_1, D, G. Durch die Ausweitung der Gambenfamilie in den Baßbereich werden auch die Tonregister der bisherigen Gambeninstrumente neu geordnet: Die Diskantgambe wird nun als *Kleindiskantgambe*, die Alt-Tenorgambe als *Altgambe*, die bisherige Baßgambe als *Tenorgambe* aufgefaßt und bezeichnet. Die Benennung *Baßgambe* geht dagegen an die neu entstandenen Varianten Kleinbaß-, Großbaß- und Subbaßgambe über. Aus diesen tiefen Gambeninstrumenten hat sich später der → Kontrabaß entwickelt. Die Notation der unterschiedlichen Gambenarten erfolgt je nach Register in bis zu sieben verschiedenen Notenschlüsseln.

Die Viola da gamba wird sitzend und in Beinhaltung gespielt (vgl. Benennung), das Instrument hierzu am Unterbügel mit den Knien gefaßt. Der Gambenbogen wird traditionell im Untergriff geführt. Sein Haarbezug ist nur leicht gespannt. Die Haarspannung kann während des Spielens durch Druck des Mittelfingers variiert werden.

Die Blütezeit des Gambenspiels lag im 17. und 18. Jahrhundert. Die Viola da gamba wurde sowohl solistisch (vgl. Thomas Morley, Jan Pieterszoon Sweelinck, Michael Praetorius, Dietrich Buxtehude, Adam Krieger, Giuseppe Tartini, Georg Phil. Telemann, Carl Friedr. Abel, Georg Friedr. Händel, Carl Phil. Emanuel Bach, J. S. Bach) als auch in der → Generalbaßpraxis eingesetzt (vgl. J. S. Bach: «Kantaten», BWV 76, BWV 106, BWV 198, BWV 205, «Matthäus-

Passion», «Johannes-Passion»). Bis ins 17. Jahrhundert waren zudem reine Gambenquartette sehr beliebt. Bereits im 16. Jahrhundert in die Orchesterbesetzung aufgenommen, konnte sich das Instrument auch dort zunächst durchaus behaupten, wurde allerdings durch die Instrumente der Violinfamilie zunehmend und schließlich ab etwa 1780 vollständig verdrängt. Seit etwa 1920 ist eine starke Wiederbelebung des Gambenspiels (vgl. u. a. Christian Döbereiner, Arnold Dolmetsch) zu beobachten. Zahlreiche Re- und Neukonstruktionen sind derzeit in Gebrauch. Die Tenorgambe wird dabei in Anlehnung an die ältere Bezeichnung heute oft wieder als Baßgambe bezeichnet.

Viola di bordone (frz. *baryton*, *basse-taille*) Vermutlich um 1660 entstandenes Saiteninstrument mit Melodie- und Resonanzsaiten (*Aliquotsaiten*). Die Melodiesaiten werden traditionell mit einem Bogen gestrichen. Die Aliquotsaiten werden durch Resonanz zum Mitklingen angeregt, so daß ein akkordisch wirkender Nachhall entsteht. Gleichzeitig können die Aliquotseiten bei einer Viola di bordone (anders als bei einer ansonsten ähnlich gebauten → Viola d'amore) mit dem Daumen der Greifhand auch direkt angezupft werden, was einen harfenartigen Zusatzklang ergibt. Hierzu ist der allgemein sehr breit gehaltene Hals des Instrumentes an seiner Rückseite ausgehöhlt. Die entsprechende Spieltechnik ist äußerst komplex: Während mit dem Daumen die Aliquotsaiten gezupft werden, greifen die anderen Finger auf dem Griffbrett die Tonhöhen der Melodiesaiten ab. Die Hand muß daher ganz ohne stützende Auflagen geführt werden und gleichzeitig zwei sehr unterschiedliche Bewegungen ausführen. Wegen der Möglichkeit, zwei verschiedene Tonerzeugungsweisen simultan zu verwirklichen, gilt die Viola di bordone als Hybridinstrument und muß (für eine instrumentenkundliche Systematik nicht unproblematisch) sowohl als → Streichinstrument wie auch als → Zupfinstrument eingeordnet werden.

Der Daumen der linken Hand zupft die Aliquotsaiten im rückwärtig offenen Hals des Instruments.

Der Korpus einer Viola di bordone kann sehr frei gestaltet sein, gelegentlich jedoch auch typische Gambenform (→ Viola da gamba) aufweisen. In die Decke sind beidseitig vom Griffbrett flammenartige Schallöcher geschnitten, zusätzlich ist in der Mitte häufig eine Schallrosette vorhanden. Das Griffbrett hat Bünde (kann allerdings gelegentlich auch bundlos sein). Ein langer, offener oder geschlossener

Wirbelkasten trägt seitenständige Holzwirbel (für die Aliquotsaiten sind teilweise auch gesonderte Metallstifte eingelassen) und ist mit Schnecke oder Wirbelkopf verziert. Sechs oder sieben Melodiesaiten aus Darm sowie 9 bis 44 metallene Resonanzsaiten bilden die Bespannung, welche über einen unsymmetrisch gewölbten Steg geführt wird. Die Stimmung kann sehr unterschiedlich sein, stimmt allerdings bei manchen Instrumenten mit der einer Viola da gamba überein. Die Melodiesaiten werden im Violinschlüssel, die Resonanzsaiten im Baßschlüssel notiert.

Die Viola di bordone wird traditionell in Knie- bzw. Beinhaltung gespielt. Sie galt bis etwa 1800 als beliebtes Modeinstrument. Berühmte Viola-di-bordone-Spieler waren u. a. der pfälzische Kurfürst Carl Theodor, der preußische König Friedrich Wilhelm II. sowie der Mäzen von Joseph Haydn, Fürst Nikolaus I. von Esterházy, für den Haydn eigens etwa 175 Werke mit Viola-di-bordone-Besetzung komponierte. In der Folgezeit geriet das Instrument dann jedoch weitgehend in Vergessenheit. Erst in neuerer Zeit ist eine Wiederbelebung der Viola di bordone, insbesondere durch die Initiativen des *Münchener Baryton-Trios*, des *Salzburger Baryton-Trios* und des Ensembles *Musica Amorbacensis* (Düsseldorf), zu beobachten.

Violetto → Viola da gamba

Violine [ital. Verkleinerung von *Viola*] In der ersten Hälfte des 16. Jahrhunderts aus der → Viola da braccio entstandenes Streichinstrument, das innerhalb der Violinfamilie die Sopranlage einnimmt.

Der Violinkorpus ist seitlich eingebuchtet *(Ausschweifung, Bug)* und, abgesehen von den beiden F-Schallöchern, vollständig geschlossen. (Die seitlichen Einbuchtungen erleichtern zwar die Bogenführung, sind jedoch mit großer Sicherheit nicht Ursache dieser Bauweise.) Der gewölbte, aus zwei Teilen längs der Mittelfuge zusammengesetzte *Resonanzboden* (Ahorn in möglichst ansprechend geflammter Quermaserung, bei einfacheren Violinen auch aus Pappel oder Weide) ist über einen umlaufenden Ring von Seitenwänden *(Zargenkranz)* mit der ebenfalls gewölbten und zweiteiligen Decke (Fichte mit stets längsgerichteter Maserung) verbunden. Der etwa 3 cm hohe Zargenkranz (Ahorn) ist innenseitig durch sechs *Klötze* (*Stöcke*, aus Fichte, Linde oder Pappel) versteift und vom Boden- bzw. Deckenrand etwas eingerückt angesetzt. Dieser *Randüberstand* ist für alle Instrumente der Violinfamilie typisch. Sog. *Reifchen* an den Innenkanten der Zargen stabilisieren zusätzlich, sind jedoch hauptsächlich zur Vergrößerung der Aufleimfläche gedacht. Die Wölbungen von Decke und Boden entstehen durch Aushöhlungen, wobei Wölbungsschablonen (aus Pappe) als Arbeitsvorlagen dienen. An den Deckenrändern sind Einlagen eingearbeitet, welche einerseits Zierrat sind, andererseits aber auch dazu dienen, größere Risse in der Decke zu vermeiden. Boden und Decke werden nach ihren Schwingungsintervallen aufeinander abgestimmt. Zur gleichmäßigen Verteilung der Schwingungen über die Deckenfläche und insbesondere um den Druck von g- und d'-Saite aufzunehmen, ist an die Deckeninnenseite eine Holzrippe (*Baßbalken*) angeleimt. Eine ähnliche Funktion (allerdings zwischen Boden und Decke) hat der *Stimmstock*, ein Rundholzstab (Fichte) von etwa 5,5–6 mm Durchmesser, welcher im Korpusinneren aufrecht und unverleimt zwischen Decke und Boden eingefügt ist. Beide

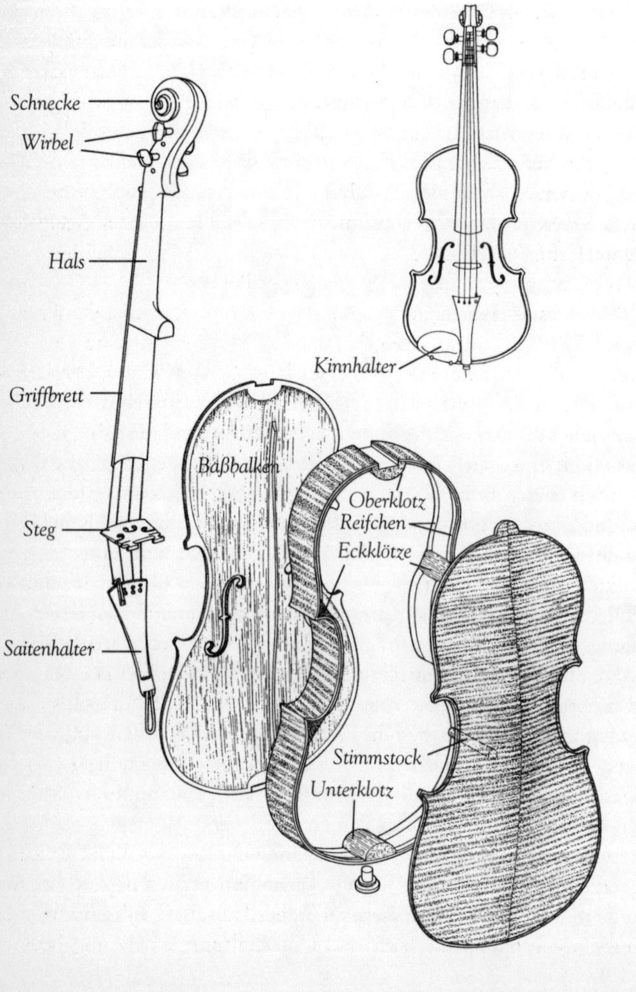

Bauteile gelten als entscheidende Quellen zur Klanggestaltung eines Violinkorpus, deren vorteilhafte Gestaltung und Einpassung als höchste Geigenbaukunst. Bezeichnenderweise wird der Stimmstock gerne auch *Seele* (frz. *âme*, ital. *anima*) genannt. Der leicht geneigte, halbrunde Hals der Violine trägt ein bundloses Griffbrett (aus Ebenholz) sowie am oberen Ende den Wirbelkasten, welcher in einer charakteristischen *Schnecke* als Abschluß ausläuft. Seit dem frühen 17. Jahrhundert gilt eine Korpuslänge von 35,5 cm als übliches Orientierungsmaß, für jüngere Spieler wurden zudem an die Körpergröße angepaßte sog. $\frac{3}{4}$-, $\frac{1}{2}$-, $\frac{1}{4}$-, $\frac{1}{8}$- und $\frac{1}{16}$-Violinen entwickelt.

Die Außenteile einer Violine sind stets lackiert (der Korpus ist innenseitig nur grundiert bzw. imprägniert, früher u. a. mit Kasein, einem Abfallprodukt der Milch- und Käsewirtschaft). Die Lackierung (mit Spiritus- oder Öllack, heute häufig auch mit Kunstharz- oder Nitrozelluloselacken) dient als Schutz vor Verschmutzung und das Eindringen von Luftfeuchtigkeit in die Holzstruktur. Der weitverbreiteten Meinung, man könne den Klang einer Violine durch eine entsprechende Lackierung verbessern, muß allerdings nachdrücklich widersprochen werden. Jeder Lack behindert eine Violine in ihrer eigentlichen Schwingungsfähigkeit. Durch eine Lackbehandlung verliert das Instrument immer an Obertonspektrum und klanglicher Brillanz.

Bis zur Mitte des 16. Jahrhunderts waren Violinen dreisaitig und auf g, d', a' gestimmt. 1556 verwendete Philibert Jambe de Fer erstmals eine viersaitige, auf g, d', a', e'' gestimmte Bespannung, welche sich in der Folgezeit als Standard durchsetzen sollte. Die Stimmung der drei unteren Violinsaiten entspricht jener der drei oberen Viola-da-braccio-Saiten (g, d', a'), die Violine erweist sich als eine nach oben erweiterte Viola da braccio (vgl. die sprachliche Verkleinerungsform *Violine* als *kleine* Viola). Die Saiten (aus Silber, Aluminium, Darm, vergoldetem oder verzinntem Stahl, Kupfer, Nylon, Perlon oder Seide) führen von seitenständigen, konischen Wirbeln über *Sattel* (am oberen Ende des Griffbretts, als Griffbrettabschluß) und *Steg* zum unteren Saitenhalter. Die Saitenschwingungen werden über den Steg auf den Korpus übertragen, der Druck des Stegs auf den Korpus beträgt bei heutigen Violinen etwa 20 kp. Der Tonumfang einer Violine beträgt (je nach Fertigkeit des Spielers) etwa g bis a'''', einschließlich der → Flageolettöne bis d'''''. Das Instrument wird heute nicht-transponierend im Violinschlüssel notiert. Die üblichen Abkürzungen in Partituren sind *V.* bzw. *Vl.* Ein- oder mehrstimmiges (bis dreistimmiges) Spiel ist möglich, die erforderlichen Mehrfachgriffe sind seit 1628 bekannt.

Die Violine verfügt über eine reiche Orchester- und Sololiteratur. Sie ist bereits seit dem 17. Jahrhundert in französischen Opernorchestern vertreten und wurde in der Folgezeit in nahezu allen musikalischen Stilrichtungen und Besetzungsformen bis hin zu Tanz- und Unterhaltungs-, Pop- und Jazzmusik aufgenommen. In sinfonischen Orchestern wird die Violine üblicherweise mehrfach *(chorisch)* besetzt und in zwei Gruppen (Violinen 1 bzw. 2) geteilt. Besondere Bedeutung hat die Violine im klassischen Streichquartett (zwei Violinen, Viola, Violoncello). Als erste Unterrichtsliteratur für die Violine gilt Francesco Geminianis «The Art of Playing on the Violin» (London 1731). Bedeutende spieltechnische Weiterentwicklungen verdankt das Instrument u. a. Arcangelo Corelli, Antonio Vivaldi, J. S. Bach, Giuseppe Torelli, Giuseppe Tartini (z. B. «Teufelstriller-Sonate») und Nicolò Paganini (z. B. «24 Capricci per violino solo» op. 1).

Beim Solovortrag wird die Violine zumeist stehend, im Ensemblespiel gewöhnlich sitzend gespielt. In beiden Fällen ist Armhaltung üblich. Das Instrument wird hierzu etwa waagerecht gehalten und mit dem unteren Teil des Korpus zwischen Hals und Schulter geklemmt. Zur Erleichterung der Fixierung entwickelte Louis Spohr 1820 einen sog. *Kinnhalter* (Ebenholz, Buchsbaum), häufig wird heute zusätzlich noch eine am Boden befestigte *Schulterstütze* verwendet.

Das Klangideal einer Violine des 17./18. Jahrhunderts war hell-schlank, die Tonfülle spielte zunächst keine so entscheidende Rolle (große Konzertsäle gab es noch nicht, zudem wurde oft in Kirchen gespielt, deren großer Raumhall sich auch auf die klangschwächeren älteren Violinen günstig auswirkte). Seit dem 19. Jahrhundert bevorzugt man einen eher rund-weichen und großen, tragfähigen Ton. Diese Wandlung der ästhetischen Vorstellung löste wesentliche bauliche Änderungen aus. Die gewünschte höhere Saitenspannung erforderte u. a. eine Verlängerung des Halses und eine Vergrößerung sowie Verstärkung des Stegs. Der Hals wurde schräg gestellt, die Decke verstärkt und mittels längeren und dickeren Baßbalkens bzw. Stimmstockes stabilisiert. Das Spiel in höheren Lagen erforderte zudem eine Verlängerung des Griffbretts. Durch diese Maßnahmen wurden die Instrumente deutlich schwerer. Ältere Violinen wurden entsprechend umgebaut. Man unterscheidet seither Violinen mit alter von solchen mit moderner Mensur.

Die ältesten noch erhaltenen Violinen werden Gasparo da Salò (1542–1609) sowie Caspar Tiefenbrucker (1514–1571) zugeschrieben, wobei bei manchen Instrumenten allerdings umstritten ist, ob es sich nicht um jüngere Nachbauten handelt.

Als einer der genialsten Geigenbauer gilt zweifellos Antonio Stradivari (latinisiert Antonius Stradivarius, 1644/49–1736/37, Cremona). Er soll außerordentlich produktiv gewesen sein und nahezu jede Woche ein Instrument gefertigt haben. Von ehemals etwa 2000 bis 3000 Stradivari-Instrumenten gelten heute jedoch nur noch etwa 400 bis 600 erhaltene Instrumente als echt. Stradivari ist unumstritten der meistgefälschte Geigenbauer. Anfänglich experimentierte er mit dem Klangbild der Bauvorlagen seines Lehrers Nicola

Amati und versuchte dabei, den Instrumenten (u. a. durch Abflachung der Deckenwölbung) einen besonders tragfähigen Ton zu verleihen. Stradivari strebte eine Reduktion von Material zugunsten einer allgemein besseren Schwingungsfähigkeit an. Er fertigte seine Violinen so leichtgewichtig wie möglich und verwendete einen sehr weichen, äußerst geschmeidigen (*thermoplastischen)* Lack.
Hervorragende Meisterviolinen tragen oft Eigennamen, welche auf ihre Erstbesitzer oder auf Virtuosen, die sie einmal spielten, verweisen (vgl. *Greffuhle-*, *Hellier-*, *Ernst-*, *Viotti-*, *Betts-*, *Boissier-*, *Marechal Berthier-*, *Baron Knoop-*, *Joachim-Violine*) Andere Violinen haben assoziative Namen, z. B. *Schwanengesang* (von Antonio Stradivari), *Messias*, *Kanone* (eine Violine von Giuseppe Guarneri, welche von Paganini gespielt wurde und über eine große Klangkraft verfügte). Leider verstauben heute solche Instrumente nicht selten als Kapitalanlagen in Banktresoren, obwohl Violinen eigentlich beständig gespielt werden müssen, um ihre Schwingungs- und Klangfähigkeit zu erhalten.
Im 18. Jahrhundert verbreitete sich im deutschen Sprachgebiet für die Violine zusätzlich die Bezeichnung *Geige*, welche als [mhdt.] *gîge* bzw. [ahdt.] *gîga* bereits seit dem Mittelalter zur Benennung der Violinvorläufer → Fidel und → Rebec gedient hatte. Gîge bzw. gîga sind substantivierte Ableitungen von *gîgen* [= mhdt. hin und her zucken], was (gerade aus europäischer Sicht) zunächst als unzweifelhafter und augenfälliger Hinweis auf die Bewegungen eines Streichbogens erscheinen mag. Tatsächlich könnte der Begriffsbildung jedoch auch die ältere (bei europäischen Musikern der damaligen Zeit durchaus bekannte) orientalische Spielart von Streichinstrumenten zugrunde liegen. Hier wird (im Unterschied zur europäischen Spielpraxis) bei einem Saitenwechsel nicht etwa die Lage des Streichbogens geändert, sondern das ganze Instrument seitlich um seine eigene Längsachse gedreht. In der orientalischen Tradition wird also nicht der Bogen, sondern das Instrument ge-*geigt*. Die Substantivierungen gîge bzw. gîga könnten demnach präzise Übertragungen dieser Spieltechnik auf das Instrument sein. Wäre dagegen die Bogenbewegung Ziel der Sprachassoziation gewesen, dann hätte eigentlich auch folgerichtig der Bogen, nicht aber das Instrument als *gîge* bzw. *gîga* bezeichnet werden dürfen.

Violinschlüssel → Notenschlüssel

Violoncello → Streichinstrument, das vermutlich Mitte des 17. Jahrhunderts aus einer Verkleinerung der *Violone* (→ Viola da gamba) entstanden ist.
Seine Bezeichnung bezieht sich ebenfalls auf diesen Entstehungsprozeß: Durch das (italienische) Verkleinerungssuffix *-cello* [= ital. -chen] wurde aus Violone das *Violonchen* bzw. *Violoncello*. Daher ist die umgangssprachlich weit verbreitete Verkürzung der Bezeichnung Violoncello zu *Cello* eigentlich unsinnig,

da sie letztlich nur *«chen»* bedeutet. Als früheste Quelle der Vokabel Violoncello gelten Giulio Cesare Arrestis «Sonaten», Venedig 1665. Bei Domenico Freschi wird das Instrument 1660 noch als *Violoncino* bezeichnet. Gelegentlich wurden bis ins 17. Jahrhundert alle tiefen Instrumente der Violafamilie (sowohl → Viola-da-gamba- als auch → Viola-da-braccio-Instrumente) unter der Bezeichnung Violoncello zusammengefaßt, und noch 1713 nannte Johann Mattheson das Violoncello «kleine Baß-Geige».

Die Bauteile eines Violoncellos (Boden, Decke, Zargenkranz usw.) entsprechen grundsätzlich denen einer → Violine, sind allerdings wegen der tieferen Stimmlage größer dimensioniert. Der Hals (dessen Formgebung ursprünglich einmal von der Viola da gamba abgeleitet wurde) ist im Verhältnis zur Violine kürzer, die Zargen sind etwas höher, der Violoncello-Steg ist relativ hoch bemessen. Die Korpuslänge früher Instrumente lag etwa zwischen 73 und 80 cm, 1707/1710 legte Antonio Stradivari 75 cm als Idealmaß fest, das bis heute gültig ist.

Das Violoncello war zunächst dreisaitig in der Stimmung F, c, g bespannt, seit 1533 (Giovanni Maria Lanfranco) ist eine viersaitige Bespannung üblich (allerdings wurden im 18. Jahrhundert gelegentlich auch deutsche Violoncelli mit fünf oder sechs Saiten gebaut). Die Stimmung B_1, F, c, g der viersaitigen Instrumente wurde in Deutschland ab 1550, in Italien ab 1600 zu C, G, d, a geändert, seither ist das Violoncello also eine Oktave tiefer als die Viola da braccio eingestimmt (in England und Frankreich blieb die ältere Stimmung aber noch bis etwa 1730 üblich). Zunächst wurden zumeist Darmsaiten verwendet (die beiden tieferen Saiten dabei silber- oder kupferumsponnen), ab Mitte des 20. Jahrhunderts ist der Saitenkern üblicherweise aus Stahl gefertigt (der Druck des Stegs auf den Korpus beträgt bei einem Darmkern etwa 30 kp, bei einem Stahlkern bis zu 60 kp). Der Tonumfang umfaßt (ohne Flageolettöne) C bis etwa b" (extrem bis es'"). Das Violoncello wird nicht-transponierend je nach Lage im Baß-, Tenor- oder im Violinschlüssel notiert. Die üblichen Abkürzungen in Partituren sind *Vc.*, *Vlc.*, *Vclle.*

Das Violoncello (und nicht wie oftmals vermutet der → Kontrabaß) ist das Baßinstrument der Violinfamilie. (Der Kontrabaß ist zwar heute innerhalb eines Streichensembles meist das tiefste Instrument, gehört instrumentenkundlich jedoch zur Familie der Gamben, → Viola da gamba). In Besetzungen mit Kontrabaß wird das Violoncello üblicherweise in Tenorlage intoniert.

Die bedeutendsten Werkstätten entsprechen denen für den Geigenbau (→ Violine). Allerdings wurden Violoncelli weitaus weniger gern gebaut. Zum einen verlangte ein Violoncello mehr Körpereinsatz (vgl. u. a. das Ausstechen des Bodens), zum anderen sind sowohl Zeit- als auch Materialaufwand entsprechend größer. Giuseppe Guarneri gen. ‹del Gesù› hat z. B. nachweislich nie Violoncelli gebaut.

Das Violoncello wird sitzend in sog. Bein- bzw. Kniehaltung gespielt. Diese Spielweise ermöglicht u.a. die Fingertechnik des *Daumenaufsatzes* (vermutlich 1770 von Jean Louis Duport entwickelt). Da im Unterschied zur Armhaltung der Daumen (bzw. dessen Beuge) nicht zur Fixierung des Instrumentes benötigt wird, kann er Aufgaben auf dem Griffbrett übernehmen und (in der Art eines → Kapodasters) als zusätzliche Stütze in höheren Lagen verwendet werden. Wurde das Violoncello zur Erleichterung seiner Handhabung früher gelegentlich auf eine Fußbank gestellt, so ist seit etwa 1800 ein längenverstellbarer (zunächst aufsteckbarer, dann in die Unterzarge einschiebbarer) *Stachel* eingesetzt. Seit Verwendung dieser Hilfseinrichtung kann konsequenterweise nicht mehr von einer echten Kniehaltung (wie z.B. bei der Viola da gamba) gesprochen werden. (Bereits Luigi Boccherini muß eine Methode wie Fußschemel oder Stachel gehabt haben, denn seine Werke verlangen Daumenaufsatz bzw. sind ohne diesen nicht spielbar.)
Der Violoncello-Bogen wird im Obergriff geführt und ist mit etwa 71–72 cm Länge kürzer als ein Violin- bzw. Viola-da-braccio-Bogen. Die Bogenstrichwie auch die üblichen Spielanweisungen entsprechen im wesentlichen der Violinpraxis, wobei → scordatura allerdings bis etwa zur Romantik eher die Ausnahme ist (vgl. Maurice Ravel: «Sonate für Violine und Violoncello», 1920/22). Als erste Solowerke für Violoncello gelten Domenico Gabriellis «Ricercari» (1689). Bedeutende Konzerte für Violoncello stammen von Antonio Vivaldi, Giuseppe Tartini, Carl Stamitz, Carl Philipp Emanuel Bach, Luigi Boccherini, Joseph Haydn, Robert Schumann, Camille Saint-Saëns, Peter Tschaikowsky, Anton Dvořák, Paul Hindemith, Hans Pfitzner, Sergej Prokofjew, Bohuslav Martinů, Edward Elgar, Edouard Lalo, Aram Chatschaturian, Dimitrij Schostakowitsch, Hans Werner Henze, Bernd Alois Zimmermann, Benjamin Britten und György Ligeti.
Im Orchester wurden das Violoncello und die ebenfalls in Tenorlage gespielte Viola da gamba zunächst mit unterschiedlichen Aufgaben betraut (die Viola da gamba vorwiegend solistisch, das Violoncello als Baßstimme eingesetzt) und konnten so nebeneinander existieren (vgl. J. S. Bach: «Matthäus-Passion»). Seit etwa 1700 übernahm das Violoncello jedoch zunehmend auch solistische Funktion und verdrängte hierdurch in der Folgezeit (insbesondere ab etwa 1780) die ältere Viola da gamba. In sinfonischen Werken wurde es zunächst noch oft unisono im Oktavabstand mit den Kontrabässen geführt *(col basso)*. Erst seit L. v. Beethoven konnte sich das Violoncello auch hiervon emanzipieren und wird seither eigenständig eingesetzt (vgl. L. v. Beethoven: «Sinfonie Nr. 5», 2. Satz, «Coriolan-Ouvertüre»; Johannes Brahms: «Sinfonie Nr. 1», 4. Satz: Hauptthema). Im klassischen → Streichquartett gehört das Violoncello zur Standardbesetzung. In der → Sinfonischen Dichtung «Don Quixote» von Richard Strauss steht das Violoncello für die Gestalt des Don Quixote.

Violone → Viola da gamba

Virginal [virga = lat. Stab, Zweig] Tasteninstrument in querliegender, rechteckig-länglicher Kastenform, dessen Saiten über eine Zupfmechanik angerissen werden (→ Cembalo). Die Klaviatur befindet sich an der Längsseite des Instrumentes, der Saitenbezug verläuft quer zur Richtung der Tastenhebel. Dieser Aufbau bedingt für die weiter von der Klaviatur entfernten Saiten längere, für die näher plazierten entsprechend kürzere Tastenhebelarme. Somit erhält jede Taste notgedrungen ein anderes Grundgewicht (→ Clavichord). Um die Unterschiede in der Tastenbalance zumindest ein wenig auszugleichen, versucht man zwar gewöhnlich, die Masse der jeweils kürzeren Tastenhebel mittels kleiner Zusatzgewichte zu vergrößern; zumeist sind Virginaltastaturen jedoch recht individuell zu behandeln und für Spieler sehr gewöhnungsbedürftig.
Das Virginal entstand im 15. Jahrhundert etwa gleichzeitig mit Cembalo und → Spinett, es ist also keineswegs ein Vorläufer des Cembalos. Äußerst beliebt war das Virginal zur Zeit William Shakespeares (1564–1616) in England *(Virginalisten)*. Virginale wurden oft als Tischmodelle, also ohne eigene Füße, gebaut. Kleinere Ausführungen waren trotz der Tastenbalance-Probleme beliebte Übe-Instrumente auf Reisen. Zur Erweiterung von Tonumfang und Klangspektrum wurden 8'- und 4'-Instrumente (ähnlich wie bei einem *Doppelspinett*) nicht selten als *Doppelvirginal* in einem gemeinsamen Gehäuse kombiniert.

vivace → Tempo

Volkslied Einstimmiges, textiertes und in aller Regel monothematisches Vokalstück, das innerhalb einer bestimmten ethnischen Gruppierung primär mündlich tradiert wird. Melodik, Rhythmik und Gliederungsformen eines Volksliedes sind vornehmlich einfach und überschaubar gehalten, ein hoher Wiedererkennungswert ist typisch. Volkslieder sind zumeist mehrstrophig und formal bevorzugt als einfache Strophenlieder (→ Lied) sowie in ein-, zwei- oder dreiteiliger → Liedform gestaltet. Die Melodie eines Volksliedes ist gewöhnlich harmonisch derart gefestigt, daß sie ohne Begleitung aufführbar ist. Mehrstimmigkeit ist beim Volkslied als sekundäre Erscheinung (aufgrund von Bearbeitungen) zu werten.
Die Bezeichnung *Volkslied* geht auf Johann Gottfried Herder (1744–1803) und das Jahr 1773 zurück (für Herder sind Volkslieder die «Stimmen der Völker»). Sie zählt bis heute zu den umstrittensten Erscheinungen der musikalischen Fachsprache und wird sehr unterschiedlich ausgelegt. Weitgehende Einigkeit besteht zumindest darin, daß Volkslieder keine rein musikalischen Phänomene

sind und sich daher unter Betrachtung rein musikalischer Aspekte nur unzureichend beschreiben lassen. *Volkslied* ist ein musikalisch-soziologischer Begriff und verkörpert darüber hinaus oft eine bestimmte Wertqualität (ein → Schlager oder ein Karnevalslied trägt zwar viele Merkmale eines Volksliedes, ist aber dennoch kein Volkslied).

Volksliedtexte beziehen sich inhaltlich auf die innerhalb einer entsprechenden ethnischen Gruppe als *volkstümlich* geltenden Sujets. Die Texte transportieren nicht selten muttersprachliche Bedeutungseigentümlichkeiten, welche als verschlüsselte Botschaften dienen können (vgl. «Wenn ich ein Vöglein wär» als verschlüsseltes Liebeslied). Derartige Allegorien bedürfen im entsprechenden ethnischen Umfeld typischerweise keiner rationalen Erläuterungen, sondern werden dort in aller Regel intuitiv erfaßt (vgl. die Sprachsymbole in → Spiritual und → Blues). Entsprechungen dieses Phänomens findet man auch in den Melodiebildungen und deren Bedeutungshintergründen. So ist der typische Anfangsquartsprung vieler europäischer Jägerlieder und Wanderlieder zwar aus der → Naturtonreihe des → Jagdhorns erklärbar, wirkt aber bis heute auch ohne dieses Wissen in der gewünschten Weise.

Text und Musik eines Volksliedes können zwar von einer Einzelperson geschaffen sein, jedoch spielt die eigentliche Urheberschaft keinerlei Rolle. Ein Lied wird u. a. zum Volkslied, indem es von einer ethnischen Gruppe als Allgemeingut angenommen und angeeignet wird. Hierbei kann das eigentliche Original vielfältige musikalische oder textliche Veränderungen erfahren: Die Lieder werden *umgesungen*. Dieses Verfahren, eine Melodievorlage zur Angleichung an neue Textstrukturen umzubilden, vollzieht sich stets unter den Bedingungen des Liedgebrauchs als Volksgut und ist als solches weltweit verbreitet (vgl. Spiritual). Die Möglichkeit des *Umsingens* darf als typischstes Merkmal des Volksliedes gewertet werden. Alle anderen Merkmale können dagegen mehr oder weniger ausgeprägt z. B. auch im → Kunstlied vorkommen. Umsingen ist im Kunstlied nicht erlaubt, allerdings kann durch Umsingen ein Kunstlied zum Volkslied werden (vgl. Franz Schubert: «Der Lindenbaum», das *Kunstlied* in Form eines variierten Strophenliedes wird zum *Volkslied* in einfacher Strophenform).

Vorhalt Auf betonter Zählzeit erscheinender, harmoniefremder Ton, der einen eigentlich zu erwartenden Harmonieton für bestimmte Zeit ersetzt (*vorenthält*). Üblicherweise handelt es sich bei Vorhalten um Tonstufen, welche eine kleine oder große Sekunde über oder unter den jeweils harmonieeigenen Tönen liegen und entsprechend ab- bzw. aufwärts aufgelöst werden; Untersekunden werden seltener verwendet. Da innerhalb der → Diatonik z.B. ein tonikaler → Dreiklang bereits drei der sieben möglichen Tonstufen abdeckt (nämlich die Stufen I, III und V), bleiben als vorhaltsfähige Töne nur die Stufen II, IV, VI

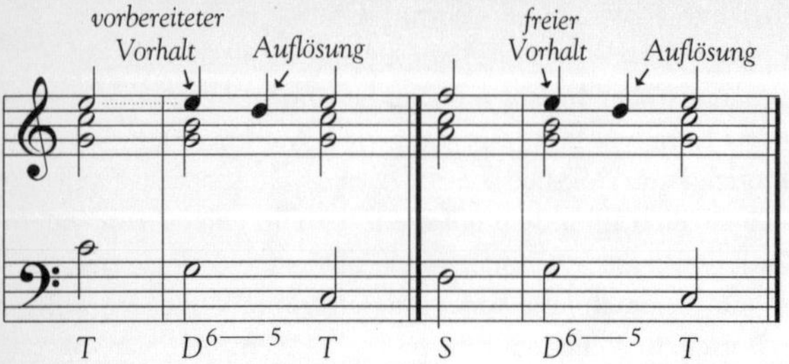

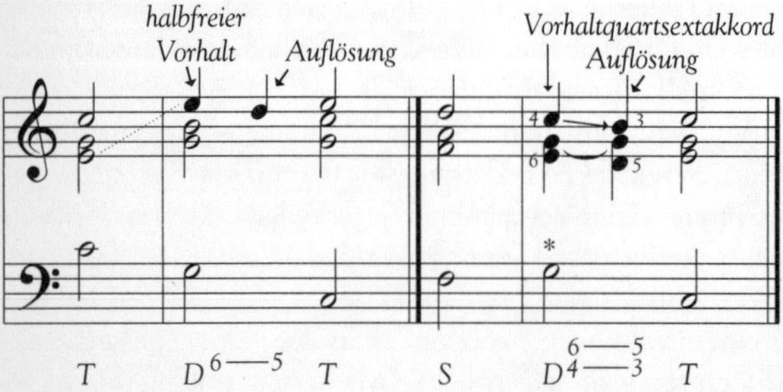

* *wird mit Baßton C dagegen als Umkehrungs-akkord der Tonika behandelt*

und VII. Davon nimmt jedoch die VII. Stufe wegen ihrer engen Verknüpfung mit dem Dominantakkord (→ Dominante) eine Sonderstellung ein und wird nicht als Vorhaltsstufe, sondern als steigender → Leitton behandelt. Wichtige Entscheidungsgrundlage, ob ein harmoniefremder Ton auf betonter Zählzeit satztechnisch als Vorhalt wirkt, ist der jeweils zugeordnete Baßton.

Man unterscheidet zwischen *vorbereitetem Vorhalt* (Vorhaltston ist im vorangehenden Akkord in der gleichen Stimme wie im späteren Vorhaltsakkord enthalten), *freiem Vorhalt* (Vorhaltston ist im vorangehenden Akkord nicht enthalten), *halbfreiem Vorhalt* (Vorhaltston ist im vorangehenden Akkord enthalten, jedoch in einer anderen Stimme als im Vorhaltsakkord) und *unaufgelöstem Vorhalt* (der harmoniefremde Vorhaltston löst sich nicht in den entsprechenden harmonieeigenen Ton auf). Mehrere Vorhalte können übereinandergeschichtet sein (z. B. *Quartsext-Vorhalt*).

Harmoniefremde Tonstufen, welche auf *unbetonten* Zählzeiten erscheinen, werden dagegen satztechnisch als sog. *Durchgangstöne* behandelt.

Vorklassik Zeitspanne zwischen → Barock und Beginn der → Klassik von etwa 1740/50 bis etwa 1770/80.

Die Vorklassik ist eine typische Übergangszeit, in der die unterschiedlichsten musikalischen Strömungen gleichzeitig feststellbar sind. Dabei werden bisher abgegrenzte Gattungen miteinander verzahnt (→ Sonate, → Menuett,

→ Sinfonie, → Konzert), gleichzeitig erhalten viele Bezeichnungen neue Bedeutungen.
Die allgemeine musikalische Entwicklung führte weg vom *Konstruktivistischen* (z. B. → Kontrapunkt) hin zum *Natürlichen* und *Empfindsamen*. Die → Generalbaßpraxis ist in der Vorklassik noch lebendig, neigt sich jedoch unaufhaltsam ihrem Ende zu. Im Unterschied zur gängigen barocken Spielweise werden nicht nur die akkordischen Mittelstimmen improvisierend ausgestaltet, sondern üblicherweise auch die Oberstimme von den Solisten vielfältig und sehr individuell ausgeziert. Bei Wiederholungen wird solch ein variierendes Verarbeiten der komponierten Vorlage geradezu erwartet. Während die menschliche Gefühlswelt im Barock noch als rational erfahrbar galt und musikalisch auch so vermittelt wurde (→ Musikalisch-rhetorische Figurenlehre), versteht man sie nun als etwas ganz Persönliches, das sich gemeinhin jeglicher Normierung entzieht. Insbesondere an Werken des → Empfindsamen Stils läßt sich diese neue Haltung sehr deutlich ablesen. Carl Philipp Emanuel Bach verwendet z. B. in vielen seiner Klavierstücke zwar weiterhin regelmäßige, zweiteilige oder dreiteilige Zeitwerte als Grundlage, überlagert diese Ordnung jedoch auffallend häufig mit *Quintolen*, *Septolen*, *Nonolen* usw. (→ Notation) und schafft dadurch ein dichtes, *lebendiges* Geflecht unterschiedlichst gearteter rhythmischer Ebenen. Die Musik wirkt leidenschaftlich und naturnah und wird gleichsam zum *Spiegel* individueller Seelenlagen. Die einzelnen Sätze eines Werkes erhalten dabei jeweils eigenständige Empfindungsgehalte und Gestalten. In der Instrumentalmusik schreibt man unter Verwendung instrumententypischer Spielfiguren (→ Toccata, → Präludium).
Gleichzeitig entsteht während der Vorklassik ein Bereich öffentlichen, bürgerlichen Musiklebens, zu welchem jedermann gegen entsprechendes Entgelt Zugang hat (vgl. u. a. Berliner Opernhaus, 1742 eröffnet; Georg Friedr. Telemann initiierte ab 1722 in Hamburg *Collegia musica*, für welche man Eintritt bezahlen mußte; Johann Christian Bach und Karl Friedrich Abel organisierten ab 1765 im Londoner Carlisle House, Soho Square, öffentliche Konzertreihen). Viele Entwicklungen dieser Übergangszeit vollziehen sich jedoch zunächst noch im höfischen Umfeld. Es ist die Zeit, in der viele Fürstinnen und Fürsten komponieren (vgl. Friedrich II. von Preußen, Prinzessin Anna Amalia, Kaiserin Maria Theresia) oder zumindest Instrumente beherrschen (Fürst Nikolaus I. von Esterházy spielt → Viola di bordone, Friedrich II. ist Flötist). Ihre Werke wie auch die der bei Hofe angestellten Berufskomponisten (Joseph Haydn bei Fürst Nikolaus I. von Esterházy, C. Ph. E. Bach und Johann Joachim Quantz bei Friedrich II., Johann Stamitz bei Kurfürst Carl Theodor) werden ausschließlich einem stets mehr oder weniger gleichen Kreis von Zuhörern (Familienmitglieder, Hofadel) präsentiert. Ein *Publikum* im eigentlichen Wortsinn [publicus = lat. öffentlich] ist hier noch weitgehend unbe-

kannt. Die Kompositionen dienen denn auch im wesentlichen der praktischen Unterhaltung der jeweiligen Fürstinnen und Fürsten (J. Haydn schreibt seine etwa 175 Werke für Viola di bordone primär für seinen Dienstherrn, die etwa 300 Flötenkonzerte von Joh. Joachim Quantz sind für die ausschließliche Verwendung durch Friedrich II. gedacht. Es war Quantz untersagt, diese Werke außerhalb des Friederizianischen Kreises aufzuführen).

Obwohl italienische Gesangskunst sowie französische Spielkunst (insbesondere die Klaviermusik) weiterhin hochgeachtet und gepflegt werden, verlagert sich die musikalische Entwicklung jetzt zunehmend nach Deutschland. Die beiden wichtigsten Zentren der höfischen vorklassischen Musik sind die → Mannheimer Schule und die → Berliner Schule.

Vorschlag Musikalisches Verzierungsmuster (→ Manieren), das in zwei prinzipiellen Varianten, als *langer* oder *kurzer Vorschlag*, möglich ist. In beiden Fällen stehen die Vorschlagsnoten als klein gedruckte *Stichnoten* unmittelbar vor den entsprechenden Bezugsnoten *(Hauptnoten)* und finden in der notierten Zählzeit des jeweiligen → Taktes keine Berücksichtigung.

Der *kurze Vorschlag* erscheint als möglichst kurz vor einer jeweiligen Hauptnote auszuführender Verzierungston. Seine Stichnote zeigt als Kennzeichen einen Schrägstrich. Der *lange Vorschlag* ist je nach Art seiner Hauptnote unterschiedlich auszuführen. Ist die Hauptnote ein zweiteiliger Zeitwert, so wird deren Zeitdauer üblicherweise zwischen Vorschlagston und Bezugston gleichmäßig aufgeteilt (1:1). Bei dreiteiligen Hauptnoten kann das Verhältnis 2:1 oder 1:2 betragen. Ein *Doppelvorschlag* enthält zwei Vorschlagstöne.

Vorspiel → Ouvertüre

Vorzeichen → Alterierung

W

Waldhorn → Blechblasinstrument mit kreisrund gebogenem, zwei- oder dreifach gewundenem Schallrohr.
In seiner Grundstruktur als *Natur-Waldhorn* (ital. *corno*, frz. *cor*) ist das Instrument mindestens seit Ende des 14. Jahrhunderts bekannt. Um 1660/70 ist es in England und Frankreich als → Jagdhorn mit zweieinhalbfach gewundenem Rohr verbreitet. Auf diesen Natur-Waldhörnern (man bezeichnet sie heute allgemein nur verkürzt als *Naturhörner* im Unterschied zu den *Waldhörnern*, welche Ventile besitzen) waren zunächst ausschließlich die Töne der jeweils zugrundeliegenden → Naturtonreihe spielbar. Je nach Fähigkeit erreichten gute Hornisten 13 bis 17 Naturtöne.
Um diese beschränkte Tonauswahl auch auf außerhalb der Naturtonreihe liegende Töne zu erweitern, wurden im Laufe der Zeit verschiedene Verfahren entwickelt. Die meisten dieser Lösungsversuche bedingten allerdings, der grundsätzlich konisch ausgeprägten Mensur des Horns einen mehr oder weniger langen zylindrischen Anteil zu geben.
Zunächst wurde die Schallröhre mittels auf- bzw. einsteckbarer *Stimmbögen* verlängert *(Inventionshorn)*. 1750/53 verbesserte Anton Joseph Hampel (Dresden) diese Technik durch einen sog. *Stimmzug*. Das Umstecken der Inventionsbögen benötigt allerdings einige Zeit, so daß diese Technik nur für eher gemäßigt verlaufende und nicht gar zu häufige → Modulationen sinnvoll einsetzbar war. Der benötigte Zeitaufwand mußte vom Komponisten im Spielablauf eines Werkes entsprechend berücksichtigt werden.
Eine Variante zur Erweiterung der Naturtonreihe wurde als sog. *Stopftechnik (Stopfen)* um etwa 1750 ebenfalls von Hampel entwickelt. Dabei führt der Bläser die leicht gewölbte Hand in die Hornstürze ein und kann so die schwingende Länge der Luftsäule künstlich verlängern. Je nach Tonhöhe und Fertigkeit des Instrumentalisten lassen sich mittels Stopfen angespielte Naturtöne um ein bis zwei Halbtonschritte erniedrigen (vgl.: W. A. Mozarts «Horn-

konzerte», KV 412, 417, 447 bzw. 495 sind ursprünglich für solche ventillose Naturhörner mit Stopftechnik gedacht).

Die Anwendung von Tonlöchern mit Klappentechnik zur Verkürzung der schwingenden Luftsäule wurde zwar (ähnlich wie bei der → Trompete) erprobt (vgl. *Amorschall-Horn* von Kölbel, 1770), war allerdings, ebenso wie Versuche mit Zugmechaniken (durch Dickhuth, 1812, Mannheim) beim Waldhorn, nicht sehr erfolgreich.

Erst die Erfindung des *Kasten-* bzw. *Scheibenventils* 1813/14 durch Friedrich Blühmel (Schlesien) war ein neuerlicher und letztlich entscheidender Schritt zur Lösung des Chromatisierungsproblems. Auf der Grundlage der Idee von Blühmel entwickelt Heinrich Stölzel 1816 sein *Pumpventil*, das ab Mitte der 1820er Jahre in Waldhörner eingesetzt wird. Zunächst baut man *Ventil-Waldhörner* (frz. *cor à pistons*) mit zwei, spätestens seit 1826 (Joseph Meifred, Paris) mit drei Ventilen. Ab 1832 setzen sich für Waldhörner die *Zylinder-* bzw. *Drehventile* von Joseph Felix Riedt (Wien) als Standard allgemein durch.

Nach der Entwicklung des Ventil-Waldhorns wurden in manchen Fällen ältere Hornpartien nachträglich *modernisiert*. Den ursprünglich komponierten Melodieführungen, welche durch die Naturtonreihentechnik des Horns auf einer beschränkteren Tonauswahl gründeten, wurde instrumentenbedingte Unvollständigkeit unterstellt; sie wurden nun durch allerlei chromatische Zwischentöne aufgefüllt (vgl. u. a. die *Nacharbeiten* von Felix von Weingartner in Werken von L. v. Beethoven).

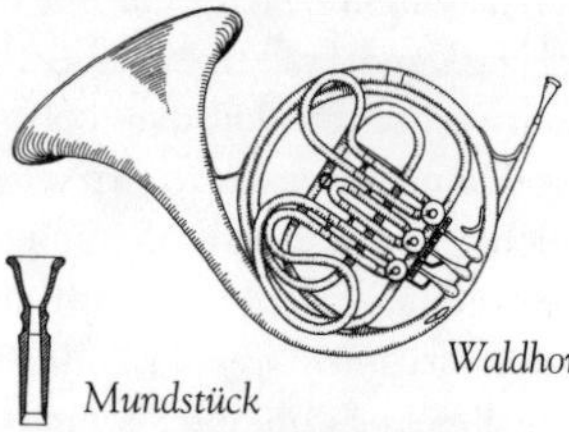

Waldhorn

Mundstück

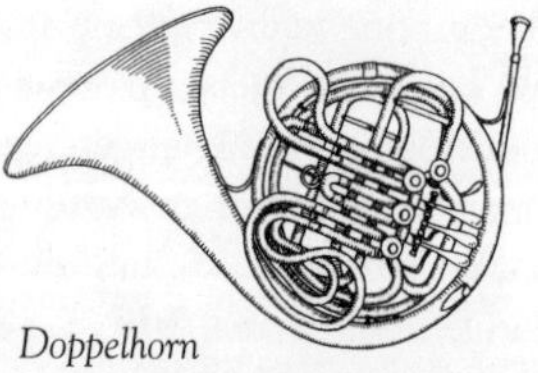

Doppelhorn

Im Laufe des 18. Jahrhunderts werden zudem die bisher üblichen Kesselmundstücke weitgehend durch Trichtermundstücke ersetzt, die Anblastechnik geändert (man nutzt nun nur noch ein Drittel der Unter-, aber zwei Drittel der Oberlippe) und schafft hiermit erstmals die bis heute als charakteristisch empfundene weiche Färbung des Hornklangs. Bis dahin hatte das Horn durch seine verhältnismäßig enge Mensur einen der Trompete nicht unähnlichen, eher scharfen Klang gehabt.

Trotz Ventiltechnik wurde das Verfahren des Stopfens dennoch beibehalten. Es dient nun allerdings nicht mehr als grundsätzliche Chromatisierungstechnik wie noch beim Naturhorn, sondern zum einen als zusätzliche Intonationshilfe, zum anderen zur Klangfarbengestaltung. Entsprechend wird diese ältere Technik heute üblicherweise als *Dämpfen* bezeichnet. Unter *Stopfen* selbst versteht man

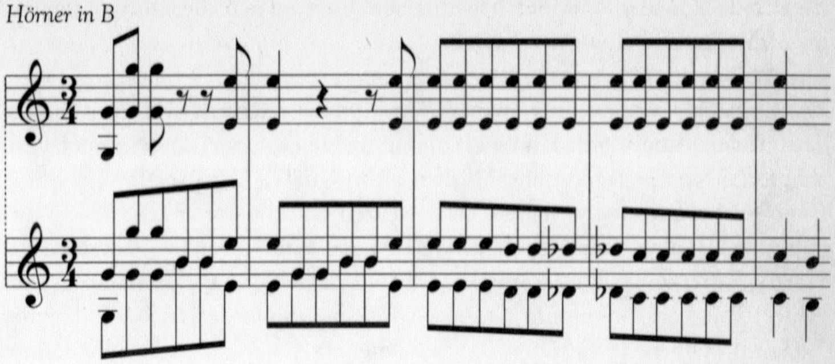

(*Ludwig van Beethoven: Sinfonie Nr. 9, 4. Satz;*
oben: Original;
unten: Änderungen von Felix von Weingartner)

mittlerweile dagegen eine abgewandelte Form des älteren Verfahrens. Hierbei wird die Hand tiefer in die Stürze eingeführt und schließt diese weitgehend ab. Das moderne Stopfen ermöglicht bei Bedarf eine Verschärfung der Waldhornklangfarbe. Es bewirkt allerdings gleichzeitig eine Verkürzung der Luftsäule, und so erklingt der jeweils angeblasene Ton um etwa einen Halbton erhöht. Hornisten müssen diese Tonhöhenverschiebung daher bei *gestopften* Tönen bereits vorab mit einplanen und solche Töne um ein entsprechendes Intervall tiefer anblasen, als sie notiert sind. Manche Hörner sind aus diesem Grund mit einem zusätzlichen *Stopfventil* ausgestattet, welches die geschilderte Halbtonschritt-Transposition per Ventilbetätigung durch Zuschaltung eines Zwischenrohrstücks (als Rohrverlängerung) selbsttätig ausführt.
Das Waldhorn war im Laufe seiner Geschichte in den unterschiedlichsten Bauformen und Grundstimmungen vertreten. Es gab Hörner u. a. in A, B, C, D, Es, F, G, As, hoch A, hoch B, hoch C (seltener auch in Des, E, Ges, H bzw. hoch D). Heute hat sich diese Vielfalt auf zwei Grundstimmungen in F und B reduziert. Der Umfang beträgt in beiden Fällen etwa dreieinhalb Oktaven. Das Waldhorn wird nicht-transponierend wie auch transponierend je nach Lage hauptsächlich in Violin- oder Baßschlüssel notiert.
Seit 1898/99 (Eduard Kruspe, Erfurt) gibt es zudem ein sog. *Doppelhorn*, das die beiden Grundstimmungen (F und B) kombiniert und mittels eines Ventils zwischen beiden Stimmungen wechseln kann.
Wegen seiner Klangfülle und seines warmen Tones gilt das Waldhorn im akkordischen Bereich sinfonischer Musik als ideales Instrument, um die Mittelstimme zu füllen und zwischen tieferen → Holzblasinstrumenten und dem schärferen Klang der höheren → Trompeten zu vermitteln. Diese klangausgleichende Funktion drückt sich augenscheinlich auch in der Lage der Hörner

innerhalb einer sinfonischen Partitur aus: Dort stehen die Hörner (abgek. als *Hr.*, *Hn.*) üblicherweise zwischen Holzblasinstrumenten und Trompeten notiert.

Die Orchester- wie Sololiteratur für Waldhorn ist reichlich (vgl. u. a. Robert Schumann: «Konzertstück für 4 Hörner und Orchester» op. 86; Joseph Haydn: «Sinfonie Nr. 31» [«Sinfonie mit dem Hornsignal»], L. v. Beethoven: «Sinfonie Nr. 6»: Die letzten sieben Takte werden als echoartiger Nachklang von gestopften Waldhörnern gespielt; Carl Maria von Weber: «Concertino für Horn»; Johannes Brahms: «Sinfonie Nr. 1», 4. Satz: Thema, «Horntrio» op. 40; Anton Bruckner: «Sinfonie Nr. 4»: 1. Thema, «Sinfonie Nr. 9»: 1. Thema; Richard Wagner: «Siegfried»: das Schalmeimotiv nach dem Drachenkampf wird auf einem Waldhorn gespielt; Richard Strauss: «Hornkonzert» op. 11, «Till Eulenspiegel»: Das Waldhorn verkörpert den Till). Im 19. Jahrhundert wurden die Waldhörner üblicherweise gemischt besetzt (zwei Naturhörner und zwei Ventil-Waldhörner), J. Brahms bevorzugte jedoch ausschließlich das ventillose Naturhorn.

Waldteufel → Trommel

walking bass → Jazz

Waltz → Walzer

Walzer Tanzweise im $\frac{3}{4}$-Takt, welche vermutlich aus dem oberösterreichischen → Ländler weiterentwickelt wurde und daher zunächst ein langsames Tempo und recht gleichmäßige Viertel- und Achtelbewegungen aufweist. Beliebt sind potpourriartige Reihungen mehrerer Einzelwalzer, wobei sich Anfangs- und Schlußtanz in der Regel auf gleicher tonartlicher Ebene befinden. Als *Wiener Walzer* (vgl. Johann Strauß, Johann Strauß-Sohn, Josef Lanner) wird die Gattung im 19. Jahrhundert zu einem der beliebtesten Modetänze des Bürgertums und findet in stilisierter Form hierdurch auch Zugang zur → Suite der Romantik. Typisch sind ein deutlich schnelleres Tempo und ein Rhythmusmodell, bei welchem erstes und zweites Viertel verbunden sind *(legato)*, das zweite Viertel betont und das dritte Viertel kurz zu spielen ist. Gerne werden eine längere, langsame (oft in der Art einer → Fantasie gestaltete) Einleitung sowie eine → Coda hinzugefügt. Formal ist ein Wiener Walzer häufig dreiteilig in da capo-Form (Mittelteil als → Trio) gegliedert, wobei der Kopfteil bevorzugt aus zwei 16taktigen Abschnitten zusammengesetzt ist.

Eine weitere Stilisierung erfährt der Tanzwalzer in Gestalt des zumeist rondoförmigen *Konzertwalzers (Valse)* (vgl. Frédéric Chopin: «Walzer»; Johannes Brahms: «Liebeslieder-Walzer» op. 52a und op. 65a; Franz Liszt: «Mephisto-

Walzer»). Im 20. Jahrhundert entsteht zudem die rhythmische Variante des *Jazz-Waltz* sowie der *English Waltz* bzw. → *Boston* als langsame Walzerart.

Wasserorgel Früheste, seit dem 3. Jahrhundert v. Chr. bekannte Form einer → Pfeifenorgel.
Die Bezeichnung soll nicht etwa andeuten, daß in diesem Fall die Pfeifen durch Wasser zum Erklingen gebracht wurden, sondern bezieht sich auf deren wassergesteuerte Hydraulik, welche den benötigten Winddruck auf einem möglichst konstanten Sollwert hielt. Als Beispiel ist der alexandrinische *Hydraulos/Hydraulus* belegt, welcher zwischen 300 und 250 v. Chr. von Ktesibios entwickelt wurde. Erste Orgeln ohne Hydraulik sind spätestens seit Mitte des 8. Jahrhunderts nachweisbar (z. B. 757 eine Balg-Orgel als Geschenk des oströmischen Kaisers Konstantin Kopronymus V. an den Frankenkönig Pippin III.).

Wechselchörigkeit → antiphonischer Chorgesang

Whooping → Holler

Wiederholungszeichen Ein Doppelpunkt nach bzw. vor Doppelstrichen (|: :|), welcher einen zu wiederholenden Abschnitt markiert. Dabei können die Schlußtakte (→ Takt) einer Wiederholung von ihrem ersten Durchgang abweichen. Der Ablauf wird dann durch Klammern *(Kästen)* geregelt: *prima* bzw. *seconda volta*.

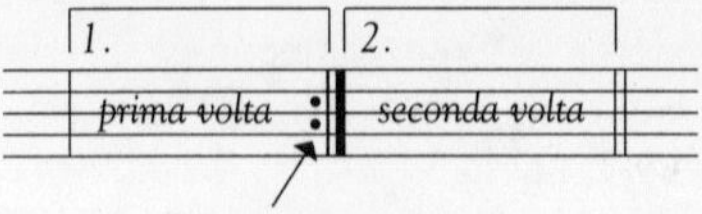

Wiederholungszeichen

Wiener Klassik → Klassik

Windkapsel Starrer Luftzwischenspeicher z. B. bei Doppelrohrblattinstrumenten der Renaissance (→ Schreierpfeife, → Kortholt, → Krummhorn).

Wirbel → Tremolo

Wirbeltrommel → Rührtrommel

Wolfston Ungünstige Koppelschwingung von Saite und Korpus, welche rein bautechnisch bedingt beim → Violoncello, seltener jedoch bei → Violine oder → Viola da braccio vorkommen kann und kein Anzeichen von minderwertiger Verarbeitung oder schlechtem Baumaterial darstellt.

Wolfstöne entstehen in Klangbereichen, in denen Korpus und Saiten gleiche Resonanzfrequenzen aufweisen, so daß sich die entsprechenden Tonschwingungen gegenseitig überlagern. Betroffene Tonlagen sprechen zu plötzlich und im Verhältnis zu stark an. Der gesamte Korpus wird in Resonanz versetzt, ohne eine klar erkennbare Schwingungsstruktur bzw. deutliche Knotenpunkte zu erzeugen. Die eigentlich erwünschte gleichmäßige Klangausdehnung kann nicht stattfinden, der Frequenzverlauf gerät unstetig, das Klangspektrum unausgeglichen.

Zur Abhilfe kann auf die wolfsbildende Saite ein metallenes Röhrchen (*Wolfstöter*, *Lupus ex*, meist aus Messing) zwischen Steg und Saitenhalter geschoben werden, das die Masse der entsprechenden Saite erhöht (Prinzip der → Sordine). Die hierdurch geminderte Resonanzkurvenhöhe der Saite läßt zugleich den Tonhöhenbereich der Eigenresonanz unschärfer werden, so daß Koppelschwingungen nicht mehr so ausgeprägt ausgelöst werden können.

Woodblock → Holzblocktrommel

Worksong [= engl. Arbeitslied] Rein vokales, seltener auch instrumental begleitetes → Arbeitslied schwarzer Sklaven in Nordamerika, das durch eine deutliche, auf die jeweilige Arbeitsweise bezogene funktionale Rhythmik geprägt ist. Worksongs gelten (neben → Holler und → Spirituals) als früheste Gattungen → Afroamerikanischer Musik.

Formal sind Worksongs häufig als Wechselgesang mit Vorsänger und antwortendem Chor aufgebaut (→ call & response). Die Funktion des Vorsängers übernahm dabei meist ein Vorarbeiter, während die Arbeiterkolonne selbst als Chor antwortete. Inhaltlich erzählen Worksongs von konkreten Arbeitsvorgängen. Sie schildern jedoch gelegentlich auch persönliche und soziale Situationen der schwarzen Sklaven.

Typische Arbeitsprozesse, in denen Worksongs Anwendung fanden, waren u. a. das rhythmische Hämmern der Gleisbautrupps beim Eisenbahnbau (vgl. «Hammer, Ring»; «Eighteen Hammers»; «Take this Hammer») oder auch das Hacken, Pflügen, Graben, Getreidedreschen der Feldarbeiter.

Die gleichförmige Rhythmik der Worksongs erleichterte die Anstrengungen der Arbeit und half ebenso, die Arbeitsbewegungen zu koordinieren und damit wirkungsvoller zu gestalten sowie bei gefährlichen Arbeiten (z. B. beim Bäumefällen) Unfälle zu verhüten.

Eine besondere Variante der Worksongs sind die *chain-songs*, welche Bewegungsabläufe nicht nur effizienter, sondern überhaupt erst möglich machten. Eine Kolonne gefangener Sklaven wurde gewöhnlich mit schweren Fußketten aneinandergefesselt. Damit eine solche *chain-gang* sich überhaupt fortbewegen konnte, mußten sich ausnahmslos alle Gefangenen im Gleichschritt bewegen.

X, Y, Z

Xylophon [xylon = griech. Holz; xylophon = griech. Holztöner]
1. Sammelbezeichnung für idiophone Musikinstrumente *(Selbstklinger)*, deren Tonerzeuger aus Holz bestehen (→ Claves, → Guiro, → Holzblocktrommel, → Kastagnetten, → Marimbaphon, → Schlitztrommel).
2. Stabspiel mit gestimmten Klanghölzern, welche mit Schlägeln zum Klingen gebracht werden.

Holzstabspiele sind in vielen Musikkulturen Asiens (→ gamĕlan), Afrikas und Südamerikas verbreitet. In Mitteleuropa stammen die frühesten Darstellungen und Beschreibungen aus dem 15. und 16. Jahrhundert. Das Instrument wird zunächst u. a. als *Holzfidel, Strohfidel, Holzharmonika* oder als *hültzig gelechter* bzw. *hultze glechter* (= hölzernes Gelächter) bezeichnet. Dieses ältere europäische Holzstabspiel war stets diatonisch und sowohl als liegendes als auch als vertikal aufgehängtes Instrument bekannt. Bei der horizontalen Variante lagen die Klangstäbe auf einer isolierenden Strohschicht (daher die Bezeichnung *Strohfidel*); beim vertikalen Holzstabspiel waren die Klangstäbe durchbohrt und, durch Ringe oder Knoten getrennt, auf Schnüre aufgezogen. In beiden Fällen waren die Klangstäbe quer zum Spieler angeordnet. Als Schlägel dienten zumeist gebogene Holzlöffel (Klöppel), die vermutlich auch zu der Benennung *gelechter* bzw. *glechter* führten (Klöppel = oberdeutsch gläche1).

Im 19. Jahrhundert wurde das Instrument unter der aus dem Griechischen abgeleiteten Bezeichnung *Xylophon* in das sinfonische Orchester aufgenommen (erstmals bei Camille Saint-Saëns: «Danse macabre» op. 40, 1875) und in der Folgezeit auch chromatisch erweitert. Hierzu gab es zunächst zwei prinzipiell unterschiedliche Konstruktionen. In Deutschland (und seinen östlichen Nachbarländern) behielt man die Querstellung der Klangstäbe bei (die höheren Tonstufen befanden sich auf der vom Spieler abgewandten Seite) und ordnete zur zentralen diatonischen Tonleiter beidseitig je eine Reihe mit chromatischen Tonstufen an (sog. *Trapezform*). In Frankreich legte man dagegen das Instrument als Ganzes quer und entwickelte eine klaviaturartige Anordnung der Klangstäbe. Diese französische Bauart hat sich heute für die meisten Stabspiele (auch für Metallstabspiele, → Metallophon, → Glockenspiel, → Vibraphon) durchgesetzt.

Zur Klangverstärkung sind unterschiedliche Systeme verbreitet. *Trog-Xylophone* (u. a. → gamĕlan, → Orff-Instrumente) nutzen einen Klangkasten, auf welchem die Klangstäbe (isoliert durch Filzstreifen, Stoff oder Gummi) aufliegen. Das moderne *Orchester-Xylophon* besitzt zum gleichen Zweck unterseitig angehängte, einzelne Röhrenresonatoren (→ Marimbaphon). Es unterscheidet sich vom *Orchester-Marimbaphon* im wesentlichen nur durch seinen geringeren Stimm-Umfang im Baß (c"–c""'/d""').

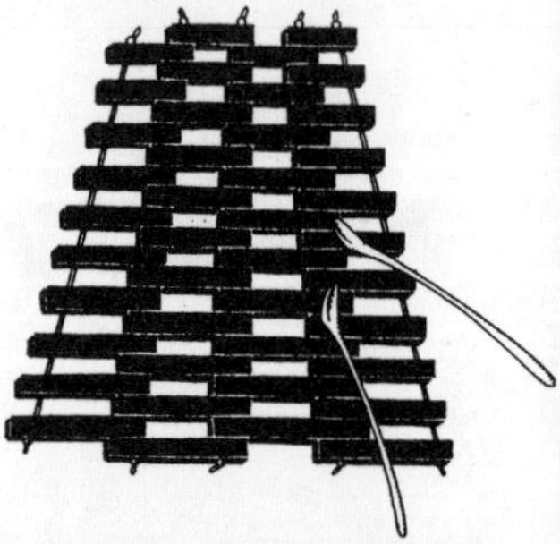

Xylophon (Trapezform)

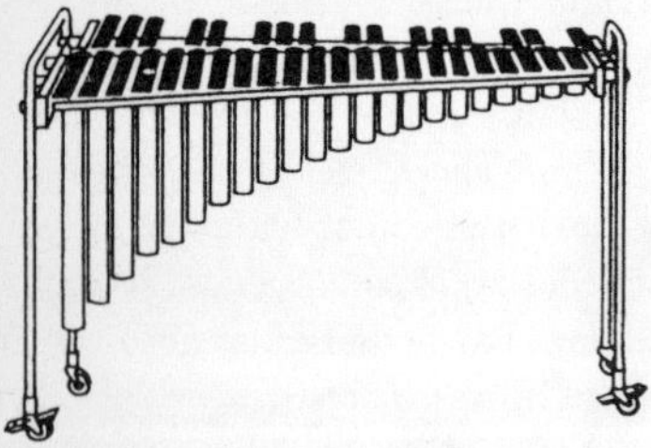

Orchester-Xylophon (Klaviaturform)

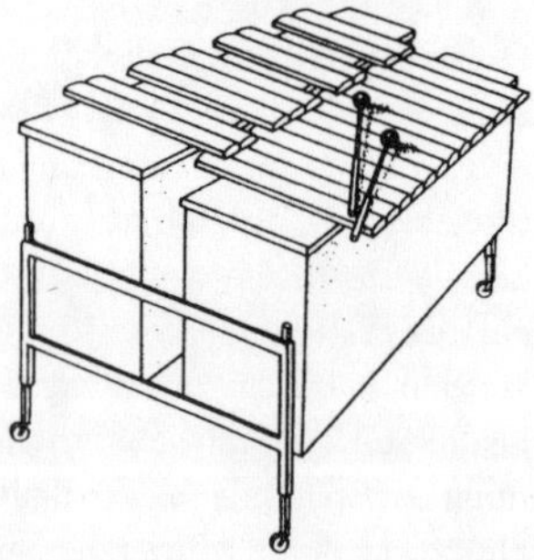

Trog-Xylophon als Orff-Instrument

yirag, yorag → mizmār

zansa → mbira

Zarabanda → Sarabande

Zeitgenössische Musik → Neue Musik

Ziehharmonika → Harmonika-Instrumente

Zigeunertonleiter Aus slawischer Volksmusik abgeleitete siebenstufige → Tonleiter mit zwei Eineinhalbtonschritten, welche seit dem 19. Jahrhundert in sinfonischer Musik gerne zur Darstellung des slawischen bzw. ungarischen Kolorits verwendet wurde.

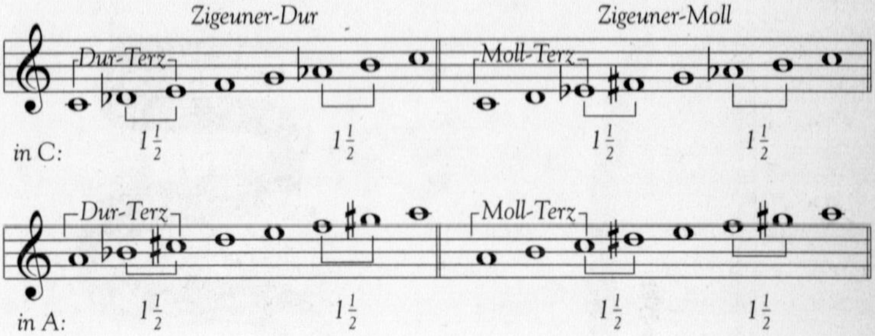

zil Großes → Becken türkischer Kunst- und Militärmusik (→ Janitscharenmusik).

Zimbeln Meist paarweise verwendete, kleine kreisrunde Bronzeplatten (bis 12 cm ø) mit definierter Tonhöhe. Sie werden in sehr kleinen Ausführungen auch (insbesondere in der Tanzbegleitung) zwischen den Fingern gespielt *(Fingerzimbeln)*.

Zink [Zinken, ital. *cornetto*] → Blechblasinstrument mit konisch mensurierter Schallröhre, Grifflöchern *(Grifflochhorn)* und Mundstück.
Die runde oder sechs- bis achtkantige Schallröhre ist entgegen ihrer Bezeichnung nicht aus *Zink*, sondern üblicherweise aus (meist lederüberzogenem) Holz (oft Nußbaum), gelegentlich auch aus Elfenbein gefertigt. Sie weist sechs obere Grifflöcher und ein unteres Daumenloch (bisweilen mit Klappe) auf und ist diatonisch ausgelegt. Unvollständiges Abdecken der Grifflöcher ermöglicht jedoch auch chromatische Tonschritte. Die gerade Schallröhre des *Geraden* oder *Weißen Zinks* gilt als ältere, die leicht geschwungene Röhre des *Krummen* oder (wenn mit schwarzem Leder bezogen) *Schwarzen Zinks* dagegen als jüngere Bauform.
Das kesselförmige Mundstück ist entweder in das Ende der Schallröhre eingedrechselt (zumeist nur beim sog. *Stillen Zinken*) oder gesondert aus Horn, Elfenbein oder Messing gearbeitet und aufsteckbar.
Je nach Größe, Form und Umfang der Instrumente sind unterschiedliche Bezeichnungen vertreten: *Quartzink (cornettino)* mit Grundton d', *Quintzink* in e', *Gerader Zink (cornetto diritto)* in a, *Stiller Zink (Gar sanfter Zink, cornetto*

muto) ebenfalls in a und *Großer Zink (Gar unlieblicher Zink, cornetto torto, Corno torto, Cornone)* in d. Das Rohr des *Baßzinks* (in G_1, A_1 oder C) ist bis zu 2 m lang und zur günstigeren Handhabung mehrfach in S-Form gebogen. Wegen dieser außergewöhnlichen Rohrform erhielt das Instrument den eigenständigen, charakterisierenden Namen *Serpent* [serpens = lat. Schlange].

Gerader Zink

Krummer Zink

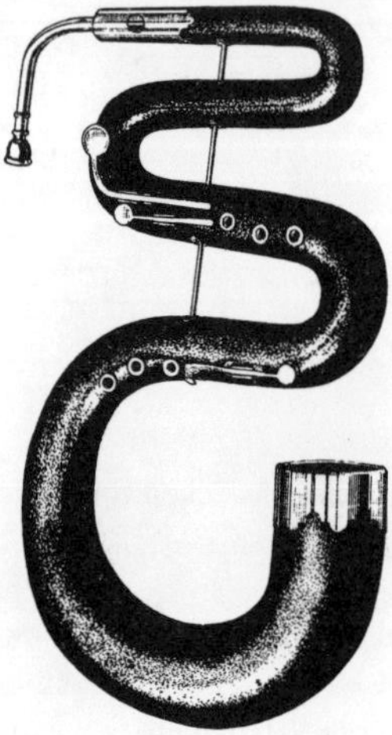

Serpent

Grifflochhörner waren im Mittelalter bis ins 18. Jahrhundert typische Instrumente der *Stadtpfeifer* (sog. *Zinkenisten*). Sie dienten dabei (ähnlich wie das → Trumscheit in Nonnenklöstern) oft als Ersatz für die → Trompete. Trompeter waren seit dem Mittelalter in einer eigenen Zunft organisiert, das öffentliche Trompetenspiel war nur Angehörigen dieser *Kameradschaft der gelernten*

Trompeter erlaubt. War ein Stadtpfeifer dieser Zunft nicht angeschlossen, so blieb ihm der Zugang zur Trompete verwehrt, und er mußte (wollte er das Klangbild des Instrumentes dennoch nutzen) auf den Zinken ausweichen. Da die Trompeterzünfte ab etwa dem 18. Jahrhundert ihren bisherigen Einfluß einbüßten, wurde die Trompete nun auch nichtorganisierten Musikern zugänglich, und im Zuge dieser Entwicklung verlor der Zink an Bedeutung.
Das Serpent wurde dagegen gelegentlich noch während des 19. Jahrhunderts (vermutlich aufgrund seiner dekorativen Wirkung) als Baßinstrument eingesetzt (vgl. Gioacchino Rossini: «Le Siège de Corinthe», 1826; Felix Mendelssohn Bartholdy: «Meeresstille und glückliche Fahrt», 1828, «Paulus», 1836; Richard Wagner: «Rienzi», 1842).

Zither Weltweit verbreitetes mehrsaitiges Zupfinstrument mit kastenförmigem Resonanzkorpus, der in typischer Spielweise flach vor dem Spieler liegt. Man unterscheidet zwischen Griffbrettzithern (→ Scheitholtz, nordindische → vīṇā) und griffbrettlosen Zithern (europäischer → Psalter, arabische → qānūn, japanische → koto).
Ein Zitherinstrument, dessen Saiten nicht gezupft, sondern mittels Schlägeln oder Klöppeln angeschlagen werden, wird instrumentenkundlich gesondert als → Hackbrett geführt.
Die europäische Griffbrettzither ist etwa im 15. Jahrhundert als sog. *Kratzzither* aus dem mittelalterlichen Scheitholtz hervorgegangen. Sie wandelte sich um etwa 1750 zur *Salzburger Zither* mit geschwungener Korpusform und einer Einteilung der Bespannung in Melodiesaiten mit Griffbrett und griffbrettlose Begleitsaiten. Die Salzburger Zither (bzw. ihre Mittenwalder Variante) ist bis heute ein beliebtes Volksinstrument im Erzgebirge und in den nördlichen Alpenländern bzw. -vorländern. Im 19. Jahrhundert erscheint erstmals die sog. *Konzertzither*, deren Entstehung unterschiedlichen Instrumentenbauern zugeschrieben wird. Als Urheber gelten einerseits Max Amberger (München) und Anton Kiendl (Wien), die um 1862 unabhängig voneinander die Salzburger Zither u. a. durch Mensurverlängerung weiterentwickelt haben sollen. Andererseits werden in diesem Zusammenhang auch Johann Petzmayer und Ignaz Simon genannt, denen allerdings das ostoberdeutsche Scheitholtz als Quellenvorlage gedient haben soll.

Die Konzertzither besitzt einen Korpus mit Zargenkranz (Fichte, Ahorn oder Edelhölzer), der innenseitig durch mehrere Klötze und Stützhölzer versteift und auf der dem Griffbrett gegenüberliegenden Seite charakteristisch ausgeschweift ist. In ihre Decke ist ein rundes bis ovales Schalloch geschnitten. Die Saitenbespannung ist in zwei Spielbereiche unterteilt: vier oder fünf Melodiesaiten (Messing, Stahl oder Kunststoff, teils mit Kupferdraht umsponnen) werden über ein Griffbrett mit 27 bis 29 chromatisch angeordneten

Bünden geführt; 35 bis 42 Akkordsaiten sind (griffbrettlos) quer über die Decke gespannt und dienen ausschließlich der Begleitung. Den Akkordsaiten ist ein geschweifter Sattel, den Melodiesaiten ein gerader Sattel zugeordnet. Das Stimmen der Saiten erfolgt über metallene Stimmwirbel sowie eine Schraubenmechanik.

Konzertzither

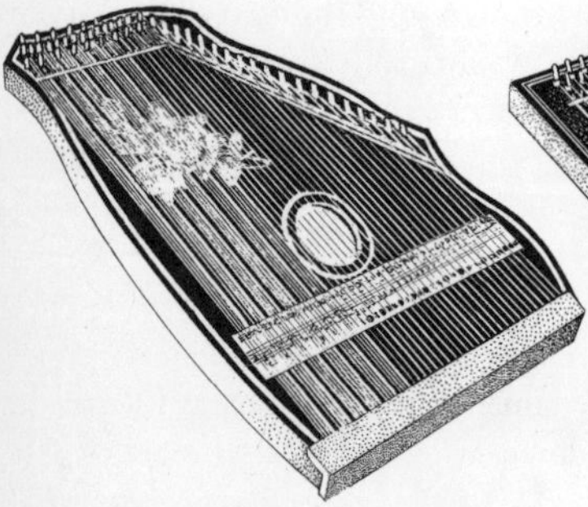

Akkordzither

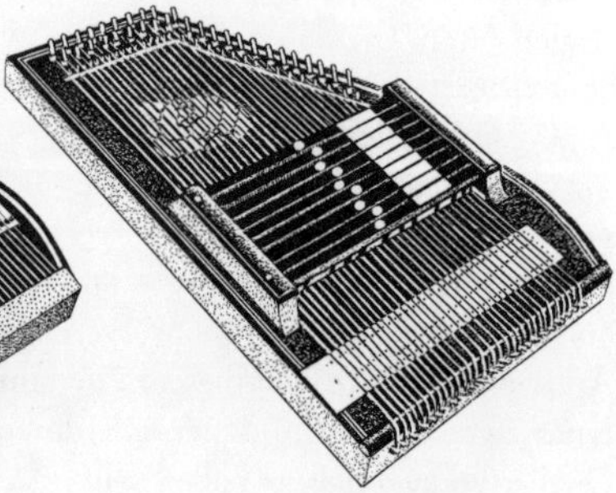

Auto-Harp

Während die Stimmung der Begleitsaiten seit Nikolaus Weigel auf Quarten und Quinten vereinheitlicht ist, können die Melodiesaiten sehr unterschiedlich gestimmt sein (*Bayerische* oder *Münchener Stimmung* von N. Weigel: a', a', d', g, c; J. Petzmayer: a', a', d', g; *Wiener Stimmung* von M. Amberger: a', d', g', g, c). Die Melodiesaiten werden gewöhnlich mit Plektrum oder einem am

Daumen aufgesetzten Dornring *(Schlagring)* aus Horn oder Metall, die Begleitsaiten mit Zeige-, Mittel- und Ringfinger angezupft. Das Instrument liegt hierbei typischerweise auf einem Tisch (vgl. ital. Bezeichnung *cetra da tavola* für Zither), der Saitenbezug verläuft quer zum Spieler.

Die Notation der Konzertzither erfolgt je nach Spiellage im Violin- oder Baßschlüssel, ist jedoch abhängig von Mensur bzw. Baugröße. Die *Diskantzither* gilt als Stamminstrument und wird nicht-transponierend behandelt. *Alt-*, *Quint-* und *Baßzither*, welche gelegentlich auch als *Elegiezithern* bezeichnet werden, sind transponierende Instrumente und klingen jeweils eine Quinte, Quarte bzw. Oktave höher bzw. tiefer als notiert. Für Laienspieler ist zudem auch eine Zither-Griffschrift (→ Tabulatur) verbreitet.

Die Konzertzither wird sowohl solistisch als auch zur Liedbegleitung gespielt und hierbei in Volksmusik *(Zitherquartett)*, in Unterhaltungs- wie in Kunstmusik eingesetzt (vgl. Maurizio Kagel; Hans Werner Henze: «Die englische Katze»; Manfred Niehaus: «Die Komponiermaschine»).

Eine Konzertzither, deren Begleitsaiten auf die Töne gängiger Akkordstrukturen (Tonika, Dominante, Subdominante, Parallelen) fest eingestimmt sind, wird als *Akkordzither* bezeichnet. Die nordamerikanische *Auto-Harp* verzichtet vollständig auf Melodiesaiten und besitzt dagegen ein mechanisches Greifsystem, das über die Bedienung von Druckknöpfen ausschließlich bestimmte Akkordkoppelungen zuläßt. Sie wird während des Spielens gewöhnlich schräg auf dem Arm gehalten.

Zungenpfeife → Pfeifenorgel

Zupfinstrumente → Saiteninstrumente

zurna → mizmār

Zweite Wiener Schule → Atonale Musik, → Dodekaphonie

Zwerchpfeiff → Querflöte

Zwischendominante Nicht auf die gültige → Tonika eines Abschnittes oder Stückes bezogene → Dominante. Zwischendominanten sind typische Mittel der → Modulation.

Zwölftonreihentechnik/Zwölftontechnik → Dodekaphonie

Umschrifttabelle zur Aussprache diakritischer Zeichen:

ā, ī, ū	lange Vokale (in indischen Wörtern sind e und o immer lang und geschlossen)
č	*tsch*
ḍ	*d* mit Zungenspitze am Gaumen
ĕ	flüchtiger Gleitlaut (ə), z. B. Birk<u>e</u>
ǧ/ğ	*dsch*, z. B. engl. Georgia
ḥ	(in arabischen Wörtern:) stark gepreßtes *ch*
ḻ	(in Tamil:) ein frikativer Laut, ähnlich dem frz. *J*ean
ṃ	der vorangehende Vokal wird nasal gesprochen
ñ	*gn*, z. B. frz. a*gn*eau
ṇ	*n* mit der Zungenspitze am Gaumen
ṅ	*ng*, z. B. si*ng*en
ṉ/ṟ	eine in Tamil übliche Umschrift, die keine Aussprachefunktion hat
ṛ	kurzes, silbisches *r*
š/ś/ṣ	*sch*, z. B. *Sch*eibe
ṯ	scharfes engl. *th*, z. B. *th*is
ṭ	*t* mit der Zungenspitze am Gaumen
ʻ	(in arabischen Wörtern:) fester Stimmeinsatz, wie z. B. in be*a*chten
c und j	(in indischen Wörtern:) *dsch*
v	(in indischen Wörtern:) *w*

Quellennachweis der Abbildungen

Kunstsammlungen der Veste Coburg: S. 5.

© Musikverlag B. Schott's Söhne, Mainz
Aus: Brockhaus-Riemann Musiklexikon. Hg. von Carl Dahlhaus und Hans Heinrich Eggebrecht. Bd. 1. Mainz, München ^{3}1990: S. 22; S. 23; S. 68; S. 88; S. 90 rechts; S. 107 oben Mitte; S. 127; S. 130; S. 272; S. 293 unten; S. 394 rechts; S. 416 Mitte rechts
Aus: Klaus Maersch u. a.: Bildwörterbuch Musikinstrumente. Mainz 1987: S. 31; S 34 rechts oben und unten; S. 126 links und rechts; S. 127; S. 275 oben rechts; S. 284 Mitte und rechts; S. 377 2. und 4. Abb. von oben
Aus: Friedrich Jakob: Schlagzeug. Bern, Stuttgart 1979: S. 258 oben links, Mitte und rechts
Aus: Friedrich Jakob: Die Orgel. Bern, Stuttgart ^{3}1974: S. 262 oben links, Mitte und rechts

© Diagram Visual Information Ltd., London
Aus: The Diagram Group (Ruth Midgley): Musikinstrumente der Welt. München 1988: S. 24 links und rechts; S. 28 rechts; S. 29; S. 40; S. 49 oben; S. 53; S. 86 oben links, oben Mitte, unten; S. 90 links; S. 98 Mitte und unten; S. 99 oben und unten; S. 155 oben; S. 163 links und unten rechts; S. 170 oben und unten; S. 187 rechts und links; S. 214; S. 258 unten links und rechts; S. 270 links und rechts; S. 275 unten; S. 293 oben links und rechts; S. 315 rechts; S. 318 rechts und links; S. 319; S. 326; S. 329; S. 332 Mitte und rechts; S. 336 rechts oben und Mitte; S. 362 links und rechts; S. 366 links; S. 381 links und rechts; S. 389 unten; S. 391 links; S. 418 links und unten rechts; S. 420 oben, unten rechts und links

© Philipp Reclam jun., Stuttgart
Aus: Ermanno Briner: Reclams Musikinstrumentenführer. Stuttgart 1988: S. 28 links; S. 56 Mitte; S. 59; S. 76 Mitte und rechts; S. 81 Mitte, oben und unten; S. 107 oben links; S. 114; S. 118 oben, links und rechts; S. 158 links und oben rechts; S. 162; S. 163 oben rechts; S. 178; S. 191; S. 238; S. 240; S. 262 unten links und rechts; S. 269 unten; S. 281; S. 294; S. 315 links; S. 344; S. 361; S. 410 oben rechts und unten; S. 416 oben rechts

© 1977, dtv, München
Aus: dtv-Atlas zur Musik von Ulrich Michels, illustriert von Gunther Vogel. München ^{5}1980: S. 176 links und rechts; S. 284 links; S. 366 rechts; S. 382; S. 394 links; S. 416 Mitte links

© Bärenreiter-Verlag, Kassel
Aus: Michael Dickreiter: Musikinstrumente. München ^{2}1990: S. 28 rechts; S. 269 oben links, Mitte und rechts; S. 391 Mitte bis rechts
Aus: Erich Valentin: Handbuch der Musikinstrumentenkunde. Regensburg ^{8}1986, Gustav Bosse Verlag: S. 396

© Macmillan Publishers Ltd., London
Aus: The New Grove Dictionary of Musical Instruments. Hg. von Stanley Sadie. Bd. I.–III. London 1984: S. 30; S. 34 links; S. 44; S. 49 unten; S. 56 unten; S. 71; S. 81 links und rechts; S. 107 oben rechts und unten; S. 158 rechts unten; S. 171 links und rechts; S. 182; S. 239; S. 253; S. 316; S. 318 links; S. 324 alle Abb.; S. 332 links; S. 336 links und rechts unten; S. 387; S. 398 links und rechts; S. 418 oben rechts

© Prestel Verlag, München
Aus: Anthony Baines (Hg.): Musikinstrumente. München 1982: S. 86 oben rechts; S. 384; S. 389 oben

© Breitkopf & Härtel, Wiesbaden
Aus: Curt Sachs: Handbuch der Musikinstrumentenkunde. Hildesheim 1967: S. 76 links; S. 140; S. 155 unten; S. 276
Aus: Heinrich Besseler, Peter Gülke: Schriftbild der mehrstimmigen Musik. In: Musikgeschichte in Bildern. Bd. 3, Lieferung 5, Leipzig o. J., Deutscher Verlag für Musik: S. 357

© Laaber Verlag, Laaber
Aus: Hans Oesch: Außereuropäische Musik. Teil 2. In: Neues Handbuch der Musikwissenschaft. Band 9, Laaber 1987: S. 98 oben links und rechts; S. 356
Aus: Winfried Pape: Instrumentenhandbuch. Köln 1971: S. 122 oben und unten; S. 237; S. 275 oben links; S. 377 1. und 3. Abb. von oben; S. 410 links

© Stockhausen-Verlag, Kürten
Aus: Karlheinz Stockhausen: Elektronische Studie II, 1954. Wien ^{4}1956: S. 112

© Franz Schneekluth Verlag, München
Aus: Friedrich Herzfeld: Unsere Musikinstrumente. Darmstadt 1954: S. 118 Mitte und unten

Peter Gülke: Mönch, Bürger, Minnesänger. Leipzig ^{2}1980, Koehler und Amelang: S. 224 f.

Hauptstaatsarchiv Stuttgart: S. 193

Jugendlexika

Heiner Boehncke / Bernd Kuhne / Solveig Ockenfuß
Jugendlexikon Literatur
Epochen, Gattungen, Grundbegriffe
(rororo handbuch 6318)
Ein verläßlicher Begleiter im Deutschunterricht der Mittel- und Oberstufe.

Wolfgang Bünder / Peter Häußler / Roland Lauterbach u. a.
Jugendlexikon Technik
Menschengerechte und naturverträgliche Technologien
(rororo handbuch 6315)

Hanna Delf / Jutta Georg Lauer / Christa Hackenesch u. a.
Jugendlexikon Philosophie
Geschichte, Begriffe und Probleme der Philosopie
(rororo handbuch 6310)
Das Buch läd ein zum Nachdenken über Menschen und Welt, über Erfahrungen und Einsichten. Gleichzeitig erklärt es die Begrifflichkeit der Philosophie und führt die reiche Tradition des Philosophierens vor Augen.

Hilde Kammer / Elisabeth Bartsch
Jugendlexikon Politik
800 einfache Antworten auf schwierige Fragen
(rororo handbuch 6183)
Was ist der Unterschied zwischen paraphieren und ratifizieren? Wie kommen Gesetze zustande? Woraus leitet sich das Wort Agitation ab, und was bedeutet es?

rororo handbuch

Dorothea Kraus / Jobst Kraus / Christel Scheilke u. a.
Jugendlexikon Erziehung
Einfache Antworten auf schwierige Fragen
(rororo handbuch 6202)
Informierendes Nachschlagewerk und praktische Orientierungshilfe in einem.

Kunst und Theater

John Berger
Glanz und Elend des Malers Pablo Picasso (459)

Manfred Brauneck
Theater im 20. Jahrhundert
Programmschriften, Stilperioden, Reformmodelle (433)
Klassiker der Schauspielregie
Positionen und Kommentare zum Theater im 20. Jahrhundert (477)

Manfred Brauneck / Gérard Schneilin (Hg.)
Theaterlexikon *Begriffe und Epochen, Bühnen und Ensembles* (417)

Martin Damus
Malerei der DDR *Funktionen der bildenden Kunst im Realen Sozialismus* (524)

Martin Esslin
Das Theater des Absurden *Von Beckett bis Pinter* (414)
Die Zeichen des Dramas *Theater, Film, Fernsehen* (502)

Peter Gorsen
Sexualästhetik *Grenzformen der Sinnlichkeit im 20. Jahrhundert* (447)

Walter Hess
Dokumente zum Verständnis der modernen Malerei
(410)

Volker Klotz
Bürgerliches Lachtheater *Komödie-Posse-Schwank-Operette* (451)

Peter Moritz Pickhaus
Kunstzerstörer *Fallstudien: Tatmotive und Psychogramme* (463)

rowohlts enzyklopädie

Zeittheater "*Das Politische Theater*" *und weitere Schriften von 1915 bis 1966* (429)

Richard Schechner
Theater-Anthropologie *Spiel und Ritual im Kulturvergleich* (439)

Gert Selle (Hg.)
Gebrauch der Sinne *Eine kunstpädagogische Praxis* (467)
Experiment Ästhetische Bildung
Aktuelle Beispiele für Handeln und Verstehen (506)

Monika Wagner (Hg.)
Moderne Kunst *Das Funkkolleg zum Verständnis der Gegenwartskunst* (516)

rowohlts enzyklopädie wird herausgeben von Burghard König. Ein Gesamtverzeichnis finden Sie in der *Rowohlt Revue*. Jedes Vierteljahr neu. Kostenlos in Ihrer Buchhandlung.

Grundlagenwerke

Ekkehard Martens / Herbert Schnädelbach (Hg.)
Philosophie *Ein Grundkurs* (457)

Karl Vorländer
Geschichte der Philosophie
Band 1: Altertum (492) *Band 2: Mittelalter und Ranaissance* (493) *Band 3: Neuzeit bis Kant* (494) *Band 1-3 komplett* (495)

Manfred Brauneck/Gérard Schneilin (Hg.)
Theaterlexikon *Begriffe und Epochen, Bühnen und Ensembles* (417)

Monika Wagner (Hg.)
Moderne Kunst *Das Funkkolleg zum Verständnis der Gegenwartskunst* (516)

Hans Eggers
Deutsche Sprachgeschichte
Band 1: Das Althochdeutsche und das Mittelhochdeutsche (425) *Band 2: Das Frühneuhochdeutsche und das Neuhochdeutsche* (426)

I. Fetscher /H. Münkler (Hg.)
Politikwissenschaft *Begriffe - Analysen - Theorien. Ein Grundkurs* (418)

A. Görlitz /R. Prätorius (Hg.)
Handbuch Politikwissenschaft *Grundlagen Forschungsstand - Perspektiven* (432)

Siegfried Grubitzsch/Günter Rexilius (Hg.)
Psychologische Grundbegriffe *Ein Handbuch* (438)

Harald Kerber /Arnold Schmieder (Hg.)
Handbuch Soziologie *Zur Theorie und Praxis sozialer Beziehungen* (407)

3468/1

rowohlts enzyklopädie

Soziologie *Arbeitsfelder, Theorien, Ausbildung. Ein Grundkurs* (445)

Dieter Lenzen
Pädagogische Grundbegriffe
Band 1: Aggression - Interdisziplinarität (487) *Band 2: Jugend-Zeugnis* (488)

Eugene J.Meehan
Praxis des wissenschaftlichen Denkens *Ein Arbeitsbuch für Studierende* (519)

Günter Rexilius / Siegfried Grubitzsch (Hg.)
Psychologie *Theorien - Methoden - Arbeitsfelder. Ein Grundkurs* (419)

James George Frazer
Der goldene Zweig *Das Geheimnis von Glauben und Sitten der Völker* (483)

Robert von Ranke-Graves
Griechische Mythologie *Quellen und Deutung* (404)

Literatur und Kultur

André Breton
Die Manifeste des Surrealismus
(434)

Jonathan Culler
Dekonstruktion *Derrida und die poststrukturalistische Literaturtheorie* (474)

Hans Eggers
Deutsche Sprachgeschichte
Band 1: -Das Althochdeutsche und das Mittelhochdeutsche (425) *Band 2: Das Frühneuhochdeutsche und das Neuhochdeutsche* (426)

Hugo Friedrich
Die Struktur der modernen Lyrik
Von der Mitte des neunzehnten bis zur Mitte des zwanzigsten Jahrhunderts (420)

G. Gebauer / D. Kamper / D. Lenzen u. a.
Historische Anthropologie *Zum Problem der Humanwissenschaften heute oder Versuche einer Neubegründung* (486)

G. Gebauer / C. Wulf
Mimesis *Kultur - Kunst - Gesellschaft* (497)

Arnold Gehlen
Anthropologische und sozialpsychologische Untersuchungen
(424)

Sander L. Gilman
Rasse, Sexualität und Seuche
Stereotype aus der Innenwelt der westlichen Kultur (527)

Richard Huelsenbeck (Hg.)
Dada *Eine literarische Dokumentation* (402)

A. Huyssen /K. R. Scherpe (Hg.)
Postmoderne *Zeichen eines kulturellen Wandels* (427)

rowohlts enzyklopädie

Fredric Jameson
Das politische Unbewußte
Literatur als Symbol sozialen Handelns (461)

Dietmar Kamper
Zur Geschichte der Einbildungskraft (509)

Thomas Kleinspehn
Der flüchtige Blick *Sehen und Identität in der Kultur der Neuzeit* (485)

Rudolf zur Lippe
Vom Leib zum Körper *Naturbeherrschung am Menschen in der Renaissance* (446)

Maurice Nadeau
Geschichte des Surrealismus
(437)

Hartmut Scheible
Wahrheit und Subjekt *Ästhetik im bürgerlichen Zeitalter* (468)

Klaus R. Scherpe (Hg.)
Die Unwirklichkeit der Städte
Großstadtdarstellungen zwischen Moderne und Postmoderne (471)

3469/1